U0690755

作者近影

陈 锋，1955年生，山东莱芜市人。历史学博士。国务院政府特殊贡献津贴专
家（1993年起）。武汉大学教授、博士生导师，中国经济与社会史研究所所
长，国家人文社会科学重点研究基地——中国传统文化研究中心副主任。兼任
中国社会史学会理事、中国经济史学会副会长、中国古代经济史专业委员会主
任、中国传统文化学会副会长、中华砚文化联合会副会长、湖北省中国经济史
学会会长等。著有《清代盐政与盐税》（1988）、《中国病态社会史论》
（1991）、《清代军费研究》（1992）、《陈锋自选集》（1997）、《清代
财政政策与货币政策研究》（2008）、《清代财政史论稿》（2010）等书。
主编有《中国俸禄制度史》（1996）、《武汉现代化进程研究》（2002）、
《张之洞与武汉早期现代化》（2003）、《明清以来长江流域社会发展史论》
（2006）、《中外学者论〈展望二十一世纪〉》（2006）、《中国经济史纲
要》（2007）等书。学术辑刊《中国经济与社会史评论》、《中国经济史论
丛》主编。论著多次获省部级一、二、三等奖。获湖北省优秀研究生导师奖，
日本创价大学荣誉奖。并曾任日本东京大学、同志社大学、创价大学，台湾
"中央研究院"等高校或研究机构的客座教授、客座研究员。

国家社会科学基金课题
国家「985工程」创新基地建设项目成果

陈 锋 著

清代财政政策与货币政策研究

（第二版）

陈锋史学论著五种

WUHAN UNIVERSITY PRESS
武汉大学出版社

图书在版编目(CIP)数据

清代财政政策与货币政策研究/陈锋著.—2 版.—武汉:武汉大学出版社,2013.7
名家学术
陈锋史学论著五种
 ISBN 978-7-307-08643-2

Ⅰ.清…　Ⅱ.陈…　Ⅲ.①财政政策—研究—中国—清代　②货币政策—研究—中国—清代　Ⅳ.①F812.949　②F822.949

中国版本图书馆 CIP 数据核字(2011)第 059499 号

责任编辑:张俊超　　责任校对:黄添生　　版式设计:马　佳

出版发行:**武汉大学出版社**　(430072　武昌　珞珈山)
　　　　(电子邮件:cbs22@whu.edu.cn　网址:www.wdp.com.cn)
印刷:武汉中远印务有限公司
开本:720×1000　1/16　印张:44.75　字数:639 千字　插页:2
版次:2008 年 4 月第 1 版　　2013 年 7 月第 2 版
　　2013 年 7 月第 2 版第 1 次印刷
ISBN 978-7-307-08643-2　　定价:90.00 元

版权所有,不得翻印;凡购我社的图书,如有质量问题,请与当地图书销售部门联系调换。

内 容 简 介

　　本书对清代财政政策与货币政策进行较为系统的研究，全书分为11章：第一章，作为导论，主要探讨财政政策的制定与实施过程中的制约因素，并揭示政策的变异及其在不同情势下对社会经济的影响。第二章，作为学术史的回顾，对前此学者有关清代财政史的研究进行综述和评论。第三章，作为不同历史阶段的个案，考察王朝建立之初财政政策的特征。第四章，通过对赋役制度及相关政策的考察，揭示清代前期赋役制度的演变轨迹。第五章，试图通过对人口政策的研究，揭示人丁编审以及移民政策与国家财政的某些联系。第六章、第七章，分别考察财政收入、支出结构与收入、支出政策的变动。第八章，通过对钱粮征解与奏销的考察，分析在不同的政策导向下这一重要财政制度的变化。第九章，从中央财政与地方财政的关系着眼，探讨中央财政与地方财政的分野与调整。第十章、第十一章，则是对有关货币政策的探讨。在重点论述清代财政收入与支出政策的前提下，兼顾到政策与制度、体制与吏治、财政与经济、财政与社会、局部与整体、历时性与共时性等几个重要的方面。可供财政史、经济史、清史学者以及相关专业的研究生参考。

目　　录

附 表 目 录

第 一 章
导论：财政政策及相关问题

一、引言：基本思路与分析框架

列宁在《论国家》中曾经指出："国家一直是从社会中分化出来的一种机构，一直是由一批专门从事管理、几乎专门从事管理或主要从事管理的人组成的。……只要国家存在，每个社会就总有一个集团进行管理，发号施令，实行统治，并且为了维持政权而把实力强制机构、暴力机构、适合于每个时代的技术水平的武器把持在自己手中。"① 国家在设官分职之后所体现出来的管理或统治特征，从表面上看是各级官僚直接行使或大或小的政治权力的结果，但事实上在这背后，正常权力的行使（当然排除了权力的滥用）则受制于一系列的政策或法令。换句话说，正是在政策、法令的规范下，各级官僚藉以发挥各自的行政职能。也正是在这个意义上，抑或说随着时势的变化而颁布的政策或法令也可以视作是把持在统治

① 《列宁选集》第 4 卷，人民出版社 1972 年版，第 47～48 页。

集团手中的"武器",并不断地采取进行调节的"新手段"①。因此,我们探讨国家职能以及由国家职能直接衍化出来的政治权力对财政经济的干预,也就需要在政策、法令的研究上花气力。

传统社会的国家财政,从总体上体现着国家政权为实现其职能,对一部分社会产品进行分配和再分配而形成的以国家为主体的分配关系。这种分配关系的简明形式就是国家对财政收入与支出的把握,其实质则是国家凭藉权力对剩余产品的占有和重新分配。在不同的社会制度下,国家财政具有不同的性质,财政随着国家的产生而产生,并随着国家本质(社会性质)的变化而变化,但其主要职能并不因社会制度的变化或朝代的更替而改变。在清代,为了实现国家的财政职能,形成了一套沿袭自前代并不断完善的财政管理体制,中央由户部及各"清吏司"衙门主管全国及某一门类、某一区域的财政事务,地方上则由布政使司衙门主管一省的财政,下至各府州县,也有相应的财政管理职能。在这套财政管理体制的运作下,以保证财政收入与支出程式的贯彻与协调。同时,对赋税钱粮的征解与奏销,清朝统治者又制定有各种制度,以便于官吏的遵循和有关事项的规范。从某种意义上说,制度与政策是相辅而行的,政策是制度的先声——某一种财政制度的形成与更张,总是踵行着财政政策变化的轨迹;制度又是政策的体现——某一种财政政策的颁布与实施,总能在财政制度的日趋缜密中寻出踪影。所以,探讨财政政策,也必须考察有关制度的演变。

当然,财政政策与财政制度毕竟不是一码事。如果说财政制度主要表现出它的稳定性和规范性,那么,财政政策面对政府收入与支出的变化,则更具有积极性(或称"多变性")和导向性。所以现代经济学家萨缪尔森说,"积极的财政政策就是决定政府税收和开支的方法",以便有助于政府财政收支的平衡和社会经济的正常运转②。

以现代财政学的眼光看,国家适应经济需要而颁布的财政政

① 《马克思恩格斯选集》第4卷,人民出版社1972年版,第168页。

② [美]萨缪尔森:《经济学》上册,商务印书馆1979年版,第505页。

策，"多数要经过立法程序，转化为法令规章制度，使执行者有个明文依据。财政是对社会资源在国家、集体与个人间的分配，需要以立法程序，来确定这个分配制度"①。但在传统社会或者说在"专制统治社会"，财政政策远非规范，它既包括了典型政策意义上的典章、条例，也包括了帝王的谕令、意旨，甚至后者更能代表财政政策的走向与更张，充分体现着封建皇权与官僚政治的特征，这也就是列宁所指称的"国家实行君主制时，政权归一人掌握"②的底蕴。一般性的典章律例可以视作是程序化或制度化的政策，这种程序化或制度化的政策，起初可能因为帝王的有关谕令而制定，并具有相对的政策稳定性和长时段政策导向的特点；而另一方面，这种政策又往往因特定条件下颁布的帝王谕令而受到冲击，形成临时性的措施，或者导致原有政策的改变。

同时，财政政策又是经济政策的一部分，财政与经济相互作用、密切关联。在不同的历史阶段和不同的历史背景之下制定的财政政策，虽然由于政策目标的不同而表现出诸多效果差异，但从总体上看，传统社会的经济政策更多地表现为一种财政政策，统治者对经济的重视，毋宁说是对财政的重视，在经济活动中，财政问题被首先考虑是毋庸置疑的。即便如此，财政政策的制定与实施，也必然是社会经济的反映并进而影响到社会经济。

货币政策与财政政策总是有着千丝万缕的联系，这种联系表现为二者之间的协调、制约与相互影响。以现代意义上的货币政策所包含的诸多内容来衡量，清代的货币政策当然是不完备的，在"理财"、"裕国"的主旨下，它往往被视作财政政策的一种手段而存在。即便如此，清代的财政政策与货币政策也还是有着各自偏重的领域或范围。清代的财政政策，主要围绕着财政收入与财政支出而运作，并对财政体制乃至社会经济产生直接的影响。清代的货币政策则主要是对货币发行和流通的控制。当然，由于货币政策与财政政策的关联以及银、钱比价的变动和通货膨胀等因素，货币政策

---

① 尹文敬等：《财力经济学》，上海社会科学院出版社1991年版，第3页。
② 《列宁选集》第4卷，人民出版社1972年版，第51页。

对社会经济的影响也是明显的。而且，货币作为"流通的伟大车轮"①，碾过社会生活的各个领域，对人民日常生活的影响也无处不在。

在上述认识的基点上，结合清代财政政策与货币政策的主要特征，确定本书的结构如下：第一章，作为导论，主要探讨财政政策的制定与实施过程中的制约因素，并揭示政策的变异及其在不同情势下对社会经济的影响。第二章，作为学术史的回顾，对前此学者有关清代财政史的研究进行综述和评论。第三章，作为不同历史阶段的个案，考察王朝建立之初财政政策的特征。第四章，通过对赋役制度及相关政策的考察，揭示清代前期赋役制度的演变轨迹。第五章，试图通过对人口政策的研究，揭示人丁编审以及移民政策与国家财政的某些联系。第六章、第七章，分别考察财政收入、支出结构与收入、支出政策的变动。第八章，通过对钱粮征解与奏销的考察，分析在不同的政策导向下这一重要财政制度的变化。第九章，从中央财政与地方财政的关系着眼，探讨中央财政与地方财政的分野与调整。第十章、第十一章，则是对有关货币政策的探讨。

采用这种分析构架，希望能够在重点论述清代财政收入与支出政策的前提下，兼顾到政策与制度、体制与吏治、财政与经济、财政与社会、局部与整体、历时性与共时性等几个重要的方面，以期在有限的篇幅内，对清代财政政策作有重点又较系统的阐述。

二、财政政策的制定与实施

一般地说，以帝王的谕令形式颁布的财政政策，高度体现着专制主义集权的特点，一纸诏令即可形成决策，决策迅速，程序简单，表面上不受权力的制衡，具有很大的随意性和独断性，即所谓："君主是国家中个人意志的、没有根据的自我规定的环节，是

① ［英］亚当·斯密：《国民财富的性质和原因的研究》上卷，商务印书馆 1972 年版，第 267 页。

任性的环节。"① 但事实上没有如此简单，帝王的出令仍受到许多制约。笔者在拙著《清代盐政与盐税》中曾引述过乾隆五十六年（1791 年）的一次"上谕"，藉以说明行盐疆界变更之难②，为方便起见，在这里仍简要引述此谕，转换一个角度看看影响帝王决策的因素。乾隆帝谕称：

　　前据姚棻奏，江西建昌府属界连闽省之区，私盐路径较多，堵缉稍难，必须于各要隘添设卡巡一折。彼时以建昌距淮南二千余里，离闽省邵武、汀州等府不过二三百里，运盐程站较之淮南近至十倍，其盐价自必贵贱悬殊，欲百姓之舍贱买贵、舍近求远，于情理亦未平允。何以从前定例时不将邻闽府属就近行销？并恐他省亦有似此者。因降旨通谕各省督抚，彼此酌商调剂，使商民交便，以省缉私之繁。嗣据孙士毅等奏酌筹建昌府属设卡巡缉章程，朕恐有名无实，且商人行销盐引，利于近而惮于远，行运盐道路愈远，脚价愈增，所费已属不赀，若又添设卡巡，多增费用，不特病民，而且病商。复令长麟、全德前往该处察看情形，详妥办理。昨又思，无知小民惟利是图，只知得尺则尺，得寸则寸，如建昌划入闽省，私贩即可越过建昌，沿及抚州、南昌，无所底止，恐巡缉亦未能周到。传谕长麟等不可回护前旨，稍存拘泥迁就之见。今据全德将前旨所询数款查明复奏，所言甚是。其折内称：若将建昌一府改食闽盐，恐抚州等府渐有私盐阑入，与通省盐务有关，是以该处向系减价敌私，合通省纲力派出公费贴补。与昨降谕旨相同，果不出朕之所计！从前酌定行销引盐运道，全藉关津山隘，得以稽查遮拦，若舍此久定之界，听其就便行销，则平原地面毫无阻隔，邻盐逐渐侵入，必至无所底止。且以通省纲力资助建昌一府公费，众擎易举，于该处商人并无赔累，况有杉

---

① 《马克思恩格斯全集》第 1 卷，人民出版社 1956 年版，第 275 页。

② 参见陈锋：《清代盐政与盐税》，中州古籍出版社 1988 年版，第 72～73 页。

关等隘口可恃为门户堵缉闽私，自应照孙士毅奏，设立巡卡，
增派兵役，严密稽查，以绝私贩侵越之路。至江西一省情形如
此，则他省可知，看来该督抚等酌议，到时亦与全德所奏大略
相同，此事竟可不必更张，悉仍其旧为是。

此谕实际上是一个未形成新决策的决策，转了一圈又回到了老
路上。但细观此谕仍可看出帝王决策的形成及其受制。乾隆帝此谕
的颁布是因着姚棻、孙士毅、全德等官员的前后上奏，这里已包括
了决策形成过程中的汇集要求、吸纳建议、评论选择、发现问题、
确定问题等程序，只不过这一过程被圈定在帝王一人之手。乾隆帝
在接到姚氏官员上奏之初，鉴于食盐运销中因疆界划分的不合理而
出现的困难，迅速作出了"酌量变通"的决断，并令地方大员调
查类似事项，协商解决。但紧接着在接到孙氏官员的上奏后又冒出
新的想法，并宣称无知小民欲无底止，"得尺则尺，得寸则寸"，
这已意味着前旨的推翻，前去调查的官员也只是循着帝王的意旨办
事，所以后来全德上疏中的有关表白便毫不奇怪，最终自然是以
"悉仍其旧"了之。本此，可以清晰地发现，帝王决策的形成以及
一项新政策的出台或被埋葬，一方面具有宸纲独断的随意性成分，
另一方面又受着臣僚疏谏、集团利益（在这里主要是两淮盐商集
团的利益）、沿袭模式、社会经济背景等因素的制约。

事实上，即使是极有作为、权力高度集中的帝王，面对纷繁的
社会经济事务以及需要决策的问题层出不穷，也会显得绠短汲深，
权力的膨胀与能力的有限永远是一个悖论，在权力与能力之间，任
何帝王都难以弥合。所以，在某种程度上所说的帝王谕令决策的随
意性依然是有限度的。所以，毛泽东在分析中国封建社会的特征时
这样指出："自秦始皇统一中国以后，就建立了专制主义的中央集
权的封建国家。……在封建国家中，皇帝有至高无上的权力，在各
地方分设官职以掌兵、刑、钱、谷等事，并依靠地主绅士作为全部
封建统治的基础。"① 这就标志着，帝王要行使其"至高无上的权

① 《毛泽东选集》第 2 卷，人民出版社 1991 年版，第 624 页。

力"，必须依赖一整套政治机构，"依赖"即是一种分权，也就同时意味着利用与制约的交互作用。也可以用这样一句话来表述：越是英明的帝王，其谕令决策的随意性成分越小；越是不甚英明或昏庸的帝王，其谕令决策的随意性成分越大。

以典章律例形式颁布的财政政策，一般被学者们视作是"标准化"的政策。这种财政政策的形成通常要经过利益集团（这里主要是指经济利益集团）建议、幕僚谋划、官僚题奏、职能部门议覆（主要是户部，也包括工部、兵部、吏部等衙门）、皇帝钦定朱批等环节和程序。其中，利益集团建议、幕僚谋划是一种隐性环节，他们的要求和谋略只有通过有关渠道、有关官僚的上达后才能进入决策过程。而官僚题奏、职能部门议覆、皇帝钦定朱批才是财政政策形成的正常程序。在这里值得注意的是，这种财政政策的形成，虽然最终仰赖于帝王的裁断，但由于已经过了各个环节，每个环节都体现着各级官僚的意念和影响，帝王只能根据各级官僚的上疏和决策意见进行判断，政策的最终裁决，往往是名义、形式上的①，与帝王直接出令毕竟不同。

按照政策学的概说，一种政策的形成，不仅有政策主体和政策客体这些内在结构性要素的直接影响，而且还受到社会中各种因素，诸如经济环境、政治环境、文化环境和国际环境的制约，这些因素构成政策形成的外在环境。② 这种一般性的概说，具有启发意义。笔者认为，在清代财政政策形成的过程中，下述外在的制约因素是不可忽视的。

第一，历史的沿袭模式。中国人注重传统，历朝历代的因袭性

① 按：根据笔者所接触到的清代档案，对户部的议覆，皇帝在题本和奏折上多批以"依议"二字或"知道了"等字。另据江桥：《从清代题本、奏折的统计与分析看清代的中央决策》一文的列表统计，对六部所提出的处理意见，无论是议准还是议驳，90%以上得到了皇帝的批准，即批以"依议"。江桥之文见《明清档案与历史研究》上册，中华书局1988年版。

② 参见［美］阿尔蒙德：《比较政治学》，上海译文出版社1987年版；王沪宁：《比较政治分析》，上海人民出版社1987年版；桑玉成、刘百鸣：《公共政策学导论》，复旦大学出版社1991年版。

极为强烈，所谓"汉承秦制"、"宋承唐制"、"清袭明制"云云，即是指此。历史的沿袭模式是财政政策形成的一种最为重要的规范。清初的一系列财政政策，沿袭明制的特点非常明显，在编制《赋役全书》时，顺治帝即谕称："朕惟帝王临御天下，必以国计民生为首务。……当明之初，取民有制，休养生息；万历年间，海内殷富，家给人足；天启、崇祯之世，因兵增饷，加派繁兴，贪吏缘以为奸，民不堪命，国祚随之，良足深鉴。……兹特命尔部（户部）右侍郎王弘祚，将各直省每年额定征收、起存、总撒实数，编列成帙，详稽往牍，参酌时宜，凡有参差遗漏，悉行驳正。钱粮则例俱照明万历年间，其天启、崇祯时加增悉行蠲免。……更有昔未解而今宜增者，昔太冗而今宜裁者，俱细加清核，条贯井然。后有续增地亩钱粮，督、抚、按汇题造册报部，以凭稽核。纲举目张，汇成一编，名曰《赋役全书》，颁布天下，庶使小民遵兹令式，便于输将；官吏奉此章程，罔敢苛敛，为一代之良法，垂万世之成规。"① 细读之，其意蕴是再明显不过了。这种政策的沿袭，只是一定程度上的翻版，当然不是全部承袭，而是经过了选择比较和"参酌时宜"之后的筛选。

　　第二，社会经济背景。一定的社会经济背景是制约财政政策制定和更张的重要前提，这在三种情况下表现得最为突出：一是在王朝建立之初，亦即开国时期。此一时期由于新旧王朝的交替对社会经济带来的破坏以及前朝亡国的教训等原因，财政政策制定不得不考虑到社会经济的复苏和人心的收拾、社会的安定，因此，统治者在承袭旧王朝政策的同时也就有了适当的变动，一如上述在编订《赋役全书》时顺治帝的谕令所表现出来的基本原则。二是在战争、自然灾害等非常时期。此种时期由于人民正常经济生活规律的打破以及国家财政的困窘等原因，统治者往往对现行的财政政策加以调整。这种调整的针对性较强，一般是以解决某种凸显出来的问题为宗旨，具有短期性、临时性政策的特点，一旦问题解决，政策又多回复旧轨。但这已构成了正常政策与非常政策的互补，以及长

---

① 《清世祖实录》卷112，顺治十四年十月丙子。

期政策与短期政策的有机结合。三是在王朝后期。任何王朝后期的财政政策都有一些共性，这就是随着吏治的腐败、各种矛盾的加剧、财政的困难、苛捐杂税的增多而呈现出竭泽而渔的财政政策。晚清除了这些共性之外，由于内忧外患的加剧和历史的近代化进程，财政政策又有一些前所未有的新特点。

财政政策的制定仅仅标示着一种决策的形成，当然不是政策行为的终结。财政政策只有在进入执行过程以后并得到切实的实施，所谓的"决策效能"才得以显现，决策行为至为重要的最后一环也才最终完成。否则，政策目标只能是纸上谈兵，一系列的谕令、条例也仅是空有具文。笔者已经指出过："在许多情况下，政策的颁布是一回事，政策的实施又是一回事，官僚政治影响社会经济的一个显著特点就是政策在逐级执行过程中的变异，尤其是一种似是而非的带有缺陷的政策，各级官僚最后执行的结果可能恰恰就是对缺陷的逐级放大，从而导致统治者始料不及的种种弊端。在这种认识的基点上，对任何政策的研究，决不应止于政策本身，更为重要的是揭示出政策执行过程中的种种问题和症结。"[1]

比之于财政政策的制定，财政政策的实施更为重要也更为复杂。之所以这样说，其底蕴是：政策实施是一个由抽象到具体的过程，以抽象的一般准则性的形式表现出来的政策，一旦付诸实施，就会泛化成具体的行为和措施。而在具体的实施过程中，又不可避免地要受到各种因素和各个环节的制约。一句话，决策效能或政策目标的实现，取决于各级官僚实施政策的最后结果。概观清代的实际，各级官僚在财政政策的实施过程中，一般会有三种结果：

1. 政策得到了切实的执行；

2. 政策根本未得到执行；

3. 政策得到了部分执行或全部执行，但在执行过程中任意歪曲，出现了偏差或变异。

---

[1]　参见陈锋：《清代的土地开垦与社会经济》，载《中国经济史研究》1991年第 1 期。

　　针对上述结果，解释的思路可能会多种多样，因为政策执行过程原本就非常复杂，涉及许多因素和变量，比如，政策本身是否完美无缺？政策目标是否符合社会经济形势？政策实施是否具备某种保障？执行政策的人员是否能令行禁止？等等。毫无疑问，这都是值得注意的问题。不过，在笔者看来，与财政政策的实施关联最大的乃是官僚阶层的行为与官僚机制的运作。

　　如所周知，国家是阶级统治的象征，设官分职是实行统治的具体体现，各级官僚则是实施统治的工具。在设官分职之下，上下统属的官僚机构和任职于各种机构中的人数众多的官僚阶层，发挥着各自的行政职能，并具有相应的行政权力，政策的执行正有赖于官僚机制的运作和官僚阶层的主观能动性。因此，从这个意义上说，政策的实施一方面是一种上下有序的组织活动，官僚机制的作用与功能如何，直接影响着政策的执行；另一方面，伴随着政策的实施，官僚阶层的权力显化，政策执行者的素质、能力、水平等都构成制约政策实施的重要变量。在国家机器强大、监督职能完备、机构运转正常的情况下，上令下达的渠道基本畅通，国家利益、官僚阶层的利益与民众的利益大致相容，各种政策可能会执行得较好。一旦国家机器监督官僚阶层的能力下降或官僚机构腐败，官僚阶层的自身利益就会恶性膨胀，敷衍塞责、人浮于事、以权谋私、借机渔利等腐败现象随之产生，各种政策也就难以执行。当然，官僚主义与腐败现象本来就是一胞双胎，在任何情况下都难以避免政策实施过程中的变异，哪怕是一种很好的政策，最终实施或沿袭的结果也有可能滋生弊端。

　　因此，上面所揭示的在财政政策的实施过程中出现的三种结果虽然各有例证，但以第三种结果最为普遍，即执行政策的偏差或变异。这方面的例子可以说俯拾即是。清初名臣陆陇其在谈到清初的户口编审时即称："编审者唯恐部驳，必求足额，故逃亡死绝者俱不敢删除，而摊派于现存之户。又恐仅如旧额犹不免于驳也，必求其稍益而后止。严搜遍索，疲癃残疾、鳏寡孤独，无得免者。沟中之瘠，犹是册上之丁；黄口之儿，已登追呼之籍。小民含辛茹苦，无所控诉。"① 江南道御史胡秉忠亦称："直隶各省州县卫所编审花户人丁，俱沿袭旧数，壮不加丁，老不除籍，差役偏枯不均。或流入邪教，或逃窜盗数，或投遁他乡，漏户逋粮，为弊匪细。"② 此种弊病的出现，既与清初不切实的户口编审政策有关，又是地方官敷衍塞责、规避处分、希图议叙使然。

在赋税征收中，各种私征滥派自不必说，即使是正常的课税也是弊窦丛生。顺治十二年（1655 年），刑科给事中李宝秀在谈到田赋的征收时说："兵马络绎，公务纷纭，迟违则罪过难辞，措办则钱粮有限，是以不肖有司往往借名摊派，有加无已！……此无他，总由于钱粮不敷，以致官民俱受其困也。"③ 显然，这是在用兵时期"由于钱粮不敷"，地方官惧"迟违"处分，而导致的"借名摊派"。康熙二十四年（1685 年），江苏巡抚汤斌在谈到田赋的"催科"时说："夫人千里而来为吏，谁肯以催科无术甘心废弃！一存顾惜功名之念，则辗转苟且之计必生，或以存留而抵起解，或以此项而借彼款，或以新粮而抵旧欠。参罚期迫，则以欠作完；赔补维艰，又以完为欠。种种弊窦，莫可究诘。一经发觉，身家俱丧，官之更代日勤，蠹胥因之作奸，头绪纷淆，侵渔任意。……良以百姓之脂膏既竭，则有司之智勇俱丧。"④ 由催科而导致的种种弊窦，除了地方官的行政作弊外，亦与当时的《催科考成条例》过严有关。⑤

康熙四年（1665 年），康熙帝在谈到关税的征收时说："各省设立关税，原期通商以裕国用，向因钱粮不敷，故定例将抽税溢额者加级记录，以示鼓励，遂使各差冀邀恩典，因而骚扰地方，困苦

---

①　陆陇其：《编审详文》，见《皇朝经世文编》卷 30。

②　《清圣祖实录》卷 5，顺治十八年十一月戊戌。

③　档案，顺治十二年二月九日李宝秀题：《为兵民疾苦多端，敬抒管见事》。中国第一历史档案馆藏，下注"档案"者均为该馆所藏。

④　汤斌：《逋赋难清，乞减定赋额并另立赋税重地州县官考成例疏》，乾隆《江南通志》卷 68。

⑤　参见光绪《大清会典事例》卷 173，《户部·田赋·催科考成》。

商民。"① 这里，康熙帝已明确指出关税的苛征是由于实行《抽税溢额议叙例》使然，仍与政策本身的不当相关联。② 但紧接着康熙帝又指出："各处收税官员希图肥己，任用积蠹地棍，通同作弊，巧立名色，另设戥秤，于定额之外恣意多索；或指称漏税，妄拿过往商民挟诈；或将民间日用琐细之物及衣物等类原不抽税者，亦违例收税；或商贾已经报税，不令过关，故意迟延掯勒，遂其贪心乃已。此等弊端甚多，难以枚举。违背国法，扰害商民，殊为可恶。"③ 这里的问题显然已是吏治腐败之下有关官员及胥吏的借机渔利、"希图肥己"了。在盐课征收中，雍正帝也曾反复指出过"官无论大小，职无论文武，皆视为利薮，照引分肥"的情况。④

当然，其他方面存在的问题尚多，无须赘述，以上示例已标示出有关政策在具体实施过程中的变异现象，从中可以看出政策条例与实施之间存在着相当大的距离。这些现象的存在，有时是由于政策导向的偏差，有时是由于非常时期的特殊背景，有时则纯属于地方官出于本身的利益任意舞弊所致。

三、财政政策与社会经济

应该说，财政政策的实施过程，一方面是对官僚体制、行政职能的检验，表现出国家机器在运转中的一些症结；另一方面，这一历程也反映了动机与效果的吻合或背离，并在吻合或背离中对社会经济产生不同的影响。

恩格斯在《致康·施米特》的信中曾经说过这样一段话：

> 国家权力对于经济发展的反作用可能有三种：它可以沿着

---

① 《清圣祖实录》卷 14，康熙四年正月己亥。

② 参见光绪《大清会典事例》卷 237，《户部·关税·考核一》。

③ 《清圣祖实录》卷 16，康熙四年九月己酉。参见陈支平：《清代赋役制度演变新探》，厦门大学出版社 1988 年版，第 40 页。

④ 参见陈锋：《清代盐政与盐税》，中州古籍出版社 1988 年版，第 129 页。

同一方向起作用，在这种情况下就会发展得比较快；它可以沿着相反方向起作用，在这种情况下它现在在每个大民族中经过一定的时期就都要遭到崩溃；或者是它可以阻碍经济发展沿着某些方向走，而推动它沿着另一种方向走，这第三种情况归根到底还是归结为前两种情况中的一种。但是很明显，在第二种和第三种情况下，政治权力能给经济发展造成巨大的损害，并能引起大量的人力和物力的浪费。①

恩格斯的这一段话实际上可以归结为：国家权力对社会经济发展起着促进或阻滞作用，有着普遍性的意义。一般地说，财政政策对社会经济发展所起的作用是间接的，但财政政策作为"国家权力"的一部分，对社会经济的发展或阻滞作用亦不可小视。

财政收入与财政支出的整体结构与政策及其对社会经济的影响，后面已列专章讨论，由于在不同的历史阶段，财政政策表现出很大的差异性，在此仅分几个时期略述财政政策与社会经济的关系。

第一是开国时期的财政政策与社会经济。魏源《圣武记》开篇撰"开国龙兴记"，所指的"开国"时期包括了清廷入关前和入关后的一段时间。周远廉的《清朝开国史研究》的研究范围限于清廷入关之前，也可以说是对清代的"开国"时期作了新的界定。从某种角度说，上述对"开国"时期的界定未尝不可。但我们从中原政权的更迭、国内的统一以及中原社会经济的变迁这一思路认识问题，开国时期是指清廷定鼎北京到永历小朝廷败亡这一阶段，大体上限于顺治一朝。一般说，在经过社会动乱之后，历代王朝开国时期的财政政策大多标榜撙节支出、薄赋轻徭。清代开国时期的财政政策在总体格局上仍遵循这一定势，但由于当时各股政治力量的反复较量，用兵连年，军费开支巨大，国家财政捉襟见肘，许多政策因之走样。特别是清廷标榜的以废除明末苛征为内涵的薄赋轻徭政策，因为筹措军费的需要，私征、摊派、预征、加征接踵而

---

① 《马克思恩格斯选集》第 4 卷，人民出版社 1972 年版，第 483 页。

至，所谓"薄赋轻徭"也仅仅是一种标榜，有其名而无其实。① 不能不说这种名实不符的政策是对社会经济恢复的遏制。

第二是正常时期的财政政策与社会经济。正常时期与非常时期是一个相对的概念，二者在历史上交替出现，具有间歇性特征。正常时期财政政策的突出特点就是对前此政策的纠偏治弊，并把社会经济发展放在首位。在康、雍、乾"盛世"，社会相对安定，正常时期的间歇期较长，一些较好的政策相继出台，政策的摇摆性也较小，社会经济的发展最为迅速（当然，具体到每个时期，情景又有所不同）。十分明显的是在历时八年的"三藩之乱"被平定后，康熙帝励精图治，颁布《削平群逆恩诏》②，宣称"荡涤烦苛，维新庶政，大沛宽和之泽"，对战争时期苛严的筹饷措施重新纠正，严禁额外横征，调整中央财政与地方财政的"起、存"比例，规定新的土地开垦"起科"年限，蠲免民欠钱粮及本年、来年地丁正项钱粮，等等。正如时人所评："自康熙二十年以后，再颁恩诏，渐次奉复，海内始有起色。"③ 这种局面的形成，当然与此一时期的相关政策密不可分。

第三是非常时期的财政政策与社会经济。非常时期主要是指因战乱而导致的社会不安定时期。在此一时期，不但人民屡受骚扰、惨遭浩劫，社会经济本身遭到破坏，而且政策的连续性被遏制，往往以非常的财政政策代替正常的财政政策。非常时期的财政政策主要是以筹措要需为导向，首先考虑的是如何筹款，如何供军，如何渡过财政的困窘关，甚少或者难以顾及到对社会经济的影响，眼前利益是其注意的焦点，一般具有短期效应的特质，"虽为一时筹饷之权宜，而不能为裕国足民之长策"④。同时，由于"军兴旁午，万端佺傯"，也最容易导致政策的畸形和吏治的腐败。不过也应该

---

① 参见陈锋：《清初轻徭薄赋政策考论》，《武汉大学学报》1999 年第 2 期。
② 见《明清史料》丁编第 10 本。又见《历史档案》1990 年第 1 期。
③ 陆陇其：《论直隶兴除事宜疏》，《皇朝经世文编》卷 28。
④ 乾隆《江南通志》卷 68，《食货志·田赋》。

指出，非常时期的财政政策虽然不可避免地带来许多弊端，但有时为了达到某种积极的目的，一些迫不得已的政策仍可视为是合理的，一如康熙帝在平定三藩之乱时所谕："各处用兵，禁旅征剿，供应浩繁……新定各例不无过严，但为筹划军需、早灭逆贼，以安百姓之故。"①

清廷在不同的历史时段所选择的财政政策，既有历史的必然性，又有其主导性意旨，对社会经济产生着不同的影响。当然，每一个时段的情况都很复杂，上述也只能看作是不过分拘泥的概要性揭示。而且，具体到某一门类的财政政策，情景又各个不同，也有赖于后续章节的进一步分析。

---

① 《康熙朝东华录》卷5，康熙十七年三月壬午。

第 二 章

学术史回顾：
20 世纪的清代财政研究

虽然还未见有学者专门以"清代财政政策与货币政策"为题做过系统的研究，但是，在 20 世纪的中国财政史研究中，清代的财政史研究是最引人注目的断代研究之一。与前代相比，清代的文献资料最为丰富，而且有档案材料可供利用，这在一定程度上决定了清代财政史研究的细化和深化。另一方面，清代包含了古代和近代两个时期，它既是传统社会的终结，也是新时代的起始，清代历史的本身有着丰富的内涵和变化，除了研究中国经济史、财政史的学者特别关注外，也吸引了古代史和近代史学者的注目。在这种前提下，清代财政史的研究取得丰硕的成果是毫不奇怪的。笔者对清代财政政策与货币政策的专题研究，一方面，是在以往的清代财政史研究基础上进行，另一方面，由于研究专题所宗，不可能面面俱到，所以，对前此学者的相关研究进行归纳和揭示，是十分必要的。

一、清代财政研究综论

20 世纪清代财政史的研究，在不同的阶段取得了不同的成绩，按照清代财政史的研究进程，或详或略、或粗或细，可以划分为不同的阶段，笔者从大的阶段着眼，将其划分为 20 世纪上半叶和 20 世纪下半叶两个阶段，并在叙述两个阶段的总体研究基础上，讨论 20 世纪清代财政史研究的特点与得失。

（一）20 世纪上半叶的清代财政史研究

应该说，清代财政史的研究，并非始于 20 世纪，在 19 世纪末已经开始。1897 年，上海广学会出版了英国驻上海领事哲美森的《中国度支考》，该书虽冠名"中国度支"，实则专门叙述清代特别是晚清的财政。该书的目录较为庞杂，共分为：总论、政府疆吏交际、直省解京款项、漕运京饷、额外京饷、海关洋税、岁入总论、地丁银、漕粮、盐课盐厘、百货厘金、新关洋税、常关税、土药税厘、杂税、岁入总额、国用总论、通国用款、江苏省岁计度支、安徽省岁计度支、江西省岁计度支、山东省岁计度支、直隶省岁计度支、山西省岁计度支、陕甘新疆等省岁计度支、四川省岁计度支、河南省岁计度支、湖北省岁计度支、湖南省岁计度支、浙江省岁计度支、福建省岁计度支、广东省岁计度支、广西省岁计度支、贵州省岁计度支、云南省岁计度支、总计全国每年出入清单等 36 目。仅从这些繁杂的目录来看，《中国度支考》不是一部研究性著作，更多的具有资料选编色彩①。当然，其资料也弥足珍贵，刘锦藻编撰的《清朝续文献通考》就有所引用，并称晚清户部的报告，"多脱误，外人指其不合"，而哲美森的记述，"外人信为无误"②。这也正揭示出哲美森的《中国度支考》的史料价值。

进入 20 世纪后，广智书局 1904 年出版了梁启超的《中国国债史》，梁氏对晚清的"国债"进行了初步的梳理。而吴廷燮的《清

---

① ［英］哲美森：《中国度支考》，林乐知译，上海广学会 1897 年版。
② 《清朝续文献通考》卷 66，《国用四》；卷 68，《国用六》。按：《清朝续文献通考》卷 66 在引用时作者记为"哲美森"，卷 68 则记为"遮密孙"。又按：《清朝续文献通考》卷 68 在叙述光绪朝财政时，还引用了日本人根岸佶的著作，并称："吾国财政向无报告，国人鲜有知者，近年始见预算案，然肯细心研究者亦不一二，觊日本人根岸佶为同文会会员，于吾国生计状况钩稽之勤，用力之久，远驾吾国人士之上。"

财政考略》，则是国人从整体上研究清代财政的第一部著作。是书分别对顺治时之财政、康熙时之财政、雍正时之财政、乾隆时之财政、嘉庆时之财政、道光时之财政、咸丰时之财政、同治时之财政、光绪时之财政、宣统时之财政等历朝财政，以及各省粮捐各目银数表、论历代皇室经费与国家经费之分等进行了叙述，并在叙述的基础上有所评论。如在叙述"康熙时之财政"时即指出：康熙中整理财政，大要有数端，一为清理欺隐，一为裁汰官缺兵丁，一为崇尚节俭。① 已显现出作者的识见和史论的结合。1917 年商务印书馆出版的王振先的《中国厘金问题》，是国内学者研究厘金问题的第一部著作，受到同时代的国外学者的注意②。此后，专门研究清代财政的专著不多见，最为值得注意的是罗玉东的《中国厘金史》③，罗著对晚清厘金的研究作出了重要贡献，是 20 世纪上半叶最具代表性的清代财政史领域的研究著作。罗尔纲的《湘军新志》④，对湘军的兵制饷章及晚清的军费，进行了初步的研究。另外，侯厚培的《中国近代经济发展史》⑤，是国人研究近代经济史的第一部著作，是书对财政问题也给予了一定的关注，特别是对晚清的币制改革，有较好的论述。赵丰田的《晚清五十年经济思想史》⑥，开了研究晚清经济思想的先河，其中的"增岁入说"、"厚

---

① 吴廷燮：《清财政考略·康熙时之财政》，1914 年铅印本。

② 如木村增太郎的《中国财政论》（东京大阪屋号书店 1927 年版）就引述过王氏的著作。按：《中国财政论》原名《支那财政论》，"支那"一词，在历史上，有对中国的蔑称之嫌，因此，凡是在 20 世纪初至 40 年代初出版的日本研究著作中，用"支那"作书名的，一律译作"中国"。但为了避免混乱，习以为常的资料书如《支那经济全书》，仍依其旧。据倪建周、冬明《"支那"源流考》（《新华文摘》1999 年第 8 期），称，"支那"原是"China"的音译，是古代印度对中国的称呼，最早出现在梵文佛经中。日本辞书《广辞苑》也有这种解释。不过，在笔者看来，从读音上看，"支那"更接近于拉丁语系的读法，在西班牙语中"China"读作"齐那"。

③ 罗玉东：《中国厘金史》，商务印书馆 1936 年版。

④ 罗尔纲：《湘军新志》，中央研究院社会科学研究所 1938 年版。

⑤ 侯厚培：《中国近代经济发展史》，上海大东书局 1929 年版。

⑥ 赵丰田：《晚清五十年经济思想史》，哈佛燕京学社 1939 年版。

俸禄说"、"行预算说"等都是很有启发意义的财政思想研究。贾植芳的《近代中国经济社会》①，论述的范围包括有清一代，也可以认为是国人的第一部"清代经济社会史"，该书除序编外，共分"清代国家之经济政策"、"清代社会构成"、"清末产业的诸系列"三编，其财政方面的内容主要集中在"清代国家之经济政策"一编中，分别对"作为军事财源的矿税"、"作为军事财源的盐税"、"作为军事财源的关税"作了论述。由于贾植芳早年曾留学日本，所以在该著中曾经引用过松井义夫的《清代经费之研究》、平濑巳之吉的《近代中国经济史》等著作，并一一予以揭明，这在早期的经济史著作和财政史著作中是不多见的。

　　20世纪上半叶的清代财政史研究著作虽不多见，但在有关著作中对清代财政多有涉及。这主要表现在以下三个方面：

　　第一，立足于民国年间的财政研究，对清代特别是晚清的财政问题进行回顾或研究。

　　如贾士毅的《民国财政史》②，专列一章"财政之沿革"，对清代历朝的财政分别加以叙述，其中，对光绪朝的财政叙述尤详，细分为"光绪初年之财政"、"光绪中年之财政"、"光绪末年之财政"三个部分。在其他篇章中，也有对清代财政、特别是晚清财政的追溯或比较。

　　又如陈沧来、吴觉农、范和钧、李权时、金国宝、张家骧、吴宗焘、童蒙正、杨荫溥、张辑颜等人的著作，分别对晚清的盐税、茶税、商税、货币等相关问题进行了研究③。吴觉农、范和钧的

-----

① 贾植芳：《近代中国经济社会》，唐棣出版社1949年版。辽宁教育出版社2003年列入"新世纪万有文库"再版。

② 贾士毅：《民国财政史》，商务印书馆1917年版。另外，叶元龙：《中国财政问题》，商务印书馆1937年版，也涉及清代财政。

③ 参见陈沧来：《中国盐业》，商务印书馆1929年版。吴觉农、范和钧：《中国茶叶问题》，商务印书馆1937年版。李权时：《现行商税》，商务印书馆1930年版。金国宝：《中国币制问题》，商务印书馆1928年版。张家骧、吴宗焘、童蒙正：《中国之币制与汇总》，商务印书馆1931年版。杨荫溥：《中国金融论》，商务印书馆1930年版。张辑颜：《中国金融论》，黎明书局1936年版。

《中国茶叶问题》在论述茶叶对外贸易时，对近代以来的茶叶贸易有很好的统计，所列"历年华茶输出数量统计（1866—1935）"、"历年华茶出口价值与各货出口总值之百分比（1869—1935）"、"历年华茶输出国别统计（1880—1935）"、"近六十年世界主要产茶国茶叶输出统计表（1868—1934）"等，都具相当之价值。金国宝的《中国币制问题》在叙述本位制度、银两制度以及银币、铜币、纸币问题时，对光绪以降的变革有较为系统的梳理，书中列制的统计表格，如"（光绪年间）各省银角之成色重量"、"（光绪、宣统年间）各省通用银元之成色重量"、"各省宝银名称重量表"、"各地通用银两与库平比较表"、"海关平与各口通用银两比较表"等，对后来的相关研究开启了门径、打下了基础。张家骧、吴宗焘、童蒙正的《中国之币制与汇总》对硬币（银元、铜元、制钱）、纸币、本位制及造币机构等作了叙述，表现出很高的学术水准。其记银元云："清以前，吾国上下通行之银，皆系以重量计，而不以枚数计也。自清乾隆五十七年，户部奏准西藏鼓铸银钱，是为我国以银铸币之始。至道光初年，各国银钱输入渐多，蔓延各地，欲禁无由，当时两广总督林则徐，奏请自行鼓铸银元，藉资抵制，旋经部议驳。又道光中，浙省曾自铸一两重银钱，欲与洋元并行，以民间阻滞而止。光绪初年，吉林机器官局所铸有一钱、三钱、半两、七钱、一两五种，皆未见盛行。至十三年二月，粤督张之洞奏称：'广东通省，皆用外洋银钱，波及广西，至于闽浙皖鄂所有通商口岸，以及湖南、四川、前后藏，无不通行，以至漏卮无底。粤省拟试造外洋银元，每元重漕平七钱三分，今拟每元加重一分五厘……'，于是我国流通之银元中，始有吾国自铸之银元。"①若非有深入的研究，不可能有如此的高度概括。

　　再如陈向元的《中国关税史》等相关著作，是研究晚清至民国年间关税问题的代表作，虽详于民国，但对晚清的关税研究亦有

---

① 上揭张家骧、吴宗焘、童蒙正：《中国之币制与汇总》，第2~3页。

相当的篇幅。①

第二，财政通史著作中对清代财政的研究。

20 世纪上半叶，财政通史的撰写是一个突出的现象。这方面的著作有胡钧的《中国财政史讲义》，徐式庄的《中国财政史略》，常乃德的《中国财政制度史》，刘秉麟的《中国财政小史》，杨志濂的《中国财政史辑要》等。② 在这些财政通史中，对清代的财政予以了充分注意。与其他朝代的财政相比，清代财政占有较大的比重。如胡钧的《中国财政史讲义》将中国的财政的演变分作八个时期，清代作为两个时期，即清初至道光、咸丰至宣统。刘秉麟的《中国财政小史》，对《赋役全书》、《会计册》、《奏销册》等赋税册籍，以及财政体制、俸禄、货币、田赋、盐税、关税、杂税等都有简要的叙述。其中，对晚清之杂税有较好的论述："清初入关时，对于各项杂敛，悬为例禁，涤荡繁苛，未始不善。降至中叶，杂税亦多。而流毒之深，贻害之远，莫如土药税。当时清廷收入，恃为大宗。……其他各项杂税，有相沿日久，向有定制者，有光、宣之交，临时加征者。前者有牙税、当税、契税、铺税、渔税、矿税等数种，后者如直隶之烟税、家屋税、车捐、花捐、妓捐等。各省新设之名目，大抵相同。"③ 表现出相当的概括能力和识见。

第三，通史性的专题史中对清代财政的研究。

在通史性的专题研究方面，万国鼎、徐士圭、陈登原、马大

---

① 陈向元：《中国关税史》，京华印书局 1926 年版。另参见马寅初：《中国关税问题》，商务印书馆 1930 年版；武堉幹：《中国关税问题》，商务印书馆 1930 年版；李权时：《中国关税问题》，商务印书馆 1936 年版；周念明：《中国海关之组织及其事务》，商务印书馆 1933 年版。

② 胡钧：《中国财政史讲义》，商务印书馆 1920 年版；徐式庄：《中国财政史略》，商务印书馆 1926 年版；常乃德：《中国财政制度史》，世界书局 1930 年版；刘秉麟：《中国财政小史》，商务印书馆 1931 年版；杨志濂：《中国财政史辑要》，无锡大公图书馆 1936 年版。

③ 上揭刘秉麟：《中国财政小史》，第 81 页。按：该书 2007 年武汉大学出版社作为"武汉大学百年名典"再版。

英、江士杰、刘国明、王延超、郎擎霄、吴兆莘等人的著作，① 都涉及清代的田赋及相关问题，有的论述较为深入，如马大英、江士杰等编著的《田赋史》（下）对清代的田赋进行了详细的论述，内容涉及清代的田制与亩法、赋税册籍、田亩丈量、赋税征收与报解、摊丁入地、额外征派、蠲免等，分量较重，实际上可以单独成为一本《清代田赋史》。又如郎擎霄的《中国民食史》，在"历代粮食生产政策"、"历代粮食流通政策"、"历代粮食调剂政策"等章中，对清代的田赋、土地开垦、漕运、仓储等问题，都作了叙述。再如吴兆莘的《中国税制史》，对清代的税制列有专章，包括：田赋、丁赋及差徭、盐税、常关税、海关税、厘金税、土药税、茶税、酒税、契税、牙税及当税等，内容也堪称完备。张家骧的《中华币制史》②，虽然是货币研究的通史著作，但表现出明显的厚今薄古倾向，对清代以前的币制只是概而述之，重点在于研究晚清至民国初年的相关问题，特别是对银行、造币厂的沿革有系统的论述。其他的通史性的专题研究，如杨肇遇的《中国典当业》，欧宗佑的《中国盐政小史》，曾仰丰的《中国盐政史》，吴承洛的《中国度量衡史》，邓云特的《中国救荒史》等，也都有参考价值③。

　　专著之外，相关论文涉及诸多方面。可以认为，在各个方面的

---

　　① 万国鼎：《中国田赋史》，正中书局 1933 年版；徐士圭：《中国田赋史略》，商务印书馆 1935 年版；陈登原：《中国田赋史》，商务印书馆 1936 年版；马大英、江士杰、刘国明、王延超：《田赋史》（下）（《田赋会要》第 3 编），正中书局 1944 年版；郎擎霄：《中国民食史》，商务印书馆 1933 年版；吴兆莘：《中国税制史》，商务印书馆 1937 年版。

　　② 张家骧：《中华币制史》，民国大学出版部 1925 年版。

　　③ 杨肇遇：《中国典当业》，商务印书馆 1929 年版；欧宗佑：《中国盐政小史》，商务印书馆 1931 年版；曾仰丰：《中国盐政史》，商务印书馆 1937 年版；吴承洛：《中国度量衡史》，商务印书馆 1937 年版；邓云特：《中国救荒史》，商务印书馆 1937 年版。另外，盐务署主持编撰的《中国盐政沿革史》，分盐区进行叙述，1914 年出版《长芦》分册，1915 年出版《奉天》分册。笔者最近在东京大学东洋文化研究所图书馆仅见到这两册。就这两册来看，所谓的"中国盐政沿革史"，主要的仍是叙述清代。

研究论文中，都不乏高水平的力作。汤象龙的《道光时期的银贵问题》、《咸丰朝的货币》①，梁启超的《各省滥铸铜元小史》② 以及吴晗、傅镜冰、魏建猷等人的论文，是货币金融方面的代表作。③ 夏鼐的《太平天国前后长江各省之田赋问题》，王毓铨的《清末田赋与农民》，葛寒峰的《清代田赋中之耗羡》，梁方仲的《田赋史上起运存留的划分与道路远近的关系》，以及苏良桂、单士魁、蔡狮、万国鼎、李文治等人的论文，④ 是田赋、漕运方面的代表作。王叔涵的《两淮盐务与钱庄》，刘隽的《清代云南的盐务》、《咸丰以后两淮之票法》、《道光朝两淮废引改票始末》⑤，是盐政、盐税方面的代表作。彭雨新的《清末中央与各省财政关系》；罗尔纲的《清季兵为将有的起源》，对于晚清中央财政体制

---

①　汤象龙：《道光时期的银贵问题》，《社会科学杂志》1930 年 1 卷 3 期；《咸丰朝的货币》，《中国近代经济史研究集刊》1933 年 1 卷 2 期。

②　梁启超：《各省滥铸铜元小史》，《饮冰室合集》21，中华书局 1936 年版。

③　吴晗：《王茂荫与咸丰时代的新币制》，《中国社会经济史研究集刊》1939 年 6 卷 1 期；《清中叶之货币改革运动》，《说文月刊》1944 年 4 卷；傅镜冰：《明清两代外银输入中国考》，《中行月刊》1933 年 7 卷 6 期；魏建猷：《清代外国银元之流入及其影响》，《东方杂志》1945 年 41 卷 18 号。

④　夏鼐：《太平天国前后长江各省之田赋问题》，《清华学报》1935 年 10 卷 2 期；王毓铨：《清末田赋与农民》，《食货》1936 年 3 卷 5 期；葛寒峰：《清代田赋中之耗羡》，《农学月刊》1939 年 1 卷 5 期；梁方仲：《田赋史上起运存留的划分与道路远近的关系》，《人文科学学报》1942 年 1 卷 1 期；苏良桂：《清代田赋考》，《国学丛刊》1942 年第 8～10 期；单士魁：《清代黄册与赋役问题》，《文献论丛》1948 年；蔡狮：《清代漕运之组织及其运输方法》，《交通杂志》1937 年 5 卷 3 期；万国鼎：《明清漕运概要》，《政治月刊》1940 年 4 卷 3 期；李文治：《清代屯田与漕运》，《学原》1948 年 2 卷 2 期。

⑤　王叔涵：《两淮盐务与钱庄》，《经济学季刊》1931 年 2 卷 3 期；刘隽：《清代云南的盐务》，《中国近代经济史研究集刊》1933 年 1 卷 2 期；《咸丰以后两淮之票法》，《中国近代经济史研究集刊》1933 年 1 卷 2 期；《道光朝两淮废引改票始末》，《中国近代经济史研究集刊》1933 年 2 卷 2 期。

的瓦解以及地方财政自主权的扩大等问题，有深入的分析。①

与同时期的国内学者的研究相比，国外学者的研究值得重视。除了前述带有史料性质的哲美森的《中国度支考》外，在两个方面显得较为突出：一是财政的总体研究，二是关税、货币、外债等的专门研究。特别是在日本，20世纪初至40年代，形成了对清代财政——尤其是晚清财政的研究热潮。

木村增太郎是20世纪二三十年代研究清代财政史的最著名的日本学者。他先后出版了《中国的经济与财政》、《中国的财政真相及其革新措施》、《中国的厘金制度》、《中国财政论》、《现代中国的财政经济》等数部研究著作。除了1926年出版的《中国的厘金制度》（东京东亚事情研究会）专门研究厘金问题，1940年出版的《现代中国的财政经济》（东京生活社。该书由木村氏与大川彰合著）专门研究民国财政外，其他几部著作均是以研究晚清和民国初年的财政为重点。《中国的经济与财政》②，全书共十章：第一章，特种企业组织（指"共同企业"、"合股企业"）；第二章，特种商（牙行、买办）；第三章，组合制度（商人的同业组织，会馆、公所、工商业行会等）；第四章，对外贸易；第五章，旧式金

---

① 彭雨新：《清末中央与各省财政关系》，《社会科学杂志》1947年9卷1期；罗尔纲：《清季兵为将有的起源》，《中国社会经济史集刊》1937年5卷2期。另外，罗玉东的《光绪朝补救财政之方策》（《中国近代经济史研究集刊》1934年2卷2期），吴廷燮的《论光绪朝之财政》（《文献论丛》1936年），则分析了晚清财权下移之情势下，清廷的财政清理。在外债与赔款的研究方面，汤象龙《民国以前关税担保之外债》（《中国近代经济史研究集刊》1935年3卷1期）、《民国以前的赔款是如何偿付的》（《中国近代经济史研究集刊》1934年2卷2期），是两篇重要的作品。汤象龙的《道光朝捐监之统计》（《社会科学杂志》1931年2卷4期），开了清代捐纳制度研究的先河。陈文进的《清代之总理衙门及其经费》（《中国近代经济史研究集刊》1932年1卷2期）、《清季出使各国使领经费》（《中国近代经济史研究集刊》1934年2卷2期）以及沈鉴的《辛亥革命前夕我国之陆军军费》（《社会科学》1937年2卷2期），也是对相关论题的开创性研究。

② ［日］木村增太郎：《中国的经济与财政》，东京大阪屋号书店1923年版。

融机构（钱庄的设立以及钱庄的资本与营业）；第六章，外国银行；第七章，财政组织与岁出岁入（包括中央财政机构、地方财政机构、清末的改革、会计制度、民国的财政状态）；第八章，财政困境与政治借款（包括甲午战争前后的借款、义和团事变的赔款、币制实业借款、善后大借款、续善后借款等）；第九章，内国债（包括清朝时代的内债、辛亥革命前后的内债、民国的内债等）；第十章，租税制度。从本书的章目中可以看出，该书所研究的所谓"经济"，只是一些较为特殊的经济门类，着重点还是在财政方面。《中国的财政真相及其革新措施》①，讨论的问题主要集中在四个方面，一是晚清财力匮乏的经过与借款，二是岁出与岁入的状况，三是财政组织的变革，四是财政的清理整顿。《中国财政论》②，全书分作七章，主要研究了财政制度、税收制度、外债与内债。木村氏的几部著作，有重复之处，但在论及同一问题时，也不是完全相同，后出版的著作有一些新的进展。如《中国的经济与财政》和《中国财政论》都列有"租税制度"一章，前者主要研究了田赋，其他税种只是在"税制概要"一节中略有介绍。后者除了对田赋、盐税、常关税、海关税这些税种加以论说外，对货物税（厘金）、烟酒税、印花税也作了专节探讨。

安东不二雄的《中国的财政》③，分为五编 32 章，以研究晚清至民国初年的财政状况、外债、内债、银行、岁计为重点，其中对晚清内外债的研究尤为细致。

松井义夫的《清朝经费之研究》④，分为制度和经费两编，在一般性叙述财务行政以及国家财政和地方财政的基础上，重点探讨了晚清的财政支出和相关财政问题。

---

① ［日］木村增太郎：《中国的财政真相及其革新措施》，东京启明会 1925年版。

② ［日］木村增太郎：《中国财政论》，东京大阪屋号书店 1927 年版。

③ ［日］安东不二雄：《中国的财政》，东京东亚实进社 1921 年版。

④ ［日］松井义夫：《清朝经费之研究》，南满洲铁道株式会社 1935 年版。

　　百濑弘的《清朝的财政经济政策》①，则对有清一代的财政经济政策进行了初步的研究，该著分作五章，即：（1）总论：清朝财政经济政策的意义；（2）分论一：清朝财政政策的确立及其发展；（3）分论二：清朝沿袭的传统财政经济政策；（4）分论三：清朝财政经济政策的缺失；（5）结论：清朝财政经济政策的特征。就其内容而言，涉及入关前的财政状况、货币制度，入关后的赋税减免、俸禄制度、皇室经费、军费、厘金等方面。

　　另外，平濑巳之吉的《近代中国经济史》②，虽然标称为"近代"，其实是研究有清一代的经济史著作，并对清代的财政问题予以了特别的关注。该书列有"租税政策"一章，分别以"作为军事财源的矿税"、"作为军事财源的盐税"、"作为军事财源的关税"加以叙述。

　　小竹文夫的《近世中国经济史研究》③，对明清时期外国银钱的流入、清代银钱比价的变动、清代的土地开垦、清代的人口等专题的研究，相当深入。而竹内元平的《最近中国财政概说》④，列入"满铁调查资料"第108编，于昭和四年（1929年）出版，该书共有十三章：第一章，总论；第二章，财政组织；第三章，岁入岁出概说；第四章，租税；第五章，岁计和军阀的关系；第六章，国债通论；第七章，外债；第八章，内债；第九章，国民政府的财政；第十章，各省财政；第十一章，中国财政上的主要问题；第十二章，国民政府的新财政方针；第十三章，结论。该书虽然主要研究民国年间的财政问题，但也涉及晚清的财政状况与沿革。

　　在关税研究方面，日本学者吉田虎雄是较早的开拓者之一，他

---

　　① ［日］百濑弘：《清朝的财政经济政策》，《东亚研究所报》1943年20号。已由郑永昌译成中文，附录于《财政与近代史论文集》下册，台湾"中央研究院"近代史研究所1999年版。

　　② ［日］平濑巳之吉：《近代中国经济史》，中央公论社1942年版。按：日本学者常用"近代"、"近世"来标示时间范围，但并没有统一的规范。

　　③ ［日］小竹文夫：《近世中国经济史研究》，东京弘文堂书店1942年版。

　　④ ［日］竹内元平：《最近中国财政概说》，南满洲铁道株式会社1929年版。

的《中国关税及厘金制度》①，对税关的设置、税关的沿革与组织、常关税的征收、海关税的征收，叙述系统而有致，而且特别注意到了晚清与民国初年的变革。该书附录非常详细的"海关税率表"也为后来的研究者提供了方便。而高柳松一郎的《中国关税制度论》②，英国学者莱特的《中国关税沿革史》③，则是研究中国近代海关制度和关税征收的力作。特别是莱特的《中国关税沿革史》，主要根据海关档案，并参考英国外交部档案写成，有重要的史料价值和学术价值。

在货币研究方面，清水孙秉的《清国货币论》④，在早期的研究清代货币制度的著作中最值得重视。该书事实上以研究晚清的货币为旨归，对晚清的货币制度、货币种类、"兑换券"（银票、钱票、洋钱票）、票号、钱庄、钱铺、大清户部银行、通商银行、外国在华银行等都有述说。而且，清水氏应邀在北京的时间有两年多，除博采典籍文献外，又辅以调查，称得上是力作，清朝度支部通阜司司长王璟芳的序言亦称"言我国币制沿革及现今金融状况至详且尽"。根岸佶的《中国货币改革论》⑤，除了一般性地介绍货币种类、货币单位、银两换算外，重点在于探讨晚清至民国初年的币制改革，也值得注意。井村薰雄的《中国的货币与度量衡》⑥，对晚清至民国年间的银行、货币、度量衡等问题有系统的研究。吉田虎雄的《中国货币研究》⑦，具有通史性质，但详于清朝及民国，

---

① 〔日〕吉田虎雄：《中国关税及厘金制度》，东京北文馆1915年版。

② 〔日〕高柳松一郎：《中国关税制度论》，该书原名为《支那关税制度论》，京都内外出版株式会社1920年版，1926年又出版了改定增补版。中文版作为"经济丛书社丛书之五"，商务印书馆1924年出版，李达译。

③ 〔英〕莱特：《中国关税沿革史》，1938年在上海用英文出版。1958年三联书店出版中文本，姚曾廙译。

④ 〔日〕清水孙秉：《清国货币论》，东京富山房1911年版。

⑤ 〔日〕根岸佶：《中国货币改革论》，东京支那经济学会1919年版。

⑥ 〔日〕井村薰雄：《中国的货币与度量衡》，东京大阪屋号书店1926年版。

⑦ 〔日〕吉田虎雄：《中国货币研究》，山口市东亚经济研究会1933年版。

其中在"币制改革"一章中，对晚清的币制改革计划有细致的讨论。根岸佶、越智元治的《中国及满洲的通货及币制改革》①，以研究民国年间的货币为主，但对清代的银两制度、铜钱制度、纸币等都有所叙述，特别是在探讨币制改革时，认为晚清的币制改革分为四个时期，第1时期是1895—1900年，第2时期是1901—1914年，第3时期是1914—1927年，第4时期是1927—1935年，表现出很好的识见。另外，对晚清的所谓"金本位案"、"银本位案"也有细致的讨论。宫下忠雄的《中国货币制度论》和《中国银行制度论》② 也值得注意，宫下氏的这两种著作虽然都是以民国年间为研究时段，但对晚清时期也有论述。特别是后一种著作，对晚清的银行业发展及纸币法规等叙述较为细致，所示列的78个统计表，如"历年开设中国银行年别统计（1896—1937）"、"萌芽时期中国银行设立年别统计（1896—1911）"、"外国银行各年设立表（1857—1925）"、"历年开设全国分支行推算（1896—1936）"、"外国银行的对华投资（1874—1925）"等，颇具价值。

在外债研究方面，安东不二雄的《清国国债事情》③，是最早的著作之一，全书分为七章：第一章，清国国债的起源；第二章，日清战争（甲午战争）以前的国债；第三章，日清战争公债；第四章，义和团赔偿金及补充公债；第五章，铁道借款；第六章，内国债及地方公债；第七章，全国岁出岁入及关税收入额。该书以研究清代的对外借款为主，对国内的借款也有专章，在对外借款中，详于甲午战争所导致外债的叙述与分析，对汇丰银款、汇丰金款、克萨借款、俄法借款、英德借款、英德续借款有单独论列，并对每次借款的偿还方法、偿还资金、偿还财源等作了说明。对铁道借款的叙述也相当详细，按时间顺序分别叙述了关内外铁道公债、京汉

---

① ［日］根岸佶、越智元治：《中国及满洲的通货及币制改革》，东亚同文会1937年版。

② ［日］宫下忠雄：《中国货币制度论》，大阪宝文馆1938年版；《中国银行制度论》，东京岩松堂书店1941年版。

③ ［日］安东不二雄：《清国国债事情》，横滨正金银行1910年版。

铁道公债、正太铁道公债、汴洛铁道公债、沪宁铁道公债、粤汉铁道借款、道清铁道借款、广九铁道公债、津浦铁道第一次公债、沪杭甬铁道公债、邮传部公债、新奉铁道借款、吉长铁道借款、津浦铁道第二次公债、邮传部赎路公债。对内的借款，则有甲午商款、昭信股票、直隶公债、收赎京汉铁路公债、湖北公债、安徽公债、湖南公债等的分节叙述。中滨义久的《中国的对外借款》①，全书分为十四章，前面五章主要是甲午战争以前的外债、甲午战争以后的外债、义和团与外债、币制改革及东三省实业振兴借款、瑞记借款，叙述晚清的借款事宜。后续九章则是叙述民国年间的借款事宜。伊藤文吉的《中国与列强的经济关系》，在论述中英关系、中俄关系、中法关系、中德关系、中美关系、中日关系以及中国与其他国家的关系时，也对外债问题有较系统的阐述。②

此一时期的资料汇编也值得注意，黄炎培、庞淞的《中国四十年海关商务统计图表（1876—1915）》③，以及杨端六、侯厚培的《六十五年来中国国际贸易统计》④、实业部国际贸易局的《最近三十四年来中国通商口岸对外贸易统计（1900—1933）》⑤，是较早的海关贸易统计资料。江恒源的《中国关税史料》⑥、陈度的《中

----

① ［日］中滨义久：《中国的对外借款》，南满洲铁道株式会社 1929 年版。

② ［日］伊藤文吉：《中国与列强的经济关系》，京都内外出版株式会社 1923 年版。另外，相关方面的著作还有［日］日野勉的《清国盐政考》（东亚同文会 1905 年版），［日］大山嘉藏的《中国的国债与列强》（东京文影堂书店 1915 年版），［日］西川喜一的《财政金融与关税制度》（上海日本堂书店 1925 年版），［日］滨田峰太郎的《中国的财政和公债》（东亚研究会 1930 年版），［日］樋口弘的《日本的对华投资研究》（东京生活社 1939 年版），［日］长野敏一的《中国的地方财政》（东京生活社 1942 年版）等。

③ 黄炎培、庞淞：《中国四十年海关商务统计图表（1876—1915）》，商务印书馆 1917 年版。

④ 杨端六、侯厚培：《六十五年来中国国际贸易统计》，国立中央研究院社会科学研究所，1931 年。

⑤ 实业部国际贸易局：《最近三十四年来中国通商口岸对外贸易统计（1900—1933）》，商务印书馆 1935 年版。

⑥ 江恒源：《中国关税史料》，中华书局 1931 年版。

国近代币制问题汇编》①，分类汇集相关资料，也为后来的研究打下了良好的基础。

清朝末年（明治末年）日本对中国的调查资料如《支那经济全书》、《清国事情》、《清国商业事情与金融习惯》、《清国商业总览》、《清国厘金税报告集——在清国帝国各领事馆调查》等，②也汇集了颇有价值的晚清财政资料。如东亚同文书院教授根岸佶主持的《支那经济全书》共有12辑，其中，第1辑有财政编，第3辑有关税编，第6辑有货币编、银行编。以第1辑"财政"编为例。该编共分四章，第一章"总论"，概述有清一代的财政体制、法律典章、中央财政与地方财政的关系、赋税征收与吏治关系等。第二章"地方财政"，包括收入中的地租的种类、田制、赋则、征收、耗羡、地丁银、漕粮、粮折、盐政、盐课、盐厘、厘金、土药税、牙税、当税、契税、茶税、直隶的新税等款目；支出中的祭祀费、仪宪费、驿站费、赏恤、采办、织造、教育费、俸食（俸禄）、养廉银、公费银、红白事例银、河工、塘江、饷乾（驻防八旗、绿营、长江水师、勇饷、练军）、漕运经费、海军费、补支和预支、解京诸饷、协饷、在北京诸衙门费。并附录有地方财政实例（即江南财政调查。该调查包括"江宁藩库"、"江安粮道库"、"江南盐巡道库"、"江海关道库"、"金陵防营支应局"、"江南筹防局"、"金陵善后局"、"金陵厘捐局"、"江宁劝办房膏总局"、"徐州膏捐总局"、"裕宁官银钱局"、"江南银铜元局"、"皖南茶厘总局"、"徐州土药统捐总局"、"江宁府属清赋督垦局"、"吴淞口平粜义捐总局"、"上海摊地局"等）。③第三章"中央财政"，包括经常收入中的漕粮、京饷、关税、杂款，临时收入中的协饷、捐项、借款、捐官；支出中的宫内费、俸食、养廉、饷乾、土木费、

---

① 陈度：《中国近代币制问题汇编》，上海瑞华印务局1932年版。

② 《支那经济全书》，东亚同文会1907—1908年版；《清国事情》，日本外务省通商局1907年版；《清国商业事情与金融习惯》，东亚同文书院1904年版；《清国商业总览》，东亚同文会1906—1908年版；《清国厘金税报告集——在清国帝国各领事馆调查》，日本外务省通商局1909年版。

③ 见《支那经济全书》第1辑，东亚同文会1907年版，第647~674页。

警察费、工部所管经费、宝源宝泉局经费、教育费、驿站、借拨银等。第四章"公债"，包括甲午以前的形势（外债的起源）、日清战争（甲午战争）导致的国债（含战初的财政状况、内债的募集、外债的成立）、日清战后善后公债（含怡和及瑞记借款、俄法借款、英德借款、偿还准备、昭信股票、续借英德洋款）、庚子赔款、地方借款等。这些资料也有助于晚清的财政史研究。

（二）20 世纪下半叶的清代财政史研究

新中国成立以后，直到 20 世纪 80 年代之前，中国大陆学者对清代财政史的专题研究虽然不突出，但也取得了一些值得注意的成果。

在专著方面，许大龄的《清代捐纳制度》，对清代各个时期的捐纳制度作了系统的研究，在史的描述基础上，对捐纳与财政、吏治的关系，有很好的说明，是这一研究领域的拓荒性著作。[①]

彭雨新的《清代关税制度》，虽然篇幅不大，却是国内学者较早系统研究有清一代关税的著作，既扼要介绍了鸦片战争前户部关和工部关的设置及征税制度，又论述了鸦片战争后中国海关和关税权的丧失。[②]

魏建猷的《中国近代货币史》、杨端六的《清代货币金融史稿》、叶世昌的《鸦片战争前后我国的货币学说》，则是此一时期研究货币金融方面的代表性著作。[③] 魏著主要研究鸦片战争后的银两制度、制钱制度、晚清的币制变革，以及近代外国银元的流入及其影响。杨著系统论说了清代制钱的铸造，制钱的重量，制钱的成分，制钱材料的采购，私铸与私销，银两在清朝历史发展中的地位，称量银两的各种"平"（库平、漕平、广平、关平等），银钱

---

① 许大龄：《清代捐纳制度》，燕京大学 1950 年版。北京大学出版社 2000 年出版的许大龄的《明清史论集》收录。

② 彭雨新：《清代关税制度》，湖北人民出版社 1956 年版。

③ 魏建猷：《中国近代货币史》，群联出版社 1955 年版；杨端六：《清代货币金融史稿》，三联书店 1962 年版；叶世昌：《鸦片战争前后我国的货币学说》，上海人民出版社 1963 年版。

比价的变动，晚清的通货膨胀，传统的金融机构以及外国金融势力的侵入等问题。叶著主要对鸦片战争前后的货币思想进行系统的梳理。另外，彭信威的《中国货币史》，对清代的货币也有相当多的论述。① 其中，对清初钱价的波动、清代的白银和银币、太平天国的钱币、清末的币值变动、清末的货币数量、清末的钱制改革以及货币理论、晚清的货币思想等有比较深入的研究。

刘秉麟的《近代中国外债史稿》，对晚清以来的外债作了较为系统的研究。该书除了包括"北洋军阀政府时期的外债"、"国民党反动政府时期的外债"两编外，对晚清外债的研究，涉及甲午以前的外债、甲午之役的战费和赔款与外债的关系、庚子赔款、清末其他各种政治外债、路政借款等。②

在论文方面，汤象龙、彭雨新等先生继续了新中国成立前的研究，并有新的进展。汤象龙的《鸦片战争前夕中国的财政制度》，是一篇系统研究清代前期财政制度的大作，该文分为绪论、收入制度、支出制度、财政管理制度、小结五个部分，附有"1818—1833年中英美贸易总表"、"乾隆十八年全国各省民田数目表"、"十八世纪末粤海关税率及行商附加表"、"历朝捐纳银数表"、"历朝盐商报效银数表"、"乾嘉两朝各省常平仓积谷额数表"等统计资料。③ 彭雨新的《清代前期的赋役混乱与整理改革》，在对清初赋役的加重和财政制度的混乱进行研究的基础上，对顺治后期的"均田均役"和"江南奏销案"，康熙后期的"永不加赋"，康雍年间的"摊丁入地"，雍正年间的"耗羡归公"及养廉银制度等整理改革措施分别进行了论述。④ 李华的《清代前期赋役制度的改革》，

---

① 彭信威：《中国货币史》，群联出版社 1954 年版。上海人民出版社 1958 年第 1 版，1965 年第 2 版，1988 年第 3 版。

② 刘秉麟：《近代中国外债史稿》，三联书店 1962 年版。按：该书 2007 年武汉大学出版社作为"武汉大学百年名典"再版。

③ 汤象龙：《鸦片战争前夕中国的财政制度》，《财经科学》1956 年第 1 期。

④ 彭雨新：《清代前期的赋役混乱与整理改革》，《江汉历史学丛刊》1979 年第 1 期。

除了对均田均役、永不加赋、摊丁入地予以注意外，对清初的赋税册籍制度进行了梳理。① 彭泽益在这一时期发表了较多的论文，《鸦片战后十年间银贵钱贱波动下的中国经济与阶级关系》等，都是对相关论题进行深入研究的力作。②

作为财政史研究的基础性工作，此一时期的资料编撰取得了较为突出的成就。严中平等的《中国近代经济史统计资料选辑》，中国人民大学经济史研究室《中国近代国民经济史参考资料》，在贸易、关税、银钱比价、地租形态等方面都选编了一些有价值的统计资料。③ 李文治的《中国近代农业史资料》，对户口、田地、田赋资料的选编予以了充分的注意。④ 梁方仲的《中国历代户口、田地、田赋统计》，则是一部在户口、田地、田赋方面集大成的统计资料，而清代的相关资料又最为翔实。⑤ 巫宝三等的《中国近代经济思想与经济政策资料选辑》，除了收录龚自珍、林则徐、魏源、王茂荫、包世臣等人的经济思想、财政思想、货币思想等资料外，还收录了嘉庆、道光、咸丰三朝的有关农业政策、工矿政策、商业

---

① 李华：《清代前期赋役制度的改革》，《清史论丛》1979年第1辑。

② 参见彭泽益：《鸦片战后十年间银贵钱贱波动下的中国经济与阶级关系》，《历史研究》1961年第6期；《论鸦片战争赔款》，《经济研究》1962年第12期；《1853—1868年的中国通货膨胀》，《中国社会科学院经济研究所集刊》1979年第1集；《十九世纪五十至七十年代清朝财政危机和财政搜刮的加剧》，《历史学》1979年第2期。另外，史苏苑：《从明代的一条鞭法到清代的地丁制度》，《新史学通讯》1954年第9期；陈恭禄：《从明末三饷说起兼及明清之际财政情况》，《南京大学学报》1962年第2期；樊树志：《明清漕运述略》，《学术月刊》1962年第10期等文亦有可观之处。

③ 严中平等：《中国近代经济史统计资料选辑》，科学出版社1955年版；中国人民大学经济史研究室：《中国近代国民经济史参考资料》，内部刊行，1962年。

④ 李文治编：《中国近代农业史资料》，三联书店1957年版。

⑤ 梁方仲：《中国历代户口、田地、田赋统计》，上海人民出版社1980年版。

政策、对外贸易政策、财政与货币政策等资料。①

相对于国内大陆学者的研究成果而言，20 世纪 80 年代之前，国外学者和台湾学者在清代财政史研究方面，取得了较为丰硕的成果。在日本，佐伯富的《清代盐政之研究》，是研究清代盐政的重要著作。② 佐伯富的其他研究论文颇多，涉及清代的货币制度、奏销制度、养廉银制度等。③ 重田德的《清代社会经济史研究》，对清代的地丁银以及一条鞭法与地丁银的关系有所研究。④ 川胜守的《中国封建国家的统治结构——明清赋役制度研究》，虽然着力点在明代的赋役制度，但对清代赋役制度的确立及"均田均役"也进行了一些探讨。⑤ 在欧美和台湾，E. G. 比尔的《厘金的起源——1853—1864》，是继罗玉东的《中国厘金史》之后，最为重

---

① 巫宝三等：《中国近代经济思想与经济政策资料选辑》，科学出版社 1959 年版。值得一提的是，中国人民银行总行参事室金融史料组《中国近代货币史资料》（中华书局 1964 年版），对近代货币资料的搜集堪称完备，特别是集中收录了相关档案资料，更具价值。徐义生的《中国近代外债史统计资料》（中华书局 1962 年版），有较详的外债资料。姚贤镐《中国近代对外贸易史资料》（中华书局 1962 年版），有较详的关税资料。中国近代史资料丛刊编辑委员会主编的"帝国主义与中国海关资料丛编"，也是对关税资料的集成，如《中国海关与中法战争》（科学出版社 1957 年版）、《中国海关与英德续借款》（科学出版社 1959年版）、《中国海关与庚子赔款》（科学出版社 1962 年版）等。南开大学历史系编的《清实录经济资料辑要》（中华书局 1959 年版），有财政、赋税、盐务、漕运专辑。另外像《戊戌变法》（神州国光社 1953 年版）、《鸦片战争》（神州国光社 1954 年版）、《洋务运动》（上海人民出版社 1961 年版）等资料汇编，也有一定的财政资料的搜集。

② ［日］佐伯富：《清代盐政之研究》，东洋史研究会 1956 年版。

③ 其中，养廉银制度方面的论文，已经结集译成中文出版。见［日］佐伯富：《清雍正朝的养廉银研究》，郑樑生译，台湾商务印书馆 1976 年版，1996 年第 2 版。

④ ［日］重田德：《清代社会经济史研究》，岩波书店 1975 年版。

⑤ ［日］川胜守：《中国封建国家的统治结构——明清赋役制度研究》，东京大学出版会 1980 年版。另外，［日］岩见宏：《雍正时代的公费初探》（《东洋史研究》第 15 卷 4 号，1957 年），［日］安部健夫：《耗羡提解的研究》（《东洋史研究》第 16 卷 4 号，1958 年）等论文，都值得注意。

要的著作。① 景复朗的《1845—1895 年中国的货币和货币政策》，对晚清的货币进行了新的研究。② 王业键的《中华帝国的田赋》，则是晚清田赋研究的出色著作。③ 陈昭南的《雍正乾隆年间的银钱比价变动》，主要讨论了雍正乾隆年间的银钱比价问题。④ 刘翠溶的《顺治康熙年间的财政平衡问题》，对清初财政的相关问题进行了研究。⑤

20 世纪 80 年代以后，随着中国的改革开放和新一代学者的成长，同时也由于以往研究的积累，清代财政史的研究也进入到一个新的阶段，其标志有六：

第一，出版了多部财政通史著作，对清代财政有更加系统的表述，在某些方面有新的拓展。如周伯棣的《中国财政史》，中国财政史编写组的《中国财政史》，对清代的财政收入、财政支出、财政管理等都作了分门别类的叙述。陈秀夔的《中国财政史》，对清

---

① ［美］E. G. 比尔：《厘金的起源——1853—1864》，哈佛大学出版社 1958 年版。

② ［美］景复朗：《1845—1895 年中国的货币和货币政策》，哈佛大学出版社 1965 年版。

③ 王业键：《中华帝国的田赋》，哈佛大学出版社 1973 年版。王业键的相关论文也是值得注意的，如：《雍正时期的财政改革》，《"中央研究院"历史语言研究所集刊》第 32 本，1960 年 6 月。已收录王氏著《清代经济史论文集》(一)，台北县稻香出版社 2003 年版。

④ 陈昭南：《雍正乾隆年间的银钱比价变动》，台北"中国学术著作奖助委员会"1966 年版。

⑤ 刘翠溶：《顺治康熙年间的财政平衡问题》，台湾嘉新水泥公司文化基金会 1969 年版。另外，王尔敏的《清季兵工业的兴起》(台湾"中央研究院"近代史研究所 1963 年版)、《淮军志》台湾"中央研究院"近代史研究所 1981 年版，中华书局 1987 年版)，以及刘凤翰的《新建陆军》(台湾"中央研究院"近代史研究所 1967 年版)，对晚清有关方面的军费有所涉及。何烈的《厘金制度新探》(台北"中国学术著作奖助委员会"1972 年版)，在前此学者研究的基础上，有新的探索。徐泓的《清代两淮盐场的研究》(台湾嘉新水泥公司文化基金会 1972 年版)，除对两淮盐场的行政组织进行了研究外，还涉及盐商组织、私盐流通、盐政改革等问题。王树槐的《庚子赔款》(台湾"中央研究院"近代史研究所 1974 年版)，对庚子赔款的议定、筹措、偿付等做了系统的研究。

代财政的研究则分作清代政治制度、清代政府财政、清代财政制度、清代财政政策四个部分，不但扩大了清代财政研究的外延，而且注意到了清代财政的近代形态，以及清代财政对民国财政的开启。① 孙翊刚、董庆铮主编的《中国赋税史》，殷崇浩等的《中国税收通史》，郑学檬主编的《中国赋役制度史》，对清代的赋税征收和近代赋税结构的变化予以了充分的注意。②。郭道扬的《中国会计史稿》，首次系统研究了清代的官厅会计、民间会计以及清代的财计理论。③ 黄惠贤、陈锋主编的《中国俸禄制度史》，对清代的俸禄制度和俸禄支出的研究也相当深入。④

　　第二，清代财政史的研究受到重视，有多部断代财政史著作出版。何烈的《清咸同时期的财政》，在探讨咸同以前财政概况的基础上，对咸同时期财政收入、财政支出、钱粮亏空、奏销制度以及中央财政与地方财政的变化等问题都有深入的研究。⑤ 左治生的《中国近代财政史丛稿》，对清代后期的财政收入、财政支出、财政管理以及太平天国的财政有较为系统的论述。⑥ 孙文学主编的《中国近代财政史》，在叙述清代后期的财政时，主要注意到了半殖民地半封建时期财政收入和财政支出的变态，同时，对太平天国

---

① 周伯棣：《中国财政史》，上海人民出版社1981年版；中国财政史编写组：《中国财政史》，中国财政经济出版社1987年版；陈秀夔：《中国财政史》，台湾正中书局1983年版。

② 孙翊刚、董庆铮主编：《中国赋税史》，中国财政经济出版社1987年版。殷崇浩等：《中国税收通史》，光明日报出版社1991年版。郑学檬主编：《中国赋役制度史》，厦门大学出版社1994年版，上海人民出版社2000年版。

③ 郭道扬：《中国会计史稿》，上册，中国财政经济出版社1982年版；下册，中国财政经济出版社1988年版。

④ 黄惠贤、陈锋主编：《中国俸禄制度史》，武汉大学出版社1996年版。另外，马伯煌主编：《中国经济政策思想史》（云南人民出版社1993年版），王成伯主编：《中国赋税思想史》（中国财政经济出版社1995年版），在有关章节中对清代的财政思想和财政政策进行了研究。

⑤ 何烈：《清咸同时期的财政》，台湾"国立"编译馆1981年版。

⑥ 左治生：《中国近代财政史丛稿》，西南财经大学出版社1987年版。

的财政和晚清的财政思想，也有一定的论述。① 李三谋的《明清财经史新探》，除了注意明清财政的延续与比较外，对清代的盐政、赋役、财政制度等有相应的叙述。② 邓绍辉的《晚清财政与中国近代化》，试图从晚清财政管理体制的演变以及税收制度与财政支出制度的变化等方面，探讨晚清财政变革与近代化的关系。③ 周育民的《晚清财政与社会变迁》，分别对鸦片战争与清朝财政、太平天国与清朝财政、洋务运动时期的清朝财政、甲午战争后的清朝财政、覆灭前夜的清朝财政、财政演变中的经济与社会，进行了较为系统的研究。④ 周志初的《晚清财政经济研究》，重点探讨了晚清财政管理体制的演变和晚清财政收支结构的变动。⑤ 申学锋的《晚清财政支出政策研究》则是第一部专门研究晚清财政支出政策的专著，该书除绪论和余论外，分六章分别研究了"晚清财政支出的社会背景"、"军费与'洋款'：陷入恶性循环的怪圈"、"行政事业经费与投资性支出：力有未逮的努力"、"政策主体的嬗变：中央与地方财政关系的演变"、"晚清财政支出政策的特征"、"财政支出政策的效应及其影响因素"。⑥ 另外，戴逸主编、陈桦著的《18世纪的中国与世界·经济卷》，虽然以研究18世纪的中国经济为主旨，但差不多有一半的篇幅探讨财政问题，专章讨论了"18世纪中国的国家财政"、"非常项经费的支出与筹措"、"中央财政与地方财政"，也值得注意。⑦

　　第三，清代财政研究向纵深发展，专史研究繁盛。在田赋研究方面，先后有庄吉发的《清世宗与赋役制度的改革》⑧，陈支平的

---

①　孙文学主编：《中国近代财政史》，东北财经大学出版社1990年版。

②　李三谋：《明清财经史新探》，山西经济出版社1990年版。

③　邓绍辉：《晚清财政与中国近代化》，四川人民出版社1998年版。

④　周育民：《晚清财政与社会变迁》，上海人民出版社2000年版。

⑤　周志初：《晚清财政经济研究》，齐鲁书社2002年版。

⑥　申学锋：《晚清财政支出政策研究》，中国人民大学出版社2006年版。

⑦　陈桦：《18世纪的中国与世界·经济卷》，辽海出版社1999年版。

⑧　庄吉发：《清世宗与赋役制度的改革》，台湾学生书局1985年版。

《清代赋役制度演变新探》和《民间文书与明清赋役史研究》①，彭雨新的《清代土地开垦史》②，李澍田主编的《清代满洲土地制度研究》③，史志宏的《清代前期的小农经济》④，袁良义的《清一条鞭法》⑤，刘志伟的《在国家与社会之间——明清广东里甲赋役制度研究》⑥，何平的《清代赋税政策研究》等。⑦

在盐业、盐税研究方面，先后有张学君、冉光荣的《明清四川井盐史稿》⑧，牧寒的《内蒙古盐业史》⑨，陈锋的《清代盐政与盐税》⑩ 以及宋良曦、钟长永的《川盐史论》，张海鹏、王廷元等的《徽商研究》，王振忠的《明清徽商与淮扬社会变迁》，徐安琨的《清代大运河盐枭研究》，张小也的《清代私盐问题研究》，倪玉平的《博弈与均衡：清代两淮盐政改革》，黄国信的《区与界：清代湘粤赣界邻地区食盐专卖研究》等。⑪

在关税研究方面，先后有赵淑敏的《中国海关史》⑫，叶松年

①　陈支平：《清代赋役制度演变新探》，厦门大学出版社 1988 年版。《民间文书与明清赋役史研究》，黄山书社 2004 年版。

②　彭雨新：《清代土地开垦史》，农业出版社 1990 年版。

③　李澍田主编：《清代满洲土地制度研究》，吉林文史出版社 1993 年版。

④　史志宏：《清代前期的小农经济》，中国社会科学出版社 1994 年版。

⑤　袁良义：《清一条鞭法》，北京大学出版社 1995 年版。

⑥　刘志伟：《在国家与社会之间——明清广东里甲赋役制度研究》，中山大学出版社 1997 年版。

⑦　何平：《清代赋税政策研究》，中国社会科学出版社 1998 年版。

⑧　张学君、冉光荣：《明清四川井盐史稿》，四川人民出版社 1984 年版。

⑨　牧寒：《内蒙古盐业史》，内蒙古人民出版社 1987 年版。

⑩　陈锋：《清代盐政与盐税》，中州古籍出版社 1988 年版。

⑪　宋良曦、钟长永：《川盐史论》，四川人民出版社 1990 年版；张海鹏、王廷元等：《徽商研究》，安徽人民出版社 1995 年版；王振忠：《明清徽商与淮扬社会变迁》，三联书店 1996 年版；徐安琨：《清代大运河盐枭研究》，台北文史哲出版社 1998 年版；张小也：《清代私盐问题研究》，社会科学文献出版社 2001 年版；倪玉平：《博弈与均衡：清代两淮盐政改革》，福建人民出版社 2006 年版；黄国信：《区与界：清代湘粤赣界邻地区食盐专卖研究》，三联书店 2006 年版。

⑫　赵淑敏：《中国海关史》，台北"中央"文物供应社 1982 年版。

的《中国近代海关税则史》①，陈诗启的《中国近代海关史·晚清
部分》及《中国近代海关史问题初探》、《从明代官手工业到中国
近代海关史研究》②，戴一峰的《近代中国海关与中国财政》及主
编的《中国海关与中国近代社会》③，冈本隆司的《近代中国与海
关》④，祁美琴的《清代榷关制度研究》⑤，李爱丽的《晚清美籍税
务司研究》⑥，李永胜的《清末中外修订商约交涉研究》等。⑦

　　在漕运研究方面，有李文治、江太新的《清代漕运》⑧，以及
彭云鹤的《明清漕运史》，吴琦的《漕运与中国社会》，倪玉平的
《清代漕粮海运与社会变迁》等。⑨

　　在军费研究方面，有王尔敏的《淮军志》⑩，庄吉发的《清高
宗十全武功研究》⑪，赖福顺的《乾隆重要战争之军需研究》⑫，罗
尔纲的《绿营兵志》、《湘军兵志》和《晚清兵志》⑬ 以及龙盛运

①　叶松年：《中国近代海关税则史》，上海三联书店 1991 年版。

②　陈诗启：《中国近代海关史·晚清部分》，人民出版社 1993 年版；《中国
近代海关史问题初探》，中国展望出版社 1987 年版；《从明代官手工业到中国近
代海关史研究》，厦门大学出版社 2004 年版。

③　戴一峰：《近代中国海关与中国财政》，厦门大学出版社 1993 年版；《中
国海关与中国近代社会》，厦门大学出版社 2005 年版。

④　［日］冈本隆司：《近代中国与海关》，名古屋大学出版会 1999 年版。

⑤　祁美琴：《清代榷关制度研究》，内蒙古大学出版社 2004 年版。

⑥　李爱丽：《晚清美籍税务司研究》，天津古籍出版社 2005 年版。

⑦　李永胜：《清末中外修订商约交涉研究》，南开大学出版社 2005 年版。

⑧　李文治、江太新：《清代漕运》，中华书局 1995 年版。

⑨　彭云鹤：《明清漕运史》，首都师范大学出版社 1995 年版；吴琦：《漕运
与中国社会》，华中师范大学出版社 1999 年版；倪玉平：《清代漕粮海运与社会
变迁》，上海书店 2005 年版。

⑩　王尔敏：《淮军志》，台湾"中央研究院"近代史研究所 1981 年版，中
华书局 1987 年版。

⑪　庄吉发：《清高宗十全武功研究》，台湾故宫丛刊 1982 年版，中华书局
1987 年版。

⑫　赖福顺：《乾隆重要战争之军需研究》，台湾故宫博物院 1984 年版。

⑬　罗尔纲：《绿营兵志》，中华书局 1984 年版；《湘军兵志》，中华书局
1994 年版；《晚清兵志》，中华书局 1997 年版。

的《湘军史稿》，陈锋的《清代军费研究》，陆方、李之渤的《晚清淮系集团研究》，樊百川的《淮军史》，戚其章的《晚清海军兴衰史》等。①

在货币研究方面，有王业键的《中国近代货币与银行的演进（1664—1937）》②，郑家度的《广西近百年货币史》③，李宇平的《近代中国的货币改革思潮（1902—1914）》④，王宏斌的《晚清货币比价研究》⑤，宫下忠雄的《近代中国银两制度研究》⑥，以及戴建兵的《中国近代纸币》，姚会元的《中国货币银行》，张通宝的《湖北近代货币史稿》，穆渊的《清代新疆货币史》，桑润生的《简明近代金融史》等。⑦

在外债和外资研究方面，有曹均伟的《近代中国利用外资》⑧，许毅等《清代外债史论》⑨，以及曹均伟、方小芬的《中国近代利用外资活动》，马陵合的《清末民初铁路外债观研究》等。⑩

---

① 龙盛运：《湘军史稿》，四川人民出版社1990年版；陈锋：《清代军费研究》，武汉大学出版社1992年版；陆方、李之渤：《晚清淮系集团研究》，东北师范大学出版社1993年版；樊百川：《淮军史》，四川人民出版社1994年版；戚其章：《晚清海军兴衰史》，人民出版社1998年版。

② 王业键：《中国近代货币与银行的演进（1664—1937）》，台湾"中央研究院"经济研究所1981年版，收录王氏著：《清代经济史论文集》（一），台北县稻香出版社2003年版。

③ 郑家度：《广西近百年货币史》，广西人民出版社1981年版。

④ 李宇平：《近代中国的货币改革思潮（1902—1914）》，台湾师范大学历史研究所1987年版。

⑤ 王宏斌：《晚清货币比价研究》，河南大学出版社1990年版。

⑥ ［日］宫下忠雄：《近代中国银两制度研究》，有明书房1990年版。

⑦ 戴建兵：《中国近代纸币》，中国金融出版社1993年版；姚会元：《中国货币银行》，原武汉测绘科技大学出版社1993年版；张通宝：《湖北近代货币史稿》，湖北人民出版社1994年版；穆渊：《清代新疆货币史》，新疆大学出版社1994年版；桑润生：《简明近代金融史》，立信会计出版社1995年版。

⑧ 曹均伟：《近代中国利用外资》，上海社会科学院出版社1991年版。

⑨ 许毅等：《清代外债史论》，中国财政经济出版社1996年版。

⑩ 曹均伟、方小芬：《中国近代利用外资活动》，上海财经大学出版社1997年版；马陵合：《清末民初铁路外债观研究》，复旦大学出版社2004年版。

在行政管理机构研究方面，先后出版有张德泽的《清代国家机关考略》，李鹏年的《清代中央国家机关概述》，刘子扬的《清代地方官制考》，祁美琴的《清代内务府》等。①

上述研究已经涉及清代财政史的许多方面，虽然水平参差不齐，但大多数著作都有相当的研究深度。

第四，有关论文集的出版较为活跃，这包括了论文合集和个人论文专集两个方面。在论文合集方面，台湾商务印书馆 1986 年出版的《中国近现代史论集》值得注意，该论文集分作 30 编（本），在许多编中都有相关的财政研究论文，如第二编中王仲孚的《同光间新疆回乱的善后措施》，第八编中庄吉发的《清季南北洋海防经费的筹措》，包遵彭的《清季海军经费考实》，吴相湘的《清季园苑建筑与海军经费》，第十编中全汉昇的《清季铁路建设的资本问题》，庄吉发的《清季铁路经费的筹措》，第十一编中黄俊彦的《甲午战后筹还外债与财政的变革》，第十三编中王树槐的《庚子地方赔款》等。这些论文的选题都是前此学者涉及较少或基本上没有涉及的，具有开创性质。日本东洋史研究会 1986 年出版的《雍正时代的研究》，收入了 24 篇论文，许多论文是研究雍正时期财政问题的力作，如岩见宏的《雍正时代公费问题的初步研究》、《关于养廉银制度的创设》，安部健夫的《米谷供需的研究》、《耗羡提解的研究》，佐伯富的《清代雍正朝的通货问题》、《清代的奏销制度》，宫崎市定的《关于雍正帝实施的俸工银扣捐的停止》等。中国人民大学出版社 1987 年出版的孙健编的《中国经济史论文集》，收录了彭雨新的《中国近代财政史简述》、宓汝成的《近代中国外债》等长篇论文，这些论文虽属讲义性质，但由于是作者的多年研究心得，不乏真知灼见。台湾"中央研究院"近代史

① 张德泽：《清代国家机关考略》，中国人民大学出版社 1981 年版；李鹏年：《清代中央国家机关概述》，黑龙江人民出版社 1988 年版；刘子扬：《清代地方官制考》，紫禁城出版社 1988 年版，1994 年第 2 版；祁美琴：《清代内务府》，中国人民大学出版社 1998 年版。另外，在太平天国的财政经济制度研究方面，有郭毅生：《太平天国经济制度》，中国社会科学出版社 1984 年版。

研究所社会经济史组 1999 年编的《财政与近代历史》，分为上、下两集，收录了许多有分量的论文。个人的论文专集如彭泽益的《十九世纪后半期的中国财政与经济》，汤象龙的《中国近代财政经济史论文选》，韦庆远的《档房论史文编》、《明清史辨析》，吴天颖的《井盐史探微》，陈锋的《陈锋自选集》，山本进的《清代财政史研究》，王业键的《清代经济史论文集》等。①

　　第五，有关研究论文数量繁多，几乎涉及清代财政的各个方面。有些研究论文具有较高的研究水准，如郭松义的《论"摊丁入地"》，对摊丁入地的进程及各省的具体实行情况进行了最为细致的研究。② 何汉威的《清末赋税基准的扩大及其局限》，不但注意到了晚清财政的总体状况，而且对烟酒税、契税进行了深入研究。③ 彭泽益的《清代财政管理体制与收支结构》，对清代财政的总体状况，有较好的把握。④ 彭雨新的《清代田赋起运存留制度的演进》，对田赋中起运存留的划分以及协饷制度等有详细的说明。⑤ 另外，彭雨新的《辛亥革命前夕清王朝财政的崩溃》，刘克祥的《太平天国后清政府的财政整顿和赋税搜刮》，岩井茂树的《清代国家财政中的中央与地方——以酌拨制度为中心》，薛瑞录的《清代养廉银制度简论》，魏光奇的《清代后期中央集权财政体制的瓦

---

① 彭泽益：《十九世纪后半期的中国财政与经济》，人民出版社 1983 年版；汤象龙：《中国近代财政经济史论文选》，西南财经大学出版社 1987 年版；韦庆远：《档房论史文编》，福建人民出版社 1984 年版；《明清史辨析》，中国社会科学出版社 1989 年版；吴天颖：《井盐史探微》，四川人民出版社 1992 年版；陈锋：《陈锋自选集》，华中理工大学出版社 1999 年版；〔日〕山本进：《清代财政史研究》，汲古书院 2002 年版；王业键：《清代经济史论文集》，台北县稻香出版社 2003 年版。

② 郭松义：《论"摊丁入地"》，《清史论丛》第 3 辑，1982 年。

③ 何汉威：《清末赋税基准的扩大及其局限》，《台湾"中央研究院"近代史研究所集刊》第 17 期下册，1988 年。

④ 彭泽益：《清代财政管理体制与收支结构》，《中国社会科学院研究生院学报》1990 年第 2 期。

⑤ 彭雨新：《清代田赋起运存留制度的演进》，《中国经济史研究》1992 年第 4 期。

解》，许檀、经君健的《清代前期商税问题新探》，等等，① 都是有关方面的代表作。

第六，资料汇编受到进一步重视，特别是档案资料的编辑出版空前突出。除《历史档案》、《清代档案史料丛编》定期整理编辑出版清代档案资料外，许多类型的档案陆续出版。如《康熙起居注》、《康熙朝汉文朱批奏折汇编》、《明清档案》、《吴熙档案选编》、《康熙朝满文朱批奏折全译》、《雍正朝汉文朱批奏折汇编》、《雍正朝满文朱批奏折全译》、《乾隆朝上谕档》、《乾隆朝惩办贪污档案选编》、《光绪朝朱批奏折》、《咸丰同治两朝上谕档》、《中国海关密档》，等等。这些档案汇编中包括了许多财政史料，有的还有财政史料专集，如《历史档案》辑录了《顺治年间设关榷税档案选》、《顺治年间征收杂税史料选》、《顺治年间两淮盐务题本》等，《清代档案史料丛编》辑录了《顺治十八年加派练饷》、《顺治年间清查起科明藩田产》、《大学堂经费问题史料》等，《吴熙档案选编》的第六辑、第七辑则专门辑录了《清政府财政经济资料》。档案资料汇编之外，一些集中的财政史料汇编也值得注意。如鲁子健的《清代四川财政史料》，徐雪筠的《上海近代社会经济发展概况——〈海关十年报告译编〉》，中国人民银行总行参事室的《中国近代外债史资料》，汤象龙的《中国近代海关税收和分配统计》，彭雨新的《清代土地开垦史资料汇编》，穆和德、李策的《近代武汉经济与社会——〈海关十年报告·汉口江汉关〉》，吴兆莘、洪文金等的《中国财政金融年表》下册，李必樟的《上海近代贸易

---

① 彭雨新：《辛亥革命前夕清王朝财政的崩溃》，《辛亥革命论文集》，湖北人民出版社 1981 年版；刘克祥：《太平天国后清政府的财政整顿和赋税搜刮》，《中国社会科学院经济研究所集刊》第 3 集，1981 年；［日］岩井茂树：《清代国家财政中的中央与地方——以酌拨制度为中心》，《东洋史研究》第 42 卷 2 号，1983 年；薛瑞录：《清代养廉银制度简论》，《清史论丛》第 5 辑，1984 年；魏光奇：《清代后期中央集权财政体制的瓦解》，《近代史研究》1986 年第 1 期；许檀、经君健：《清代前期商税问题新探》，《中国经济史研究》1990 年第 2 期。

经济发展概况——1854—1898 年英国驻上海领事贸易报告汇编》等。① 这些档案资料与财政资料汇编，对今后清代财政史的研究必将起到推进作用。

（三）20 世纪清代财政史研究的特点与不足

概观 20 世纪的清代财政史研究，我们可以总结出如下特点：

第一，从研究进程来看，20 世纪之交至 30 年代以及 20 世纪 80 年代以后是清代财政史研究较为突出的两个时期。在第一个时期，除了胡钧的《中国财政史讲义》、徐式庄的《中国财政史略》等多部财政通史和万国鼎的《中国田赋史》、吴兆莘的《中国税制史》等多部通史性的财政专史对清代财政多有涉及外，还出现了哲美森的《中国度支考》、吴廷燮的《清财政考略》、松井义夫的《清朝经费之研究》等专门研究清代财政史的著作。更为突出的是，出现了罗玉东的《中国厘金史》堪称经典的断代专史著作。在第二个时期，除了著作、论文的数量猛增以及研究的深度、广度大为扩展外，清代财政的专史研究非常突出，涵盖了田赋、盐税、关税、漕运、军费、货币、外债等诸多方面，有些著作具有划时代的开创意义。

第二，在清代财政史研究的起步阶段，国内学者已比较注意国外财政学的理论著作翻译。如亚当士（斯）的《财政学大纲》，就由刘秉麟翻译，商务印书馆 1933 年出版；柏克的《市预算》，由

---

① 鲁子健：《清代四川财政史料》上册，四川社会科学出版社 1984 年版；下册，四川社会科学出版社 1988 年版；徐雪筠：《上海近代社会经济发展概况——〈海关十年报告译编〉》，上海社会科学出版社 1985 年版；中国人民银行总行参事室：《中国近代外债史资料》，中国金融出版社 1991 年版；汤象龙：《中国近代海关税收和分配统计》，中华书局 1992 年版；彭雨新：《清代土地开垦史资料汇编》，武汉大学出版社 1992 年版；穆和德、李策：《近代武汉经济与社会——〈海关十年报告·汉口江汉关〉》，香港天马图书有限公司 1993 年版；吴兆莘、洪文金等：《中国财政金融年表》下册，中国财政经济出版社 1994 年版；李必樟：《上海近代贸易经济发展概况——1854—1898 年英国驻上海领事贸易报告汇编》，上海社会科学出版社 1993 年版。

孙树兴翻译，商务印书馆 1933 年出版；塞力格曼的《租税转嫁与归宿》，由许炳汉翻译，商务印书馆 1935 年出版，等等。同时，国内学者也开始撰写自己的财政学著作。如雍家源的《中国政府会计论》，商务印书馆 1933 年出版，胡善恒的《赋税论》，商务印书馆 1934 年出版，尹文敬的《财政学》，商务印书馆 1935 年出版，马寅初的《财政学与中国财政》，商务印书馆 1948 年出版。这些财政学著作，一方面，注重财政理论与方法的探讨，对初始的财政史研究具有引导与规范作用；另一方面，注重论与史的结合，注重现实与历史的关系，对去时不远的清代财政予以了关注和评说。胡善恒的《赋税论》对赋税的分类、赋税的原则、赋税的负担、赋税在经济上的影响以及我国的税种与西方国家的税种进行了分析论列。尹文敬的《财政学》在"预决算论"一编中，述及中国的预算起源时即云："中国编制预算，起于满清末年。光绪之季，政府以筹备宪政之名，注意清理财政，定清理财政章程三十五条，在京设财政清理处，各省设清理财政局，由部派财政监理官。令各省财政清理局将收支存储粮银各数，编造册籍并盈亏计算表送部。此种办法，已具会计出纳之形式，而为预算之先声。"① 这可以看作是在研究相关理论时对晚清预算的初步梳理。

　　第三，某些现实问题的凸显和对现实的关注，导致了研究热点的形成。20 世纪二三十年代的关税研究热就是一个典型。武堉幹在其《中国关税问题》的序言中即称："关税问题，系中国目前政治、经济、国权，均极重要。近年以来，有识之士，殆均注意及此，即坊间关于此项问题之著述，亦尝汗牛充栋。"② 这从一个侧面反映出了财政史学者的学术责任感和现实使命感。仅从武堉幹《中国关税问题》的章目中，亦可一目了然，如第二章为"中国关税自主权丧失之沿革"，第三章"中国海关行政权旁落之由来"，第四章"中国现行关税制度之缺点"。关注现实当然不能代替严格的学术研究，但历史与现实的相互照察，却是学者的重要使命

① 尹文敬：《财政学》，商务印书馆 1935 年版，第 542 页。
② 武堉幹：《中国关税问题》，商务印书馆 1930 年版，第 1 页。

之一。

第四，一直比较注意财政资料的汇编与整理，大量财政资料的出版，成为清代财政史研究的基础。哲美森的《中国度支考》，吴廷燮的《清财政考略》作为最初的清代财政史著作，主要显现的是其史料价值。而就专门的财政资料整理来说，有三个特点：一是从现有典籍文献中撮录财政史资料，如《中国财政金融年表》、《清代四川财政史料》等；二是清代档案的整理出版，如《明清史料》、《明清档案》等，或者主要的是利用清代档案整理出的资料，如《中国近代货币史资料》、《清代土地开垦史资料汇编》等；三是带有研究性质的统计资料的整理，如《中国历代户口、田地、田赋统计》、《中国近代海关税收和分配统计》等。《中国历代户口、田地、田赋统计》中，清代的统计资料最为全面。《中国近代海关税收和分配统计》主要利用了清代档案，罗尔纲在为该书所写的序中评价道："汤象龙同志撰著本书所用的档案多达六千件，只不过是他所收集的档案资料总数的百分之五。他把海关报告中的旧管、新收、开除、实在的四柱数字编成统计表格，在本书中发表了共计 118 个统计表，其中全国海关历年税收和分配综合统计表 46 个，全国各海关历年税收和分配关别统计表 72 个。可见著者在发掘和利用清代档案进行研究工作规模之大，在我国史学界是仅有的，也是最早的，至于著者运用统计方法整理大量财政经济档案更是我国史学界的第一人。"①

第五，清代财政史研究与以前各代财政史研究的最大不同，是有清代档案可资利用，由于许多学者大量利用现存档案，使得清代财政史的研究非常细致与深入。汤象龙、刘隽、罗玉东等人在早期的研究中已开了利用清代档案的先河。其后，彭雨新的《清代土地开垦史》，彭泽益的《十九世纪后半期的中国财政与经济》收录的晚清财政史论文，韦庆远的《档房论史文编》、《明清史辨析》，赖福顺的《乾隆重要战争之军需研究》，陈锋的《清代盐政与盐

---

① 汤象龙：《中国近代海关税收和分配统计》，中华书局 1992 年版，第 2 页。

税》、《清代军费研究》以及《陈锋自选集》中收录的清代财政史研究论文等，都是主要依据清代档案资料写成。

20 世纪清代财政史的研究虽然取得了很多值得称道的成果，但也存在着若干不足，其主要的不足表现在三个方面：

一是专题性的财政史资料汇编较为缺乏，特别是档案资料的整理与出版滞后。现存清代档案资料浩如烟海，研究清代财政可谓得天独厚。虽然已经整理出版了许多档案资料，专题性的资料如《中国近代货币史资料》、《中国近代海关税收和分配统计》也为人瞩目，但还远远不够，尚需动用大量的人力、物力。而且，除了整理出版中国第一历史档案馆和台湾保存的清代档案外，各地方档案馆保存的档案也需要进一步予以关注。只有加大档案资料特别是专题档案资料的整理出版，清代财政史的研究才有望登上一个新的台阶。

二是清代财政史的许多方面还缺乏深入的研究，有些方面还存在着研究的空白。说其缺乏深入的研究，主要是指相当数量的论文选题重复，没有新意或新意很少。有些论著不注重学术规范，不尊重他人的研究成果，不进行学术史的检讨，甚至不乏拼凑抄袭。说其存在着研究的空白，主要是指某些财政专题的研究甚少或阙失，比如赋税征收册籍的研究、杂税的研究、晚清俸禄变革的研究、晚清新的财政支出的研究，等等。

三是还没有一部系统全面的清代财政史著作出版。这既与汉、唐、宋等朝代以及民国年间的财政史撰写存在着差距，也与清代财政史研究的活跃，以及清代财政史研究的基本条件不协调。之所以会出现这种情况，一方面是由于现存清代文献资料和档案资料过于浩繁，非一人之力、非短期内可以撮其精要，正确论述。从这个意义上说，存世资料的多少，对研究者而言，也是一柄双刃剑。另一方面，也与某些专题研究的不足相关联。如果没有高水平的专题研究作为基础，也就不可能有系统、全面的清代财政史著作。

上述三个方面的不足，实际上是互为关联的。因此，需要各个方面的共同努力，以造就新世纪清代财政史研究的新景观。

二、财政管理体制研究

（一）财政管理制度与财政调度

目前还没有看到清代财政管理制度方面的研究专著，但已经出版的几种清代行政管理机构的研究著作或制度史的研究著作，如前揭张德泽的《清代国家机关考略》，李鹏年的《清代中央国家机关概述》，刘子扬的《清代地方官制考》，郭松义、李新达、李尚英的《清朝典制》，郭松义、李新达、杨珍的《中国政治制度史·清代卷》，祁美琴的《清代内务府》等，对清代的财政管理都有程度不等的叙述。张德泽的《清代国家机关考略》分作"中央机关"、"地方机关"、"清季国家机关之改革"三编，在"中央机关"编中，对"掌户籍与财政、经济的户部及有关机关"、"管理宫廷事务的内务府"作了重点介绍；在"地方机关"编中，除了介绍各省督、抚、司、道衙门，各省府、厅、州、县衙门的行政职能和财政职能外，对与财政事务密切相关的漕运总督及督粮道衙门、盐务衙门、河道衙门及各处税关也都一一述及；在"清季国家机关之改革"编中，重点介绍了光绪庚子后的改革官制、光绪三年成立责任内阁及各衙门的改设和增设。刘子扬的《清代地方官制考》在涉及地方财政的管理问题时，特别是对"管理漕运之地方官制"、"管理河务之地方官制"、"管理盐务之地方官制"、"地方税务官制"等专题讨论，都较为细致。郭松义等《清朝典制》也是一部值得关注的著作，在"国家机关制度"、"职官管理制度"、"财政、监察和法律制度"、"军事制度"诸章中，都涉及财政管理问题。而《中国政治制度史·清代卷》则专列"财政管理制度"一章，对清代的财政管理体制、预算的收支与分配以及清代财政管理制度的特点等，作了较有特点的论述。另外，瞿同祖的《清代地方政府》，对州县政府、州县官、书吏、衙役、长随、幕友、司法、征税、其他行政、士绅与地方政府等列有专章，对清代地方政府的构成以及运作模式进行了系统的研究。① 唐瑞裕的《清代乾隆朝吏治之研究》，对乾隆朝的吏治以及与耗羡的征收、官员的侵贪、陋规、亏空等方面，也有深入的论述。②

在专题研究论文中，汤象龙、彭泽益、彭雨新等人的论文值得关注。汤象龙的《鸦片战争前夕中国的财政制度》，是一篇系统研究清代前期财政制度的大作，该文对清代的财政收入制度、支出制度、财政管理制度分别进行了论述，其中的财政管理制度涉及中央的财政管理制度和地方的财政管理制度。③ 彭泽益的《清代财政管理体制与收支结构》，对户部及所属 14 个清吏司的职能、地方财政管理机构、财政的收支结构和运作特点等进行了分析。④ 彭雨新的《中国近代财政史简述》，除了介绍鸦片战争前清朝的财政收支大概外，重点论述了鸦片战争后财政收支的变化。⑤ 杨久谊的《清代盐专卖制之特点——一个制度面的剖析》，分为导论、清代的盐区制度、盐区制度的政治根源、清代盐专卖运作的两个模式、淮南纲岸之独特、长芦与两淮：一个比较、产销之联系——场商、结论等八个部分，对清代的盐政体制进行了全面系统的论述。⑥ 笔者的几篇论文，如《清代盐法考成述论》、《清代的钱粮征解与吏治》、《清代中央财政与地方财政的调整》、《清代户部的盐政职能》、《清代赋役制度的整顿改革与政策导向》、《清代前期奏销制度与政策演变》、《清代财政制度的近代化》、《清代财政支出政策与支出结构的变动》、《清代财政收入政策与收入结构的变动》 等，分别对

---

① 瞿同祖：《清代地方政府》，范忠信、晏锋译，法律出版社 2003 年版。

② 唐瑞裕：《清代乾隆朝吏治之研究》，台北文史哲出版社 2001 年版。

③ 汤象龙：《鸦片战争前夕中国的财政制度》，《财经科学》1956 年第 1 期。

④ 彭泽益：《清代财政管理体制与收支结构》，《中国社会科学院研究生院学报》1990 年第 2 期。

⑤ 彭雨新：《中国近代财政史简述》，收入孙健编：《中国经济史论文集》，中国人民大学出版社 1987 年版。

⑥ 杨久谊：《清代盐专卖制之特点——一个制度面的剖析》，《台湾"中央研究院"近代史研究所集刊》第 47 期，2005 年。

清代财政制度、财政政策、财政管理进行了论述。① 山本进的几篇论文，如《清代后期四川地方财政的形成》、《清代后期湖广的财政改革》、《清代后期四川的财政改革与公局》、《清代后期江浙的财政改革与善堂》、《清末山西的差徭改革》等，把着眼点放在了晚清地方财政的变制和改革方面。② 清代后期地方财政的形成和改革，是一个重要的问题，尚未引起国内学者的充分注意，山本进的几篇论文虽然比较初始，缺乏系统深入的梳理，但其论题的选择、研究的角度以及对新的研究领域的开拓却值得肯定。日本学者相关方面的论文还有谷井阳子的《道光咸丰时期地方财务基调的变化》③，土居智典的《清代湖南省的省财政形成与绅士层》④。

清代的财政调度主要表现在漕运和协拨（协饷）两个方面。不论是漕运还是协拨都与中央财政和地方财政有关联，所以在后面叙述中央与地方财政的关系时也会有所涉及。这里主要检视有关漕运的研究。

在早期的研究中，前揭蔡狮的《清代漕运之组织及其运输方

---

① 陈锋：《清代盐法考成述论》，《盐业史研究》1996 年第 1 期；《清代的钱粮征解与吏治》，《社会科学辑刊》1997 年第 3 期；《清代中央财政与地方财政的调整》，《历史研究》1997 年第 5 期；《清代户部的盐政职能》，《盐业史研究》1998 年第 2 期；《清代赋役制度的整顿改革与政策导向》，《人文论丛》1999 年卷；《清代前期奏销制度与政策演变》，《历史研究》2000 年第 2 期；《清代财政制度的近代化》，《东瀛求索》2000 年第 11 号；《清代财政支出政策与支出结构的变动》，《江汉论坛》2000 年第 5 期；《清代财政收入政策与收入结构的变动》，《人文论丛》2001 年卷。

② ［日］山本进：《清代后期四川地方财政的形成》，《史林》第 75 卷 6 号，1992 年；《清代后期湖广的财政改革》，《史林》第 77 卷 5 号，1994 年；《清代后期四川的财政改革与公局》，《史学杂志》103 编 7 号，1994 年；《清代后期江浙的财政改革与善堂》，《史学杂志》104 编 12 号，1995 年；《清末山西的差徭改革》，《东洋史研究报告》第 19 号，1995 年。

③ ［日］谷井阳子：《道光咸丰时期地方财务基调的变化》，《东洋史研究》第 47 卷 4 号，1989 年。

④ ［日］土居智典：《清代湖南省的省财政形成与绅士层》，《史学研究》第 227 号，2000 年。

法》，万国鼎的《明清漕运概要》，李文治的《清代屯田与漕运》等文，堪称代表作。20世纪80年代以后，有关漕运的研究论文较多，重要的论文不下几十篇。① 这些论文的研究范围已十分广泛，除漕运本身的问题外，注意到了漕运与社会经济以及社会生活的关系。

在漕运的研究专著方面，有李文治、江太新的《清代漕运》，彭云鹤的《明清漕运史》，吴琦的《漕运与中国社会》，倪玉平的《清代漕粮海运与社会变迁》。李文治、江太新撰著的《清代漕运》，是迄今为止研究清代漕运最为深入的著作，该书在一般性介绍历代漕运制度沿革的基础上，重点探讨了清代漕运制度的重建，以及漕粮的财政作用，漕粮的赈恤功能，漕粮赋税制度，漕粮的征收兑运和交仓，漕运官制和船制，漕运运丁，漕运屯田，漕粮运道，漕运改制，漕运与吏治的关系，漕运与农村经济的关系，漕运与商品经济的关系等问题，几乎涉及漕运的方方面面。李文治等先生认为，"清代漕运，伴随政治及社会经济的发展变化，有过一个

---

① 如熊元斌：《清代河运向海运的转变》，《江汉论坛》1984年第1期；易生运：《关于清代嘉道年间的漕粮海运问题》，《华中师院学报》1985年第2期；邓亦兵：《清代河南漕运述略》，《中州学刊》1985年第5期；杨天宏：《清政府六省裁漕的目的》，《四川师范大学学报》1987年第2期；殷崇浩：《乾隆时的漕粮宽免》，《中国社会经济史研究》1987年第3期；曹国庆：《试述清代漕运的盛衰》，《历史教学》1987年第7期；吴琦：《清代湖广漕额辨析》，《中国农史》1988年第3期；戴鞍钢：《清代江西漕政述略》，《江西社会科学》1988年第3期；戴鞍钢：《清代漕运兴废与山东运河沿线社会经济的变化》，《齐鲁学刊》1988年第4期；张照东：《论清代水陆漕运方式及其社会经济影响》，《社会科学战线》1989年第2期；黄十庆：《清代运军的构成与性质》，《江淮论坛》1990年第3期；吴琦：《清代漕粮在京城的社会功用》，《中国农史》1992年第2期；张照东：《清代漕运与南北物资交流》，《清史研究》1992年第3期；江太新、李文治：《论清代中叶后漕政的败坏》，《中国经济史研究》1992年第4期；刘梅生、庞乃铭：《试论道光前期的漕粮海运》，《信阳师院学报》1993年第1期；吴琦：《清代湖广漕运的社会功能》，《中国经济史研究》1993年第4期；周祚绍：《清代前期水陆漕运及其对国内市场的影响》，《山东大学学报》1994年第1期；陈峰：《清代漕运水手的结帮活动及其对社会的危害》，《社会科学战线》1996年第2期等。

由盛转衰的没落过程。清代前期,历康熙、雍正数十年间,吏治整肃,漕运制度由征收起运到交仓,环节虽十分繁琐,基本正常运行,是漕运的极盛时期。乾隆中叶后,历嘉庆、道光、同治至光绪,伴随政治腐败,官吏贪污,漕运体制内部矛盾日益加剧,诸如州县征粮对农民粮户的浮收勒折,各处漕运官吏对漕船运丁的敲诈勒索,最后导致运抵京通漕粮缺额与霉变"①。该书制作了较多的统计表,如"清代漕粮历年起运交仓表"、"京通各仓历年结存漕粮表"、"清宗室勋戚按爵岁支恩米表"、"各帮船派定州县水次兑运表"等,亦有重要的参考价值。吴琦撰著的《漕运与中国社会》,是一本富有特色的著作,该书的主要特点是将漕运放在一个更广阔的背景下进行讨论,注意到并且分析了漕运与政治、漕运与军事、漕运与赈济、漕运与农业、漕运与商业、漕运与文化等方面的关系。该书虽不是专门研究清代漕运的著作,但对清代漕运予以了较多的关注,同时,由于其不同的研究思路,对清代的漕运研究富有借鉴意义。倪玉平的《清代漕粮海运与社会变迁》也同样注意到了漕运下政治变革、漕运与经济演变、漕运与社会变动的关系。

(二) 中央与地方的财政关系

清代中央与地方的财政关系,受到许多学者的注意。起初,在20世纪30年代,以研究当时的地方财政以及中央财政与地方财政关系为主旨,出现了许多研究论文,② 这些论文对晚清的财政体制略有涉猎。随后,在20世纪三四十年代,前揭罗尔纲的《清季兵为将有的起源》,彭雨新的《清末中央与各省财政关系》,罗玉东

---

① 李文治、江太新:《清代漕运》,中华书局1995年版,第1~2页。

② 如齐元三:《中央与地方赋税划分》,《福建财政月刊》第5卷第2期,1931年;胡善恒:《地方财政困穷问题》,《福建财政月刊》第5卷第2期,1931年;吴长春:《县地方经费之研究》,《财政经济汇刊》第1卷第6期,1932年;逢庐:《四川财政之今昔》,《四川月报》第3卷第2期,1933年;张培均:《湖北之财政》,《经济评论》第2卷第4号,1935年;冯华德:《我国国地财政划分之理论与实际》,《浙江财政月刊》第9卷第10期,1936年。

的《光绪朝补救财政之方策》，吴廷燮的《论光绪朝之财政》等文，对晚清中央财政体制的瓦解、晚清财权的下移以及地方财政自主权的扩大等问题，有深入的分析。这些论文的主要观点认为，太平天国革命期间及以后，在军权、财权等方面，中央的控制能力日益式微，地方督抚的权力日益膨胀，导致了地方督抚专政的形成。60 年代后期，这些观点受到质疑，如刘广京认为，"咸同以降之督抚，因有勇营、厘局及其他新设机构由其统驭，可由其安插之具有候补资格之文武人员，数目自较前为多；再加上财政上改'拨'为'摊'之制度变化，督抚对于公款上下其手，亦较前为便利，诸此皆为事实"，然而，"清廷不但能调节督抚之军权，对各省之财权，事实上亦能控制"。①

进入 80 年代以后，研究晚清中央财政与地方财政的论文较多，如前揭彭雨新的《辛亥革命前夕清王朝财政的崩溃》和《清代田赋起运存留制度的演进》，刘克祥的《太平天国后清政府的财政整顿和赋税搜刮》，魏光奇的《清代后期中央集权财政体制的瓦解》以及周育民的《甲午战后清朝财政研究》，梁义群的《清末新政与财政》，汪林茂的《清咸同年间筹饷制度的变化与财权下移》，何瑜的《晚清中央集权体制变化原因再析》，何汉威的《从清末刚毅、铁良南巡看中央与地方财政的关系》和《清季中央与各省财政关系的反思》，戴一峰的《晚清中央与地方财政关系：以近代海关为中心》等。在新近发表的论文中，何汉威、戴一峰的论文值得注意。何汉威的《从清末刚毅、铁良南巡看中央与地方财政的关系》一文从光绪二十五年（1899 年）刚毅南下江苏、广东整顿财政和几年后铁良南下江苏理财的个案研究，探讨中央与地方财政的关系，不同意前此学者认为的太平天国革命被镇压后，清政府的财权、军权、政权下移，中央控制日益式微，从而形成地方督抚专权之局的传统定论。认为，"中央既未如成说所云大权旁落，督抚亦未如想象中那样为所欲为"，"清末从中央到地方督抚，对他们

---

① 刘广京：《晚清督抚权力问题商榷》，原载《清华学报》新 10 卷第 2 期，见《中国近现代史论集》第 6 编，台湾商务印书馆 1985 年版，第 341～386 页。

辖下的财政管理，俱失去有效的监控能力。中央固不用说，甚至督抚的财权亦受地方下层势力所制约，……中央根本无法对省财政作彻底根本的清理，而督抚面对下层盘根错节的贪污舞弊，即使有意整顿税收，亦无能为力"。① 何汉威的《清季中央与各省财政关系的反思》一文，在研究时段上，主要讨论太平天国以后，特别是甲午战争以后以迄清亡前夕中央和各省的财政关系；在研究内容上，主要从解协饷制度、奏销制度、摊派制度、拨补厘税、财源的开拓、财政机构的设置等方面论述清末财政的变化。特别强调："过去我们讨论十九世纪中叶以降中央和各省的财政关系时，大多强调在督抚主导下的新生财政机构所出现的脱序；相较下，对于各方所作的整合努力，则甚为忽略。事实上，在宣统元年清政府成立清理财政处整顿全国财政前，不单中央对省的财政机构有所整合，类似的情况也见于省政府与州县的互动，尽管成绩因主客观条件不同而高下有别。"② 戴一峰的《晚清中央与地方财政关系：以近代海关为中心》一文则从近代的海关着手，探讨了中央财政与地方财政以及侵华列强改造中国财政体制等诸多方面的复杂关系。③ 戴一峰的专著《近代中国海关与中国财政》对此也有论述。何烈在其所著的《清咸同时期的财政》中，重点研究了晚清的中央财政与地方财政，认为，咸同以降，中央控制名存实亡，"自全国而言，督抚的权力已大于中央；自一省而言，新设各种机构的权力已大于原有的建置衙署。于是吏事、兵事与经费，实际上都非中央政府所能控制，只有督抚才是真正的主宰。一切政务实施，中央一惟地方大吏的意志为转移，本身绝少主见"。④ 此种见解依然是传统

①　何汉威：《从清末刚毅、铁良南巡看中央与地方财政的关系》，《台湾"中央研究院"历史语言研究所集刊》第 68 本，第 1 分，1997 年。

②　何汉威：《清季中央与各省财政关系的反思》，《台湾"中央研究院"历史语言研究所集刊》第 72 本，第 3 分，2001 年。

③　戴一峰：《晚清中央与地方财政关系：以近代海关为中心》，《中国经济史研究》2000 年第 4 期。

④　何烈：《清咸同时期的财政》，台湾"国立"编译馆 1981 年版，第 403～404 页。

定论的申说。除此之外，何氏还具体分析了在财政关系方面，中央与地方的不协调，以及疆臣与将领之间的摩擦。并指出，中央与地方的不协调，使得"清廷对于各省的财政，连名义上的控制也维持不住了"。而疆臣与将领之间的摩擦，导致了矛盾的迭起，导致了筹饷、协拨的困难。邓绍辉的《咸同时期中央与地方财政关系的演变》认为，咸同时期，清朝中央与地方之间的财政管理体制由中央集权的一元管理体制逐渐演变为中央与地方分权并存的二元管理体制。① 前揭日本学者山本进的《清代后期四川的财政改革与公局》、《清代后期湖广的财政改革》、《清代后期江浙的财政改革与善堂》等文，② 以及谷井阳子的《道光咸丰时期地方财务基调的变化》③，土居智典的《清代湖南省的省财政形成与绅士层》④，通过个案的考察，试图探讨晚清地方财政的形成。另外，何汉威的早期论文《晚清四川财政状况的转变》，涉及晚清四川财政的方方面面，也值得注意。⑤

以上关于中央与地方财政关系的论说，主要集中在晚清。

对于有清一代中央与地方财政的关系，也有学者进行探讨。前揭彭雨新的《清代田赋起运存留制度的演进》一文，对历史上的起运与存留沿革有所梳理，并在梁方仲的《田赋史上起运存留的划分与道路远近的关系》一文的基础上，讨论了清朝对明朝的袭承与变化，同时，对清代的协饷制度以及相关联的冬拨与春拨制度、留贮与分贮制度作了详细的说明。岩井茂树的《清代国家财政中的中央与地方——以酌拨制度为中心》，也依旧是以协饷制度

① 邓绍辉：《咸同时期中央与地方财政关系的演变》，《史学月刊》2001 年第 3 期。

② 已收入该氏的论文集《清代财政史研究》，汲古书院 2002 年版。

③ ［日］谷井阳子：《道光咸丰时期地方财务基调的变化》，《东洋史研究》第 47 卷 4 号，1989 年。

④ ［日］土居智典：《清代湖南省的省财政形成与绅士层》，《史学研究》第 227 号，2000 年。

⑤ 何汉威：《晚清四川财政状况的转变》，《新亚学报》第 14 卷，1984 年 8 月。

为基点探讨中央与地方财政的关系。陈支平在其《清代赋役制度演变新探》一书中，专列"清初中央与地方财政的分成"一节，比较了明清起运存留比例的变化，并重点探讨了清初存留的裁减。先后出版的陈锋的《清代军费研究》，袁良义的《清一条鞭法》，何平的《清代赋税政策研究》等著作，也对清代前期起运、存留比例的变化以及由此产生的问题予以了充分的注意。李三谋的《明清财经史新探》，对"清代前期中央财政集权性的加强"、"清代中期财政之区域性或包干性因素的出现"、"独立于国家财政系统之外的地方财务活动"、"国家集权财政与分权财政的并行"等问题进行了探讨。另外，陈锋的《清代中央财政与地方财政的调整》一文，较系统地探讨了清代中央财政与地方财政的关系，认为：所谓清代前期起运、存留比例的变化，大体有两个指向，一是顺治后期以迄三藩之乱期间的裁减存留以应军需，二是三藩之乱结束之后，随着中央财政的好转，存留款项陆续归还地方，中央财政与地方财政之间有了较为固定的比例。而晚清的财权下移则是一个复杂的现象。财权下移之局面的形成，因为时局的变化，既有督抚专权的意蕴，又有时势所迫的政策导向因素；财权下移的结果，既标示着中央财政对地方财政的失控，又展现出财政体制极端混乱之后，地方漫无限制的筹款，一方面使清廷和各地方渡过了重重险关，另一方面又不可避免地导致弊端迭出。

（三）国家财政与皇室财政的关系

专门论述清代国家财政与皇室财政关系的论文不多。在为数不多的论文中，汪茂和等人的文章值得注意。汪茂和、成嘉玲的《清代皇家财政之研究》，主要研究了清代皇家财政收入的来源，对皇庄的类别和赋税征收、关税盈余的收取、皮货和人参的专卖、皇商的经营、官吏自行议罚及籍没犯官财产、岁贡和各国贡物等作了具体阐述。① 汪茂和、成嘉玲的另一篇论文《清代皇家财政与国

---

① 汪茂和、成嘉玲：《清代皇家财政之研究》，《南开史学》1991 年第 2 期。

家财政关系之研究》，主要探讨了清代皇家财政支出中由国家财政负担的类别，诸如内府人员的薪俸、织造的费用、皇陵修造的费用等，以及皇家财政与国家财政的双向流动，诸如内帑流入国库、国帑流入内库等。①

韦庆远的《明清史辨析》中收录的几篇论文，涉及"皇当"和"生息银两"。《论清代的"皇当"》一文指出："所谓皇当，是指由皇帝或皇室拥有和出资开设，指定专门机构和人员进行应运，制定有一定的规章制度，收取其溢利以充实皇帝或皇室的财富，并作为政治工具之一，以经营典当业为主要业务的商号。"该文认为，皇当在康雍之间发展起来，极盛于乾隆时期，乾隆以降走向衰弱。皇当的来源，一是由皇帝指拨专款，二是皇家凭藉自己在封建政权中至高无上的地位，通过政治的法律的手段使用抄家、籍没、查封入官等各种手段，将一些已失宠或已获罪的贵族官僚缙绅富民人等原有的当铺收为己有，作为自己的私产。皇当的经营管理由内务府承担，皇当的利润大致在 8%。《论清代的"生息银两"与官府经营的典当业》、《清代康熙时期"生息银两"制度的初创和运用》、《清代雍正时期"生息银两"制度的整顿和政策演变》、《清代乾隆时期"生息银两"制度的衰败和"收撤"》、《清代乾隆时期盛京地区的"生息银两"和官店》等文，对由皇室内帑拨出的"生息银两"（又称"滋生本银"）问题进行了系统深入的研究。作者认为，"生息银两"一方面具有增殖皇室财富的功能，另一方面又作为当时军、政、旗系统行政管理工作的必要补充。韦庆远的《档房论史文编》中收录的《康雍乾时期高利贷的恶性发展》、《清代著名皇商范氏的兴衰》涉及"生息银两"和皇商。赖惠敏的《乾隆朝内务府的当铺与发商生息》，也是一篇有分量的论文，该文主要涉及当铺的资金来源、内务府对当铺的经营、内帑与商人、

---

① 汪茂和、成嘉玲：《清代皇家财政与国家财政关系之研究》，《南开史学》1992 年第 2 期。

乾隆帝对商人的政策几个方面。① 赖惠敏的其他几篇相关论文也值得注意，如《清代皇族的家族结构与财产分配》、《清乾隆朝的税关与皇室财政》②。叶志如的《从人参专采专卖看清宫廷的特供保障》，分别对清入关前的人参采买、入关后清皇室对人参的垄断开采、宫中对人参的库贮和使用、宫中人参专卖和参银的使用等作了论述。③

　　祁美琴的《清代内务府》是对皇室财政进行集中研究的重要著作。该书首先缕述了秦汉以来内务府的沿革以及历朝内府经费来源的特点，认为就宫中财政与国家财政的关系而言，秦汉时期呈现的是宫中财政与国家财政分离，魏晋南北朝时期呈现的是宫中财政

---

　　① 赖惠敏：《乾隆朝内务府的当铺与发商生息》，《台湾"中央研究院"近代史研究所集刊》第 28 期，1997 年。

　　② 赖惠敏：《清代皇族的家族结构与财产分配》，《台湾"中央研究院"近代史研究所集刊》第 23 期，1994 年；《清乾隆朝的税关与皇室财政》，《台湾"中央研究院"近代史研究所集刊》第 46 期，2004 年。

　　③ 叶志如：《从人参专采专卖看清宫廷的特供保障》，清代宫史研究会编：《清代宫史探微》，紫禁城出版社 1991 年版。另外，周远廉、杨学琛：《关于清代皇庄的几个问题》，《历史研究》1963 年第 3 期；安部健夫：《清代典当业的趋势》，《清代史的研究》，东京创文社 1971 年版；商鸿逵：《清代皇商介休范家》，《明清史国际学术讨论会论文集》，天津人民出版社 1982 年版；刘守诏：《清代前期内务府纳银庄的几个问题》，《清史研究集》第 2 辑，1982 年；魏鉴勋、关嘉录：《康熙朝盛京内务府皇庄的管理》，《故宫博物院院刊》1984 年第 2 期；关嘉录、魏鉴勋：《从〈黑图档〉看康熙朝盛京皇庄的赋役制度》，《中国史研究》1984 年第 2 期；叶志如：《乾隆时内府典当业概述》，《历史档案》1985 年第 2 期；王小荷：《清代两广盐务中的"帑息"》，《清史研究通讯》1985 年第 2 期；林永匡、王熹：《清代长芦盐商与内务府》，《故宫博物院院刊》1986 年第 2 期；沈微：《盛京内务府粮庄概述》，《社会科学辑刊》1986 年第 4 期；李克毅：《清代盐商与帑银》，《中国社会经济史研究》1989 年第 2 期；汪士信：《乾隆时期徽商在两淮盐业经营中的应得、实得利润与流向分析》，《中国经济史研究》1989 年第 3 期；佟永功、关嘉录：《乾隆朝盛京总管内务府的设立》，《故宫博物院院刊》1994 年第 2 期；郭松义：《清宗室的等级结构与经济地位》，李中清、郭松义主编：《清代皇族人口行为和社会环境》，北京大学出版社 1994 年版；何本方：《清代的榷关与内务府》，《故宫博物院院刊》1995 年第 2 期，也论列了相关问题，可以参考。

与国家财政混一，宋明时期呈现的是宫中财政与国家财政有分有合。"清代内务府吸取明朝内外府库职责权利有分有合、导致国家财富多为宫中耗尽的教训，对内府库藏的收入来源和用途进行明确的划分，有效地限制了皇室对国赋的索取范围和数额，尤其是在鸦片战争以前，户部基本上能够正常运行"。① 在这种总体认识的基础上，具体分章论述了满族早期社会的特点与内务府产生的历史背景、满族早期社会的包衣与内务府的关系、清初内务府与十三衙门的关系、清朝内务府机构的确立与完善、内务府的经费来源（包括来自部库的皇室经费、来自盐业的收入、来自榷关的收入、贡品、没收、罚赎、捐纳、内务府的商业活动、恩赏、生息银两等）、内务府的经费支出（包括皇室日常膳食和服饰用品、赏赐、节日庆典、修缮祭祀、出巡、衙门办公费和官员差役人员的薪资等）、内务府皇庄、内务府与江南三织造、内务府的历史地位。美国学者雷斯顿·托伯特著有《康雍乾内务府考》一书，对内务府的建立与沿革、内务府的财政功能，以及内务府的地产、人参贸易、商业经营、盐铜专利、关税、皇家工厂、进贡制、籍没等，也有深入的研究。② 另外，松井义夫在其早期的著作中已经注意到户部与内务府的关系："作为皇室的经费，一般有皇室财产收入、例贡和各省解输的内务府经费三项，但又不拘泥于此，内务府经常向户部'借拨'银两以充经费，然而这种所谓的'借拨'，又往往成为永久的借入。"③ 陈锋在《中国俸禄制度史》中对清朝的皇室俸禄进行了集中探讨，他的《清代盐政与盐税》和《清代军费研究》，则涉及各盐区的帑本和帑利以及"生息银两"与八旗红白事例银的发放。李澍田主编《清代满洲土地制度研究》对内务府的皇庄有较充分的探讨。郭松义、李新达、李尚英的《清朝典制》，

---

① 祁美琴：《清代内务府》，中国人民大学出版社1998年版，第12页。
② 笔者没有见到该书。参见吴伯娅：《美国出版〈康雍乾内务府考〉等书简介》，《清史研究通讯》1985年第3期。另参见陈生玺、杜家骥：《清史研究概说》，天津教育出版社1991年版，第119页。
③ ［日］松井义夫：《清朝经费的研究》，南满洲铁道株式会社昭和十年（1935年）版，第17～18页。

张德泽的《清代国家机关考略》，李鹏年的《清代中央国家机关概述》，万依、王树卿、刘潞的《清代宫廷史》等书，都涉及内务府的设置与运作。

马伯煌主编的《中国经济政策思想史》在"中央集权下财权的内外对掌"一章中，对明清以来国家财政与皇室财政关系的变化进行了理论归结："入明而清，内廷行政已形成严密的制度化，从而在财政上构成内外连环衔接的权力结构。既然皇权通过内廷行政能有效地控制外廷，使之成为单一的执行机构；而财政的内外储备，在一定程度上也就没有必要再加以严格的区分。在这种情况下，外廷财政的截内功能逐渐减弱。与此相对的是，这一时期名为内库（内帑）的内廷储备，越来越具有皇帝个人私藏的性质。"①当然，所谓的外廷财政的截内功能逐渐减弱，以及内帑越来越具有皇帝个人私藏的性质，仅是就一般情况而言，在拙著《清代军费研究》中，就不乏拨内帑以助军需的事例。

三、财政收入研究

清代的财政收入主要由田赋（地丁）、盐税、关税（常关税、海关税）、杂税、厘金等项构成。除了个别方面的研究较为薄弱外，大多取得了丰硕成果。

（一）田赋（地丁）

田赋作为最主要的财政收入，一直是清代财政史的研究热点。早在 20 世纪三四十年代，以万国鼎的《中国田赋史》，马大英、汪士杰等编著的《田赋史》（下），刘秉麟的《中国财政小史》为代表的田赋通史著作和财政通史著作，就对清代的田赋进行过全景式的扫描。20 世纪七八十年代以后，研究更加深入，出现了专门性的断代研究著作，如王业键的《中华帝国的田赋》，川胜守的

---

① 马伯煌主编：《中国经济政策思想史》，云南人民出版社 1993 年版，第 444 页。

《中国封建国家的统治结构——明清赋役制度研究》，刘志伟的《在国家与社会之间——明清广东里甲赋役制度研究》，陈支平的《清代赋役制度演变新探》，何平的《清代赋税政策研究》，袁良义的《清一条鞭法》，彭雨新的《清代土地开垦史》，庄吉发的《清世宗与赋役制度的改革》。这些著作无疑是引人注目的，其研究的范围也几乎涉及了田赋制度的方方面面。

在上述著作之外，清代田赋方面的研究主要围绕着六个问题展开。

第一，人丁编审。成书于 1959 年的何柄棣的著作对清代的人丁编审进行了出色的研究，何氏的著作，由葛剑雄翻译，1989 年以《1368—1953 年中国人口研究》为名，在上海古籍出版社出版，2000 年，又以《明初以降人口及其相关问题》为名，在三联书店出版。何氏的著作，在"丁的实质"、"1741—1775 年的人口数据"、"1776—1850 年的人口数据"等章中，对丁银及人丁编审等问题提出了他的看法，认为，"丁"是一个自明代后期开始形成的赋税单位，与人口没有关系。由于中外学术交流的阻隔，很长时间以来，何氏的观点不为国内学者所知。20 世纪 80 年代初，马小鹤的《清代前期人口数字勘误》，周源和的《清代人口研究》，郭松义的《清初人口统计中的一些问题》等论文，辨别了"丁"与"口"的区别，试图"以丁带口"来统计清代前期的人口数额。[1]陈锋的《清初人丁统计之我见》，在马小鹤、周源和、郭松义研究的基础上，并针对他们的研究，指出："清初的所谓'丁'，已经不是单纯意义上的 16 岁至 60 岁的男丁，'丁'的含义，呈现出多样性与复杂性；编审在册的丁额并不代表 16 岁至 60 岁的实际男丁人数，而是承纳丁银的人丁定额。"陈锋的论文实际上是在未见何柄棣著作的情况下得出了与何氏相同的结论。陈锋的论文还具体分析了人丁编审的三种类型：一是"丁随地派"，二是按户口的多寡

---

① 马小鹤：《清代前期人口数字勘误》，《复旦大学学报》1980 年第 1 期；周源和：《清代人口研究》，《中国社会科学》1982 年第 2 期；郭松义：《清初人口统计中的一些问题》，《清史研究集》第 2 集，1982 年。

或资产的多寡"摊丁"，三是在现有人丁的基础上进行折算编审，即"折丁"。这些分析，有新的进展。①

第二，清代前期的赋税加征。陈锋的《清代军费研究》，陈支平的《清代赋役制度演变新探》，彭雨新的《清代土地开垦史》，袁良义的《清一条鞭法》，何平的《清代赋税政策研究》等书，对清代前期的赋税加征均有叙述。除此之外，有几篇重要的论文值得注意。陈支平的《明末辽饷与清代九厘银沿革考实》，系统考述了明末辽饷的加征，以及入清以后辽饷革而未除，演变成为九厘银的历史事实。② 王者的《清初曾开三饷加派》，对清初辽饷、练饷的加派作了论述。③ 陈锋的《顺治朝的军费支出与田赋预征》，对顺治年间陕西、浙江、湖广、广西等省区的田赋预征作了梳理，并涉及三藩之乱期间的田赋预征。陈锋的《清初轻徭薄赋政策考论》，对清初田赋、盐课、关税三个主要税种的加征进行了系统的论述，认为清初所谓的"轻徭薄赋"空有其名。④ 另外，陈恭禄的《从明末三饷说起兼及明清之际财政情况》⑤，杨涛的《清初顺治朝的

---

① 陈锋：《清初人丁统计之我见》，武汉大学《史学文稿》第 4 集，1984年。该文又以《也谈清初的人丁统计问题》为名，发表于《平准学刊》第 5 辑，1989 年。另外，高王凌：《关于〈清代人口研究〉的几点质疑》，《中国社会科学》1982 年第 4 期；潘喆、陈桦：《论清代的人丁》，《中国经济史研究》1987 年第 1 期；吴慧：《清代人口的计量问题》，《中国社会经济史研究》1988 年第 2期；陈桦：《清代人口编审制度初探》，《清史研究集》第 6 集，1988 年；葛剑雄：《中国人口发展史》，福建人民出版社 1991 年版；姜涛：《中国近代人口史》，浙江人民出版社 1993 年版；曹树基：《中国人口史·清时期》，复旦大学出版社 2001 年版。也可以参考。

② 陈支平：《明末辽饷与清代九厘银沿革考实》，《文史》第 30 辑，1988年。

③ 王者：《清初曾开三饷加派》，《平准学刊》第 5 辑，1989 年。

④ 陈锋：《顺治朝的军费支出与田赋预征》，《中国社会经济史研究》1992年第 1 期；《清初轻徭薄赋政策考论》，《武汉大学学报》1999 年第 2 期。

⑤ 陈恭禄：《从明末三饷说起兼及明清之际财政情况》，《南京大学学报》1962 年第 2 期。

财政危机与敛赋措施》①，也有所讨论。

第三，摊丁入地。日本学者北村敬直的《清代租税改革（地丁并征）》，是一篇较早研究摊丁入地问题的论文。② 此后，一些日本学者的论文涉及这一论题，如铃井正孝的《四川省地丁银的实行》，藤田敬一的《关于清初山东的赋役制》，重田德的《一条鞭法与地丁银的关系》等。③ 国内学者较早探讨这一问题的是史苏苑，1954 年他发表的《从明代的一条鞭法到清代的地丁制度——关于明清两代田赋之史的研究》一文（前揭），重点研究了一条鞭法与摊丁入地的关系。20 世纪 80 年代前后，这一方面的论文多了起来，彭云鹤、彭雨新、李华、郭松义、樊树志、史志宏、刘志伟、程明、衣保中、孙淑萍等人先后有相关论文发表。其中，郭松义的《论摊丁入地》一文，对此一问题的研究，最为系统全面。另外，袁良义的《清一条鞭法》，是研究这一问题的专著。重田德的《清代社会经济史研究》，王业键的《清雍正时期的财政改革》，庄吉发的《清世宗与赋役制度的改革》，刘志伟的《在国家与社会之间——明清广东里甲赋役制度研究》，何平的《清代赋税政策研究》，史志宏的《清代前期的小农经济》，冯尔康的《雍正传》等，也都对摊丁入地有较多的论述。

第四，耗羡归公。前揭葛寒峰的《清代田赋中之耗羡》和安部健夫的《耗羡提解的研究》，是国内外学者研究耗羡归公最早的论文。此后，这一方面的代表性论文有何本方的《清代户部诸关耗羡归公的改革》，陈东林的《试论雍正"提耗羡设养廉"的财政改革》，萧国亮的《雍正帝与耗羡归公的财政改革》，庄吉发的

① 杨涛：《清初顺治朝的财政危机与敛赋措施》，《云南师范大学学报》1990 年第 3 期。

② ［日］北村敬直：《清代租税改革（地丁并征）》，《社会经济史学》15 卷 3、4 号，1949 年。

③ ［日］铃井正孝：《四川省地丁银的实行》，《历史》1958 年第 16 号；［日］藤田敬一：《关于清初山东的赋役制》，《东洋史研究》24 卷 2 号，1965 年；［日］重田德：《一条鞭法与地丁银的关系》，《人文研究》18 卷 3 号，1967 年。

《清初火耗归公的探讨》，董建中的《清代耗羡归公起始考》等。①
由于耗羡归公与养廉银制度联系在一起，许多研究养廉银制度的论
文，也一并论述耗羡归公，后面还将谈到。冯尔康的《雍正传》
有"实行耗羡归公和养廉银制度"的专节讨论，庄吉发的《清世
宗与赋役制度的改革》则有"提解耗羡与养廉银制度的确立"专
章。耗羡归公的研究，主要集中在四个方面，一是康熙以来以耗羡
为名的私征滥派，二是耗羡归公的用途，三是耗羡归公与养廉银制
度及弥补亏空的关系，四是实施耗羡归公的评价。王业键的《清
雍正时期的财政改革》，曾小平的《州县官的银两》也涉及耗羡归
公的研究。②

　　第五，赋税的蠲免。刘翠溶的《清初顺治康熙年间减免赋税
的过程》，对顺治康熙年间的赋税蠲免进行了初步的梳理。③ 曹月
堂的《谈康熙朝的钱粮蠲免》，常建华的《乾隆朝蠲免钱粮问题试
探》分别对清代康、乾两朝引人注目的钱粮蠲免进行了论述。④ 周
藤吉之的《清代前期佃户的田赋减免政策》，是较早系统探讨田赋
蠲免时减免佃户地租的论文，该文除了叙述清前期佃户的田租负
担、元明两代佃户的田赋减免政策外，主要考察"清代初期"（康
熙年间和雍正初年）的田赋减免政策，以及清代中期佃户的抗租

　　① 何本方：《清代户部诸关耗羡归公的改革》，《南开史学》1984 年第 2
期；陈东林：《试论雍正"提耗羡设养廉"的财政改革》，《史学集刊》1984 年第
4 期；萧国亮：《雍正帝与耗羡归公的财政改革》，《社会科学辑刊》1985 年第 3
期；庄吉发：《清初火耗归公的探讨》，《大陆杂志》70 卷 5 期，1985 年；董建中
《清代耗羡归公起始考》，《清史研究》1999 年第 1 期。
　　② 王业键：《清雍正时期的财政改革》，《台湾"中央研究院"历史语言研
究所集刊》，第 32 本，1960 年。［美］曾小平（Madeleine Zelin）：《州县官的银
两》(该书英文版 1984 年出版)，董建中译，中国人民大学出版社 2005 年版。
　　③ 刘翠溶：《清初顺治康熙年间减免赋税的过程》，《台湾"中央研究院"
历史语言研究所集刊》，第 37 本，1967 年。
　　④ 曹月堂：《谈康熙朝的钱粮蠲免》，《南开史学》1982 年第 1 期；常建
华：《乾隆朝蠲免钱粮问题试探》，《南开史学》1984 年第 2 期。

与田赋简明政策。① 国内学者可能没有看到这篇论文，其后，经君健的《论清代蠲免政策中减租规定的变化》，详细列表考察了康、雍、乾三朝田赋蠲免中有关减租的建议与定则，对蠲免政策中减租规定的演变作了深入的探讨。② 郭松义、李新达的《清代蠲免政策中有关减免佃户地租规定的探讨》，也是一篇值得注意的论文。正如作者所指出的："清朝统治者的蠲免政策，既包括政府蠲免业主（即土地所有者）的田赋，也包括业主蠲免佃户的地租。可是，长期以来，人们往往重视对前者的研究，而忽略了后者，甚至误将两者混为一谈。"该文详细论述了对佃户地租的蠲免。③

　　第六，晚清的田赋加征。前面已经提到的几篇论文，对晚清的田赋加征予以了充分的注意。如彭泽益的《十九世纪五十至七十年代清朝财政危机和财政搜刮的加剧》一文，在具体分析太平天国起义前后清王朝财政困难的基础上，论述了这一时期财政搜刮的方式，包括：推广捐例、举借内外债、滥发通货、增加赋税。在谈及农业土地税的加征时，具体叙述了按粮津贴和捐输、厘谷或义

---

　　① ［日］周藤吉之：《清代前期佃户的田赋减免政策》，原载《经济史研究》第30卷4号，1943年。见氏著《清代东亚史研究》，日本学术振兴会1972年版。

　　② 经君健：《论清代蠲免政策中减租规定的变化》，《中国经济史研究》1986年第1期。

　　③ 郭松义、李新达：《清代蠲免政策中有关减免佃户地租规定的探讨》，《清史研究》第8辑，1991年。另外还有张海赢：《论清代前期的奖励垦荒和蠲免田赋》，《晋阳学刊》1980年第1期；胡春帆、花瑜等：《试论清前期的蠲免政策》，《清史研究集》第3辑，1984年；彭雨新：《鸦片战争前清政府对苏松地区的减赋和治水》，《江汉论坛》1984年第6期；殷崇浩：《叙乾隆时的漕粮宽免》，《中国社会经济史研究》1987年第3期；俞玉储：《清代前期漕粮蠲缓改折概论》，《历史档案》1990年第2期；徐建青：《清代康乾时期江苏省的蠲免》，《中国经济史研究》1990年第4期；罗仑、范金民：《清前期苏松地区钱粮蠲免述论》，《中国农史》1991年第2期；李向军：《清前期的灾况、灾蠲与灾赈》，《中国经济史研究》1993年第3期，《清代救荒的制度建设与社会效果》，《历史研究》1995年第5期。李向军：《清代荒政研究》，中国农业出版社1995年版，则是专门探讨灾荒与蠲免的专著。

谷、亩捐、沙田捐、漕粮的勒折浮收、田赋预征等几种形式。刘克祥的《太平天国后清政府的财政整顿和赋税搜刮》一文，和彭泽益的研究选题大致相同，但有更进一步的论述分析。彭雨新的《辛亥革命前夕清王朝财政的崩溃》一文，重点论述了庚子（1900年）以前清王朝财政的困境，以及庚子以后清王朝财政危机的加重，在此基点上，讨论了旧税的加征和新捐税的征课，指出庚子赔款摊派于各省后，田赋附加普遍出现，有按丁银加征的，有按漕粮加征的，有按亩加征的，有按粮票（粮串）加捐的，各种名目的加征累积在一起，使田赋的负担大为加重。另外，王业键的《中华帝国的田赋》，王树槐的《庚子赔款》，何烈的《清咸同时期的财政》，周育民的《晚清财政与社会变迁》等专著，对晚清的田赋加征也有不同程度的论述。

（二）盐税

清代盐税的研究著作已如前揭。早在 1905 年，东亚同文书院的日野勉经过调查撰写了《清国盐政考》一书，该书分为盐政、各盐区概况、盐商三章，只是一般性的介绍，但对某些问题的叙述，仍有参考价值，如各地盐课盐厘征收数额、长芦的盐商、淮南等地盐商利润的计算等。1956 年出版的佐伯富的《清代盐政之研究》值得重视，该书分为绪论、盐场、盐销区、私盐、盐价、盐商诸章。如书名所标示的，该书主要研究清代的"盐政"问题，不以研究盐税为宗旨。而且，也主要以研究两淮盐区的盐政为主，这在该书的"绪论"中有说明："两淮盐在销量和盐课上，在清代盐政中占有重要位置。清代盐政中的许多问题也是以两淮盐务为中心，其他盐区中的问题，不少也与淮盐有着直接或间接的关联。由于两淮盐的兴衰对清朝财政的命运有直接的重大影响，所以，清代的盐政政策中，也把淮盐作为最重要的问题，放在议事日程之中。……基于此，本书在研究清代盐政时，就以淮盐的兴衰为主题进行考察，从生产、销售、消费等诸方面，对两淮盐业崩溃的原因进行分析，并围绕着陶澍的改革，特别是淮北的盐政改革问题，加以论述。盐政中的诸多问题，因各地都有其特殊情况而多少有些差别，但问题的焦点却大同小异。淮北盐政中的问题基本上可以反映出一般盐政中的问题。"在"盐价"一章中，该书也专节探讨过"盐课的递增"，但也只是探讨了两淮的盐课。①

1988 年出版的陈锋的《清代盐政与盐税》主要依据清代档案写成，系统研究了有清一代的盐政与盐税。该书共分为六章：第一章，清初盐业的恢复与盐务的行政管理；第二章，盐销区问题；第三章，盐课的征收及其在财政中的地位；第四章，私盐的泛滥与巡缉；第五章，盐商的报效；第六章，盐政的改革及其效应。在"盐课的征收"一章中，集中探讨了场课、引课、杂项、浮费、加价、盐厘等问题，并对盐课岁入额进行了辨析。该书对盐税的论述较为细致，但对清代的盐业生产着墨不多，另外，笔者在写作《清代盐政与盐税》时，未能见到佐伯富的大作，这些不足，在后来撰写的《中国古代盐业史·清代》中作了弥补。②

其他研究著作，如徐泓的《清代两淮盐场的研究》，张学君、冉光荣的《明清四川井盐史稿》，宋良曦、钟长永的《川盐史论》，牧寒的《内蒙古盐业史》，张海鹏、王廷元等《徽商研究》，王振忠的《明清徽商与淮扬社会变迁》，徐安琨的《清代大运河盐枭研究》，张小也的《清代私盐问题研究》，倪玉平的《博弈与均衡：清代两淮盐政改革》，黄国信的《区与界：清代湘粤赣界邻地区食盐专卖研究》则具有专题研究性质。

有关清代盐税的研究论文较多，就研究范围而言，主要集中在

---

① 收录佐伯富《中国盐政史的研究》中的《清代盐政》，大体上是《清代盐政之研究》的改写，篇目也基本一样。当然，在有些方面有所调整，在有些方面有进一步的探讨。如在"盐场问题"中，取消了"盐价与场私"、"灶户的分化与场私"两部分，代之以"商灶的发展"。在"两淮盐政的改革"中，增写了陆建瀛的淮南盐政改革和清末的淮南盐政两部分内容。尤其是对清末的淮南盐政论述比较细致，涉及长江运路的梗阻与票盐法的崩坏、邻盐的借运、盐厘的征收、就场征课法、设厂抽税法、总局的设置与大商的招徕、官运的倡行、淮南行盐引地的争夺、循环转运法等内容。该书 1987 年由京都法律文化社出版。

② 陈锋：《中国古代盐业史·清代》，人民出版社 1997 年版。

几个方面：一是对清代盐税进行整体研究，二是对某一时期的盐税进行研究，三是对盐税相关的问题进行研究，四是对盐税的分区研究。笔者已经有长篇研究述评，可以参考。①

（三）关税

清代关税的研究著作，早在 20 世纪二三十年代就出版了多部，具有代表性的成果，是日本学者高柳松一郎的《中国关税制度论》和英国学者莱特的《中国关税沿革史》。前已揭明。《中国关税制度论》分作 5 编，即：（1）关税制度之沿革，（2）关税制度之特质，（3）海关论，（4）关税制度之内容，（5）关税制度之影响及将来。《中国关税沿革史》分作 6 章：第一章，值百抽五协定关税的起源；第二章，关税行政：海关税务司制度的起源；第三章，关税行政：从海关税务司制度建立到 1868 年修订税则失败；第四章，从修订税则失败到 1902 年的修订关税；第五章，从 1902 年的修订税则到 1925 年、1926 年北京关税会议；第六章，1925—1926 年的北京关税会议。高柳松一郎的著作，在史论结合方面，"论"的色彩较浓。莱特的著作，更多地具有"史"的色彩，而且并不局限于晚清，一直延续到民国年间。

1956 年出版的彭雨新的《清代关税制度》，简要论述了有清一代的关税制度。作者认为，"通过清代关税制度的研究，可以明白中国封建社会末期原有关税制度在当时闭关政策对外贸易中所表现的基本特质及其对国民经济的影响；可以明白鸦片战争以后中国半殖民地半封建社会形成中中国关税在外国侵略者控制下所起的作用"。以鸦片战争为界标，中国关税性质发生了根本改变，鸦片战争以后，中国海关税制具有明显的半殖民地性，"帝国主义者为了加强对华的商品侵略和投资侵略，更进一步攫夺中国的海关行政权和侵占中国的关税支配权，造成长期受外人控制中国财政大权的恶

---

① 参见陈锋：《近百年清代盐政研究述评》，台湾《汉学研究通讯》第 25 卷 2 期，2006 年 5 月。

劣形势"。①

20 世纪 80 年代以后，又有赵淑敏的《中国海关史》，卢汉超的《赫德传》，汪敬虞的《赫德与近代中西关系》，叶松年的《中国近代海关税则史》，陈诗启的《中国近代海关史·晚清部分》、《中国近代海关史问题初探》，戴一峰的《近代中国海关与中国财政》，冈本隆司的《近代中国与海关》，祁美琴的《清代榷关制度研究》，李爱丽的《晚清美籍税务司研究》，李永胜的《清末中外修订商约交涉研究》等著作出版，这些著作代表了最新的研究水平。

其中，戴一峰的《近代中国海关与中国财政》，更注意研究海关与财政的关系。该书分为上、下两编，上编为"中国近代海关的历史沿革及其与中国财政关系的演进"，重点探讨了晚清时期的海关与财政、民国时期的海关与财政；下编为"中国近代海关与中国财政关系面面观"，重点探讨了海关与常关、海关与厘金制度、海关与内外债及赔款、海关与晚清的财政整顿和改革。作者认为："在近代中国，列强侵华势力控制下的中国海关在它与中国财政的关系中，典型地扮演了双重角色：它既是列强扩大对华经济侵略，控制中国财政经济命脉的工具，又是列强改造中国财政体制的样板。"② 该书列制的 25 个统计表格也有重要的参考价值。

冈本隆司的《近代中国与海关》，也分为上、下两编，上编注重研究晚清海关的起源与税务司制度，并对粤海关、上海关进行了重点分析。下编则从海关税与借款、赔款以及中央财政与地方财政的关系着眼，探讨晚清以迄民国年间海关体制、海关税征收与财政经济的变化。

祁美琴的《清代榷关制度研究》，是目前为止最系统的清代关税制度的研究著作，分为榷关的设置与沿革、榷关的外部组织与管理、榷关内部的组织机构与管理、榷关的人事管理制度、榷关的税

---

① 彭雨新：《清代关税制度》，湖北人民出版社 1956 年版，第 1、44 页。

② 戴一峰：《近代中国海关与中国财政》，厦门大学出版社 1993 年版，第 299 页。

则与税率、榷关的额税与税收、榷关额税的分配与用途、榷关的发展与限制贸易、榷税的盈缩与制约因素、晚清榷关的衰弱及其地位的改变等十章。

陈争平的《1895—1936 年中国国际收支研究》，也对晚清的海关贸易统计、走私贸易、国际收支平衡等问题进行了较为深入的研究。①

滨下武志的《中国近代经济史研究》，其副标题即是"清末海关财政与开港场市场圈"，将海关与晚清的财政问题放在了一个重要的位置。从该书的章目设置中，也可以窥见作者的研究意旨。第一章为"清末财政与海关"，主要研究晚清财政的总体状况，从关税、厘金、币制看中央与地方财政的关系，海关与晚清财政，借款政策与晚清财政，财政整理与海关税等。第二章为"马士（H. B. モース，又译作"摩尔斯"，Hosea Ballou Morse）与中国海关"，主要研究马士与上海统计局，马士与海关贸易报告，马士与中国的国际收支问题，借款的返还与金融市场等。第三章为"海关与贸易统计"，主要研究海关的设立与运作，海关统计与统计方法的变迁，亚洲区域内的交易与中国等。第四章为"开港场与地域市场"，主要研究亚洲市场和中国，地域市场和地域关系间的海关与常关，常关、海关与通货金融问题，海关与地域市场等。该书搜集、利用了大量的中、英、日文献和研究论著，据作者在"序"中所说，搜集海关资料达十余年，书后附录的"海关关系资料目录"和"研究文献目录"长达 76 页。又附录有"贸易统计关系资料"、"关税关系统计资料"、"海关统计集计法"、"海关、常关厘金税则"（包括 1858 年天津条约附属关税税则、1902 年中英通商条约附属关税税则、1903 年厦门关输出输入税则、1905 年重庆新厘科则、重订苏省水卡捐章、厦门内地税关税目）、"税关关系文书"、"镇江关关系资料"等。因此，该书也就同时具有了重要的

---

① 陈争平：《1895—1936 年中国国际收支研究》，中国社会科学出版社 1996 年版。

史料参考价值。① 滨下武志的另一部著作《近代中国的国际契机》，也涉及晚清的海关与关税。②

1992 年出版的汤象龙的《中国近代海关税收和分配统计》是一部重要的统计资料书，已如前述。还需要提及的是，该书的"绪论"部分，分作"中国近代海关税务司制度"、"中国半殖民地半封建社会的海关税制"、"税务司制度建立后中国海关税收的分析"、"中国近代海关税收的分配"四个部分，作了长篇论述，几与专著无异。

在早期的关税研究论文中，汤象龙的《光绪三十年粤海关的改革》（前揭）是一篇值得注意的论文。粤海关是康熙二十三年（1684 年）与闽海、浙海、江海同时设置的四个海关，至乾隆二十二年（1757 年），其他三关关闭，粤海关成为鸦片战争前中国惟一的对外贸易口岸。对此关进行个案研究，具有特别的意义。而光绪三十年（1904 年）粤海关的改革，"清除了该关二百余年来许多积弊，这不但在该关的历史上是一件大事，即在整个的关税史上也是值得注意的一件事"。该文在叙述粤海关用人、报销等方面的积弊后，对改革的措施作了分析。

在 20 世纪六七十年代，日本学者发表了几篇重要论文，如，金城正笃的《1854 年上海"税务司"的创设——南京条约以后的中英贸易和税务司创设的意义》、《清代的海关和税务司——税务

---

① ［日］滨下武志：《中国近代经济史研究》，东京大学东洋文化研究所报告，1989 年。黑田明伸有对滨下该著的书评，可以参见。《滨下武志〈中国近代经济史研究——清末海关财政与开港场市场圈〉》，《史学杂志》第 100 编第 6 号，1991 年。最近，滨下武志：《中国近代经济史研究》已由高淑娟、孙彬译成中文，江苏人民出版社 2006 年版。该书副题译者译为"清末海关财政与通商口岸市场圈"，但"开港场"比中文"通商口岸"所指的范围要广，大意指的是开埠城市及周边地区，"开港场"作为日文汉字，可以理解，所以直译。在前，也曾经为该词的翻译和滨下先生及他的博士曾支农交换过意见。参见陈锋：《20 世纪的晚清财政史研究》，《近代史研究》2004 年第 1 期。

② ［日］滨下武志：《近代中国的国际契机》，东京大学出版会 1990 年版。该书已有中文版，朱荫贵、欧阳菲译，中国社会科学出版社 1999 年版。

司制度的确立》，对税务司进行了系统的研究。香坂昌纪的《清代关税盈余银两的制定》，对额定关税之外的盈余银两进行了考察。香坂昌纪的另一篇论文《清代浒墅关的研究（一至四）》，是对浒墅关最为系统翔实的研究。副岛元照的《帝国主义与中国海关制度——从鸦片战争到辛亥革命》，对列强染指下的晚清海关作了概要的叙述。①

　　国内外学者在 20 世纪 80 年代后发表的关税研究论文，主要集中在对清代前期关税制度和关税征收方面。② 如吴建雍的《清前期榷关及其管理制度》，系统论述了清代前期的榷关设置、分布、关税征收、关税奏销，以及榷关制度中的关差任命等问题。③ 何本方的《清代户部诸关初探》，对户部关的设置、税则的厘定、户部诸关的关税在财政中的地位等问题，进行了较为深入的探讨。④ 许檀、经君健的《清代前期商税问题初探》，就清代前期关税税则的沿袭、关税定额等问题进行了较全面的考察。⑤ 邓亦兵的《清代前期税则制度的变迁》，通过对清代前期税则制度变迁的描述，论述

---

　　① ［日］金城正笃：《1854 年上海"税务司"的创设——南京条约以后的中英贸易和税务司创设的意义》，《东洋史研究》第 24 卷 1 号，1965 年；同氏《清代的海关和税务司——税务司制度的确立》，琉球大学《法文部纪要——史学·地理学篇》第 18 号，1975 年；［日］香坂昌纪：《清代关税盈余银两的制定》，《集刊东洋学》第 14 号，1965 年；同氏《清代浒墅关的研究（一至四）》，《东北学院大学论集——历史地理学》第 3、5、13、14 号，1972 年、1975 年、1983 年、1984 年；［日］副岛元照：《帝国主义与中国海关制度——从鸦片战争到辛亥革命》，京都大学人文科学研究所《人文学报》第 42 号，1976 年。

　　② 当然也有研究晚清关税的论文，如陈诗启：《论清末税务处的设立和海关隶属关系的改变》，《历史研究》1987 年第 3 期；戴一峰：《清末东北地区开埠设关及其关税制度》，《社会科学战线》1988 年第 2 期。

　　③ 吴建雍：《清前期榷关及其管理制度》，《中国史研究》1984 年第 1 期。

　　④ 何本方：《清代户部诸关初探》，《南开学报》1984 年第 3 期。另可参见何本方的论文《清代的榷关与内务府》，《故宫博物院院刊》1985 年第 2 期；《乾隆年间的榷关免税措施》，《历史档案》1987 年第 4 期。

　　⑤ 许檀、经君健：《清代前期商税问题初探》，《中国经济史研究》1990 年第 2 期。另可参见许檀：《清代前期的九江关及其商品流通》，《历史档案》1999 年第 1 期。

了关税税则的变与不变，以及由此导致的问题。① 在邓亦兵的论文发表之前，专门探讨关税税则的论文难得一见，而税则问题又非常重要，既涉及财政制度变迁，又关乎关税的征收，值得特别关注。鲁子健的《清代四川的榷关》，戴和的《清代粤海关税收述论》及《清代粤海关的考核与报解制度述论》，李金明的《清代粤海关的设置与关税征收》，许毅明的《闽海关（福建常关）历史沿革初探》，分别对四川的榷关和粤海关、闽海关的关税制度和关税征收，进行了个案分析。② 另外，彭泽益的《清初四榷关地点和贸易量的考察》，韦庆远的《论康熙时期从禁海到开海政策的演变》，对康熙年间江、浙、闽、粤四海关的设置进行了探讨，认为，康熙年间颁行的关税政策，基本上是着眼于惠商和对外贸易的开拓，四海关的设置以及有关关税问题的具体规定，有利于国内外经济的发展和交流。四海关的设置和运行机制，由于实现了从禁海到开海的重大政策转折，既刺激了国内的生产，又繁荣了中国与东西洋各国的贸易往来。③ 台湾学者陈国栋的《清代前期粤海关监督的派遣》、《清代前期粤海关的税务行政》，范毅军的《走私、贪污、关税制度与明清国内货物流通税的征收》，以及日本学者松浦章的《清初的榷关》，香坂昌纪的《清代淮安关的构成及其职能》、《清代常关的包揽》，滝野正二郎的《清代乾隆年间常关税额的初步考察》，也以探讨清代前期的关税制度和关税征收为意旨，而对清初关税的

---

① 邓亦兵：《清代前期税则制度的变迁》，《中国史研究》2003 年第 3 期。

② 鲁子健：《清代四川的榷关》，《中国社会经济史研究》1987 年第 3 期；戴和：《清代粤海关税收述论》，《中国社会经济史研究》1988 年第 1 期，《清代粤海关的考核与报解制度述论》，《海交史研究》1988 年第 1 期；李金明：《清代粤海关的设置与关税征收》，《中国社会经济史研究》1995 年第 4 期；许毅明：《闽海关（福建常关）历史沿革初探》，《海交史研究》1992 年第 1 期。

③ 彭泽益：《清初四榷关地点和贸易量的考察》，《社会科学战线》1984 年第 3 期；韦庆远：《论康熙时期从禁海到开海政策的演变》，《中国人民大学学报》1989 年第 3 期。另外，收录于陈诗启：《从明代官手工业到中国近代海关史研究》（厦门大学出版社 2004 年版）中的几篇论文《中国近代海关的国际性和洋员统治的演变》、《中国海关的近代化设施及其对清政府的改造》等也可以参看。

管理尤为注意。① 香坂昌纪的《论清朝嘉庆年间的国家财政与关税收入》，将关税放在国家财政的总体框架中加以考察，同样值得注意。②

（四）杂税与厘金

杂税研究属于清代财政史研究的薄弱环节，除了在有关研究著作和论文中对杂税有所涉及外，专题研究论文较少。在早期的研究论文中，冯华德的《河北省定县的牙税》，值得注意，该文以河北定县为例，探讨了清代牙税的积弊和户部牙税改革的失败，并对民国年间的牙税改革以及牙税包商征收制度的得失进行了分析。冯华德和李陵合写的另一篇论文《河北省定县之田房契税》则对田房交易制度、契税程序以及田房契税的税则、税收状况等进行了研究。③ 在后来的杂税研究中，何汉威的《清末赋税基准的扩大及其局限》，是一篇出色的论文。该文认为，杂税分为传统和新增两个层面，前者包括契税、牙税及当税等，而新增杂税项目，多出现于19 世纪中叶以后，如屠宰税、赌饷、出口米捐、商业执照等。到了20 世纪初，随着地方自治运动的发展，新的杂税如雨后春笋，方兴未艾；同时，杂税中的传统税项收入，也比以前大大增加。清

---

① 陈国栋：《清代前期粤海关监督的派遣》，《史原》第 10 期，1980 年；《清代前期粤海关的税务行政》，《食货月刊》第 11 卷第 10 期，1982 年。范毅军：《走私、贪污、关税制度与明清国内货物流通税的征收》，《台湾“中央研究院”近代史研究所集刊》第 22 期，1993 年。［日］松浦章：《清初的権关》，［日］小野和子编：《明末清初的社会与文化》，京都大学人文科学研究所 1996 年版。［日］香坂昌纪：《清代淮安关的构成及其职能》，《东洋史论集》第 14 号，1985 年；《清代常关的包揽》，山口大学《文学会志》第 39 号，1988 年。［日］滝野正二郎：《清代乾隆年间常关税额的初步考察》，《东洋史论集》第 29 号，2001 年。

② ［日］香坂昌纪：《论清朝嘉庆年间的国家财政与关税收入》，《社会科学辑刊》1993 年第 3 期。

③ 冯华德：《河北省定县的牙税》，《政治经济学报》第 5 卷第 2 期，1937 年。冯华德、李陵：《河北省定县之田房契税》，《政治经济学报》第 4 卷第 4 期，1936 年。

末最后十年迅速增长的许多杂税中，可依其性质来分类，如烟酒税可归于消费税类，契税及房铺捐可归于财产税类，牙税、当税及各种商业执照税可视为营业税，赌饷在本质上则为一种特许经营税。这些杂税的一般特色又与其在整个财税制度中的潜力息息相关。除了这种大要的概括外，该文主要研究晚清杂税中的烟酒税和契税。在对烟酒税的研究中，分为"1902 年以前的情形"和"袁世凯在直隶改革的成效及他省整顿烟酒税收的结果"两个部分展开论述。在对契税的研究中，重点对甲午战争后广东、奉天、四川的契税征收情况进行了分析。① 何汉威的另外两篇论文《清代广东的赌博与赌税》和《清季国产鸦片的统捐与统税》亦相当细致和深入，《清代广东的赌博与赌税》认为，就财政的重要性而言，赌博税为广东省财政结构中一项不可或缺之财源，无论从绝对数目和相对比重来说，赌博税在广东所占的地位，实非他省同类税入所能望其项背。《清季国产鸦片的统捐与统税》则从统捐实施前国产鸦片课税的演变、从统捐到统税、国产鸦片统税的成绩与局限几个方面进行了论述。② 彭雨新的《辛亥革命前夕清王朝财政的崩溃》，对庚子（1900 年）以后杂税的泛滥进行了较为全面的论述，内容包括当税、牙税、契税、贾捐、铺捐、膏捐、酒捐、赌饷等。③ 刘克祥的《太平天国后清政府的财政整顿和赋税搜刮》，也涉及各种杂税的征收。④ 山本进的《清代江南的牙行》，除了探讨牙行制度的变迁、产棉业地区的牙行、产蚕丝业地区的牙行外，对苏州、松江、常

　　① 何汉威：《清末赋税基准的扩大及其局限》，《台湾"中央研究院"近代史研究所集刊》第 17 期下册，1988 年。

　　② 何汉威：《清代广东的赌博与赌税》，《台湾"中央研究院"历史语言研究所集刊》第 66 本第 2 分，1995 年。《清季国产鸦片的统捐与统税》，载《薪火集：传统与近代变迁中的中国经济——全汉昇教授九秩荣庆祝寿论文集》，台北县稻香出版社 2001 年版。

　　③ 彭雨新：《辛亥革命前夕清王朝财政的崩溃》，《辛亥革命论文集》，湖北人民出版社 1981 年版。

　　④ 刘克祥：《太平天国后清政府的财政整顿和赋税搜刮》，《中国社会科学院经济研究所集刊》第 3 集，1981 年。

州、镇江、太仓四府一直隶州乾隆、嘉庆年间牙行数额与牙税的变动，进行了细致的考察。①

早期的杂税研究的著作相当初始，且以叙述民国年间的杂税为主。如桥川浚的《中国的烟酒税》，程书度的《烟酒税史》、《卷烟统税史》，余启中的《广东烟酒税沿革》等。② 近期出版的刘增合的《鸦片税收与清末新政》是目前关于鸦片税收方面最为深入的研究著作，分为土药税收与庚子后的财政扩张、新政背景下的禁政决断、鸦片专卖与土药统税、鸦片税厘抵补、禁政与新政等章。③

在厘金研究方面，前已提及的 1915 年出版的吉田虎雄的《中国关税及厘金制度》，1917 年出版的王振先的《中国厘金问题》，1926 年出版的木村增太郎的《中国的厘金制度》，是最早的研究著作，具有开拓之功。可惜的是，后来的相关论著鲜见提及。

吉田虎雄的《中国关税及厘金制度》，除"税关"一章中，有厘局的叙述，"关税"一章中有鸦片厘金的叙述外，对厘金的研究以"各省的厘金制度"为名，分省区进行，分别对江苏、浙江、湖北、四川、福建、奉天、直隶、山东、河南、山西、陕西、甘肃、安徽、江西、湖南、广东、广西、云南、贵州、吉林、黑龙江

---

① ［日］山本进：《清代江南的牙行》，《东洋学报》第 74 卷 1、2 合号，1993 年。其他可以参考的论文还有刘重日：《对牙人牙行的初步探讨》，《文史哲》1957 年第 8 期；林满红：《晚清的鸦片税》，《思与言》1979 年第 5 期；汪士信：《试论牙行》，《中国社会科学院经济研究所集刊》第 8 集，1986 年；朱文通：《清代直隶契屋略析》，《中国史研究》1987 年第 1 期；何本方：《清代商税刍议》，《社会科学研究》1987 年第 1 期；杨选第：《清代呼和浩特地区工商杂税》，《内蒙古师范大学学报》1992 年第 2 期；李玉：《晚清印花税创行源流考》，《湖湘论坛》1998 年第 2 期；林满红：《财经安稳与个人健康之间：晚清的土产鸦片论议》，《财政与近代历史论文集》，"中央研究院"近代史研究所 1999 年版；秦和平：《清季民国年间长江上游地区的鸦片税厘》，载陈锋主编：《明清以来长江流域社会发展史论》，武汉大学出版社 2006 年版。

② ［日］桥川浚：《中国的烟酒税》，共同通讯社 1923 年版。程伟度：《烟酒税史》、《卷烟统税史》，均为财政部烟酒税处 1929 年版。余启中：《广东烟酒税沿革》，中山大学出版部 1933 年版。这几种书均为日本东洋文库藏本。

③ 刘增合：《鸦片税收与清末新政》，三联书店 2005 年版。

等省区的厘金作了概要的叙述。其中详于江苏省的厘金。

王振先的《中国厘金问题》，分为七个篇目对厘金进行了初步研究，即：（1）绪言，（2）厘金之沿革，（3）各省厘金之制度（附铁道厘金），（4）厘金之税率及其税额，（5）厘金在租税上之研究，（6）免厘加税之运动及其主要论旨，（7）免厘之根本计划。其中"各省厘金之制度"与吉田虎雄著作中的"各省的厘金制度"大致相似。王氏曾留学日本早稻田大学，是否参考吉田氏著作或二人相互切磋，不得而知。其他篇目还是有其独到的见解，如，在"厘金之沿革"中，将厘金的沿革分作三个时期，一是创办时期，包括雷以诚的创制和曾国藩、胡林冀的仿行。二是推广时期，认为，"办有成效，各省争自仿行，不数年间，厘金遂推及于各地。开办伊始，厘局地点尚限于水陆冲要、货物辐辏之区。自商贾谋脱税趋歧路，承办厘金之局员，复认额包征，藉以牟利。时捐输之例即开，纳贿得官者相望于道，其势不能不多取盈。防奸商趋避之弊，不免多设分局，在在盘诘留难，商民益受其累"。三是发达时期，认为，咸丰末年，虽已认识到厘金的弊害，屡有裁减厘局之谕，但因为财政困难，厘局难撤。至光绪年间，厘局益繁，病民亦愈甚。"江苏一省，有四百余所之分卡，自大运河上流宿迁县至镇江，其间距离仅六百里，而厘局及常关之数，达十有九。又由河南省卫辉府经卫河输送货物于天津，历河南、山东、直隶三省，沿途纳税须十余次。其烦苛可想。……所谓厘金发达时期，即其殃民最甚之时"。并且指出，民国初年，"厘金有议裁之说，未能实行，间有一二省行之者，旋复其旧。未几以厘金为国税，命各省国税厅掌之。民国三年，官制改正，各省设财政厅，厘金亦归管辖。自是以后所差异者，只其征收考成及整顿办法特见明文，以为施行标准耳，于免厘加税之根本问题无与也"。① 又如，在"厘金之税率及其税额"中对厘金课税、征收方法的归结："其课税法有二种，一曰配赋法。各地运行之物品，而以其数配赋于商民。其弊也，此地税轻，彼地税重，甲货税轻，乙货税重，不公孰甚。此在同治四年

---

① 王振先：《中国厘金问题》，商务印书馆 1917 年版，第 4~7 页。

以前各省尚多用之，其后知有流弊，乃渐改革。一曰定率法。先将税品公估一定之价格，刊印成帧，使各地按率以征收之。然货色贵贱、货价高低，因时与地而各不同，欲悬定价，强不可齐者，而齐之亦未足以言平允。于是局员藉斟酌变通之美名，行因缘为奸之实事。兼以官吏包办，多方取盈。其征收方法，有一起一验者，有两起两验者。逢起则税加重，逢验则税稍轻。前者谓之纳税二次之制度，后者谓之纳税四次之制度。究之二次四次之外，尚有层层留难，暗中需索者。手续愈繁，弊端愈多，商民之负担亦愈重。……或谓统捐之制，比较为良，然各省有行之者，卒以脱税甚多，收入锐减，并此新制不能维持。"①

木村增太郎的《中国的厘金制度》，主要叙述了厘金的沿革、厘金的性质与种类、厘金的征收与裁撤，内容较为简略，基本上与该氏随后出版的《中国财政论》一书中的"货物税"重复。

另外，金子隆三的《中国的厘金制度与产业政策》也值得注意。② 该书的篇幅较大，其"厘金"部分多达十六章，章目如下：第一章，厘金的沿革；第二章，厘金的本质；第三章，厘金局的组织（包括清代的厘金局组织、现行厘金局组织等）；第四章，各省厘金局的名称及总数；第五章，厘金征收制度（包括一起一验制、两起两验制、统捐制、出产税、销场税、产销税、落地税、过境税等）；第六章，税率；第七章，征收规定；第八章，制裁规定；第九章，各省的厘金制度；第十章，铁道厘金（包括京汉铁道厘金、京奉铁道厘金、津浦铁道厘金、山东铁道厘金等）；第十一章，特种厘金及与厘金类似的杂税、杂捐（包括盐厘、糖厘、家畜厘、茶税、丝蚕捐、烟酒税捐等）；第十二章，厘金收入及其归属；第

① 王振先：《中国厘金问题》，商务印书馆1917年版，第50~57页。

② ［日］金子隆三：《中国的厘金制度与产业政策》。该书属于"支那出张复命书"第四编《厘金》、第五编《支那的产业保护政策》的合集。《中国的厘金制度与产业政策》藏于东京大学经济学部图书馆，资料卡上注明：东京，出版时间不详。该书亦没有版权页，但贴有东京岩松堂书店的售书小票。书中引用资料的最后时限是1916年。又据查，东洋文库的藏本作：金子隆三：《支那出张复命书》，大正七年（1918年）。

十三章，厘金的弊害；第十四章，厘金与子口半税的关系及得失；第十五章，厘金改良计划；第十六章，废厘加税问题。仅从章目已可以看出其探讨厘金问题的全面。由于该书属于调查报告的性质，当然不乏识见，但更偏重于资料的汇集。如第三章中对重庆厘金局、汉口征收局、长沙厘金局、广东韶州厘金局组织机构的示列；第六章中对湖北、山东厘金税则的统计；第十一章中对广西与江西的糖厘、江苏与浙江等地的丝蚕厘列举等，都有相当的参考价值。

后来出版的井出季和太氏的《厘金》也属于调查报告的性质，① 内容更为翔实。分别对厘金的沿革、厘金的意义、厘金的种类、厘金的征收机关、厘金的税率、厘金的利弊、各地的厘金制度、铁道厘金、特殊厘金、厘金收入、厘金减免等问题进行了叙述。在对"各地的厘金制度"的叙述中，大多数省份将清代和民国分别论列，在对"特殊厘金"的叙述中，盐厘和鸦片厘金均是分省区论列。而且，将引用的典籍文献和论著加以揭示（重要者如《湖南厘务汇纂》、《福建省例》、《广东全省厘务总局新刊厘则》、《福建省厘捐类沿革利弊说明书》、《阁钞汇编》、《户部陕西司奏稿》、《丁恩改革盐务报告书》、《各省厘金状况调查统计表》、《支那经济全书》、各省财政说明书以及《中国度支考》、《中国厘金问题》、《中国关税制度论》、《民国财政史》等），是著在资料性和学术性方面，超过了前此各种著作。在台湾总督官房调查课写的"凡例"中，也认为井出季和太氏的"调查研究"，具有极其重要的参考价值。

而罗玉东的《中国厘金史》和何烈的《厘金制度新探》在研究的深度上堪为代表。罗著是早期厘金研究的代表作，是书分为 12 章，分别对厘金制度之起源、历年清廷对于厘金税政之措施、全国厘金税制概要、全国厘金收支概况、江苏浙江安徽三省厘金、江西湖北湖南三省厘金、福建广东广西三省厘金、山东河南山西直隶四省厘金、陕西甘肃四川云南贵州五省厘金、东三省及新疆四省

---

① ［日］井出季和太：《厘金》。此为《支那内国关税制度》的第三册，"南支那及南洋调查"第 208 辑。台湾总督官房调查课 1932 年版。

厘金等进行了系统考察。作为一部名著,《中国厘金史》的特点主要有三:第一,既有对厘金制度起源、沿革及厘金与晚清财政状况的总体考察,又有分省区的细微梳理与分析。第二,引用资料十分丰富,包括了各省的厘金奏报档案、各省的财政说明书、有关省份的厘务汇纂和抽厘则例、海关关册、支那经济全书等。第三,十分注意统计资料的编制与分析,书中共列制统计表128个,如"历年各省厘金收入总数"、"江苏省历年厘金收入项下其他税收分析"、"江苏省历年厘金收入项下各项拨款分析"、"浙江省历年厘金收支比较"等,颇具价值,曾反复被学者引用。但罗著亦有其不足,除了对前揭诸书鲜有提及外,研究范围局限在百货厘金方面,对盐厘等特殊厘金没有涉及,在有些方面,还没有达到井出季和太氏的调查研究水准。

何烈的《厘金制度新探》晚出,对厘金的起源、厘金对晚清财政的贡献、厘金制度的弊端、厘金与晚清政局等都有较好的论述。事实上,在《中国厘金史》的基础上撰写该书,本身就需要相当大的勇气。何烈在《厘金制度新探》的"绪论"中说:"关于厘金制度之研究,最具成绩的当推近人罗玉东,罗氏所著《中国厘金史》,堪称研究中国厘金制度的权威著作。书中详述厘金制度之创立及推行全国的经过,举凡征收制度及收支状况,均有颇为详尽的叙述和分析,并分别说明各省实施厘金制度的沿革、税制与收支情形。书后附录各种统计表、各省厘票及表报式样等,都极具参考价值。由于该书所引用的部分原始资料(如故宫档案及宣统年间所编各省财政说明书等)与重要参考书(如《湖南厘务汇纂》等),目下在台湾已很难找到,愈使该书身价增高,殆已成今日研究厘金制度必不可少的锁钥。《中国厘金史》出版于民国二十五年(1936年),作者的研究方法或未能尽善,但其著述态度是相当严谨的,见解也颇为独到。可惜书中所讨论的,只限于百货厘金一种,而收数颇大的洋药厘土药厘、盐厘及其他杂项厘金,均甚少涉及。而且作者的研究重点,似乎是详于前而略于后(事实上,该书内容多为光绪三十四年以前的分析讨论。其后则甚为简略),详于制度沿革而略于影响分析。令人深觉此一问题仍有进一步研究的必要。"① 何烈还点评了前揭美国学者 E. G. 比尔的《厘金的起源——1853—1864》一书，认为，"所持论点，大部因袭罗玉东，创见不多；引用资料，尤嫌贫乏"。不过，何烈对前揭吉田虎雄、王振先、木村增太郎、金子隆三、井出季和太诸氏所著各书都没有提及，不能不说是一个缺憾。最近又有郑备军的《中国近代厘金制度研究》出版。②

在研究厘金的论文方面，周育民的《晚清的厘金、子口税与加税免厘》，王翔的《从"裁厘认捐"到"裁厘加税"》，汪敬虞的《威厚阔、李德立与裁厘加税》，戴一峰的《论晚清的子口税与厘金》，马敏的《清末江苏资产阶级裁厘认捐活动述略》等，均以晚清厘金的变制为研究重点，也是值得注意的。③

（五）其他财政收入

在田赋、盐税、关税、杂税、厘金等财政收入外，清朝的其他财政收入，主要是捐纳。研究捐纳的代表性著作是许大龄的《清代捐纳制度》。许著分作"沿革"、"组织"、"影响"三编。在"沿革"编中，分开创、因袭、变更三个阶段叙述了康熙以降各朝的捐纳概况，并对军需、河工、赈灾、营田等项目的开捐情况作了说明。在"组织"编中，除了介绍捐纳的暂行事例与常例以及铨选之法外，对各种捐例以及捐纳各种官员的银数进行了列举统计，所附各表具有重要的史料价值，如，"历届捐例贡监生捐纳官职银

---

① 何烈：《厘金制度新探》，东吴大学中国学术著作奖助委员会 1972 年版，第 1~2 页。

② 郑备军：《中国近代厘金制度研究》，中国财政经济出版社 2004 年版。笔者尚未见到该书，不便评论。

③ 周育民：《晚清的厘金、子口税与加税免厘》，上海市历史学会 1986 年年会论文集《中国史论集》；王翔：《从"裁厘认捐"到"裁厘加税"》，《近代史研究》1988 年第 3 期；汪敬虞：《威厚阔、李德立与裁厘加税》，《中国社会经济史研究》1990 年第 4 期；戴一峰：《论晚清的子口税与厘金》，《中国社会经济史研究》1993 年第 4 期；马敏：《清末江苏资产阶级裁厘认捐活动述略》，《马敏自选集》，华中理工大学出版社 1999 年版。

数表"、"捐纳郎中道员知府知州知县等银数表"、"筹饷郑工海防三例花样银数表"等。在"影响"编中，主要论述了捐纳的弊端。

许大龄的《清代捐纳制度》发表之后，专门研究清代捐纳的专著尚未得见，但在一些著作中，仍不乏这方面的论述，并有所拓展，如前揭陈锋的《清代盐政与盐税》、《清代军费研究》中有对清代盐商报效和军需捐纳的论述和统计等。在相关研究论文中，汤象龙、近藤秀树、姜守鹏、谢俊美等人的论文值得注意。汤象龙的《道光朝捐监之统计》，是最早研究清代捐纳制度的论文，该文认为，"捐监"是清代财政上一种很重要的制度，平民向政府捐银以取得监生资格，可以直接参加乡试，以作进身之阶；政府则以此种方法增加财政收入，以弥补财政之不足。另外，该文虽名为"道光朝捐监"，但也对捐监的起源与沿革作了缕述。① 近藤秀树的《清代的捐纳与官僚社会的终结》认为，清代的捐纳使富有阶层的势力进一步扩张，与此同时，传统的科举魅力逐渐减弱，由此导致了官僚社会的变化。② 姜守鹏的《清代前期捐纳制度的社会影响》一文，除了对清代前期捐纳的一般情况和捐纳数额进行论列外，主要探讨了捐纳制度的社会影响，认为捐纳制度的推行，使地主、商人、高利贷者改变了等级身份，强化了清朝统治的阶级基础。当然，作者也同时认为，捐纳不但激化和加深了封建社会的各种矛盾，也进一步毒化了社会风气，使吏治更加腐败。③ 谢俊美的《捐纳制度与晚清社会》，在一般性论述晚清捐纳的基础上，重点分析了捐纳与各方面的关系以及带来的各种影响。④ 谢俊美的专著《政治制度与近代中国》，也有相关内容。⑤

捐纳之外，清代的外债十分突出，当然也是值得注意的。外债

---

① 汤象龙：《道光朝捐监之统计》，《社会科学杂志》1931 年 2 卷 4 期。

② ［日］近藤秀树：《清代的捐纳与官僚社会的终结》，《史林》第 46 号，1963 年。

③ 姜守鹏：《清代前期捐纳制度的社会影响》，《东北师范大学学报》1985 年第 4 期。

④ 谢俊美：《捐纳制度与晚清社会》，《档案与历史》1988 年第 3 期。

⑤ 谢俊美：《政治制度与近代中国》，上海人民出版社 1995 年版。

是一个特殊的门类，在筹借外债时，外债作为财政收入，在偿还外债时，外债又作为财政支出。由于外债的特殊性以及它在晚清财政中的特殊地位，所以相关研究很多，在前面的"综论"中已多有叙述，可以参见。

清代的公债也兼具财政收入和财政支出的双重性质。在早期的研究著作中，日本学者的成果最丰，已经提及的安东不二雄的《清国国债事情》、《中国的财政》，木村增太郎的《中国的经济与财政》、《中国财政论》，竹内元平的《最近中国财政概说》等，都对清朝末年的公债问题进行过专门讨论。国内学者对公债的专门研究，除梁启超的著述外，① 徐沧水的《内国公债史》、贾士毅的《国债与金融》、王宗培的《中国之内国公债》、千家驹的《中国的内债》可供参考。② 另外，千家驹的《旧中国公债史资料》，对清末的公债史资料进行了辑录，在"旧中国发行公债史的研究"代序中，也有对清末公债的一般性概括。③ 李巨澜的《清代发行的三次公债及其失败原因探略》，④ 周育民的《清末内债的举借及其后果》⑤，对清末的公债有较为全面的叙述。

四、财政支出研究

迄今为止，有关清代财政支出的研究主要集中在军费、俸禄、赔款三个方面，其他方面的研究成果较少。

---

① 如《中国国债史》、《国债政策之先决问题》、《论直隶湖北安徽之地方公债》，均见《饮冰室文集》，中华书局1936年版。

② 徐沧水：《内国公债史》，上海商务印书馆1923年版。贾士毅：《国债与金融》，上海商务印书馆1930年版。王宗培：《中国之内国公债》，上海长城书局1933年版。千家驹：《中国的内债》，北平社会调查所1933年版。

③ 千家驹：《旧中国公债史资料》，中华书局1984年版。

④ 李巨澜：《清代发行的三次公债及其失败原因探略》，《淮阴师专学报》1992年第4期。

⑤ 周育民：《清末内债的举借及其后果》，《学术月刊》1997年第3期。

（一）军费

在军费研究方面，专著有王尔敏的《清季兵工业的兴起》、《淮军志》，庄吉发的《清高宗十全武功研究》，赖福顺的《乾隆重要战争之军需研究》，罗尔纲的《绿营兵志》、《湘军兵志》和《晚清兵志》，龙盛运的《湘军史稿》，樊百川的《淮军史》，刘凤翰的《新建陆军》，陈锋的《清代军费研究》，陆方、李之渤的《晚清淮系集团研究》，戚其章的《晚清海军兴衰史》等，已如前揭。这些著作都可以参考。但是，庄吉发的《清高宗十全武功研究》，主要是对乾隆朝战争的研究，注重的是战争过程，戚其章的《晚清海军兴衰史》是对晚清海军的系统研究，注重的是海军的兴衰，对军费涉及很少或基本没有涉及。

罗尔纲的《绿营兵志》、《湘军兵志》和《晚清兵志》以及王尔敏的《淮军志》，龙盛运的《湘军史稿》，樊百川的《淮军史》，陆方、李之渤的《晚清淮系集团研究》，刘凤翰的《新建陆军》，分别对绿营、湘军、淮军、新军的兵制饷章和军需供应进行了叙述。

王尔敏的《清季兵工业的兴起》以及张国辉的《洋务运动与中国近代企业》，林庆元的《福建船政局史稿》，沈传经的《福州船政局》，夏东元的《洋务运动史》等相关著作，在研究晚清军事企业时也涉及军费的支出。

赖福顺的《乾隆重要战争之军需研究》，集中探讨了乾隆朝的战时军费。该书共有七章：第一章，绪论；第二章，"十全武功"之始末；第三章，军行制度与各次战役军行事宜；第四章，军粮制度与各次战役军粮事宜；第五章，军器、军报与军马驮只之供给与传递；第六章，军饷与军费收支；第七章，结论。并附有 50 个统计表，如"乾隆时代出征官兵应给账房表"、"乾隆时代京城出征文武官兵供应夫役车马船只数额表"、"乾隆时代将军王公官兵之跟役名数表"、"清高宗'十全武功'捐输表"、"清高宗'十全武功'军费来源及数额表"、"清高宗'十全武功'军费统计表"等。该书主要依据现存档案写成，对乾隆朝的战时军费研究相当细致深入。

笔者的《清代军费研究》，在进一步利用现存档案的基础上，对清代前期的常额军费和战时军费进行了系统深入的研究，涉及的范围也更为广泛。陈著分作八章：第一章，导论：军费及其相关问题；第二章，八旗兵制和饷制；第三章，绿营兵制和饷制；第四章，俸饷管理与军费奏销；第五章，常额军费及其在财政中的地位；第六章，战时军费支出；第七章，战时军费奏销；第八章，战争、军费与社会经济。附有统计表格82个，如"乾隆朝八旗兵额统计"、"嘉庆至咸丰朝八旗兵额统计"、"清代前期禁旅八旗兵丁月饷沿革"、"驻防八旗兵饷定例"、"康雍乾诸朝各地饷额比较"、"乾嘉道各朝战费统计"等。笔者还围绕着清代前期的兵制和军费撰写了《绿营的低薪制与清军的腐败》、《八旗饷制与八旗的盛衰》、《顺治朝的军费支出与田赋预征》、《清代绿营名粮制度述论》、《清代八旗的战时俸饷制度》等相关论文。①

其他学者的论文，以彭泽益、茅海建等人的研究最为深入。彭泽益的《清代咸同年间军需奏销统计》，分别对镇压太平军的军费支出、镇压捻军的军费支出、镇压西北回民起义的军费支出、镇压西南人民起义的军费支出、镇压两粤闽台人民起义的军费支出进行了梳理统计。② 茅海建的《鸦片战争清朝军费》，在缕述了前人的有关军费支出数额后，对鸦片战争期间的军费支出总额进行了重新估计，并对军费的来源、军费支出用项等相关问题作了进一步的分析。③ 齐清顺的几篇论文，对新疆的军费以及协饷供应关系的研究

---

① 参见陈锋：《绿营的低薪制与清军的腐败》，《武汉大学学报》1989年第2期；《八旗饷制与八旗的盛衰》，《武汉大学学报》1991年第2期；《顺治朝的军费支出与田赋预征》，《中国社会经济史研究》1992年第1期；《清代绿营名粮制度述论》，《社会科学辑刊》1992年第6期；《清代八旗的战时俸饷制度》，《第二届明清史国际学术讨论会论文集》，天津人民出版社1993年版。

② 彭泽益：《清代咸同年间军需奏销统计》，《中国社会科学院经济研究所集刊》第3集，1981年。

③ 茅海建：《鸦片战争清朝军费》，《近代的尺度》，上海三联书店1998年版。

较为深入。① 其他学者的相关论文，如王仲孚的《同光间新疆回乱的善后措施》，庄吉发的《清季南北洋海防经费的筹措》，包遵彭的《清季海军经费考实》，吴相湘的《清季园苑建筑与海军经费》等，也都是各方面的研究力作，前面已经提及。

（二）俸禄

对清代俸禄的研究，除几篇总体的论述文章外，主要集中在两个方面。

第一个方面是对八旗、绿营等武官俸禄的研究。前揭陈锋的《绿营的低薪制与清军的腐败》、《八旗饷制与八旗的盛衰》、《清代绿营名粮制度述论》、《清代八旗的战时俸饷制度》等，均是对此的集中探讨。另外，郭太风的《八旗、绿营俸饷制度初探》，考察了八旗、绿营俸饷制度的差别与特点。② 彭雨新的《清王朝偏宠满旗的一贯政策及其消极后果》，对八旗贵族庄田及官兵占田、旗地的出典及赎回、八旗武职俸饷制与旗人出路、晚清京旗移垦东北等重要问题作了深入研究。③

第二个方面是对引人注目的清代养廉银制度的研究。日本学者

① 参见齐清顺：《清代新疆的协饷和专饷》，《新疆历史研究》1985 年第 1 期；《清代新疆饷银的来源、使用和欠额》，《新疆历史研究》1985 年第 3 期；《清代新疆的协饷供应和财政危机》，《新疆社会科学》1987 年第 3 期。另外，汪林茂：《清咸同年间筹饷制度的变化与财权下移》，《杭州大学学报》1991 年第 2 期；历声：《乾隆年间新疆协饷拨解及相关问题》，《清史研究》1998 年第 2 期。也值得注意。

② 郭太风：《八旗、绿营俸饷制度初探》，《复旦大学学报》1982 年第 4 期。

③ 彭雨新：《清王朝偏宠满旗的一贯政策及其消极后果》，《清史论丛》1992 年卷，辽宁人民出版社 1993 年版。相关论文还有周远廉：《清代前期的八旗制度》，《社会科学辑刊》1981 年第 6 期；李乔：《八旗生计问题述略》，《历史档案》1985 年第 1 期；郑川水：《论清朝的旗饷政策及其影响》，《辽宁大学学报》1985 年第 2 期；陈佳华：《八旗兵饷试析》，《民族研究》1985 年第 5 期；李尚英：《论八旗生计问题产生的原因及其后果》，《中国社会科学院研究生院学报》1986 年第 6 期。

岩见宏是较早对养廉银制度进行专门研究的学者之一，他在《关于养廉银制度的创设》一文中，分为养廉银制度创设的背景、各省养廉银实施的经过两个论题，将耗羡归公与养廉银的创设统一考察，分析了耗羡归公的财政意义，论述了养廉银制度在不同省区实施的异同。① 美籍华人学者王业键 1961 年在台湾出版的《清雍正时期的财政改革》，是系统研究雍正朝财政改革的一部重要著作，对雍正朝的耗羡归公与养廉银制度也有较全面的论述。日本学者佐伯富于 20 世纪 70 年代初在《东洋史研究》上连载长篇论文《清代雍正朝养廉银之研究》，② 后由郑梁生译成中文，以《清代雍正朝养廉银研究》为名，由台湾商务印书馆 1976 年出版。佐伯富的研究，除了论述耗羡归公与养廉银制度的关系，以及全面探讨养廉银制度外，认为养廉银制度的实行，有利于保障地方官员的生计和整肃官场，并使地方经费明确化、预算化。同时还认为，由于清代后期物价的上涨造成养廉银实际上的贬值，以及由于国家财政困难等原因导致养廉银的停支和减支，在一定程度上使养廉银制度流于形式，是导致地方政治混乱、清朝衰亡的原因之一。庄吉发的《清世宗与赋役制度的改革》，也是一部重要著作。该著在"提解耗羡与养廉银制度的确立"一章中，分别对养廉银制度的起源、督抚藩桌及学政养廉银的比较、道府州县及佐贰养廉银的筹措等问题进行了研究。

由于养廉银制度的重要性，同时也由于养廉银制度与耗羡归公以及雍正帝的财政改革联系在一起，大陆学者的相关著作和论文中多有涉及。如前揭冯尔康的《雍正传》等，均可参考。在专题研究论文中，薛瑞录的《清代养廉银制度实施时间考》、《清代养廉

---

① ［日］岩见宏：《关于养廉银制度的创设》，《东洋史研究》第 22 卷 3 号，1963 年。

② ［日］佐伯富：《清代雍正朝养廉银之研究》，《东洋史研究》第 29 卷 1 号，1970 年；第 29 卷 2、3 号，1970 年；第 30 卷 4 号，1972 年。氏著：《中国史研究》第 3 卷收录，同朋社 1977 年版。

银制度简论》①，陈东有的《试论雍正"提耗羡设养廉"的财政改革》②，黄乘矩的《关于雍正年间养廉银制度的若干问题》③，冯元魁的《论清朝的养廉银制度》④，值得注意。

上述八旗、绿营武官俸禄研究以及养廉银研究之外，林新奇的《论乾隆朝议罪银制度与罚俸制度的区别》，是一篇有特点的论文。该文针对前揭薛瑞录的《清代养廉银制度简论》中对议罪银与罚俸的误解，对乾隆时期的议罪银制度作了全面的叙述，并分析了议罪银制度与罚俸制度的区别。⑤

对俸禄制度的总体研究，有李中林的《中国古代俸禄制度研究与借鉴》⑥，黄惠贤、陈锋主编的《中国俸禄制度史》两书。后一种著作代表了最新的研究水平。在《中国俸禄制度史》中，明清部分由陈锋执笔，"清朝俸禄制度"一章，长达十余万字，分别对皇室俸禄、外藩王公俸禄与世爵俸禄、文职官员俸禄、武职官员俸禄进行了探讨。但是，对晚清的俸禄变革没有涉及，这也是目前俸禄研究中的一个薄弱环节。

（三）赔款

晚清往往为清偿军费赔款而举借外债，所以，赔款与军费、外债等都有所联系，相关的研究成果都可以参考。在晚清的赔款中，庚子赔款影响最大，也最为纷繁，研究成果相对较多。王树槐的

---

①　薛瑞录：《清代养廉银制度实施时间考》，《清史研究通信》1982 年第 2 期，《清代养廉银制度简论》，《清史论丛》第 5 辑，1984 年。

②　陈东有：《试论雍正"提耗羡设养廉"的财政改革》，《史学集刊》1984 年第 4 期。

③　黄乘矩：《关于雍正年间养廉银制度的若干问题》，《清史论丛》第 6 辑，1985 年。

④　冯元魁：《论清朝的养廉银制度》，《复旦大学学报》1991 年第 2 期。

⑤　林新奇：《论乾隆朝议罪银制度与罚俸制度的区别》，《故宫博物院院刊》1986 年第 3 期。

⑥　李中林：《中国古代俸禄制度研究与借鉴》，内蒙古人民出版社 1992 年版。

《庚子赔款》，是专门研究庚子赔款的著作，该著分为"庚子赔款的议定"、"中国的筹措"、"偿付的波折"、"各国的退还"诸章，对庚子赔款的议定、筹措、偿付等做了系统的研究。作者写作该书的目的，是"综观庚款前后经过，比较各国的用心，分析其利弊得失，阐明对中国财政、教育、实业等各方面的影响"。由于作者利用了大量的中外档案，且分析透彻，使《庚子赔款》成为一部国内外学者注目的名著。① 在王树槐的《庚子赔款》之外，唐林的《庚子赔款》，蔡百受的《庚子赔款偿付之经过》，杨志章的《英国庚款与其用途》等文，是早期研究庚子赔款的重要论文。② 20 世纪 80 年代以后，又有新的论文发表，田志和、苏义发的《清代东北地方庚子赔款始末》，宓汝成的《庚子赔款的债务化及其清偿、"退还"和总清算》，袁成毅的《中国对日庚子赔款述略》等文③，对庚子赔款进行了专题性的深入研究。

　　汤象龙的《民国以前的赔款是如何偿付的》，则是对清代赔款进行综合研究的重要论文。汤象龙认为："军费、外债和赔款为中国近代财政史上国家三宗最大的支出，三宗的总数常占国家岁出三分之二以上，各时期的财政的盛衰和变迁与此有莫大的关系，特别是时代愈近，关系愈不可分离。更重要的是近百年来的情形，军费、外债和赔款三宗岁出都有连带的关系。一旦对外战争爆发或对内镇压农民起义，政府军费随之膨胀，军费膨胀，外债即随之。及对外战争结束，赔款又随之。或因赔款摊偿，外债又随之。此种连带的关系构成中国近代财政史的主要基础之一。"这是颇有见地的论述。按照汤象龙的说法，中国的对外赔款，自鸦片战争到清亡的

---

　　① 王树槐：《庚子赔款》，"中央研究院"近代史研究所 1974 年版。
　　② 唐林：《庚子赔款》，《银行月刊》1935 年 5 卷 1 期；蔡百受：《庚子赔款偿付之经过》，《银行周报》1935 年 11 卷 40 ~ 45 期；杨志章：《英国庚款与其用途》，《银行月刊》1936 年 6 卷 6 期。
　　③ 田志和、苏义发：《清代东北地方庚子赔款始末》，《东北师范大学学报》1988 年第 4 期；宓汝成：《庚子赔款的债务化及其清偿、"退还"和总清算》，《近代史研究》1997 年第 5 期；袁成毅：《中国对日庚子赔款述略》，《抗日战争研究》1999 年第 4 期。

50 年时间里，大小赔款多达一百数十次，各种赔款有的因为战争，有的因为教案，赔款的偿付有的归于中央政府，有的归于地方政府。在归于中央政府的赔款中，有五次最为重要，数额也最为巨大，即：1842 年的鸦片战争赔款、1860 年的英法联军赔款、1881 年的伊犁赔款、1895 年的日本赔款（甲午赔款）、1901 年的八国联军赔款（庚子赔款）。汤象龙的这篇论文，对这五次赔款的数额以及赔款的摊偿进行了总体研究。该文的最大特点是利用档案和相关文献列制了大量的统计表格，为后来的研究提供了方便。①

彭泽益的《论鸦片战争赔款》，是另一篇研究赔款的重要论文，该文对鸦片战争赔款研究得更为细致，除了论述英国勒索赔款的项目（烟价、行欠、战费）以及清廷对偿还赔款的罗掘外，对此次赔款所带来的人民负担的加重予以了充分的注意。② 伊原泽周的《关于甲午战争的赔偿金问题》，考察了甲午战争中日本军费支出的总额以及清朝的赔款总额，揭示出日本对中国的财政掠夺。③

五、财政思想研究

在一些通史性的著作中，对清代的财政思想予以了关注。周伯棣的《中国财政思想史稿》是专门研究财政思想史的较好的专著，可惜未写到清代。其他如王成伯主编的《中国赋税思想史》，专门研究历史上的赋税思想，在有关章节中对清代的赋税思想和财政政策有较多篇幅的描述。④ 姚遂的《中国金融思想史》，专门研究历史上的金融思想，列有"鸦片战争前后的金融思想"、"洋务运动

① 汤象龙：《民国以前的赔款是如何偿付的》，《中国近代经济史研究集刊》1934 年 2 卷 2 期。

② 彭泽益：《论鸦片战争赔款》，《经济研究》1962 年第 12 期。

③ ［日］伊原泽周：《关于甲午战争的赔偿金问题》，《中华文史论丛》第 54 辑，上海古籍出版社 1995 年版。按：伊原泽周为加入日籍的中国人。

④ 王成伯主编：《中国赋税思想史》，中国财政经济出版社 1995 年版。

时期的金融思想"、"甲午战争至辛亥革命时期的金融思想"诸章。① 叶世昌等《中国货币理论史》，对清代特别是晚清的货币思想与理论进行了集中的探讨。② 张家骧主编的《中国货币思想史》，列有"明清之际启蒙思想家的货币思想"、"清代（鸦片战争前）的货币思想"、"近代初期的货币思想"、"早期改良派和维新派的货币思想"、"清末至北洋政府时期改革中国币制的酝酿和讨论"等章。③ 马伯煌主编的《中国经济政策思想史》，有"封建国家财政体制的历史走向及变法改制政策思想的运用"一篇，涉及清代的财政思想。④ 刘含若主编的《中国经济管理思想史》，有对清代"田制管理思想"、"财政管理思想"、"货币管理思想"、"盐务及荒政管理思想"的描述。⑤ 胡寄窗的《中国经济思想史》下，赵靖主编的《中国经济思想通史》第4卷，对鸦片战争前有关人物如黄宗羲、顾炎武、王夫之、李雯、唐甄、颜元、李塨、王源、龚自珍、包世臣等人的财政思想，分别有专论。⑥ 几种近代经济思想史著作，如赵靖、易梦虹主编的《中国近代经济思想史》，叶世昌的《近代中国经济思想史》，也有对龚自珍、包世臣、魏源、许楣、王茂荫、冯桂芬、陶煦、马建忠、薛福成、郑观应等人有关财政思想的论述。⑦ 凡此，都值得注意。

　　应该提及的是赵丰田的《晚清五十年经济思想史》一书，该著不但开了研究晚清经济思想的先河，而且，其中的"增岁入说"、"厚俸禄说"、"行预算说"诸章，都是很有启发意义的财政

　　① 姚遂：《中国金融思想史》，中国金融出版社1994年版。

　　② 叶世昌等：《中国货币理论史》，中国金融出版社1993年版。

　　③ 张家骧主编：《中国货币思想史》，湖北人民出版社2001年版。

　　④ 马伯煌主编：《中国经济政策思想史》，云南人民出版社1993年版。

　　⑤ 刘含若主编：《中国经济管理思想史》，黑龙江人民出版社1988年版。

　　⑥ 胡寄窗：《中国经济思想史》下，上海人民出版社1963年版；赵靖主编：《中国经济思想通史》第4卷，北京大学出版社1998年版。

　　⑦ 赵靖、易梦虹主编：《中国近代经济思想史》，中华书局1980年修订版；叶世昌：《近代中国经济思想史》，上海人民出版社1998年版。

思想研究。其概括能力和识见亦属上乘，如"增岁入说"云："诸家所论增加岁入之法，约而言之，有三大端：一曰改币制，二曰增税收，三曰借国债。而改币制一项中，复包括铸银圆、行钞票、改本位、设银行四端。……增税收者，自积极方面言之，则增加新税，自消极方面言之，则整理旧税是也。旧税之当整理者，大抵以盐税为大宗。新税之可增加者，诸家所论，多以仿行西法为主，与当国者所筹措只求救急不顾国计民生之税收，如捐输、厘金、鸦片之类不同，此大要也。……国债有内债外债之分，大抵诸家所论议，主行内债者多，主借外债者少，而其用途，又皆以开源兴利为主，此大要也。"① 其后出版的夏炎德的《中国近百年经济思想》，也有对晚清财政思想的论述。② 而巫宝三等《中国近代经济思想与经济政策资料选辑》，除了收录龚自珍、林则徐、魏源、王茂荫、包世臣等人的经济思想、财政思想、货币思想等资料外，还收录了嘉庆、道光、咸丰三朝的有关农业政策、工矿政策、商业政策、对外贸易政策、财政与货币政策等资料，亦有相当价值。③

在具有专题性的财政思想研究方面，叶世昌的《鸦片战争前后我国的货币学说》，重点研究了鸦片战争前后的货币思想。④ 李宇平的《近代中国的货币改革思潮（1902—1914）》，缕述了晚清诸家的货币思想及其对货币改革的影响。⑤ 程霖的《中国近代银行制度建设思想研究》，对清末银行建设制度的产生进行了论述。⑥

---

① 赵丰田：《晚清五十年经济思想史》，哈佛燕京学社 1939 年版，第 243、269、279 页。

② 夏炎德：《中国近百年经济思想》，商务印书馆 1948 年版。

③ 巫宝三等：《中国近代经济思想与经济政策资料选辑》，科学出版社 1959 年版。

④ 叶世昌：《鸦片战争前后我国的货币学说》，上海人民出版社 1963 年版。

⑤ 李宇平：《近代中国的货币改革思潮（1902—1914）》，台湾师范大学历史研究所 1987 年版。

⑥ 程霖：《中国近代银行制度建设思想研究》，上海财经大学出版社 1999 年版。

马陵合的《清末民初铁路外债观研究》，则有对"近代铁路外债观的早期形态"、"对铁路外债观的排拒及其困境"、"'浦口条件'与对铁路外债有限认可"、"'外债救国'论的倡导与转向"等问题的专门探讨。①

①　马陵合：《清末民初铁路外债观研究》，复旦大学出版社 2004 年版。有关方面的研究论文，如谭彼岸：《王茂荫与咸丰时代的新货币制》，《中国社会经济史研究集刊》1939 年 6 卷 1 期；彭雨新：《王船山赋役论及其思想体系》，《江汉学报》1963 年第 1 期；李宇平：《张之洞的货币政策》，《台湾师范大学学报》1983 年第 11 期；陈钧、任放：《张之洞经济思想散论》，《历史研究》1991 年第 5 期；林满红：《嘉道年间货币危机争议中的社会理论》，《台湾"中央研究院"近代史研究所集刊》1994 年第 23 期；等等，均可以参考。

第 三 章

开国时期的财政政策

一、清廷入主中原与社会经济的凋敝

　　1644 年清军入关，定都北京，标志着又一个统一王朝的开始。但是，当时的政治格局与各种力量的凝聚与消长，并不意味着清廷可以一统天下。清廷定都北京后，仍面临着大顺军、大西军、南明三股势力的挑战，人心向背亦一时难测。统治权的最终取得，尚有一段艰难的历程。在这一历程中，清廷虽有"勿杀无辜，勿掠财物，勿焚庐舍"①，以及"问民疾苦，兴利除害，速图善后"，"以文德为怀，不欲勤兵黩武"等方策的标榜，② 但一直以强有力的军事行动为后盾。终顺治一朝，战火连绵不断，正是在各路大军的相继剿杀中，奠定了清王朝的统一帝业。

　　本来，明中后期以降，横征暴敛、天灾人祸相继，已使得

---

① 《清世祖实录》卷 4，顺治元年四月己卯。
② 《清世祖实录》卷 19，顺治二年七月壬子；卷 76，顺治十年五月庚寅。

"里甲寥落，户口萧条"，甚至"炊人骨以为薪，煮人肉以为食"①。编户里民，"自遭大荒、大乱、大疫之后，死亡逃散，十分已去其六七"②。

清廷定鼎北京后的开国时期，战祸连年，又加深着社会经济的凋敝。

如直隶，顺治元年（1644年），巡按直隶真顺广大等处监察御使卫周胤奏称："巡行各处，一望极目，田地荒凉，四顾郊原，社灶烟冷。"③ 顺治六年（1649年），户部尚书巴哈纳称："沧州、清苑、庆云荒地亡丁，虽经按臣勘回，除亡丁查审已明（引者按：亡丁为1666丁），庆云荒地俱经拨补开垦，毋庸再议。其沧州、清苑荒地，有称系无主死荒者，亦有未开有主无主者。"④ 顺治十五年，户部尚书王弘祚称："自明季荒乱以来，地土荒芜殆尽，人民逃亡过半，以至徭役缺额，兵饷匮乏，遂致户司仰屋持筹。"⑤

如山西，顺治四年（1647年），河东盐政监察御使朱鼎延称："遭闯逆蹂躏以来，大旱大疫，人民流亡，田土荒芜。昔也千有余户，今也百十余家。"⑥ 顺治十三年（1656年），山西布政使彭有义称："晋省自姜逆（姜镶）蹂躏之后，继以灾祲频仍，百姓逃亡最众，田地荒芜甚多。"⑦ 同年，山西巡抚白如梅又具体指陈了地荒丁亡的情况："查前抚臣祝世昌题过有主荒地三万二千二百四十

----

① 马懋才：《备陈灾变疏》，见雍正《陕西通志》卷86，《艺文》。

② 吴焕：《请抚恤三秦疏》，见《明臣奏议》卷39。

③ 卫周胤：《痛陈民苦疏》，见《皇清奏议》卷1。"卫周胤"在《皇清奏议》中"胤"字缺一"丿"，在《实录》中作"卫周允"。均为避世宗讳改。参见《清世祖实录》卷12，顺治元年十二月庚申。

④ 档案，顺治六年六月二十四日巴哈纳题：《为确报荒地以苏民命事》。中国第一历史档案馆藏，下注"档案"者同。

⑤ 钞档，《地丁题本·直隶（四）》，顺治十五年十一月十一日王弘祚题本。中国社会科学院经济研究所藏，下注"钞档"者同。按："王弘祚"，后出典籍作"王宏祚"，为避高宗讳改。类似的事例很多，不再一一揭示。

⑥ 档案，顺治四年正月二十九日朱鼎延题：《为军兴需饷正殷，户口输榷惟艰事》。

⑦ 档案，顺治十三年四月十九日彭有义奏：《为晋省荒残有据事》。

五顷三亩零，又抚臣刘弘遇题过荒地一万三千一百三十一顷八十二零。……臣前疏所题民荒地三万六百五十六顷三十亩零，民地又河塌二千三百四十一顷四十亩零，屯荒地三千一百七十三顷十三亩零，屯地又河塌六十九顷三亩零，王田荒地二千二百一十二顷四十九亩零，王田地又河塌六十六顷四十九亩零。……逃故民、屯、王田人丁四万七千二百五十八丁，该徭役银一万六千一百三十六两零。以上荒地亡丁，总有前项有主逃亡地土，见今实地抛荒，无人开垦。因奉文起科，责令见在孑遗节年包赔钱粮，力尽皮穿，以至死者死，逃者逃，将熟地仍复累荒一万六千七百四十顷，人丁死徙四万七千二百五十八丁。是以死者累生，而生者复死；荒者未熟，而熟者复荒也。"①

如陕西，顺治四年（1647 年），陕西总督王来用奏称："秦中地方，自明季以来，数十年兵劫奇荒，流毒之惨，盖无一块干净土也！在贼杀不尽，而苦凶荒饿杀；饿杀不尽，又苦传染病杀。所以人民死亡过半，以致田园荒芜，粮悬纸上空名，兵饷实无益济。屡经道府严核，踏勘再四，田则满目荒草，庄则徒存破壁，人烟几断。触目伤心，真天老地荒之象。"② 顺治八年（1651 年），陕西总督孟乔芳又称："陕西幅员辽阔，土瘠民贫，难以比之他省。兼被逆贼蹂躏，灾害频仍，是以民多死徙，田率荒芜……且多杀掳之余，或父死子存，或兄逃弟在，不过佣作糊口，仅延旦夕。"③

如四川，顺治十七年（1660 年），四川巡按御史张所志称："至若剑州、南江、通江，虽系简僻，而哀鸿未集，生聚需期；巴州、梓潼，城郭丘墟，人民远窜，此保宁之情形若此也。自南部以南，是为顺庆，而顺域之与顺属，其萧条景象更难言绘。……川北二府一州，所辖州县二十有七，地方不为不广；自开复至今十有余

① 钞档：《地丁题本·山西（三）》，顺治十三年十二月二十一日白如梅题本。

② 档案，顺治四年三月×日王来用题：《为地荒丁绝、恳祈圣明悯念时艰俯准蠲荒征熟事》。

③ 档案，顺治八年九月十九日孟乔芳题：《为秦省有主荒粮最为民累事》。

载，入版不为不久。而凋疲难起，荒残如故者，总由羽檄交驰，夫役之累十之八九。所以流移者，观望而不归；见在者，役重而力竭，此疱痍之所以难起也。"① 康熙三年（1664 年），四川巡抚张德地复称："臣自六月二十日抵保宁赴省，由顺庆、重庆以达泸州，溯游而上，计可观风问俗，调剂荒残，岂舟行竟日，寂无人声，仅存空山远麓，深林密箐而已。臣初至保宁，见民人凋耗，城郭倾颓，早不胜鳃鳃忧悸。迨泛舟遍历，日欷一日。惟重属为督臣驻节之地。哀鸿稍集，然不过数百家。此外州县，非数十家，或十数家，更有止一二家者。寥寥孑遗，俨同空谷。而乡镇市集，昔之棋布星罗者，今为鹿豕之场。……复自泸州西指，乘骑陆行，一步一趋，咸周旋于荆棘丛中，而遇晚止息，结芦为舍。经过圮域败堞，咸封茂草，一二残黎，鹑衣百结。……诚有川之名，无川之实。"②

其他地区由于明末清初兵连祸接，社会经济也遭到了不同程度的破坏。据称，在河南，"满目榛荒，人丁稀少"③。在山东，"村落悉成丘墟，田畴尽为薮泽，滋生抚集者少，死丧逃亡者多"④。顺治八年（1651 年），江西巡抚夏一鹗在描述江西情况时说：

> 江省自明末抵今，变乱不胜矣。献贼、左兵先后十年蹂躏。入本朝，金逆（金声桓）一人反复，江民两次横尸。大将军提兵攻围，断其接济。山中之贼，遍地劫粮，无粮杀人而食。围城之中，只鼠一两，升糠八钱，石米三百金，人遂食人。最后围久粮尽，金逆部下饥兵，又尽杀食人之人而食，街无行影，苍无哭声。……江民至此，十有一二存乎？所幸乱地才恢，又苦委官四出，捕人拷诈，指伪诛求。一人附逆，戮及

---

① 《明清史料》丙编第 10 本，顺治十七年四月一日张所志揭帖。
② 康熙《四川总志》卷 10，《贡赋》。按：鲁子健编《清代四川财政史料》上册还汇集了其他一些有关清初四川之凋残的史料，可以参看。四川省社会科学院出版社 1984 年版。
③ 李人龙：《垦荒宜宽民力疏》，见《皇清奏议》卷 4。
④ 档案，顺治八年九月二十六日杨义题：《为东省荒残等事》。

一族；一族附逆，洗尽四乡。民之不从反者，先死于贼；其误
为贼胁者，又死于官。……伤哉江民！或疫死，或饥死，或杀
死，或刑死，或狱死，或烹死。死则一，而受死之惨，亘古罕
闻。……伤哉江土！有水荒，有旱荒，有贼荒，有兵荒，有逃
荒，有绝荒。荒则一，而抛荒之惨，亦亘古罕闻。①

同年，南赣巡抚刘武元亦题称："伤哉斯民，剃发则贼害，从贼则
兵诛。流离屠洗，户减烟消，数载以来，日事抚剿，无非保封疆而
安赤子，然从前逃亡者过惨，即急欲招徕生聚，可计日而得
乎？……试观江省之苦，南昌与南赣并惨，而南赣之苦更莫惨于赣
县等邑者。查户口百不存十，稽荒田盈千盈万。荆榛蔽野，虎狼拒
路；里甲之控，血泪几枯；告蠲之文，绘图难尽。"②

顺治三年（1646 年），江南总督洪承畴如是描述江南财赋重
区：

　　　　江南地方，因明季赋税繁重，官兵扰害，百姓极为困苦，
　　自归命圣朝，蠲厚敛，涤烦苛，事事从宽，民困稍苏。惟有伤
　　残最苦之州县，人民逃亡，田地荒芜，又兼近来土贼抢掠，民
　　无宁居。乃目前催征漕粮，勒限起运，濒死残黎，供输不前，
　　人情惊皇。各该道府州县屡次具详，恳求宽免，词意迫切，职
　　不胜目击心伤！……安庆府属六县，遭寇乱数年，抢掳逃亡，
　　几至无民，更非别府州县可比。③

　　顺治九年（1652 年），湖广总督祖泽远在描述湖北的景况时
说：

---

　　① 钞档：《地丁题本·江西（三）》，顺治八年六月二十六日夏一鹗题本。
参见彭雨新：《清代土地开垦史》，农业出版社 1990 年版，第 3 页。此次重引，
已作校补。
　　② 档案，顺治八年九月二十六日刘武元题：《为再陈虔属伤残轻重之状
事》。
　　③ 《明清史料》甲编第 6 本，顺治三年二月二十九日洪承畴揭帖。

即以武昌一府言之，省会素称饶富，天府雄藩，今则兵火余生，徒存瓦砾，编蒲暂息，朝暮苟延，父母妻子潜遁梁子湖之中，一惊风鹤，辄负担而逃，城成空谷。盖余虐怵心，多无固志。此民心之不足恃一也。

楚省赋役最繁，平成之日，输将恐后，今则兵火未息，又值奇荒，即近如省会，民既迫于饥寒，复又怵于征敛，逃亡死徙，在在不堪。此民力之不足恃一也。

近者楚省额赋，止八十万两，已不如江南一邑之多，而协济则有浙饷，有盐课，有江南之银、江西之米，亦可谓缓急相济，无虞匮乏矣。然派多积欠，解不如期，兵丁枵腹以荷戈，有司捉襟而露肘，额、协两饷（指额赋、协济），均不足给。此钱粮之不足恃一也。①

有此民心、民力、钱粮之三不足恃，实令地方大僚忧心如焚。顺治四年（1647 年），湖南巡抚张懋熺在谈及湖南的情景时说：

岳州之焚毁杀戮极惨，而巴陵为最惨。自壬午（1642 年）以来，无岁不被焚杀，无地不为战场，加以今春奇荒，骼骼盈道，蓬蒿满城。……长沙为群逆盘踞数年，剥民已尽脂膏，临遁复行焚杀，城中房舍皆无，民皆弃家远遁。……衡州除连年兵寇杀掳之外，上岁颗粒无收，春夏米价腾涌，百姓饿死大半。②

直至顺治十一年（1654 年），长沙"城内城外"仍然是"尽皆瓦砾，房屋全无"，"荒凉景象，惨苦难言"③。次年，洪承畴又称：

---

① 《明清史料》丙编第 9 本，顺治九年十月祖泽远揭帖。
② 《明清史料》丙编第 7 本，顺治四年八月九日张懋熺揭帖。
③ 《洪承畴章奏文章汇辑·恭报大兵到长沙日期事题本》，顺治十一年四月八日。

"湖南、粤西自九年扰攘之后，贼势正在猖獗，吾民日警风鹤，皆逃避于山林水泽之中，田地尽属荒芜，城市已成丘墟。……湖南地方辽阔，冲口甚多，逆贼窥伺非止一处，而见在官兵甚为单薄，顾东遗西，顾南遗北，战守尚难分布，开拓未有根基。"①

顺治十六年（1659 年），洪承畴又向清廷揭报了云贵之残破情景：

> 云南迤东迤西地方，又残毁已极，职先自贵州进云南，经过平夷、白水、交水以及曲靖、马龙、杨林各处，蹂躏不堪。……屡据各委署道府州县卫所呈报，除各土府外，其迤东之云南府以及临安、曲靖、澄江、寻甸各府，与迤西之楚雄、武定、姚安、大理、永昌各府，无处不遭兵火，无人不遇劫掠，如衣粮财物头畜，俱被抢尽，已不待言，更将男妇大小人口概行掳掠，致令军民父母兄弟夫妻子女分离拆散，惨不堪言。所存老弱残废，又被捉拿，吊拷烧烙，勒要窖粮窖银，房地为之翻尽，庐舍为之焚拆，以致人无完衣，体无完肤，家无全口，抢地呼天，莫可控诉！见今省城粮米，照湖南新官仓斗，每斗增价至一两三钱有余，每石价至一十三两有余；若照云南旧用大斗，一石约有新仓斗二石，价至二十六七两，犹无处寻买。军民饥饿载道，死无虚日。其在永昌一带地方，更为惨烈，被杀死、拷烙死者堆满道路，周围数百余里，杳无人烟，真使贾生无从痛哭，郑图不能尽绘！职不知滇民何至如此其极也。时下人心皇皇，罔知所措。土司解体，日夕惊疑，而三路追贼大兵，皆以云南迤西无粮，不能久住……②

顺治帝览此，亦生恻隐，谕户、兵二部曰："云贵新入版图，百姓皆朕赤子，念十余年来逆寇李定国等窃据南服，民多在水火之中，困于诛求，生计日匮，疾痛莫告。今大兵所至，群黎归命，欢若更

---

① 《明清史料》甲编第 6 本，顺治十二年十二月三日洪承畴密揭帖。
② 《明清史料》甲编第 6 本，顺治十六年闰三月二十九日洪承畴密揭帖。

生。但闻两省地方，生理未复，室庐残毁，田亩荒芜，俯仰无资，衣食艰窘。朕每念及，不胜恻悯。至南征大兵，阅历险阻，长驱深入，粮饷恐有时不继，今特发内帑银三十万两，尔部即遣官刻期赍往经略军前，以十五万两赈济两省穷民，其十五万两令经略臣收贮。现今三路大兵如有需饷甚急者，宜行接济。"①

顺治帝的这点恻悯，当然无从济事。次年，洪承畴又奏称：

> 云南近状，大不如上年。每市斗米一石，实卖至二十五六两，沿途穷民有死于道途沟涧，死于寺庙破屋，死于山路田野，死于旁溪曲径。甚有母食其女，子弃其父，惨不堪言。兼之协饷又断，大兵粮米及马匹草料十分艰难。②

以上所举实例已经清晰地勾勒出有关省区地荒丁亡、社会经济遭到严重破坏的惨状。这些描述，由于文人的饰词习惯，在一定程度上或许有所夸张，但在明末清初战乱相继的特殊情势下，也并非全是故作惊人之语的无据之言，从中仍可以体察战乱导致的严重后果。

不过应该注意的是，上举清初臣僚的奏章大多把这种后果归咎于"群逆"、"流寇"、"土贼"的掳掠焚杀，这是不公允的。事实上，这种后果的出现，除了各种兵灾兵祸之外，清军对人民的杀戮也十分严重，著名的"扬州十日"、"嘉定三屠"、"江阴之难"等，已成为带有血腥气味的专有名词。在扬州，有所谓"杀掠愈甚，积尸愈多"③；在嘉定，有所谓"肆其杀戮，家至户到，小街僻巷，无不穷搜"④；在江阴，有所谓"满城杀尽，然后封刀"⑤，等等。这无一不标示着清军的残暴。也正如顾炎武《秋山二首》诗中所

---

① 《清史列传》卷78，《洪承畴传》。
② 《明清史料》丙编第2本，顺治十七年三月八日洪承畴密揭帖。
③ 《扬州十日记》，《中国历史研究丛书》本，第17册。
④ 《嘉定屠城纪略》，《中国历史研究丛书》本，第17册。
⑤ 《江阴城守纪》，《中国历史研究丛书》本，第18册。

指："一朝长平败，伏尸遍冈峦。"①

在这种野蛮的杀戮之外，清军对人民的欺凌、劫掠也十分严重。浙江巡抚秦世祯曾疏称："本院前按两浙，目击兵丁暴横及纵容小厮侵侮百姓。或行使假银，抢夺货物；或进店饮食，止还半价；或沿途捉人挑送行李米豆草料；或三五成群，砍伐树木，采摘蔬菜，掘毁笋竹，缚畜捕鱼；或纵放马匹践食稻麦；或擅入民间勒索酒饭；或于乡僻孤村强奸、抢劫；……甚而借吃烟，戏良家妇女，扼死其夫。"② 刑部尚书图海说："将所掳之良妇视为己妻，或有本夫找赎，坚执不允，绝人伉俪，深为可叹。"③ 兵科给事中杨建雍也说："悍兵藉取柴火，凡坟树果木皆强伐之，且污辱妇女，劫夺财物，道路阻绝。"④ 就连顺治帝也承认："设兵原以卫民，近来各省兵丁肆害无穷，或放马伤稼、砍伐桑枣、拆毁庐舍，甚至城市劫掠，公为大盗。各弁毫无约束，故纵分肥，大干法纪。"⑤ 甚且"杀良冒功"，如顺治帝所谕："年来屡经扑剿，荡平无期，皆因管兵将领纵令所部杀良冒功，因而利其妇女，贪其财帛，真贼未必剿杀，良民先受荼毒。"⑥ 这种杀戮焚掠之后的骚扰无疑会使劫余残黎雪上加霜。

二、"轻徭薄赋"的政策实质

如上所述，明末清初的连年战乱使社会经济遭到了严重的破坏。在此基础之上，为了满足王公贵族以及八旗官兵的需要而采行的圈地政策，又使一些地区特别是畿辅地区的经济再度萧条。但在新旧王朝交替之际，统治者不可能不注意到政策的更张，不可能不将传统的藉以笼络人心的"轻徭薄赋"旗帜再度张扬起来，这也

---

① 见《清诗三百首》，岳麓书社 1985 年版，第 22 页。
② 秦世祯：《抚浙檄草》，见《清史资料》第 2 辑。
③ 档案，顺治十三年九月八日图海题：《为晋省凤弊事》。
④ 《清世祖实录》卷 123，顺治十六年正月癸卯。
⑤ 《清世祖实录》卷 84，顺治十一年六月庚辰。
⑥ 《顺治朝东华录》卷 3，顺治八年闰二月丙寅。

就是所谓的"收拾民心，莫过于轻徭薄赋"①。对此，在顺治三年（1646 年）的上谕中曾作过明确的表白：

> 国计民生，首重财赋，明季私征滥派，民不聊生，朕救民水火，蠲者蠲，革者革，庶几轻徭薄赋，与民休息。而兵火之余，多借口方策无存，增减任意，此皆贪官猾胥，恶害去籍。将朝廷德意，何时下究？明季丛蠹，何时清理？今特遣大学士冯铨前往户部，与公英俄尔岱彻底查核，在京各衙门钱粮数目，原额若干？见今作何收支、销算？在外各直省钱粮，明季加派三项，蠲免若干？见在田土，民间实种若干？应实征、起解、存留若干？在内责成各该管衙门，在外责成抚、按，严核详稽，拟定《赋役全书》，进朕亲览，颁行天下，务期积弊一清，民生永赖，称朕加惠元元至意。②

这里的所谓"轻徭薄赋，与民休息"，显然是以鉴前朝弊政、宣布新朝德政为出发点，并有一些具体的纠偏清查指令，当然是值得注意的。但是，轻徭薄赋政策在清初到底执行到何种程度？却更值得注意。

（一）"轻徭"问题

一般地说，自从明代实行"一条鞭法"之后，赋与役合一，随地亩征收钱粮，"薄赋"也就意味着"轻徭"。但这大多只具有理论意义，征敛赋税与摊派徭役在很多情况下并不相同。由于清初战争相继、兵马过往不息，加上河工城防、土木工程，徭役非但不能轻减，滥加差役、派夫，反而成为突出的问题。时人称："王师屡出，河工告急，派粮料、派梢草，转运数百里之外。其一二仅存之孑遗，困于征输，颠仆道路，憔悴家室者，不知其几何！"③ 顺

---

① 朱鼎新：《请明纪纲定人心疏》，见《皇清奏议》卷 1。
② 《顺治朝东华录》卷 2，顺治三年四月壬寅。参见《清世祖实录》卷 25。
③ 罗国士：《急复驿递原额疏》，见《皇清奏议》卷 3。按：康熙《四川总志》卷 35，《筹边》所载四川巡抚张德地奏疏亦称："搬移王眷，会剿逆贼，叠差烦累，日无休息。且蜀道险峻，行李等项俱系背送，皮骨俱穿……"

治八年（1651 年）闰二月上谕兵部时曾慨称：

> 年来四方多故，兵马络绎，差遣繁多，驿递疲困，至今日
> 已极。乃奉差官员全不知地方苦楚，勘合火牌之外，恣意苦
> 索，驿夫不足，派及民夫，骚动里甲，甚而牵连妇女，系累生
> 儒，鞭驿官如罪犯，辱州县等奴隶，以致夫逃马倒、罢市止
> 耕，上误公务，下害小民。①

顺治帝在这里已经指出了不按"勘合火牌"，滥征役夫的弊端，从
而使本已繁重的徭役征发更趋繁重。同年，户部左侍郎王永吉也谈
到，徭役的私派滥征，除了与地方有司不体恤下情有关外，如狼似
虎的奉差满汉官员"亦不能辞其责"。王氏具体指出江南的情况：
"每船一只，要夫五十名，如到十只，便派夫五百名。若到大差，
则派夫一二千名、三四千名不等。关锁空院，伺候三五日，大寒大
暑与中途逼打赶牵纤而死者不少。州县所以有民夫之派也。此外有
陆路用马匹及水陆带长马者，勒抢草豆，稍不遂意，凌辱职官，吊
拷衙役，无可奈何。何怪有司借口加派以殃民哉！职见江都县每年
私派柴烛供应银六千两，预备马草银三千九百两，预备料豆（银）
六千两，预备米银一千两。起派民夫，通县每月约起夫一千七八百
名，一年约起夫二万余名，二城市门面夫犹不与焉。……由此推之
江南各府，又推之闽浙、江广各省，其为扰费何可胜算哉。"②
　　顺治中期以后，随着湖广、云贵等地的用兵，"大兵屡出，百
姓未获宁息"③，役夫频差，人民更困于转运之苦。顺治十二年
（1655 年），五省经略洪承畴称："湖南贼氛未靖，官兵驻扎宝庆等
处，需用米粮豆谷甚多……即令长沙民人解运，乃水路由三塘街小
河赴宝庆，计程七百余里，每船一只只可载米十四五石，中有五十
三滩，如船遇滩险，即搬米上岸，过滩复载。若晴明二十日可到，

---

① 《顺治朝东华录》卷 3，顺治八年闰二月丙寅。
② 《明清史料》丙编，第 4 本，顺治八年九月王永吉揭帖。
③ 《明清史料》甲编，第 4 本，顺治十年八月十五日洪承畴揭帖。

倘或贼阻或阴雨及风不顺，必一月始得抵宝庆。又陆运先自长沙水路运至湘乡，自湘乡县陆路到宝庆计程三百余里，皆大山峻险，肩挑背负，一人有力者背米不过四五斗，又雇一人代负食米，往回必十二三日，较之水路更甚……民人安得不逃窜死亡？且驱而为盗！……若不早议苏豁，则皮骨俱尽，必至无民；若不早定转运长法，则粮料中断，必致误兵。"① 次年，洪氏又叹称："大兵久露于外，休息无期；民人供亿于内，疲困莫支。"② 顺治十五年（1658年），江南道监察御史李粹然更形象地描述："东连燕赵，西接秦川，官兵之往返，差役之来去，络绎如线。因而有行李，有眷属，其车牛之运行也必矣。初则载行李载眷属，多不过一二十辆而已，官兵差役奉旨牌票，皆系王事，子民竭厥应承……稍不如意，辱有司，笞书役，鞭挞士民，毙牛坏车，无所不至其极。可温可饱有家母论矣，穷而至于鳏寡孤独，亦不能免此征派。"③ 顺治十六年（1659年），兵科给事中杨雍建又指出"弊政数大端"，其一云："正赋之外，夫役、匠役有派，河船、马船有派，炮车、铅药、器具有派……此滥派之害。"其二云："里役不立良法，但轮流值月，上官交际，军旅供应，皆于是乎取之，一遇值月，遂至倾家，此里役无定例之害。"其三云："用夫不据勘合火牌，凡往来馈送、土木工作，皆妄滥差役。甚有抑勒折价，此处即折，彼处仍复取夫，在在流毒，此用夫无限数之害。"④ 正所谓是："陆有供应夫马之扰，水有轮派水手之累，寥寥孑遗，兽奔鸟散。"⑤ 关于此，在清初的有关诗词中也多有描述，可参看。⑥

---

① 《明清史料》甲编，第 6 本，顺治十二年二月二十三日洪承畴揭帖。
② 《明清史料》丙编，第 2 本，顺治十三年六月二十九日洪承畴揭帖。
③ 档案，顺治十五年九月二日李粹然题：《为陈晋地艰难等事》。
④ 《清世祖实录》卷 123，顺治十六年正月癸卯。
⑤ 《明清史料》丙编，第 10 本，顺治十七年四月一日张所志揭帖。
⑥ 陈锋：《清代军费研究》已经引述过清初著名词人陈维崧的《贺新郎·纤夫词》，陈维崧所言"尽累累，锁系空仓后"，颇类似上揭王永吉所言"关锁空院"。另外，吴伟业《遇南厢园叟感赋八十韵》诗云："大军从北来，百姓闻惊皇。下令将入城，传箭需民房。……按籍缚富人，坐索千金装。……今日解马草，明日修官塘。诛求却到骨，皮肉俱生疮。"查慎行《麻阳运船行》诗云："麻阳县西催转粟，人少山空闻鬼哭。一家丁壮尽从军，携稚扶幼出茅屋。朝行派米暮催船，里胥点名还索钱。……脂膏已尽正输租，皮骨仅存犹应役。君不见一军坐食万民劳，民气难苏士气骄。"

　　清初的差役派夫之频之烈，通过上揭史料已可略见，这里当然谈不上徭役的轻减。不惟如此，清初对征发的夫役，又往往不给雇价，即使给少许雇价以资糊口，在国家财政困难的情势下，兵饷军费尚应接不暇，不得不让地方"设处"，即所谓："搬运、车牛、人工之费，均有州县设处。"① 这种"设处"当然也是取自民间，也是私征滥派，所以连顺治帝也承认："运送脚价及各项器用，所费不赀，悉系民间购办，最为苦累。"② 而且，令地方官设处的雇价、水脚，又因为各种情由成为画饼，一如湖广总督祖泽远所说："前者湖南各属因用过水脚无抵，喋喋请扰，至今尚未结案。今复不加详议，恐运费仍无凑处。……湖南未靖，师旅繁兴，粮糈一项最为吃紧，缘永、宝、辰、常、沅、靖一带，水路俱多险阻，不特措办维艰，而解运更为不易也。职每鳃鳃虑之，节据州县申详，皆以解役苦累为词，亟思补救，殊无良策。"③

　　要之，顺治年间处于一种特殊的兵荒马乱时期，徭役的征发是普遍性的，所谓的"轻徭"根本无从谈起。非但如此，由于满族官兵以及奉差官员的蛮横，被派贫民的性命有同蝼蚁，即使是州县官以及一般官吏士绅也难免蒙辱，所以上揭史料有"鞭驿官如罪犯，辱州县等奴隶"，"辱有司，笞书役，鞭挞士民"等语。这里，既有征夫派役的刻不容缓，又反映出满族官兵以胜利者的姿态对被统治族人民的任意欺凌。

（二）"薄赋"问题

　　相较于"轻徭"的无声无息、毫无实迹，"薄赋"政策可谓是

---

　　① 档案，顺治十三年二月二十二日戴明说（户部尚书）题：《为救穷民当禁私派事》。

　　② 《清世祖实录》卷88，顺治十二年正月辛亥。

　　③ 《明清史料》甲编，第4本，顺治十一年正月五日祖泽远揭帖。按：在该揭帖中，祖泽远曾引述了制定于顺治八年九月二十五日的运粮脚价银额及食米额定例，可以参看。但事实上难以执行，直到康熙中期，支发脚价雇资才走向正规。参见陈锋：《清代军费研究》，武汉大学出版社1992年版，第214～215、232～235、351页。

政令屡下，大张旗鼓了。

在田赋征收中废除明末的"三饷"加派，最为引人注目，据《清世祖实录》记载，最早的一次有关诏令是顺治元年（1644 年）七月以摄政王多尔衮的名义（时顺治帝尚未到北京）发布的，其文曰：

> 前朝弊政，厉民最甚者，莫如加派辽饷，以致民穷盗起，而复加剿饷，再为各边抽练，而复加练饷，惟此三饷，数倍正供，苦累小民，剔脂刮髓。远者二十余年，近者十余年，天下嗷嗷，朝不及夕。更有召买粮料，名为当官平市，实则计亩加征。……自顺治元年为始，凡正额之外一切加派，如辽饷、剿饷、练饷及召买米豆，尽行蠲免。各该抚、按即行所属各道府州县、军卫衙门，大张榜示，晓谕通知。如有官吏朦胧混征暗派者，察实纠参，必杀无赦。①

这次轻徭薄赋谕旨的重点，是在于革除招致民怨沸腾的明末"三饷"加派，也就是所谓的"我朝革命，首除三饷，与民休息"②。同年十月，顺治帝在北京登基后，颁即位诏于天下，又重申了上述政策：

> 地亩钱粮俱照前朝会计录原额，自顺治元年五月初一日起，按亩征解，凡加派辽饷、新饷、练饷、召买等项，悉行蠲免。其大兵经过地方，仍免正粮一半，归顺地方，不系大兵经过者，免三分之一。③

---

① 《清世祖实录》卷 6，顺治元年七月壬寅。该谕原件请参见《明清档案》第 1 册，第 15 件，顺治元年七月八日摄政王谕令。台湾联经出版事业公司 1986 年版。按：此前，天津总督骆养性曾疏请"豁免明季加派钱粮"。参见《清世祖实录》卷 6，顺治元年七月甲午。

② 王庆云：《石渠余纪》卷 3，《纪赋册粮票》。

③ 《清世祖实录》卷 9，顺治元年十月甲子。

此后，每当清军收复一地，即有类似的谕旨颁发。我们称之为"类似"，是因其并非完全相同，为了展示类似谕旨的频颁以及后文的分析，特将有关谕旨排列于下：

顺治二年（1645年）四月，颁恩诏于陕西等处：

> 陕西通省地亩钱粮，自顺治二年正月为始，止征正额，凡加派辽饷、新饷、练饷、召买等项，悉行蠲免。其大兵经过地方，仍免正粮一半，归顺地方，不系大兵经过者，三分免一。①

顺治二年（1645年）六月，以南京平定，颁诏：

> 河南、江北、江南等处人丁地亩钱粮及关津税银，各运司盐课，自顺治二年六月初一日起，照前朝会计录原额征解。官吏加耗、重收或分外科敛者，治以重罪。凡各派辽饷、剿饷、练饷、召买等项，永行蠲免。即正额钱粮以前拖欠在民者，亦尽行蠲免。②

顺治四年（1647年）二月，以浙江、福建平定，颁诏：

> 浙江、福建人丁地亩钱粮，并卫所屯粮，除浙江杭、嘉、湖三府业经该总督题准照平南恩诏开征，今浙东八府并福建全省，俱自顺治四年正月初一日起，俱照前朝万历四十八年则例征收，天启、崇祯时加派，尽行蠲免。③

顺治四年（1647年）七月，以广东平定，颁诏：

---

① 《清世祖实录》卷15，顺治二年四月丁卯。
② 《清世祖实录》卷17，顺治二年六月己卯。
③ 《清世祖实录》卷30，顺治四年二月癸未。

广东人丁地亩本折钱粮，并卫所屯粮，俱自顺治四年正月初一日起，通照前朝万历四十八年则例征收，天启、崇祯年间加派，尽行蠲免。①

终顺治一朝，有关废除明末加派的谕旨达十余次，足见清廷对此一问题的重视，并在一定范围内对明末的加征有所减免，因之，被视为恢复社会经济的最为重要的措施。② 但是，究其实际执行情况，有几个问题值得特别注意。

第一，受清初赋役制度的混乱以及财政困难、军需紧急的双向制约，所谓废除明末的加征，在许多情况下只具有安抚的性质，有关谕令形同虚文，私征暗派十分严重。顺治元年（1644 年），监察御使卫周胤曾说："上有加派之严禁，而下有暗派之弊端"；"上有蠲免之深仁，而下无奉蠲之实事。"③ 顺治二年（1645 年），兵科给事中李运长曾指出："明季度支百出，正供之外乃有辽、练、剿饷种种加派。……我皇上子惠遗黎，恩诏蠲免。……今乃泽未下究，弊端渐复。窃闻省直州县易剿、练等税为草豆等名色，加征如故。询诸外来士民，大抵皆然，非止一处。"④ 前揭顺治三年（1646 年）"轻徭薄赋谕"亦承认"朕救民水火，蠲者蠲，革者革，庶几轻徭薄赋，与民休息，而兵火之余，多借口方策无存，增减任意"，朝廷的"德意"无法下究，明季的"丛蠹"也难以清理。顺治八年（1651 年），刑科给事中魏象枢奏称："有司派征钱粮，皆假吏胥里书之手，或蒙弊不知，或通同作弊，朝廷虽有浩荡

---

① 《清世祖实录》卷33，顺治四年七月甲子。

② 参见戴逸主编：《简明清史》第 1 册，人民出版社 1980 年版，第 192 ~ 193 页。郭蕴静：《清代经济史简编》，河南人民出版社 1984 年版，第 19 页。李龙潜：《明清经济史》，广东高等教育出版社 1988 年版，第 301 ~ 302 页。周远廉：《顺治帝》，吉林文史出版社 1993 年版，第 112 ~ 113 页。

③ 卫周胤：《痛陈民苦疏》，见《皇清奏议》卷1。

④ 李运长：《敬陈保邦富国要图疏》，见《皇清奏议》卷2。

之恩，而小民终未免剥削之苦。"① 顺治十八年（1661 年），户科给事中彭之凤题称："百姓每地一亩额银若干如数征收，何难输纳。所难者贪婪官吏，正额之外，复有私派，正饷之内，复有加耗。即如兵马经过，借口急需，因公滥派者，不待言已。……应纳之正粮有限，上下之烦费无穷，民力几何，堪此重困乎。"② 这也就是大学士张玉书所说的"方今民穷财尽，多因有司私派"③。终顺治一朝的私征暗派显然十分严重，在这种背景之下的废除加征也就打了许多折扣。

第二，在顺治元年（1644 年）曾经谕令废止的"三饷"之一的"辽饷"，不久又重新开征。辽饷的重新开征，是借口辽饷系万历旧例，而清初的钱粮征收又是依照"万历则例"，如江西巡抚朱延庆所云："案查明季万历四十八年间，江西布政司奉文每田一亩加派辽饷银九厘，共该银三十六万一千三十六两一钱四分四厘，至崇祯年间又加练、新二饷。……至顺治三年归附之后，据布政司通行造册奏报，谓此三饷俱在蠲免之例矣。后奉部文通行直省内开：派征钱粮照万历年间则例，其天启、崇祯年加增尽行蠲免。盖以前项辽饷在万历年间加派，故复照旧派征耳。"④ 朱延庆所说的"后奉部文"，即是指上揭顺治四年（1647 年）二月和七月之诏称的："俱照前朝万历四十八年则例征收，天启、崇祯时加派尽行蠲免。"只是清代为避"辽饷"之恶名，一般改称"九厘银"、"九厘饷"

---

① 《清世祖实录》卷 57，顺治八年六月辛酉。

② 《清代档案史料丛编》第 4 辑，中华书局 1979 年版，第 4 页。

③ 张玉书：《请杜设法名色疏》，见《皇朝经世文编》卷 26。

④ 档案，顺治六年七月十五日朱延庆题：《为民田半属抛荒、辽饷万难加派，恳请俯准蠲停事》。按：《清代档案史料丛编》第 1 辑公布的一件档案与笔者所查朱延庆的题本（分类为《顺治朝题本·粮饷类》）基本相同，但《清代档案史料丛编》标明的是巡抚江西监察御史王志佐题。

或"九厘地亩"①。

至于九厘银（辽饷）重新开征的时间，笔者在拙著《清代军费研究》中指明是顺治四年（1647 年），陈支平在《清代赋役制度演变新探》中判定为顺治三年（1646 年），根据是《清史稿·食货志》和《石渠余纪·纪赋册粮票》中的两条间接史料，所言亦有据。② 另外，笔者所查档案中亦有一条材料与此相符，即户部尚书巴哈纳题称的："该臣等看得，万历年间加增九厘，已于三年奉旨派征。今江西抚、按二臣以地方久罹兵荒，方脱汤火，百姓穷苦，输纳惟艰，请免六年以前加增银两，似应允从，以昭朝廷轸恤之仁。七年以后照例征解可也。"皇父摄政王旨："依议。"③ 但仅发现此一条材料，大多数记载，则是顺治四年（1647 年）开始。上揭朱延庆题本亦称："臣查顺治四年间江西虽曾派征，然而有充兵饷，有系民欠，未及分晰销算。"再如户部尚书车克题称："明季末年加增辽饷一项，元年已奉诏免，顺四年复奉（诏）仍征之。"④ 地方志中的记载亦然，如《溧水县志》："清朝鼎兴，至顺

---

① 按：九厘银名称的来由，据上揭朱延庆题本所云，是每田一亩加派九厘，但事实上并非全部如此。如湖广总督祖泽远称："陕西、湖广以照亩而改为照粮，总随土宜民便，盖有由焉。……至湖北多未照亩起派者，田地最为低薄，有三等九则，又有金、银、铜、锡、铁五则科粮，皆因土作贡，原非一例，有每亩纳赋几分以至几厘者，至于塘堰，多名水心，每亩更有纳赋几厘以至几毫者，若一概按亩九厘，是轻重不均，加派数倍于正赋。当初改为照粮，盖使上下得平，民无偏累，不知经几番拟议而后定也。且所获十一处之单，俱系照粮，其余概可推矣。"见档案，顺治十一年六月二十九日祖泽远题：《为请征辽饷明示以便遵行事》。在方志中亦可见有些州县由于地处山区，只是象征性地征收，如湖北郧西原额田地为 26 506 顷 27 亩，仅征九厘银 179 两。见同治《郧西县志》卷 5，《赋役》。

② 另参见陈支平：《明末辽饷与清代九厘银沿革考实》，《文史》第 30 辑，1988 年。

③ 档案，顺治六年十月十四日巴哈纳题：《为辽饷万难加派事》。按：《顺治朝东华录》卷 3，顺治六年十月己亥条载：免"江西六年以前明季加增辽饷"。参见《清世祖实录》卷 46。

④ 档案，顺治九年六月十六日车克题：《为请征辽饷明示以例遵行事》。

治四年，因而复征如故，改为九厘地亩。"① 又如《苏州府志》：
"（顺治）四年复征九厘地亩银。"②《青浦县志》："顺治四年复征
九厘地亩银。"③《苏松历代财赋考》亦云："所谓九厘地亩，止苏
州一府已加增三万三千六百六十三两六钱有零，忧为初年之所未
有。此项顺治二年除之，顺治四年重复征之。"④ 最大的可能当是
顺治三年奉旨派征，顺治四年开征。当然，由于清初许多地区还处
在战乱之中，九厘银的开征也随之推迟，如江西省在顺治四年
（1647 年）虽奉开征之令，但征收无几，复遭金声桓叛乱，又奉旨
免征，规定"七年以后照例征解"⑤。如湖广，亦"应楚地反侧未
靖，尚未开征"，直至顺治九年（1652 年），始"令藩司飞檄各属，
每亩加增九厘，勒限征解，以济军需"⑥。如广西，顺治十年
（1653 年）"奉旨准征"，"但十年、十一年陆续恢复桂、平、梧三
府州县，有派征者，有不派征者。因粤西初复，寇氛未靖，土逆作
祟，百姓观望者多，有司竭力招抚，一切正供银米，尚属缓缓劝
输，此项银两，量地方稍有余饶，可以派者派之，至于荒残太甚，
可以宽者宽之，是以有征、有不征之故"⑦。揭示出这种复杂的情
况，意旨在于说明即使是统一的加征，实情亦各不相同。

至顺治十四年（1657 年），刊定《赋役全书》，谕令："钱粮

① 顺治《溧水县志》卷 4《田赋志·税粮》。
② 同治《苏州府志》卷 12，《田赋》。
③ 光绪《青浦县志》卷 7，《田赋》。
④ 佚名《苏松历代财赋考》，"万历中加增之赋，本朝尚未革除"篇。
⑤ 前揭朱延庆题本、巴哈纳题本。
⑥ 前揭车克题本。按：又据其他档案材料，之前未见到湖北征收九厘银的
记载。顺治九年的钱粮奏销中，"除荆属归州、兴山、巴东三州县尚未恢复，无
征外"，其他府州县已开征九厘银，但征收情况并不好。在顺治十一年的钱粮奏
销中，已积欠九厘银 86 869 两。见档案，顺治十一年迟日盖题：《为奏销顺治九
年钱粮事》；顺治十三年二月二十七日林天擎题：《为奏销十一年钱粮事》。湖南
的九厘银开征又比湖北为晚。
⑦ 档案，顺治十三年闰五月十四日孙廷铨题：《为清查征解钱粮以便具题
销算事》。

则例俱照万历年间……至若九厘银，旧书未载者，今已增入。"①从此，九厘银除在个别地区、个别情况下有所减征外②，九厘银的加征一直延续了下来，直到清末，视同正项。

还应指出，九厘银的重新开征虽说是"照万历年间则例"，但事实上则是万历及以后加征的累积，以江西婺源县为例：万历四十七年（1619年）加征辽饷额为2 004两，天启元年（1621年）的加征额为5 153两，崇祯年间的加征额则为5 563两，清初所沿袭的九厘银额系明末的最高数额，而不是万历数额。③ 而且，在九厘银重新开征之前，即有"混征"的现象；在九厘银开征之后，又有"重复征收"的弊端。如河南安阳，"自明万历间添设辽饷二千余金，业经裁革，有司相沿肥己，名曰'小粮'"④。又如顺治末年浙江巡抚秦世祯称："本院翻阅纂到（赋役）全书，万历年间旧额共二百一十四万。后暂加九厘地亩饷银四十二万。今全书不为分别，纂入总征之数矣。查此外尚有新增银四十余万。本院不觉愕然！"⑤ 另外，清代的"更名田"亦新征九厘银，如湖北荆州府更名田征九厘银2 199两⑥，襄阳府更名田征1 799两⑦，湖南益阳县更名田征221两⑧，等等。新开垦的"额外"土地以及新丈量出的

————————

① 乾隆《江西赋役全书·省总·田产》。又见《清世祖实录》卷112，顺治十四年十月丙子。

② 如顺治八年顺治帝亲政，九厘银在该年准免三分之一。又如江苏青浦县九厘银，雍正三年奉旨减赋，"减存每亩六厘三忽有奇"。见光绪《青浦县志》卷7，《田赋》。

③ 光绪《婺源县志》卷16，《食货志》。陈支平在《清代赋役制度演变新探》第28页也曾根据其他材料指出了这一点。可以相互印证。当然，有些地区的九厘银额因"除荒"，额征也有减少的情况，如荆州府原额九厘银为43 913两，除荒外，实征31 507两。见光绪《荆州府志》卷13，《经政志·田赋》。

④ 乾隆《彰德府志》卷14，《人物志》。

⑤ 秦世祯：《抚浙檄草》，见《清史资料》第2辑。

⑥ 光绪《荆州府志》卷13，《经政志·田赋》。

⑦ 乾隆《襄阳府志》卷13，《田赋》。

⑧ 同治《益阳县志》卷5，《田赋志·赋役总目》。按：益阳县的九厘银明确区分为民赋九厘银、更名九厘银、屯田九厘银三项。

"额外"土地也随着赋额的增加而起征九厘银。

第三，在军需紧急的情况下，打破赋税征收定例，进行田赋的预征。① 本来，田赋的预征也是明末的一项弊政，清初依旧沿袭。顺治初年，户部尚书车克在谈及陕西的情况时说："自故明崇祯年间，秦中军兴浩繁，需饷甚殷，持筹者计无所出，遂议于通省地方预征三分，以济燃眉。其初亦曰偶一行之。后遂相沿为例，以致延、庆诸郡民穷为盗，地荒而丁绝，竟不可问焉！迄今沿袭未革。"② 之所以"沿袭未革"，是由于"秦中满汉兵马云集，本省钱粮不足，全望拨济者以充之，而协解多不如期，此预征之弊所由难返也"。在明末，还只是预征三分，至清初已是预征五分，并将预征"折色"改为预征"本色"，由于当时粮价飞涨，也就更加加重了人民的负担，如陕西巡抚雷兴所云："因军需不敷，不得已而檄征（顺治）三年本色五分，接济兵食。然旧贮已空，新苗未布，见在市价升米四分，升豆三分，较征折色四倍其值。"③ 而到了顺治七、八等年（1650 年、1651 年）则又预征来年的全部额赋，从而导致各地士民"纷纷称苦"。因此，户部尚书车克在上揭顺治九年（1652 年）的题本中认为"钱粮自应按年征解，预征委属病民"，要求"嗣后敢有预征滋扰者，即行指名特参，以苏民困"。朱批："依议。"首次有了禁止预征的政策出台："凡禁止预征，顺治九年覆准，直省钱粮，应按期征解，有预征滋扰者，听督抚按指参。"④ 顺治十二年（1655 年）的上谕也曾指出，自今以后，各地方钱粮有"非时预征"者，"严行禁革，有违犯者，该督抚即行纠参，以凭重处。如督抚徇情庇纵，部院科道官访实劾奏"⑤。但是，后来在粮饷不继的情况下仍有预征，并不曾被纠参，仍为清廷默

---

① 参见陈锋：《顺治朝的军费支出与田赋预征》，载《中国社会经济史研究》1992 年第 1 期。

② 档案，顺治九年六月十六日车克题：《为预征相沿为例，秦民苦累难堪，请旨永禁，以固邦本事》。

③ 档案，顺治三年二月七日雷兴题：《为大兵云集，粮饷不敷事》。

④ 康熙《大清会典》卷24，《户部·赋役一·征收》。

⑤ 《清世祖实录》卷88，顺治十二年正月甲辰。

认。当然，也仍有禁止预征的政策颁布，如康熙四年（1665 年）题准："征收钱粮，定限四月完三分之二，八月内全完。有司不遵定限，预征累民，及不分别欠粮多寡，概行鞭扑者，该抚参处。"康熙十八年（1679 年）覆准："州县官隔年预征钱粮，照私派例革职提问，司道府官，明知不报者，革职。若已经详报，督抚不题参者，降五级调用。"①

根据笔者所接触到的档案材料，除了陕西的田赋预征外，在湖北、湖南、广西、贵州等省也有田赋的预征。凡此预征，一般是经过地方官事先申详，或经略大臣具题，复经最高统治者应允实施的。除此之外，不"事先申详"、"不奉明旨"的私自预征或"擅行预征"更为普遍，不备述。

第四，曾经被明令革除的"练饷"，亦因财政困难、军费不足而重新于顺治十八年（1661 年）开始加征。户部尚书阿思哈述其缘起云：

> 前以钱粮不敷，兵饷告匮，臣部具有兵饷缺额等事一疏，奉有议政王、贝勒、大臣、九卿、科道会同确议具奏之旨。遵此，随经公同会议，不敷钱粮应将明季所增练饷照旧例于顺治十八年为始加征。奉旨：依议。钦遵。随即行文各督抚，一面查照旧例作速派征，另为收贮，候拨兵饷，一面将旧例报部在案。②

阿思哈明确指出，练饷是"照旧例"征解，所谓的照旧例，亦即"照明例，每亩一分派征"。据户部当时依次公布的直隶、山东、河南、江南、山西、浙江、江西、湖广、广东、福建、陕西、广西、四川 13 省区的亩额，合计共为 5 721 840 余顷，除东北地区不

---

① 康熙《大清会典》卷 24，《户部·赋役一·征收》。

② 档案，顺治十八年闰七月二十九日阿思哈题本。见《清代档案史料丛编》第 4 辑。该辑公布了有关练饷加征题本 40 件，以下所引，未注明题本名称者均源于此。

征练饷外，"以上各省每亩田地一分派征，共约计银五百余万两"，"限文到两个月内，尽数征完"，"至于云贵，系新辟地方，臣部无熟地亩可查，应敕云贵巡抚备查见征钱粮亩数，照此派征，仍将派征数目报部，其一切勒限禁约处分，俱照各省之例"①。

这里值得注意的是，户部所公布的派征练饷亩额，大大超过了一般典籍所记载的亩额，如《清圣祖实录》卷五载，顺治十八年全国田、地、山、荡、畦地合计共为 5 265 028 顷，仅上引直隶等13 省的亩额已超出是额45.6 万余顷。怎样解释这一差额呢？笔者认为，除了大亩、小亩以及折亩带来的统计标准不一外②，其中一个主要的原因就是把部分荒地和报垦地统计了进来，如山西省，据山西巡抚白如梅题称只有熟地31.5 万余顷，比户部题定之额少 10万余顷，即属于"见荒并开垦不应起科之地"。这部分土地，"正粮与加增九厘银两，已奉皇恩蠲免，今练饷似当暂为除豁"③。按说应少征练饷银10 万余两，但户部的重新议奏仍坚持原议：

> 查新增练饷，臣部明照见在田地，每亩加征银一分。山西省计见在田地共四十二万三千七百五十余顷，应增银四十二万三千七百五十余两。已经题奉旨派拨二分兵饷。今该抚题报之数，比臣部题定之数少银十万八千两，但所增练饷原充兵饷之用，难以缺额，应请敕下该抚，查照臣部题定数目征收可也。④

其他省份也有类似的情况，如湖广，户部题定的田地总额为 65.7

---

① 档案，顺治十八年八月六日阿思哈题本。
② 参见陈锋：《清代亩额初探》，载《武汉大学学报》1987 年第 5 期。
③ 档案，顺治十八年闰七月二十七日白如梅题本。
④ 档案，顺治十八年八月二十六日阿思哈题本。另据笔者所抄录的一份档案，顺治十八年十一月二十七日阿思哈题：《为各省镇兵饷找拨届期，请动所征练饷以济军需事》称："该本司左布政使王显祚查看得练饷银两，遵照部定，晋省应征银四十二万三千七百五十九两，已经申详本部院在案。本司竭力严催，各府州征解去后，节据各府州申报，俱于限内催征全完。"

万余顷，应征练饷 65.7 万余两，实际上，湖广土地"总计实止五十八万六千七百二十二顷九十五亩零，共不敷饷七万一千七十七两零，无从派征"①。又如江西，户部题定的田地总额为 44.9 万余顷，但"及查全书，止共四十四万四千三百余顷"，不但与现存熟地不符，即与《赋役全书》相较亦有缺额，所以，"自派之后，本司凛遵督催，厉牌严檄，催征之法术已寡；面命耳提，追呼之焦劳倍至。虽念切急公，依限完解州县固多，其因民告艰，代请免山、免塘者亦复不少。纵有部议止有田地，其如足额，必合山塘，虽民困固当轸念，但额饷已奉派拨，何哉分毫难少"②。这说明，为了多征练饷，户部所题定的亩额比当时起赋的亩额为多；同时，不论土地肥瘠，不管田地山塘的区别一概每亩征银一分，也标示着练饷加征"大为不均"③。

另外，在明季未加征练饷的卫所土地以及明代废藩土地，也"概加征收，以济军需"④。在某些地区，还有所谓"额外加增练饷银"⑤。

当时，练饷的加征一方面弥补了清廷的财政亏空，将加征所得拨充了兵饷；而另一方面又不可避免地带来许多弊端，在清初社会经济尚未复苏的情势下尤其如此。所以，新即位的康熙帝在顺治十八年（1661 年）十二月十六日发布上谕："今思各省水旱、盗贼，民生未获苏息，正赋之外，复有加征，小民困苦。朕心殊为不忍。若不急停以舒民困，必至失所。除顺治十八年已派外，康熙元年通行停止。"⑥ 至此，大规模的练饷加征方告结束。

---

① 档案，顺治十八年十一月六日杨茂勋题本。
② 档案，顺治十八年十一月十二日张朝璘题：《为各省镇兵饷找拨届期，请动所征练饷以济军需事》。
③ 李鹏鸣：《停止加饷疏》，见《皇朝经世文编》卷 72。
④ 档案，顺治十八年十一月二十日阿思哈题本；顺治十八年十二月十八日阿思哈题本。
⑤ 参见陈锋：《清代军费研究》，武汉大学出版社 1992 年版，第 298～300 页，表 7-1，表 7-2。
⑥ 档案，顺治十八年十二月十八日阿思哈题：《为恭缴上谕事》。

以上是对田赋征收中的有关政策进行的分析探讨。

如所周知，清初的三大收入是田赋、盐课与关税，对盐课与关税这两大税种也应该作相应的讨论，由于笔者在盐课方面已有专文和专著，可从参看①，兹从略。

在关税征收方面，明代末年同样有各种加派。

从某种程度上说，清初的关税征收，比之于田赋与盐课，更为繁重、混乱不堪。

在顺治元年（1644 年）十月的上谕中指出："关津抽税，原寓讥察，非欲困商。顺治元年准通免一年，自二年正月初一日以后，方照故明初额起税，凡末年一切加增，尽行豁免。其直省州县零星抽取落地税银名色，概行严禁。"② 是时，谕令仅具空名。稍后，顺治二年（1645 年）六月的上谕中也有涉及："河南、江北、江南、浙江等处人丁地亩钱粮及关津税银、各运司盐课，自顺治二年六月初一日起，俱照前朝会计录原额征解，官吏加耗重收，或分外科敛者，治以重罪。凡加派辽饷、练饷、召买等项，永行蠲免。"③ 而专门把关税作为"恩诏"的一条再次予以颁布，时在顺治四年（1647 年）二月，诏云：

> 关津抽税，原寓讥察，非欲困商。明末迭增，数倍原额，已经户部题定，照万历年间原额及天启、崇祯递增额数一半征收。杭州南、北二关先已差官，其余自顺治四年正月初一日以后，俱照此例一体抽收。④

顺治五年（1648 年）十一月颁布的"大赦天下诏"，只有措辞的不同，意旨一样：

---

① 参见陈锋：《论清顺治朝的盐税政策》，《社会科学辑刊》1987 年第 6 期。《〈清史稿·盐法〉补正》，《文献》1990 年第 4 期。

② 《清世祖实录》卷 9，顺治元年十月甲子。

③ 乾隆《浙江通志》卷 76，《蠲恤二》。

④ 《清世祖实录》卷 30，顺治四年二月癸未。参见乾隆《浙江通志》卷 76，《蠲恤二》。"原寓讥察"中的"寓"字，《浙江通志》为"属"字。

各关抽税，俱照万历年间旧例，其天启、崇祯年间加额除免一半，不得踵行明季陋规，分外多抽，及多设委官巡拦，以察税为名，肆行科扰。①

显而易见，仅此诏令上表现出来的政策导向，关税已是承袭了万历年间的全部及天启、崇祯年间加征的一半。而事实上，所谓的"天启、崇祯年间加额除免一半"，也不曾执行，已如陈支平所指出的，清初的市征税率比明代高得多，清初对明代关税的沿革，是明减暗增②。有关档案材料也揭示了这一点，顺治六年（1649年），户部尚书巴哈纳就曾称："各关抽征税料，俱照明季旧例。"③ 顺治十三年（1656 年），"因钱粮入不敷出，又经户部议奏，加增盐课、关税等项，以抵不敷兵饷"④。

我们只要对照乾隆《江南通志》卷七十九《食货志·关税》所载江南各关平料、加平料、补料、加补料新旧征收则例即可以看出明清的沿革（见以下各表）：

表3-1　　明代万历年间江南关税（船钞）征收则例

船只尺寸	平料征收标准	加平料征收标准	补料征收标准	加补料征收标准
五尺	钞一十贯，该钱二十文，折银七分	——	钞二十贯，该钱四十文，折银一钱四分	——

① 《清世祖实录》卷41，顺治五年十一月辛未。

② 陈支平：《清代赋役制度演变新探》，厦门大学出版社 1988 年版，第 39 页。

③ 档案，顺治六年十月十八日巴哈纳题本，见《历史档案》1982 年第 4 期。

④ 档案，顺治十七年六月十二日车克题：《为酌拨十七年兵饷事》。

续表

船只尺寸	平料征收标准	加平料征收标准	补料征收标准	加补料征收标准
六尺	钞二十贯，该钱四十文，折银一钱四分	钞三十贯，该钱六十文，折银二钱一分	钞四十贯，该钱八十文，折银二钱八分	钞六十贯，该钱一百二十文，折银四钱二分
七尺	钞三十贯，该钱六十文，折银二钱一分	钞四十五贯，该钱九十文，折银三钱一分五厘	钞六十贯，该钱一百二十文，折银四钱二分	钞八十贯，该钱一百八十文，折银六钱三分
八尺	钞三十五贯，该钱七十文，折银二钱四分五厘	钞六十贯，该钱一百二十文，折银四钱二分	钞七十贯，该钱一百四十文，折银四钱九分	钞一百二十贯，该钱二百四十文，折银八钱四分
九尺	钞五十贯，该钱一百文，折银三钱五分	钞七十五贯，该钱一百五十文，折银五钱二分五厘	钞一百贯，该钱二百文，折银七钱	钞一百五十贯，该钱三百文，折银一两零五分
一丈	钞八十贯，该钱一百六十文，折银五钱六分	钞一百一十五贯，该钱二百三十文，折银八钱零五厘	钞一百六十贯，该钱三百二十文，折银一两一钱二分	钞二百三十贯，该钱四百六十文，折银一两六钱一分

续表

船只尺寸	平料征收标准	加平料征收标准	补料征收标准	加补料征收标准
一丈一尺	钞一百一十贯，该钱二百二十文，折银七钱七分	钞一百六十五贯，该钱三百三十文，折银一两一钱五分五厘	钞二百二十贯，该钱四百四十文，折银一两五钱四分	钞三百三十贯，该钱六百六十文，折银二两三钱一分
一丈二尺	钞一百四十贯，该钱二百八十文，折银九钱八分	钞一百九十五贯，该钱三百九十文，折银一两三钱六分五厘	钞二百五十贯，该钱五百六十文，折银一两九钱六分	钞三百九十贯，该钱七百八十文，折银二两七钱三分
一丈三尺	钞一百七十贯，该钱三百四十文，折银一两一钱九分	钞二百二十五贯，该钱四百五十文，折银一两五钱七分五厘	钞三百四十贯，该钱六百八十文，折银二两三钱八分	钞四百五十贯，该钱九百文，折银三两一钱五分
一丈四尺	钞二百贯，该钱四百文，折银一两四钱	钞二百五十五贯，该钱五百一十文，折银一两七钱八分五厘	钞四百贯，该钱八百文，折银二两八钱	钞五百一十贯，该钱一千零二十文，折银三两五钱七分

表 3-2　　　　明代崇祯五年江南关税（船钞）征收则例

船只尺寸	平料征收标准	加平料征收标准	补料征收标准	加补料征收标准
七尺	银二钱一分	银三钱一分五厘	银四钱二分	银六钱三分
八尺	银二钱四分五厘	银四钱二分	银四钱九分	银八钱四分

续表

船只尺寸	平料征收标准	加平料征收标准	补料征收标准	加补料征收标准
九尺	银三钱五分	银二钱二分五厘	银七钱	银一两零五分
一丈	银五钱六分	银八钱零五厘	银一两一钱二分	银一两六钱一分
一丈一尺	银七钱七分	银一两一钱五分五厘	银一两五钱四分	银二两三钱一分
一丈二尺	银九钱八分	银一两三钱六分五厘	银一两九钱六分	银二两七钱三分
一丈三尺	银一两一钱九分	银一两五钱七分五厘	银二两三钱八分	银三两一钱五分
一丈四尺	银一两四钱	银一两七钱八分五厘	银二两八钱	银二两五钱七分
一丈五尺	银一两五钱四分	银一两九钱九分五厘	银三两零八分	银三两九钱九分
一丈六尺	银一两六钱八分	银二两二钱零五厘	银一两三钱六分	银四两四钱一分
一丈七尺	银一两八钱二分	银二两四钱一分五厘	银三两六钱四分	银四两八钱三分
一丈八尺	银一两九钱六分	银二两六钱二分五厘	银三两九钱二分	银五两二钱五分

表 3-3　　　　　　顺治十二年江南关税（船钞）征收则例

船只尺寸	平料税银	加平料税银	补料税银	加补料税银
七尺	四钱二分	六钱三分	八钱四分	一两二钱六分
八尺	四钱九分	八钱四分	九钱八分	一两六钱八分
九尺	七钱	一两零五分	一两四钱	二两一钱
一丈	一两一钱二分	一两六钱一分	二两二钱四分	三两二钱二分
一丈一尺	一两五钱四分	二两三钱一分	三两零八分	四两六钱二分
一丈二尺	一两九钱六分	二两七钱三分	三两九钱二分	五两四钱六分

续表

船只尺寸	平料税银	加平料税银	补料税银	加补料税银
一丈三尺	二两三钱八分	三两一钱五分	四两七钱六分	六两三钱
一丈四尺	二两八钱	三两五钱七分	五两六钱	七两一钱四分
一丈五尺	三两零八分	三两九钱九分	六两一钱六分	七两九钱八分
一丈六尺	三两三钱六分	四两四钱一分	六两七钱二分	八两八钱二分
一丈七尺	三两六钱四分	四两八钱三分	七两二钱八分	九两六钱八分
一丈八尺	三两七钱二分	五两二钱五分	七两八钱四分	十两五钱

表3-4　　　　　　康熙二十五年江南关税（船钞）征收则例

船只尺寸	平料税银	加平料税银	补料税银	加补料税银
七尺	一两七钱	八两一钱	九两一钱	十一两一钱
八尺	三两一钱	十一两二钱	十二两二钱	十六两二钱
九尺	四两二钱	十四两三钱	十五两三钱	二十四两三钱
一丈	五两三钱	十六两四钱	十七两四钱	二十九两四钱
一丈一尺	七两四钱	二十两五钱	二十一两五钱	三十四两五钱
一丈二尺	八两五钱	二十四两六钱	二十五两六钱	三十九两六钱
一丈三尺	九两六钱	二十八两七钱	二十九两七钱	四十四两七钱
一丈四尺	十两七钱	三十三两三钱	三十三两八钱	四十九两八钱
一丈五尺	十一两八钱	三十八两九钱	三十九两九钱	四十九两八钱
一丈六尺	十二两九钱	四十二两一钱	四十二两一钱	五十九两一钱
一丈七尺	十四两一钱	四十六两二钱	四十七两二钱	六十三两二钱
一丈八尺	十五两二钱	五十一两三钱	五十二两三钱	六十七两三钱

　　江南关税的征收，在明代宣德年间设置钞关后，曾经规定"量舟大小修广而差"，其额谓之船料。嘉靖年间又规定，"各钞关丈量船只，止以成尺为限，此外零数不许逐寸科取"。清初沿袭了

明代的这种科征办法。上表清楚地表明，崇祯年间的科则与万历年间的科则约略相当，清初顺治年间以及康熙年间的则例与明代相比要高出许多。以船只的尺寸一丈为例，崇祯年间的则例为：平料征收五钱六分，加平料征收八钱零五厘，补料征收一两一钱二分，加补料征收一两六钱一分。顺治年间的则例为：平料征收一两一钱二分，加平料征收一两六钱一分，补料征收二两二钱四分，加补料征收三两二钱二分。康熙年间的则例为：平料征收五两三钱，加平料征收十六两四钱，补料征收十七两四钱，加补料征收二十九两四钱。如是，清初顺治年间比明末高出了一倍，康熙年间又比顺治年间高出了数倍。清初对关税的重科已是显而易见。①

不惟如此，顺治初年在局势动荡、商贾裹足、关税经常欠征的情况下，为了保证关税的足额，清廷还曾命户、工二部在原有汉官关差外，增派满洲关差②，这些满洲关差一经到任，为非作歹，"加倍需索，不顾商人贫苦"，"有余者自润，不足者横征"③。因此，顺治八年（1651 年）曾有旨令裁去满官，加以整顿：

> 榷关之设，国家藉以通商，非以苦商。关税原有定额，差一司官已足，何故滥差多人？忽而三员，忽而二员。每官一出，必市马数十匹，招募书吏数十人，绍兴棍徒谋充书吏，争竟钻营，未出都门，先行纳贿；户部又填给粮单，沿途骚扰，鞭打驿官，奴使村民，恶迹不可枚举。包揽经纪，任意需索，量船盘货，假公行私，沿河一带，公然与劫夺无异，商贾恐惧不前，百物腾贵。……朕灼知今日商民之苦，著仍旧每关设官

---

① 当然，各省以及各关的情况也并不一致，这也是需要注意的，如山东临清关，"明季旧额七万六千二百七十一两零。顺治十三年，减五万一千九百七十一两零。至康熙二十五年，增五千三百八十四两"。清初的税额要比明末低很多。参见乾隆《山东通志》卷 12，《田赋志·杂税》。

② 《清世祖实录》卷 30，顺治四年二月丁丑。

③ 《清世祖实录》卷 48，顺治七年四月壬子；卷 54，顺治八年闰二月乙丑。

一员，其添设者悉行裁去，以后不得滥差。①

此谕在指摘关差弊端的基础上，宣扬"朕通商爱民至意"，并要求有关部门"实心遵守"。若确如此，大可值得肯定，但随即户部出于弥足财力的考虑，又专上题本指出："各处税课，前差满官之时，起解甚多。一从撤去满官之后，税课甚绌"，"关税各有定额，额外横征则病商，额内短少则病国"，因此要求"仍差满官，从今收税，不但税难漏脱……而国课可充"。在这种呼吁之下，又得到顺治帝的认可②。财政上的考虑当然压过商民的利益。于是，前此弊端也就仍难避免。如康熙四年（1665年）上谕所指称："各省钞关之设，原期通商利民，以资国用，非欲其额外多征，扰害地方。近闻各处收税官员希图肥己，任用积蠹地棍，通同作弊，巧立名色，另设等秤，于定额之外恣意多索，或指称漏税，妄拿过往商民拷诈，或将民间日用细琐之物及衣帽等类原不抽税者，亦违例抽税，或商贾已经报税，不令过关口，故意迟延勒掯，遂其贪心乃已。此等弊端甚多，难以枚举，违背国法，扰害商民，殊为可恶。"③

而且，在具体的关税征收中，又有着"关外之关"、"税外之税"等种种私征滥派及关政弊端。顺治八年（1651年），礼科给事中李人龙曾指摘关税五弊：一为"单书之弊"，二为"盘货之弊"，三为"包揽之弊"，四为"关牙之弊"，五为"量船之弊"，即所谓"上单则高下其手，盘货则巧捏漏报，包揽则假公济私，寻税则搜及境外，量船则越例倍征"。江宁巡抚上官铉也指摘关税三弊：一为"保家之弊"，二为"巡兵之弊"，三为"委官之弊"，所谓"关政之害多端，而保家、巡兵、委官三者为甚"④。顺治十六年

①　《清世祖实录》卷54，顺治八年闰二月乙卯。

②　档案，顺治九年六月二十一日车克题：《为复差满洲官员事》。

③　乾隆《江南通志》卷79，《食货志·关税》。

④　见《历史档案》1982年第4期。按："上官铉"刊作"上官铊"，当是刊误。见《清史列传》卷7，《上官铉传》，又参见《清朝文献通考》卷26，《征榷一》，第5076页。

（1659 年），兵科给事中杨雍建又奏称："土官镇弁，创设私税，地不及二百里，抽者数处，以致商贾困匮。"① 关税征收中的这些弊端，除了关差选非其人、吏治不清外，亦与当时清廷倡立《抽税溢额议叙例》，鼓励关税经征者多抽关税以应军需有密切的联系，正如康熙四年（1665 年）"罢抽税溢额议叙之例"时所谕称的："各省设立关税，原期通商以裕国用，向因钱粮不敷，故定例将抽税溢额者加级、纪录，以示鼓励，遂使各差冀邀恩典，因而骚扰地方，困苦商民。"② 而到了康熙十四年（1675 年），由于军需紧急，一度被废除了的抽税溢额议叙之例又被再次被捡拾，规定：征收关税，"至一年额税全完者，纪录一次，溢银一千两者加一级，溢银二千两者加二级，溢银三千两者加三级，溢银四千两者加四级，溢银五千两以上者以应升之缺先用"③。

田赋、盐课、关税是清初最主要的三个税种，不少论者认为顺治初年对明末加征的免除是恢复社会经济的有力措施，从而多加肯定。通过以上的考察，不难看出，在清初用兵连年、军需紧急、财政困难的情况下，明末的许多加征被沿袭了下来，提高科征标准与私征滥派也异常严重，清廷为收服人心所颁布的"豁免之谕"或"恩诏"，大多只具有安抚的性质和标榜的用意。当然，我们这样说，并不等于否认清廷对明末"厉政"的省思、明鉴，以及在省思、明鉴之下税收政策的调整。

三、蠲免与除荒

我们认为，清初的"轻徭薄赋"政策，在具体实施过程中有其局限性，但也不否认税收政策调整的积极意义。同时，顺治年间实行的蠲免与除荒政策也值得分析。

从大的方面讲，在一定程度上废除明末的加征，也属于蠲免的

① 《清世祖实录》卷 123，顺治十六年正月癸卯。
② 《清圣祖实录》卷 14，康熙四年正月己亥。
③ 乾隆《江南通志》卷 79，《食货志·关税》。

范围，但一般意义上的"蠲免"，则有其特定的含义。清初顺治年间的蠲免，主要有四种类型，即："因兵蠲免"、"因荒蠲免"、"因灾蠲免"、"逋欠蠲免"。

蠲免作为一种"善政"，有关典籍都作了充分的记载，特以几种方志的记载为示例。

示例之一：江南。乾隆《江南通志》卷三八《食货志·蠲免》载：

> 顺治二年，奉旨蠲免本年税粮十分之七，兵饷十分之四，其明末无艺之征尽永除之。
>
> 顺治八年，苏松等府大水，改折秋粮十分之六；宁国府旱灾，改折秋粮三分之一。
>
> 顺治九年，江南大旱，江苏等处改折漕粮，免派耗米。安庆诸属蠲免正赋，改折漕粮，并除耗米。
>
> 顺治十一年，靖江海啸，漂毁民舍，蠲免本年秋粮三分之一。
>
> 顺治十二年，广德等处旱灾，免钱粮十分之一。
>
> 顺治十三年，诏蠲地亩人丁本折钱粮拖欠在民者。
>
> 顺治十六年，江南大水，奉旨蠲免十五年以前未完钱粮。

如上，顺治一朝共蠲免7次，其中，因兵蠲免1次，因灾蠲免4次，逋欠蠲免2次。

示例之二：山东。民国《山东通志》卷八五《田赋志·荒政》载：

> 顺治三年，蠲免山东荒田逋赋。
>
> 顺治五年，夏津旱蝗，免本年租。
>
> 顺治五年，蠲免山东荒田租赋。
>
> 顺治八年，山东大水，以各县仓谷赈贫民，以学租赈贫士，蠲灾区租赋。
>
> 顺治十年，免沂水等县被灾本年租赋。

顺治十一年，免济南、东昌二十一州县旱灾本年税赋。

顺治十二年，免山东灾区兵民丁徭田赋。

如上，顺治一朝共蠲免 7 次，因荒蠲免 2 次，因灾蠲免 5 次。

示例之三：浙江。乾隆《浙江通志》卷七六《蠲恤》载：

顺治二年，大兵经过地方免正粮一半，归顺地方不系大兵经过者免三分之一。

顺治四年，新定地方征收各项钱粮，拖欠在民者悉行蠲免。

顺治五年，百姓拖欠钱粮，自元年至三年悉与蠲免。

顺治七年，民间拖欠钱粮，前次诏书已免元、二、三年，今再免四年一年。

顺治八年，顺治五年以前民间拖欠钱粮悉与蠲免。

顺治十年，浙江各属旱灾，被灾八、九、十分者免十分之三，五、六、七分者免十分之二，四分者免十分之一。有漕粮州县卫所准令改折。

顺治十二年，顺治六、七两年地亩人丁本折钱粮，拖欠在民者，悉与蠲免。

顺治十三年，水、蝗为灾，各巡按御史确察灾荒地方，蠲免正粮。

顺治十三年，顺治八、九两年地亩人丁本折钱粮，该督抚确察，果系拖欠在民者，具奏蠲免。

顺治十五年，顺治十、十一两年地亩人丁本折钱粮，该抚按确察，果系拖欠在民者，具奏蠲免。

顺治十五年，宁绍二府属龙飓阴雨，被灾田亩，按分数免本年正额钱粮。

顺治十七年，顺治十六年以前拖欠钱粮，差廉干满员前往清查，果系拖欠在民，具与蠲免。

如上，顺治一朝共蠲免 12 次，因兵蠲免 1 次，逋欠蠲免 8 次，因灾蠲免 3 次。

每个省区的情形不甚相同,因此,蠲免的类别与蠲免的次数也不一样。从总体上看,顺治年间的因灾蠲免和逋欠蠲免比较突出,王庆云所谓的"大抵逋欠三年以前者,辄与停免"①,基本符合浙江的情形,至于其他省区,则未必尽然。即使是比较频繁的逋欠蠲免,由于是蠲免难以征收的积年旧欠,其实际意义也不容高估。在很多情况下,顺治朝的蠲免更多的具有安抚性质和象征意义。这正像后来雍正帝所揭明的:"国用不足,虽欲减赋蠲租,沛膏泽于百姓,其势有所不能。"②

但是,从制度史和政策演变的角度考察,上揭蠲免事例又标示着相关蠲免制度的确立和逐步完善。如在浙江的因灾蠲免中,顺治十年(1653 年)规定了被灾分数和蠲免分数,顺治十三年(1656 年),言明了勘灾程序。又如在浙江的逋欠蠲免例中,顺治十三年规定了"督抚确察",顺治十五年(1658 年)改为"抚按确察",顺治十七年(1660 年)又改为"差廉干满员前往清查"。凡此,都是值得注意的。

从其他史料中,更可以清晰地了解清初蠲免制度的确立与完善。康熙《大清会典》云:"凡遇水旱虫雹,议报勘,议缓征,议蠲,议赈,规制具在。虽值岁荒,民不失所,法至善也。"③ 灾荒的"报勘"制度,据《大清会典事例》记载,始自顺治六年(1649 年),该年定:"地方被灾,督、抚、巡、按即行详查顷亩情形具奏。"④ 康熙《大清会典》卷二一《户部·田土二·荒政》亦称:"凡报勘,顺治六年定,地方被灾,督、抚、按即详查顷亩分数具奏,毋得先行泛报。"又据同卷记载,此前的顺治五年(1648

---

① 王庆云:《石渠余纪》卷 1,《纪蠲免》。
② 《清世宗圣训》卷 24,《蠲免》。
③ 康熙《大清会典》卷 21,《户部·田土二·荒政》。
④ 光绪《大清会典事例》卷 288,《户部·蠲恤·奏报之限》。另外,也可以参看魏丕信、李向军的有关叙述。魏丕信:《18 世纪中国的官僚制度与荒政》,江苏人民出版社 2003 年版,第 90～93 页。李向军:《清代荒政研究》,农业出版社 1995 年版,第 23 页。

年），已经覆准："陕西水患、蝗虫、冰雹相继，被灾一等者，蠲一年额赋；二等者，免一年之半；三等者，免三分之一。"既然已区分了灾荒的等第和蠲免的分数，按理应该有了初步的报勘措施。

此报勘制度的肇始，据《清世祖实录》记载，缘自江南等处总督马国柱的上奏，该年，江南以及河南等处雹灾，马国柱上奏要求蠲免，故有上谕："嗣后直省地方如遇灾伤，该督、抚、按即当详察被灾顷亩分数，明确具奏，毋得先行泛报。所司即传谕遵行。"① 同时又规定："直省灾伤，一经勘明，奉旨蠲免，户部即行文各地方，于起、存项下均减，如存留无余，即于起运款内减除。若有司藉口无项可免，使小民不沾实惠者，该管上司及科道官指参。"② 因灾蠲免"于起、存项下均减"原则的规定，涉及中央财政与地方财政的损益，值得特别注意。

顺治六年（1649 年）以后，相关规定又陆续出台。顺治八年（1651 年）规定："地方灾伤题蠲后，州县以应免数目，刊刻免单颁发，已征在官者，即抵次年正额。官吏不给单票者，以违旨计赃论罪。"③ 此规定的主旨，在于"免单"（蠲免单票）的给发，以使小民心中有数，得到实惠。该年又规定："勘过被灾地方，暂停征比，以俟恩命。"④ 显示出对蠲免的慎重，以及蠲免与征收的条理化。

顺治十年（1653 年），有关蠲免的规定，涉及灾荒的分数与蠲免的分数。该年题准："报灾之法，着令督抚速核分数具奏。"于是议准："被灾八、九、十分者，免十分之三；五、六、七分者，免十分之二；四分者，免十分之一。"⑤ 此条亦即前揭浙江例。成灾分数与蠲免分数的明晰化，使报灾、勘灾、蠲免趋于规范。同年

---

① 《清世祖实录》卷 45，顺治六年七月辛巳。

② 康熙《大清会典》卷 21，《户部·田土二·荒政》。

③ 光绪《大清会典事例》卷 278，《户部·蠲恤·蠲赋一》。按：康熙《大清会典》卷 21，《户部·田土二·荒政》将此条系在康熙十年下。

④ 光绪《大清会典事例》卷 282，《户部·蠲恤·缓征一》。

⑤ 光绪《大清会典事例》卷 288，《户部·蠲恤·灾伤之等》。参见《清世祖实录》卷 79，顺治十年十一月丙辰。

又有"立限报灾"之议,规定: "夏灾限六月终,秋灾限九月终。"①

顺治十六年(1659年)规定:"报灾地方,抚按遴选廉明道府厅官,履亩踏勘,不得徒委州县。"② 这在一定程度上为报灾的准确性提供了保障。

顺治十七年(1660年),又明确了报灾的期限以及违限官员的处分:"直省灾伤,先以情形入奏。夏灾限六月终旬,秋灾限七(九)月终旬。州县官迟报,逾限一月以内者,罚俸六(个)月;逾限一月以外者,降一级调用;二月以外者,降二级调用;三月以外者,革职。督抚司道府官,以州县报到日为始,如有逾限者,照此例处分。仍限一月内,续将报灾分数勘明,造册题报。各官如有违限者,亦照前定例议处,永着为例。"③

通过以上的梳理,不难看出,顺治朝的蠲免制度与措施已经较为完备,为后来的蠲免打下了较好的基础。

应该指出的是,顺治朝的蠲免虽然有"因荒蠲免",但其与"除荒"有所不同。清初的荒地有"有主荒地"和"无主荒地"两种,清初实行的蠲免政策,是蠲免有主荒地的欠赋,并在一定的时间内免其额赋。上揭山东蠲免例中"顺治三年,蠲免山东荒田逋赋","顺治五年,蠲免山东荒田租赋",即属于这种情况。换句话说,"因荒蠲免"是针对有主荒地而言,"除荒"是针对无主荒地而言。对此,户部尚书巴哈纳在顺治六年(1649年)曾有说明:"(荒地)有主者,量免以前额赋,准自七年起科;无主者,概予豁免,仍招人开垦,遵照新旨起科。"④ 相比较而言,有主荒地较易垦复,清廷对有主荒地免除欠赋并限期起科,目的正在于迫使土地所有者早日垦复以增加财政收入。对无主荒地进行"除荒",既在一定意义上减轻人民的负担,又与垦荒升科结合在一起。

---

① 《清世祖实录》卷79,顺治十年十一月辛亥。
② 康熙《大清会典》卷21,《户部·田土二·荒政》。
③ 光绪《大清会典事例》卷288,《户部·蠲恤·奏报之限》。
④ 钞档:《地丁题本·直隶》,顺治六年六月二十四日巴哈纳题本。

为了甄别有主荒地与无主荒地，当时各省曾进行了查荒，各省查荒的结果，据彭雨新先生的研究①，陕西八府一州顺治中期荒地总额为320 545顷零，其中无主荒地256 295顷零，有主荒地64 250顷零，无主荒地占荒地总额的80%；江西顺治中后期荒芜田地山塘共107 541顷零，其中无主者为35 318顷零，有主者为72 223顷零，无主者占32.8%。各地的荒芜情况并不一致，有主荒地与无主荒地的比例也不相同。陕西和江西的情况可以看作是北部地区和南部地区的不同的示例。另外，山东、河南两省也较有代表性，兹以山东、河南两省所属四府十县为例，列出"蠲荒征熟"表（见表3-5)②：

表3-5   清初山东、河南的蠲荒征熟

府　县	原额（顷）	蠲荒（顷）	征熟（顷）	蠲荒占	征熟占	备　　注
曹州府	154 901.36	118 502.77	36 398.59	76.5	23.5	辖1州10县
兖州府	141 028.75	101 300.55	39 728.20	71.8	28.2	辖10县
南阳府	185 530.62	86 001.25	99 529.37	46.4	53.6	辖2州1厅10县
河南府	73 098.54	28 643.41	44 455.13	39.1	60.9	辖10县
延津县	3 090.57	2 001.90	1 088.67	64.8	35.2	属开封府
太康县	8 716.73	7 609.83	1 106.90	87.3	12.7	属开封府
商水县	8 051.71	6 226.51	1 825.20	77.3	22.7	属开封府
确山县	5 372.64	4 521.86	850.78	84.2	15.8	属汝宁府
汝阳县	5 901.34	5 325.11	576.23	90.2	9.8	属汝宁府
陵　县	3 454.58	2 882.06	572.52	83.4	16.6	属济南府
滕　县	19 755.11	16 600.66	3 554.45	82.0	18.0	属兖州府
峄　县	17 695.17	17 129.23	565.94	96.8	3.2	属兖州府
渑池县	8 697.21	7 530.94	1 166.27	86.6	13.4	属河南府
嵩　县	13 702.97	11 728.50	1 974.47	85.6	14.4	属河南府

① 参见彭雨新：《清代土地开垦史》，中国农业出版社1990年版，第6~7页。

② 上揭彭雨新：《清代土地开垦史》，第9页。

表 3-5 所列，以府而论，曹州府的蠲荒额最高，达到 76.5%；河南府的蠲荒额最低，为 39.1%。以县而论，峄县的蠲荒额最高，达到 96.8%；延津县的蠲荒额最低，为 64.8%。清初大面积的土地荒芜以及清廷的除荒，一方面意味着经济的凋敝和财政收入的减少，另一方面也意味着开垦荒地和经济恢复的迫切。

四、招徕流民与鼓励垦荒

在清初社会经济恢复的过程中，以"轻徭薄赋"为标帜的财政政策由于当时军费支出的巨大、财政的过分窘迫而未能切实执行，对社会经济恢复所起的作用也就十分有限。而清廷面对人口凋耗、土地荒芜的颓局，欲想摆脱困境，只能另寻出路。

不管从哪个意义上说，人口的多寡与土地的荒熟，总是衡量社会经济水准的两个标尺。众所周知，明末清初的战争与社会动荡，造成了人口的锐减和土地的大面积抛荒，这种状况的表征是社会经济的凋敝，其深层意义则是维持统治者"生活源泉"的枯竭："无地则无民，无民则无赋，惟正供有亏，根本之伤。"[1] 这在财政捉襟见肘、军费筹措孔急的情势下显得尤为突出，明显标示着当时财政问题的严重性和招徕流民垦辟荒地的迫切性。因此，清廷也就把招徕流民、鼓励垦荒作为一项重要政策提上议事日程。

就当时的背景而言，招徕流民与鼓励垦荒政策的出台，事实上有双重含义：一方面是着眼于恢复以农业生产为主的社会经济，以保证封建统治的长治久安；另一方面则是为了增加赋税收入，以尽量维持财政收支的平衡。着眼于农业生产与着眼于财政收入来推行这项政策，在一定程度上有可能殊途同归，但其底蕴并不相同，并将由此而导致不同的后果，这是应该首先明了的。

而就招徕流民政策而言，还有另外一层意义。前已指出，由于明末清初的战乱，清初人口大幅度减少，除了饿死、疫死、兵死之外，就是社会上存在着大量为避战乱、徭役，离开本土、脱离户籍

---

① 卫周胤：《请陈治平三大要疏》，见《皇清奏议》卷 2。

的流民群，这些流民流离失所，生计无着，往往相从为盗为乱，对清王朝的统治造成潜在的威胁，弭盗安民的最好办法仍是新旧王朝交替之际屡试不爽的"驱民归农"，即如徐旭龄所云："流民安则转盗为民，流民散则转民为盗。"① 这也是招徕流民政策实施的主旨所在。

较早提出招徕流民建议的是户科给事中郝杰等人。顺治元年（1644 年）七月，郝杰"条陈四事"，其中有两条是："劝农桑，以植根本"；"招逃亡，以实户口。"② 但尚未言及具体办法。接着，山东巡抚方大猷上《开荒劝耕兵民两便疏》，提出以现有无主荒地，"分给流民及官兵屯种"，招民、垦荒并举③。户部议覆认为，"辟土地而聚人民，诚国家富强之本。……如能确实奏行，则弭盗安民，裕国足饷，何难立致！合行该抚按严饬有司，躬亲逐处清查，务令尺地不遗，册报臣部。除给民之外，有多余尽以给军，按亩分种，不必先限亩数，致后不能继。其布种征收之法，悉应如抚臣议，惟期民不扰而功效速，当在该抚加意焉耳。致失业之民，自外来归，察系真正本主，仍应以旧业付之，不得听人蒙占，则飞鸿渐得还集，人有乐土之安矣"。朱批："是。"④ 以无主荒地分给流民垦种，可以"弭盗安民，裕国足饷"，这当是顺治初年招徕流民的主要措施。但值得注意的是，当时的招民重点，似仍局限在原先占有土地的"有业之主"这一层面上，即使是别人开垦耕种，"察系真正本主，仍应以旧业付之，不得听人蒙占"，这不但会引起日后产权的纠纷，也会挫伤大多数无业流民归复土地的积极性，效果不会显著。

所以，在顺治六年（1649 年）的殿试中，以"招民安民"为中心询问"天下贡士"，并告知他们"直陈无隐，务期要言可行，

---

① 徐旭龄：《安流民以弭盗疏》，见《皇朝经世文编》卷 34。

② 《清世祖实录》卷 6，顺治元年七月己亥。

③ 《清世祖实录》卷 7，顺治元年八月乙亥。

④ 档案，顺治元年八月二十日户部尚书英古代题本。见《历史档案》1981年第 2 期。

不用四六旧套，朕将亲览"。制策曰："民为邦本，食为民天，自兵兴以来，地荒民逃，赋税不充，今欲休养生息，使之复业力农，民足国裕，何道而可？迩来顽民梗化，不轨时逞，若徒加以兵，恐波累无辜，大伤好生之意，若不加以兵，则荼毒良民，孰是底定之期！今欲使之革心向化，盗息民安，一定永定，又何道而可？"①明确反映出统治者的焦虑心情以及招民乏术。我们不清楚饱学之士如何回答殿试的试题，也不清楚顺治帝在多大程度上采纳了他们的建议，但在随后颁布的上谕中确实有了许多具体的内容：

> 自兵兴以来，地多荒芜，民多逃亡，流离无告，深可悯恻。着户部、都察院传谕各抚按，转行道府州县有司：凡各处逃亡民人，不论原籍、别籍，必广加招徕，编入保甲，俾之安居乐业。察本地方无主荒田，州县官给以印信执照，开垦耕种，永准为业。俟六年之后，有司官亲察成熟亩数，抚按勘实，奏请奉旨，方议征收钱粮。其六年以前，不许开征，不许分毫金派差徭。如纵容衙官衙役、乡约甲长借端科害，州县印官无所辞罪。务使逃民复业，田地开辟渐多。各州县以招民劝耕之多寡为优劣，道府以责成催督之勤惰为殿最。每岁终，抚按分别具奏，载入考成。该部院速颁示遵行。②

此谕最值得注意的要义有三点：一是"各处逃亡民人，不论原籍、别籍，必广加招徕，编入保甲"，准许流民，特别是准许别籍流民随地落籍；并且宣称州县官"以招民劝耕之多寡为优劣"，道府官"以责成催督之勤惰为殿最"，将招民、劝垦载入官员的考成，以此评判政绩的好坏。二是承认垦民的土地所有权，由"州县官给以印信执照"，一旦开垦耕种，"永准为业"。三是放宽起科年限，并严禁金派差徭及借端科害。这些规定，显示出清廷对招民垦荒的重视，并对流民的归复起着相当重要的作用。

---

① 《清世祖实录》卷43，顺治六年四月庚子。
② 《清世祖实录》卷43，顺治六年四月壬子。

随后，卢宏在《屯田议》中又针对招徕流民考成、除荒蠲课等提出具体的建议，其考成建议云："一岁之中，流民归复者几何人？荒芜之开垦者几何亩？劝民牛种相贷相周者几何家？蠲其杂税、量输亩谷，一岁储而积者几何石？春作秋成，每一造报，一切胥吏禁勿骚扰。专责有司，岁终定为考成，其民之归、地之垦而粟之积，分数多者定上考而优异之，否则列下考而惩罚之。如此则有司知其关系之重，而务尽心；小民无复烦苦之忧，而务尽力；当事者并省其经营督责之烦，而坐收其成。则不数年之间，流移渐复，荒芜渐垦，国课渐裕，益上益下莫便于斯也。"其除荒蠲课建议云："郡县人丁之逃亡，土地之荒芜，虽申报已久，而蠲免卒未邀恩。则逃亡之人已无，而名未去籍也；荒芜之地全虚，而课仍入则也。彼死者无论矣，如逃者欲归，而数年之逋并责，族党之负并累；如荒者欲开，而前此之荒粮未除，后此之屯积重纳。彼小民其能支此数困哉！此愚议必除荒而后荒可开，必免逃而后逃可复，此尤招抚开垦之一大机权。"①

卢氏的建议不但将招民劝垦考成引向细密化，而且也揭示出招徕流民或开垦荒地问题还相当复杂，此一问题与当时普遍存在的"包荒代赔"缠绕在一起，如若不"除荒蠲课"，招抚开垦仍有许多窒碍。鉴于此，工科给事中魏裔介条奏《拯救兵民八事》，亦指出两款：一为"流民既弃其乡，所遗户丁差徭，即行豁免"；二为"查荒不许过一月，其已蠲者，有司造册呈报，使民沾实惠"②。

同时，在顺治九、十年间（1652—1653 年），中国北部地区水旱灾害频仍，又出现了新的流民潮，而此时恰遇苛严的"逃人法"频颁，一些地方官畏惧"逃人法"，拒收流民，流民又因逃人法而加重困境。即如吏科给事中王祯所奏："迩者淫雨为灾，河水汛滥，沿河一带城廓庐舍漂没殆尽，直隶被水诸处，万民流离，扶老携幼就食山东，但逃人法严，不敢收留，饥民啼号转徙。"③ 在这

---

① 卢宏：《屯田议》，见《皇朝经世文编》卷34。
② 《清世祖实录》卷78，顺治十年十月庚寅。
③ 《清世祖实录》卷77，顺治十年七月壬寅。

种情况下，魏裔介再次条陈："连岁水灾频仍，直隶、河北、山东饥民逃亡甚众，请敕督抚严饬有司：凡流民所至，不行收恤者题参斥革；若能设法抚绥，即分别多寡，准以优等保荐。"得旨："着所司速议以闻。"① 其他官员的条陈亦再四再三。

针对上述种种情况，顺治帝在此一时期频频颁谕，一方面指责"地方官不加抚绥，以致流离载道"，一方面令发帑、开仓赈济，又令蠲免钱粮，"不许仍行混征，徒饱贪腹"等。并在顺治十一年（1654年）颁布了一条长谕，主要包括了赈济贫民、蠲免钱粮、流民归土三项内容。赈济贫民："须赈济如法，及时拯救，毋论土著、流移，但系饥民，一体赈济，务使均沾实惠，不许任凭胥吏人等侵克冒支。"蠲免钱粮："查照该部题定则例，逐一明白开列，示谕小民，无使奸猾吏胥及粮长、土豪通同作弊；承行各官实心任事，有益荒政者，会同督抚优与奖荐，其贪残纵役、怠忽民生者，即行劾奏。"流民归土："已去复归者，倍与赈济银两，俾得复业；其他境移来者，既与赈济，加意安插，使之得所。"并特意指出："敕内开载未尽事宜，听尔等斟酌奏请施行。"②

在此基础上，顺治十二年（1655年）又制定了统一的招徕流民奖叙条例："州县官安插流民千名至五千名者，准予纪录，督抚总计通省名数议叙。"③ 顺治十四年（1657年），又结合户口的编审，规定"增丁至二千名以上，各予纪录"④。

总之，顺治一朝的招徕流民，是在恢复农业生产、弭盗安民、裕国足饷的思想指导下实施的一项综合性政策，虽然从严格的意义上说它尚缺乏系统性，但由于其将招民与垦荒结合起来，并承认垦

---

① 《清世祖实录》卷81，顺治十一年二月癸酉。

② 《清世祖实录》卷82，顺治十一年三月丙申。按：此前，顺治十年曾制定"辽东招民条例"，其例为："招民一百名者，文授知县，武授守备；百名以下、六十名以上者，文授州同、州判，武授千总；五十名以下者，文授县丞、主簿，武授把总。若数外多招，每百名加一级。"见刘献廷：《广阳杂记》卷3，中华书局1957年版，第123页。

③ 光绪《大清会典事例》卷158，《户部·户口·安集流民》。

④ 光绪《大清会典事例》卷157，《户部·户口·编审》。

民的所有权，对流民归土力农是有吸引力的，同时适当地进行赈济、蠲免赋税、免除杂徭，对新归复的流民有所实惠，而将招民劝垦列入考成，并对招民做出成绩的官吏加以议叙，也加强了地方官员的责任和进取心。尽管顺治一朝招徕流民所取得的实效不是很显著，但也应该说，列在《实录》中的人丁增长，以及亩额（包括田、地、山、荡，另有畦地）、田赋丁银（包括折色银与本色粮）的增长，仍与招徕流民政策的实施有着密切的关系，可以参看表3-6所示①：

表3-6　　　　　　　　顺治朝人丁、亩额、田赋统计

时　间	人　丁	亩额（顷）	折色银（两）	本色粮（石）
顺治八年	10 633 326	2 908 584	21 100 142	5 739 424
顺治九年	14 483 858	4 033 925	21 261 383	5 628 711
顺治十年	13 916 598	3 887 926	21 287 288	5 672 299
顺治十一年	14 057 205	3 896 935	21 685 534	5 775 189
顺治十二年	14 033 900	3 877 719	22 005 954	5 768 713
顺治十三年	15 412 776	4 781 860	22 089 696	5 812 060
顺治十四年	18 611 996	4 960 398	24 366 365	5 835 940
顺治十五年	18 632 881	4 988 640	24 584 526	6 018 132
顺治十六年	19 008 913	5 142 022	25 585 823	6 201 720
顺治十七年	19 087 572	5 194 038	25 664 223	6 017 679
顺治十八年	19 137 652	5 265 028	25 724 124	6 107 558

---

①　此表据《清世祖实录》卷 61～143，《清圣祖实录》卷 5 所提供的数据编制。当然，人丁、亩额的统计仍存在着许多问题，这里仅仅是作为一种概示。

从上述已可以看出，招徕流民与鼓励垦荒有一定的联系，但二者在政策导向上各有侧重。纵观清初的土地开垦政策①，除上述招民劝垦外，在三个方面尤为突出：一是议定、改进起科年限，二是加强对地方官员的劝垦考成，三是鼓励绅衿地主垦荒。

1. 起科年限的议定与改进。所谓的"起科"，即开始征收田赋钱粮。起科年限的长短，不仅关乎清廷的财政收入，而且直接影响到垦民的经济利益及垦荒的积极性。起科年限太短，政府虽可迅速征收田赋，但垦民无利可图，未必就垦；起科年限太长，垦民虽然乐垦，但又不符合政府以垦田增加财政收入的初衷。所以，对起科年限的规定，是各方面首先关注的问题。在上揭顺治元年（1644年）山东巡抚方大猷的条陈中，首次涉及了垦荒的起科年限问题，但是，由于典籍记载的简略，出现了一些误解，需要稍加辨析。《清世祖实录》载：

> 户部议覆山东巡抚方大猷条陈，州县卫所荒地无主者，分给流民及官兵屯种，有主无力者官给牛种，三年起科。应如所请，仍敕抚按率属实力奉行。报可。②

这当是大多数论者认为顺治元年定开垦荒地"三年起科"的来由。其实，据现存档案，方大猷原奏为："初年全免科征，次年起科三分，三年之后始一例照征钱粮之额。"③ 所全免起科的年限仅仅是

---

① 在这方面，学者们已有较为深入的研究，其中有代表性的研究成果，请参见［日］小竹文夫：《清代的土地开垦》，载同氏《近世支那经济史研究》，东京弘文堂书房昭和十七年（1942年）版。郭松义：《清初封建国家垦荒政策分析》，载《清史论丛》第2辑，1980年。彭雨新：《清代土地开垦史》，农业出版社1990年版。

② 《清世祖实录》卷7，顺治元年八月乙亥。《清朝文献通考》卷1，《田赋一》；《清朝通典》卷1，《食货一》；光绪《大清会典事例》卷166，《户部·田赋·开垦一》等所记略同。

③ 档案，顺治元年八月二十日户部尚书英古代题本。见《历史档案》1981年第2期。

一年。

顺治二年（1645 年）又补充规定："准新垦荒地免租一年。又定原荒之田三年后起科，原熟而抛荒之田一年后供赋。"① 这也就是《清朝文献通考》按语所称的："向来熟粮令一年后供赋。盖三年起科者，原荒之田；一年后供赋者，原熟而抛荒之田也。"② 三年起科被限定在未经耕种的"原荒之田"范围内，而当时大部分招民开垦的土地是"原熟而抛荒之田"，所以，一年后起科仍是一般所遵循的政策。

顺治六年（1649 年），鉴于起科年限大迫、垦荒效果不著，又谕令新垦地六年后起科，"其六年以前，不许开征，不许分毫金派差徭"，已如前揭。但这道堂而皇之的政令，实则并不曾遵行。因此，《清朝通典》等书对此条政令缺而未记，这恐怕并非疏忽。有意思的是，《清朝文献通考·田赋一》将此条政令改记为："开垦荒田，给以印信执照，永准为业，三年后有司亲察成熟亩数，抚按勘实，奏请征粮，不得预征私派。"这里所谓的"三年后"起科供赋，也恐怕并非是误记或刊误。笔者认为，顺治六年（1649 年）后所遵行的起科年限是三年而不是六年。这从其他史料中也可印证，如《清朝文献通考·田赋一》载："（顺治）九年，令八旗壮丁退出饷地，并首告清出地及各省驻防遗下地，照垦荒例招垦，三年起科。"又如顺治十年（1653 年）河南巡抚吴景道题本引户部咨文称："无主荒地，多方招民开垦，俱于三年之后起科。如有主荒田原主不能开垦，地方官另行招人耕种，给与印照，永远承业，原主不得妄争。"③ 再如顺治十三年（1656 年）户部尚书戴明说题称：新垦荒地，"准其三年正供杂差一概豁免，三年之后方许起科"④。

---

① 《清朝通典》卷 1，《食货一》，第 2023 页。
② 《清朝文献通考》卷 1，《田赋一》，第 4858 页。
③ 档案，顺治十年十月十七日吴景道题：《为开封等府开垦无主荒地，地方官应准与纪录事》。
④ 《明清史料》丙编，第 10 本，顺治十三年二月二十八日戴明说题本。

可以说，从顺治六年（1649 年）起，终顺治一朝，大部分地区遵循三年起科之令。其间，只有四川省的情况较为特殊，顺治十三年（1656 年），四川巡抚高民瞻鉴于"复业垦荒者犹是寥寥，未有成效可观"，"仰祈皇上转念蜀民困苦已极，大破成格（即"新垦田地三年起科，此已定之例"），以示宽恤，凡其复业者，暂准五年之后当差；开荒者，暂准五年之后起科"。得到批准。①

当然，我们所说的在顺治六年（1649 年）之前，一般是一年后起科，顺治六年之后，一般是三年后供赋，主要是政策法令的规定，在具体执行中仍有许多偏差。由于军费的紧急，财政的困窘，在顺治初年已存在着"急于开征"，新垦荒地当年起科的现象。顺治中期以后又存在着"私征之弊"、"虚冒蒙混之弊"、"功令三年之后起征，而贪吏见年起征"等种种问题。②

2. 劝垦考成。"劝垦考成"就是对负有督垦之责的地方官分别优劣进行考核。据《清朝文献通考·田赋一》记载，顺治六年（1649 年），清廷"始定州县以上官以劝垦为考成"。其考成办法，见于该年四月的上谕："各州县以招民劝垦之多寡为优劣，道府以责或催督之勤惰为殿最。每岁终，抚按分别具奏，载入考成。"已如上揭。这里只是指明了考成的对象是州县、道府两级官员，按说应该有具体的考成则例，但典籍未载，档案中也未能得见。顺治七年（1650 年）所覆准的河南地方官员劝垦考成为："州县官垦地一百顷以上者，纪录一次。若州县与道府全无开垦者，各罚俸三月。"③ 此当是当时的通行定例。

顺治十四年（1657 年）四月，户部因户科给事中粘本盛的疏奏，议准了新的《垦荒劝惩则例》：

> 督抚按一年内垦至二千顷以上者，纪录；六千顷以上者，加升一级。道府垦至一千顷以上者，纪录；二千顷以上者，加

---

① 钞档：《地丁题本·四川（二）》，顺治十三年六月七日高民瞻题本。
② 参见顺治十年正月四日噶达洪题本，见《历史档案》1981 年第 2 期。
③ 康熙《大清会典》卷 20，《户部·田土一·开垦》。

升一级。州县垦至一百顷以上者，纪录；三百顷以上者，加升一级。卫所官员垦至五十顷以上者，纪录；一百顷以上者，加升一级。……若开垦不实及开过复荒，新旧官员，俱分别治罪。①

这个垦荒劝惩则例，显然要比此前的劝垦考成详细得多，它不但将卫所、州县、道府、督抚按诸级的劝垦实绩结合起来，分别按一定的开垦亩额进行记录、升级的奖叙，从而使各级地方官员利益分沾，以鼓励他们劝垦的积极性。而且值得注意的是，在这个则例中删除了"全无开垦者"予以处罚的规定，新加了"开垦不实及开过复荒，新旧官员俱分别治罪"的条款，从中亦反映出当时的开垦已有一定效果，全无开垦的地方极少，而地方官员报垦不实的弊端已开始显露。

顺治十五年（1658年），又再次规定："各省荒地，督抚一年内开垦二千顷至八千顷以上，道府开垦一千顷至六千顷以上，州县开垦一百顷至六百顷以上，卫所开垦五十顷至二百顷以上，分别予叙。不准以二三年垦数合算。"② 在这里，除了议叙的标准比以前有所变动外，主要是强调了赖以议叙的亩额"不准以二三年垦数合算"，仍是政策法令中对有关弊端的防微杜渐的体现。

没有疑问，终顺治一朝数次颁定的劝垦考成则例，曾经刺激了各级地方官员的督垦，加快了荒地的垦复，这是实施考成的意义所在。但由此也导致了"有司捏垦，妄希议叙"、"不惜民命，报垦邀功"的弊端，最为突出的事例是山东、河南两省巡抚妄报垦地增赋，致使百姓赔熟受困。如朱之弼上疏所说："山东抚臣耿焞、河南抚臣贾汉复，以垦荒蒙赏，而百姓以赔熟受困，岁增数十万之赋税，大约多得之于鞭笞敲剥、呼天抢地之孑遗，而非额内乐输之

---

① 《清世祖实录》卷109，顺治十四年四月壬午。
② 光绪《大清会典事例》卷166，《户部·田赋·开垦一》。又见《清朝文献通考》卷1，《田赋一》。

赋税。"① 前揭彭雨新、郭松义两位先生的论著也已举出许多实例予以说明，此不赘述。

3. 鼓励绅衿地主垦荒。这是在顺治后期实行的一项重要政策。据现存档案记载，顺治十三年（1656 年）二月，五省经略标前营副将王永祚针对当时兴屯不利，曾提出仿效"辽东招民例"鼓励绅衿开垦的建议：

> 南方正在用兵，需用粮草不赀，必得广开地亩，多有收获，然后可以供兵养马。今我国家新兴屯利，法非不善，而未尽收屯田之利者，良由官府之耳目有限，而贫民之支饰多端，纳税则有其名，开地则无其实，终鲜成效。诚能仿时下辽东招民之法，及直隶捐赈之方，令有司官著落本地绅衿之有身家者，分领其事。盖以绅衿久居本土，与穷民甚相亲，窃穷民必为信从，即可量力以认田地开垦，不虞差派等项。而绅衿又知穷民来历，放心借给屯本，不虞拐逃他弊。此正以民引民，则民自广，而田自辟。仰祈朝廷预颁规例，凡招民开田若干，即作何分别赏赉鼓劝，则好义急功者，必自争先效力，此又足食足兵，开拓地方根本矣。

户部遵旨议覆认为："楚省地方，与辽东不同，若以开垦之事责令本地绅衿分领，恐致多事。"否定了王永祚的意见。朱批："依议行。"② 王氏的意见虽一时被否定，但却是此一政策更张的先声，该年七月的诏书即称："各省屯田荒地，已行归并有司，即照三年起科事例，广行招垦，如有殷实人户，能开至二千亩以上者，照辽阳招民事例量为录用。"③ 显然，这是在各省兴屯废止后，为加速荒地垦辟而采取的补救措施。

———————————

① 《碑传集》卷 8，《朱之弼墓志铭》。
② 档案，顺治十三年三月二十五日戴明说题：《为谨遵上谕事》。
③ 《清世祖实录》卷 102，顺治十三年七月癸丑。按：《清朝文献通考》卷 1，《田赋一》将此系在顺治十四年下。

辽东招民事例（或称"辽阳招民事例"，其条款见前注揭）的主旨是按招民多寡，进行议叙授官，与垦田多寡毕竟不同，所以在顺治十四年（1657 年）的《垦荒劝惩则例》中又作了新的规定：

> 文武乡绅垦五十顷以上者，现任者纪录，致仕者给匾旌奖。其贡监生民人有主荒地，仍准本主开垦，如本主不能开垦者，该地方官招民给与印照开垦，永为己业。①

此后，又不断有人提出"加等议叙"、"破格将擢"的建议。因之，顺治十七年（1660 年）再次规定：

> 垦地百顷以上，考试文义优通者以知县用，疏浅者以守备用；垦地二十顷以上，文义优通者以县丞用，疏浅者以百总（即把总——引者按）用。②

由于绅衿地主有一定的经济实力以及其他有利条件，以优厚的政策鼓励绅衿地主放手开垦，无疑会加快荒地垦复的速度。

概观顺治一朝的土地开垦，由于实施了上述政策，取得了一定的实效，这从表 3-6 中亩额的增长可略作体味，另据前揭郭松义《清初封建国家垦荒政策分析》一文的统计，顺治朝的垦田情况如表 3-7 所示：

---

① 《清世祖实录》卷 109，顺治十四年四月壬午。

② 康熙《大清会典》卷 8，《吏部·汉缺选法》。按：此后还曾多次申令类似的政策，如康熙十年重申了顺治十七年的规定。又如，雍正五年规定："云南、贵州二省广行开垦，凡地方招募开垦及官生捐垦者，按户数多寡议叙。"再如，乾隆三十年规定："本省文武官员，捐给牛种招垦荒地十顷、捐银一百两者，准其纪录一次；四十顷、捐银四百两者，准随带加一级。多捐者计算增加。"等。参见《清朝文献通考》卷 1～12，《田赋考》；光绪《大清会典事例》卷 77，《吏部·除授·官员捐垦荒地议叙》。

表 3-7　　　　　　　　　　　顺治朝土地开垦统计

时　　间	垦田数（顷）	时　　间	垦田数（顷）
顺治六年	1 000	顺治十四年	11 375
顺治十年	31 330	顺治十五年	98 259
顺治十一年	13 780	顺治十七年	2 250
顺治十二年	483	顺治十八年	5 786

以上合计为 164 263 顷。尽管这种统计由于各种原因难以精确，但仅就此反映的垦田数，其意义亦不可小视。

荒地的开垦过程，也就是流民与土地重新结合的过程。清初的土地开垦，是在人口逃亡严重、战乱相继的背景下展开，这加重了垦田的难度。而清廷为推行垦政所颁布的一系列政策法令，首先强调的是垦田增赋，着眼于财政收入而推行垦政的意旨不待掩饰，这在战争相继、军费支绌、财政困窘的情势下并不奇怪。客观地说，清廷着眼于财政收入以推行垦政，也就同时促进了荒地的垦辟和农业经济的恢复。但是，着眼于财政收入与着眼于农业经济的恢复，两者毕竟不同。着眼于财政收入，则对新垦的土地急于开征、急于重课，农民未获垦种的丰收，先已受到催征的追迫，必然使垦政受阻，顺治初年之所以垦荒效果不著，与清廷的急于起科密切相关。至于在"垦荒劝惩则例"的刺激下，地方官员不惜民命虚捏报垦邀功的现象，以及对绅衿地主垦荒的鼓励，则一方面标示着吏治的腐败、人民负担的加重；另一方面又标示着清廷对绅衿地主的依赖，以及在土地所有权重新分配过程中的再度集中。

第 四 章

赋役、财政制度的整顿改革与政策导向

　　所谓赋役、财政制度的整顿与改革，主要是就清代前期而言①。清代后期出现了另外的复杂情况，如果说有赋役制度的"整顿与改革"，也大多走向变态，成为变相的搜刮，不拟单独论列，只在以后的叙述中附带说明。本章探讨的问题主要有七：一是赋役全书的编撰，二是田赋征收原则的确立与田赋征收的货币化，三是均平赋役，四是赋税蠲免，五是摊丁入地，六是耗羡归公与养廉银的支发，七是清查亏空。

一、赋役全书的编撰及其他

　　清代财政收入制度的最初确立，是以确定赋税征收额为出发

---

　　① 　这方面已有几篇比较重要的论文发表，请参看彭雨新：《清代前期的赋役混乱和整理改革》，载《江汉历史学丛刊》1979 年第 1 期；李华：《清代前期赋役制度的改革》，载《清史论丛》第 1 辑，1979 年；朱金甫：《论清代前期赋役制度的改革》，载《历史档案》1982 年第 4 期；郭松义：《论"摊丁入地"》，载《清史论丛》第 3 辑，1982 年。

点，其中，田赋又是最为重要的税源，对赋税人丁册籍的掌握，既是对财政命脉的控制，同时又标示着新的统治权的确立。所以，摄政王多尔衮在顺治元年（1644 年）五月率师进入北京后发布的第一道诏谕就是令各地"为首文武官员即将钱粮册籍、兵马数目，亲赍来京朝见"①。足见新统治者对掌握原有赋籍的重视。随后，河南道御史曹溶、户科给事中刘昌等纷纷条陈，要求"议国用"、"施实惠"、"定经赋"②。但由于明清之际战火燎烧，州县旧籍多已无存，即如《清史稿·食货志·赋役》所称："时赋税图籍多为流寇所毁。"赋税的征收失去了依据。在这种情况下，同年十一月，山东道御史宁承勋奏称："赋役之定制未颁，官民无所遵守，祈敕部于赋役全书外，无艺之征尽行裁革。如恩诏内有全免者，有半免者，有免三分之一者，著定书册，刊布海内，令州县有司遵照规条，户给易知由单，庶愚民尽晓而永遵良规。"③ 在这里，宁承勋已隐约提出重编《赋役全书》的建议，谕令"下户部议"。到顺治三年（1646 年）四月，上谕户部：

> 国计民生，首重财赋。明季私征滥派，民不聊生，朕敕民水火，蠲者蠲，革者革，庶几轻徭薄赋，与民休息。而兵火之余，多藉口方策无存，增减任意……今特遣大学士冯铨前往户部，与公英俄尔岱彻底察核，在京各衙门钱粮款项数目原额若干？见今作何收支、销算？在外各直省钱粮，明季加派三项蠲免若干？现在田土，民间实种若干？应实征、起解、存留若干？在内责成各该管衙门，在外责成抚按，严核详稽，拟定《赋役全书》，进朕亲览，颁行天下，务期积弊一清。④

---

① 《清世祖实录》卷 5，顺治元年五月庚寅。
② 《清世祖实录》卷 5，顺治元年六月庚申、甲子。
③ 《清世祖实录》卷 11，顺治元年十一月庚戌。
④ 《清世祖实录》卷 25，顺治三年四月壬寅。

　　这是第一次明令编订《赋役全书》的谕旨，其中亦有许多具体的要求，但征收钱粮的具体标准，此谕没有提及，据此前以及随后的有关免除明季加派的谕旨以及《清史稿》的简明记载，可知是时"汇为《赋役全书》，悉复明万历之旧"①。亦即遵循着"万历则例"的征敛原则②。

　　在前揭上谕颁布之后，山西道监察御使张懋熺奏称：

　　　臣阅邸报，窃见皇上加意元元，以各直省钱粮册籍无存，增减任意，特遣大臣彻底清查，在内在外严行稽核，刊定赋役全书，俾法制画一，民生永赖。仰见我皇上经国爱民，加意财赋。当开辟之初，立久远之谋，诚今日第一要务。顾天下财赋至繁至难，理清头绪亦简亦易，以旧册为底本，以新例为参考，先定其入数，而后清其出数，案籍有据，则官吏无所肆其贪猾，小民不复困于滥派矣。前朝有《赋役全书》、《会计录》二书，通行天下，汇藏户部，财赋出入之数纤悉备具。今府县之籍存、去不可考，户部所藏者，现在虽经兵火，未闻焚毁，但取其册，一加披阅，条款原明。除三饷之滥加者一笔勾注外，其原额、起解、存留一定之规，无容增减，则数已清十之八九矣。其余微有不同者，不过因革损益之间、通融参差之数耳。如昔有九边之饷，而今无也，昔有京营之饷，而今无也，

----

　　① 《清史稿》卷121，《食货二》："顺治三年，谕户部稽核钱粮原额，汇为《赋役全书》，悉复明万历间之旧。"王庆云：《石渠余纪》卷3，《纪赋册粮票》亦称："顺治三年诏定《赋役全书》，悉复万历间原额。"又按：《清世祖实录》卷28，顺治三年十月丁酉条载："户部奏言，臣部郎中王弘（宏）祚委修《赋役全书》。"王士禛：《池北偶谈》卷3，《特旨内升》："顺治初，太子太保永昌王公以户部郎中修《赋役全书》，加太仆寺卿，书成，升本部侍郎。"

　　② 《清史稿》卷263，《王宏祚传》："裁定赋役，一准万历间法例。"《清史稿》卷232，《范文程传》："明季赋额屡加，册皆毁于寇，惟万历时故籍存，或欲下直省求新册，文程曰：'即此为额，犹虑病民，其可更求乎？'于是议遂定。"

昔有宗禄之费，而今无也，昔有帽靴之赐、器皿之造，而今无也。此问之在内该衙门而可知者也。如屯卫之租，昔属之军而今属之有司也，圈拨之地，或以他县抵补，或虚悬竟未抵补也，荒熟地亩之不同也，蠲免分数之不一也，此问之在外各督抚按而可知者也。……若不据旧册清理，漫令开送申报，隐漏淆乱，徒滋驳查，动经岁月。臣犹亲见明季曾查钱粮，设官专司其事，檄催府县，严限疾呼，竟有二三年而不送一册者。及催提册至，又混扰欺隐，日费参驳，竟未清楚。盖抚按取之府县，府县委之吏胥，利在藏奸，不利厘弊。虽新朝法令森严，不同明季，而官吏贪猾成风，终不肯和盘托出，驳正愈严，岁月愈久，弊窦愈多矣。是以查核莫如直截，直截莫如查取清册。经制早定一日，民困早苏一日矣。[1]

张懋熺此奏一方面在于说明编撰《赋役全书》的迫切性，另一方面也揭示了编撰《赋役全书》的方法与途径，所谓的新编《赋役全书》只是在原有存部册籍的基础上修订或"订正"，即"以旧册为底本，以新例为参考"。所以说康熙《大清会典》将顺治三年（1646年）以降的历次《赋役全书》的编撰通称为"订正全书"，用词是很准确的。[2]

---

[1]　张懋熺：《请定经制以清积蠹疏》，见《皇清奏议》卷2。
[2]　康熙《大清会典》卷24，《户部·赋役一·奏报》。

　　《赋役全书》何时编定？学者们一般认为是顺治十四年（1657年）①。拖延如此之久，似乎不太合乎情理。笔者认为，顺治三年（1646年）奉旨编撰《赋役全书》，当年即有一个修订的本子编成。一如《清朝通典·食货七》在顺治"十一年钦定赋役全书"下按称："《赋役全书》，顺治三年纂，凡在京各衙门钱粮项款原额，及见在收支销算数目，在外直省钱粮，见在熟田、应征、起存数目，均载入。颁行。每年令布政司将开垦荒田及增减户丁实数订入。至是，复行订正。"②康熙《大清会典》亦称："凡订正全书，顺治三年，特遣大臣诣户部查核在京各衙门钱粮项款原额及现今收支销算数目，在外各直省钱粮，现在熟田应征起存数目，其在内责成各该管衙门，在外责成抚按，详考拟定《赋役全书》，进呈御

---

①　参见戴逸主编：《简明清史》第 1 册，人民出版社 1981 年版，第 310 页。陈支平：《清代赋役制度演变新探》，厦门大学出版社 1988 年版，第 3 页。王戎笙主编：《清代全史》第 2 卷，辽宁人民出版社 1991 年版，第 233 页。周远廉：《顺治帝》，吉林文史出版社 1993 年版，第 117 页。以及前揭彭雨新、李华等先生的论文。当然，史籍中也有相关的记载，如《清史稿》卷 263，《王宏祚传》："（顺治）十一年，给事中郭一鹗劾宏祚修赋役全书逾久未成，宏祚疏辨，一鹗复劾其巧饰。下部议，以各省册报稽迟，宏祚不举劾，论罚俸。十二年，疏请禁有司私派累民、将领冒名领饷，皆下部议行。十三年，以河西务钞关员外郎朱世德征税不如额，援赦请免议，坐降三级，命留任。十五年，赋役全书成，叙劳，还所降级。"最近，日本学者高嵨航在《清代的赋役全书》（《东方学报》京都第 72 册，2000 年）一文中，依据《清世祖实录》卷 12，顺治二年六月戊辰条，以及《清史列传》卷 79，《孙之獬传》的记载认为，至顺治二年六月，《赋役全书》已经奉命编成。《清世祖实录》卷 12，顺治二年六月戊辰的记载为："礼部左侍郎孙之獬造本籍淄川县应征应减钱粮册进呈。……得旨：赋役全书已经奉旨裁定，这所造淄川县册著并发。"《清史列传》卷 79，《孙之獬传》的记载为："二年六月，奏进淄川县赋册，言：'明季赋税繁重，小民旧苦加征，臣邑如此，他邑可知。谨议应征、应减二册，祈敕各抚按臣，如式编造，使部中执有定额，民间知有定数'。"从《清史列传》的记载来看，看不出《赋役全书》是时已经编成，《清世祖实录》所谓的"赋役全书已经奉旨裁定"恐怕也不意味着已经编成《赋役全书》，极有可能是指初步议定了《赋役全书》的编造原则。
②　《清朝通典》卷 7，《食货七》，第 2057 页。

览，颁行天下。"①

随后的工作依旧是"订正"。

如顺治九年（1652年）覆准："令督抚务饬所属州县，每岁终，造荒田有无开垦，户口有无增减，订入《全书》报部，分别劝惩。"又题准："各省《全书》，责令布政使司刊造，某项系明末加增，应去；某项系原额，应存。每州县各发二本，一存户房，备有司查考，一存学宫，俾士民检阅。"②

顺治十一年（1654年），因"《赋役全书》，开载州县田土、户口、赋役，有关国计民生"，再次令户部会同户科订正，结果"命右侍郎王宏祚订正《赋役全书》，先列地丁原额，次荒亡，次实征，次起运、存留。起运分别部寺仓口，存留详列款项细数。其新垦地亩，招徕人丁，续入册尾。每州县发二本，一存有司，一存学宫"③。经过这次订正，又形成一个新的文本，目的在于"务求官民易晓，永远可行。书成，进呈御览，刊发内外衙门，颁行天下，凡征收完纳、解运支销、考成蠲免诸法，悉据此书，用垂永久"④。

顺治十四年（1657年），又"订正全书"，并发布一篇长谕，除了强调上述事项外，特别申令"详稽往牒，参酌时宜，凡有参差遗漏，悉行驳正。钱粮则例，俱照万历年间，其天启、崇祯时加增，尽行蠲免"，"至若九厘银，旧书未载者，今已增入"。"更有昔未解，而今宜增者，昔太冗，而今宜裁者，俱细加清核，条贯并然。后有续增地亩钱粮，督、抚、按汇题造册报部，以凭稽核。纲举目张，汇成一编，名曰《赋役全书》，颁布天下，庶使小民遵兹

① 康熙《大清会典》卷24，《户部·赋役一·奏报》。

② 光绪《大清会典事例》卷177，《户部·田赋·赋役全书》。参见乾隆《大清会典则例》卷三十七，《户部·田赋四》。现存北京图书馆的顺治《江南简明赋役全书》，（抄本），即载明是顺治八年七月。

③ 同上。另参见康熙《大清会典》卷24，《户部·赋役一·奏报》；乾隆《大清会典则例》卷37，《户部·田赋四》；《清史稿》卷121，《食货二》；《清朝文献通考》卷1，《田赋一》，第4858页。

④ 《清世祖实录》卷83，顺治十一年四月丙寅。

令式，便于输将，官吏奉此章程，罔敢苛敛。为一代之良法，垂万世之成规"①。

从顺治三年（1646 年）谕令编撰《赋役全书》，中经几次修订，到顺治十四年（1657 年）详密而完备的《赋役全书》编成②，体现了清廷整顿赋役征收款项、以万历年间钱粮征收则例为基准的定赋原则，这是最基本的。同时，又分晰条明了原额、除荒、实征、起运、存留、本色、改折、豁免、新增等种种事项，"使小民遵兹令式，便于输将；官吏奉此章程，罔敢苛敛"。这在清初赋役制度特别混乱的情势下，也是十分必要的。

也许是顺治十四年（1657 年）所定《赋役全书》过于详密，所以又出现了"头绪繁多，易于混淆"的弊端。至康熙二十四年（1685 年），清廷又令"新修《简明赋役全书》，止载起运、存留、漕项、河工等切要款目，删去丝、秒（抄）以下尾数，可除吏胥飞洒苛驳之弊。各州县遵照新编全书，造征粮比簿，不必另行造册"。康熙二十七年（1688 年），新编全书告成进呈③，户部遵旨议定："旧赋役全书，遵行年久，每年增减地丁银米数目，皆有各年奏销册籍可稽，新编全书，停其颁发。"也就是新编《简明赋役全书》并没有颁布遵行。但这里所揭明的意味在于，当时征收赋税钱粮的凭藉，除原编《赋役全书》外，还有年度《奏销册》、

---

① 《清世祖实录》卷 112，顺治十四年十月丙子。参见光绪《大清会典事例》卷 177，《户部·田赋·赋役全书》。按：《清朝文献通考》卷 1，《田赋一》及《清朝通典》卷 7，《食货七》均将此系在顺治十三年下。

② 据上揭［日］高嶋航《清代的赋役全书》附录的现存各省区的《赋役全书》，也不乏顺治十四年以前编成者，如《江南安属简明赋役全书》，顺治八年编；《广东赋役全书》，顺治九年编；《河南赋役全书》、《直隶顺德府赋役全书》等，顺治十二年编。另外，道光《祁门县志》卷 13，《食货志》称，顺治八年，"较定《赋役全书》，以地、山赋役有轻重，科则繁杂，照宁国府之例，与田折为一，……赋税均平"。同时，也有顺治十四年以后编成者，如康熙《信丰县志》卷 5，《食货志》载："国朝顺治十五年新定全书。"

③ 此据光绪《大清会典事例》卷 177，《户部·田赋·赋役全书》。参见乾隆《大清会典则例》卷 37，《户部·田赋四》。《清圣祖实录》亦系在康熙二十七年九月条下。《清史稿》卷 121，《食货二》记作康熙二十六年，误。

《赋役全书》规定其根本，《奏销册》则标明临时增减，二者相辅而行。

　　以后，又有所变更。雍正初年因实行"摊丁入亩"而导致赋役制度的变化，雍正十二年（1734 年）又重新修订《赋役全书》，令"直省赋役全书，悉以雍正十二年为准。凡额征地丁钱粮、商牙课税内，应支官役俸工、驿站料价，以及应解本折绢布、颜料、银、硃、铜、锡、茶、蜡等项，各分析原额、新增、开除、实在，并司府州县卫所总撒数目，详细考核，纂辑成书"。并同时规定，今后每十年修订一次。《赋役全书》经过这次修订，也就形成了著名的"四柱册"样式（即原额——新增——开除——实在），与原有的《奏销册》中的"四柱式"步趋一致。至乾隆三十年（1765 年），又经奏准：

　　　　《赋役全书》开载额征正杂钱粮，及应支俸工料价等项，其不经名目，不一而足。最明白简便者，莫如奏销一册，前列山地田荡、版荒新垦，次列三门九则额征本折地丁、起解留支。一经开册，了如指掌。此书大指，即其张本，嗣后刊刻全书，均以奏销所开条款为式，每逢应修之年，止将十年内新垦新坍各总数，添注于下，其余不经名目，一概删除。

　　这段话很重要，以后道光十四年（1834 年）、咸丰七年（1857 年）等的有关谕令议奏亦大致准此。这说明，乾隆中期以后虽然仍是《赋役全书》与《奏销册》相辅而行，但事实上已是以《奏销册》为主要征赋凭据。这是值得注意的。[①]

　　乾隆三十年（1765 年）的更张，是因着四川布政使钱琦的上奏，该年六月，钱琦奏称：

　　　　各州县设有《赋役全书》，向有藩司刊定，臣到任接阅此

[①]　以上所引史料未注明出处者，均见光绪《大清会典事例》卷177，《户部·田赋·赋役全书》。

稿，见其名目不经，如所载臣衙门甲丁二库银一百二十七两，门子一名，皂隶九名，库夫一名，每名工食银二两七钱等语，臣恐地近边陲，陋规未革，随彻底清查，委系旧刻相沿，并无别项情弊。又如起运蜀府草束银若干两，富顺、太平二王禄米银若干两等类，不一而足，皆系前明赋役科条，未经删减。倘刊刻颁示，无论耳目不经，体制伙繁，或不肖官吏执此以惑乡愚，其弊不可胜言。查钱粮名目，最简明者，莫如奏销一册，现在直省逐年造办，并无遗漏。嗣后刊刻，均以《奏销册》所开条款为式，凡仍前明之旧者，一概删除。不特省无益之费，抑亦杜微渐之弊端。①

钱琦上奏的次月，上谕称：

　　钱琦奏请删《赋役全书》内不经之名目一折，称川省现值修刻，书内载有起运蜀府草束银两之类，不一而足，此皆由前明赋役繁重，以至多设科条。自我朝厘定典章，从无此等不经名目，何得尚沿旧文。至现在钱粮款项，列入奏销者，最为简明，应请遵照刊刻等语。川省如此，恐他省似此者，亦复不少，着传谕各该督抚，通饬藩司，逐一详查，凡设琐碎不经名色，概行芟除，划一办理。②

这里事实上透露了两个信息：一是《赋役全书》虽经多次修订，但抄袭明代的痕迹仍然明显，以至明代的一些"不经"款目到清代中期仍然留存，造成了册籍与实际征收之间的背离或混乱；二是当时每年刊造的《奏销册》更为清晰简明，《奏销册》起到了越来越重要的作用。

　　赋役制度本身事实上相当复杂，除上述《赋役全书》、《奏销册》外，作为赋税征收的凭藉，还有《丈量册》、《黄册》、《赤历

---

① 《清高宗实录》卷739，乾隆三十年六月。
② 《清高宗实录》卷741，乾隆三十年七月甲午。

册》、《会计册》等赋税征收的辅助册籍，即如《清史稿·食货志》概述：

> 赋税册籍，有丈量册，又称鱼鳞册，详载上中下田则。有黄册，岁记户口登耗，与赋役全书相表里。有赤历，令百姓自登纳数，上之布政司，岁终磨对。有会计册，备载州县正项本折钱粮，注明解部年月。复采用明万历一条鞭法。①

在具体的赋税征收过程中，为了防止地方官吏的征敛弊端，还向纳税人户颁行过易知由单、截票、滚单等，细述仍难免繁琐，前揭李华、朱金甫等文也略有涉及，可以参看。这里主要叙述易知由单的沿革，以窥其制之一斑。

上揭顺治元年（1644 年）十一月山东道监察御史宁承勋的奏折中，在要求编撰赋役全书时，已同时要求"户给易知由单，庶愚民尽晓而永遵良规"。此时要求复行明代易知由单之制②，未被清廷采纳。至顺治六年（1649 年）九月，复经户科给事中董笃行之请，方才由户部议准颁刻易知由单："将各州县额征、起运、存留、本折分数、漕白二粮及京库本色，俱条晰开载，通行直省，按户分给，以杜滥派。"③ 康熙《大清会典》亦记载："凡易知由单，顺治六年题准，由单式，每州县开列上中下地及正杂各项，末编总数，刊成定式，颁发各布政使司，照式刊板，转行有司，给散花户。九年覆准。有司每年开征一月前，颁发由单，使小民通晓。其

---

① 《清史稿》卷 121，《食货二》。参见王庆云：《石渠余纪》卷 3，《纪赋册粮票》。

② 关于明代易知由单之制，请参见梁方仲：《易知由单的起源》，载《梁方仲经济史论文集补编》，中州古籍出版社 1984 年版。

③ 《清世祖实录》卷 46，顺治六年九月甲戌。

颁发民间与报部存查者，务期一式。如单外多派丝毫，听抚按纠劾。"①

但在具体实行中，却非如统治者想像的可以"杜滥派"，可以使民"易知"。所以，顺治八年（1651年）刑科给事中魏象枢又提出在易知由单之外，再造"格眼清册"以杜其弊，其疏云：

> 有司派征钱粮，皆假吏胥里书之手，或蒙蔽不知，或通同作弊，朝廷虽有浩荡之恩，而小民终未免剥削之苦。请敕该督、抚、按，速檄各州县，照本年易知由单备造格眼清册，详注某户、某人、某项钱粮，及蠲免、开除、征收数目，送督、抚、按复核无差，即将原册钤印发征。倘有改册征收、自立红簿等弊，立行纠参。②

这是刊发易知由单后仍不能防止胥吏上下其手、通同作弊的一个例证，因此不得不采取其他方法加以弥补。不惟如此，同时还存在着不刊发易知由单，或少刊发、迟刊发等诸多问题，对此，户部尚书陈之遴在顺治十年（1653年）所上揭帖中言之甚详：

> 窃惟天下有司剥民之术大要，应征钱粮数目不使民知，任其明加暗派，敲扑侵肥，无凭申诉。惟有颁给易知由单一法，足制其弊。职部非不屡行严饬，乃上自布政司、粮道，下至州县，往往官胥通同迟延不造；即造矣，迟至夏秋方颁；即颁矣，不过数张而止。小民谁敢向官长索单？上官谁肯为有司匿单？即如去年送到职部单式，止有江南一省，顺、永二府，其余怠玩可知！

---

① 康熙《大清会典》卷24，《户部·赋役一·奏报》。关于由单款式，顺治十三年又规定："由单款式，先载州县地丁原额，次列除荒实征总数，又次开里甲花户，某则地，除荒实征银粮若干，某则人丁，除逃亡实征银若干。后开地丁，共该纳银粮若干，饬令州县照式刊刻，使小民易晓。"

② 《清世祖实录》卷57，顺治八年六月辛酉。

真可谓是有令不行，上有政策、下有对策，鉴于此，陈之遴建议：

> 今后似应着各该抚按严饬各州县，每年预将来年钱粮照一条鞭法开造易知由单，前列应征本、折款项，次列共计起运若干、存留若干，后列每亩应征银米数目。定限十月初一日申到抚、按、布政司、粮道、本府，裁酌确当；定限十月十五日发下各州县刻印完备；定限十一月初一日申到该抚、按及布政司、粮道、本府，照验讫，汇集各州县单式，并开前项申发月日；定限十二月终旬报送到部，职部于正月察明汇题。凡州县违限不申，抚、按、布政司、粮道、本府违限不发不报，计其月日议以降罚。有开造蒙混者，酌量轻重议处。其颁给之法，各州县定限十一月初一日，于公所齐集儒学、卫所等官，及文武乡官、举人、贡监生员、粮里、花户、屯丁人等，公同给散。……凡有司卫所有单外多征者，许诸色人等告发，抚按审实题参，官胥并计多征银米论赃科罪。如此，则上下少知警戒，而小民可免横征矣。①

我们之所以不厌其烦地引述这份揭帖，不惟是其尚未见学者引用，而是在于它的重要，从中不难发现清廷的良苦用心以及刊发易知由单程序的细密。顺治十三年（1656 年），在此基础上又作了更为细致的规定，"各州县开征，预颁由单，定于十一月初一日颁发。至报部日期，直隶限十二月内到部，山东、山西、河南限正月内到部，江南、浙江限二月半到部，江西、湖广、陕西限二月内到部，福建、广东限三月半到部，四川、广西限三月内到部……"如违限、违例，分别予以罚俸、降俸、降级、调用的处分。②

顺治十五年（1658 年），工科给事中史彪古又针对当时"每有一项正供，即有一项加派"的实情，要求"将申饬私派之旨，刊

---

① 《明清史料》丙编，第 4 本，顺治十年四月二十三日陈之遴揭帖。
② 光绪《大清会典事例》卷 107，《吏部·处分例·征收地丁钱粮》。乾隆《大清会典则例》卷 19，《吏部·考功清吏司·催征》。

入易知由单内,使闾阎小民,共晓德意"①。可以看出,前前后后的有关用意无疑是好的,但由此,刊发易知由单的程序也慢慢地由简到繁,不胜琐碎;易知由单的内容也在不断增加,由少到多、由易到难,"易知"也就变成"难知"了。

康熙帝即位后,已有"由单款项繁多,民不易晓"② 之叹。康熙六年(1667 年),上谕称:"各省由单,款项繁多,小民难以通晓,令嗣后务将上中下等则地每亩应征银米实数开明。至湖广、陕西二省,每粮一石派征本折数目,向未开载,行令照例开注。其由单报部之期,有违限八月者,州县卫所及转报官均行议处。"③

康熙十三年(1674 年),江苏布政使慕天颜在《请永行均田均役疏》中称:"查江南各属,田地山荡滩涂等项,名色繁多,科粮有至六七十则不等,是以刊布由单,款目冗细,乡愚全不知晓。臣经详明督抚,设立征收截票之法,计算每户实征粮银,分作十限,清造截票,按月限完一分,于开征日预给便民,限单悉照由单编派数目刊列,填写明白,俾民晓然。自知本名应输钱粮若干,依限完纳,截票宁家。印官止将未截者摘比,事省而不致滥差,数清而不扰良户。恐法久弊生,恭请敕行永遵者也。是不第江南行之有益,即直省通行,可以兴利除弊。臣为赋役民生起见,敢渎宸严,伏乞敕部议覆,通饬施行。"为了防止弊端的产生,并专门制定了《征收条约》,分为"行截票"、"稽完欠"、"禁秤封"、"绝差扰"四法:

> 一行截票。截票之法,每户额征,计作十分,按月一分。一月又立三限,按户算明,照式填造,俾粮户依限纳银入柜,照数截票。其截去者归农,未截者摘比,良顽自分。此宪檄颁行,告诫谆切,法至善也。奈州县各逞己见,或不查截票,而仍比甲催者,或已截而仍摘全数,或未截而漏摘顽户者,或将

① 《清世祖实录》卷 121,顺治十五年十月癸巳。
② 《清史稿》卷 121,《食货二》。
③ 《清朝文献通考》卷 2,《田赋二》,第 4864 页。

截票收掌于粮书，揸勒完户者，或票虽截，而簿未登，混淆完欠者，或不按应截之月限分数，而任意差拿者，或并花户不截，欠数总归里长、甲催名下，独累现年者。其弊种种不一。甚至阳奉阴违，擅立滚单、火票等项名色，滥差厉民，酷刑迭摘，蠹书卖夗，狼皂索费，使已完之良民不获宁家，殊可痛恨。今本司遵宪发截票格式，着令该州县守令造成用印，令司柜吏书随粮户完银之时，即登明流水，对户截给。遵限完者，竟自宁家。加至一月不截者，印官亲查票根存留，未截之户，按名差拘，着令完截。断不许预行差押，亦不许另立比簿，并不许留前截后。如欠户已完银，截票即免带比，若仍延抗，方加责徵。或有急公良民能并完一年额赋，或并纳几月几限者，即将本户之票，照数截发，量行奖励，以鼓舞输将之众。总之票存则欠，票去则完，竟查票根，而比簿可不设也。务期有司殚力实行，不堕奸胥术中，则国课民生从此两益矣。

一稽完欠。截票之法既行，专查花户之截与不截，以分完欠，有何不清，乃仍有纷纷混摘者，盖因截法画一，粮书无作弊之窦，皂快无索钱之门，不便于己，欲乱成规，妄称若照按月分限，良户虽输而顽户不前，难应急饷，于是印官受其煽惑，遂不照分数而摘拿矣。及比较之时，止责甲催，又不计完欠之多寡，一概重加刑罚，而比簿登数混淆，并无实完实欠之数，故粮户谓少完亦责，多完亦责，且受责不分轻重，何必急公。顽者自任其顽，而良者亦化为顽矣。今专行截票，其存留未截之数，一目了然，不许用比簿，不许比甲催，于月终吊验，将未截顽户摘比。如前月欠户于次月比较，既除完户之名，止将欠户稽比，计通县之户已少十之八九矣。即极疲极顽之邑，亦少十之六七矣。若照通县里排比较，已省力大半。且一月内上旬中旬下旬，三限比较，不截顽户，身受三限之责，尚有不完者乎。但差催不截之户，必须带户赴比，又在印官恪一遵行，然后良顽允服。至于流水号簿，每见州县数十里汇为一册，其号至千万之外，难于稽核，蠹书移图换甲，改户易数，滋弊实甚。本司昔宰钱塘，立归里流水之法，每图一本，至今称便。行令所属州县，一体置立，逐里挨号登记，不得仍将通区都图完数总入流水一簿，以杜牵混。

一禁秤封。凡设柜收银，粮户自封投柜，永禁秤封，令行亦不啻再三矣。孰意州县虽革柜吏、秤收名色，又改立银铺估色为名，每遇粮户完银，勒赴铺家经手秤银入封，钤用私记，甚至不论多寡，必责倾成一锭，银匠火烙，方许投柜，于是县市之积奸，开张列肆，擅握大戥，银色恣意估折，加耗甚于吏收。如此锢弊，皆由官吏巧剥民膏，先给图记，授意轻重，间有增不如式，启封时伴唤银铺，薄惩该铺，遂指出粮户姓名，立拿重处，小民闻风效命，封封重勒，户户私加，是阳革秤封，实则重耗也。今本司照部颁法马，一样较准官戥行州县，每里给发一把，听粮户将官戥秤准入封，不许银匠火烙、银铺估色、执戥封银。嗣后如有重勒害民及柜吏需索票钱者，许被害粮户首告，铺匠、柜役一并重究。但州县又以银色青微，及封内正数反亏为请者，岂人之无良，一至此乎，此皆印官开勒耗之渐也，应饬令州县，果有一二银色低潮，正数稍轻者，不得动其原银，列名开数，出示晓谕，听粮户补纳，不得差票拘拿。倘敢虚开捏欠，许即投告，提取原封与粮户对认锭件，讯实严究，其银色纹足，毋论锭件，准与收纳，不必每封倾成一锭，致滋耗费。

一绝差扰。差役之为害，本司前经列示，而州县独于粮里之中为尤甚，如图差、区皂、经催、分管等名色，各有不同，总一役而异其名也。因上行革去此等差名，遂易一称呼，人仍其旧，此辈盘踞衙门，承袭顶首，粮户甲催供其鱼肉，秋收夏熟饱其鲸吞，一认役必开派使用数端，一开仓必妄取公费几两，而包收侵唉，必累重征，赴限应差，又索东道，此坐图之差扰也。而承票拘拿之虎役，更有甚焉，摘一户名，先索见面钱，临比时，完者亦云代候比较，勒索酒钱，若未完者，则害不可名状矣。带比受杖，则有手轻钱、照料钱，正身营脱，则有买嘱钱、代杖钱，身经痛苦，复要知会该房，一票未销，再发签差，催皂层见送出，而前欠一两，用费至二两，正赋究竟未纳，蚩蚩愚氓，何以自误若此，然必因抚字无方，滥差所致。今饬将州县图差、区皂、经催、分管诸役名色，实实革去，断不许留一积蠹，于中先取印官甘结，后有告发，以纵庇论。而未截票之顽户，不得不差拘，每里量差一役，比完即销，如本月限银三票，俱不截者，次月初旬即行拘比，如止二票不截者，姑俟中旬拘比，一票不截者，下旬拘比，临时激劝，庶几差拘之中又省差矣。倘差役横肆索诈，计赃治罪，惟劝良民早输国课，免剥啄之到门，省漏卮之吹索矣。①

由上可见，易知由单本身存在着许多问题，即使有截票等种种防范措施，其弊亦不能绝。

康熙二十年（1681 年），山西道监察御史蒋龙鸣又历数由单之繁："臣见今之由单，头绪纷纭，项款繁杂，大而起运、存留，细至裁存、仓口，无不刊载，连张广幅，阅不能尽，不惟民不能知，即官吏亦未能通晓。"② 虽经删繁就简，但其作用已日益式微，并且无端增加刊刻由单的费用，于是，康熙二十六年（1687 年）有停刊由单之谕：

　　各省刊刻由单，不肖官役指称刻工纸版之费，用一派十，穷黎不胜其困，嗣后直隶由单免其刊刻，晋省由单先经该抚题请免刻，亦一并停止。明年悉免各省刊刻由单，惟江苏所属，于地丁银内刊造，仍听册报如旧。③

由此看来，易知由单至此已经不再普遍使用。④。

---

① 乾隆《江南通志》卷 68，《食货志·田赋二》。
② 档案，康熙二十年十月六日蒋龙鸣题：《为请更由单之式，以副易知之实事》。
③ 《清朝文献通考》卷 2，《田赋二》，第 4866 页。
④ 按：江苏在晚清依然使用易知由单。同治《户部则例》卷 9，《田赋三·耗羡考成》载："江苏省属应征耗羡，按照向定应征分数，核计某户应征正银若干，耗羡若干，于易知由单列明，随同正项分款征收。"

到乾隆元年（1736 年），户部又议覆广东道监察御史蒋炳条奏，要求各省重新刊发易知由单，但遭到了许多省份的反对，河南巡抚富德在所上题本中称：

> （河南）向来征收之法，俱各设有红簿，一样二本，将花户地亩按照部颁科则，逐一核算，应完钱粮数目，登填各户名下，地方官用印钤盖，一留内署备查，一发收粮柜书，凡有输纳，每日逐户登填，查核完欠数目，丝毫不爽。每逢比期，安置收粮处所，听民查看。或有买卖地亩者，即于簿内推收过割。及钱粮开征，遵照滚单定例，每单开列十户五户不等，每户之下，注明地亩若干，应完钱粮若干，且注明每限完银若干，俱以粮银多者为滚头，挨次查看，一目了然。各照地粮额数，按限输将，人人称便，从未见有飞洒之弊。今若按户发给由单，由州县填送赉司，候司复核无误，始行发回，合计通省州县约共数百万户，不特纷纭启乱，先后不齐，一时壅积，难以查核，且计期非八九阅月不能发回，而各州县距省之远近不一，单册繁重，道途仆仆，往来赉送维艰，况定例二月开征，若令小民必待照单纳粮，急公之户欲纳不能，而玩抗之户反得藉以延挨。如谓下年由单先于上年查造，则一年之过割未清，临时又须更正，易致舛讹，不但刊刻之人工印刷之纸墨需费浩繁，更恐不肖胥吏或因领缴遗失，蒙蔽需索。是由单原以益民，而反以累民，欲以杜弊，而通以滋弊矣。似应仍循旧例，饬令各署实力奉行滚单，以杜加派浮收之弊，无庸另给由单，致滋扰累。①

上揭富德的题本说明了易知由单的难以复行。同时，富德的题本还揭明，征收赋税的册籍还有"红簿"和"滚单"。这在一般文献中也有记载，如滚单，顺治八年（1651 年），苏松巡按秦世祯

---

① 钞档：《地丁题本·河南（四）》，乾隆元年十二月十九日富德题本。

称："催科不许滥差衙役，设立滚单以次追比。"① 康熙三十九年
（1700 年），"设立征粮滚单，凡征粮，立滚单，每里之中，或五
户，或十户，止用一单，于纳户名下注明田亩若干，该银米若干，
春应完若干，秋应完若干。分作十限，每限应完银若干，给予甲内
首名，挨次滚催。令民遵照部例，自封投柜，不许里长、银匠、柜
役称收。一限若完，二限又依此滚催，如有一户沉单，不完不缴，
查出究治"②。由此看，滚单的赋税功能，主要的还是催征。

　　另外，又有"截票"，上揭《征收条约》中已有约略的说明。
截票又称"印票"或"串票"，始行于顺治十年（1653 年），初分
作二联，称作"二联串票"（或称"二联印票"）："截票之法，开
列地丁钱粮数目，分为限期，用印钤盖，就印字中截票为两，一给
纳户为凭，一留库匣存验，按图各置一册，每逢比较察验，有票者
免催，未截者追比。"③ 为防"奸胥作弊"，"康熙二十八年乃行三
联串票，一存官，一付役应比，一付民执照。雍正四年更刻四联串
票，一送府，一存根，一给花户，一于完粮时令花户别投一柜，以
销欠。至八年，仍行三联串票"④。同治《户部则例》亦称："州
县经征花户钱粮，用三联串票，每联内各填款项数目，仍于骑缝用
印处将完数端楷大书，分中截开，一存案备查，一付差役应比，一
给花户执照。"⑤ 这是简明的说法。乾隆《大清会典则例》卷三十
六《户部·田赋三》的相关记载如下：

　　　　康熙二十八年覆准：州县催征钱粮，随数填入印票，一样

---

① 《清朝文献通考》卷1，《田赋一》，第 4858 页。
② 《清朝文献通考》卷2，《田赋二》，第 4867 页。
③ 乾隆《大清会典则例》卷36，《户部·田赋三》。
④ 王庆云：《石渠余纪》卷3，《纪赋册粮票》。参见光绪《大清会典事例》
卷171，《户部·田赋·催科》。按：议准征收钱粮、更刻四联串票的时间应为雍
正三年。
⑤ 同治《户部则例》卷9，《田赋三·征收事例》。按：乾隆《户部则例》
卷11，《田赋·征解上》关于"三联串票"的记载相同，可见清代中后期田赋征
收中实行三联串票是一种惯例。

二联，不肖有司与奸胥通同作弊，藉名磨对稽查，将花户所纳之票强留不给，遂以已完作未完，多征作少征者。今行三联印票之法，一存州县，一付差役应比，一付花户执照。嗣后征收钱粮豆米等项，均给三联印票，照数填写，如州县勒令不许填写，及无票付执者，许小民告发，以监守自盗例治罪。

雍正三年议准：征收钱粮，令各省布政司严督各州县，务须查明的户实征数目，及亲查欠户，次第摘催。更刻四联串票，一送府，一存串根，一给花户，一于完粮柜旁别设一柜，令花户完银时自投柜中，每夜州县官取出，对流水簿，勾销欠册。

雍正八年覆准：嗣后州县征收粮米之时，预将各里各甲花户额数的名，填定联三版串，一给纳户执照，一发经承销册，一存州县核对，按户征收，对册完纳，即行截给归农，未经截给者，即系欠户，该印官检摘追比。若遇有粮无票，有票无粮等情，即系胥吏侵蚀，立即监禁严追，各直省督抚转饬所属有漕州县一例遵行。

雍正十一年议准：十截串票，银数多寡，难以预定，且拆封盘察，亦难核算，徒开胥吏飞洒弊端，例应停止，仍照旧用三联串票征收。

由上可见赋税征收的繁杂性，而以赋税册籍的编撰、颁发和不断变更来看，其政策导向一方面是使凭藉征收赋税的赋税册籍逐步走向规范化、简明化；另一方面则是在征收赋税钱粮的过程中，尽量采取防止胥吏从中作弊的制度化措施。

二、田赋征收原则的确立与田赋征收的货币化

众所周知，清初田赋的征收原则是所谓的"万历则例"。这一原则何时确定？《石渠余纪·纪赋册粮票》虽云"顺治三年诏定《赋役全书》，悉复万历间原额"，但事实上在此之前，这一原则已经确立。根据现有史料，最早提出这一定赋原则的是范文程。《啸

亭杂录》卷二《范文程公厚德》条云：

> 大兵入关时，公参决帷幄……时定赋税，有司欲以明末练饷诸苛政为殿最，公曰："明之亡由于酷苛小民，激成流寇之变，岂可复蹈其所为？"因以万历中征册为准，岁减数百万两，民赖以苏。

《清史列传》卷五《范文程传》所载略同：

> 师入北京，建议备礼葬明崇祯帝。时宫阙灰烬，百度废弛，文程收集诸曹册籍，布文告，给军需，事无巨细，咸与议焉。明季赋额屡增，而籍皆毁于寇，惟万历时故籍存，或欲于直省求新册，文程不可，曰："即为此额，犹恐病民，岂可更求哉？"自是天下田赋悉照万历年间则例征收，除天启、崇祯时诸加派，民获苏息。

《清史稿》卷二三二《范文程传》亦称：

> 既克明都，百度草创，用文程议……招集诸曹胥吏，征求册籍。明季赋额屡加，册皆毁于寇，惟万历时故籍存，或欲于直省求新册，文程曰："即为此额，犹虑病民，其可更求乎？"于是议遂定。

如上，范文程在清廷入关伊始已提出依照"万历则例"的定赋原则，并得到认可。《清世祖实录》中最早的一次有关上谕是顺治元年（1644 年）七月，在这次上谕中虽未直接申明依据万历则例定赋，但所谓的"自顺治元年为始，凡正额之外一切加派，如辽饷、剿饷、练饷及召买米豆，尽行蠲免"①，已经隐含了这方面的意思。随后，在同年十月的上谕中，已经昭示"地亩钱粮俱照

---

① 《清世祖实录》卷6，顺治元年七月壬寅。

前朝会计录原额"①。这里所说的"前朝会计录",也就是一般所说的"万历则例"。

前此学者已经注意到,万历年号,长达48年,前后赋额多有变动,前期赋额较低,后期由于各种加派,赋额已有大幅度的增长,所谓钱粮征收依照明代万历年间则例,是一个非常模糊的概念。②

我们比较《清世祖实录》所载有关上谕后,注意到,顺治四年(1647年)的两次上谕,与前不同,已经明确申明"俱照前朝万历四十八年则例征收",或"通照前朝万历四十八年则例征收"③。因此,有理由相信,顺治四年(1647年)之前遵循的万历则例是"模糊"的,它的"模糊",是没有指明具体的年份,但有一点也是清楚的,是时所谓的"万历则例"剔除了万历晚期的有关加征。顺治四年之后的"万历则例",则已十分明确,按万历四十八年(1620年)的标准征收,已包括"辽饷"(九厘银)在内,这与顺治初年"轻徭薄赋"政策的颁布与变化是联系在一起的。④

上述顺治初年的定赋原则,最终体现在顺治十四年(1657年)编定的《赋役全书》内。在《赋役全书》告成之日,顺治帝谕称:"详稽往牍,参酌时宜,凡有参差遗漏,悉行驳正。钱粮则例,俱照万历年间,其天启、崇祯时加增,尽行蠲免。地丁则开原额若干,除荒若干,原额以明万历年刊为准,除荒以复奉谕旨为凭。地丁清核,次开实征,又次开起、存。起运者,部寺仓口,种种分析;存留者,款项细数,事事条明。至若九厘银,旧书未载者,今已增入。……更有昔未解,而今宜增者,昔太冗,而今宜裁者,俱细加清核,条贯井然。后有续增地亩钱粮,督、抚、按汇题造册报

① 《清世祖实录》卷9,顺治元年十月甲子。

② 参见陈支平:《清代赋役制度初探》,厦门大学出版社1988年版,第4页。袁良义:《清一条鞭法》,北京大学出版社1995年版,第113页。何平:《清代赋税政策研究》,中国社会科学出版社1998年版,第73页。

③ 《清世祖实录》卷30,顺治四年二月癸未;卷33,顺治四年七月甲子。

④ 参见陈锋:《清初"轻徭薄赋"政策考论》,载《武汉大学学报》1999年第2期。

部，以凭稽核。纲举目张，汇成一编，名曰《赋役全书》，颁布天下，庶使小民遵兹令式，便于输将，官吏奉此章程，罔敢苛敛。为一代之良法，垂万世之成规。"①

至于各省的具体科则，十分繁杂，一如康熙《大清会典》所说，"凡科则，田有肥硗，赋有轻重，三壤九等……考《赋役全书》，有一县多至六七十则者"，难以备列。兹依据康熙《大清会典》略作示例：

顺天等八府二州额内田地，每亩科银四厘七毫至二钱四分九厘不等，科米二合二勺至一斗二升不等，科豆三勺至六合六勺不等，科草折银一厘六毫至三分六厘二毫不等。

江南、江苏等处官民田，每亩科平米三升至三斗七升五合不等，内征条折九厘徭里银九厘七毫零至一钱四分一厘一毫零不等，本色米豆一升四合七勺零至一斗九升二合六勺零，麦二抄零至三勺零不等。地，每亩科平米一升五合零至八斗五升六合不等，内征条折九厘徭里银三分八厘六毫零至三钱三分三毫零不等，本色米豆七合三勺零至四斗一升六合九勺零，麦一抄零至八勺零不等。

安徽等处田，每亩科银一分五厘零至一钱六厘零不等，米二合一勺零至七升一合零不等，麦五勺零至八勺零不等，豆八勺零至九合一勺零不等。地，每亩科银八厘九毫零至六钱三分零不等，米七合九勺零至五升九合零不等，麦八勺零至二合二勺零不等。塘，每亩科银一分九厘零至四分四厘零不等，米四合七勺零至七合八勺零不等，麦一勺零至二勺零不等。草山，每里科银八分三厘。桑丝，每两折银三分二厘零。

湖北等处田地山塘，每亩科夏税大小麦六抄至二斗九升一合四勺零不等，每麦一石折银三钱一分二厘四毫零至二两八钱八分九厘四毫零不等；秋粮一勺零至二斗七升八合二勺不等，每粮一石折银五钱一分七厘零至二两九钱七分四厘一毫零

_____

① 《清世祖实录》卷112，顺治十四年十月丙子。

不等。

陕西西安等处民地，每亩科银七毫零至一钱九分五厘九毫零不等，粮一合二勺零至一斗零不等。农桑地，每亩科银二两三钱八分一厘七毫零，粮一斗五升七合二勺零。收并卫所地，每亩科银二厘零至九分八厘零不等，粮一升五合零至三斗零不等。更名地，每亩科银六厘九毫零至七分五厘一毫零不等，粮四升三合五勺零至一斗四升八合零不等。

云南省上则地，每亩科粮一斗七升九合三勺零，中则地，每亩科粮八升九合三勺零，下则地，每亩科粮五升七合八勺零。内征本色夏税麦、秋粮米，又麦、米折色银不等。上则田，每亩科粮二升九合四勺零，中则田，每亩科粮二升五合四勺零，下则田，每亩科粮一升七合四勺零。内征本色夏税麦、秋粮米，又麦、米折色银不等。①

从以上引文中，可以大致体味赋税科则的繁杂，以及各地不同的征收情况。赋税科则的繁杂，一方面，是由于上揭康熙《大清会典》所说的"田有肥硗，赋有轻重"，另一方面，是由于起赋的土地有田、地、山、塘等不同的类别，每一个类别的土地都有不同的科则。即使同属田则，起赋时又往往分为上田、中田、下田、次下田等。甚至在一县之中，同是上田、中田，各乡的科则亦不一致，在清代之前，这种现象尤为突出。从表4-1中可以管窥明代的一般情况。②

表4-1　　　　　　　　明代徽州府歙县田赋科则

乡　　名	上田每亩科则（粮）	中田每亩科则（粮）
民德乡	七升五合	六升四合

①　康熙《大清会典》卷20，《户部·田土一·科则》。
②　弘治《徽州府志》卷3，《食货二》。

续表

乡　　名	上田每亩科则（粮）	中田每亩科则（粮）
登瀛乡	七升三合	五升六合
仁礼乡	七升五合	六升
德政乡	七升二合	五升九合
通德乡	六升八合	五升二合
孝女乡	六升九合	五升三合

　　这种繁杂的科则，不但造成了官府征课的难度，而且导致了"因科则重繁，小民难以易知"①。为了改变科则的过于繁杂，清初实行"折亩"政策②，通过"折亩"，令人眼花缭乱的赋税科则得以划一。如歙县折亩后，"一则起科"，每折实田一亩，共科折色银、颜料时价银、摊带人丁银等一钱一分二厘零。③ 我们注意到，凡是实行折亩的州县，至少在一县之内，每一纳税亩的科则是相同的。就是在邻县之间也相去不远。为省篇幅，仅据有关方志列出安徽3府6县的田赋科则（表4-2）：

表4-2　　　　　　　　　　清初安徽有关府县田赋科则

府　　别	县　别	每亩征银	每亩征米	每亩征豆
徽州府	休宁县	0.090 两	1.3 升	0.07 升
	黔　县	0.093 两	1.6 升	0.08 升
宁国府	南陵县	0.071 两	1.6 升	0.31 升
	宁国县	0.073 两	1.8 升	0.32 升

---

① 康熙《石埭县志》卷4，《赋役志》。
② 参见陈锋：《清代亩额初探——对省区"折亩"的考察》，《武汉大学学报》1987年第5期。
③ 民国《歙县志》卷3，《食货志》。

府　　别	县　　别	每亩征银	每亩征米	每亩征豆
池州府	贵池县	0.126 两	7.3 升	0.91 升
	铜陵县	0.116 两	7.9 升	0.97 升

折亩后的一则起科，标志着赋税征收的简化，因科则繁杂导致的一些弊端得以避免。《祁门县志》称，顺治八年（1651 年），"较定《赋役全书》，以地、山赋役有轻重，科则繁杂，照宁国府之例，与田折为一……赋税均平"①。《黔县志》称："黔在万山之中，其地故非沃壤，然山地皆折田，无偏苦之弊。"②《青阳县志》称："因科则繁重，小民难知，本朝顺治年酌照太平府事例，除田不折外，地、山、塘、基，照原纳赋轻重折为一则，实田起科，士民易知输纳。"③

陈支平在他的著作中已经指出，清初赋役的实际负担量，普遍高于明代万历年间额④。何平在他最近的著作中又有了进一步的论述，认为："清代赋税应征额主要由两大部分组成，一是万历年间未加派辽饷前的原额，一是清初新增赋额。清初新增赋额部分，主要是对辽饷加派的沿袭、部分新增加派和因折价提高导致的赋额加增。这样，就使得清代的赋税应征额不仅比万历年间未加派辽饷前的赋税额为高，而且也高于万历末年的赋税应征额。"⑤ 这种认识无疑是值得重视的。但是，陈支平、何平对灵寿、宁化、保德几个州县所作的示例研究，还不足以说明顺治年间的赋税额高出了万历末年的标准。我们认为，顺治年间的赋税标准依旧是前揭的万历四

---

① 道光《祁门县志》卷 13，《食货志》。

② 道光《增修黔县志》卷 9，《政事》。

③ 光绪《青阳县志》卷 2，《赋役志》。

④ 陈支平：《清代赋役制度演变新探》，厦门大学出版社 1988 年版，第 13 页。

⑤ 何平：《清代赋税政策研究》，中国社会科学出版社 1998 年版，第 83 页。

十八年（1620 年）定则。这一标准高于一般所说的"万历则例"，低于崇祯年间的额度。同时，这一标准也基本上为后续各朝所沿袭。

清代田赋征收的货币化和以货币为单位的统计方式也值得注意。传统社会中的田赋征收主要是实物形式，明初洪武九年（1376 年），已有"天下税粮，令民以银、钞、钱、绢代输"之令，并有具体的折征标准。洪武十七年（1384 年），因云南以金、银、贝、布、漆、丹砂、水银代秋租，始正式"谓米麦为本色，而诸折纳税粮者，谓之折色"。至此，"本色"与"折色"成为专门的术语。至正统元年（1643 年），经朝臣议论，仿洪武之制，"米麦一石，折银二钱五分。南畿、浙江、江西、湖广、福建、广东、广西米麦共四百余万石，折银百余万两，入内承运库，谓之'金花银'。其后概行于天下。自起运兑军外，粮四石收银一两解京，以为永例。诸方赋入折银，而仓廪之积渐少矣"①。正统年间的"金花银"之征，是赋税本色之征向折色之征转变的重要界标。② 其后，随着一条鞭法的实施，赋税征收的货币化倾向更为明显。尽管如此，终明之世的赋税征收和财政收支统计上仍然是传统的实物统计方式，而未以货币银两的方式出现。③ 只是在个别类项上有新的变动。④ 表

---

① 以上参见《明史》卷78，《食货二》。按："诸方赋入折银"一句，《明史稿》卷60，《食货志》作"诸方赋入折银者几半"，似乎更准确。另外参见《明英宗实录》卷21，正统元年八月庚辰。

② 小山正明也已经指出："以宣德、正统年间的田赋纳银化的启始为契机，明代后期，赋、役的纳银化渐次成为一种潮流。"见［日］小山正明：《明清社会经济史研究》，东京大学出版会1992年版，第70页。参见［日］星斌夫：《金花银考》，《山形大学纪要》第9卷1号，1978年。氏著《明清时代社会经济史研究》收录，国书刊行会1989年版。另外，刘志伟对广东的相关研究也值得注意，见刘志伟：《在国家与社会之间——明清广东里甲赋役制度研究》，中山大学出版社1997年版，第136~150页。

③ 参见梁方仲：《中国历代户口、田地、田赋统计》，上海人民出版社1980年版，第196~198页。

④ 参见黄惠贤、陈锋主编：《中国俸禄制度史》，武汉大学出版社1996年版，第450~462页。

现在俸禄发放方面，已有本色俸和折色俸的明显区别，而且，明代中期以后，折色俸占相当大的比例，万历《明会典》所载俸钞折色定例如表4-3所示①：

表4-3　　　　　　　　　　明代中期俸钞折色定例

官　品	岁俸（石）	本色俸（石）	本色俸内		折色俸（石）	折色俸内	
			支米（石）	折银（两）		折银（两）	折钞（贯）
正一品	1 044	331.2	12	204.82	712.8	10.69	7 128
从一品	888	284.4	12	174.79	603.6	9.05	6 036
正二品	732	237.6	12	144.76	494.4	7.41	4 944
从二品	576	190.8	12	114.73	385.2	5.77	3 852
正三品	420	144.0	12	84.70	276.0	4.14	2 760
从三品	312	111.6	12	63.91	200.4	3.00	2 004
正四品	288	104.4	12	59.29	183.5	2.75	1 836
从四品	252	93.6	12	52.36	158.4	2.37	1 584
正五品	192	75.6	12	40.81	116.4	1.74	1 164
从五品	168	68.4	12	36.19	99.6	1.49	996
正六品	120	66.0	12	34.65	54.0	0.81	540
从六品	96	56.4	12	28.49	39.6	0.59	396
正七品	90	54.0	12	26.95	36.0	0.54	360
从七品	84	51.6	12	25.41	32.4	0.48	324
正八品	78	49.2	12	23.87	28.8	0.43	288
从八品	72	46.8	12	22.33	25.2	0.37	252
正九品	66	44.4	12	20.79	21.6	0.32	216
从九品	60	42.0	12	19.25	18.0	0.27	180

---

① 万历《明会典》卷39，《户部二十六》。

　　财政支出中本色与折色的变化当然与财政收入中本色与折色的变化联系在一起，上表所反映的货币化支出，也同时标示着明代赋税征收的货币化进程。

　　入清以后，赋税征收的货币化成为主要的潮流。这不但表现在清代的财政收入与财政支出俱以银两为统计单位，而且，田赋及其他杂项本色之征也渐次改征折色。如顺治二年（1645年）："允工部议，山东省额解甲胄、弓、矢、弓弦、刀、天鹅、鹿皮、狐皮，俱征折色。"① 同年，"户部奏请直省俵马通行永折，每匹折银三十两"②。顺治十年（1653年），上谕户部："比年以来，军兴未息，催征烦急，兼以水旱频仍，深虑小民失所，即如民间充解物料，款项繁多，以至金点解户赔累难堪，向曾量折几项，但折少解多，民不沾惠。户部等衙门作速查明，有应解本色易于买办者，永远改折。"③ 同年，"户兵工三部遵谕改折各直省本色钱粮，归于一条鞭法，总收分解，请永为例。从之"④。经过顺治年间的不断改折，赋税征收的货币化在顺治年间已基本完成。除了漕粮、兵米仍征本色米石外，其余一概征银。从第三章表3-6中已经可以看出，顺治八年至顺治十八年间，每年的折色银征收大致在2 100万两至2 500万两，折色银占主导地位。

　　为了展示各个地区的田赋本色与折色征收情况，以及与康熙朝比较，特根据康熙《大清会典》所载，列出顺治十八年（1661年）与康熙二十四年（1685年）各地区的征收数额（见表4-4）⑤：

---

　　① 《清世祖实录》卷15，顺治二年三月癸卯。

　　② 《清世祖实录》卷17，顺治二年六月甲戌。

　　③ 《清世祖实录》卷74，顺治十年四月甲寅。

　　④ 《清世祖实录》卷76，顺治十年六月辛亥。

　　⑤ 康熙《大清会典》卷20，《户部·正赋》。按：该表所列的田赋数额与《清圣祖实录》所记有出入。

表4-4   顺治、康熙两朝田赋本色、折色征收统计与比较

地区 \ 类别	顺治十八年		康熙二十四年	
	折色银（两）	本色粮（石）	折色银（两）	本色粮（石）
顺天府	106 349.9	5 127.2	132 231.6	3 265.5
永平府	48 273.3	14 465.9	50 150.8	14 069.8
保定府	206 874.3	——	218 668.7	——
河间府	180 771.5	——	218 103.9	457.6
真定府	544 209.8	——	553 439.2	——
顺德府	161 332.1	——	165 341.5	——
广平府	212 599.6	——	223 793.9	——
大名府	357 096.2	——	422 022.3	84.2
延庆州	1 350.6	3 735.0	862.1	——
保安州	1 333.5	3 043.4	1 797.7	——
奉天府	1 659.9	——	5 457.5	——
锦州府	168.0	——	3 894.9	——
江南布政司	4 602 739.8	2 788 518.7	5 121 517.6	531 999.2
浙江布政司	2 572 592.1	1 361 367.7	2 618 416.2	1 345 772.2
江西布政司	1 726 970.5	938 753.8	1 743 245.8	925 423.4
湖广布政司	1 088 597.4	460 691.3	1 440 381.0	203 563.0
福建布政司	750 862.4	109 661.2	762 706.6	104 829.5
山东布政司	2 380 091.3	395 400.4	2 818 019.5	506 965.9
山西布政司	2 205 542.2	45 931.6	2 368 831.1	59 737.8
河南布政司	1 800 943.6	237 441.4	2 660 004.0	——
陕西布政司	1 436 033.9	61 854.4	1 468 533.2	218 539.8
四川布政司	27 094.8	928.9	32 211.8	1 215.5
广东布政司	847 961.4	27 668.2	1 027 793.0	30 643.6
广西布政司	199 654.2	94 299.0	293 604.8	121 718.6
云南布政司	61 748.9	123 917.9	99 182.1	203 360.0
贵州布政司	53 150.9	76 660.8	53 512.8	59 482.9
合　计	21 576 017.1	6 749 463.8	24 503 723.6	4 331 128.5

　　由于赋税的征收受制于很多因素，每年的具体征收情况会有所

不同，但通过表 4-4 所示还是可以看出几个问题：一是有的地区只征折色银，不征本色粮，像保定府；二是有的地区本色粮所占比例仍然较高，像广西省本色粮的征收几乎占到折色银的一半，云南、贵州的本色粮征收则超过折色银额；三是从总体上看，折色银的征收占主导地位，而且康熙朝沿袭了顺治朝的货币化征收格局，在折色银与本色银的比例大体保持不变的情况下，折色银的征收略有提高。

在顺治朝田赋征收货币化的进程中，还有两个问题值得注意。

第一，与明代相比，清初所定的本色折银额过高。据上揭《明史·食货志》可以知晓，明正统年间的"金花银"之征，是"米麦一石，折银二钱五分"。明后期的折银额虽然提高，但顺治年间的折银额仍然高出了明末的水平。① 如山西阳曲县，明末每石粮折银九钱，顺治年间每石折银最高达到一两九钱多。② 山东夏津县，明末每石粮折银四钱至九钱不等，清初则为八钱至一两二钱不等。③ 又如前揭康熙《大清会典·户部·科则》所载，湖北夏税，每麦一石，清初折银三钱一分至二两八钱八分不等，秋粮一石折银五钱一分至二两九钱七分不等。清初折价的提高，事实上增加了人民的负担，也是清初赋税额高出明代万历年间赋税额的重要原因之一。

第二，在田赋征收中的本色粮和折色银的比例确定之后，因某种事由又将本色改折。清初主要是改折漕、白二粮，以应军费。④ 如顺治六年（1649 年），"因兵饷不敷"，将白粮改折，正米、耗米、船夫米，"每石俱折银一两五钱"⑤。顺治十二年（1655 年），

---

① 参见陈支平：《清代赋役制度演变新探》，厦门大学出版社 1988 年版，第 16～17 页。

② 道光《阳曲县志》卷 7，《户书》。

③ 乾隆《夏津县志新编》卷 4，《食货》。

④ 参见陈锋：《清代军费研究》，武汉大学出版社 1992 年版，第 336～337 页。

⑤ 档案，顺治六年六月三日巴哈纳题：《为酌议改折白粮事》。

又因军费不足，白粮"每石改折二两征解"①。又如顺治十七年（1660年），议将"江南、浙江、江西三省漕粮，改折二百六十余万（石）"，每石折银一两二钱、一两四钱不等。② 这种白粮、漕粮的改折，因为筹措军费的需要，往往折价太高。关于白粮的改折，董以宁在《白粮改折议》中称："顺治初，江浙之米，石皆二两以外，即折征二两，再加余羡，其数亦略相当。承平以来，价日益减，每石之值，初犹一金（两）有余，后至五六钱不足，虽正项折色之轻者，尚而难供。而白粮之折，石必二两，至耗办亦与正米同科，而夫船等银（引者按：指夫船脚价贴役银），又不在此数焉。部议曰：旧例也，勿可改。州县曰：部檄也，勿敢违。于是乎，一石折色之入，费民间五石之余之本色而不能支。"③ 关于漕粮的改折，胡文学在所上题本《为漕米既经改折，滥派应加剔厘事》中称："从来兑漕之苦，不在正额之难完，而在杂派之名多，……故应纳粮一石，必需用数石，应折银一两，必需费数两，而官尚未纳，私先入己矣。况江浙诸省岁额，有秋石米八钱有奇，传闻议折一两四钱，其价已倍。"④ 这清楚地表明，由于漕、白二粮的改折，纳赋者实际上增加了更重的负担。

三、均平赋役

赋役不均可以说是传统社会的一种痼疾，这里既有官僚地主、绅衿地主、庶民地主的特权与蛮横，也有其他一些复杂的原因。在清初的战乱格局下，赋役不均更为严重。

前面说过，清初赋役制度整顿的重点，是确定征赋基准，按照明代万历年间则例征收赋税钱粮，要做到这一点，就必须清楚当时

---

① 同治《苏州府志》卷12，《田赋》。

② 胡文学：《疏稿》，见《清史资料》第3辑，中华书局1982年版，第142页。任源祥：《食货策》，见《皇朝经世文编》卷29，《户政》。

③ 见《皇朝经世文编》卷29，《户政》。

④ 胡文学：《疏稿》，见《清史资料》第3辑，中华书局1982年版，第143页。

的实有人丁数额以及熟地与荒地数额，但事实上，当时人丁数额与田亩数额都难以清查，所谓的按照万历则例按亩征税、按丁派役依然蒙混，必然是荒熟不分、硬性派征，加重赋役的不均。对此，时人曾反复条陈，顺治元年（1644 年），真定巡按卫周胤称："地亩荒芜，百姓流亡，十居六七，若照额则征，是令见在之丁，代逃亡者重出，垦熟之田，为荒芜者包赔也。臣以为，欲清荒田，法在丈量，欲清亡丁，法在编审。果能彻底清楚，则钱粮自有实数，官吏无巧蒙之弊，百姓免代赔之累矣。"① 顺治二年（1645 年），河道总督杨方兴称："山东地土荒芜，有一户之中止存一二人，十亩之田止种一二亩者，倘不计口核实，一概征税，名为免三分之一，实以一二亩之地而纳五六亩之粮。荒多丁少，以荒地累熟地，逃丁累见丁。"② 上谕也曾多次指出："丁银虽有定额，但生齿凋耗之后，年老残疾尽苦追征，甚至包纳逃亡，贻累户族，殊甚悯恻。""赋役原有定额，自流贼煽乱之后，人丁逃散，地亩荒芜，奸民乘机透露，良善株累包赔。或有田而无粮，或有粮而无地；或有丁而无差，或有差而无丁。甘苦不均，病民殊甚。"③ 这也就是当时普遍存在的"包纳逃亡"、"熟地包荒"问题。

所以，均平赋役所实行的首要政策，除编审户口外，就是查荒与清丈。顺治元年（1644 年），户部尚书英古代已要求："严饬有司躬亲逐处清查，务令尺地不遗，册报臣部。"朱批："是。"④ 上揭顺治二年（1645 年）河道总督杨方兴的奏疏，也曾得旨："各直省无主荒地，该地方官开具实数报部，以凭裁酌。"上揭顺治十二年（1655 年）的上谕又称："著各布政使严饬该道府，责令州县官查照旧册，著落里甲，逐一清厘，隐漏者自首免罪，包赔准其控告，查确即于豁免，不许借端扰害，事毕造册报部，以凭覆核，即

①　《清世祖实录》卷 12，顺治元年十二月庚申。
②　《清世祖实录》卷 13，顺治二年正月己丑。
③　《清世祖实录》卷 30，顺治四年二月癸未；卷 88，顺治十二年正月壬子。
④　档案，顺治元年八月二十日英古代题本。见《历史档案》1981 年第 2 期。

以查出多寡,分别各官殿最。"凡此,均表明了清廷查荒的决心。虽然当时的查荒因为战乱、急科等原因未能全面实施,但有些省区查荒的效果还是显著的。①

查荒的目的在于查出荒地实数,以便"蠲荒征熟",以免熟地包纳荒地之赋;清丈虽与查荒有一定联系,但清丈的目的则主要是在于清出隐漏的田地,以免有赋之地逃脱赋税。有清一代清丈之令屡颁②,也有许多防范弊端的措施③,但大多徒增纷扰,没有什么成效,一如王庆云所说:"田地有欺隐,而后有丈量。而丈量不足以察欺隐,徒滋扰焉。"④

应该说,查荒与清丈均属于均平赋役的范畴,但它的政策导向是宽泛性的,并不特别针对某一个阶层。如果说,明确针对绅衿地主及豪右势力的侵占花诡,以达到均平赋役的目的,那就是著名的"均田均役"政策。

赋役不均,大概在江浙地区最为突出,所以明代万历年间以后结合一条鞭法的推行,曾分别在常州、湖州、苏州、松江等地实行均田均役之法,并取得一些效果。⑤ 入清以后,顺治八年(1651年),江南苏松巡按秦世祯"以江南赋重差烦,征解失宜,民不堪命"为由,特上《兴除八事疏》,其一即要求"田地业主自相丈量,明注印册,以清花诡"⑥。显现出江南再度实行均田均役的信息。顺治十三年(1656年),经户部议准:"江南通计州县田地总额与里甲之数,均分办粮当差,豪户不得多占隐役,苦累小民,其推收编审,悉照均田均役,听民自相搭配。"⑦ 同时还规定了州县

---

① 参见彭雨新:《清代土地开垦史》第 9 页表"山东河南蠲荒征熟实例",农业出版社 1990 年版。

② 参见光绪《大清会典事例》卷 165,《户部·田赋·丈量》。

③ 参见光绪《大清会典事例》卷 165,《户部·田赋·丈量禁令》。

④ 王庆云:《石渠余纪》卷 4,《纪劝垦附丈量》。

⑤ 参见彭雨新:《明清赋役改革与官绅地主阶层的逆流》,《中国经济史研究》1989 年第 1 期。

⑥ 《清世祖实录》卷 59,顺治八年八月丙寅。

⑦ 光绪《大清会典事例》卷 157,《户部·户口·清厘丁役》。

官员蒙隐占田地议处则例："（隐田）十顷以上，罚俸三月；三十顷以上，罚俸六月；五十顷以上，罚俸九月；八十顷以上，罚俸一年；至百顷者，降一级调用。"① 这样，就将清查豪户的隐占与地方官的责任结合了起来。

据当时先行实行均田均役的娄县、吴江、常熟等县的情况看，均田均役的办法大致相同，如娄县："先将该县田地通盘打算，均分若干图，每图应均准熟田若干亩；一图分立十甲，每甲应准熟田若干亩。无论绅衿役民，一并照田编甲，则田必入图，图无亏田，永杜偏枯之弊矣。……夫绅衿役户，向有优免之例，故田多者类皆诡寄避役，其在图承役者，悉属贫民小户，独膺繁苦，今已仰遵朝廷一体当差之旨，并入均图，照田编甲。在钱粮则各自输纳，差徭则各自承应，既不偏枯亦无牵累。"② 另据赵锡孝《徭役议》称："何谓均田？统计一县之田分为若干图，图分十甲，每甲均入田若干是也。何谓均役？统一县之田，使各自编甲，或类聚偏甲，以图中第一甲当本图一年之役，至十年而周；或以本图一、六甲当本图上、下半年之役，至五年而周是也。"③ 据说，在这个几县中，"惟知娄县李复兴行之最为得宜，各属皆仿而行之。……娄邑自均役以后，流亡复归，荒芜日垦，邻邑外省相继取法"④。这种赞誉仅仅是问题的一个方面，事实上，由于绅衿地主拥有许多特权，且在地方上有着盘根错节的势力，均田均役很难如愿进行，随后仍不断有人指出："因杂差繁苦，未免有亲族人等冒借名户，希图幸免，以致绅衿名下之田半皆影冒。""三吴田赋十倍于他省，而徭役困苦莫甚于今日，豪强兼并之家，膏腴满野，力能花诡避役，以致富者日富；贫弱无告之民，役累随身，每至流离逋负，将见贫者益贫。""差役偏重乡民，以役破家者接踵，小户附于大户求为代役，

① 《清世祖实录》卷105，顺治十三年十二月乙酉。
② 李复兴：《均田均役议》，见《皇朝经世文编》卷30。
③ 同治《苏州府志》卷13，《田赋二》。
④ 《清朝文献通考》卷22，《职役二》，第5049页。

大户役使如奴隶，……户役不均，始则病民，终则病国。"① 所以，康熙元年（1662 年）、康熙十三年（1674 年）又令江南苏、松两府再行均田均役之法。康熙二十九年（1690 年），山东巡抚佛伦又上奏称："累民之事，第一职役不均，凡绅衿贡监户下，均免杂差，以致偏累小民。富豪之家田连阡陌，不应差徭，遂有奸猾百姓将田亩诡寄绅衿贡监户下，希图避役。应力为禁革，请限二月之内通令自首，尽行退出，嗣后凡绅衿等田地与民一例当差，庶积弊一清，而小民免偏枯之累。"得旨："绅衿等优免丁银原有定例，其乡绅豪强诡寄滥免，以致赋役不均，积弊已久，该抚所奏，直省应一体行下其事，九卿确议。"遂议定："直省绅衿田地与民人一例差徭。"② 至此，均田均役始告一段落。从中亦可见，均田均役是否有效实施，与绅衿地主的优免特权有着直接的关系，只有废除了绅衿地主的优免差徭特权，才能在一定程度上清除隐占影冒、赋役不均的弊端。

当然，赋役不均，也还有其他一些相关联的值得注意的问题。由于清初在一些省区存在着"折亩"现象③，原来实行折亩，而新垦地未实行折亩，同样导致"赋重"，如贾汉复所指称的延安府的情况：

> 看得秦省之最荒残者，莫甚于延安府，而延安府之最荒残者，莫甚于洛川、宜川、延川三县也。盖其地处万山之中，土脉硗薄，民力艰难，与腹里地方大不相同，故旧例洛川之地，每八亩四分折正一亩，宜川、延川之地，每四亩折正一亩，诚以边陲瘠地难与沃野肥壤并论耳。在昔折正之时，正赋尚难取盈，不意顺治十年后，兴屯道白士麟兴屯同知高应选督垦荒地，垦一亩即报一亩，将三县所垦荒地俱未折正。而洛川又有

---

① 　均见同治《苏州府志》卷 13，《田赋二》。

② 　《清朝文献通考》卷 22，《职役二》，第 5051 页。

③ 　参见陈锋：《清代亩额初探——对清初"折亩"的考察》，《武汉大学学报》1987 年第 5 期。

余荒不清之粮，悉派于兴屯之内，重累残黎，按数输纳，官畏考成而严比民，若剜肉以医疮。然物力有限，岁岁难完，有扣各州县官役俸食助解者，有道府厅县各官变产捐赔以副考成者，苟且补苴，以济一时。今则官无常赔之力，束手听参，屡被降革；民无可剜之肉，敲扑益严，逃亡益甚。节据各县申报，或父子偕奔，或兄弟散离，甚有全家全户扶老携幼弃乡背井者，其流离困苦之状，真耳不忍闻，目不忍见者也。①

贾汉复所言是折亩以及随着荒地的垦辟而出现的问题。同时，延安府的丁徭也非常繁重，如杨素蕴所云：

　　　明季天下之乱，起于西北，臣乡延属，实首被其害。李自成、张献忠等纵横流毒廿余年，老稚杀戮，少壮掳掠，伤心惨目已不忍言。继崇祯十三年天灾流行，父子相食，几无遗类。计此方之民半死于锋镝，半死于饥馑，今日存者实百分之一，皆出万死而就一生者，是以原野萧条，室庐荒废，自宜君至延绥，南北千里内，有经行数日不见烟火者，惟满目蓬蒿与虎狼而已。计非休息生聚，费国家数十年培养之力，必不能复元气而措安全。乃今积困大害，更有万倍于他处者，丁徭是也。……臣宦直隶，即以直隶之钱粮较直隶地亩，丁粮总名曰条鞭，起解、存留通融支放，每丁银不过一钱二分，是以百姓乐输而易完。延属则不然，地亩所出者多曰大粮，人丁所出名曰条鞭，大粮以供起解，额征犹有定数，条鞭备存留，官役之俸薪工食出其中，师生廪饩出其中，此犹曰必不可已之经费，甚至各上司提册催号之使费出其中，各差役需索供应之繁亦出其中，而本州县驿递城守诸务又种种出其中，……故每丁每岁有费至三两者，有费四两者，较之一钱二分之额征，其相去宁止倍蓰。夫延安处万山之中，土地寒薄，收获有限，数年来金

① 贾汉复：《秦地折正宜仍旧额疏》，见雍正《陕西通志》卷86，《艺文二·奏疏》。

生粟死成米数石，仅能易银一两，且人复皆赋资愚鲁，不善治生，商贾又别无舟车经营运用之方，株守本业，积蓄几何。即罄上户之产，尚不足供终岁三丁之费，而况鹄面鸠形啼饥号寒者乎！是以淳朴者鬻卖男女以偿，其奸猾者非携家远徙则铤而走险耳。每见开征之期，父子蹙额，夫妻愁叹，相率捐亲戚弃坟墓者，累若丧家之狗失巢之鸟，进无所依，退无所据，流离琐尾，良可恻然。……若不早破除此弊，恐非尽延安之民驱于乐土，尽延安州县胥为荒丘不止也。伏祈皇上痛念此一方孑遗，饬下该部行令彼处抚按道府，力加厘正，额定款项。丁少费多，不敢望如一钱二分之轻，亦宜曲为调剂，去无益，俾不至重困难支，则奄奄残黎庶渐有起色乎。①

陕西延安人丁在明末的死亡逃徙是可以想像的，而丁徭的特别繁重，以及"地面所出者多曰大粮，人丁所出名曰条鞭"，"大粮"供起运，"条鞭"充存留，则是清初的一个有意思的现象。

四、"康乾盛世"时期的赋税蠲免

顺治时期的赋税蠲免已如前述，从总体上看，顺治时期赋税蠲免的实际意义虽然不大，但这一时期实行的蠲免政策以及逐步完善的相关制度却为"康乾盛世"时期的赋税蠲免打下了基础。

在前面的叙述中，通过对江南、山东、浙江等省区蠲免实例的分析，认为清初顺治年间的蠲免，主要有四种类型，即："因兵蠲免"、"因荒蠲免"、"因灾蠲免"、"逋欠蠲免"。另外，笔者在《清代军费研究》中，也有"战时、战后的赈济与蠲免"专节，对康、雍、乾、嘉、道各朝的蠲免实例进行过分析，可以参看。笔者认为："因战争进行的蠲免，虽统之曰'恩蠲'，但就蠲免钱粮的范围来看，事实上有五种情况，一是对战争地区的蠲免，二是对战争相邻地区的蠲免，三是对供办军需地区的蠲免，四是对军队过

---

① 杨素蕴：《延属丁徭疏》，见雍正《陕西通志》卷86，《艺文二·奏疏》。

往、供办差役地区的蠲免，五是战争结束、军队凯旋后较大范围的蠲免。这些蠲免已经充分考虑了战争对社会经济的破坏以及对人民的骚扰程度，并且体现着清廷的特别'恩政'。而就蠲免钱粮的类型来分，又有五种类型，一是蠲免逋欠，二是蠲免缓征、带征等项，三是蠲免有关加征，四是蠲免本年钱粮，五是蠲免来年钱粮。……综观有清一代的战争蠲免，我们也可以发现：康熙二十年三藩之乱结束之前的蠲免，主要是蠲免逋欠；三藩之乱结束之后以迄乾隆中后期的蠲免，则是以蠲免加征及蠲免本年、来年钱粮为主；嘉、道以后的蠲免，又是以蠲免逋欠和蠲免缓征、带征为主。这种变化，一方面与国家的财政状况有关，另一方面也是与社会经济的兴盛与衰微相吻合的。这种吻合绝不是一种巧合。从这里我们也不难进一步观察到，为什么单从蠲免次数来看，历朝不相上下，遇事'辄蠲其田赋'，而效果绝不相同的底蕴。"①

康乾时期的赋税蠲免引起了众多学者的关注，论著繁多，在前面的综述中已有揭示，可以参考。当然也还有进一步探讨的必要。为了便于分析，先据乾隆《江南通志》卷八四《食货志·蠲赈二》示列蠲免实例：

康熙元年，凤阳、泗州等处被灾，照分数免银有差。

二年，凤阳等处灾伤分数不等，蠲银有差。

三年，松江上海等处飓潮秋发，奏报灾伤，蠲银有差。

四年，苏松等府水灾，蠲银米停征有差。恩赦直隶各省顺治十六七八年旧欠钱粮。

七年，淮安、山阳、泗州、天长等州县水灾，免本年额赋十分之一。

八年，康熙元二三年直隶各省丁地正项钱粮，实系拖欠在民不能完纳者，该督抚奏请蠲免。

九年，苏松、淮扬等处大水，被灾田地漕白米摊征仍蠲，起运改折十分之三。

---

① 陈锋：《清代军费研究》，武汉大学出版社1991年版，第366~367页。

十年，康熙四五六年各省丁地正项钱粮实系拖欠在民不能完纳者，该督抚奏请蠲免。是年江南大旱，蠲被灾田地起运正赋十分之一二三不等。漕粮改折外，耗赠米俱奉蠲免。

十一年，旱蝗，停征九年分摊米折银，并停征九年以前未完钱粮。是年，江宁各属秋灾，蠲银有差。

十二年，扬州各属大水，凡全淹田地正赋漕粮漕项，概行蠲免。

十三年，凤阳、泗州、扬州、高邮、泰州、宝应、滁州等处被灾，蠲免地丁银两、漕米、凤米、月粮米等有差。

十四年，凤阳、泗州、扬州、高邮、泰州、宝应等处被灾，蠲银有差。兴化县正赋漕粮俱免。

十五年，扬州、高邮等处水灾，蠲免银两有差。兴化全免。

十六年，蠲免同前。

十七年，江南各属水灾，蠲停地丁漕项银两有差。滁州、全椒等处旱蝗，奉旨蠲免正赋十分之三。

十八年，是年三月至八月不雨，奉旨：其十年十一年、十二年钱粮，俱着蠲免；其十三年、十四年、十五年、十六年钱粮，俱自十九年起分年带征，以舒民力。又奉旨：九分、十分荒者，免本年税银十分之四，七分荒者，免十分之三，五六分荒者，免十分之二。高邮等处水灾，蠲停正赋银两。又奉旨：各属灾田，漕米缓至来年带征，于缓征米内半征漕米，半征漕麦，不拘米色，红白粳籼并纳。又，凤、庐、滁三属，照被灾分数蠲银有差，漕粮改折外，耗赠米俱奉蠲免。

十九年，淮、扬、苏、松、常、镇等处大水，蠲免被灾田亩钱粮十分之三，缓征本年被灾田漕米，于二十年份带征。

二十年，扬州等处水灾，蠲停正赋银两。是年十二月奉恩诏，兵革寝息，人民艾安，免康熙十三四五六七年地丁民欠钱粮。

二十一年，扬州、高泰等处水灾，蠲停正赋银四万有奇。兴化积水淹田，正赋漕粮全免。

二十三年，恩诏：江南、浙江、江西、湖广省份自用兵以来供应繁苦，宜加恩恤。康熙二十四年所运漕粮着免三分之一。又，自康熙十三年起至二十二年拖欠漕项钱粮，着自二十三年起每年带征一年，以免小民一时并征之累。

二十四年，以邳州二十三年水灾，蠲免地丁银二千四百余两。

二十五年，沛县本年秋灾，蠲免地丁银两。

二十六年，十一月二十六日谕户部恩旨，江苏所属各郡县二十七年应征地丁各项钱粮，俱蠲免。二十六年未完钱粮，亦悉奉豁除。又，泰州、兴化本年水灾，蠲免地丁银四千六十五两有奇，米七百八十二石有奇。

二十七年，安徽所属各郡县二十八年应征地丁各项钱粮，俱蠲免。又奉旨，将十七年以前未完漕项银、米麦俱着蠲免。

二十八年，江南除正项钱粮已与直隶各省节次蠲免外，再将全省积年民欠、一应地丁钱粮、屯粮、芦课、米麦豆杂税，概与豁除。又谕户部恩旨，蠲免邳州被水田亩应纳地丁漕项，历年逋欠尽奉豁除。

二十九年，蠲免江都县本年秋灾银一千三百七十五两有奇，米一百八石有奇。

三十年，十二月初四日谕户部恩旨，各省岁运漕米向来未经议免，除河南省明岁漕粮已颁谕免征外，湖广、江西、浙江、江苏、安徽、山东应输漕米，自康熙三十一年始以次各蠲免一年。

三十一年，兴化本年秋灾，蠲免地丁银四千六十七两有奇。

三十二年，沭阳县上年秋灾，蠲免地丁银四千九百七十四两有奇。谕内阁恩旨：江苏安徽等处夏旱，免本年漕粮三分之一，俟至应蠲年份补还。

三十三年，蠲免江都县本年被灾地丁银两。

三十四年，蠲免高邮、兴化、宝应三州县上年被灾钱粮。

三十六年，谕大学士恩旨：扬、淮、徐等处被灾，钱粮尽行蠲免。

三十七年，十一月二十五日谕户部恩旨：海州、山阳、安东、盐城、高邮、泰州、江都、兴化、宝应、寿州、泗州、亳州、凤阳、临淮、怀远、五河、虹县、蒙城、盱眙、灵璧等州县并各卫所，康熙三十八年一切地丁银米等项，及漕粮尽奉蠲免。

三十八年，三月十三日谕户部恩旨：江苏安徽所属旧欠带征钱粮，除康熙三十三年恩诏内已经赦免外，其三十四五六年一应地丁米麦豆杂税，俱着豁免。三月二十二日谕户部恩旨：淮安府属海州、山阳、安东、盐城，扬州府属高邮、泰州、江都、兴化、宝应九州县，并淮安、大河二卫，康熙三十七年未完地丁漕项等银一十九万两有奇，米麦一十一万石有奇，全奉蠲免。四月十六日谕户部恩旨：以凤阳府属去岁水灾，蠲免康熙三十七年该府属寿州等十一州县并泗州一卫未完地丁漕项银米。十一月初五日谕户部恩旨：海州、山阳、安东、盐城、大河卫、高邮、泰州、江都、兴化、宝应，被灾各州县卫，康熙三十九年地丁银米等项及漕粮漕项银两尽奉蠲免。

四十年，江苏巡抚所属州县等处，除漕项外，康熙四十一年地丁钱粮尽行蠲免。

四十一年，安徽巡抚所属府州县卫等处，康熙四十二年分地丁钱粮除漕项外，通行蠲免。

四十二年，徐州、睢宁县三十七八九三年未完地丁仓项银二万四百二十二两零及邳州四十年未完钱粮，俱免征。

四十四年，蠲停凤阳府属及睢宁、沭阳二县被灾地方应征地丁漕项银米。

四十五年，上元县上年水灾，蠲免地丁银。江苏、安徽等省自康熙四十三年以前未完地丁银米，尽奉蠲免。

四十六年，十月奉旨：四十三年以前江宁巡抚所属各府州县未完民欠漕项银两六十八万七千两有奇，米麦三十一万一千八百石有奇，着该抚一一查明，悉与蠲免。仍将本年所征漕粮，每州县或留八九万石，或留十万石，酌量赈给。十一月初二日谕户部恩旨：康熙四十七年江南通省人丁额征银两悉奉蠲免。其本年被灾安徽巡抚属七州县三卫，江宁巡抚属二十五州县三卫，应征地亩银共二百九十七万五千二百余两，粮三十九万二千余石，一概免征。所有旧欠带征银米并暂停追取。

四十七年，十月十六日谕户部恩旨：康熙四十八年除漕粮外，江南通省地丁银四百七十五万四百两有奇，全奉蠲免。所有旧欠银米暂停追取。

四十八年，十月二十五日谕户部恩旨：以淮安、扬州、徐州三属水灾独重，除本年钱粮全免，又将康熙四十九年淮、扬、徐三属，邳州等十九州县三卫，额征地丁银五十九万三千八百余两一概豁免。又，潜山、宿松、宣城共十八州县并宣州卫上年秋灾，蠲免地丁银。

四十九年，将江南旧欠四十四年、四十五年、四十六年、四十七年未完地丁等项钱粮，于五十年起分四年带征。四十七年漕项钱粮于五十三年带征。

五十年，六安、合肥、舒城、霍山、寿州、霍邱六州县并庐州、凤阳右二卫秋灾，蠲免地丁银。

五十一年，安徽等五府属三十年至四十三年未完地丁等银三万八千九百余两，准其免征。江宁、安徽各抚属，除漕项外，五十二年应征地亩人丁银，俱着查明，全免。其历年旧欠亦并免征。将各省应征房地租税银两着查明额数，于康熙五十三年豁免一年。其历年逋欠，一并查明，免其追补。是年，蠲免淮、徐所属十二州县并淮安、大河二卫水灾地丁银两。

五十二年，蠲免江苏所属地丁银有差。

五十三年，江、常、淮、扬等属二十州县并仪征卫本年旱灾，蠲免地丁银两有差。

五十四年，苏、松、淮、扬等属三十三州县卫本年水灾，蠲免地丁银米有差。

五十五年，宣城、南陵、泾县本年水灾，蠲免地丁银。

五十六，豁免安徽、江苏等处带征地丁屯卫银两，其带征漕项银米麦豆，免征各半。蠲免淮扬等府被灾州县地丁银有差。

五十七年，蠲免沛县上年被灾地丁并湖地租银。

五十八年，蠲免山阳、高、宝三州县本年秋灾地丁银。

五十九年，江都、兴化、安东、盐城及合肥等县上年被灾，蠲免银米有差。

六十年，蠲免高、宝上年秋灾地丁银。沛县本年被灾，蠲免地丁银。又，安徽新安等州县卫被灾，钱粮按分数蠲免。又，江宁、上元等州县卫及安徽歙县等处被灾，钱粮按分数蠲免。

六十一年，歙、休等十一州县卫去年被灾，蠲免地丁银。又，蠲免江、常、镇、淮、扬等十六州县本年旱灾地丁银两。

雍正元年，奉恩诏，各省民欠钱粮年久应免者，查奏酌免。奉旨恩蠲江苏各属康熙十一年至五十年未完地丁等银七百二十九万六千二百九十两零，米豆四十三万七千二百二十石零，又芦课等银一十九万二千七百三十三两零。

二年，蠲免靖江、丹阳上年被灾地丁银。蠲免江南全省康熙四十六年至五十年旧欠地丁银六十三万三百余两，米麦二十六万八千六百七十余石。

三年，将苏州府正额银蠲免三十万两，松江府正额银蠲免十五万两，着为定例。

四年，蠲免望江、无为、铜陵、黟县、宣城、芜湖、繁昌、贵池等被灾州县银米有差。

五年，以福泉、阳湖二县上年被灾，蠲免地丁银。

六年，怀宁、桐城等十四州县并凤阳卫上年秋灾，蠲免地丁银。

八年，上、江、宣、泾等十七州县，贵池、建平、繁昌三县水灾，应免钱粮尽奉蠲免。江南被水州县漕粮，按成灾分数蠲免。

九年，建平县上年被灾，蠲免地丁银。

十年，以官侵吏蚀，包揽钱粮，分为十年带征，实在民欠更缓作二十年带征，自壬子年为始，即以带征完纳之分数，为次年蠲免之分数。蠲免宁国、旌德、滁州、全椒、来安等被灾州县银。

十一年，舒、宿、虹、灵、六、霍、天、长等州县并宿州一卫秋灾，蠲免地丁钱粮。

十二年，怀、滁、全、来、和五州县，归卫以及凤阳卫秋禾被水，照灾分数蠲免地丁钱粮。

十三年，皇上登极恩诏内开，各省民欠钱粮，系十年以上者，该部查明具奏，候旨豁免。

从以上示例来看，几乎是年年蠲免，有时一年数蠲，体现出"盛世"时期的蠲免特征。这些蠲免主要是因灾蠲免，也就是所谓的"灾蠲"，另外也有蠲免逋欠以及缓征、带征和"普蠲"等。其中，值得注意的是蠲免漕粮和普蠲。

就漕粮的蠲免来看，可以分为以下几种类型：

一是因灾蠲免漕粮。李文治、江太新《清代漕运》是清代漕运研究的集成之作，该书称："州县因遭受灾荒收成歉薄而免征漕粮的谓之蠲免。据光绪《漕运全书》：'漕粮例不蠲缓。乾隆二年题准：倘有被灾地方，令由（?，"有"？）漕督抚确堪实在情形，或应分年带征，或按分数蠲缓，临时具题，请旨遵行'。"是否是受了所谓的"漕粮例不蠲缓"之说的影响？该著所列的"各省州县漕粮蠲免表"，第一项列出的是康熙三十年（1691年）河南一省的蠲免，并注明蠲免的原因是"连岁秋收歉丰"（实际上是三十年奉旨，三十一年蠲免，原因是普蠲漕粮），第二项列出的是康熙三十九年（1700年）江南淮安、扬州两府的蠲免，原因是"叠被水灾"（实际上是三十八年奉旨，三十九年蠲免，淮安、扬州的蠲免方式也不同）。其后列示的都是乾隆二年（1737年）以后的事例。[1] 显然有所疏忽，也不全面。仅以上江南的示例，康熙九年、康熙十年、康熙十二年、康熙十三年、康熙十四年、康熙十七年、康熙十八年、康熙二十一年、康熙二十八年、康熙三十二年、康熙

---

[1]　李文治、江太新：《清代漕运》，中华书局1995年版，第128～130页。

三十八年、康熙四十四年、康熙四十六年等年，都有明确的因灾蠲免漕粮的记述。① 事实上，因灾蠲免漕粮，在顺治年间就有先例，如顺治三年（1646年），"以江西频年旱涝，其今年漕米之未兑运者罢免之"②。只不过康熙以前的蠲免漕粮事例较少，而在康乾时代，因灾蠲免漕粮十分普遍。并且，在康熙十七年（1678年），还曾有过因灾蠲免漕粮分数的特别规定："淮、凤、滁等属漕粮，被灾七分、八分者，准免十分之二；九分、十分者，准免十分之三。"③

二是蠲免漕粮逋欠。《清代漕运》称："国家对粮户积欠漕粮及漕项银两有时也进行蠲免。雍正十三年豁免雍正十二年民欠未完漕项银两，这是免积欠的开始。"④ 这一定论也值得怀疑。仅据以上江南的示例，康熙二十八年（1689年），谕户部恩旨："蠲免邳州被水田亩应纳地丁漕项，历年逋欠尽奉豁除。"如是，既蠲免了应征，也蠲免了历年逋欠。康熙三十八年（1699年），"三月二十二日谕户部恩旨：淮安府属海州、山阳、安东、盐城，扬州府属高邮、泰州、江都、兴化、宝应九州县，并淮安、大河二卫，康熙三十七年未完地丁漕项等银一十九万两有奇，米麦一十一万石有奇，全奉蠲免。四月十六日谕户部恩旨：以凤阳府属去岁水灾，蠲免康熙三十七年该府属寿州等十一州县并泗州一卫未完地丁漕项银米"。也是蠲免了旧欠漕粮。康熙二十七年（1688年）奉旨，"将十七年以前未完漕项银、米麦俱着蠲免"。康熙四十六年（1707年），"十月奉旨：四十三年以前江宁巡抚所属各府州县未完民欠

---

① 按：乾隆《江南通志》卷84，《食货志·蠲赈二》：乾隆三十六年，"正月二十二日谕大学士恩旨：扬、淮、徐等处被灾，钱粮尽行蠲免"。由于记载的简略，没有明确言及蠲免漕粮。另据光绪《大清会典事例》卷278，《户部·蠲恤·蠲赋一》：康熙三十六年谕："海州等十八州县三卫，被九分、十分重灾，本年应征地丁银米及此项田亩所有漕粮漕项，着通行蠲免。"该年亦因灾蠲免了漕粮。

② 《清朝文献通考》卷45，《国用考七·蠲贷下·灾蠲》。

③ 康熙《大清会典》卷21，《户部五·田土二·荒政》。

④ 李文治、江太新：《清代漕运》，中华书局1995年版，第131页。

漕项银两六十八万七千两有奇，米麦三十一万一千八百石有奇，着该抚一一查明，悉与蠲免"。则是蠲免了历年的旧欠。在康熙朝，因灾蠲免漕项银两和漕粮逋欠的事例并不鲜见。

三是因灾缓征漕粮。《清代漕运》列有"各省州县历年缓征漕粮表"，可以参考。① 惟其所列为乾隆三十二年（1767 年）以降的事例，而据上揭江南的蠲免资料，康熙十八年、康熙十九年、康熙二十三年、康熙四十九年等年，均有漕粮的缓征。这种缓征，既有本年应征漕粮的缓征，也有对历年积欠漕粮的缓征。而且，"于缓征米内半征漕米，半征漕麦，不拘米色，红白粳籼并纳"。这都是值得注意的。俞玉储在《清代前期漕粮蠲缓改折概论》中，也列示了雍正朝的漕粮缓征事例，并且指出，"清代前期各朝遇灾之年，均根据受灾轻重，缓征漕粮"②。这种见解，无疑是正确的。

四是漕粮的普免。漕粮的全国性普免，始于康熙三十年（1691 年），也就是上揭江南蠲免资料所示的："十二月初四日谕户部恩旨，各省岁运漕米向来未经议免，除河南省明岁漕粮已颁谕免征外，湖广、江西、浙江、江苏，安徽、山东应输漕米，自康熙三十一年始以次各蠲免一年。"这条史料在其他典籍中也有记载。上揭俞玉储《清代前期漕粮蠲缓改折概论》说，"除河南省于康熙三十一年轮免外，其他各省的具体轮免时间，均未见档案记载"。但该年奉恩诏轮免各省漕粮应该是没有疑义的。据笔者搜集的资料，湖广也是康熙三十一年（1692 年）蠲免漕粮，③ 山东省的蠲免时间是康熙三十六年（1697 年）。④ 依据谕旨所说的湖广、江西、浙江、江苏、安徽、山东"依次"蠲免漕粮来看，这次轮蠲漕粮的时间应该是在康熙三十一年至康熙三十六年。乾隆年间的三次普免漕粮，上揭俞玉储文以及其他论著已经叙述得很清楚，可以参考，不赘述。在康乾时期，除了全国性的蠲免漕粮外，针对一个省区的

---

① 李文治、江太新：《清代漕运》，中华书局 1995 年版，第 126～128 页。
② 俞玉储：《清代前期漕粮蠲缓改折概论》，《历史档案》1990 年第 2 期。
③ 乾隆《大清会典则例》卷 53，《户部·蠲恤一》。
④ 乾隆《山东通志》卷 12，《田赋》。

普免也时有举行，如康熙二十三年（1684 年），"恩诏：江南、浙江、江西、湖广省份自用兵以来供应繁苦，宜加恩恤。康熙二十四年所运漕粮着免三分之一"。涉及"南漕"各个省份，已如上揭。又如康熙二十七年（1688 年），"诏免江南安徽府属二十八年地丁、漕粮"①。康熙四十二年（1703 年），"诏免河南全省康熙四十三年地丁、漕粮"②。

漕粮之外的地丁钱粮普蠲，在康乾时期也非常突出。《石渠余纪》卷一《纪蠲免》称："（康熙）二十四年免河南、湖北今年租及来年之半，又免直隶、江南今年秋冬明年春夏之应纳者。二十五年免直隶、四川、贵州、湖广、福建明年额赋及今年赋之未入者。次年，江苏、陕西亦如之。三载之内，布惠一周，后来普免之典，实肇于此。"这正是三藩之乱以后康熙帝采取的恢复社会经济的重要措施之一，也是后来实行全国性普免的先声。康熙四十九年（1710 年）奉旨蠲免全国地丁钱粮，其蠲免情况如表 4-5 所示③：

表 4-5　　　　　　　　　　康熙普免地丁钱粮统计

蠲免时间	蠲免省份	蠲免项目	地亩银两	人丁银两	历年旧欠	合　计
康熙四十九年十月初三	直隶、奉天、浙江、福建、广东、广西、四川、云南、贵州	康熙五十年应征地丁及历年旧欠	7 226 100	1 151 000	1 185 400	9 562 500

---

①　乾隆《大清会典则例》卷 53，《户部·蠲恤一》。按上揭江南的蠲免史料中，只言明"安徽所属各郡县二十八年应征地丁各项钱粮，俱蠲免"，未明确说漕粮。

②　乾隆《大清会典则例》卷 53，《户部·蠲恤一》。

③　孟昭信：《康熙大帝全传》，吉林文史出版社 1987 年版，第 422 页。

续表

蠲免时间	蠲免省份	蠲免项目	地亩银两	人丁银两	历年旧欠	合　计
康熙五十年十月初三	山西、河南、陕西、甘肃、湖北、湖南	康熙五十一年应征地丁及旧欠	8 404 000	1 208 100	541 300	10 153 400
康熙五十一年十月初三	江苏、安徽、山东、江西	康熙五十二年应征地丁及旧欠	8 829 644	1 035 325	2 483 828	12 348 797
总　计	十九省区	康熙五十年至康熙五十二年各省应征地丁及旧欠	24 459 744	3 394 425	4 210 528	32 064 697

此次普免，不但是蠲免地丁钱粮，也包括蠲免历年旧欠，如康熙帝所谕称的：

> 朕宵旰孜孜，勤求民瘼，永惟惠下实政，无如除赋蠲租。除每岁直省报闻，偶有水旱灾伤，照轻重分数蠲免正供，仍加赈恤外。将天下地丁钱粮自康熙五十年为始，三年之内全免一周，使率土黎庶普被恩膏，除将直隶、奉天、浙江、福建、广东、广西、四川、云南、贵州及山西、河南、陕西、甘肃、湖北、湖南各直省康熙五十年、五十一年地丁钱粮一概蠲免，累年旧欠钱粮一并免征外，所有江苏、安徽、江西、山东各抚属除漕项外康熙五十二年应征地亩银共八百八十二万九千六百四十四两有奇，人丁银共一百三万五千三百二十五两有奇，悉予豁免，其累年旧欠银二百四十八万三千八百二十八两有奇，着一并免征。计三年之内总免过天下地亩人丁新征、旧欠共银三

千八百有六万四千六百九十七两有奇。各该督抚务须实心奉行，体朕轸念民生至意。钦此。①

据表4-5的统计，此次普蠲共蠲免银3 200万余两，而据康熙的上谕则达到3 800余万两②。至于乾隆朝的数次普蠲地丁钱粮，已是众所周知。

除了全国性的普蠲地丁钱粮外，在康乾时期，同样也不乏针对一个省区的较大规模的蠲免活动。郭松义已经注意到了这一点，康熙年间属于全省性的较大规模的蠲免活动如表4-6所示③：

表4-6   康熙朝较大规模的省区蠲免

时　间	蠲免省区	时　间	蠲免省区
康熙二十九年 （1690年）	山东	康熙四十四年 （1705年）	浙江
康熙三十一年 （1692年）	河南	康熙四十五年 （1706年）	湖北、湖南
康熙三十二年 （1693年）	陕西	康熙四十八年 （1709年）	江苏、浙江
康熙三十三年 （1694年）	广西、四川、云南、贵州	康熙五十二年 （1713年）	山西、河南、陕西
康熙三十六年 （1697年）	甘肃及陕西榆林等沿边州县卫所	康熙五十三年 （1714年）	河南郑州等26州县
康熙三十七年 （1698年）	山西	康熙五十四年 （1715年）	甘肃28州县卫所、江南48州县卫所

---

① 乾隆《大清会典则例》卷53，《户部·蠲恤一》。参见光绪《大清会典事例》卷265，《户部·蠲恤·赐复一》。

② 按：孟昭信的统计数字，笔者做过核对，没有错误。这里出现了两种数据，值得注意。又据雍正《江西通志》卷首之二，《上谕》所载康熙五十一年上谕，"计三年之内，总免过天下地亩人丁新征、旧欠共银三千二百六万四千六百九十七两有奇"，亦言明是3 200余万两。

③ 郭松义主编：《清代全史》第3卷，辽宁人民出版社1995年版，第110页。

续表

时　间	蠲免省区	时　间	蠲免省区
康熙三十九年（1700 年）	湖南、甘肃	康熙五十五年（1716 年）	甘肃及直隶顺天等 5 府
康熙四十一年（1702 年）	江苏、甘肃	康熙五十六年（1717 年）	陕西、甘肃及山西、直隶部分州县
康熙四十二年（1703 年）	安徽、陕西	康熙五十八年（1719 年）	陕西、甘肃
康熙四十三年（1704 年）	云南、贵州、四川、广西、山东、河南	康熙六 十 年（1721 年）	陕西、甘肃

表4-6 所列是康熙中期以降轮免之外的有关省区的较大规模的蠲免。事实上，除表中所列之外，这样的蠲免活动还有，如上所揭示的江南蠲免史料，康熙二十六年（1687 年），"十一月二十六日谕户部恩旨，江苏所属各郡县二十七年应征地丁各项钱粮，俱蠲免"。康熙二十七年（1688 年），"安徽所属各郡县二十八年应征地丁各项钱粮，俱蠲免"。康熙三十七年（1698 年），"十一月二十五日谕户部恩旨：海州、山阳、安东、盐城、高邮、泰州、江都、兴化、宝应、寿州、泗州、亳州、凤阳、临淮、怀远、五河、虹县、蒙城、盱眙、灵璧等州县并各卫所，康熙三十八年一切地丁银米等项，及漕粮尽奉蠲免"。康熙四十六年（1707 年），"十一月初二日谕户部恩旨：康熙四十七年江南通省人丁额征银两悉奉蠲免"。康熙四十七年（1708 年），"十月十六日谕户部恩旨：康熙四十八年除漕粮外，江南通省地丁银四百七十五万四百两有奇全奉蠲免"。

康乾时期的蠲免具有鲜明的特征，特别是大规模的蠲免活动，以及对本年、来年田赋的蠲免，对社会经济的发展不可能不产生重大影响。既是施惠于民的政策体现，同时也反映了这一时期国家财政的好转。嘉庆以降，由于财政状况大不如前，除了嘉庆元年（1796 年）实施的一次普蠲之外，再也没有全国性的普蠲之举。

另外，随着耗羡归公的实施，耗羡的蠲免也被提上议事日程。雍正七年（1729年）在蠲免甘肃、四川等处额征钱粮。上谕内阁曰："若设官而不为计及养廉之资，则有司之贤者将窘迫而莫能支，不肖者又横取而无所检，是以酌定将钱粮耗羡均给各官，此揆情度理上下相安之道。但思加恩百姓，豁免正赋，若将耗羡一并蠲除，是民虽邀额外之恩，而官员转有拮据之苦，上司或因此稍有宽假，则必致巧取苛索于民，流弊种种转多于耗羡之数，于吏治民生均无裨益。着于庚戌年（雍正八年）为始，凡遇特恩蠲免钱粮者，其耗羡仍旧输纳，谅必民所乐从。若因水旱蠲免者，不得征收耗羡。将此永着为例。"① 明确规定了"恩蠲"耗羡仍征，但"灾蠲"耗羡一起蠲免。在雍正十一年（1733年），因河南耗羡存库银达到70万两，上谕称："豫省存贮耗羡既有七十万两之多，而该省官员等所得养廉又已敷用，正当加惠闾阎，俾令邀恩格外，着将河南本年地丁钱粮蠲免四十万两，即以存贮之耗羡照数拨补还项。"② 同年，山东耗羡存库银达到75万两，上谕亦称："今东省亦应一体加恩，着将雍正十一年地丁钱粮照豫省之例蠲免四十万两，即以存贮之耗羡照数拨补还项。该省督抚务饬有司实力奉行，俾闾阎均沾实惠。"③ 这两次特旨蠲免正项钱粮，而已存库耗羡银两拨补还项，事实上也等同于耗羡的蠲免。此后，在"恩蠲"钱粮时，依然有耗羡的蠲免。如，乾隆四年（1739年），上谕："蠲免直隶本年钱粮九十万两，江苏百万两，安徽六十万两，并将所蠲正赋之耗羡一概免征。"④ 乾隆二十五年（1760年），命豁免甘肃省应征耗羡。上谕大学士曰："甘省乾隆二十三四两年耗羡，业经降旨缓征。其二十五六两年应征耗羡，该抚吴达善奏请带征。朕念随征耗羡，遇蠲免正供例不应停缓，但甘肃自办理军务以来，小民急公趋事，诚朴可嘉，业已迭次加恩，凡属缓征、带征及一切正杂钱粮，无不破

① 《平定准噶尔方略》前编卷19，雍正七年六月乙酉。
② 《清世宗圣训》卷29，《蠲赈二》。
③ 《清世宗上谕内阁》卷134，雍正十一年八月初六日上谕。
④ 乾隆《大清会典则例》卷53，《户部·蠲恤一》。

格豁除，以示抚绥。今军需告竣，幸遇旸雨应时，秋收可望，正宜益加惠养，俾蒙乐利，着将该省二十五、六两年，应征耗羡概行豁免。"① 雍正年间耗羡归公以后，对耗羡的因灾蠲免以及特旨蠲免，同样值得注意。

在具体的蠲免政策和制度方面，康乾时期，也有重大的变化或调整完善。

关于蠲免田赋时业主和佃户的不同蠲免待遇，郭松义、李新达说："清朝统治者的蠲免政策，既包括政府蠲免业主的田赋，也包括业主蠲免佃户的地租。可是，长期以来，人们往往只重视对前者的研究，而忽略了后者，甚至误将两者混为一谈。"并且注意到，"至迟在元成宗时，政府规定业主蠲免佃户地租的政策就已经产生了"，在康乾时期成为定制。② 前面在学术史的评述中已经谈到，国内学者可能没有注意到日本学者的研究成果，在前，周藤吉之根据有关史料的记载，指出：在元代至元二十二年（1285 年），已有减免佃户地租十分之二的规定，元成宗即位后的至元三十一年（1294 年）十月，又有减免佃户地租十分之三的诏令。此后以至明代，又有数次规定。"清代袭承了元明两代的田赋减免政策，使得佃户的负担有所轻减，但是，这个政策与清代初期相比，清代中期有了相当大的变化"。并进行了分析论述。③ 经君健则详细缕述了康乾时期的政策变化，据经君健的研究，择其要，概如表 4-7 所示④：

---

①　《平定准噶尔方略》续编卷 3，乾隆二十五年六月乙亥。

②　郭松义、李新达：《清代蠲免政策中有关减免佃户地租规定的探讨》，《清史论丛》第 8 辑，1991 年。

③　［日］周藤吉之：《清代前期佃户的田赋减免政策》，原载《经济史研究》第 30 卷 4 号，1943 年。见氏著《清代东亚史研究》，日本学术振兴会 1972 年版。

④　经君健：《论清代蠲免政策中减租规定的变化》，《中国经济史研究》1986 年第 1 期。

表 4-7　　　　康乾时期蠲免政策中的业主、佃户蠲免

年　代	奏请人	建议理由及办法	户部议覆	谕　旨	定　例
康熙九年九月（1670 年）	吏科给事中莽佳	遇灾蠲免田赋,惟田主沾恩,而租种之民纳租如故。请嗣后征租者照蠲免分数,亦免佃户之租。	应如所请。	从之。	灾伤蠲赋,或有穷民租种官绅富户地,其应纳租谷租银,亦令地主照分数免征。凡遇水旱灾伤蠲免钱粮,业户不行照蠲免钱粮分数减免佃户,仍照常勒取者,或佃户告发,或旁人出首,或科道纠参,将业主议处。所收之租追出,给还佃户。
康熙二十九年八月（1690 年）	山东巡抚佛伦	山东省康熙二十九年分地丁钱粮尽行蠲免,无地小民尚未得均沾圣泽。建议传集司、道、府官员,劝谕绅衿富室,将其地租酌量减免一分至五分不等。	应如所请。嗣后直隶各省遇有特旨蠲免之省,业户既当一应差徭,将蠲免钱粮之数分作十分,以七分蠲免业户,以三分蠲免佃种之民。此蠲免数目,业户若不蠲免,或被地方官查出,或旁人首告,将业户从重议处。其佃种之民租之处,仍报明该地官。	依户部议。	同户部议。

续表

年　代	奏请人	建议理由及办法	户部议覆	谕　旨	定　例
康熙四十二年六月（1703年）	御史顾某	前述九年及康熙二十九年关于灾蠲及恩蠲二定例，恐地方官日久玩忽，业主仍有照常勒取者，小民不能均沾实惠之处，亦未可定。	应将顾条奏之处，仍照前例通行直省遵行。	依户部议。	
康熙四十四年十一月（1705年）	御史李某	前述康熙二十九年定例，恐地方官日久玩忽，业主仍有照常勒取，亦未可定。	应照前例通行各省出示晓谕，务使业主、佃户得沾实惠。	依户部议。	
康熙四十九年十一月（1710年）	兵部给事中高遐昌	凡遇蠲免钱粮之年，请将佃户田租亦酌量蠲免，著为例。	嗣后凡遇蠲免钱粮，合计分数，业主蠲免七分，佃户蠲免三分，永著为例。	蠲免钱粮但及业主，而佃户不得沾恩，伊等田租亦应稍宽。但山东、江南田亩多令佃户耕种，牛、种皆出自业主。若免租过多，又亏业主。必均平无偏，乃为有益。此本著交部议。后从户部议。	凡遇蠲免钱粮，合计分数，业主蠲免七分，佃户蠲免三分，永著为例。

年　代	奏请人	建议理由及办法	户部议覆	谕　旨	定　例
雍正三年四　月（1725 年）	光禄寺卿杭奕禄	请敕下江南督抚于苏松二府州县，凡有田之人，于恩免额征钱粮内，十分中减免佃户三分。	查二府恩免额征系条折银两，租佃之人交纳皆系米石，所减三分应以米算，照条折米一斗折银一钱之例。如有田之人恩免额征银一钱，则于此一钱银之内，纳租人名下减免米三升。	依议速行。	
雍正十三年十二月乾隆即位后（1736 年）			蠲免之典，大概业户邀恩者居多，无业贫民终岁勤动，按产输粮，未被国家之恩泽。若欲照所蠲之数履亩除租，绳以官法，则势有不能，徒滋纷扰。其令所在有司善为劝谕各业户，酌量宽减佃户之租，不必限定分数。		

续表

年　代	奏请人	建议理由及办法	户部议覆	谕　旨	定　例
乾隆五年五月（1740 年）	河南巡抚雅尔图	被灾地区地租当照被灾之分数免租,不当照蠲免钱粮之分数免租。如被灾五分,则收成本止五分,自应止收五分之租;被灾六分,则收四成之租;甚至被灾十分者,则地内一无所出,自应全免其租。		着照所请行。至各省可否照此办理之处,大学士会同九卿议奏。	
乾隆十一年（1746 年）		福建汀州府上杭县因蠲免钱粮,乡民欲将所纳田租四六均分。佃户聚众械殴业主。		普免天下钱粮,佃户应交业主田租,惟令地方官劝谕有田之家听其酌减。初未尝限以分数使之宽减。	
乾隆三十二年四月（1767 年）				将各省起运漕粮分年蠲免一周。在有田佃户于轮蠲漕米之年,已得倍裕盖藏,而佃户等尚未得一体仰邀旷典。着各省督抚通行晓示,劝谕各业户等,照每亩应蠲漕米数内,亦令佃户免交一半。	

续表

年　　代	奏请人	建议理由及办法	户部议覆	谕　　旨	定　例
乾隆三十五年(1770 年)				今年朕六十诞辰,明年恭逢圣母八十万寿。着自乾隆三十五年为始,将各省钱粮通行蠲免一次。各省轮蠲之年,劝谕业户照蠲数十分之四减佃租户。	

应该说,有关此一问题的研究已经相当深入。据上表所列,康熙九年（1670 年）首次有蠲免佃户（佃户减租）的约略规定,康熙二十九年（1690 年）和康熙四十九年（1710 年）有了"业主蠲免七分,佃户蠲免三分"的明确规定。雍正十三年（1735 年）十二月乾隆即位以后,发布上谕,改"限"业主减租为"劝"业主减租。对此,经君健认为,"雍正十三年十二月谕旨发出后,康、雍时期有关蠲免的各种规定全部自动失效。蠲额业七佃三的规定当然也就不复执行了"。并且指出,乾隆以降,这种"蠲赋减租政策的变化,反映了汉族缙绅、绅衿地主政治地位的上升"。前揭周藤吉之的论文也认为,清代中期（乾隆以降）由于佃户藉口减免田租的政策,迫使地主减免田租,佃户的抗租时有发生,鉴于此,不再有具体的蠲免田租的分数规定,而是劝谕地主减租。见解是一致的。对此,笔者有一些不同的看法。

笔者认为,康熙年间的有关蠲免规定主要是针对"灾蠲"而言,乾隆即位以后的有关蠲免规定主要是针对"恩蠲"而言。因蠲免事例不同导致了蠲免规定的差异。

康熙九年（1670 年）的规定明确说明是"遇灾蠲免田赋",没有疑义。康熙《大清会典》卷二一《户部五·田土二·荒政》

亦说得明白："（康熙）九年覆准，灾伤蠲赋，或有穷民租种官绅富户地，其应纳租谷租银，亦令地主照分数免征。"康熙二十九年（1690 年）户部等衙门议复山东巡抚佛伦疏言："东省康熙二十九年分地丁钱粮尽行蠲免，百姓莫不感戴，惟是无地小民尚未得均沾圣泽，臣仰体皇上一视同仁之心，传集司道府官员，劝谕绅衿富室，将其地租酌量减免一分至五分不等，应如所请。嗣后直隶各省遇有恩旨蠲免钱粮之处，七分蠲免业户，以三分蠲免佃种之民，俾得均沾恩泽。从之。"① 据佛伦的疏请，是在遇"恩蠲"时"劝谕"业户"酌量减免"佃户的地租，而户部的议复，则是恩蠲钱粮之时，按"业七佃三"进行蠲免。这条定例除《清圣祖实录》的记载外，《康熙朝东华录》、《清朝通典》、《清朝文献通考》等书均没有记载，就是乾隆《山东通志》也没有记载。② 在其他方志中，只查到《广东通志》记为康熙二十九年诏："直省遇蠲钱粮，业户免七分，佃户免三分。"③ 未说明是恩蠲还是灾蠲。这条定例在此后是否得到遵行应该说是有疑问的，更像是一个特殊的个例。④ 至于康熙四十九年（1710 年）的定例，经君健引述的是《清圣祖实录》的记载，并说"这一例中没有指明是灾蠲抑或恩蠲，可以理解为兼二者言"。事实上这一定例在《康熙朝东华录》、《清圣祖圣训》等文献中均有记载，在《清朝通典》、《清朝文献通考》等书中均明确系在了"灾蠲"项下。《清朝通典》卷一七《食

---

① 《清圣祖实录》卷 147，康熙二十九年七月丁巳。

② 按：乾隆《山东通志》卷 12，《田赋》有一条载："（康熙）二十五年诏：山东省本年地丁钱粮尽行蠲免。并令地方官劝谕绅衿富室，将地租酌量减征，嗣后蠲免钱粮之省，将蠲免之数分作十分，以七分蠲免业户，以三分蠲免佃种之民。"似乎类似康熙二十九年之议。另在乾隆《山东通志》卷 1，《典谟》的上谕中也没有记载。最早的一次是康熙四十二年八月的上谕。

③ 雍正《广东通志》卷 7，《编年志》。

④ 王庆云：《石渠余纪》卷 1，《纪蠲免》、《纪灾蠲》也未记载康熙二十九年之例。其《纪灾蠲》称："（康熙）九年给事中莽佳言，遇灾蠲赋，令并免佃户之租。后又定业户免七，佃户免三之例（原按：四十九年户部议复给事中高遐昌条奏）。"也可以看出康熙四十九年之例是针对灾蠲。

货十七·蠲赈下·灾蠲》：康熙四十九年，"定遇灾免之处，业户七分，佃户三分例"。《清朝文献通考》卷四五《国用考七·蠲贷下·灾蠲》："（康熙四十九年）兵科给事中高遐昌奏言，岁遇免租，佃户田租亦请酌免，下户部议。定：业主蠲免七分，佃户蠲免三分。着为例。"正因为有这种明确的遇灾蠲免条例，所以，才有像雍正二年（1724 年）江苏布政使鄂尔泰奏称的情况："江苏恶习，但遇灾祲，即不被灾处，亦纷纷报灾，业主希图减课，佃户希图饶租，而包揽钱粮衿棍复从中耸驾，以为缓征之计。"① 同时，也再三申令违例处分，例如康熙九年（1670 年）谕："地方灾伤，已经察勘蠲免赋役者，有司不遵，仍行滥派，及但免有力之家，穷民不沾实惠者，事发决不饶恕。"② 又如康熙三十六年（1697 年）谕："地方灾伤，已经察勘蠲免赋役者，有司不遵，仍行滥派，及但免有力之家，致穷民不沾实惠者，事发决不饶恕。"③

雍正十三年（1735 年），乾隆帝即位后的有关劝谕业户酌量免租和特旨蠲免佃户漕粮，均是对恩蠲而言。而且《大清会典则例》、《大清会典事例》、《清朝通典》、《清朝文献通考》等文献中的有关上谕也均是系在"恩蠲"项下。如乾隆《大清会典则例》卷五三《户部·蠲恤一》载雍正十三年十二月上谕："蠲免之典大概业户邀恩者居多，彼无业贫民终岁勤动，按产输粮，未被国家之恩泽，尚非公溥之义。若欲照所蠲之数，履亩除租，绳以官法，则势有不能，徒滋纷扰。然业户受朕惠者苟十捐其五以分惠佃户，亦未为不可。近闻江南已有向义乐输之业户情愿蠲免佃户之租者，间阎兴仁让之风，朕实嘉悦。其令所在有司善为劝谕，各业户酌量宽减彼佃户之租，不必限定分数。"《清朝通典》卷一六《食货·蠲赈上·赐复》载乾隆元年上谕："输纳钱粮，多由业户，则蠲免大典，大概业户邀恩者居多，彼无业贫民终岁勤动，按产输粮，未被

---

① 《雍正朱批奏折》卷 125，雍正二年九月初四日江南江苏布政使鄂尔泰奏折。

② 乾隆《浙江通志》卷 76，《蠲恤二》。

③ 雍正《陕西通志》卷 83，《德音第一》。

国家之恩泽，尚非公溥之义，业户受朕惠者苟十捐其五，以分惠佃户，亦未为不可。其令所在有司，善为劝谕各业户，酌量宽减。"同书同卷载乾隆十年上谕："至于有田之家，既邀蠲赋之恩，其承佃田户亦应酌减租粮，着照雍正十三年十二月蠲免之例行。"《清朝文献通考》卷四四《国用考六·蠲贷上·赐复》载乾隆三十二年上谕："各省督抚，届轮蠲漕米年分，谕各业户亦令佃户免交一半。"《八旬万寿盛典》卷六五《恩赉四·本年蠲赋一》载乾隆五十五年元月上谕："今岁朕届八旬寿辰，敷锡兆民普天胪庆，特降恩旨，将乾隆五十五年各直省应征钱粮通行蠲免，农民等皆可均沾惠泽。因思绅衿富户田产较多之家，皆有佃户领种地亩，按岁交租，今业主概免征输，而佃户仍全交租息，贫民未免向隅。应令地方官出示晓谕，各就业主情愿，令其推朕爱民之心，自行酌量将佃户应交地租量予减收，亦不必定以限制，官为勉强抑勒，务使力作小民共享盈宁之乐，以副朕孚惠闾阎广宣湛闿至意。"另外，乾隆十二年（1747年），在普免安徽田赋时，还曾对归公田租进行了蠲免。该年上谕称："朕普免天下钱粮，今岁系安徽省轮免之年。闻该省有马田稻租一项，系归公官田，不在蠲免之例，但念民佃终岁勤动，不得一体邀恩，未免向隅，着加恩将马稻租息蠲免十分之三，俾耕佃农民均沾实惠。"①

　　上述恩蠲之时的劝谕业户"酌量减免"佃户地租，或在加恩蠲免漕粮时"亦令佃户免交一半"，或特旨蠲免归公官田田租三成，并不意味着原有灾蠲例中佃户免租例的失效。实际上，表4-7中乾隆十一年（1746年）福建汀州府上杭县因蠲免钱粮而发生的佃户与业主的纠纷，也是因为"普免天下钱粮"时的恩蠲没有分数限定，不像灾蠲那样有例可循。据针对该事件的上谕称："汀州府上杭县，因蠲免钱粮，乡民欲将所纳业户田租四六均分，有土棍罗日光、罗日照等聚众械殴业主，及至地方官弁拨差兵役拘摄，复敢聚众拒捕……。朕普免天下钱粮，原期损上益下，与民休息，至佃户应交业主田租，惟令地方官劝谕有田之家，听其酌减，以敦任

---

　　① 《清高宗实录》卷286，乾隆十二年三月庚子。

恤之谊。初未尝限以分数，使之宽减。即如朕之蠲租赐复，出自特恩，非民间所能自主。佃户之与业主，其减与不减，应听业主酌量，即功令亦难绳以定程也，岂有任佃户自减额数，抗不交租之理！……闽省刁民，聚党抗拒，而近日高斌亦奏报江南宿迁奸徒，欲报全灾，希图普赈……"① 这里所发生的纠纷，显然亦是恩蠲"未尝限以分数"。至于灾蠲时"刁民"的抗租，则往往发生在不成灾而"捏灾"之时，如"崇明被灾地方，多有土棍捏灾为名，结党鼓众，不许还租"②。不成灾时的"捏灾"抗租，从另一方面也说明灾蠲时佃户的免租定例仍然在实行。而且从另一条史料反映的信息来看，因灾蠲免依旧是"业七佃三"。乾隆元年，曾经有旨蠲直隶七州县的赋税钱粮，该次蠲免是因为"民人供应差徭，急公可嘉"，属于"恩蠲"的范畴，"并晓谕业户等，酌免佃人租粮"，如何"酌免佃人租粮"？上谕指出"佃户租粮，照定例每一钱者宽免三分"③。这里的"定例"虽然没有指明是何定例，但理解为"业七佃三"的灾蠲定例应该是没有问题的。

当然，乾隆以降，也有因为地方臣僚的上奏，而调整或改变因灾蠲免的事例，如乾隆四年（1739 年），两江总督那苏图奏称："上下两江，上年被旱，蠲免钱粮，向例计田派蠲，但蠲免原为贫民，请此次饬令各州县查明，凡额征银五钱以下，概准蠲免。五钱至五两者，计全免穷户之外，将所余之数均匀分数蠲免。其额征五两以上，毋庸蠲免。至佃户纳租，向照免数量减，仍恐富户隐瞒取索，不若止免贫户钱粮，较减租得有实济。"得旨："卿能如此悉心酌议，如此担当办理，实属可嘉之至。古人云：有治人，无治法。尚当留心访查胥役，毋令因事滋扰，则全美之举也。"④ 从"向例计田派蠲，但蠲免原为贫民"，"佃户纳租，向照免数量减"来看，因灾蠲免之例仍在执行，此次的临时更张，也是为了贫穷之

---

①　《清高宗实录》卷 273，乾隆十一年八月壬辰。

②　《清高宗实录》卷 153，乾隆六年十月。

③　《清高宗实录》卷 31，乾隆元年十一月丁巳。

④　《清高宗实录》卷 91，乾隆四年四月。

户，并没有袒护绅衿地主的意思。又如乾隆五年（1740 年），河南巡抚雅尔图奏称："豫省佃户，均系贫苦之人，而地主苛刻者甚多，宽厚者少，往往于被灾年份，照常征租，贫民无所出，有卖男鬻女以偿租者。请酌定章程，如被灾五分，则收成止五分，自应止收五分之租；被灾六分，则收四成之租。甚至被灾十分，租息自应全免。"得旨："着照所请行。至各省可否照此办理之处，大学士会同九卿议奏。"① 从这条史料反映的情况看，尽管有因灾蠲免佃户的规定，业主往往不予执行，此次临时议准的"照被灾之分数免租"，事实上对佃户来说，更为优惠。

在上述遇蠲减免佃户地租的规定之外，康乾年间的相关制度性的完善，值得注意者有四：

第一，蠲免分数的变动。在顺治十年（1653 年）曾经议定：被灾八、九、十分者，免十分之三；五、六、七分者，免十分之二；四分者免十分之一。康熙十七年（1678 年）又议定：歉收地方，除五分以下不成灾外，六分者免十分之一，七分、八分者免十分之二，九分、十分者免十分之三。雍正六年（1728 年）谕："蠲免之例，着加增分数，以惠蒸黎。其被灾十分者，着免七分；九分者，着免六分；八分者，着免四分；七分者，着免二分；六分者，着免一分。将此通行各省知之。"乾隆元年（1736 年）谕："朕思田禾被灾，五分则收成仅得其半，输将国赋未免艰难，所当推广皇仁，使被灾较轻之地亩亦得均沾恩泽。嗣后着将被灾五分之处，亦准报灾。地方官察勘明确，蠲免钱粮十分之一，永着为例。"② 康熙年间的规定比顺治年间的规定略有后退，这是因为三藩之乱期间国家财政的紧张。雍乾年间的重新更张，则说明在国家财政好转的

---

① 《清高宗实录》卷 118，乾隆五年六月戊寅。

② 乾隆《大清会典则例》卷 55，《户部·蠲恤三》。按：据康熙《大清会典》卷 21，《户部五·田土二·荒政》记载，康熙七年议准："淮扬二府属及真定府属，各被重灾，十分、九分者，本年正赋全免；八分、七分者，免十分之四。"这是一个个例。类似的个例在顺治年间也有。如顺治五年曾经议准："陕西水旱蝗虫冰雹相继，被灾一等者蠲一年额赋，二等者免一年之半，三等者免三分之一。"

情势下因灾蠲免政策更加实际可行。

第二，勘灾的规定及违例处分。地方遇灾，在蠲免之前先要由地方官勘灾上报。顺治十六年（1659 年）已经规定："报灾地方，抚按遴选廉明道府厅官，履亩踏勘，不得徒委州县。"① 因为没有具体的违例处分，所以没有得到切实地执行。因此，康熙十五年（1676 年）议准："官员勘灾，不委厅官印官，仍委教官杂职察勘，或妄报饥荒，或地方有异灾不申报者，皆罚俸一年。若止报巡抚，不报总督，及报灾之时未缴印结，册内不分晰明白者，罚俸六月，督抚亦照此例处分。"同时议准："官员将蠲免钱粮增减造册者，州县官降二级调用，该管司道府官罚俸一年，督抚罚俸六月。如被灾未经题免之先报册内填入蠲免者，州县官罚俸一年，该管上司皆罚俸六月。"② 重新规定了勘灾的具体人选，以及勘灾、造册程序和违例处分。乾隆二年（1737 年）题准："地方偶遇水旱灾伤，督抚一面题报情形，一面遴委大员，亲至被灾地方，董率属官酌量被灾情形，视其饥民多寡，先发仓廪及时赈济。仍于四十五日限内题明加赈。俟赈务告竣之日，将赈过户口需用米粮，造册题销。其被灾顷亩分数，即于勘灾之日核实保结，随疏声明。至应免钱粮数目，于具题请赈之日起，再扣限两月造报。"③ 乾隆三十年（1765 年），又规定："州县遇有报潦之处，令地方官亲历确勘被潦根由，据实通报。如有隐瞒不报，及将成灾报作不成灾者，俱题参革职，永不叙用。如不实心确勘，少报分数者，照溺职例革职。"④ 越来越强调由上级官员和主要地方官员亲自勘灾，据实申报。并将勘灾、报灾、赈济有机的结合在一起。另外，康熙四年（1665 年）的一条规定也值得注意，该年题准："遇灾地方，督抚一面题报，

---

① 康熙《大清会典》卷 21，《户部五·田土二·荒政》。

② 乾隆《大清会典则例》卷 19，《吏部·考功清吏司·灾振》。按：康熙七年还曾一度规定："直省凡有水旱蝗蝻等灾，有司速申督抚，督抚减带人役，亲踏详看，确定分数，造册报部，酌令蠲免。"但"督抚亲勘"之令，次年即被废除。见康熙《大清会典》卷 21，《户部五·田土二·荒政》。

③ 光绪《大清会典事例》卷 288，《户部·蠲恤·奏报之限》。

④ 光绪《大清会典事例》卷 110，《吏部·处分例·报灾逾限》。

一面行令州县，停征钱粮十分之三。如州县故将告示迟延，不即通行晓谕者，以违旨侵欺从重议罪，道府降三级调用，抚司降一级调用。"① 未经勘灾，先已停征部分钱粮。

　　第三，报灾期限的规定及违例处分。在顺治十七年（1660年），已有"夏灾限六月下旬，秋灾限九月下旬"的约略规定，如果报灾逾限，州县官员按迟报时间的多少分别处分。对其他官员的处分则不具体。康熙四年（1665年）题准："州县以报灾情形申报布政使，如布政使违限，亦照道府州县官例处分。"康熙十五年（1676年）议准："被灾地方抚司道府州县官迟报情形及迟报分数，逾限半月以内者罚俸六月，一月以内者罚俸一年。一月以外者罚俸，仍照从前定例议处。"② 将州县官员及上级官员的处分结合起来。雍正六年（1728年）议准："各省如有被灾者，其被灾分数，限四十五日察明造册题报，照例扣算程途，将已未违限月日，分晰声明。如不依限造册题报，州县、道府、布政使、巡抚各官，亦照前例议处。"③ 将报灾造册的时间进一步明确化。

　　第四，蠲免钱粮与由单刊发相结合。在顺治八年（1651年），已有蠲免钱粮刊发"免单"的规定，即："地方灾伤题蠲后，州县以应免数目刊刻免单颁发，已征在官者，准抵次年正额，官胥不给单票者，以违旨计赃论罪。"④ 所谓的"已征在官者，准抵次年正额"，被称为"流抵"。这种用意无疑是好的，但在具体执行过程中遇到困难。一如户科给事中姚文然在康熙六年（1667年）的上疏中所言："蠲免灾荒，除本年应蠲钱粮即于本年扣免外，亦有本年纳户之钱粮收完在前，奉蠲在后，则以本年应蠲钱粮抵次年应纳正赋，名曰流抵。欲使人人均沾实惠，必须将流抵一项加载由单。但部题定例，次年由单于上年十一月颁发，计该州县磨算钱粮数目款项，造成式样，送布政司磨对，必须在上年九、十月间，而各抚

---

① 康熙《大清会典》卷21，《户部五·田土二·荒政》。
② 光绪《大清会典事例》卷288，《户部·蠲恤·奏报之限》。
③ 乾隆《大清会典则例》卷19，《吏部·考功清吏司·灾振》。
④ 乾隆《大清会典则例》卷55，《户部·蠲恤三》。

题报灾伤，夏灾报在六月，秋灾报在九月，计题报到部又需月日，部中具覆行查被灾分数，必候该抚查回，部覆奏允，然后行咨该抚，又转行各地方官，虽至速已至本年十一月、十二月及次年正月、二月，久已在颁发由单之后矣，何从填入乎？然流抵不填由单，部中所取者，地方官印结耳。印结出于官吏之手，民未尽知也，奸胥贪官因此侵冒者不少。惟有于流抵之下年填入由单之一法。譬如康熙五年免灾钱粮，应流抵康熙六年者，自应于康熙六年抵免讫，即于康熙七年由单之首填入。一项内开：某府某县于康熙五年分蒙恩蠲免，重灾田若干亩，每亩免钱粮若干。或次灾田、轻灾田合县共该免银若干两，除本年已完若干两外，尚该流抵银若干两。俱于康熙六年分内，于原被灾本户名下额赋，各照分数流抵讫，并无官吏侵欺等情。此后刊入康熙七年分额丁额赋等项。如此，则应蠲之分数与抵免之银数，每户各执一单，一目了然，官吏自无所藉手矣。至于蠲免者，亦于蠲免之下年由单之首，照依此式，但改流抵字样为蠲而已。"① 姚文然此说的重点是在于"免单"的有名无实，欲想纠弊，必须将"流抵"钱粮数目刊入下年或下下年由单。对此，当年即议准："如本年蠲免者，填明次年由单之首；如流抵次年者，填明第三年由单之首。州县卫所官不开载确数者，议处。"同时规定："奉蠲地方官将应免钱粮，取每图见年里长结状，分送部科察核。如有已征在官，不行流抵次年，及不扣除应蠲分数，一概征比侵蚀，或经题定蠲免分数后，故将告示迟延，不即通行晓谕，或称止蠲起运，不蠲存留，或于由单内扣除不及蠲额者，州县卫所官皆以违旨侵欺论罪。上司不行详察，使灾民无告者，道府降三级调用，督抚布政使都司降一级调用。"② 康熙十八年（1679 年）又议准："流抵钱粮，民苦无据，凡应蠲已征者，给予红票，次年按数抵免"；"蠲免钱粮，州县官侵蚀肥己者，照贪官例革职提问。督抚司道府官不行稽查，令州县任意侵蚀者，

---

① 《清朝文献通考》卷 2，《田赋考二·田赋之制》。
② 乾隆《大清会典则例》卷 55，《户部·蠲恤三》。

俱革职。"① 以使蠲免钱粮落到实处，并防止地方官员侵蚀作弊。

上述表明，在顺治年间有关蠲免政策、制度的基础上，康乾年间有了进一步的规范和完善。

当然，制度上的规定并不能完全杜绝弊端的发生，地方官员有灾不报或迟报，使蠲免无法进行的事例也不鲜见。康熙四十四年（1705 年），因山东、陕西等省区多次发生匿灾不报的现象，康熙就曾谕称："朕曾以地方官匿灾不报之故，询之与民，据云：民一罹灾，朝廷即蠲赋，赋一蠲，则火耗无征，故地方官隐而不报也。"② 乾隆五年（1740 年），乾隆上谕称："朕前于五月间，闻得山东地方自郯城至蒙阴，俱成赤地。盖由上年被灾之处，该地方官不实心办理，民人逃往邻省者多，以致抛荒故土，未曾耕种，是以不能有收。且两月以来，硕色未将雨水情形奏闻。巡抚身任封疆，所应办理之事，孰有大于此者！硕色岂有不见及此乎？"之所以如此，乾隆认为是地方官有意"粉饰蒙蔽"③ 所致。不管是何种原因的匿灾，都是值得注意的。

同时，还有另一种现象也值得注意，这就是：虽然有成灾分数和蠲免分数的规定，但在一些特殊的情况下，或因为臣僚的奏请，或因为特旨加恩，并不按成灾分数进行蠲免。如：康熙三十六年（1697 年）谕："海州等十八州县三卫，被九分十分重灾，本年应征地丁银米及此项田亩所有漕粮漕项，着通行蠲免。"④ 这是在重灾情况下，全部蠲免漕粮的个例，按当时的规定，被灾"九分、十分者，免十分之三"。康熙三十九年（1700 年），吏部尚书宋荦上疏称："海州、山阳、安东、盐城四州县，共被九、十分水灾民屯田地四万七千七百四十一顷七十七亩六分零，该州县康熙三十九年应征地丁等项钱粮先奉上谕，尽行蠲免外，至清河、桃源、宿迁、睢宁、沭阳、赣榆六县，被灾十分民田并山阳、盐城二县杂办

---

① 　康熙《大清会典》卷 21，《户部五·田土二·荒政》。
② 　《清圣祖实录》卷 219，康熙四十四年二月庚寅。
③ 　《清高宗实录》卷 118，乾隆五年六月癸酉。
④ 　光绪《大清会典事例》卷 278，《户部·蠲恤·蠲赋一》。

项下被灾十分学田，共二万八千六百六十三顷六十八亩一分零，照例应蠲十分之三银一万七千五百五十七两九钱零，既据委员勘明，具有印甘各结，所当仰请皇仁照例蠲免。"① 这是既有特旨全部蠲免，又有按成灾分数蠲免的个例。乾隆四年（1739 年），因甘肃遇灾，上谕："虽据该督抚奏称，此数州县中，被灾者不过村庄几处，即一村之内，亦轻重不等。但一州县中既有被灾之所，则通州县内，料比不能十分丰收，米粮未必宽裕，必须格外加恩，间阎始能乐业，着将凡被冰雹之州县，不论成灾不成灾，所有乾隆四年应征地丁钱粮，悉行宽免。"② 这是在遇灾情况下，不论成灾不成灾，全部蠲免的个例。乾隆四年（1739 年）上谕："上年江苏被旱歉收，将乾隆二年江、常、镇、淮、扬、徐、海七府州属被水题明缓征停征银米等项，降旨豁免。今年淮、扬、徐、海等属，又复被水歉收，已谕该督抚加意抚恤，将所有应征钱粮分别缓征具奏。近闻海州、安东、萧、砀四州县连年被水，在淮、徐等府内，又属被灾独重之区，朕心深为轸念，着将此四州县所有雍正十三年、乾隆元年未完地漕等项悉行蠲免。"③ 这是在连续灾荒的情况下，除按成灾分数蠲免外，另外蠲免缓征和积欠的个例。凡此说明，尽管有因灾蠲免的具体规定，但在实际的蠲免过程中，有各种不同的结果。也可以视为是"灾蠲"和"恩蠲"在一定意义上的结合。

　　还需要注意的是，在普蠲钱粮之年，地方存留也同时无收，地方俸禄及其他费用等从何处开支？很少看到记载，因为广东巡抚的上奏和乾隆帝的斥责，透露了一些信息。乾隆十二年（1747 年），广东巡抚准泰奏："粤省本年地丁钱粮轮免，各属俸食等银，由藩司拨款，其远处州县赴司领支，往返繁费，查各属有应征税契杂税等项，应准照数动支，出具批领，赴司划清抵兑，作正收支。"得旨："此所为利析秋毫，而亦无当于实济者矣。以理言之，国家不惜数千万帑金，蠲租赐复，为臣工者，宜体此心，即俸工养廉，缺

---

① 宋荦：《淮属夏灾请蠲疏》，见《西陂类稿》卷 36。
② 《清高宗实录》卷 96，乾隆四年七月庚戌。
③ 《清高宗实录》卷 102，乾隆四年十月庚辰。

此一岁，不得满棄，亦所宜然，而况朕体恤备至，俸工养廉，皆许以别项支给。今复以路远支领为难，锱铢较利。在州县如此存心，必非良吏，而汝为之筹办，所见直与若辈等。朕为粤省官方惧，且为天下吏治惭。"① 从乾隆的斥责讥讽中可以体会，在普免钱粮之年，地方官员的俸禄由藩库拨支，基本可以保证，地方上的其他开支则受到制约。

五、摊丁入地

"摊丁入地"或称"摊丁入亩"，是清代最为重要的赋役改革。一般认为，摊丁入地是明代一条鞭法的继续和深化，这从封建社会赋役制度的较大变更来看，当然是正确的。一条鞭法的主要内容之一是"总括一州县之赋役，量地计丁"，将力役改为代役的银差，丁银纳入田赋，赋与役合一。但是，即使在明代，一条鞭法也并未得到切实的推行，"条鞭法行十余年，规则顿紊，不能尽遵"②。明末又加派"三饷"，赋役更是混乱，"条编名存实亡"③。清代虽然在赋税征收上沿袭明代的一条鞭法，但由于清初的战乱格局以及规章紊乱、赋重差繁，依旧使得赋役之制混乱不堪。上述赋役制度的整顿以及查荒、清丈、均田均役法的实行，目的正在于稳定税源、理顺赋役关系。从这一点上说，清初的一系列赋役整顿措施又开了后来摊丁入地的先声。特别是均田均役与废除绅衿特权相表里的政策的实行，又清除了许多梗阻，为后来的改革打下了良好的基础。

如所周知，摊丁入地与一条鞭法在丁银（人头税）、田赋（土地税）合一上有其相同之处，但二者又有所不同，一条鞭法中的"丁银"主要是一种差役代征银，或如上面说的"代役的银差"，王庆云曾这样表述："一条鞭之法，先查一州县岁额，各项差役若干。黄册丁粮除应免外，应役丁粮若干，以所用役银，酌量人一

---

① 《清高宗实录》卷287，乾隆十二年三月丁巳。
② 《明史》卷78，《食货二》。
③ 王庆云：《石渠余纪》卷3，《纪丁随地起》。

丁、田几亩，该出银若干，统征于民，官为雇募供亿（供给）。……凡有丁无粮者，编为下户，仍纳丁银。有丁、粮者，为中户；及粮多人少，丁、粮俱多者，为上户，丁、粮并纳。"① 亦即将一州县的差役银摊入本州县的丁、粮额内，摊派之时，有所谓"丁四粮六"、"丁三粮七"、"丁粮各半"等种种办法，丁口必须按时编审。且不说一条鞭法后来如何混乱，仅就其本来意义上讲，所谓的"赋役合一"也是很有限度的。摊丁入地中的"丁银"虽然也带有差徭的遗迹，但它主要是一种固定化了的人丁税额，即所谓"确查各县地亩若干，统计地丁、人丁之银数若干，按亩均派"②，亦即王庆云所说："直省丁赋以次摊入地粮，于是夫徭口赋，一切取之田亩，而编审之法愈宽。"③

固定化了的人丁税额摊入地亩，必须有固定的人丁数额作为基础，康熙后期所宣布的"滋生人丁永不加赋"政策，正是推行摊丁入地的重要条件。

一种普遍的看法是，康熙五十一年（1712 年）发布了"滋生人丁永不加赋"的诏令，这事实上是不准确的。确切地说，应该是康熙五十二年（1713 年）。康熙五十一年（1712 年）谕称：

> 朕览各省督抚奏编审人丁数目，并未将加增之数尽行开报。今海宇承平已久，户口日繁，若按现在人丁加征钱粮，实有不可，人丁虽增，地亩并未加广。应令直省督抚，将现今钱粮册内有名丁数，毋增毋减，永为定额，嗣后所生人丁，不必征收钱粮，编审时，止将增出实数，察明另造册题报。朕凡巡幸地方，所至询问，一户或有五六人，止一人交纳钱粮，或有九丁十丁，亦止一二人交纳钱粮……此朕之访闻甚晰者。前云南、贵州、广西、四川等省，遭叛逆之变，地方残坏，田亩抛荒。自平定以来，人民渐增，开垦无遗，山谷崎岖之地，已无

---

① 王庆云：《石渠余纪》卷 3，《纪停编审》。
② 乾隆《江南通志》卷 68，《食货》。
③ 王庆云：《石渠余纪》卷 3，《纪丁额》。

弃土。由此观之，民之生齿实繁。朕故欲之人丁之实数，不在加征钱粮也。今国帑充裕，屡岁蠲免，辄止千万？而国用所需，并无不足之虞。故将现征钱粮册内有名人丁，永为定数，嗣后所生人丁，免其加增钱粮，但将实数造册具报。岂特有益于民，亦一盛事也。直隶各省督抚及有司，自编审人丁时，不将所生实数开明具报者，恐加征钱粮，是以隐匿，不据实奏闻。岂知朕并不为加赋，止欲知其实数耳！

在这篇《上谕》中，除指摘前此编审弊端外，虽然也指出"将现今钱粮册内有名丁数，毋增毋减，永为定额，嗣后所生人丁，不必征收钱粮"，但其主要目的是为了编审确实，借以知晓人丁实数，而且以何年人丁实数（编审在册的人丁）为准，也没有指明，"不必征收钱粮"一语，也嫌含混。只能说，这次上谕是"滋生人丁永不加赋"的重要先声。而康熙五十二年（1713 年）的上谕才使其明确起来。该年上谕称：

　　嗣后编审增益人丁，止将滋生实数奏闻，其征收办粮，但据五十年丁册，定为常额，续生人丁，永不加赋。

这就是以康熙五十年（1711 年）丁额为准摊丁入地的来由。同时，为了弥补人丁故除导致的人丁缺额，康熙五十五年（1716年）又补充规定：

　　新增人丁，钦奉恩旨永不加赋，令以新增人丁，补充旧缺额数。除向系照地派丁外，其按人派丁者，如一户之内，开除一丁，新增一丁，即以所增抵补所除。倘开除二三丁，本户抵补不充，即以亲族之丁多者抵补；又不足，即以同甲同图之粮多者抵补。其余人丁，归入滋生册内造报。①

---

① 　均见光绪《大清会典事例》卷157，《户部·户口·编审》。

至此，征纳丁银的人丁数额才最终确定下来，从而为摊丁入地的实行提供了便利条件。

据郭松义先生的研究，明代中后期，在河南、山东、湖南、陕西、浙江、广东的某些州县已有摊丁入地的个例，其对清代的摊丁入地有着深刻的影响。入清以后，要求摊丁入地的舆论加强，某些地区也继续进行着摊丁入地的实践，食盐钞银、匠班银的摊丁入地也大多先期进行。① 这些实践活动，无疑对后来的摊丁入地提供了范式，但摊丁入地之所以没有在更广的范围内展开，正与当时丁额的未有定数有关。而"滋生人口概不加赋，则丁口亦有一定，可以派归田粮，永为成例"②，也正说明了滋生人丁永不加赋与摊丁入地广为推行之间的必然联系。

"滋生人丁永不加赋"实施之后，要求摊丁入地的呼声顿起，较早吁请实行"摊丁入地"的是御史董之燧。康熙五十五年（1716年），董氏上疏称：

> 滋生人丁永不加赋，皇上轸念民生高厚之恩，真有加无已！但现在人丁尚多偏苦，各省丁制亦有不同，有丁从地起者，丁从人起者。丁从地起者其法最善，而无知愚民每每急求售地，竟地卖而丁存。至丁从人起者，凡遇编审之年，富豪大户有嘱里书隐匿不报，而小户贫民尽入版册，无地纳税，亦属不堪，一切差役，俱照丁起派。田连阡陌坐享其逸，贫民无立锥身任其劳。既役其身，复征其税，逃亡者有所不免。一遇逃亡，非亲族赔累，则国课虚悬，现在人丁之累也。嗣后既不增额，则有定数可稽，臣请敕部行文直隶各省地方官，确查各县地亩若干，统计地丁、人丁之银数若干，按亩均派。③

董氏的上疏一方面指摘了"滋生人丁永不加赋"实施之后依

---

① 参见郭松义：《论摊丁入地》，载《清史论丛》第3辑，1982年。
② 乾隆《海宁州志》卷3，《田赋》。
③ 乾隆《江南通志》卷68，《食货》。

然存在的弊端，另一方面则指明纳赋丁额确定之后，最好的办法就是摊丁入地。针对董氏上疏中提及的"地卖而丁存"的弊端，同年议准："买卖地亩，其丁银有随地起者，即随地征丁。倘有地卖丁留，与受同罪。"① 这项规定，弥补了前此摊丁入地的不足之处。也同样是在这一年，议准了广东的摊丁入地："广东所属丁银，就各州县所属地亩分摊，每地赋银一两，均摊丁银一钱六厘四毫有奇。"②

　　广东是"滋生人丁永不加赋"诏谕颁布之后，最早实行摊丁入地的省份，这也就是《石渠余纪·纪丁随地起》案语所称的"丁随地起见于明文者，自广东始"。其后，四川、直隶、福建、山东等省依次进行，各省摊丁入地的时间与摊征科则，概如表4-8所示：③

表4-8　　　　　　　　　　　　　摊丁入地简表

省　区	摊丁入地时间	每地赋一两摊入丁银数
广　东	康熙五十五年	一钱六厘四毫
四　川	康熙末年	以粮载丁，每丁载粮不等
直　隶	雍正元年	二钱七厘
福　建	雍正二年	五分二厘七毫至三钱一分二厘
山　东	雍正三年	一钱一分五厘
河　南	雍正四年	一分一厘七毫至二钱七厘
浙　江	雍正四年	二钱四厘五毫
陕　西	雍正四年	一钱五分三厘

---

① 光绪《大清会典事例》卷157，《户部·户口·清厘丁役》。
② 光绪《大清会典事例》卷157，《户部·户口·丁银摊征》。
③ 此表主要据光绪《大清会典事例》卷157，《户部·户口·丁银摊征》，其他作为参考。上揭郭松义《论摊丁入地》一文中，有较详细的列表。又按：刘志伟《广东摊丁入地新论》对广东摊丁入地的时间及相关问题提出了新的看法，可以参看，文载《中国经济史研究》1989年第1期。

续表

省　区	摊丁入地时间	每地赋一两摊入丁银数
甘　肃	雍正四年	一分六毫至一钱五分九厘三毫
云　南	雍正四年	三厘六毫至七厘七毫
江　苏	雍正五年	一厘一毫至六分二厘九毫
安　徽	雍正五年	一厘一毫至六分二厘九毫
江　西	雍正五年	一钱五厘六毫
湖　南	雍正六年	每粮一石摊一毫至八钱六分一厘
广　西	雍正六年	一钱三分六厘
湖　北	雍正七年	一钱二分九厘六毫
山　西	乾隆十年	一钱四分七厘至三钱三分八厘
贵　州	乾隆四十二年	每亩摊丁银五厘四毫

　　摊丁入地在某些地区虽然拖的时间很长，但它基本上集中在雍正年间。从上表也可以看出，有关各省都规定了每田赋银一两均摊丁银若干的标准，这比之于原来各省各县丁银等则的复杂混乱，改善良多，进一步简化了赋税手续，赋与役的合并在新的意义上得以完成。同时，由于摊丁入地的基本原则是"因田起丁，计亩科算"，田多则征丁银多，田少则征丁银少，无田则不征丁银，这对田连阡陌的绅衿地主当然不利，但却减轻了无地贫民和自耕农的负担，从而也减少了编审、征敛过程中的许多弊端。王庆云称之为，人丁"均之于田，可以无额外之多取，而催科易集。其派丁多者，必其田多者也；其派丁少者，亦必有田者也。保甲无减匿，里户不逃亡，贫穷免敲扑，一举而数善备焉"①。曾王孙则总结出摊丁入地与否的三利三弊②，其"三弊说"云：

---

① 王庆云：《石渠余纪》卷3，《纪丁随地起》。
② 曾王孙：《勘明沔县丁银宜随粮行议》，见《皇朝经世文编》卷30。

> 丁不随粮，有三弊焉。丁差之法，二十上丁，六十下丁，今则毫釐不下，强壮不上，其弊一；丁有死绝者开除，古之制也，今则素封之家多绝户，穷檐之内有赔丁，其弊二；粮多者为富民，粮少者为贫民，今富者既多倖脱，承差者俱属穷黎，或逃或欠，下累里甲，上累考成，其弊三。

其"三利说"云：

> 丁随粮行，有三利焉。舍粮编丁，可以意为增减，若一概从粮起丁，则买田者粮增而丁亦增，卖田者粮去而丁亦去，永绝包赔之苦，其利一；就丁论丁，弊端百出，若照粮编丁，则岁有定额，富者无所庸其力，贫者适应得其常，一清吏胥之弊，其利二；丁与粮分，则无粮之丁无所恋，而轻去其乡，丁随粮行，则丁皆有土，有所藉而不致流亡，里甲不累，考成不碍，其利三。

类似的说道还有很多，摊丁入地可谓是"去三弊而得三利，计无便于此者"。从某种意义上说，摊丁入地的实施与完成，可以看作是封建社会赋役制度变革的终结。

六、耗羡归公与养廉银支发

耗羡是正额钱粮之外的一种附加税。耗羡的起源甚早，钱陈群在《条陈耗羡疏》中曾述其沿革：

> 伏查正供之外有耗羡一项，彷于唐之中叶立羡余赏格，于是天下竞以无艺之求，为进阶之计，五代相沿滋甚。宋太祖乾德四年，从张全操之请，罢羡余赏格，宋史美之。然入于公者虽罢，而出于民者未必尽除。明代征收正赋之外，有倾销耗银，即耗羡也。有解费，有部费，有杂费，有免役费，种种名色，不可悉数，且偏枯太甚。本朝定鼎，耗羡一项，尚存其

旧。康熙六十余年，州县官额征钱粮，大州上县，每正赋一两，收耗羡银一钱及一钱五分、二钱不等。其或偏州僻邑，赋额少至一二百两者。税轻耗重，数倍于正额者有之。不特州县官资为日用，自府厅以上，若道、若司、若督抚，按季收受节礼，所入视今者养廉倍之。其收受节礼之外别无需索者，上司即为清官；其上征耗羡，不致苛派者，州县即为廉吏。间有操守清廉，如陆陇其之知嘉定，每两止收耗羡银四分，并不馈送节礼，上司亦或容之者，以通省所馈节礼尽足敷用，是清如陆陇其，亦未闻全去耗羡也。其贪得无厌、横征箕敛者，时于纠察。自节礼之说行，而操守多不可问，其势然也。①

钱陈群在这篇上疏中既谈了耗羡的沿革，又谈了耗羡征收与"节礼"以及吏治的关系，很值得注意。

在明清时代，耗羡事实上包括了本色粮米征收中的雀耗、鼠耗以及折色银两中的火耗。明代中期以前，赋税的征收主要是本色粮米，所以那时的耗羡以雀耗、鼠耗为主。明代中期以后，开始征收折色银两，也就有了火耗之称。②

上揭钱陈群的上疏专门点明"明代征收正赋之外，有倾销耗银，即耗羡也"，这里所说的"耗羡"即是专指"火耗"。

王庆云更直接明白地指出"火耗起于前明"③。

《清朝文献通考》卷四《田赋考四》亦按称："钱粮出于田亩之中，火耗加于钱粮之外，火耗之名，自明以来始有之。盖由本色变而折银，其取之于民也，多寡不一，其解之于部也，成色有定，此销镕之际，不无折耗，而州县催征之时，不得不稍取盈以补其折耗之数，亦犹粮米之有耗米也。"

---

①　《皇朝经世文编》卷27，《户政》。

②　按：这在明代的文献中有大量的记载。但元代在征收金课时，已有火耗之名，据《元史》卷104，《刑法志·刑法三·食货》记载："诸产金之地，有司岁征金课，正官监视人户，自执权衡，两平收受，其有巧立名色，广取用钱及多称金数，剋除火耗，为民害者，从监察御史廉访司纠之。"

③　王庆云：《石渠余纪》卷3，《纪耗羡归公》。

清代由于是以征收折色银为主，所以清代的所谓耗羡主要是火耗。

征收本色粮米，需要晾晒，需要储运，在晾晒储运过程中，难免有雀吃鼠吃之耗；征收折色银两，需要将碎银熔铸成锭，然后上缴，在熔铸过程中，也难免有损耗。为了避免这些损耗，以保证正供的足额，在征收钱粮之时量加耗羡，应该是正常的。耗羡之所以成为一个议论纷纭的问题，关键在于耗羡征收的苛重以及耗羡的去向。

早在顺治年间，礼科给事中季开生已经奏称："天下火耗之重，每银一两有加至五六钱者。"① 也就是说耗羡加征率为 50%。前揭钱陈群的上疏，更称"税轻耗重，数倍于正额者有之"。这都是极而言之。据一般记载来看，加二、加三耗，或加三、加四耗，是较为普遍的现象。②

耗羡征收的苛重，当然是官员贪婪、吏治腐败的反映。但也有其具体的原因。其主要原因有二：

第一，弥补俸禄不足及馈送上司所需。有清一代，官员的俸禄低微，正常的俸禄收入难以应付日常开支所需，加征耗羡也就成了关于弥补俸禄不足的手段。康熙四十八年（1709 年），上谕就曾指出："所谓廉吏者，亦非一文不取之谓，若纤毫无所资给，则居常日用及家人胥役，何以为生？如州县官止取一分火耗，此外不取，便称好官。若一概纠摘，则属吏不胜参矣。"康熙六十一年（1722 年），上谕又指出："火耗一项，特以州县各官供应差使。故于正项之外略加些微，以助常俸所不足，原是私事。"③ 至于馈送上司

---

① 《清世祖实录》卷 85，顺治十一年七月壬子。

② 参见庄吉发：《清世宗与赋役制度的改革》，台湾学生书局 1985 年版，第 111 页。另外，冯尔康：《雍正传》，人民出版社 1985 年版，第 147～148 页。李龙潜：《明清经济史》，广东高等教育出版社 1988 年版，第 400～401 页也列举了一些事例，可以参看。〔日〕安部健夫：《耗羡提解的研究》（《东洋史研究》第 16 卷 4 号，1958 年）对雍正之前的耗羡私征作过系统的考察。

③ 参见黄惠贤、陈锋：《中国俸禄制度史》，武汉大学出版社 1996 年版，第 546 页。

与征收火耗的关联，前揭钱陈群的上疏已有论列。雍正二年（1724年）的上谕也说的清楚："州县征收火耗，分送上司，各上司日用之资，皆取给予州县，以致耗羡之外，种种馈送名色繁多，故州县有所借口而肆其贪婪，上司有所瞻徇而不肯参奏，此从来之积弊所当剔除者也。"① 雍正六年（1728年），田文镜的上疏亦称："耗羡未归公之时，原系各州县所得，各上司因其得有耗羡，于馈送节礼之外，恣意勒索，藉名派捐，不但州县分文不得入已，往往所入不敷所出，遂至亏空正项，枭卖仓谷，无所不至，及至地方一有公务，仍派里民，小民受累，此耗羡未归公之情弊也。"②

第二，弥补财政亏空。康熙中期以后，从中央到地方，库银亏空的现象十分严重。康熙晚年曾经论及亏空的原因："近见天下钱粮，各省皆有亏空，陕西尤甚。其所以至此者，皆有根源。盖自用兵以来，大并经行之处，督抚及地方官惟期过伊地方便可毕事，因资助马匹、盘费、衣服、食物甚多，仓促间无可设法，势必挪用库帑。及撤兵时，又给各兵丁马匹银两，即如自藏回来之将军以及兵丁沿途所得，反多于正项。是以各官费用动辄万金。人但知取用而已，此等银两出自何项，并无一人问及也。"③ 按照康熙帝的说法，各省库帑的亏空，主要在于用兵时刻不容缓的挪用所致。所以康熙接着说："用兵之地历年钱粮奏销，朕悉从宽缓，正为此也。"库帑亏空之后，虽然奏销宽缓，也不时"宽免"，同时又有亏空地方官员摊赔之例，但由于亏空数额巨大，仍不足以弥补缺项，加征耗羡以弥补亏空便成为地方官的惯用手段。这也就是前此学者已经指出的："清圣祖在位期间，督抚奏请增加火耗，清圣祖俱不准所请。惟各省亏空累累，私征火耗以弥补亏空，相沿已久。……各州县火耗，每两有加二三钱者，有加四五钱者，除量留本官用度外，

---

① 《清世宗上谕内阁》卷22，雍正二年七月初六日上谕。
② 《朱批谕旨》卷126，雍正六年七月十一日河东总督田文镜奏折。
③ 《康熙朝东华录》卷21，康熙六十一年十月甲寅。

其余俱捐补通省亏空。"①

耗羡的滥征，不但加重了人民的负担，而且导致了财政的混乱和吏治的不清。从康熙后期起，就有臣僚上疏讨论将耗羡的私征改为公派②，也就是所谓的"耗羡归公"。"耗羡归公"，一部分银两可以弥补地方财政的亏空，一部分银两可以"量留本官用度"，但这样以来，无异于公开承认耗羡加征的合法化。晚年的康熙不愿意承担这个责任，宣称"加派之名，朕岂受乎"③！

雍正帝即位后，试图在整顿财政、吏治方面有所作为。虽然他在雍正元年（1723年）正月还谕称："钱粮关系尤重，丝毫颗粒皆百姓之脂膏，增一分则民受一分之累，减一分则民沾一分之泽。前有请暂加火耗抵补亏空帑项者，皇考示谕在廷不允其请，尔诸臣共闻之矣。今州县火耗任意加增，视为成例，民何以堪乎！嗣后断宜禁止，或被上司察劾，或被科道纠参，必从重治罪，决不宽贷。"④但在臣僚上疏的基础上，以及弥补亏空的刻不容缓，迅速拉开了耗羡归公，以及用耗羡银弥补亏空及支出各官养廉银的序幕。对此，《清史稿·诺岷传》有概要的记述：

> 各直省征赋，正供外旧有耗羡，数多寡无定。州县以此供上官，给地方公用，而私其余。上官亦往往藉公用，檄州县提解，因以自私。康熙间，有议归公者，圣祖虑官俸薄，有司失耗羡，虐取于民，地方公用无从取办，寝其议不行。诺岷至山西，值岁屡欠，仓库多亏空。……二年，诺岷疏请将通省一岁所得耗银提存司库，以二十万两留补无着亏空，余分给各官养廉。各官俸外复有养廉自此始。

---

① 庄吉发：《清世宗与赋役制度的改革》，台湾学生书局1985年版，第107~108页。

② 前揭［日］安部健夫：《耗羡提解的研究》曾缕述了康熙四十年后地方大僚的有关上疏。

③ 《清圣祖实录》卷299，康熙六十一年九月戊子。

④ 《清世宗圣训》卷5，《圣治一》。

　　上揭《清史稿·诺岷传》及《清朝文献通考》卷九十《职官十四》，《石渠余纪》卷三《纪耗羡归公》等，均将耗羡归公、实行养廉银制度记作雍正二年。在雍正的有关上谕中，也有雍正二年实行耗羡归公的字样。但已多有学者考证系始自雍正元年。[①] 根据董建中的最新考证，诺岷具奏实施耗羡归公的时间是在雍正元年十一月，但就耗羡归公而言，山西征收耗羡则是从整个雍正元年算起的。[②]

　　实行耗羡归公，在财政上的关键之点是：此前，耗羡征收"皆系州县入己"[③]，"官取之，官主之，不入于司农之会计"[④]；此后，将耗羡归于政府的正式财政收入，然后再用耗羡收入所得支发官员的养廉银等，以弥补官员正俸的不足和地方财政的亏空。这也就是雍正帝所宣称的："州县征收火耗，分送上司，各上司日用之资，皆取给予州县，以致耗羡之外，种种馈送名色繁多，故州县有所借口而肆其贪婪，上司有所瞻徇而不肯参奏，此从来之积弊所当剔除者也。与其州县存火耗以养上司，何如上司拨火耗以养州县。"[⑤]

　　自雍正元年（1723 年）耗羡归公在山西省开始实施后，各省

　　① 参见〔日〕安部健夫：《耗羡提解的研究》，《东洋史研究》第 16 卷 4 号，1958 年；〔日〕岩见宏：《养廉银制度的创设》，《东洋史研究》第 22 卷 3 号，1963 年；薛瑞录：《清代养廉银制度简论》，《清史论丛》第 5 辑，1984 年；黄乘矩：《关于雍正年间养廉银制度的若干问题》，《清史论丛》第 6 辑，1985 年；冯尔康：《雍正传》第 148 页；庄吉发：《清世宗与赋役制度的改革》第 112 页；等等。庄吉发并且指出，"直省臣工首先倡议耗羡归公的是山西大吏，康熙六十一年，德音在山西巡抚任内，即有提取耗羡以为公用之举"。
　　② 董建中：《清代耗羡归公起始考》，《清史研究》1999 年第 1 期。
　　③ 高成龄：《议覆提解耗羡疏》，《皇朝经世文编》卷 27。
　　④ 钱陈群：《条陈耗羡疏》，《皇朝经世文编》卷 27。
　　⑤ 《清世宗实录》卷 22，雍正二年七月丁未。《清世宗上谕内阁》卷 22，雍正二年七月初六日上谕。

亦陆续举行，概如表 4-9 所示①：

表 4-9　　　　　　　　　　　　雍正年间的耗羡征收

地　区	实施时间	征收率（%）	收入总额（两）
山　西	雍正元年（1723 年）	20	500 000
直　隶	雍正元年（1723 年）	10	230 271
河　南	雍正元年（1723 年）	10	400 000
山　东	雍正元年（1723 年）	18	540 000
湖　南	雍正元年（1723 年）	10	117 952
湖　北	雍正元年（1723 年）	10	110 000
浙　江	雍正二年（1724 年）	2	64 000
甘　肃	雍正三年（1725 年）	15～20	40 000
贵　州	雍正三年（1725 年）	15	10 792
四　川	雍正三年（1725 年）	30	100 455
陕　西	雍正四年（1726 年）	20	—
广　东	雍正四年（1726 年）	13	130 000
云　南	雍正五年（1727 年）	10	14 756
江　西	雍正五年（1727 年）	10	150 000
江　苏	雍正六年（1728 年）	10	341 900
广　西	雍正六年（1728 年）	2	6 000
安　徽	雍正七年（1729 年）	10	198 273
福　建	雍正七年（1729 年）	14	147 000
奉　天	雍正七年（1729 年）	10	3 400

①　据前揭薛瑞录：《清代养廉银制度简论》列制。前揭冯尔康：《雍正传》、庄吉发：《清世宗与赋役制度的改革》、［日］安部健夫：《耗羡提解的研究》，以及王业键：《清雍正时期的财政改革》，《“中央研究院”历史语言研究所集刊》第 32本，1960 年；［日］佐伯富：《清代雍正朝养廉银研究》三，《东洋史研究》第 30卷 4 号，1972 年，也列有耗羡征收表，但多有出入，可以相互参看。

　　表4-9是薛瑞录依据《朱批谕旨》整理而得，已花过相当大的功夫，但肯定还存在着问题。对有疑问的省份，略述如次：

　　1. 山西。山西耗羡征收银50万两是一个整数，据山西地方官的奏报，雍正元年（1723年）应征495068两，实征430198两，雍正二年（1724年）应征495389两，实征459226两，雍正三年（1725年）应征495389两，实征467709两。① 到雍正三年（1725年）下半年，因为山西弥补亏空完成，已有"酌减"耗羡的议论。② 随后，据山西按察使蒋洄奏称："自雍正四年前督臣伊都立议减耗至加一三以来，通计每年收耗羡银三十七万一千余两。"③ 雍正四年（1726年）的减耗，因为有过反复，山西总督伊都立曾受到上谕的斥责，他自己也有说明，据伊都立所上《为恭谢天恩并自陈罪状事》奏折："雍正四年九月二十三日准户部咨内开，雍正四年九月十一日内阁交出谕旨，谕山西总督伊都立：前尔闻升云贵总督之命，将欲离任之时，将山西阖属耗羡饬令裁减，今闻得尔回任山西，以公用不敷，又将裁减之数，复行征收。大凡地方旧例之所有欲行裁减，必合前后计算而后举行，若既已裁减，而奉行不久，又复征取，则朝三暮四，有同儿戏，甚属不合。如此则何以取信地方官民，无知庸愚之极！谕旨到日，可速照原裁减之数仍行裁减，若少（稍）阳奉阴违，朕有所闻必治以重罪，特谕。……旧

————————

　　① 《朱批谕旨》卷41，雍正三年二月初八日山西布政使高成龄奏折；《朱批谕旨》卷5，雍正三年八月初十日署理山西巡抚伊都立奏折；雍正四年十月初四日山西巡抚伊都立奏折。

　　② 如雍正三年八月，署山西巡抚伊都立奏称："臣仰体皇恩意，自明年开征为始，将耗羡再行酌减，以广皇仁，务期有益民生，有裨国计。"见《朱批谕旨》卷5，雍正三年八月初十日署理山西巡抚印务刑部左侍郎伊都立奏折。又如雍正三年十月，山西布政使高成龄奏称："（山西）实止无着亏空银六十余万两，查通省耗羡自雍正元年至三年每年扣存银二十万两，三年内共应扣存耗银六十万两，足以抵补。其作何弥补之法及遵奉上谕，亏空清理，火耗亦可渐减之处，应听抚臣酌议，奏请圣裁。"见《朱批谕旨》卷41，雍正三年十月初四日山西布政使高成龄奏折。

　　③ 《朱批谕旨》卷77，山西按察使升任广东布政使蒋洄奏折（时间不详）。

年所减火耗，以雍正四年为始，从前原不及加一三者，照旧征收，向来征耗加二者，一概减至加一三。"① 雍正六年（1728 年），户科给事中宋筠又奏称："钱粮耗羡，定议加一有三，臣巡察所至之州县，有加一四五，加一七八以及加二者，虽于加一三之数较多，而民俱相安，并无怨声。惟稷山县王梦熊历任四年，一向耗羡竟至加二以外，颇干物议，及闻山西特设巡察之员即为减去，现今仍有加一七八。"② 宋筠是奉旨巡察，可见此前山西的耗羡征收率已由 20% 改为 13%。之所以 "虽于加一三之数较多，而民俱相安，并无怨声"，恐怕是此前的征收率更高的缘故。又据山西巡抚石麟的奏报，山西雍正六年的耗羡应征额为 371396 两，实征为 365460 两。③

2. 直隶。直隶耗羡银 230271 两是最先议定的数字。而且，据直隶巡抚李维钧奏称："直省火耗，较他省为最轻，而顺天、永平、宣化三府，钱粮火耗尤为轻减，应概免其提解。保定、正定、河间、顺德、广平、大名、赵州、深州、翼州、晋州、定州以上六府五直隶州所属钱粮，凡系五千两以下者，耗羡无几，免其提解，留为地方官养廉之资外，通省六府五直隶州所属额征粮银二百一十九万六千三百二十两有奇，其耗银共计二十三万二百七十一两有奇。"④ 也就是说，230271 两的耗羡额，并不包括顺天、永平、宣化三府以及其他府州耗羡银额在五千两以下者，不是耗羡银征收的全额。又据雍正五年（1727 年）署直隶总督宜兆熊的奏折，"共应征收耗羡银二十六万九百五十四两零，内除起解内部及司府平饭并各官养廉银一十三万五千八百一十三两零，实提解司库银一十二万五千一百四十一两，俱令存库，遇有地方公事，奏明支用"⑤。已经

①　《朱批谕旨》卷 5，雍正四年十月初四日总督管理山西巡抚事务伊都立奏折。

②　《朱批谕旨》卷 139，雍正六年九月十三日巡察山西等处户科掌印给事中宋筠奏折。

③　《朱批谕旨》卷 217，雍正八年三月十七日山西巡抚石麟奏折。

④　《朱批谕旨》卷 10，雍正二年八月初六日直隶巡抚李维钧奏折。

⑤　《朱批谕旨》卷 44，雍正五年闰三月十二日署理直隶总督宜兆熊奏折。

有了变化。另据署直隶总督杨鲲奏报，雍正七年（1729 年），直隶的耗羡应征额又达到了 308137 两。①

3. 河南。雍正二年（1724 年），河南巡抚石文焯奏称："所有耗羡，各州县轻重不等，每两约一钱三分有零，通计全省额征地丁银三百六万余两，约耗羡银四十万有零，除通省各官酌量给以养廉，及各项杂用公费悉于耗羡内支应，不复议捐外，每年约可余耗羡银十五六万两，解贮司库，弥补亏空，抵还借项及办公事之用。"② 又据河东总督田文镜谨奏折，"豫省州县自一钱一分起至一钱二三四五六七分不等，其一钱七分者，不及十处"③。显然，河南的耗羡征收率不是 10%，是在 11%～17% 之间，即使通同计算也是 13%。

4. 山东。雍正七年（1729 年），上揭河东总督田文镜的奏折已经谈到，山东耗羡银"每两概加耗银一钱八分"，是"以肥私橐"，"殊属未协"，应该"将钱粮耗羡酌减二分，概照一钱六分征收"。次年，山东布政使孙国玺奏称："东省耗羡归公，从前每正银一两加耗一钱八分，于一八之内，各州县扣留公费银一分，又听出解费、运费、部饭、库饭等项名色共银三分外，实提解耗羡一钱四分。又于一四之内，分别州县大小，扣除养廉银若干，外余银解司，归入耗羡项下。又于听出解费等项银三分之内，除偏僻州县实支脚费银三毫，冲繁州县实支脚费银三厘三毫外，余银另行解司，归入充公项下。……今年钦奉恩旨，蠲免耗羡二分，在各州县征收一六耗银，除养廉若干及公费脚费若干外，其余应总为耗羡一款，全数解贮司库，在司中亦不必另立耗羡、充公二项名色，除正项外，所收耗羡存贮一处，凡遇地方公事应行动支，详报督抚批准支给，岁底报销，如此则款项不繁，稽查亦易，而上下经胥亦无从舞弊矣。"④ 是山东以雍正八年（1730 年）为界，有两种不同的耗羡

① 《朱批谕旨》卷 168，署理直隶总督杨鲲奏折（时间不详）。
② 《朱批谕旨》卷 30，雍正二年正月二十二日河南巡抚石文焯奏折。
③ 《朱批谕旨》卷 126，雍正七年八月初三日河东总督田文镜奏折。
④ 《朱批谕旨》卷 137，雍正八年四月十一日山东布政使孙国玺奏折。

征收率，前者为 18% ，后者为 16% 。

5. 浙江。雍正二年（1724 年），署理浙江巡抚印务河南巡抚石文焯奏称："浙省赋重耗轻，向来总不及加一，自黄叔琳到任，陋规已尽革除，复将火耗减至五六分，以致种种公事，皆属无米之炊，难以办理。因沽一己之清名，坐致公务难办，实大负皇上简用之恩。……先于各州县现征钱粮内，每两量提火耗二分，以济公用。"①据此可知，浙江最先议定的耗羡征收率是 5% ~ 6% ，因为黄叔琳，"沽一己之清名，坐致公务难办"，所以在原有耗羡的基础上暂加二分。所谓的 2% ，应该是对史料理解的错误。雍正五年（1727 年），上谕又称："浙省地方各官养廉之资，更无别项，而耗羡则每两不过五六分，以通省额征之数计之，每年耗羡仅十四万两。自督抚、将军、副都统、学政及藩臬、道府、同知、通判、州县等官共一百二十员，凡用度公费皆取资于此。"② 是通省的耗羡为 14 万两，也不是表中所列的 61000 两。而据署浙江巡抚福敏的奏折，浙江的耗羡征收率还要高。福敏称："浙省火耗向与各省不同，各省有至加一加二者，惟浙江向例大县每两六分，小县八分，前署抚臣石文焯提解火耗银二分，有司各官遂有借名增加者。今细访各州县，虽名为八分、一钱，实则已在一钱之外，甚至有一钱三四分不等。"③

6. 贵州。据云贵总督高其倬奏称："黔省各属税羡一项每年共银三万四千一百七十四两零，又通省地丁钱粮耗羡一项每年共银一万七百九十二两零，又通省额征秋粮耗米一项共折银九千一百二十三两零，又黔省武员官庄并文员额征官庄学租以及额外官庄所收租米一项共折银一千四百七十九两零，又黔省文职俸工前因军需悬项除教杂等职不捐外，其余俱系捐补军需，今已补完，除教杂等职并

---

① 《朱批谕旨》卷 30，雍正二年十月十五日署理浙江巡抚印务河南巡抚石文焯奏折。

② 《清世宗圣训》卷 28，《蠲赈一》。

③ 《朱批谕旨》卷 25，雍正三年九月二十日署理浙江巡抚印务吏部侍郎福敏奏折。

各衙门各役工食，仍照数实给外，其府厅州县既经分给养廉，所有俸银共三千六百四十两，查黔省盈余不多，若将此项除出，则分给各员为数不敷，亦应坐存算入养廉数内，以上五项共银五万九千二百零八两。"① 从这里可以看出，贵州接近 6 万两的"税羡"银，当然不只是地丁钱粮耗羡，但地丁钱粮耗羡也不是表中 4-9 所列的 10792 两，应该再加上额征秋粮耗米折银 9123 两。贵州的耗羡征收率也不是 15%，而是 10%～20%，而遵义由于是按四川例征收，更达到 30% 以上，这从贵州巡抚张广泗的奏折中可以知晓："遵属州县，向在川省输纳钱粮，火耗系按加三征收，起解归公，又于正耗之外有帮贴一项，每两自五分一钱以至二钱五分不等。黔省火耗每两自加一加一五以至加二而止，再无丝毫加派，是遵属较之黔例，每州县征收火耗帮贴核算，竟有加五五者，实为偏重。"②

7. 陕西。陕西耗羡归公的时间据前揭庄吉发的研究是雍正三年（1725 年），耗羡征收银额为 303528 两，表 4-9 未查出数据。

8. 广东。据雍正七年（1729 年）的上谕称："广东火耗从前是加二有余，自杨宗仁在任时定为加一，今藩司提解七分，州县已将耗羡加至一七，其中尚有戥头各项，合计仍是加二。"③ 可知最先议定的征收率是 10%，随后定为 17%，也不是 13% 的加征率。又据同年的上谕："广东耗羡仅十五万九千余两，除公用六万五千余两，所存九万余两，不敷大小各员养廉之用。"④ 耗羡银是159000 两，也不是 130000 两。

9. 江苏。据署理苏州巡抚王玑奏折⑤，耗羡征收额如上表 4-9所示。雍正五年（1727 年），苏州巡抚陈时夏的奏疏称："臣现在严行通饬，不论宦户民户，火耗一例以加一为率，严禁包收等弊。与布政司张坦麟通盘合算，江苏额征地丁、杂办钱粮并带征旧欠银

---

① 《朱批谕旨》卷176，雍正三年九月初九日云贵总督高其倬奏折。
② 《朱批谕旨》卷189，雍正七年八月初六日贵州巡抚张广泗奏折。
③ 《清世宗上谕内阁》卷89，雍正七年十二月初三日上谕。
④ 《清世宗上谕内阁》卷89，雍正七年十二月十七日上谕。
⑤ 《朱批谕旨》卷18，户部左侍郎署理苏州巡抚印务王玑奏折（时间不祥）。

两，除正额外，每年共计加一火耗银四十一万五千二百五十两零。"①

10. 福建。雍正七年（1729 年），福建巡抚刘世明奏称："查通省地丁钱粮每年共一百五万两有零，百姓完粮，火耗止许内加一扣收，正银一两完给串票九钱是也。以零星所收拆封归总弹兑，又可多出二三厘，统计每两加一火耗连并戥共耗一钱四分。"② 议定的耗羡征收率是 10%，所谓的 14%，是包括了附加在内。

以上，笔者也主要是依据《朱批谕旨》进行了一些考证。前此学者所出现的问题，可能有两个原因，一是对史料理解有误，或者统计标准不一；二是各省的耗羡征收前后有所变化。

还应该指出，即使各省有统一的火耗征收率，有关府县的征收率也是不同的。先看贵州所属府县的情况（见表4-10）③：

表 4-10　　　　　　贵州有关府县火耗征收统计

地　区	额征地丁银（两）	火耗征收率（%）	火耗银额（两）	备　注
贵阳府	460	12	55	不敷支用
定番州	2 745	13	317	不敷支用
广顺州	1 963	14	275	不敷支用
开　州	1 003	16	160	不敷支用
贵筑县	1 983	15	300	不敷支用
龙里县	1 152	20	230	——
贵定县	3 299	10～20	659	仅足支用
修文县	296	16	47	所余无几
安顺府	2 318	20	463	——
镇宁州	2 030	17	345	不敷支用

---

① 《朱批谕旨》卷 11，雍正五年十一月初六日苏州巡抚陈时夏奏折。

② 《朱批谕旨》卷 43，雍正七年正月二十五日福建巡抚刘世明奏折。

③ 参见庄吉发：《清世宗与赋役制度的改革》，台湾学生书局 1985 年版，第 132～133 页。

续表

地　区	额征地丁银（两）	火耗征收率（%）	火耗银额（两）	备　　注
普安州	2 480	17	422	——
永宁州	1 689	17	287	——
普定县	709	15	106	支用无存
普安县	418	20	83	不敷支用
清净县	301	15	45	支用无余
安平县	316	15	47	不敷支用
安南县	199	17	33	——
平越府	1 312	16	290	不敷支用
黄平州	2 645	20	529	——
平越县	329	14	46	不敷支用
余庆县	1 877	18	337	——
都匀府	2 461	15	369	不敷支用
独山州	945	16	151	不敷支用
麻哈州	697	15	104	不敷支用
镇远府	1 025	14	175	——
思南府	2 871	20	774	——
思州府	3 750	13	487	——
铜仁府	2 639	18	475	不敷支用
威宁府	114	20	22	不敷支用

　　仅就以上所示列的贵州有关府州县的情况来看，火耗征收率已多有不同，大致浮动于 10% ～ 20% 之间，这与上揭贵州巡抚张广泗的奏折所言是吻合的。而且，贵州地处偏远，原额地丁银的征收本来就很少，在地丁银原额基础上按一定比例征收的火耗银就更加少之又少，所以大多不敷支用。

　　再来看河南的情况。河南彰德府，"自雍正二年耗羡归公"，而不是表 4-9 所示的雍正元年。而且彰德府所属各县的耗羡征收率也不相同，如表 4-11 所示①：

表 4-11　　　　　　　河南彰德府火耗征收支解情况

县　别	火耗征收率（%）	火耗银额（两）	支养廉银（两）	解司库银（两）
安　阳	15	15 815	2 780	12 852
汤　阴	15	6 446	1 860	4 458
临　漳	14	7 443	1 480	5 713
林　县	14	5 259	1 480	3 601
武　安	12	4 385	2 080	2 211
涉　县	13	2 349	1 480	772
内　黄	12	3 354	1 780	1 443

据表 4-11，河南彰德府的火耗征收率在 12% ～ 15% 之间。由于彰德府的地丁银原额较多，相应的，火耗银额也较多，达到 45051 两②。这些火耗银两"岁支各官养廉、公费"共银 11160 两，约占火耗银额的 1/4。"解司库耗银"为 31053 两，约占 3/4。支给各官养廉、公费银与解司库银合计为 42213 两，与实征火耗银 45051 两还有两千余两的差额，这些差额银两一般被作为解送银两的路费，按规定，"路费解正银一两，照除五厘支用"。

表 4-11 所列河南彰德府的情况，也清楚地表明耗羡归公后，耗羡银的支发养廉与弥补亏空、解存司库的用途。笔者在《清代军费研究》中也曾指出过，清军的常备兵器"动支本地钱粮造给"，主要的是动用地方耗羡银③，也就是解存司库的那一部分耗羡银。

耗羡归公以后，耗羡银的用途大体说有三个方面，一是支发养

———————

① 乾隆《彰德府志》卷 11，《田赋·耗羡》。

② 按：由于统计列表时，舍弃了两以下的尾数，所以表中的统计数字与实征略有出入，实征为 45052 两。

③ 陈锋：《清代军费研究》，武汉大学出版社 1992 年版，第 207 ～ 209 页。

廉，二是弥补亏空，三是地方公用。① 前二者后面还将讨论，至于作为"地方公用"的耗羡银，其开支的项目有哪些呢？据山西省的情况，包括：各属解送纸张奏销造册杂费、各属解送钱粮脚价倾销耗费、御塘马匹料草、修理城垣衙属、修筑汾河堤岸、义学束修、沙虎口马匹料草及倒毙马匹、各衙门心红纸张及书办工食、布政司库搬银工价、堤塘报资、修理学宫义学书院营房庙宇等费、刊刷诏书圣训上谕、通省志书工料纸张等。② 陕西省有设立社仓、采买仓谷的事例，上谕称："陕属设立社仓一事，于雍正四、五两年司库耗羡银内，发各州县十四万五千八百余两，共采买谷麦三十九万八千七百五十五石零。"③ 直隶有"修理城堤、补葺营房、整顿营伍及种种随时之公费"④。河南"提塘报资，添设塘马工料，贴补解费，因公差遣盘费，州县起解钱粮路费等项，皆于耗羡内支用"⑤。江苏有修造战船、办解颜料锡蜡公用，以及应给各衙门胥役工食等项，⑥"通省公务，如督抚将军衙门廪工书工、炮药火器，数十余项，每年约需银二万二千二百余两，俱系于各属耗羡内均派"⑦。安徽则有总督衙门赍表路费银、总督衙门修理执事银、总督衙门奏请书银、将军总督阅操银、锦衣卫役工食银、巡抚衙门岁修执事银、江宁塘饷银、江宁养喇嘛银、藩库解饷银、藩司采办颜料锡蜡银、布政司衙门各节表笺银等。⑧ 各省的情况并不相同，但从这里可以看出耗羡归公银在财政上特别是在地方财政上所具有的

---

① 按：前面已经指出过河南、山东两省，蠲免正项钱粮用存库耗羡银拨补归项的事例。耗羡银的这种用途并不能包括在这三个方面之内，所以我们用了"大体说"的字样。
② 参见庄吉发：《清世宗与赋役制度的改革》，台湾学生书局1985年版，第129页。
③ 《清世宗上谕内阁》卷82，雍正七年六月二十六日上谕。
④ 《朱批谕旨》卷10，雍正二年八月初六日直隶巡抚李维钧奏折。
⑤ 《朱批谕旨》卷30，雍正二年三月初三日河南巡抚石文焯奏折。
⑥ 《朱批谕旨》卷11，雍正五年十一月初六日苏州巡抚陈时夏奏折。
⑦ 《朱批谕旨》卷46，雍正五年五月二十六日苏州布政使张坦麟奏折。
⑧ 《朱批谕旨》卷149，雍正七年正月初十日安徽巡抚魏廷珍奏折。

重要意义。

佐伯富曾经统计过公费银和养廉银在耗羡归公银中所占的比例，如表4-12所示①：

表4-12　　　　　耗羡归公银中养廉银与公费银的比例

省　份	养廉银所占比例	公费银所占比例
江苏	20%	80%
山西	47%	53%
山东	59%	41%
直隶	70%	30%
湖广	70%	30%
江西	73%（70%）	27%（30%）
福建	56%	44%

佐伯富仅统计了以上数省，可以作为参考。但由于他把弥补亏空银作为一种特殊的情况予以剔除，以及其他一些原因，这种比例的划分仍有问题。

如江苏，所谓养廉银占20%，公费银占80%，佐伯富依据的是苏州巡抚陈时夏的上奏："酌于各州县耗羡内，扣存二分，以为养廉，以八分解司公用。以通省之耗羡，办通省之公务。"而实际上，江苏的耗羡归公银除支发养廉和公费外，还有余剩银，如署苏州巡抚王玑所奏："窃照江苏所属每年正杂钱粮共三百七十一万九千余两，共该解司耗羡三十四万一千九百余两，内各官养廉需银一十八万四千三百两，通省备办公事需银一十二万一千三百余两，共养廉、公事二项计需银三十万五千六百余两。"② 每年的余剩银约

①　［日］佐伯富：《清代雍正朝养廉银研究》三，《东洋史研究》第30卷4号，1972年。

②　《朱批谕旨》卷18，户部左侍郎署理苏州巡抚印务王玑奏折（时间不详）。

为 4 万余两。如果按照苏州巡抚陈时夏奏定的耗羡归公银 41 万余两计算,① 余剩银还要多。

又如山西,雍正三年（1725 年）,山西布政使高成龄奏称:"今查雍正元年分按各州县收耗实数共银四十九万五千六十八两零,内除参革各官亏空未解耗银五万三千五百一十九两零,现在行追民欠未完耗银一万四百五十两零外,实收耗银四十三万一千九百九十八两零,内扣存司库弥补亏空银二十万两,给发过各官养廉共银一十一万五百一十三两零,给发各州县杂项繁费并倾销脚费以及御塘马匹加增草料共银二万一千二百四十二两零,又通省公费共银七万一千一百两零,尚余剩银二万七千五百四十一两零。"② 这里的公费银仅为 7 万余两,约占耗羡归公银的 14%;养廉银为 11 万余两,约占耗羡归公银的 22%。除了弥补亏空银 20 万两外,还有 2 万余两的余剩银等项,这种"余剩银"是解交藩库的贮存银,既不能作为养廉,也不能作为公费。而且,在弥补亏空完成后,"余剩银"会更多。这从山西巡抚石麟的奏折中可以知晓:"雍正六年分额征耗羡银三十七万一千三百九十六两零,内已完银三十六万五千四百六十两零,支给各官养廉并各项公费共开除银二十九万三千六百五十九两零,实在现贮司库银七万一千八百一两零,民欠未完耗羡银五千九百三十六两零。"③

佐伯富没有统计的省份,当然也各有一定的比例,如河南,据雍正二年（1724 年）河南巡抚石文焯的奏折称:"通盘合算,约计一年耗羡共四十万两有奇。酌议学政养廉银四千两,布政司养廉并衙门一切公费,共银二万四千两,按察司养廉并衙门一切公费,共银一万两,开归道养廉并衙门一切公费,共银一万两,管河道四千两,南汝道三千两,开封府四千两,归德等七府各三千两……此外每年本省公费,以及提塘报资,添设塘马工料,贴补解费,因公差遣盘费,州县起解钱粮路费等项,皆于耗羡内支用,总计一年约共

---

① 《朱批谕旨》卷 11,雍正五年十一月初六日苏州巡抚陈时夏奏折。
② 《朱批谕旨》卷 41,雍正三年二月初八日山西布政使高成龄奏折。
③ 《朱批谕旨》卷 217,雍正八年三月十七日山西巡抚石麟奏折。

需银二十四五万两，尚余耗羡银有十五六万两。"① 养廉银和公费银共为 24 万两左右，余剩银 16 万两左右。又如安徽，据雍正七年（1729 年）安徽巡抚魏廷珍奏折称："应提加一耗羡银一十九万八千二百七十三两零，通计阖省公务并各衙门养廉共需银一十七万八千八百两零，仍余存银一万九千四百七十一两零。"② 养廉银和公费银共为 17 万余两，余剩银 2 万两左右。

由于耗羡归公银分为全提型、多提型、少提型、酌提型等多种形式，不同的形式有不同的耗羡提解方法和不同的养廉、公费支出方法③，所以能算出精确的比例相当困难。

作为地方公用的耗羡开支，要有"余剩耗羡银两可动"④，归公耗羡银两不足养廉支发的省份当然谈不上。在这些所用银两的奏销上，也与正项钱粮不同，只是具折奏闻，"统俟奏销之时，逐一详开清折具奏。所有赢余银两存贮司库，另行奏闻"⑤。"凡属动用耗羡之处，布政司逐一详明督抚，照数支给，造册送核，统于岁底将一年提贮耗羡与支用之数开造清册，会核密折奏闻"⑥。没有正项钱粮奏销的繁杂程序。在雍正四年（1726 年），河南巡抚田文镜题销耗羡银两制造盔甲时，雍正帝曾有上谕说明耗羡银两与正项钱粮奏销的不同：

> 前经该抚田文镜动支耗羡银两，制造河北镇各营盔甲，工完咨部，工部驳回，令其具题。田文镜遂照部议，具题前来。夫耗羡银两与营伍中数分公粮存贮公所，原为本省本营之中或

---

① 《朱批谕旨》卷 30，雍正二年三月初三日河南巡抚石文焯奏折。

② 《朱批谕旨》卷 149，雍正七年正月初十日江南安徽巡抚魏廷珍奏折。

③ 参见［日］安部健夫：《耗羡提解的研究》，《东洋史研究》第 16 卷 4 号，1958 年；［日］岩见宏：《养廉银制度的创设》，《东洋史研究》第 22 卷 3 号，1963 年。

④ 《朱批谕旨》卷 5，雍正三年九月初十日署理山西巡抚印务刑部左侍郎伊都立奏折。

⑤ 《朱批谕旨》卷 30，雍正二年三月初三日河南巡抚石文焯奏折。

⑥ 《朱批谕旨》卷 11，雍正五年十一月初六日苏州巡抚陈时夏奏折。

有公事需用，或为各官养廉，使地方营伍备用有资，不致派累
兵民，乃通权达变之法，其来久矣，并非正项钱粮之可比也。
迩来督抚提镇中小心拘谨者，恐目前经手，将来无以自明，具
折奏请咨部，以记出纳，原系见小之举。该部只应存案，此并
非开销正项钱粮也。田文镜先曾折奏，朕批示甚明。今因制造
盔甲咨部，部中并不请旨，即驳回令其具题，工部堂官甚属错
谬，不识大体。而田文镜不行详察，遂照部驳具题前来，甚属
不合。此本着发还田文镜，着严行申饬，工部堂官着交部察
议。此时若将耗羡银两俱比照正项具题报销，相沿日久，或有
不肖官员指耗羡为正项，而于耗羡之外又事苛求，必至贻累小
民，此风断不可长，倘他省再有似此具题者，内阁将本发
还。①

我们也注意到，各省的耗羡归公银，有多少用于地方公费，有
多少提解省库，有多少留存州县，并没有一定之规，各省的差异很
大。如山东省，"东省耗羡归公，从前每正银一两加耗一钱八分，
于一八之内，各州县扣留公费银一分，又听出解费、运费、部饭库
饭等项名色共银三分外，实提解耗羡一钱四分。又于一四之内，分
别州县大小，扣除养廉若干，外余银解司，归入耗羡项下。又于听
出解费等项银三分之内，除偏僻州县实支脚费银三毫，冲繁州县实
支脚费银三厘三毫外，余银另行解司，归入充公项下"②。江西省，
"就各州县耗羡之多寡，定为五等提解，除额征一万两以下县分，
所有耗羡留为养廉不提外，其额征二万两以下者，每两提耗羡银五
分，留五分为养廉；额征三万两以下者，每两提耗羡银六分，留四
分为养廉额；征四万两以下者，每两提耗羡银六分五厘，留三分五
厘为养廉；额征五万两以下者，每两提耗羡银七分，留三分为养
廉；额征五万两以上者，每两提耗羡银七分五厘，留二分五厘为养

---

①《清世宗上谕内阁》卷43，雍正四年四月二十七日上谕。
②《朱批谕旨》卷137，雍正八年四月十一日山东布政使孙国玺奏折。

廉。统计各款，共提解司库耗羡银十二万八千六百五十余两"①。福建省，"每两加一火耗，连并戥共耗一钱四分，即剖为一十四股，一股作批差解司盘缠及杂项费用，四股留存知县养廉并充该县公用，一股分给知府养廉。厅员有经征屯粮杂税，无庸另议养廉。尚余八股，尽归司库"②。湖北省，"湖北额征钱粮通共一百一十一万一百余两，照加一耗羡合算，共银十一万一千两零。自督臣杨宗仁酌量派分，于加一耗羡内，以二分作公用，以一分作起解部饷之费，统计三分共银三万二千两有零。尚有七万八千余两，以额解司饷内，每两之一分五厘，作布政司养廉，以合省钱粮内之六厘，作按察司养廉，以额解粮、驿二道银米内之一分五厘，作二该道养廉，以各道府所管州县钱粮内，按股均摊，为各道府养廉。留三分二厘作各州县办公养廉之用"③。这在一定程度上也说明，在议定耗羡归公之时，缺乏统一的布置，确实有"权宜之策"的意味。

耗羡归公，由于规定了各省的耗羡征收比例（从表4-10，表4-11可以看出，实际上各府州县有不同的征收比例），耗羡的滥征在一定程度上受到遏制。同时，又由于耗羡归公的主旨是由官员的私自征收改为政府的正式收入，所以在整肃吏治方面和弥足财政方面有双重的作用。对此，雍乾时期的名臣孙嘉淦曾有论列：

> 世宗宪皇帝明烛无疆，谋成独断。以为与其暗取而多征，不若明定其数；与其营私中饱，不若责其办公。故就各省情形，酌定一分数厘之额，提其所入于藩库中，以大半给各官养廉，而留其余以办地方之公务。嗣是以来，征收有定，官吏不敢多取。计其已定之数，较之未定以前之数，尚不及其少半，则是迹近加赋，而实减之。且养廉已足，上司不得需索属员；办公有资，州县亦不敢苛求百姓。馈送谢绝，而摊牌无由。故曰：雍正年间无清官。非无清官也，夫人能为清官也。是则耗

---

① 《朱批谕旨》卷64，江西布政使李兰奏折（时间不详）。
② 《朱批谕旨》卷43，雍正七年正月二十五日福建巡抚刘世明奏折。
③ 《朱批谕旨》卷96，雍正七年三月初八日湖北布政使徐鼎奏折。

羡归公，既无害于民生，复有补于吏治。①

其他臣僚对耗羡归公也多有赞誉。赵青藜云："耗羡一项，轻其额而归之公，俾有司不得滥取以病民，上官不得苛求以病吏。养廉有资，公费有资，条分缕析，光明正大，固补救之权宜，实弛张之善道。"② 钱陈群云："初定耗羡，视从前听州县自征之数有减无增。奉行以来，吏治肃清，民亦安业。"③ 田文镜云："查耗羡未归公之时，原系各州县所得，各上司因其得有耗羡，于馈送节礼之外，恣意勒索，藉名派捐，不但州县分文不得入己，往往所入不敷所出，遂至亏空正项，枭卖仓谷，无所不至，及至地方一有公务，仍派里民，小民受累，此耗羡未归公之情弊也。自耗羡归公之后，各上司俱得有足用养廉，不敢向州县勒索派捐，各州县亦俱得有足用养廉，反得实在归己，日用既足，又不至亏动正项钱粮仓谷。"④

上揭孙、赵、钱、田所言，虽难免有溢美之处，但基本上符合实情。《清朝文献通考·田赋三》也曾概而论之："自山西提解火耗之后，各直省次第举行，以给官吏养廉及他公用，钱粮少者或以税课盈余佐之。由是有司不得滥取于民，而公用亦无匮乏。行之数年，上下交以为便……自提解火耗之法行，有司之养廉于此酌拨，地方之公用于此动支，百姓永无藉名苛派之累，而官吏得有洁己奉公之实。所加于民无多，所益于民者甚大。所谓上不误公，下不病民，达权通变，至公至善之计也。"

除此之外，在耗羡的征收率上，雍正年间山西、山东等省已有所降低，上述已经谈到。乾隆年间，还有对江南地区耗羡的减征，一如乾隆元年（1736 年）的上谕："自乾隆元年起，一切新旧钱粮将科则最重之苏松太三府州遵减耗羡五分，计共减耗银七万七千三百八十三两零，科则次重之常镇二府，酌减耗羡三分，计共减耗银

---

① 孙嘉淦：《办理耗羡疏》，《皇朝经世文编》卷 27。

② 赵青藜：《耗羡仍请归公疏》，《皇朝经世文编》卷 27。

③ 钱陈群：《条陈耗羡疏》，《皇朝经世文编》卷 27。

④ 《朱批谕旨》卷 126，雍正六年七月十一日河东总督田文镜奏折。

二万八千一百九十一两零，通共减耗银一十万五千五百七十四两零。"①

当然，在耗羡的具体征收时，实际上多有高出额定征收率的现象，就以上所引史料揭示的情况看，山西、浙江、福建、贵州等省都有这样的事例。其他各省也不能说没有，如湖北："其钱粮不及五千两者，即将耗羡尽行给予。至同知、通判有管关税者有管粮管盐者，相沿自有养廉，大半未经分给，其佐杂等官亦未议及。且州县钱粮有止三四百两者，加一耗羡虽全留不解，亦仅三四十两。至稍过五千两之处，便应照额起解耗羡，则所存亦复无几，臣细加体访，此种州县虽名为加一火耗，实有一分一二厘，合计尾数积零，至加一三者有之。又额征三四百两之州县，尚有民差、民当之说，遇有公费，仍出民间。"② 越是耗羡不足养廉银支发或公费不足的场合，这种现象就越突出。并不能完全说耗羡归公后就没有苛索，这是问题的一个方面。另一方面，随着时间的推移，与其他制度与措施一样，耗羡归公也依然会产生弊端，这就是前此学者已经指出的："提解既久，耗羡渐同正项，州县贪员，重新征收，于耗羡之外又增耗羡，养廉之中又私取养廉。"③ 这样的事例很多，在乾隆初年已显露端倪，如乾隆六年（1741 年）上谕："山西地方，自石麟为巡抚以来，因循旧习，吏治废弛……各属浮收滥取之弊，更相习为固然，如征收地丁钱粮，每两例加耗羡一钱三分，今加至一钱七八分不等，更有加至二钱者。若如此征收，民何以堪？至乡村编氓，有以钱纳粮者，每两收大制钱一千三十文，就时价合算，计一两加重二钱有余。是耗外又加耗矣。"④

实行耗羡归公，用提解的火耗银支发养廉银，从这一点上说，耗羡归公的实施也就同时意味着养廉银制度的肇始。一如钱陈群所

① 乾隆《江南通志》卷 68，《食货志·田赋二》。

② 《朱批谕旨》卷 96，雍正七年三月初八日湖北布政使徐鼎奏折。

③ 庄吉发：《清世宗与赋役制度的改革》，台湾学生书局 1985 年版，第 145 页。

④ 《清高宗实录》卷 143，乾隆六年五月辛卯。

说："世宗宪皇帝御极之初，见吏治日就佻糜，侵弁之习，骤难扫除，爰是宸衷独断，通计外吏大小员数，酌定养廉，而以所入耗羡，按季支领。"① 雍正帝自己也说，耗羡归公后，"恐各官无以养廉，以致苛索于百姓，故于耗羡中酌定数目，以为日用之资"②。

事实上，在最早实行耗羡归公的山西省，雍正元年（1723年），山西新任巡抚诺岷在酌议裁减火耗，实行耗羡归公之时，已作了耗羡征收数目及其用度的大致统筹，据诺岷奏报，山西耗银加二征收，通省耗银约计50万两，其中20万两用以弥补无着亏空，30万两议给各官养廉及通省公用之费。雍正二年（1724年），山西布政使高成龄又再次上疏，要求将诺岷的奏折下发各省，将通省一年所得火耗银两，约计数目，先行奏明，俟年终之日，将支应公费若干，留补亏空若干，给发养廉若干，一一具折奏销，从而使耗羡归公以及火耗银支发养廉银公开化、合法化③。这也就是《清朝文献通考·职官十四》按语所概称的："养廉之设，自各省耗羡存公，以备公用，即其赢余定为各官养廉。雍正二年，山西巡抚诺岷始行之。嗣后各省大吏俱奏请仿效其法，蒙世宗宪皇帝次第允行。盖以外官事务较繁，故于俸薪常额之外，酌给养廉，明立规制，使不得需索以扰民。"

可以看出，雍正年间的耗羡归公银与支发养廉银是相为表里的，议定养廉银的范围限于"外官"，即地方文职官员。

养廉银的议定标准，首先是考虑到了地方官的职位高低以及任所的事务繁简。除此之外，也还考虑到了其他因素，黄乘矩将这些因素归结为三：一是照顾到了官员以往收受陋规的情况，二是照顾到了官员在养廉银外是否还有其他经费来源，三是照顾到了官员所在地区的富庶与贫瘠。④ 佐伯富认为，官员管辖范围的大小、位置

① 钱陈群：《条陈耗羡疏》，《皇朝经世文编》卷27。

② 参见冯尔康：《雍正传》，人民出版社1985年版，第155页。

③ 参见庄吉发：《清世宗与赋役制度的改革》，台湾学生书局1985年版，第192~193页。

④ 黄乘矩：《关于雍正年间养廉银制度的若干问题》，《清史论丛》第6辑，1985年。

的冲僻繁简、官职的大小，是决定养廉银额标准的依据。① 由于养廉是在耗羡归公的基础上实行，各地耗羡归公银两的多寡也是制定养廉银额标准的重要根据，上揭《清朝文献通考·职官十四》的按语"自各省耗羡存公，以备公用，即其赢余定为各官养廉"，也已经指明了这一点。

由于雍正年间的养廉银制度尚属创行阶段，各地官员的养廉银额不但差别很大，且多有变更。如云南巡抚的养廉银初定为17000两，随后又减为12000两，继而又减为10550两；四川巡抚的养廉银初定为12000两，继增为18864两，后又减为10000两；山东河南巡抚的养廉银则高达20000两以上，随后亦多有调整。其他如总督、布政使、按察使以至府州县官员的养廉银亦参差不齐、多有变化。②

事实上，各地的养廉银支发要复杂得多。湖南的情况，据湖南巡抚王国栋奏报：

> 湖南通省额征地丁钱粮加一耗羡，共银一十一万七千九百五十二两零，内除三分公用银三万五千三百八十五两，仍应留贮司库外，实耗羡银八万二千五百六十六两零，又常、辰二府报出带征商税赢余银七千五百两，又常宁、武冈等十一州县征收杂税项下，钦遵谕旨报出赢余并盐规银二千四十七两零，又巴陵等五县实征芦课耗羡银一百五两零，以上通共耗羡赢余银九万二千二百二十三两零。应按照职官大小，事务繁简，均给养廉。酌派布政司银九千两，按察司银七千两，驿粮道银四千两，衡永、岳常、辰沅三道各银一千七百两，长沙府银二千五百两，衡、岳二府各银一千九百两，永、宝、常、辰四府各银一千七百两，郴、靖二州各银一千三百两。长沙等八州县事繁地冲各银一千二百两，湘阴等十州县系属次繁，各银一千两，

---

① ［日］佐伯富：《清代雍正朝养廉银研究》三，《东洋史研究》第30卷4号，1972年。

② 薛瑞录：《清代养廉银制度简论》，《清史论丛》第5辑，1984年。

醴陵等十五州县，系少简之缺，各银九百两，安化等二十九州县，系最简之缺，各银六百两。以上司道府州县共分给养廉银九万一千三百两，尚余银九百二十三两零。①

如上，湖南的地丁耗羡银为 117952 两，除公用银 35385 两外，其他均支发养廉，但支发养廉银的银额还包括了杂税赢余银、盐规银、芦课耗羡银等项，不全是地丁耗羡银。这应该是所提耗羡不足养廉的情况下，另款拨补的一个事例。②

在浙江、广东、江西、福建等省也有这样的事例。

浙江省，雍正五年（1727 年），奉上谕："浙省地方各官养廉之资，更无别项，而耗羡则每两不过五六分，以通省额征之数计之，每年耗羡仅十四万两。自督抚、将军、副都统、学政及藩臬、道府、同知、通判、州县等官共一百二十员，凡用度公费皆取资于此，似不足支应，除嘉、湖二府钱粮已经减免外，着将杭州、宁波、绍兴、台州、金华、衢州、严州、温州、处州等九府额征银二百五万两，按十分之一内存半计算，得银十万两，赏给各官以为养廉，合之州县耗羡则有二十四万两。从雍正六年为始，俱着提解司库，令该抚酌量官职之大小，府州县地方之繁简，秉公派定数目奏闻，余银存为本省公事之用。"③ 这是在耗羡银两不足支应的情况下，将正额钱粮拨充了养廉。

广东省，雍正七年（1729 年），奉上谕："广东耗羡仅十五万九千余两，除公用六万五千余两，所存九万余两，不敷大小各员养廉之用。为之经画筹度，俾各员日用饶裕，俯仰有资，庶可专心办理政务，亦可勉其砥砺廉隅，是以将该省落地税羡一并赏给。今据王士俊折奏，督抚为通省大僚，每年费用浩繁，今仅各得养廉银八

---

① 《朱批谕旨》卷 60，湖南巡抚王国栋奏折（时间不详）。

② 佐伯富列举了贵州、云南等省用税羡、矿厂赢余等支发养廉的事例。参见 [日] 佐伯富：《清代雍正朝养廉银研究》二，《东洋史研究》第 29 卷 2、3 合号，1970 年。

③ 《清世宗圣训》卷 28，《蠲赈一》。

千两，不足供其经岁之需，而学政一员岁给养廉银一千五百两，为数已属无多等语。今又添设学政一员，则此数更不足济用，复有新设观风整俗使，亦应给予养廉银两。查广东落地耗羡之外，雍正六、七两年报有田房税契溢羡银四万四千三百余两，此系该省查出之羡余，应归于本省之公用，着于此项银两内将督抚等养廉银应给若干，着该督抚会同布政使王士俊斟酌定议，具折奏闻。"① 这也是在耗羡银两"不敷大小各员养廉之用"的情况下，将田房税契溢羡银拨充了养廉，并对此前督抚等官员养廉银太低进行调整，又新增加了添设的学政和观风整俗使的养廉。

江西省，雍正七年（1729 年）署理江西巡抚谢旻奏称："查各员养廉业于耗羡内支给，惟佐贰微员前因公费不敷，未经议及，今查通省自司府首领以及州县佐杂等官，现在共二百五十九员，所有盐规除解部买谷等项并裁革生辰节礼外，止余银四千两，其二关平余银约三千五百余两，若尽此支给微员养廉，每员止可派给银二十九两，似属太少，今以每员酌给六十两计算，需银一万五千五百四十两，应再于司库公费内动支八千两凑给。"② 雍正十一年（1733 年），谢旻又奏称："江西两关征收钱粮，有正税，有耗羡，每年遵照定额解部外，多者为赢余，解部转交内库，此外尚有平余银两，系正税赢余，两项归并弹兑，多出之数赣关每年有平余银三百余两，九江关每年有平余银三四千两不等，经臣奏明解贮司库，同盐规银凑给微员养廉备用在案。"③ 这是在议给佐杂官员养廉，而原有耗羡归公银又不敷支应的情况下，将盐规、关税平余银拨充的事例。

福建省也于雍正七年（1729 年）奉上谕，将税课赢余银、台湾官庄等项归公银拨充养廉银额，除酌量增加各官养廉银外，"县丞以下微员，亦令酌给银两，以为薪水之费"④。这是在将税课赢

---

① 《清世宗上谕内阁》卷 89，雍正七年十二月十七日上谕。
② 《朱批谕旨》卷 138，雍正七年十一月初九日署理江西巡抚谢旻奏折。
③ 《朱批谕旨》卷 138，雍正十一年正月十八日江西巡抚谢旻奏折。
④ 《清世宗上谕内阁》卷 83，雍正七年七月二十八日上谕。

余等银拨充养廉的情况下，一方面酌增官员的养廉，另一方面又新增佐杂官员的养廉。

甘肃的情况，据甘肃巡抚石文焯谨奏称：

> 甘属额征地丁银二十六万两有奇，粮四十九万石有奇，细查各州县卫所征收耗羡约共四万余两，内布政司有平规银四千六百二十八两，以为养廉，又奏销造册等费一千二百两，臬司养廉并公费银共二千四百两，臣衙门笔帖式三员，共银九百两，除有税规之道府等官，足资养廉，概不议给外，其余道府各给养廉银一千两，州县酌给银八百两至五百两不等，同知、通判各给银六百两，口内外卫所各给银四百两，以上道府厅州县卫所各官共给养廉银二万九千七百余两，又布政司库官、库吏等项银一千一百一十两，臣衙门书吏银九百两，布政司衙门书役银一千二百两，连前通共需银四万二千三十八两。又河西各州县俱以耗粮为养廉。查甘属应征粮石耗羡通共计六万三千余石，酌给各道府厅州县养廉及斗级书役工食折耗等项，共需粮三万五千四百八十石，每年约可余粮二万七千余石，存贮以备公用。再，布政司养廉尚有西宁税规银一千一百两，杂税平规银六千余两。臬司养廉尚有西宁税规银五百五十两。至巡抚衙门养廉，向有西宁灵州税规银各一千一百两，又茶马内有规例银二万四千两，经前抚臣绰奇以二万两为军需之用，余四千两养廉。再查尚有随封等项共银一千九百二十两，又新增茶引六千道，有茶规银六千两，以上共银一万四千一百二十两，理合一并据实奏明。①

如上，可以看出，甘肃的耗羡归公银只有4万余两，养廉银的来源除了耗羡之外，还有杂税规银、茶规银等项，有些州县以耗粮为养廉，有些州县因有税规，不另支养廉银。

湖北省的情况也很突出，雍正七年（1729年），湖北布政使徐

---

① 《朱批谕旨》卷30，雍正三年十月初一日甘肃巡抚石文焯奏折。

鼎已有上疏谈及①。雍正九年（1731年），湖北巡抚王士俊的上疏又进行了指摘：

> （湖北）各州县钱粮名为加一火耗，俱有坐平等项名色，核算实有加一四五不等。所有司道府厅州县养廉，止照前任督臣杨宗仁定议，于加一耗羡之内，以三分二厘扣为州县养廉，以三分解布政司为通省公用，以一分五厘为布政司养廉奏销之用。如臬司六厘，各道一分五厘，知府一分，同知四厘，令各州县自行分送，为各衙门之养廉。至管税、管粮之同知、通判，谓伊自有羡余，亦未定有若干数目，此盖一时权宜之计。其实大州县按额收耗，即扣留三分二厘，积算有多至二千两以外者，小州县即以加一之数全给，亦有不足百金之数者，不均实甚。臣查司道府厅州县，除火耗养廉之外，尚有盐规、粮规、当商、杂税等项，历来各自收受，添补养廉，有数千金数百金之不等，均未据实报出，解至藩库，从公发给，偏枯更甚。夫司道府厅养廉，私相授受，不免开馈送需索之端。盐规各项，自行收用，不无额外勒取之弊。再如府州县之经历、县丞、杂职等官，均未议及养廉，伊等糊口无资，势必寡廉鲜耻，剥削小民。②

这里的问题是，按察司、道员、知府的养廉银由州县分送，同知、通判有管关税者，有管粮管盐者，因另有羡余银收入，未议给养廉银，从制度上带来了混乱。大州大县与小州小县的养廉银额差距过大，府、州、县之佐杂官员亦未议及养廉银。

安徽的情况，据江南总督高其倬、安徽巡抚徐本联衔奏称：

> 安省州县以上各官，俱蒙圣恩准给养廉，俾得安心办公，惟佐杂各官向因耗羡尚未充裕，势难遍及，是以未给养廉，但

---

① 《朱批谕旨》卷96，雍正七年三月初八日湖北布政使徐鼎奏折。
② 《朱批谕旨》卷73，雍正九年十二月初六日湖北巡抚王士俊奏折。

此等佐杂日用不继，易致擅受民词，私取里下等弊，臣等伏查现存江广每年归公盐规、匣费银三万两，当日俱系大小衙门规礼，于雍正十年三月内，经臣其倬及前任浙江督臣李卫等议奏，大学士等复核，逐年收存司库，以备地方公用，奉旨依议，钦此，钦遵在案。似应推广皇仁，以公济公。查安省佐杂，除藩司库官、仓大使并粮道衙门库大使，已经议给饭食，及各驿丞均有职掌，毋庸置疑外，其藩臬两司首领官三员，各府首领官共一十一员，州县佐贰吏目、典史、巡检大使等官共一百五十员，除出远差照例酌给盘费外，每员议给养廉银五十两，通共需银八千二百两，相应仰恳圣恩，每年即于存司充公盐规内按数拨给，岁底汇册送部核销。再查下江各道，每年养廉银三千两，凤阳一道原定养廉仅二千两，该道辖属甚广，且有管理关务重任，未免不敷，请照下江道员之例，并恳圣慈一体增给，以示鼓励。①

可见安徽在雍正十年后，除了增加道员的养廉银额外，对佐杂官员已经较为普遍的支发养廉银，而这一部分养廉银的来源，并非地丁中的耗羡归公银，而是盐规、匣费银。关于盐规、匣费银在雍正年间的整理与归公，笔者在拙著《清代盐政与盐税》中已有专节论述，可以参见。

一省之内即已存在这么多问题，各省之间进行比较，问题就更多。在雍正朝，对存在的一些问题已有一些调整，但并未从根本上予以解决。对此，乾隆十二年（1747年），上谕军机大臣曰："各省督抚养廉有二三万两者，有仅止数千两者，在督抚俱属办理公务，而养廉多寡悬殊，似属未均。着军机大臣等，酌量地方远近、事务繁简、用度多寡，量为衰益，定议具奏。"这里，乾隆帝要求先对督抚大员的养廉银进行调整，并提出有关调整要照"地方远近、事务

---

① 《朱批谕旨》卷144，江南总督高其倬、安徽巡抚徐本奏折。按：该奏折的时间不详，但上一份奏折中言及雍正十年之事，下一份奏折为雍正十一年，该奏折也言及雍正十年三月之事。

繁简、用度多寡"三原则进行。于是,军机大臣等遵旨议定:

> 查各督抚养廉银,现在湖广总督一万五千两,两广一万五千两,江苏巡抚一万二千两,江西、浙江、湖南、湖北、四川各一万两,不甚悬殊,毋庸置疑外。直隶畿辅重地,事务繁多,总督养廉止一万二千两,较各省觉少,请增银三千两。山东、山西、河南三省,同属近地,事务用度,亦属相仿,且俱系兼管提督,山东、山西二省各二万两,河南止一万二千两,请将山东、山西二省各减五千两,河南增三千两,各成一万五千两之数。广东巡抚一万五千两,广西止八千四百余两,虽广东用度稍多,然相去太远,请将广东减二千两,广西增一千六百两,以足一万两之数。再,川陕总督虽有节制边方、犒赏兵丁之费,然养廉三万两,较各省过多,而西安、甘肃二巡抚,西安居腹里,甘肃为边地,乃西安二万两,甘肃止一万一千九百两,请将川陕总督减五千两,西安巡抚减八千两,甘肃巡抚增一百两,以足一万二千两之数。闽浙总督其道里远近、事务繁简与两广相仿,而养廉二万一千两,未免过多,请减三千两。福建巡抚养廉一万二千两,未免不敷,请增一千两。江苏巡抚养廉银一万二千两,安徽则止八千两,云南巡抚一万五百五十两,贵州则止八千五百两,亦属未均,请将安徽巡抚增二千两,贵州增一千五百两,以足一万两之数。至各省督抚养廉,间有奇零,乃从前据火耗之额定数,今既经定制,零数应删,请将两江总督养廉银一万八千二百两内去零银二百两,云贵总督、云南巡抚各去银五百五十两。①

这是一次重要的调整,基本上规范了督抚的养廉银标准。在此基础上,乾隆二十五年(1760 年),又对各省布政使的养廉银额进

---

① 《清高宗实录》卷 290,乾隆十二年五月己亥。

行了调整：

> 遵旨议定：苏州政务较江宁为繁，应将苏州布政使养廉量减银一千两，岁支银九千两，其江宁布政使，除将苏州布政使裁银抵支外，加给银七千两……直隶布政使事务与苏州省相等，原定银一万两，减银一千两，岁给银九千两。至山东、河南、福建、陕西、广东等省，事务较直隶、江苏二省稍简，山东等五省布政使养廉各裁减银二千两，山西省减银一千两，湖南省减银三百两，云南省减银四百两，各岁给银八千两。其江西布政使原定养廉银七千二百两，贵州四千五百两，广西五千五百二十两，较之各省额支之数过少，江西省增银八百两，岁给银八千两，贵州增银五百两，岁给银五千两，广西增银四百八十两，岁给银六千两。安徽、湖北、四川三省照旧支给。①

通过乾隆二十五年（1760年）的调整，各省布政使的养廉银标准已经基本划一。其后，督抚、布政使等官员的养廉银额仍有所调整，据称是"节年更定，遂着有定额"②。兹将更定后成为"定额"的总督、巡抚、布政使、按察使、道员的养廉银标准，综为一表，以见其概（见表4-13）③：

表4-13　　　　　　　　　清代督抚布按等养廉银定例

省 区	总督（两）	巡抚（两）	布政使（两）	按察使（两）	道员（两）
直 隶	15 000	——	9 000	8 000	2 000～4 000
山 东	——	15 000	8 000	6 059	4 000
山 西	——	15 000	8 000	7 000	4 000
河 南	——	15 000	8 000	8 444	3 893～4 000

---

① 光绪《大清会典事例》卷262，《户部·俸饷·外官养廉二》。
② 《清朝文献通考》卷42，《国用四》。
③ 此表主要依据光绪《大清会典事例》卷261，《户部·俸饷·外官养廉一》列制，以《清朝文献通考》卷42，《国用四》作为补充。

续表

省　区	总督（两）	巡抚（两）	布政使（两）	按察使（两）	道员（两）
江　苏	18 000	12 000	苏州9 000 江宁8 000	8 000	3 000～6 000
安　徽	——	10 000	8 000	6 000	2 000
江　西	——	10 000	8 000	6 000	2 600～3 800
福　建	18 000	13 000	8 000	6 000	2 000
台　湾	——	12 000	8 000	——	2 600
浙　江	——	10 000	7 000	6 000	2 000～4 500
湖　北	15 000	10 000	8 000	6 000	2 500～5 000
湖　南	——	10 000	8 000	6 500	2 000～4 000
陕　西	20 000	12 000	8 000	5 000	2 000～2 400
甘　肃	——	12 000	8 000	5 000	3 000
新　疆	——	12 000	9 000	3 000	3 700
四　川	13 000	——	8 000	4 000	2 000～2 500
广　东	15 000	13 000	8 000	6 000	3 000～3 400
广　西	——	10 000	6 000	4 920	2 360～2400
云　南	20 000	10 000	8 000	5 000	3 500～5 900
贵　州	——	10 000	5 000	3 000	1 500～2 200

　　知府、知州、知县等官员的养廉银额也在乾隆年间经过多次更定，形成定例，如表4-14所示①：

---

①　光绪《大清会典事例》卷261，《户部·俸饷·外官养廉一》。

表4-14　　　　　　　　清代府县等官员养廉银定例

省　区	知府（两）	知州（两）	知县（两）	同知（两）
直隶	1 000～2 600	600～1 200	600～1 200	700～1 000
山东	3 000～4 000	1 200～1 400	1 000～2 000	800～1 000
山西	3 000～4 000	800～1 500	800～1 000	1 200
甘肃	2 000	600～1 200	600～1 200	800～1 400
江苏	2 500～3 000	1 000～2 000	1 000～1 500	600～1 000
浙江	1 200～2 400	1 400	500～1 800	400～1 500
湖北	1 500～2 600	800～1 680	600～1 680	600～1 000
湖南	1 600～2 400	900～1 300	600～1 300	600～1 000
四川	2 000～2 400	600～1 200	600～1 000	500～1 000
广东	1 500～2 000	600～1 600	600～1 500	600～800
广西	1 000～1 780	825～1 756	704～2 259	400～700
云南	1 200～2 000	900～2 000	800～1 200	400～1 600
贵州	1 200～1 500	500～800	400～800	500～900

　　佐杂官员的养廉银在雍正中期以后已经渐次支给①，如上述已经提及的雍正七年（1729年）江西、福建省例，以及雍正十年（1732年）的安徽省例。但并不普遍，也无一定之规，从而导致弊端的产生，如上揭湖北巡抚王士俊说的那样："府州县之经历、县丞、杂职等官，均未议及养廉，伊等糊口无资，势必寡廉鲜耻，剥削小民。"乾隆即位以后，将佐杂官员养廉银的支发制度化，"复增定佐杂各官养廉，其制尤大备"②。对佐杂官员养廉银支发的制度化，也包括了原支发养廉银省份的调整，如福建，上揭史料仅称"县丞以下微员，亦令酌给银两，以为薪水之费"，到"（乾隆）八

――――――――

　　① 参见［日］佐伯富：《清代雍正朝养廉银研究》一，《东洋史研究》第29卷1号，1970年。
　　② 《清朝文献通考》卷90，《职官十四》。

年，增给福建省佐贰等官养廉。时福建一省每员只给银二十两。谕：从本年为始，将通省大使、佐贰等一百九十八员加倍赏给，以资养赡"①。经过乾隆朝对佐杂官员养廉银的"增定"，各省有了一定的标准，兹依据光绪《大清会典事例·户部·俸饷·外官养廉一》示列几个省的情况，以见其概：

直隶：布政司理问、经历，按察司经历各120两。承德府经历71.5两，其他各府经历各40两。府司狱、吏目、仓大使、库大史各31.5两。

江苏：布政司理问、经历、库大使，按察司经历、司狱各60两。府经历、知事、检校、照磨、司狱、各仓库大使、税课大使、县丞、吏目、主簿、巡检、典史各60两。

湖北：布政司经历、照磨、按察司经历各80两，按察司司狱60两。布政司库大使未设养廉。粮道库大使80两。宜昌、施南二府经历各100两，其他府经历各80两。府司狱60两。建始、长乐、恩施、利川县丞各100两，其他县丞各80两。县主簿80两。鹤峰州吏目75两，其他州吏目各60两。县巡检60两至90两不等。

从总体上说，乾隆年间对养廉银的调整有两个突出的特点：一是在照顾到"地方远近、事务繁简、用度多寡"的前提下，尽量做到整齐划一；二是佐杂官员的养廉银也普遍关支。从而使养廉银的支发走向制度化、规范化，养廉银也成为各级官员最主要的经济来源。据我们的统计比较，总督的养廉银高出正俸的83.87～129.03倍，巡抚高出64.52～96.77倍，布政使高出32.26～58.07倍，按察使高出23.08～64.95倍，道员高出14.29～67.14倍，知府高出9.52～38.09倍，知州高出6.25～25倍，知县高出8.89～50.2倍，同知高出5～20倍。除了知县这种"亲民官"外，越是高品级的官员，养廉银越是优厚。即使佐杂官员的养廉银，与正俸相比，也高出一倍有余。以湖北为例，布政司经历一职，位居从六品，养廉银高出正俸1.33倍。按察司经历一职，位居正七品，养

① 《清朝文献通考》卷42，《国用四》。

廉银高出正俸 1.78 倍。府经历一职，位居正八品，养廉银高出正俸 2～2.5 倍。县主簿一职，位居正九品，养廉银高出正俸 2.42 倍。高品级官员的养廉银之所以特别高，是因为除了作为正俸之外的个人用度外，还有其他的开支，如雍正八年（1730 年）浙江总督兼巡抚李卫所奏："浙省恩赏各官养廉银两一案，原议督抚两衙门除养赡家口、本身用度、延幕办事外，尚有各项公务之需。"①这里所说的督抚养廉银的用途，除自己所得外，也有一部分用于聘请幕僚和办公费。佐伯富认为，养廉银的用途大致有三端，一是日用薪水费，二是幕僚的工资，三是公务费②。也许正是在这个意义上，高品级官员的养廉在文献上有时也称作总督衙门养廉、巡抚衙门养廉、各衙门养廉。不过，因耗羡归公银中专门划拨了一部分为公费，高级官员的养廉银中到底有多少用于开支公务费，则没有一定之规。而州县一级"亲民官"的养廉银，相比较而言较低，公费、扣摊以及各种应付之费繁多，反而有捉襟见肘之感，如晚清广东的情况："查州县官仰给于上者，曰俸银，曰养廉。然俸则例不得随时请领，廉则署缺只给半数，除扣摊各项，所余亦复无几。而州县任地方之大，因公之用款既多，循例之虚糜匪鲜，如幕友之薪惰，合署之伙食，即此两项，岁以千计。外此，道府衙门则幕友有节敬，书办有房费，并有家丁、门号，亦食干俸，甚或道府因公之用，亦摊派于州县。凡此皆循例之虚糜。"③

同时，除了地方文职官员的养廉银支发在乾隆年间走向制度化、规范化外，乾隆年间还实行了京官双俸制和武官养廉制。只不过京官双俸制和武官养廉制与耗羡归公基本上没有什么联系。笔者在《中国俸禄制度史》中有叙述，也可以参考。

---

① 《朱批谕旨》卷 174，雍正八年九月初六日浙江总督管巡抚事李卫奏折。

② ［日］佐伯富：《清代雍正朝养廉银研究》三，《东洋史研究》第 30 卷 4 号，1972 年。

③ 广东清理财政局：《广东财政说明书》卷 2，《岁入门·田赋上》。

七、清查亏空

清查亏空，在雍正朝最为突出，为学者所乐道。但清代的亏空及其清查，在康熙初年已有端绪。起初，在顺治九年（1652 年），已经题准："钱粮征解支放，各有款项，若为公务移缓就急，谓之挪移；假公济私，谓之侵盗；军兴公用，不得已而借用，谓之透支；藉端开销，谓之冒破。令抚、按清查追抵。"① 这还是对库项亏空的一般性界定和释名，涉及"挪移"、"侵盗"、"透支"、"冒破"等名目，尚未用"亏空"一词，只是"令抚、按清查追抵"，未见到对"挪移"、"侵盗"、"透支"、"冒破"者进行处分的具体则例。

到康熙初年，便有了具体的处分则例。康熙九年（1670 年）题准："司道府州县等官，如钱粮米豆正杂等项擅自那（挪。"那"、"挪"在古文中相通，原文用"那"者，不再另注）移别用者，皆革职。如正杂钱粮米谷豆草不报明该抚，以紧急军需私自那用者，降一级留任，俟赔完之日听该督抚题请开复。如存留钱粮因公那用者，免议。"② 这是吏部的处分例，目的在于防止地方官员的挪移而导致亏空。

康熙十年（1671 年）题准："承追侵那钱粮，初次限四月追完，逾限不完，降俸二级戴罪督催，再限一年全完。如仍不完，罚俸一年。"③ 这是户部的处分例，目的在于补足欠项。

随后，由于三藩之乱的爆发，动用钱粮刻不容缓，地方藩库钱粮往往紧急动拨，康熙十七年（1678 年）题准："各省有因军需动用钱粮，刻不容缓者，司道官申详督抚，一面咨题一面动用。若司道并未申详，擅自动用，督抚先未题咨，径为请销者，督抚降职二级，司道官降职五级，皆调用。若司道申详，督抚不咨题，擅令动

---

① 光绪《大清会典事例》卷 175，《户部·田赋·究追亏空》。
② 乾隆《大清会典则例》卷 16，《吏部·考功清吏司·盘察》。
③ 乾隆《大清会典则例》卷 37，《户部·田赋四》。

用者，司道官免议，督抚降职五级调用，皆不准开销，责令赔还。"① 应该说，这条政令虽有防范之意，但在客观上导致了钱粮的挪移和亏空。

三藩之乱结束以后，由于藩库的亏空凸显，清查亏空再次被提上议程。吴廷燮的《清财政考略·康熙时之财政》已经指出：康熙二十三年（1684 年），以广西巡抚郝浴亏空库银十九万两，大学士、九卿等议准了防止亏空的几个条款：（1）驻防绿骑官兵米豆草束，如有将价值浮折具题者，照例处分。（2）定限一年，清查各省采买米豆浮多价值并追完。（3）清查兵马钱粮数目舛错。（4）各省奏销钱粮驳查者，惧令具题完结。其后，清查亏空之诏屡下，"而亏空之弊卒未禁绝，故末年有谓一省亏空皆至五六十万两者，此雍正初年严办亏空官员之由来也"②。

吴廷燮所言不虚。从康熙中期起，有关亏空及其清查的上疏、上谕不断，并不断颁布新的措施。

康熙二十七年（1688 年）题准："各省藩库交代钱粮，定限两月，如有侵欺亏欠等弊，将隐匿不参之该督抚革职。如督抚有侵欺入己之处，照侵欺例治罪。"③ 又议准："州县亏空，知府不行揭报，反逼新任官出结者，革职。"④

康熙二十八年（1689 年），户部疏称："各处藩司库银，屡以亏空见告，虽定有藩司升任巡抚躬自盘查之例，然平时漫无稽核，至升任时始行盘查，未免已晚……嗣后应令各省巡抚于每年奏销时，将司库钱粮亲身盘查，如无亏空，于奏销本内一并保题。倘保题之后仍有查出亏空者，将巡抚照康熙二十七年十二月内新定交盘

---

① 乾隆《大清会典则例》卷37，《户部·田赋四》。

② 吴廷燮：《清财政考略·康熙时之财政》，1914 年铅印本，第 3～4 页。康熙二十三年，"以各省督抚侵欺库帑，户部无凭查核，谕大学士、九卿详定条例"。见《清朝文献通考》卷41，《国用三》，第 5230 页。

③ 乾隆《大清会典则例》卷16，《吏部·考功清吏司·清盘库项》。

④ 光绪《大清会典事例》卷175，《户部·田赋·究追亏空》。

例治罪。"① 又题准："粮、驿二道存库钱粮，责成藩司；各府存库钱粮，责成各道。令每年岁终亲往盘查，如无亏空，即具保结申送巡抚。倘保结之后，仍有查出亏空者，该抚题参。将藩司、各道皆照例革职分赔。"②

康熙三十九年（1700 年）上谕："近见各省督抚等先以官员亏空仓库银米题参后，以家产尽绝保题者甚多，此等亏空银米，作何着落追还，着九卿、詹事、科道会议具奏，钦此。"遵旨议定："嗣后仓库银米，如有亏空，审明是侵是那，着落亏空官追还，有实系家产尽绝不能完结者，着落岁终申报保题之各上司官名下追完。至起解银两及漕粮等项已经起程之后，如有亏空者，将解官运官审明追还。实系家产尽绝不能完纳者，亦着落差遣不慎之该管上司名下追完。如有藉端私派于民者，从重治罪。"③ 又覆准："升任官文凭到日，该督抚即委官署印，限两月内将事件交代明白，方准离任。如任内有经管未完钱粮，不于两月内交清，呈报上司，及署官、新官推诿不接者，各罚俸一年……其任内有侵盗、透冒、挪移、垫解，并拖欠未清等弊，署官、新官揭报，该抚题参，将本官照例处治。如署官、新官徇隐不报，交代后始揭报者，该抚核实题参，将亏空官革职治罪，接任官照徇隐亏空例议处。亏项照例追赔。若接官不受交代，通详上司，上司不揭报题参者，照徇庇例议处。"④ 该年，直隶巡抚李光地题称："目前因循积弊，未有甚于亏空者，不可不立法厘清宿弊。"并提出三条办法："一、杂项钱粮，不入奏销案内者，应责成该管上司于监查正项时，一并照例盘查保结，则那移之弊杜矣。一、上司盘查属库，例责年终，嗣后应自该年十一月起，至次年奏销以前止，亲至查明，如有亏短，立行揭

---

① 钞档：《地丁题本·湖南（二）》，乾隆二年八月十九日张廷玉题本引前定例。雍正元年（1723 年），又进一步重申，并增加了"令总督监同巡抚亲身盘查"，"钱粮无缺，出具印结，于奏销本内一并保题"的内容。见档案，乾隆三十六年素尔讷题：《为奏销乾隆三十五年钱粮事》引前定例。

② 光绪《大清会典事例》卷 174，《户部·田赋·盘查仓库》。

③ 乾隆《大清会典则例》卷 37，《户部·田赋四》。

④ 光绪《大清会典事例》卷 174，《户部·田赋·钱粮交代》。

报，见存无亏，据实出结，则期限舒徐，可以逐项周察也。一、亏空那移，律例虽有正条，但法轻易犯，嗣后地方官如有那移银至五千两以上，或粮米至六千石以上者，无论已未革职，仍拟满流，不准折赎，即遇恩典，亦不准减免。庶人知畏法，而仓库加谨矣。"下部议行。①

康熙四十年（1701 年）覆准："凡亏空之案，专责藩司于部文到日，严督府州县各官务遵四月定限，将侵那审明招解，如逾限，将州县官揭参，迟延限后又满四月，再参迟延。将本管知府皆照易结不结例议处。藩司于限内不据实揭报，后以迟延揭报塞责者，亦照易结不结例处分。至各州县修理城池等项，虽系私捐，仍令通报。如亏空事发，各该抚藩司将私捐修理之项审作那移正项者，承审官照徇纵例议处。"②

康熙四十四年（1705 年）上谕："官员荐举卓异，关系激劝大典，所列事迹，期有实济于地方百姓，开载虚文无益。嗣后荐举卓异，务期无加派、无滥刑、无盗案、无钱粮拖欠、无亏空仓库银米，境内民生得所，地方日有起色，方可膺卓异之选。"③

康熙四十四年（1705 年）覆准："州县仓库钱粮，责成知府盘察，于每年奏销时，出具所管州县仓库实贮无亏印结，造册申详保题，仍令不时盘察，无论几时察出亏空，立即揭参，免其革职分赔。若州县亏空，知府有扶同徇隐情弊，别经发觉者，将知府参革，令知府独赔。如知府止系盘察不实，不行揭报，或别案发觉始行报出者，系那移，将知府革职，令知府分赔；系侵欺，知府照失察侵盗律议处，免其分赔。"④

康熙四十八年（1709 年），上谕："闻江南有催征蠲免钱粮，以偿己之亏空者，科道何以不行指参。"⑤

① 《清圣祖实录》卷 197，康熙三十九年二月。
② 乾隆《大清会典则例》卷 37，《户部·田赋四》。
③ 《清圣祖实录》卷 221，康熙四十四年五月己卯。
④ 乾隆《大清会典则例》卷 16，《吏部·考功清吏司·盘察》。
⑤ 《清圣祖实录》卷 239，康熙四十八年十月丙午。

康熙四十九年（1710年），上谕户部："陕西州县官有因地瘠民贫，并不亏空钱粮，故为亏空，被参解任后，即行填补，希图别处美缺者，朕知之甚确。着九卿议奏。寻议：嗣后直省州县官亏空钱粮，被参离任后，赔补已完，开复者，不准别省补用，仍以原缺补用，庶无规避之弊。从之。"①

康熙五十年（1711年）议准："亏空官，如有现任居官之子，情愿代父赔还者，即于其子任所按限扣追，完日免罪。"②

康熙五十一年（1712年）议准："州县亏空钱粮，知府止将本年揭报，其积年亏空直至题参之后始报，察出者，仍将通同隐匿之知府照例题参。"③

康熙五十三年（1714年）议准："凡追赔亏空赃罚银及分赔等项，悉于文到之日定限一年，其限内追完三百两以上之案者，承追官每案记录一次，督催、知府、直隶州知州每三案记录一次，道员每五案记录一次，督抚布按每十案记录一次。若不完，将承追官罚俸一年督催，知府、直隶州知州各罚俸六月，司道督抚各罚俸三月，皆戴罪督催。再一年限内不完，将承追官降一级留任，督催知府、直隶州知州各罚俸一年，司道督抚各罚俸六月，再限一年督催，全完开复。若不完将承追官照所降之级调用，督催知府、直隶州知州各降一级留任，司道督抚各罚俸一年，其接任承追督催等官仍各照到任之日扣限。"又题准："凡亏空之人，如果家产全无，本人身故，妻及未分家之子不能赔补者，该地方官取具印甘各结，申报督抚保题豁免结案。倘题后而本人别有田产、钱财、房屋、人口，发觉尽行入官，将承追出结官革职督催，知府、直隶州知州各降二级调用，司道降一级留任，督抚罚俸一年，其所欠赃银米谷，着落出结官赔补。如承追官员不着落本人之妻并未分家之子行追，借端将亲族滥行着落追赔者，将承追官革职。"④

① 《清圣祖实录》卷243，康熙四十九年九月己未。
② 光绪《大清会典事例》卷175，《户部·田赋·究追亏空》。
③ 乾隆《大清会典则例》卷37，《户部·田赋四》。
④ 乾隆《大清会典则例》卷19，《吏部·考功清吏司·承追》。

康熙五十六年（1717 年）覆准："嗣后亏空案内，如果系民欠，捏报全完，或私借仓粮，捏报无欠，除私借之员照律治罪，其捏报官，照虚出通关朱钞律，计所出之银数，并赃以监守自盗论。其实在民欠，着落原借之人完纳，其挪移有抵，即令接任官催征。若捏报私借之项，该员情愿一年内代民全完，准其开复。"①

康熙五十八年（1719 年），上谕九卿："各省钱粮，亏空甚多……各省亏空钱粮，督抚等果能尽心竭力完补，又何至亏空乎？其作何完补之处，尔等会同详议具奏。"寻议："应行令直隶各省督抚，将见今亏空各项钱粮数目，作速查明，何项亏空？作何完补？并嗣后作何立法，始可永无亏空之处，一并确行定议具题，到日再议。"从之。②

康熙五十九年（1720 年）议准："嗣后州县官亏空钱粮，倘知府揭报，而布政司不即转揭，或已揭而督抚不即题参者，许揭报官径报部院，将徇庇之上司照例议处，仍令分赔。其卫所等官亏空屯卫等项钱粮，照亏空地丁例议处。"③ 该年，又议准："州县亏空钱粮，知府从前果有扶同徇隐情弊，别经发觉者，将知府参革，其亏空钱粮，令知府独赔。"又覆准："州县官恃有上司分赔之例，将库银藏匿，假捏亏空者，审实，着落本犯名下独追还项，仍照例治罪。"又覆准："各省亏空钱粮，皆因夤缘馈送礼物所致，发觉之日，与、受，皆革职。严饬督抚，照例实心奉行。其有上司逼勒交盘，以致亏空者，许新任官据实直揭部院，科道衙门题参。审明，将逼勒各官照例议处；具揭之新官，令其赴部，调补别省。"又覆准："嗣后督抚不尽心防范于未亏空之前，竭力补苴于亏空发觉之后，将督抚照例议处。仍令分赔完补。"④ 事实上，该年是康熙年间对亏空的清查最为着力的一年。据《清圣祖实录》记载，该年七月，上谕户部："直隶各省钱粮亏空甚多，应作何立法，使亏空

---

① 光绪《大清会典事例》卷 175，《户部·田赋·究追亏空》。
② 《清圣祖实录》卷 283，康熙五十八年正月。
③ 乾隆《大清会典则例》卷 37，《户部·田赋四》。
④ 光绪《大清会典事例》卷 175，《户部·田赋·究追亏空》。

之弊永远清理，着行文各该督抚，确议具奏。"① 另据《清朝文献通考·国用三》记载，"五十九年，圣祖仁皇帝以直隶各省亏空甚多，欲立法清理，谕户部行文各督抚确议具奏"。户部根据各督抚的意见，共议定六条条例：

> 一、州县官征收钱粮，务令随征随解，如迟延不解，即令该督抚题报参处。如州县官批解钱粮，而布政司抵充杂派，扣批不发，许州县官申报督抚，并报部院衙门题参。
>
> 一、令该督抚确查亏空情由，或因知府扶同徇隐，以致亏空者，即行参革，令知府独赔。
>
> 一、州县官有捏报亏空，审明定拟，即于本犯名下独追还项。
>
> 一、亏空钱粮果系因公挪用者，将该员革职留任，勒限赔补，限内全完，准其开复。若至霉烂仓谷，现在参追者，着一年内如数完补，亦准开复。
>
> 一、州县官亏空钱粮，如有知府揭报，而布政司不即揭报，或已揭而督抚不即题参者，应令该知府申报部院，将督抚、布政司等官照徇庇例议处，仍令分赔。
>
> 一、卫所官员亏空屯卫等项钱粮，亦照地丁之例处分。②

同时，该年还议定了追赔亏空的议叙与处分则例：

> 凡追赔亏空赃罚银等项及分赔等项，除不及千两之案仍照三年之例参处外，至五千两以上之案，以十分为率，勒限五年，每年追完二分，五年之内十分全完记录一次，每年完不及二分者，初限不完降俸二级，二限不完罚俸一年，三限不完降一级，四限不完又降一级，皆留任戴罪承追。五年限满，能完至七分者，将所降之级准其开复，再行按年起限承追。如不完

---

① 《清圣祖实录》卷288，康熙五十九年七月庚午。
② 《清朝文献通考》卷41，《国用三》，第5230～5231页。

及七分者，照所降之二级调用。接任官以到任之日起限，有能于一年限内追完千两以上之案者，准加一级，五千两以上之案者准加二级，万两以上之案者准加三级，如能于一年限内追完一万五千两以上之案者准以应升之官即用。其督催五千两以上者，每案勒限五年分数催追，递年完至二分者，免其处分，递年完不及二分者，知府、直隶州知州每案初参降俸一级，二参罚俸六月，三参罚俸一年，四参降一级留任，皆令戴罪督催。五年限满，全完开复。如不完降二级留任，戴罪督催。督抚司道每案初参罚俸三月，二参罚俸六月，三参罚俸九月，四参罚俸一年。五年限满无完，各降一级留任，仍再行按年起限督催。全完开复。余款仍照不及千两之例行其督催。亏空粮米道员，责成粮道为督催。督催亏空盐课道员，责成盐道为督催。其非管理粮盐道员免其并参。①

康熙六十一年（1722 年），上谕扈从大学士、尚书、侍郎、学士等曰："据陕西巡抚噶什图奏称，陕西亏空甚多，若止于参革官员名下追补，究竟不能速完。查秦省州县火耗，每两有加二、三钱者，有加四、五钱者。臣与督臣商议，量留本官用度外，其余俱损补合省亏空，如此则亏空即可全完等语。朕谓此事大有关系，断不可行。定例私派之罪甚重，火耗一项，特以州县官用度不敷，故于正项之外，量加些微，原是私事。朕曾谕陈瑸云，加一火耗，似尚可宽容。陈瑸奏云，此乃圣恩宽大，但不可明谕，许其加添。朕思其言，深为有理。今陕西参出亏空太多，不得已而为此举，彼虽密奏，朕若批发，竟视为奏准之事。加派之名朕岂受乎。特谕尔等满汉诸臣共知之。"②

据以上示例，可以看出，康熙中后期对亏空的清查和处分，主要涉及藩库钱粮的及时盘查，对地方藩库亏空的如实、及时上报，亏空钱粮的追赔，以耗羡弥补亏空，各级官员应负的责任等，并有

---

① 乾隆《大清会典则例》卷 19，《吏部·考功清吏司·承追》。
② 《清圣祖实录》卷 299，康熙六十一年九月戊子。

相应的政策条例予以规范。尽管如此，清查亏空的效果仍然不著。之所以如此，原因可能是多方面的，但在很大程度上，与康熙对亏空原因的认识有关。康熙曾经多次谈及亏空的原因。如：

康熙四十八年（1709 年）上谕大学士等曰："凡言亏空者，或为官吏侵蚀，或为馈送上官，此固事所时有，然地方有清正之督抚，而所属官员亏空更多，则又何说？朕听政日久，历事甚多，于各州县亏空根源知之最悉，从前各省钱粮，除地丁正项外，杂项钱粮不解京者尚多，自三逆变乱以后，军兴浩繁，遂将一切存留项款尽数解部，其留地方者，惟俸工等项必不可省之经费，又经节次裁减，为数甚少，此外则一丝一粒无不陆续解送京师，虽有尾欠，部中亦必令起解，州县有司无纤毫余剩可以动支，因而有那移正项之事，此乃亏空之大根源也。"① 如是，亏空虽与官吏侵蚀有关，但主要的原因是由于三藩之乱以后中央财政与地方财政的调整而导致的地方财政的困难和紧张，地方财政不足，地方官员除另辟财源外，势必挪此就彼。

康熙四十九年（1710 年）上谕大学士、九卿等曰："江南亏空钱粮，两次命张鹏翮察审，朕意地方虽有不肖之官侵蚀钱粮，未必多至数十万两。前朕南巡时曾有谕旨，凡沿途所用之物悉出内帑预备，未尝丝毫取诸官民，督抚等官不遵朕旨，肆意那用，以致亏空，朕若不言，内外诸臣谁敢言者。但彼任事之人离任者已多，若将因公那用，责之新任官赔补，朕心实不忍也。至俸工银两有限，即逐年扣补，亦难清理，且官无俸禄，役无工食，必致私派以累民。"② 这是专就江南的亏空而言，这种亏空，康熙认为与自己的数次南巡有关，亏空仍是"公务"所致，不便于追赔。

康熙六十一年（1722 年）上谕："近见天下钱粮，各省皆有亏空，陕西尤甚。其所以致此者，必有根源，盖自用兵以来，大兵经行之处，督抚及地方官惟期过伊地方便可毕事，因资助马匹、盘费、衣服、食物甚多，仓卒间无可设法，势必那用库帑，及撤兵.

① 《清圣祖圣训》卷 27，《理财》。
② 《清圣祖圣训》卷 4，《圣德三》。

时，又给各兵丁马匹银两，即如自藏回来之将军以及兵丁沿途所得，反多于正项，动辄万金，人但知取用而已，此等银两出自何项，并无一人问及也。官之亏空钱粮者，俱已题参离任，其亏空银两追比不能，即得新任官又不代完，此项银两终无着落。……（陕西）巡抚噶什图密奏，欲加通省火耗以完亏空，此折朕若批发，便谓朕令加征，若不批发，又谓此事已曾奏明，竟自私派。定例私派之罪甚重，火耗一项，特以州县官供应甚多，故于正项之外略加些微，以助其不足，原属私事，若公然如其所请，听其加添，则必致与正项一例催征，将肆无忌惮矣。"① 这里所说的亏空，是由于用兵所致，也是难以追赔，所以便有了"加通省火耗以完亏空"的建议。

康熙六十一年（1722 年）十二月，雍正帝即位后，发布了一长篇上谕：

> 自古惟正之供所以储军国之需，当治平无事之日必使仓库充足，斯可有备无患。皇考躬行节俭，裕国爱民，六十余年以来蠲租赐复，殆无虚日，休养生息之恩至矣。而近日各省道府州县亏空钱粮者正复不少，揆厥所由，或由上司勒索，或系本人侵渔，岂皆因公那用！皇考好生如天，不忍即正典刑，故此辈每恃宽容，毫无畏惧，恣意亏空，动辄盈千累万，督抚明知其弊，曲兼容隐。及至万难掩饰之时，又往往改侵盗为那移，勒限追补视为故事，究竟全完者绝少。新任之人，上司逼受前任交代，初畏大吏之势，虽有亏空，不得不受继启效尤之心，任意侵蚀，更藉此挟制上司，不得不为之隐讳。展转相因，以致库藏全虚，一旦地方或有急需，不能支应，关系非浅。本应实时彻底清察，重加惩治，但念已成积习，姑从宽典，除陕西省外，限以三年，各省督抚严察所属，钱粮凡有亏空，无论已参未参，均于三年之内如数补足，毋得苛派民间，毋得藉端遮饰。如限满不完，定从重治罪。若三年补完之后，再有亏空，

---

① 《清圣祖圣训》卷 9，《圣治四》。

除被上司勒索及因公那移者分别处治外，其实在侵欺入己者，确审具奏，即行正法。倘仍徇私容隐，或经朕访实，或被科道纠参，将督抚一并从重治罪。即如山东藩库，亏空至数十万，虽以俸工补足，其实不能不取之民间，额外加派。山东如此，他省可知。以小民之膏血，为官司之补苴，地方安得不困乎！既亏国帑，复累民生，大负皇考爱养元元之至意。此朕断断不能姑容者。至于署印之官，尤须慎重简择。谚云：署印如行劫。皇考每言及此，未尝不恨署印之人。始而百计钻营，既而视如传舍，肆意贪婪，图饱欲壑，或取媚上官，供其索取，贻害小民，尤非浅鲜。其于前任亏空，视作泛常，接受交盘，复转授新任，苟且因循，亏空愈甚。嗣后如察出此等情弊，必将委署之上司与署印之员一并加倍治罪，决不姑贷。钦此。①

雍正此谕非常重要，一方面认为乃父"好生如天，不忍即正典刑"，亏空"或由上司勒索，或系本人侵渔，岂皆因公那用"，事实上否定了康熙对亏空的认识。雍正元年（1723 年），又谕："藩库钱粮亏空，近来或多至数十万，盖因巡抚之赀用，皆取给予藩司，或以柔和交好，互相侵那，或先钩致藩司短长，继以威制勒索分肥入己，徒供一身贪缘自奉之费，罔顾朝廷帑藏财用之虚，及事发难掩，惟思加派补库，辗转累民，负国营私，莫此为甚。"②进一步表明了亏空乃侵欺所致。另一方面，表明了严查亏空的决心，并要求三年之内将亏空之项补足。从此拉开了雍正朝清查亏空的序幕。

对雍正朝的清查亏空已多有研究。王业键认为，雍正帝决心整顿财政，一方面三令五申，革除积弊，一方面更采取积极的行动，推行他的改革措施。首先派员或饬令清查钱粮，清查后发觉亏空，则亏空官员视情节轻重予以免职或革职查办。亏空之项，分有着、无着两种，前者指亏空银两经查明由谁负责，责任既明，有关官员

---

① 乾隆《大清会典则例》卷37，《户部·田赋四》。
② 《清世宗圣训》卷5，《圣治一》。

自不能逍遥事外，这种亏空均限期责令赔补；后者指责任不明或年久无可着追之亏空，大都以各地正额钱粮所附加的耗羡银两弥补。并以直隶、山西、河南、山东等省的实例说明了清查亏空的效果。① 冯尔康认为，雍正朝的清查亏空分为两个方面，一是在中央设立会考府，清查户部的亏空，二是地方上的清查亏空。对地方上的清查亏空，采取了命亲戚帮助赔偿、禁止代赔、分清挪移与侵欺的区别、对畏罪自杀的官员加重处理等办法。② 曾小平认为，清初亏空的情况极为复杂，由于地方的正式经费有限，对于地方官员而言，在公务上有所作为而不引发亏空几乎是不可能的。随着雍正皇帝的即位，改革重点发生了显著的变化。他主动采取的第一项政策是宣布对政府亏空和官吏侵贪予以正面打击。③

概而言之，雍正的清查亏空，从清查范围上来讲，主要有三：一是设立会考府，清查户部的亏空，二是清查地方藩库的银两亏空，三是清查各地仓库的粮食亏空。从采取的清查措施来讲，则有下述数端：

第一，规定弥补亏空的年限。在前揭康熙六十一年（1722 年）十二月的上谕中，已经明令"除陕西省外，限以三年，各省督抚严察所属，钱粮凡有亏空，无论已参未参，均于三年之内如数补足"。同时又规定了"分限完补"的办法："州县侵那亏空，审明确系知府徇隐独赔之项，将知府照例革职离任，本犯拟罪监追，勒限三年完补。无论本犯完补，或知府协同完补，但能于一年内全完，系侵欺之项，本犯拟死罪者照例减二等发落，拟军流徒杖者照例豁免，徇隐之知府不准开复。系那移之项，至二万两以上者，一年内全完，本犯照例释免。未至二万两者，一年内全完，本犯照例准其开复，其徇隐之知府亦照雍正二年八月上谕上司与本官一同开

① 王业键：《清雍正时期的财政改革》，原载《台湾"中央研究院"历史语言研究所集刊》第 32 本，1960 年。见氏著：《清代经济史论文集》（一），台北县稻香出版社 2003 年版，第 314~323 页。

② 冯尔康：《雍正传》，人民出版社 1985 年版，第 139~147 页。

③ ［美］曾小平：《州县官的银两——18 世纪中国的合理化财政改革》，董建中译，中国人民大学出版社 2005 年版，第 70~82 页。

复之例皆准其开复。如二限、三限完补者，本犯照例分别发落。若三年限满不能完足，即将本犯治罪，察实果系家产全无，无力完帑，不论是侵是那，将未完之项尽数着落徇隐之知府勒限一年完补，除徇隐侵欺之项虽经全完不准开复外，系那移之项能于一年内全完，准其开复。一年限满不完，再限一年完补，若能于二限内赔补全完，照依原职降一级调用。二限内完不足数，再限一年完补，若能于三限内全完，照依原职降二级调用。三限内不完，即将知府家产搜察变补，若即赔补全完，亦不准开复。如州县亏空，知府失于觉察，系侵欺之项，除本犯照例严追外，失察之知府照失察侵盗本律议处，免其分赔。如系失察那移，例应分赔之项，将知府革职，其亏空之项，亦先在本犯名下勒限三年追补。一年内全完，将本犯及不行揭报之知府，皆准其开复。二限、三限完补，本犯照例分别发落。若三年限满不能完足，将本犯治罪。察实果系家产全无，无力完帑，将未完之项着落不行揭报之知府分赔一半，其余一半入于无著项下完结。其知府分赔一半银，勒限一年完补，一年内全完，准其开复，不完再限一年完补，若能于二限内全完者，准其开复，于补官日罚俸一年。如二限内完不足数，再限一年完补，若能于三限内全完者，照依原职降一级调用。如三限内不完，不准开复，未完银仍着落追赔。"①

三年之限即满，由于效果不佳不得不再为宽限，如雍正四年（1726 年）所谕："数十年来，各省钱粮亏空甚多，朕深悉其弊端，曾降谕旨，宽限三年，令各省督抚催追完项，至今未见有督抚奏报料理就绪者。……今特沛宽恩，凡各省亏空未经补完者，再限三年，宽至雍正七年，务须一一清楚，如届期再不全完，定将该督抚从重治罪。如有实在不能依限之处，着该督抚奏闻请旨。"② 雍正八年（1730 年），又覆准："除不及千两者，仍照原限勒追外，其千两以上万两以下者，再定限一年，二万两以下者，再定限二年，

---

① 乾隆《大清会典则例》卷 16，《吏部·考功清吏司·盘察》。
② 《世宗上谕内阁》卷 47，雍正四年八月初四日。

每年应完一半。三万两以上者，再定限三年，每年应完三分之一。"① 分别不同的情况，再次予以宽限。

第二，颁布清查亏空的奖惩则例。康熙末年的奖惩则例已如上揭。追赔亏空，既有分年完补之例，也有分限完补之例，雍正年间根据是否按时完补，对有关承追、督催官员分别奖惩："应追侵盗那移各案，除不及千两者，仍照原限勒追外，其千两以上万两以下者，再定限一年，二万两以下者，再定限二年，每年应完一半。三万两以上者，再定限三年，每年应完三分之一。如能依定限内通完者，承追州县每案记录一次，督催知府每三案记录一次，道员每五案记录一次，督抚、布政使、按察使每十案记录一次。若逾限不完，或未通完者，将承追之州县每案罚俸一年，督催知府每案罚俸六月，司道、督抚每案罚俸三月。将千两以上万两以下款内下欠之银再限一年，戴罪督催。其二万两以下，初限一年，款内下欠之银，归入第二年项下，统再限一年，戴罪催完。至三万两以上，初限一年款内下欠之银，即归入第二年数内，一并戴罪催完。若仍未通完，将承追之州县降一级留任，督催之知府罚俸一年，司道、督抚各罚俸六月。将千两以上万两以下之款，并二万两以下款内应追之银，再限一年，戴罪催完。其三万两以上之款，两年限内尚未通完者，将下欠之银归入第三年数内一并戴罪催完。倘各能照数通完，将承追州县所降之级准其开复，若不能通完，将承追州县照所降之级调用，督催知府降一级留任，司道、督抚各罚俸一年。其接任承追、督催等官，仍照依到任之日扣限。"②

第三，明确亏空官员的革职、开复、追赔。雍正元年（1723年），上谕吏部："亏空钱粮各官，若革职留任催追，必致贻累百姓，伊等既已获罪革职，岂可复留原任，嗣后亏空钱粮各官，即行革职，着落伊身勒限追还，若果清完，居官好者，该督抚等奏明，

---

① 光绪《大清会典事例》卷175，《户部·田赋·究追亏空》。
② 乾隆《大清会典则例》卷37，《户部·田赋四》。

着通行直隶各省督抚知之。"① 为避免此前"革职留任"带来的弊端，亏空官员一律革职，如能还款完毕，则视情开复。上揭"分限完补"的办法中已有开复的规定，可以参考。雍正二年（1724年），又上谕吏部："凡官员亏空钱粮仓谷，该管上司失于盘查，自应革职分赔，但定例亏空官员审无侵欺入己之项，勒限一年内赔补全完，准以原职补用，而失察革职之上司转不得与本官一体开复，似属可悯。嗣后亏空银谷限内全完，例应开复者，该督抚查明原参失察之上司，一并题请开复，尔部即行文直省督抚遵行。"② 明确了亏空官员及上司的开复条件。对亏空的赔补，主要是家产变抵，同时又有上司分赔，子孙追赔之例。雍正元年（1723年）上谕："亏空钱粮各官，即行革职，着落伊身勒限追还。"又议准："各省从前亏空，其有着落银内，如有人亡产绝者，该督抚即照无着银所定年限补完报部，仍令该督抚每于岁终将前项有着、无着银完过若干之处，逐一分晰造册具题。"雍正四年（1726年），因地方官员动称亏空赔补无着，又谕："各省亏空，动称无着之项，夫钱粮未经征收，则欠在民，既经征收，而有亏空，则欠在官。州县官不能完，则上司有分赔之例，本人虽已病故，而子孙有应追之条，何得借口无着，以虚国帑。此皆督抚等瞻徇情面，不肯大破积习所致，盖自存不肖之心，以己身见为督抚，恐将来亦被牵累，故目前预留地步也。"雍正八年（1730年），考虑到家产已绝、官员身故又无嫡系子孙，又覆准："如果正犯家产已尽，正身已故，及并无的（嫡）属子孙，不能赔补者，该地方官察明确实，取具印甘文结，申府加结，转详保题豁免。倘题后欠帑人员别有田产、货财、房屋、人口寄顿，发觉者尽籍入官，将出结州县革职，督催知府降二级调用，司道降一级留任，督抚罚俸一年，其所欠银米等项，着落出结各官赔补。"③《大清律例》亦有追赔亏空的条文：

---

① 《世宗上谕内阁》卷4，雍正元年二月二十九日。参见乾隆《大清会典则例》卷16，《吏部·考功清吏司·盘察》。

② 《世宗上谕内阁》卷23，雍正二年八月十四日。

③ 均见乾隆《大清会典则例》卷37，《户部·田赋四》。

"亏空贪赃官吏，一应追赔银两，该督抚委清查官产之员会同地方官，令本犯家属将田户什物呈明时价，当堂公同确估，详登册记，申报上司，仍令本犯家属眼同售卖完项。"① 仓谷亏空，同样有官员分赔之例，如雍正六年（1728 年）河东总督田文镜疏言："东省仓库钱粮，俱有亏空，且多那新掩旧之弊。历任抚臣不及查参，皆该管之知府、知州，为之通同徇隐。请嗣后东省知府、直隶知州离任时，将所辖州县仓库钱粮，俱照豫省交代之例，限三个月，令接任官查明出结，如有亏空，即着落知府、知州均半分赔。完后方许另赴新任。倘接任官徇情出结者，即着落出结之官分赔。"②

第四，查清民欠与亏空的实际情况。雍正四年（1726 年）议准："嗣后州县交代，除实在民欠外，其有将已征在官之钱粮侵蚀亏空，捏称民欠，令接任官接受者，接任官即揭报督抚、司道，该督抚即据揭题参。"③ 此处规定了官员交代之时，必须厘清民欠与亏空。雍正六年（1728 年），上谕户部："苏州巡抚所属七府五州，自康熙五十一年起，至雍正四年，未完地丁钱粮积至八百一十三万八千余两，其中苏松常三府太仓一州，积欠最多，自一百四十余万两至一百八十余万两不等……其中有或本系该地方官亏空，而希图卸脱，捏作民欠者，或粮户已经交纳，而奸胥蠹役侵蚀入己，仍作民欠者，是此项未完，大约官亏空者十之一二，吏侵蚀者十之三四，其实民欠不过四五而已。在贫窭之民，固不能为无米之炊，而官吏因缘作弊，蠹国害民，情罪可恶，若非彻底清厘，即欲加惠于百姓，其道无由……派员前往，与该地方官协理清查，将各州县官侵若干，吏蚀若干，实在民欠若干，一一厘剔清楚，朕当再降谕旨，户部即遵谕行令该督抚遍行出示晓谕，其派员分查之处，着户部详悉定议具奏。"④ 既可免除人民重复交纳之苦，又可避免官吏逃脱罪责。随后，又加大了区分民欠与亏空的力度，如雍正七年

① 《大清律例》卷5，《名例律下》。
② 《清世宗实录》卷73，雍正六年九月丙子。
③ 光绪《大清会典事例》卷174，《户部·田赋·钱粮交代》。
④ 《清世宗圣训》卷23，《理财》。

（1729 年）上谕："江南苏松等处钱粮，历年积欠至一千六百余万两之多，朕已加恩将康熙五十年以前未完，概行豁免，其自五十一年以后应征之项，又复宽限，分为十年至十五年带征，原冀民力宽纾，易于输纳也。乃数年以来，仍不能依限全完。因思此等逋赋，其实欠在民者固多，而为官员侵渔及吏胥土棍中饱者，亦复不少，若不确查详核，明白分晰，则此事难以办理。今特差大臣，会同巡抚、藩司、及清查亏空之御史，总理其事，又遴选大员，专殖以分查各府之任，再拣择州县，分派各处，务令彻底清厘。但念钱粮为数繁多，而积弊历年已久，侵蚀之官吏人等甚众，其中情节，亦有不同。在官者，或因奏销之时，原有民欠，而顾惜考成，那移报完，及征收民欠之后，随手花费，未曾还项，遂捏称尚欠在民。或交代之际，有已征未解之项，乘机隐匿，而接任之员，不及查明，遂仍作民欠收受。其在吏胥、土棍者，或舞弊作奸，暗行偷盗，或广为包揽，私入己囊，又或乡居窎远之民，难于入城，托其代为纳课，而一时用去，遂成逋欠。此皆情事之所有者。今既彻底清查，则水落石出，从前玩法隐匿之案，势必尽行败露，均有难逃之重罪。"①

第五，区分挪移与侵欺，对侵欺者严加处罚。雍正三年（1725 年），上谕大学士等："内外文武官员历年亏空甚多，圣祖仁皇帝宽大如天，不忍加之以法，伊等罔知儆畏，骄纵日久，朕临御以来即欲严加惩治，恐化诲未施，遽行正法，近于不教而杀，是以屡降谕旨，谆谆警戒，又因国帑关系重大，条奏亏空者纷纷，朕从其所请，令委曲设法，查其宦囊及其族党亲戚，平日分用官资者多方为弥补之计，以宽本人之诛，然此不过一时权宜，非可久行，惟是奉行不善者，违朕本意，或有株连，尤为可恶，夫此等侵帑殃民之人，若不明正国法，终于无所畏惧，今化诲三年，不为不久，倘仍然侵蚀，恣意妄为，不惟国法难宥，情理亦断断不容。自雍正四年以后，凡遇亏空，其实系侵欺者，定行正法无赦，督抚大吏务须悉心查究，不可冤抑，亦不可宽纵，期于核实具奏，毋得以侵为那，

① 《清世宗实录》卷78，雍正七年二月癸未。

使若辈漏网，凡杀人及盗律皆抵罪，然命案盗案其害不过一人一家而止，若侵帑殃民者，在一县则害被于一县，在一府则害被于一府，岂止杀人及盗之比。该督抚何得徇庇容隐，不申国家之法，以为地方除害乎。且从前一切权宜设法，原欲委曲以全其性命，今既将侵欺国帑之员按例正法，则查其宦囊及其亲党之事俱不必行矣。今年未完之项，仍照旧追赔，从雍正四年正月为始，着遵照此旨，以彰国法。该督抚如或扶同徇隐，以侵为那，亦必严加处分。朕所以先降谕旨者，冀其及今知所儆惧，犹可悛改，以免重罪也。定例侵欺三百两者斩，然每至勾决时，多有宽宥，今立法既期必行，则三百两即斩之例似觉过于太严，朕心为之不忍，侵欺及那移二项，俱应计数目之多寡酌定罪名之轻重，着九卿詹事科道会同详议具奏。"① 明令分清挪移与侵欺的区别，不得以侵为挪，对侵欺库款者，严加处分，直至斩决。②

　　第六，明确属官的责任。雍正五年（1727 年），上谕内阁："凡州县钱粮之亏空，总不出侵欺、那移二项，当其侵那之时，官固主之，而经手之经承自无不知也，乃不行禀阻，且从而纵容之，以便作奸分肥。迨至本官监追，而经承且优游于事外，本官问重罪，而经承仅得不行禀阻之处分。故凡亏空累累，多由于官吏之相成也。朕以为经承、库吏、经管仓库之人，亦宜重其处分之例，更定以劝惩之法。凡州县官到任，先拣选殷实老成胥吏二人充钱粮总吏，通详报部。凡征收钱粮，即令随征报解，不得存留内署。承办五年，该县无亏空者，即将总吏咨部，以九品杂职即用。本官少有亏空，该总吏力行禀阻，如不听从，许径赴司院呈明免罪，若该吏不行禀阻，致本官以亏空纠参，即将经承一同监追，减本官一等治罪。如此则经承有所劝惩，不敢顺从本官擅动国帑，亦杜绝亏空之一法也。"③ 规定了对下属官员的选择及连带责任。

---

　　① 《世宗上谕内阁》卷 29，雍正三年二月二十七日。

　　② 参见《世宗上谕内阁》卷 30，雍正三年三月十九日。乾隆《大清会典则例》卷 19，《吏部·考功清吏司·承追》。

　　③ 《清世宗圣训》卷 18，《察吏》。

第七，亏空仓谷者，严加处罚。雍正三年（1725年），上谕大学士等："积贮仓谷，关系民生，最为紧要，朕屡降谕旨，令该督抚严饬州县及时买补昔年亏空之数。无如苟且迟延，奉行不力，即如原任直隶总督利瓦伊钧曾奏称各属仓谷已补足七八分，及今冬发仓赈济，亏空甚多，若非截留漕米，并发给通仓之米，穷民几致失所矣。昨据月选官陈克复条奏，亏空仓谷，请支动正项买补，一面严追本官还项，朕已交与九卿议行。今直省地方，俱着定限三年，将一应仓谷务期买补完足，不得颗粒亏欠。三年之后，朕必特差官员前往盘查，如有缺项，定行重治其罪，倘有不能补足情由，着该督抚题奏。凡亏空钱粮，犹可勒限追完，无损国帑，若亏空仓谷，则一时旱涝无备，事关民瘼，是亏空仓谷之罪较亏空钱粮为甚，自宜严加处分，并着内阁九卿确议定例具奏。"① 此谕不但指摘了此前弥补仓谷的不力，也规定了弥补仓谷的期限，以及对亏空仓谷者严加处分的导向。该年又遵旨议定："州县亏空仓谷，系侵蚀入己者，照侵欺钱粮例拟断，系那移者照那移库银例拟断。其仓谷令接任官于秋成谷贱时，申详督抚藩司，酌动何项钱粮照时价先行买补，该州县出具仓收，道府加结报部，于亏空人员及妻子名下，勒限一年将动用银照数追补还项。如逾限不完，照例治罪。其有仓厫州县，倘因循怠玩，于渗漏处既不添补，应盖造处又不详请，以致米谷霉烂者，革职。动帑买补，勒限一年照数追赔，限内不完，照例治罪。若仓厫既经修理，犹有托名霉烂亏空者，亦照例革职治罪。"②

第八，耗羡归公，弥补无着亏空。关于耗羡归公的情况，上节已有专论，可以参考，不再赘述，仅引二段雍正关于山西耗羡归公的上谕作为例证。雍正四年（1726年）上谕："各属无着之亏空不能填补者，则将各官应得耗羡归之于公，以为酌补亏空之计。又恐各官无以养廉，以致苛索于百姓，故于耗羡中酌定数目，以为日用之资。诺岷此举亦以山西情形不得不如此办理。以官员之羡余，补

---

① 《清世宗圣训》卷30，《积贮》。
② 乾隆《大清会典则例》卷16，《吏部·考功清吏司·盘察》。

官员之亏空，既可完帑，亦不累民，实权宜得中之善策也。诺岷在任二年，诸事渐渐就绪。伊都立接任，安享其成耳。前闻得伊都立将通省火耗应减者皆出示裁减，朕甚嘉之。"① 雍正五年（1727年），上谕户部："向来山西亏空甚多，国帑久虚，不能弥补。历任抚臣每请将亏空人员革职留任弥补，不但毫无益于国帑，此等劣员转将亏空为护符，无所不为，民生实受其害。诺岷莅任后，将亏空人员尽行参革，酌定以公完公之法，将州县之火耗重者严行裁汰，酌中量留耗羡抵补无着之亏空，不使累及民间，而官员亦免承追不力之参罚。又恐官员无以养廉，复酌拨以为日用之资，凡地方公务所需，亦皆取给于此，上不误公，下不累民，此实通权达变之良策也。"②

应该说，雍正年间的清查亏空，采取了许多新的政策，效果也比较好。但是，也必须指出，其效果远没有前此学者认为的那么好，依旧存在着许多问题。

不但从一再宽限弥补亏空的年限以及屡屡申饬中可以体味，即使在雍正的相关上谕中也反映了这一点。

如雍正四年（1726年）上谕："数十年来，各省钱粮亏空甚多，朕深悉其弊端，曾降谕旨，宽限三年，令各省督抚催追完项，至今未见有督抚奏报料理就绪者。惟原任直隶总督利瓦伊钧曾于去年奏称，各属州县地丁银两俱已弥补，惟仓谷尚略有缺欠，冬春之间即可完全补足。及去秋畿辅之地水涝歉收，须用谷石赈济，而仓谷存者甚少。今夏遣官访查，各属亏欠一一败露。观仓谷若此，则库项之亏缺可知矣。利瓦伊钧之罪诚无所逃，据此则他省之钱粮不能清楚显然可见。该督抚等不忍欺朕，故含糊迟延，不行奏报耳。"③

又如雍正五年（1727年）上谕："各省所贮仓谷，原备歉年赈济之用，实百姓性命所关，地方官员亏空仓谷者较之亏空银两，其

---

① 《世宗上谕内阁》卷48，雍正四年九月十四日。
② 《清世宗圣训》卷23，《理财》。
③ 《世宗上谕内阁》卷47，雍正四年八月初四日。

罪更为重大，是以朕即位以来时刻以仓储为念，总为民命起见也。雍正元年特颁谕旨，令各省州县于三年之内将所亏仓谷概行买补，务期足数，违者重治其罪。嗣又屡颁谕旨，谆谆申饬，并谕各该督抚，若所属地方有不能如期补足情由，亦据实陈奏……现在查出江西州县仓谷亏空甚多。"①

雍正六年（1728 年），云贵广西总督鄂尔泰也对追赔亏空的相关措施提出了质疑，他说："滇省无着亏空银两，屡次移咨各原籍查追，俱称无产可变，虽将本身家属监禁严比，不过徒稽岁月，究于钱粮无补。"②

事实上，也没有因为雍正年间的清查亏空以及相关措施而使亏空问题消失，雍正以降，亏空依旧存在，也依旧有清查亏空的新政策出台。

如，乾隆年间对清查亏空的奖惩则例多有修改补充。乾隆元年（1736 年）覆准："承办亏空人员，如有迟延违限者，遵照钦部事件定例，违一月者罚俸三月，违二月者罚俸六月，违三月者罚俸九月，违四五月者罚俸一年，违半年以上者降一级留任，违一年以上者降二级留任，违二年以上者降三级调用。"乾隆三年（1738 年）覆准："州县侵项，不能一年内全完者，知府革职，不准开复。若本犯侵项于一年内全完，令该督抚将失察之知府确察平日居官如何，出具考语，给咨送部引见请旨。"乾隆十二年（1747 年）议准："州县亏空，经该管道府察出揭参，各免其失察处分，如例应责成盘察保结之属官，俟其离任身故后始参，亏空实系从前盘察不实，应无论其揭报与否，将该管道府以失察附参，照失察州县亏空例分别议处，所亏钱粮亦照失察侵那定例分别着赔。"乾隆十四年（1749 年）奏准："道员失察知府、直隶州知州亏空，照失察例降四级调用，至失察州县亏空，既责成盘察不实之知府，其道员自应量为酌减，如该管道员不豫行揭参州县亏空者，降一级留任。"③

① 《世宗上谕内阁》卷 52，雍正五年正月十七日。
② 《清世宗实录》卷 75，雍正六年十一月癸酉。
③ 以上均见乾隆《大清会典则例》卷 16，《吏部·考功清吏司·盘察》。

同年题准："嗣后除失察知府、直隶州、亏空之道员等官，照失察例降四级调用外，至失察州县亏空，既责成盘查不实之知府，其该管道员，不豫行揭参州县亏空者，即定为降一级留任。"① 乾隆十五年（1750 年）议准："承追千两至五千两者，以四年为期，每年每案追完二分五厘，四年之内十分全完，准其记录一次。每年完不及数者，初参降俸二级，二参罚俸一年，三参降一级留任，戴罪承追，四年限满全完开复。如不完，降一级调用。其督催各官，递年完至二分五厘者，免其处分，递年完不及数者，其初参、二参、三参、四参处分，悉照五千两以上初参、二参、三参、四参之例办理。"②

又如，乾隆年间对雍正年间赔补亏空的一些做法，进行了纠偏。乾隆元年（1736 年）上谕："户、刑二部奏请遵奉恩诏豁免欠帑人员内，查其原案有应追缴者，有不应追缴者。朕思不应追缴之案，与其赦免于事后，何如详审于事前，使人无拖累，而事易办理。即如开欠一节，原系借贷交接之私情，遇本人或有亏空及应追之项，自当听其自行索讨，以清公帑，今乃令将平日欠银之人开出，即按开出之人着令完缴，是以私债而成公项。从前办理，殊未妥协。其他分赔、代赔、着赔，名色甚多，如道府有稽查州县之责，州县设有亏空，道府非属分肥，即系疏纵，责令分赔，实属允当。若因钱粮数多，一人未能归结，而令旁人分赔、代赔、着赔，则本属牵连，而日久难完，又不得不为开豁，于国帑仍无裨益。其应如何分别定例，俾事不滋扰而法在必行，着户、刑二部妥议具奏。钦此。遵旨议定：各旗、省拖欠各案钱粮，除漕运、盐、铜追赔各有成例，并亏空仓库钱粮，监临主守各官以及收支办解，并侵贪挪移、保题家产尽绝后，有隐匿发觉，一切独赔、分赔、代赔、着赔，载在定例，画一遵行外，其分赔案内，如果米谷收存不慎，官物遗失不全，自应揭报题参着追。若既经接受出结，即与前任无涉，乃藉端分派前任各官赔还，殊累无辜。嗣后遇有霉变米谷，短

---

① 光绪《大清会典事例》卷 175，《户部·田赋·究追亏空》。
② 乾隆《大清会典则例》卷 19，《吏部·考功清吏司·承追》。

少官物，着落接受出结之员按数赔补，及徇庇之上司分赔，不得藉端摊派。又分赔案内，如支销钱粮，原有一定款项额数，若违例开销，理应着落擅动滥给之人照数赔补，乃竟有私自动用，并不报部，及至日后奏销时，始行奏报开除，及查出与定例不符，驳令追赔，因为数多，一人不能归结，或着属官公捐，或令接任分赔，徒滋扰累。嗣后如有滥行动用，例不准销等项，仍着落擅动之人赔补，不得抑勒分派。又代赔案内，如拖欠钱粮，原止应着落本身的属，及定例内应行分赔、着赔之人，乃承办之员，因欠帑者独力难赔，或产尽无着，因而辗转株连，如分居别产之弟兄亲属，并不知情之亲友、主仆、旁人，于公帑实未侵渔，私财又非寄顿，勒令赔补，尤为拖累，应行禁止，毋得株连。又代赔案内，如承估、承变、承追，原有一定例限，其迟延不力，各有应得处分，如查估之员勘报不实，及承变、承追以多报少，瞻徇延缓，帑项悬缺者，着令赔偿。若查勘本无不实，催追本无徇纵，止因变抵不敷，与夫公项无完，遽令代赔，殊有未协。嗣后查估追变之员，该管上司查明果无情弊，仍在本人名下归结，不得勒令代赔。又着赔案内，如地方荒歉，借给贫民米谷，或开垦借给牛具籽粮，及借给吏役兵丁办公帑银，原系题明咨部，行令出借，按限扣追。如经手捏报，自应着赔，若遇人亡产绝，无可扣追，概令赔补，实属屈抑。嗣后凡有奉文出借之项，除捏饰侵渔，未经报明，私行借动，即行治罪着赔外，如系奉文借给，实无可追，即确查出结，照例归于无着案内题豁。又承追各项赃罚银，定例着落本犯严追，如果家产尽绝，例应保题豁免，乃本犯无完，赃项无着，辄将亲族株连拖累。更有远年无据赃私，其人已故，无可质讯，即着子孙追补，殊觉失平。嗣后依律着落本犯勒追完结，其有律应身死勿征者，亦照例免征。至远年赃私，必查有实据，方可着追，概不得于本犯之外，滥追赔补。"①

----

① 光绪《大清会典事例》卷175，《户部·田赋·究追亏空》。

嘉庆年间的钱粮亏空及其清查，朱诚如已有专论，可以参看。①

及至晚清，亏空依旧严重，清查亏空也仍然是整顿财政的重点。光绪四年（1878 年），御史梁俊针对"开源节流"的纷纷陈辞，认为"富国之猷，在大经不在末务，救时之要，贵实力不贵虚文"，清查亏空乃当务之急。其奏称：

> 生财之道，不外乎开源节流。迩年以来，经费支绌，于是议节财流，则减官俸之成数，改旗饷之放章；议开财源，则劝捐之章日新，抽厘之卡日密。乃财愈理而愈亏，用愈节而愈竭。国家需用巨款，每不得已息借洋商，其弊尤为无穷，不堪设想，此不可不通盘筹划者也。臣以为富国之猷，在大经不在末务，救时之要，贵实力不贵虚文。大经者何？额征钱粮是也。我朝全盛之时，部库所储足支数十年，各省藩库亦皆充实无亏。其时不尚权宜补苴之术，惟于正额钱粮力加经理，遂能臻丰亨豫大之盛。今则闻各省亏空正杂钱粮，大省不下百余万，小省亦不下数十万。自光绪元年恩诏豁免以后，现在积欠既不在民，又非无着，若勒限严追，不难日有起色。当事者不此之务，而惟讲求变通苟且之术，以翼补救于万一。臣所谓末务者此也。实力者何？督抚之整顿是也。各省大吏于所属州县亏空库款，非不知之甚悉，乃瞻徇隐忍，不肯白简从事，间有参劾，往往系已故之员，其所亏短亦系数年之前之款也。此数年中道府既不禀揭，藩臬亦不申详，迟之又久，始以一奏塞责。迫请旨查抄备抵，自谓可惩一戒百矣，然服官省份既肯徇隐于前，本籍官吏难保不通融于后，不过取其家产尽绝甘结，即可完案。是徒有查抄之名，并无备抵之实，而盈千累万之正供从此作开销矣。臣所谓虚文者此也。……近年封疆大吏中，惟前任山东巡抚阎敬铭革除陋规，清查交代，维时东省藩库因

---

①　朱诚如：《嘉庆朝整顿钱粮亏空述论》，见氏著《管窥集》，紫禁城出版社 2002 年版。

以充裕，而吏治亦为一变，各省似皆可仿照办理。相应请旨饬下各省督抚，振刷精神，破除情面，咨取阎敬铭所办山东成案，实力举行，不得以参追一二已故之员遂为尽职。并请饬下吏、户二部，严定延不完缴饰词搪塞处分，以及亏空病故年分着落，赔交实银，庶州县有所警惕，而上司不至徇庇矣。①

梁俊所言，得到认可。光绪上谕称："御史梁俊奏州县官钱粮亏空，宜及生前参追以重库款一折，据称，前任山东巡抚阎敬铭革除陋规，清查交代，藩库因以充裕，吏治亦为一变，各省皆可仿照办理等语，着各该省督抚振刷精神，破除情面，咨取山东办理交代成案，实力举行，不得以参追一二已故之员遂为尽职。其所请饬部严定亏空章程之处，着该部议奏。"

光绪六年（1880 年），又将清查亏空与严查州县交代结合起来，这在该年正月户部所上"筹备饷需"一折中所言甚详：

严查州县交代。同治四年十月钦奉谕旨，直隶省各州县，着仿照山东新章办理。其新旧各案，分别已未完结，定限半年汇奏一次。至报结章程，无论正署各员，总需各任分报，不准累任统报，以杜牵混，并不得以驳改册籍、扣算时日，巧脱处分。一有亏款，立即追缴，并着各该省督抚体察情形，参酌山东新章，一体认真查办，毋任不肖州县暗亏国帑，以肃吏治而裕饷源等因，钦此。光绪元年八月，臣部议覆山东巡抚丁宝桢代奏薛福成条陈事宜，光绪二年十二月，臣部具奏综核度支各折内，经申明旧章，通行各直省遵照办理在案。查办理交代，现惟山东省最为认真，历经臣部奏令各该省仿照考核。乃或请展缓限期，或请分案结报，专折严参者仍复寥寥。相应请旨通饬各该省督抚，遵照例限严查交代。除将如何勒限分别清结，于文到一月内迅速奏明办理外，自此次奉旨之日起，凡州县官卸事交代未清者，实缺人员不准到任，调署候补人员不准委署

---

① 《光绪朝东华录》（一），中华书局 1958 年版，第 650～651 页。

他缺，并不准派委各项差使。如此后交代案内有两任亏短，即系前任未清再行调署委署之弊，应议督抚藩司以徇庇属员之咎，并将亏项着落分赔。仍令各该省遵照定章，将交代未清各员二参逾限即行参奏，并将各州县任卸各日期先行咨报臣部，并由吏部知照升迁调补委署各缺互相考核。①

由上可以看出，太平天国战后，从同治年间起已经着手清理战乱带来的规制混乱，开始注意州县交代时的亏空问题，并有山东的经验可供借鉴，但直至光绪初年仍然效果不好，此次严查州县交代的重点是规定了有亏空钱粮而交待不清者，不但不能履新，上司亦有徇庇属员之咎，并将亏项着落分赔。

---

① 《光绪朝东华录》（一），中华书局 1958 年版，第 865~866 页。

第 五 章

人丁编审与移民政策

人口问题，既是一个社会问题，又是一个经济问题。在传统社会，编审户口虽然有着控制人民的意蕴和机能，但与赋役密切相关；招徕、增加人口也被看作是恢复社会经济、增加财政收入的重要手段，甚至是衡量社会经济水准的一个标尺。人口迁移的动因、性质、类型及其结果，也与社会经济多有关联。因此，探讨清代的人丁编审与移民政策，也可以看作是财政政策的一个组成部分。

一、人丁编审

统治者曾屡屡宣称，人丁编审，是"欲知人丁之实数，不在加征钱粮"，或"以周知天下生民之数"①，但事实上，人丁编审的主旨则是在于确定和掌握赋役的征派对象，而不在于是否想知道天下到底有多少人口，这层意思，在《清史稿·食货一·户口》中已经述说："编审则丁赋之所由出也。"大学士张玉书在《纪顺

---

① 《清朝通志》卷85，《食货略五》，第7251页。

治间户口数目》中更明确指出："我国家户口册，仍前明黄册之制，分旧管、新收、开除、实在四则，以田土从户口分豁上中下三等，立军、民、匠、灶等籍，而役之轻重准焉……其载诸册籍者皆实输丁粮之人。而一户之中，生齿虽盛，所籍丁口，率自其高曾所遗，非析产不增丁，则人丁籍者，常不过数人而已。其在仕籍及举贡监生员与身隶营伍者，皆例得优免，而佣保奴隶，又皆不列于丁，则所谓户口登耗之数于生齿之赢绌总无与也。"① 由于存在着张玉书所说的人丁编审中的几种情况，人丁编审所得"丁口"额，仅仅是"实输丁粮之人"，并不能客观地反映人口的实际增减。

基于赋税钱粮的征收需要，顺治元年（1644 年），户科给事中郝杰在《条陈四事》中首先提出了"抚逃亡"、"实户口"的建议，② 接着，真定巡按卫周允（胤）又针对当时百姓流亡、土地荒芜，征收赋税钱粮是"令见在之丁，代逃亡者重出；垦熟之田，为荒芜者包赔"的实际情况，上疏曰："欲清亡丁，法在编审，果能彻底清楚，则钱粮自有实数，官吏无巧蒙之弊，百姓免代赔之累。"这是明确要求进行人丁编审的第一份上疏。据称，"疏入，下所司议"③。但一时没有下文，事实上是当时处于战乱之中，人丁编审难以提上议事日程。直至顺治三年（1646 年），结合《赋役全书》的编撰，才诏令天下"编审人丁"④。顺治四年（1647 年），在浙东、福建平定后，又较为具体的颁诏：

> 丁银虽有定额，但生齿凋耗之后，年老残疾，尽苦追征，甚至包纳逃亡，赔累户族，殊堪悯恻，自今以后，各抚按官严

① 见《皇朝经世文编》卷 30，《户政》。

② 《清世祖实录》卷 6，顺治元年七月己亥。

③ 《清世祖实录》卷 12，顺治元年十二月庚申。按《清朝通志》卷 83，《食货略三》记为："御史卫周祚见正定府荒亡，请亟行编审之法，使丁税粮得符实数。"又按：据《明清档案》第 2 册所载，顺治元年卫氏几件上疏原件，卫氏职名应为："巡按直隶真、顺、广、大等处监察御史卫周胤。"

④ 《清朝通志》卷 85，《食货略五》，第 7251 页。

行有司，细加编审，凡年老残疾并逃亡故绝者，悉与豁免。①

这个编审令虽较前具体，但依然含混，仅仅指明了对"年老残疾"和"逃亡故绝者"予以豁免，至于如何"细加编审"，却没有从制度上作出规定。因而，"各地也大都没有真正执行"②。

顺治五年（1648年），清廷再次下令：

> 三年编审一次，凡三年编审，责成州县印官察照旧例造册，以百有十户为里，推丁多者十人为长，余百户为十甲。城中曰坊，近城曰厢，在乡曰里，各有长。凡造册人户，各登其丁口之数而授之甲长，甲长授之坊、厢、里各长，坊、厢、里长上之州县，州县合而上之府，府别造一总册上之布政司。民年六十以上开除，十六以上增注。凡籍有四，曰军，曰民，曰匠，曰灶，各分上中下三等。丁有民丁、站丁、土军丁、卫丁、屯丁，总其丁之数而登黄册。督抚据布政（司）所上各属之册达之户部，户部受直省之册汇疏以闻。③

此令对编审年限、人丁类别、人丁增注与开除年龄、编审方法、上报程序等都作了详细而具体的规定，值得注意。

在此基础上，顺治十一年（1654年）又覆准，每届三年编审之期，"逐里逐甲，查审均平，详载原额、新增、开除、实在四柱，每名征银若干，造册报部"，如果在编审过程中有"隐匿捏报，依律治罪"。顺治十三年（1656年），又将三年编审一次改为五年编审一次，④ 基本上成为乾隆三十七年（1772年）下达停止编审令之前的惯例。

---

① 《清世祖实录》卷30，顺治四年二月癸未。
② 参见陈桦：《清代人丁编审制度初探》，载《清史研究集》第6辑，1988年。
③ 《清朝文献通考》卷19，《户口一》，第5024页。
④ 光绪《大清会典事例》卷157，《户部·户口·编审》。

　　但是，清代的人丁编审在实际操作过程中远比上述政策规定复杂得多。笔者在拙文《也谈清初的人丁统计问题》中已经指出："清初的所谓'丁'，已经不是单纯意义上的 16 岁至 60 岁的男丁，'丁'的含义，呈现出多样性与复杂性；编审在册的丁额并不代表16 岁至 60 岁的实际男丁人数，而是承纳丁银（赋役）的人丁定额。"拙文在列举了民、卫、灶丁中普遍存在着的"半丁"、"分丁"现象后，得出三点结论：第一，清代的人丁编审，除优免人丁外，包括了 16 岁至 60 岁的民丁、屯丁、灶丁等，一人即为一丁，按理不应出现"半丁"或"分丁"。登录"半丁"、"分丁"的本身，已经说明其不是实际人丁数。第二，江西、福建、广东、浙江四省的人丁编审，因为编审女口，当然不能将其视为"丁数"；而女口亦有"半口"与"分口"，登录的女口，也不是实际的妇女人数。第三，在康熙五十二年（1713 年）宣布"滋生人丁永不加赋"之前，历次编审所审减或审增的丁额，也不是实际减少或增殖的丁额。如果按 16 岁以上添注，60 岁以上开除的原则进行编审，显然不会有几分乃至几厘的人丁。①

　　那么，清代前期的人丁编审是按什么方法进行的呢？笔者认为大致可以归结为三种类型：

　　一是"丁随地派"。一些地区在整丁之外出现的"分丁"即缘于此。如河南太康县："万历初年，行一条鞭法……国朝赋税悉因

万历初年旧额……康熙六年知县胡三祝奉旨清核原额人丁 26167 丁 8 分 6 厘 3 毫 3 丝，丁随地派，并无另征丁银，地尽丁无，系照旧额每地三十三亩三分准人丁一丁。"① 又如江苏崑山县："自明季丁随田办，（丁口）增减之数，尤忽焉不考"②。浙江钱塘县："以人从田，有产则有丁。"③ 四川的"以粮载丁"，福建、广西、湖南、山西等地的"以粮坐丁"，也属于丁随地派的范畴。可见，"丁随地派"是随着明中叶以来一条鞭法的实施而沿续下来的人丁编审方法，按此编审的人丁额，从明中叶到清初基本上没有变化。这种编审，或按田地若干亩折合一丁，或按税粮若干石折合一丁，这里的所谓"丁"，显然只是"承粮"对象，不能看成是实际人丁。在"丁随地派"之初，所派丁额或许与实际人丁相去不远，但随着时间的推移，"承粮丁额"与实际人丁间的距离必然越拉越大。

二是按户口的多寡或资产的多寡"摊丁"。按户口摊丁的编审方法，在地方志中也多有所见，《宁国府志》称："宋元明以来，丁无定额，差丁即在户口内分派，以户口之多寡定差丁之增减。国初承明旧制，丁亦无额。"④ 这种按户口多寡摊丁的编审方法，上溯到了宋代，当然是值得注意的。至于多少户口摊一丁，也依旧复杂，各地有不同的标准。论者大都认为是"以户作丁"，"丁与户同义"，但就笔者在上揭拙文中的列表比较来看，所列安徽按户口摊丁的 16 个县，均没有一户作为一丁的现象，摊丁最少的户是 0.97 户摊 1 丁，约略接近，摊丁最多的户是 0.06 户摊 1 丁，差不多 1 户摊十几丁，大多数是 1 户摊两丁左右。

按资产多寡的摊丁，既不管实有口数，也不顾实有丁数，一般是以所拥有的田地数额进行摊派。如安徽南陵县："明嘉靖十六年，（实有）成丁 11575 丁，三十一年计丁征银，酌定成丁 7527 丁，四十一年，知县郜永春审增 753 丁，共成 8010 丁。"明嘉靖三

---

① 道光《太康县志》卷2，《田赋》。
② 乾隆《光山县志》卷12，《户口》。
③ 乾隆《崑山新阳合志》卷6，《户口》。
④ 嘉庆《宁国府志》卷18，《食货》。

十一年（1552年）的"酌定成丁"与四十一年（1562年）的审增丁额，均是照田产摊派而得，其数少于实际丁额。万历十一年（1583年），南陵知县沈尧中对这种摊丁曾有说明："照得户、口、丁三字，自家而言谓之户，自人而言谓之口，丁者言其力也……有丁而家贫者，为贫难户，丁须有别，不得概科。本县原额8010丁，今当大造，除老幼废疾外，清出81000有奇。为此定议：有田百亩之丁仍算一丁，其下渐至无田与十亩上下之丁止算一分，仍合8010丁。"① 可见这种摊丁是把一丁分作十分，把一百亩田产划成十份进行摊算的，摊算出的丁额仅为实有人丁的十分之一。入清以后的人丁编审沿袭了这种方法，南陵县顺治五年（1648年）和顺治十二年（1655年）的编审仍为8010丁，直到康熙二十一年（1682年），随着荒地的垦辟升科，丁额才增为8463丁，仍然不是实际人丁数。

三是在现有人丁的基础上进行折算编审，即"折丁"。北方的一些省区多有此种现象。《陕西赋役全书》称："原额人丁三门九则不等，共折下下丁2675047丁。"② 《陕西通志》称："原额屯丁共折下下丁104008丁。"③ 陆陇其在谈到直隶灵寿县的人丁编审时亦称："照得灵寿人丁旧额，顺治十四年《赋役全书》载，三等九则通折下下人丁14701丁。"④ 这里所谈到的民丁与屯丁明确指出是"折"过的。这种折丁，很可能是在原有16岁至60岁的丁额基础上进行折算。由于上、中则人丁的课银额要比下则人丁的课银额为多，为了不至于影响银额收入，所以在统一折成"下下丁"时，折算出的丁额会超出实际人丁数；⑤ 同样的道理，在以后的编审中，所按"下下丁"审增的丁额，也会比实际增长的丁额为多。

---

① 民国《南陵县志》卷16，《食货》。

② 雍正《陕西赋役全书》之一，《陕西省》。

③ 雍正《陕西通志》卷37，《屯运》。

④ 陆陇其：《编审详文》，见《皇朝经世文编》卷30。

⑤ 又据康熙《灵寿县志》卷4，《田赋》载称，"原额人才，上中下三等九则人丁14511丁，通折下下人丁18534丁"，折丁后溢出4023丁，溢额率为27.7%。

但是，也不能一概而论，也有把"小丁"折算成"大丁"的实例，如长芦盐区在编审灶丁时，为了免除"下户"的"夫役杂差之累"，即把属于下户的丁额分别"三丁折算原额一大丁"、"四丁折算原额一大丁"、"五丁折算原额一大丁"①。照此折算出的丁额，又少于实际人丁数。

还应指出，我们说上述"折丁"是在原有丁额基础上进行折算，仅是折算方法之一种，而据所见有关江西省的资料来看，江西省的折丁，就不全是在原有"丁额"上折算，而是包括了"不成丁"在内。江西省编审在册的人丁，一般称为"丁口"或"男妇丁口"，明确标示出既编男丁又编女口。就男丁而言，又分为"乡成丁"、"坊成丁"、"乡不成丁"、"坊不成丁"、"无粮单丁"（或"无产单丁"、"无地单丁"）等，在编审时，"乡不成丁"、"坊不成丁"、"无粮单丁"并不如实编入，而是"折半定额"，即是说，这三种"丁"（前二者实为"口"），一丁算作0.5丁。至于"乡成丁"、"坊成丁"是否经过折算则不甚清楚。不过已足够说明，江西省的男丁额既不是实在男口数，也不是实在"丁额"②。就女口而言，江西省与同时编审妇女的福建、广东、浙江等省一样，编审在册的女口也经过了折算，并不是实在女口数，这不但从编审在册的女口有"分口"中可以看出，在册的女口过少也反映了这一点。如浙江富阳县仅编审女口861口，占丁额的十分之一，昌化县则未编一口。③福建浦城县编审女口虽然达到11587口5分，与男丁24187丁相比，仍不相称。④

上述三种类型的人丁编审，清楚地表明了清初编审在册的人丁并不是实有人丁数，编审的对象也不限于16岁至60岁的男丁，这仅是就编审方法而言，还没有涉及编审过程中出现的种种弊端。仅

---

①　雍正《新修长芦盐法志》卷6，《灶籍》。

②　雍正《江西赋役全书》第1册，《省总》。按：福建省在编审男丁时，也包括了"不成丁"、"幼丁"等，而且也经过了折算，参见乾隆《福建通志》卷12，《户役》。

③　光绪《重修杭州府志》卷57，《户口》。

④　同治《福建通志》卷48，《户口》。

此，已经可以说明：一方面，具体的人丁编审与政策条例之间存在着相当大的差距；另一方面，人丁编审只具有"纳粮当差"的财政意义，无补于知悉实有人口数额。

有鉴于人丁编审不能反映实有人口数额，在康熙五十二年（1713 年）的"滋生人丁永不加赋"的诏谕中已经要求地方官员"将滋生实数奏闻"，透露出了帝王要求了解人口实数的意旨。雍正年间的"摊丁入地"，又为人丁编审与赋税征收的分离打下了基础。乾隆即位以后，又再三要求："滋生户口，每逢五年，务须据实造报，实力奉行，不得视为具文，脱户漏口"；"直省督抚，于每岁十一月，将各府州县户口增减，缮写黄册具奏。"至乾隆三十七年（1772 年），终于下令停止了"无裨实政"的人丁编审，其谕称：

> 编审人丁旧例，原因生齿繁滋，恐有漏户避差之弊，是以每届五年查编造册，以备考核。今丁银既皆摊入地粮，而滋生人户，又钦遵康熙五十二年皇祖恩旨，永不加赋，则五年编审，不过沿袭虚文，无裨实政。况各省民谷细数，俱经该督抚于年底专折奏报，户部核实具奏，付之史馆记载，是户口之岁增繁盛，俱可按籍而稽，更无藉五年一次另行查办。嗣后编审之例，着永行停止。

停止编审之令下达以后，按照乾隆帝的意思，人口统计赖于各督抚的年底专折奏报，但是事隔三年之后的乾隆四十年（1775年），乾隆帝即认为："有司视为具文，大吏亦忽不加察，谷数尚有仓储可核，而民数则量为加增，所报之折及册，竟有不及实数什之二三者，其何以体朕周知天下民生本计之心乎！"于是又下令：

> 现今直省通查保甲，所在户口人数，俱稽考成编，无难按籍而计。嗣后各督抚饬所属，具实在民数，上之督抚，督抚汇折，上之于朝，朕以时披览，既可悉亿兆阜成之概。而直省编

查保甲之尽心与否，即于此可察焉。其敬体而力行之，毋
忽。①

至此，废除人丁编审之后的人口统计遂与"保甲编户"正式
结合起来，以"弭盗安民"为要任的保甲法也从此为清查户口所
倚重。②

二、人口迁移的动因与类型

这里所说的"人口迁移"，基本上与"移民"同义，是指在空
间上离开本土迁入新区入籍，或在时间上多年移居新区但并未入籍
的区域间人口移动，与短暂游离本土的"游民"、"流民"相别。
尽管对历史上的人口流动作这样的划分相当困难，但如果没有这种
概念上的界定，则很难对人口迁移政策作出恰当的分析。一般地
说，"移民"更多地具有政策导向色彩，组织性、流向性、目的性
明显；"游民"、"流民"就不同了，或"四处游食"，或"流为盗

---

①　以上未注明出处者均见光绪《大清会典事例》卷157，《户部·户口·
编审》。

②　按：保甲法在清代开始实行于顺治元年八月。先是，顺治元年七月二十
五日，山东巡抚方大猷上疏要求行保甲法，认为保甲"可以杜奸萌，可以清漏
丁，可以成美俗"。八月八日，摄政王谕兵部曰，"自盗贼作乱，奸究日生，息盗
安民，莫如保甲为良法，尔部即行文各省地方府卫州县所属村镇庄屯，每十家立
一甲长，百家立一甲总，稽查寇盗、奸细、并无籍奸棍、不法等事……"（见
《明清档案》第1册，第35件，第90件。台湾联经出版事业公司1986年版）。
可见，保甲的原始功能在于弭盗安民。雍正四年，直隶总督李绂在《请改编审行
保甲疏》中认为，人丁编审弊端百出，况且，"编审之法五年一举，虽意在清查
户口，尚未能稽查游民，不如保甲之法更为详密，既可稽查游民，且不必另查户
口，自后请严饬奉行州县，于编排保甲时，逐户清查实在人丁……"（见《皇朝
经世文编》卷30，《户政》）。户部由此重新议定保甲条例，这已标志着保甲职能
的转变。随后，又不断对保甲条例进行充实和重申，到乾隆二十二年，再次详加
议定保甲条例，保甲的清查人口职能更为明显（参见光绪《大清会典事例》卷
158，《户部·户口·保甲》），从而为停止人丁编审后的人口统计打下了基础。

贼"，更多地具有自发倾向。

按照人口学中的人口迁移"推拉理论"，人口迁移是由于推力与拉力相互作用的结果：人口迁出地（本土）相对恶劣的自然条件对本地人民形成一种向外排挤的推力，而人口迁入地（新区）相对优越的自然条件又形成一种吸引移民的拉力，这两种力量交互作用，或其中的一种力量占据了主导地位，就会有空间上的人口移动。各个区域的自然条件有好有坏，社会经济发展水平也总是不均衡的，因此，从理论上说，不论何时何地，总会有人口的迁移。

不同的自然条件以及不同的社会经济发展水平，对人口迁移起着重要的作用，也可以说是人口迁移的动因，但绝不是惟一的动因。在历史上，战乱、灾荒以及政策性的政治移民、经济移民等都曾导致大规模的人口迁移，这种人口迁移的动因至少与自然、经济条件具有同等重要的地位。

而且，值得注意的是，在战乱、灾荒年代，人口的迁移并不顾及此区彼区的自然、经济条件，大多以安身谋生为旨归。如明末清初，战乱频仍，流民遍野，既有省内、省际间的人口流动，又有东西南北间的人口大迁徙，所谓"自遭明季之乱，人民流离，田庐荒芜"，"东连燕赵，西接秦川，流民络绎如线"①；所谓"比年兵事未息，供亿孔殷，加以水旱频仍，小民艰食，地方官不加抚绥，以致流离载道"②；所谓"国初东南未靖，人民流离，多糊口于北方"③，等等，都是指的这种情况。又如，"江南顺治七、八两年遭大水，九年复遭大旱，饥民流离，饿莩载道"④。顺治十年（1653年），河北淫雨为灾，河水汛滥，沿河城郭庐舍漂没殆尽，"直隶被水诸处，万民流离，扶老携幼，就食山东"⑤。紧接着，山东亦发生水灾，山东饥民也"逃亡甚众"⑥。各处饥民辗转流徙。

---

① 档案，顺治十五年九月二日李粹然题：《为陈晋地艰难等事》。
② 《清世祖实录》卷81，顺治十一年二月甲申。
③ 方苞：《赠右副都御史赵公神道碑》，见《望溪先生文集》卷13。
④ 档案，顺治十年五月十二日车克题：《为遵旨条陈时宜事》。
⑤ 《清世祖实录》卷77，顺治十年七月壬寅。
⑥ 《顺治朝东华录》卷5，顺治十一年二月癸酉。

因战乱、灾荒出现的"流民"，是一种临时性的逃徙流亡，其目的是为了躲避战乱和逃避自然灾害，还顾不上对流入区域的自然经济条件的选择。当战乱平息或自然灾害过后，流民大多会归复本土，当然，也会有一部分流民在辗转流徙之后在某一新区定居下来，成为新区的移民。这也正是"流民"与"移民"不同而又互相牵涉的内涵所在。

我们还注意到，清代的政策性经济移民，大多是从经济发展水平较高、地狭人稠的地区，移入经济发展水平较低、地广人稀的地区，迁出地的自然经济条件远比迁入地优越，这在一定程度上也与人口迁移的"推拉理论"相悖。导致这种经济移民的动因，除了政策的指引、规范、鼓励外，如果说迁出地和迁入地还有"推拉"作用的话，那就是：迁出地较高的经济发展水平和较高的人口密度，① 使一部分人——特别是那些缺地少产者的谋生出现困难，在客观上推动着人口的外流；而迁入地虽然经济发展水平较差、自然条件恶劣，但"地广人稀"，较易取得土地和得到许多政策性实惠，并有较好的开发前景，因此，这些地区的条件虽然相对恶劣，仍对外来移民具有极大的吸引力。清代向四川的移民，以及由内陆到边疆、由平原到山区的移民，正吻合了这一模式。

清代沉重的赋役负担所导致的人口迁移，同样值得注意。特别是在清初的战乱格局下，国库收入有限、财政窘迫，因用兵而带来的军费支出又不可稍缓，各种摊派、私征、预征、加征迭兴，使"数省皆困"、"十室九空"，不得不四外逃徙。② 这种逃徙，一在于躲避赋役，一在于从赋重地区逃往赋轻地区，清初湖广等省人民向四川的迁移有许多是属于这种情况，如湖北，"纳谷者则改本色

---

① 值得注意的是，马克思早就认为，"人口密度是一种相对的东西。人口较少但交通工具发达的国家，比人口较多但交通工具不发达的国家有更加密集的人口"（《资本论》第 1 卷，人民出版社 1975 年版，第 391 页）。这种对"人口密度"的理解，同样可以适用于一国之内不同经济发展水平的不同区域。所以，对人口密度的阐释不可绝对化。

② 参见陈锋：《清代军费研究》，武汉大学出版社 1992 年版，第 289～310 页。

为折银，其初原止每石二钱，厥后增至四钱六分六厘，自是民不堪命"，逃亡日甚；① 如湖南，赋税沉重，"追比难完"，"已存者又复逃亡，逃亡者难期再返"。② 直到康熙后期，湖广宝庆、武冈、沔阳等处人民，"或以罪逃，或以欠粮俱比，托名开荒携家入蜀者"，仍"不下数十万"。③

还必须强调指出，清代前所未有的人口增长，也是导致人口迁移的一个重要因素。在清初的一段时间内，由于战乱相继，人民死亡逃徙严重，安定局面、招徕流民、恢复社会经济，成为有关政策的重点，是时惟恐劳动力不足，当然还谈不上人口压力。经过康熙年间的休养生息，社会经济复苏，人口增长加快，到康熙末年，随着人口的增加，人口与土地的矛盾以及由此带来的诸多问题已经显现，在人口压力之下的隐忧，康熙末年以来的上谕和臣僚的上疏中已频频言及，并不是像有些论者所说的"浑然不觉"，还在康熙四十六年（1707 年），统治者已经感到"江南、浙江生齿殷繁，地不加增，而仰食者日众"④。此后，这一趋势在地域上扩大，在程度上严重起来。仅摘举有关上谕为证，如康熙四十九年（1710 年）十月上谕："承平既久，户口日蕃，地不加增，产不加益，食用不给，理所必然。朕洞瞩此隐，时深轸念。"⑤

康熙五十一年（1712 年）二月上谕："今海宇承平已久，户口日繁"，"人丁虽增，地亩并未加广。……前云南、贵州、广西、四川等省，遭叛逆之变，地方残坏，田亩抛荒，不堪见闻。自平定以来，人民渐增，开垦无遗。或沙石堆积，难于垦种者，亦间有之。而山谷崎岖之地，已无弃土，尽皆耕种矣。由此观之，民之生齿实繁。"⑥

康熙五十二年（1713 年）十月上谕："先年人少田多，一亩之

① 光绪《应城县志》卷3，《经政》。
② 乾隆《长沙府志》卷22，《政绩》。
③ 黄廷桂：《楚民寓蜀疏》，见雍正《四川通志》卷47，《艺文》。
④ 《清朝文献通考》卷6，《田赋六》，第4910页。
⑤ 《清圣祖实录》卷244，康熙四十九年十月甲子。
⑥ 《清圣祖实录》卷249，康熙五十一年二月壬午。

田其值银不过数钱，今因人多价贵，一亩之值竟至数两不等。即如京师近地，民舍市廛日以增多，略无空隙。今岁不特田禾大收，即芝麻、棉花皆得收获。如此丰年而米粟尚贵，皆由人多田少故耳。"①

康熙五十三年（1714 年）六月上谕："条奏官员每以垦田积谷为言，伊等俱不识时务。今人民蕃庶，食众田寡，山地尽行耕种，此外更有何应垦之田为积谷之计耶！"②

康熙五十五年（1716 年）三月上谕："今太平已久，生齿甚繁，而田土未增，且士、商、僧、道等不耕而食者甚多，或有言开垦者，不知内地实无闲处。"③

雍正元年（1723 年）四月上谕："国家承平日久，生齿殷繁，地土所出，仅可赡给，偶遇荒歉，民食为艰。将来户口日滋，何以为业？"④

雍正二年（1724 年）二月上谕："国家休养生息，数十年来，户口日繁，而土田止有此数，非率天下农民竭力耕种，兼收倍获，欲家室盈宁必不可得。"⑤

雍正七年（1729 年）四月上谕："国家承平日久，户口日繁，凡属闲旷未耕之地，皆宜及时开垦，以裕养育万民之计。是以屡颁谕旨，劝民垦种，而川省安插之民，又令给与牛种口粮，使之有所资藉，以尽其力……"⑥

有关上谕无不透露着人多田少的忧虑以及劝民垦种、移民就垦的意旨。乾隆以降，人口的压力更为突出，至乾隆六年（1741 年），全国登记在册的人口数已达 1.43 亿，乾隆十年（1745 年），接近 1.7 亿，乾隆十五年（1750 年），达到 1.79 亿，乾隆二十年（1755 年），达到 1.85 亿，乾隆二十七年（1762 年），超过 2 亿，

①　《清圣祖实录》卷 256，康熙五十二年十月丙子。
②　《清圣祖实录》卷 259，康熙五十三年六月丙子。
③　《清圣祖实录》卷 268，康熙五十五年闰三月壬午。
④　《清世宗实录》卷 6，雍正元年四月乙亥。
⑤　《清世宗实录》卷 16，雍正二年二月癸丑。
⑥　《清世宗实录》卷 80，雍正七年四月戊子。

乾隆五十五年（1790 年），超过 3 亿，道光十四年（1834 年），又超过 4 亿大关。① 人口增长的速度非常之快，而同期登记在册的全国土地总额却总是七百余万顷，人均土地自然是递年下降，概如表5-1 所示②：

表 5-1　　　　　　　　乾隆至咸丰朝人均耕地示例

年　份	耕地额（顷）	人口数（口）	人均耕地（亩）
乾隆十八年	7 352 218	183 678 259	4.00
乾隆三十一年	7 807 290	208 095 796	3.75
乾隆四十九年	7 605 694	286 321 307	2.66
嘉庆十七年	7 889 256	333 700 560	2.36
道光二年	7 562 102	372 457 539	2.03
咸丰元年	7 562 857	432 164 047	1.75

尽管数字统计还存在这样那样的问题，但不会离实际相差太远，表中所见的人均土地的下降正标示着人口压力的严重。这种人口压力的标志，当然是就全国情况而言，以清朝幅员之辽阔，经济发展之不平衡，不同地区的人口密度、人均土地也就各不相同，这也正是由地狭人稠之区向地广人稀之区进行人口移动的前提和动因。

生活在乾嘉年间的人口思想家洪亮吉（1746—1809 年）也感受到了"治平"之世人口的急速增长，以及由此带来的人口压力，洪亮吉认为，"治平既久……其户口则视三十年以前增五倍焉，视六十年以前增十倍焉"，而人生所依赖的田地、房屋等社会生活资料的增长则缓慢得多，田地、房屋"不过增一倍而止"，"或增三

---

① 据孙毓棠、张寄谦：《清代的垦田与丁口的记录》，见《清史论丛》第 1辑，1979 年。

② 参见上揭孙毓棠、张寄谦文。另参郭松义：《清代的人口增长和人口流迁》，见《清史论丛》第 5 辑，1984 年。

五倍而止"，因此，"田与屋之数常处其不足，而户与口之数常处其有余"，再加上"兼并之家"的巧取豪夺，"一人据百人之屋，一户占百户之田"，一般民众的生活更加困难，多有"遭风雨霜露、饥寒颠踣而死者"①，人口压力之下的矛盾也就更加尖锐。

由人口压力所导致的社会问题是多方面的，洪亮吉进一步说：

> 为农者十倍于前而田不加增，为商者十倍于前而货不加增，为士者十倍于前而佣书授徒之馆不加增。且昔之以升计者，钱又需三四十矣；昔之以丈计者，钱又需一二百矣。所入者甚微，所出者甚广，于是士、农、工、贾各减其值以求售，布帛粟米又各昂其价以出市。此即终岁勤勤，毕生皇皇，而自好者居然有沟壑之忧，不肖者遂至生攘夺之患矣。②

可见，人口的过速增加，导致了有关社会物资的相对贫乏，导致了劳动力价值的下降和物价的上涨，导致了劳动者的终岁辛勤而难免饥寒待毙、难免铤而走险，因而也就影响到社会的安定。针对这种情况，洪亮吉提出了两种解决办法，一是所谓的"天地调剂之法"，一是所谓的"君相调剂之法"。在"君相调剂之法"中，他认为，"使野无闲田，民无剩力，疆土之新辟者，移种民以居之"③，这里即有移民到新区的意蕴，与有关政策也是相吻合的。

通过上述可以看出，人口迁移的动因包含了自然经济条件、社会背景、赋税负担、人口分布、人口增长、土地占有、政策导向等诸方面的因素。

清代人口迁移的类型，大致有四：

第一，不同范围不同流向的谋生型移民。

---

① 洪亮吉：《意言·治平篇》，见《卷施阁文甲集》卷1，《洪北江诗文集》。按：洪亮吉所说的每三十年增加五倍的人口增殖率，当然是过分夸大了。

② 洪亮吉：《意言·生计篇》，见《卷施阁文甲集》卷1，《洪北江诗文集》。

③ 洪亮吉：《意言·治平篇》。

　　从迁移范围看，一般分为省内迁移、省际迁移和海外迁移三种情况。上述已经指出，在清初，受战乱与灾荒的影响，人民的逃亡流徙是较为普遍的现象，省内迁移和省际迁移都频频发生，招徕人口、安插流民也成为当权者的要政，并通过人丁编审、保甲制度等律例手段，试图对流动人口有所控制。但只要天灾人祸不止，谋生型的人口流动也就无法避免。所以，对清初的流民处置，反映在清廷的政策中也是相互矛盾的，一方面是竭力禁止、设法安插，另一方面又千方百计招徕，疏导流民向某一区域垦荒落户。康雍以后，随着"摊丁入地"政策的实行以及人丁编审制度的停止，在法律上对人身的控制相对放松，原本是"使一时游手末作之民，犹有所羁縻而不得肆"，变成了"一切游手末作者，皆相率而为化外之民，虽或逃丁以鬻贩邀厚利，而官曾莫得敛而役焉"。① 这在客观上有利于人们的省内迁移或省际迁移。

　　从迁移流向看，既有农村间的迁移、城镇间的迁移，又有农村向城镇的迁移、城镇向农村的迁移。各种迁移流向之间往往是互动的。但大要说，农村之间的迁移与农村向城市的迁移是两个大的流向。农村之间的人口迁移，大多为谋求土地，具有拓荒和经济开发的性质。农村向城镇的人口迁移，与清代城镇经济的发展有密切关系，一方面，一些达官贵人和富商巨贾为了追求奢侈的享乐生活，纷纷移居城市；另一方面，随着城镇工商业的兴盛，对各种匠役、店员伙计的需求也不断增加，于是，各地贫苦百姓不断地涌入城镇，成为"游食"的城镇贫民群。② 晏斯盛在《请设商社疏》中即说："大市大镇，商旅辏集，行业专家，祖孙居处，大者千计，小者百十数。贸易而兴盛者有之，消乏者亦有之，其间负贩帮杂，而流落无归者亦有之。……如楚北汉口一镇，尤通省市价（米价）之所视为消长，而人心之所因为动静者也，户口二十余万，五方杂

---

① 邱家穗：《丁役议》，见《皇朝经世文编》卷30。
② 参见郭松义：《清代的人口增长和人口流迁》，见《清史论丛》第5辑，1984年。

处，百艺俱全，人类不一。"① 晏斯盛所说是乾隆初年的情况，到清代后期，由农村向城镇的人口迁移更加引人注目。不过应该指出的是，人口不断地流往城镇，是一种受制于各种因素的"自发性"迁移，并不是政策导向的结果。

第二，由东向西的开发型移民。

葛剑雄已经指出，南方的开发是由东向西渐次推进的，尽管还没有足够的证据来论述人口自东向西的迁移，但宋代以后有不少名人或大族都自称他们的祖先是从北方迁入江南、浙江后再进入江西、湖南的，这种东西向的移民至迟在宋代已经开始。谭其骧先生也认为，五代以后，湖南人多来自东方。南宋以前移民几乎都来自江西；南宋以后增加了江苏、福建、安徽等省的成分，但仍以江西为主。② 五代以降，南方的经济发展大致是西部迟于东部，所以渐次存在着由东向西的开发型移民。在明代，出现了著名的"江西填湖广"，在清代，又出现了著名的"湖广填四川"，这种大规模的移民潮，正标示着由东向西迁移的主要趋势。在这里应该加以区别的是，清代以前的东西向迁移，经济开发性明显，清代的"湖广填四川"或其他省区向四川的人口迁移，则主要是一种战后残破基础上的"恢复型"移民，与"开发型"移民有所不同。

第三，由内陆向边疆的开发型移民。

由内陆向边疆的人口迁移，在历史上几成惯例，这主要来自两个方面的驱动：一是内陆地区在经过一段时间的经济发展后，人口加速上涨，人地矛盾突出；二是边疆地区亟待开发，卫屯结合、巩固边防也成为历代统治者的方策。汉代向西北边疆的移民已为人熟知，其他朝代也不乏向边疆移民的事例。在清代，随着统一的多民族国家的进一步巩固和发展，疆土辽阔，人口众多，向边疆的移民更超过前此各代，正如乾隆帝所说："我国家承天眷佑，百余年来，太平天下，化泽涵濡，休养生息，承平日久，版籍益增，天下

---

① 见《皇朝经世文编》卷40，《户政》。

② 参见葛剑雄：《中国人口发展史》，福建人民出版社1991年版，第381~382页。

户口之数，视昔多至十余倍……朕临御以来，辟土开疆，幅员日廓，小民皆得开垦边外土地，借以暂谋口食。"① 清代向边疆地区的移民，在不同时期、不同区域都极富特色。其中，向西北边疆地区的移民，是在康、雍、乾三朝对西北用兵之后，兵屯、民屯结合，实行有计划的招垦移民的结果，政策导向性十分明显。东北、内蒙地区的移民，则经过了宽松、封禁、弛禁的不同历程。

第四，由平原向山区的渗透型移民。

一般地说，人口迁移总是遵循着从平原到山区、从内陆到边疆这样一条规律。清代雍正、乾隆以后人口的膨胀以及人均耕地的减少，并不标志着在全国范围内的人口压力已达到极限，所谓的"人满为患"，还主要是在平原沃壤的传统经济区，在贫瘠的丘陵山区和未经开发的山区腹地，以及辽阔的边疆地区，还大多人烟稀少，可以容纳大量的流民和移民。比之于远距离的向边疆迁移，内陆山地往往是流民的首要选择。流民渐次入山之后，或聚众开矿，或从事制茶、伐木、采参等行业，"每日所得锱铢以养生为计"②，其据山而耕者，不但可以拥有一份地产，而且又可逃避赋役，即使承担赋役，也比平原地区大为轻减，"承纳之国课不过几分，领地辄广数里。至离县窎远者，一纸执照之内，跨山踰岭常数十里"③。同时，伴随着清代土地开垦政策的演变，在平原地区的土地开垦已接近饱和而人口压力又与日俱增的情势下，雍正朝已着眼并导向于山区或丘陵贫瘠土地的开垦。乾隆朝以降，这一趋势更为明显，尤其是乾隆五年（1740 年）鉴于"各省生齿日繁，地不加广，穷民资生无策"，而"山多田少之区，其山头地角闲土尚多，或宜禾稼，或宜杂植，即使科粮纳赋，亦属甚微"的实际情况，颁布了山头地角零星土地"免其升科"的谕令，此后，乾隆十一年、三十一年（1746 年、1766 年）又屡申零星土地"永免升科"、"永为

---

①　《清高宗实录》卷 1441，乾隆五十八年十一月戊午。

②　《清圣祖实录》卷 255，康熙五十二年五月庚辰。

③　严如煜：《三省边防备览》卷 11，《策略》。

世业"之令，① 也促成了人们向山区的进军。

由平原向山区的移民，又与清代的"棚民"问题相始终，棚民的出现，不仅是一种经济现象，也反映着许多社会问题，清政府对棚民的防范、处置、管理、疏导，在很大程度上标示出对这一类型移民的政策干预。

不同类型的移民，应该说是各有特色的，除了"谋生型"具有综合性质外，其他类型移民的特征更加明显一点。之所以作这样的区分，只是一种简要的提示，藉以获得一个大体印象，有关问题还可就下述政策示例分析加以体会。

三、移民政策之一：向四川的人口迁移

如所周知，经过明末清初的战乱、疫疠，四川地荒丁亡的情况十分突出，据《四川通志》称，明末兵燹之余，死亡逃徙，"丁户稀若晨星"②。如温江县，"自献逆屠剿，人类几灭，劫灰之余，仅存者范氏、陈氏、蒋氏、鄢氏、胡氏数姓而已。顺治十六年清查户口，尚仅三十二户，男三十一丁，女二十三口，榛榛莽莽，如天地初辟"③。如金堂县，"自献贼乱蜀，本境遭祸尤惨。兵燹之余，居民靡有孑遗"④。如安县，"当明末乱后，尽成荒土，鲜有居民"⑤。如苍溪县，"自献贼乱后，土著几空"⑥。顺治八年（1651年），湖广道御史郝浴奉命巡按四川，⑦ 当时清政府在四川所能控制的地区为保宁、顺庆、潼川、龙州三府一州，据郝浴"由豫入秦，由秦入蜀"的亲身经历，感到"痛此一方，民刈于穷凶，噬于猛兽"，

① 光绪《大清会典事例》卷164，《户部·田赋·免科田地》。
② 雍正《四川通志》卷5，《户口》。
③ 民国《温江县志》卷3，《民政·户口》。
④ 民国《金堂县续志》卷3，《食货·户口》。
⑤ 民国《安县志》卷26，《食货·户口》。
⑥ 民国《苍溪县志》卷9，《食货·户口》，参见鲁子健编：《清代四川财政史料》上册，四川社会科学院出版社1984年版，第8~16页。
⑦ 《清史列传》卷7，《郝浴传》。

其中，"保、顺两府，遍于贼邻，一二孑遗，鸟惊鱼溃"，"保、顺、潼、龙所得县分，凡二十九处，焚屠之后，一望丘墟，各属开荒册籍汇算，所垦熟田止二百三十五顷，不及别省中县十分之一"，而册籍所载人口，"三府一州二十九州县，共得九千三百五十余口，数不及别省半县"。此情此景，连他自己也感叹是"有名无实之官"①。至康熙三年（1664 年），新任四川巡抚张德地在"由顺庆、重庆以达泸州，溯游而上"，沿江观风问俗的过程中，仍感到"舟行竟日，寂无人声，仅存空山远麓、深林密箐而已"，依然感叹四川的"寥寥孑遗，俨同空谷"，实在是"有川之名，无川之实"。②

　　面对四川的特别凋敝，为了促进四川的经济恢复，清廷所实行的移民就垦政策也就有异于他省。③

　　顺治年间，除一般性的招徕流民政策也适用四川外，顺治十年（1653 年）还特别题准："四川荒地，官给牛种，听兵民开垦，酌量补还价值。"④ 试图用给予耕牛籽种的优待招民就垦。虽然当时局势未靖，但也多少取得一些效果，顺治十七年（1660 年），吏部在议复四川巡按张所志的上疏时即称："四川遂宁县向因地荒民稀，归并蓬溪，今百姓既渐来归，且系行盐之地，应如按臣所请，复设县令。"⑤ 从"百姓既渐来归"、"复设县令"之语，略可体察流民的归复。

　　康熙以降，移民政策走向多样化、实质化，以时间为序，其政策演变历程如下所述。

　　康熙三年（1664 年），四川巡抚张德地在上疏中指出，"（川

---

① 《碑传集》卷 64，《郝浴行状》。
② 康熙《四川总志》卷 10，《贡赋》。
③ 按：孙晓芬：《清代前期的移民填四川》，四川大学出版社 1997 年版；曹树基：《中国移民史》第 6 卷，福建人民出版社 1997 年版；彭朝贵、王炎主编：《清代四川农村社会经济史》，天地出版社 2001 年版，对移民政策也有涉及，可以参看。
④ 《清朝文献通考》卷 1，《田赋一》，第 4858 页。
⑤ 《清世祖实录》卷 142，顺治十七年十一月辛巳。

民）流移之众，秦中最多，楚、滇、黔亦有，或阻于关隘之盘诘，或苦于途费之艰难，欲归不得者当不下数万人。此辈身处异乡，徒作飘零"，若归之蜀中，则成为经营阡陌的版籍户口，因而提出了招徕川省流民回川，"以川民而实川户"的建议。① 在这份上疏中，张德地还请求清廷颁布敕谕，令"各省督抚于各属郡邑逐一挨查，凡有蜀民在彼，尽将姓名、家口造册咨送"，流民如有能力自行回川，即"给与引照，促令起程"，如果"贫乏缺费，注明册内，俟臣捐借口粮，另发舟车，差官搬取"，表现出招民归川的急切之心。同年，张德地在另一份上疏中又指出："伏念四民之中，翘楚一方者莫若士绅，而士绅举动，实系民情，资足以披榛剪棘，望足以萃旧联新。"士绅作为一方的"翘楚"，如果回归，不但有能力、有资财开发荒地，而且还可以起到示范作用，带动新旧流民，这也就是张德地所期望的"士绅归而流移小民亦将向风而至，崖边凋瘵，何难于数年而起色之也"。

康熙六年（1667 年），张德地再次上疏重申招徕士绅。他认为，自上任以来，"先经入告及咨移各省，以及捐费、差员，频频搬取，而归鸿仍然寥寥"的原因，主要是由于："巨室大族，皆地方所倚重者，川省自变乱之后，贵显豪富之家，皆避乱于他者，盖亦时势使然。今平宁日久，而犹弃祖宗之坟墓不归培植，舍父母之乡井不归复业者，无非恋彼处之繁华，厌本土之凄凉也。此等势力之家，官长与彼结交，保约不敢仰视，行止自由，孰敢强其归里？计其一家之中，弟男子侄、童僮人等，多者五七十人以至百人，少者亦不下二三十人，尚有亲朋之依附寄居者又不可胜纪也。若得彼一家归里，则其附会之众咸亦随之，可抵贫民数十家。况贫民归里，必须安插住址，措给牛种；绅官回籍，则资斧自饶，乡邻俱得通融称贷。"因之，要求"请旨发遣回籍，敢有抗拒不归者，即以

---

① 康熙《四川总志》卷 10，《贡赋》。按：早在顺治十二年，川北道薛良朋就提出过"查发川省流民以归川"的建议，户部议复认为："蜀民流寓各处，皆缘地方未靖，若故里宁谧，自欣然乐归。其查发事宜，应俟地方平靖之日再议。"

违旨悖祖论；地方官仍敢隐匿容留者，亦以违旨例处分。如是，则外省不敢姑留，将见旋里者恐后，而从之者亦如归市矣"①。这里已经带有强制移民的成分，但是效果并不明显，不得不改弦更张。

康熙七年（1668 年），张德地又提出招徕外省人民入川及其对招徕之官进行议叙奖励的具体办法，其疏云：

> 查川省现在孑遗，祖籍多系湖广人氏，及访问乡老，俱言川中自昔每遭劫难，亦必致有土无人，无奈，迁移外省人民填实地方，所以见存之民，祖籍湖广麻城者更多，然无可稽考，亦不敢仿此妄请。惟亟宜审时度势，吁请变通者也。若拘泥部例（即先前招徕本省士绅），不但目下招徕无术可致，即将来生聚终无可望。臣鳃鳃过虑，于无可招集之中，勉求一招集之法，为我皇上陈之：臣愚以为无论各省州县人民，虽册籍有名而家无恒产、出外佣工度日之人，至于册籍无名而又无家业、流落于彼游手游食之人，准令彼地方查出，汇造册籍，呈报本省督抚，移咨到臣，臣即措处盘费，差官接来安插。此等游手游食之人，既无恒产，自无恒心，在他省无地可耕，久则势必放辟邪侈之事无所不为。一至蜀土，无产而有产，自为良民；在于蜀省，无人而有人，渐填实而增赋税，一举两得，无逾于此。……臣更有请者，无论本省、外省文武各官，有能招民三十家入川安插成都各州县者，量与纪录一次；有能招六十家者，量与纪录二次；或者百家者，不论俸满，即准升转。②

从以上长篇上疏中可以看出，在前朝即已存在着"湖广填四川"的先例，此时若招徕外省人民填实四川，不但可以使游民变为良民，促进社会安定，而且又可使川省得以垦辟增赋，一举两得。对招徕人民的文武官员给予适当的议叙，无疑也是对官员的鼓励。当时，四川总督刘兆麒也有类似的疏请。户部议复称："查招

① 康熙《四川总志》卷 10，《贡赋》。
② 《明清史料》丙编，第 10 册，康熙七年九月二日"户部题本"。

民授职之例，已经停止，但蜀省寇氛之后，民少地荒，与他省不同，其见任文武各官招抚流民，准量其多寡，加级、纪录有差。"①这一有别于他省的招民政策得到了认可。

康熙十年（1671 年），湖广、四川总督蔡毓荣又进一步提出了现任官员、候补官员、士绅招民奖叙办法，以及放宽新垦土地升科年限的建议。他说：

> 蜀省有可耕之田，而无耕田之民，招民开垦，洵属急务。……臣谓非广其招徕之途，减其开垦之数，宽其起科年限，必不能有济。请敕部准开招民之例，如候选州同、州判、县丞等，及举、贡、监生、生员人等，有力招民者，授以署职之衔，使之招民，不限年数，不拘蜀民流落在外及各省愿垦荒地之人，统以三百户为率，俟三百户民尽皆开垦，取有地方甘结，方准给俸，实授本县知县。其本省现任文武各官，有能如数招民开垦者，准不论俸满即升。又蜀省随征投诚各官，俟立有军功、咨部补用者，能如数招民开垦，照立功之例，即准咨部补用。其开垦地亩，准令五年起科。如此，则人易为力，而从事者多，残疆庶可望生聚矣。②

这种"广其招徕之途"的招民政策，显然比前更进了一步。而且值得注意的是，这里明确地将招民与垦荒结合了起来，待招徕人户"尽皆开垦"，并取得"地方甘结"后，才将议叙奖励政策兑现，无疑更有利于地方经济的恢复。至于新垦地亩"准令五年起

---

① 《清圣祖实录》卷27，康熙七年十一月戊午。按：据光绪《大清会典事例》卷158，《户部·户口·安集流民》所载，其具体标准是："现任文武大小各官，有能捐资迁移四川流民归籍，每百家以上者，纪录一次；四百家以上者，加一级；五百家以上者，加二级；六百家以上者，加三级；七百家以上者，不论俸满即升。"

② 《清圣祖实录》卷36，康熙十年六月乙未。按：是时，湖广、四川设一总督，至康熙十三年二月，分设四川总督，蔡毓荣始专督湖广。参见《清史列传》卷7，《蔡毓荣传》。

科"，与当时各省通行的"三年起科"相比，也显得特别优惠。这些政策，均令"吏、户、兵三部会同议行"。有关官员也确实因招民有方而得到议叙。① 同时，该年还议准："各省贫民携带妻子入蜀开垦者，准其入籍。"② 这是在法律上对流民落籍四川的认可。

上述招民政策，因三藩之乱期间的战乱格局而遭到阻碍。在三藩之乱即将结束之时的康熙十九年（1680 年），户部题称："四川久为贼据（指吴三桂叛军），苛虐横征，小民相率流亡。请敕督抚急行招徕抚绥，以副皇上爱民至意。"得旨："总督杨茂勋等速赴任，督理军饷，并招徕流民，俾安生业，毋误农时。"③ 三藩之乱对于稍现恢复之机的四川是一个大的打击，在几年的时间，中断了四川移民、恢复的进程。三藩之乱结束之际及三藩之乱结束以后的一段时间内，其招民政策基本上是原有政策的重拾。

至康熙二十九年（1690 年），招民政策又有了进一步的内容。该年议准了两个条例，一是"蜀省流寓之民，有开垦田土、纳粮当差者，应准其子弟在川一体考试，著为例"④；一是"川省荒地甚多，流寓之人，情愿在川居住垦荒者，将地亩永给为业"⑤。前者是将入川定居的"客户"一体视为本地土著"主户"的政治性措施，移民子弟"在川一体考试"，走科举仕途，表明他们不会受到任何歧视；后者则在法律上认定移民新垦土地的所有权，以免日后的产权聚讼。均是为了免除移民的后顾之忧。

康熙五十一年（1712 年），因"湖广民往四川垦地者甚多"，其赴四川之时，"将原籍房产地亩悉行变卖"，待新垦地"满五年起征之时"，又复回湖广，"将原卖房产地亩争告者"也甚多，因而谕令："嗣后湖广民人有往四川种地者，该抚将往种地民人年貌、姓名、籍贯，查明造册，称送四川巡抚，令其查明；其自四川

---

① 康熙《四川总志》卷 10，《贡赋》。
② 光绪《大清会典事例》卷 158，《户部·户口·流寓异地》。
③ 《清圣祖实录》卷 88，康熙十九年二月辛酉。
④ 《清圣祖实录》卷 149，康熙二十九年十一月甲午。
⑤ 光绪《大清会典事例》卷 166，《户部·田赋·开垦一》。

复回湖广者，四川巡抚亦照此造册，移造湖广巡抚。两相照应查验，则民人不得任意往返，而事亦得清厘，争讼可以止息。"① 这一方面在于防止无谓的争讼，另一方面则在于稳定移民队伍，不至于移民时去时返，影响到赋税的起征。

康熙五十二年（1713 年），上谕称："今四川之荒田开垦甚多，果按田起课，则四川省一年内可得钱粮三十余万，朕意国用已足，不事加征。"② 这里已体现出清廷对四川新垦土地薄征田赋、给移民以实惠的基本精神。事实上，四川的田赋与他省相比是很轻的，彭雨新先生认为，这种"轻赋"，是"招民政策和轻税政策的结合"，并且"带来了此后多年的小康之治"③。

雍正五年（1727 年），又议准了三个较为重要的条例：

第一，因为湖广、福建、江西、广东、广西等省人民，流入四川者甚多，有的"竟无执照可验"，而"穷民挈眷迁移，若勒令回籍，必致流离失所；任其接踵而来，又恐奸良混杂"。因此议准："凡入川穷民，务令各该地方官给以印照，到日验明安插。……其应准入籍者，即编入保甲，加意抚绥，毋使失所。"④ 实施这一政策的本身即意味着移民入川的民众日趋增多，验照、入籍的移民程序走向规范化。

第二，也是由于入川穷民的增多，川陕总督岳钟琪要求"给穷民牛具籽种，令其开垦荒地"，雍正帝令拨银 10 万两，"解川应用，倘有不敷，该督抚再为奏请"，同时要求四川地方官清查新入川的流民，以免"良奸莫辨"⑤。这既表明新形势下接纳移民仍给予实惠，又表明统治者在移民增多的情势下对清理户籍，以及地方安宁的重视。

第三，为了解决土、客之间，以及移民之间围绕着土地所有权

---

① 《清圣祖实录》卷 250，康熙五十一年五月壬寅。
② 《清圣祖实录》卷 256，康熙五十二年十月丙子。
③ 彭雨新：《四川清初招徕人口和轻赋政策》，《中国社会经济史研究》1984 年第 2 期。
④ 《清世宗实录》卷 58，雍正五年六月戊子。
⑤ 《清世宗实录》卷 61，雍正五年九月己卯。

的"争讼"，户部奏准："于各部司官内拣选四人，命往川省，又于候补、候选州县内拣选十六人，令其带往，会同松茂、建昌、川东、永宁四道，将丈量事宜，秉公妥酌，分委带往人员逐处清厘。所到地方，令州县官拨户书、弓手，跟随勘丈，事竣计算来川民户，按亩拨给。新垦田分别水旱，照例升科，备造清册，报部稽核。如有奸民胁众阻挠公事，照聚众至四五十人之例治罪；地方官不善抚绥，以致聚众著，指名题参，从重议处。"① 由于当初流民入川垦荒，"止计块段插占管业"，可以任意占有土地，确实使其"从无产到有产"，但乱占土地也种下了异日争讼的根苗。从户部议准的具体丈量规定，也得以看出问题的严重性以及清廷对这一问题的重视。

雍正六年（1728 年），经四川巡抚宪德疏请，户部议准了移民的给田标准及牛具籽种的归还办法。即：

> 入川人民众多，酌量安插。以一夫一妇为一户，给水田三十亩，或旱地五十亩；如有兄弟子侄之成丁者，每丁增给水田十五亩，或旱地二十五亩；若一户之内老小丁多、不敷养赡者，临时酌增。俱给以印票，令其管业。至应给牛种口粮，请照滇省之例，每户给银十二两，仍令五户环保……所领牛种价银，统于原籍地方官追赔，免其在川扣还。②

这一政策，是对新到移民而言，先前的移民是"止计块段插占管业"，并无具体标准。一户给予水田 30 亩或旱地 50 亩以及变通给田，一方面标示着给田标准的优厚，另一方面也说明此时的四川已不是漫漫荒野，可以任意插标占地，只能"酌量安插"。每户

---

① 光绪《大清会典事例》卷 165，《户部·田赋·丈量》。按：这里所述雍正五年的三项措施，是据有关资料综合言之。雍正六年正月，四川巡抚宪德"条奏安插入川人户事宜"，共列出六条，基本上是对这三个问题的重申。请参见《清世宗实录》卷 65，雍正六年正月乙亥。

② 《清世宗实录》卷 67，雍正六年三月丁丑。

给牛种价银 12 两，是对前拨银 10 万两的具体分配，"免其在川扣还"，也是一种优待；至于所谓的"统于原籍地方官追赔"，则是对流民移出地区官员的惩戒，因为在雍正五年（1727 年）下拨牛具籽种银、招抚流民时，雍正帝已经有言在先："各省大小官员，于地方歉收，即当题请设法抚恤，况各省皆有耗羡备用银两，即当以此为赈恤贫民之用，何得坐视百姓之窘迫，不加赈恤，而令其逃亡他省乎？……地方官吏，坐视百姓之远徙异乡，而不知轸念，断不可不加惩戒。"① 从这里还可体会到，在四川得到一定的恢复后，清廷对招民入川已经不是那么急迫，已在"杜流移之患于将来"。

雍正七年（1729 年），四川的招民政策发生了变化。该年，经四川巡抚宪德疏请，户部议准：

> 各省入川民户，向经一面造册呈报，一面咨查原籍在案。但愚民风闻给资招垦，往往轻于转徙。况川省田地多经业主承丈自首，将来余荒多寡，尚未可知，不可不定以长策。请嗣后各省续到流民，自雍正七年为始，停其造册咨查。行令各省，将实在无业穷民愿往川省开垦者，给予印照，与先经查验覆到之各户一体安插；如无照之人，除在川各有生业准其编入保甲外，所有游手之民，著即查明，令回原籍。②

这说明，在四川移民日多、荒地日少的情况下，对移民的入川，已经有了相当程度的限制，被接纳者只是那些有"印照"、有"生业"之人，无印照、无生业的"游民"已不再受欢迎。这一转变了的政策，在一段时间内被延续下来。当新任四川巡抚硕色在乾隆三年（1738 年）试图重扯招民就垦的大旗邀功时，就受到乾隆帝的斥责："川省向多奸匪，汝到任一日，即为汝之责矣。嗣后务须弭盗安民，以靖地方，至招垦一事，须妥协办理，则实为有益之

---

① 《清世宗实录》卷 61，雍正五年九月己卯。
② 《清世宗实录》卷 79，雍正七年三月壬子。

事也。"①

乾隆四年（1739 年），又覆准："贫民入川垦地者……该督抚将姓名、籍贯开造，移询各原籍，限文到三月内，备造清册，回复川省，核实稽查。其素非良善者逐回，如实系安分贫民，无力佃种者，酌拨地亩……其散住各府州县佃种者，责令佃主出结；贸易者，市邻出结；依附亲故者，亲故出结；寄宿寺庙者，留宿地出结。仍与土著同编入保甲，互相觉察。如有生事可疑之人，许原出结人呈报，并许乡保、邻佑人等首报，仍令该地方官不时稽查。如有失察者，参处。"② 对流民入川定居，必须核实稽查，或驱或留，均有一定之规；"出结"担保，编入保甲的户籍制度也越来越严密。

乾隆八年（1743 年），开始限制外省人民来川。该年，四川巡抚纪山奏称："湖广等省外来之人，皆因误听从前川省地广人稀之说，群思赴川报恩，不知川省已无荒土可辟，嗣后除有亲族可依、来川帮工为活者，令各省地方官给与印照，使彼此均有稽查。其无本籍印照者，各该管关隘沿途阻回，毋使积聚多人滋事。"得旨："所见甚是，妥协为之。"③ 在前，"无照"流民还只是被查明，令其返回原籍；此时已是"无本籍印照者，各该管关隘沿途阻回"，不许进入四川，这标示着移民政策的进一步变化。

乾隆十年（1745 年），军机大臣等又进一步议覆："凡赴川之人，本省给照，无照阻回。后仍有捏造姓名，指称依傍，两月之内，来川者多至三千余名。请嗣后搬眷入川之人，由川省查覆，实有亲属产业，方许本地给照。"④ 这是对前引条例的补充规定。

不过，面对日趋转严的移民政策，以及地方大吏的屡请严禁流民入川，乾隆十五年（1750 年）后又有所宽缓，对不法之徒与一般流民，分别对待。该年，上谕军机大臣等："搬移入川民人，其

① 《清高宗实录》卷 63，乾隆三年二月壬子。
② 光绪《大清会典事例》卷 158，《户部·户口·流寓异地》。
③ 《清高宗实录》卷 203，乾隆八年十月己卯。
④ 《清高宗实录》卷 251，乾隆十年十月戊午。

不法奸徒及往为啯噜子之类，固应尽法究治，并饬一切卡隘加意稽查。至于贫民远图之计，亦不可持之太峻，盖伊本籍如有产业，必不肯轻去其乡，何用阻截。若因亲族可依，就食他处，必尽行逐回，转绝其谋生之路。即如山东流民，往来各处种地者甚多，亦难概行禁止。惟在地方大吏善于督率稽查，不至滋生事端，方为妥协。"① 可谓是宽严相济。

乾隆三十二年（1767 年）的上谕也表达了基本相同的意旨：

> 据阿尔泰覆奏禁止各省民人赴川一折，内称"川省荒地，业经认垦无余。嗣后各省民人藉词赴川垦地者，不必给票，并转饬沿途关津，查无照票者，即行阻回"等语。所奏尚于事理未协。……此等无业贫民，转徙往来，不过以川省地广粮多，为自求口食之计。使该省果无余田可耕，难以自赡，势将不禁而自止。若该处粮价平减，力作有资，则生计所趋，又岂能概行阻绝！且邻近该地之湖广、江西等省，均属朝廷子民，抚绥本无异视。即如口外各处，向来直隶、山东等属贫民前往垦荒糊口者，亦难尽行驱逐，又何论蜀中腹地耶！倘此等民人，入川或有滋事为匪，致为乡里之害，即按律严惩，以儆其余，亦督抚等分所应办，又何事鳃鳃过虑。立定章程，转使胥吏等乘间苛求，徒滋纷扰，否则有名无实耶。阿尔泰奏定关隘查盘、给票验放，及咨移各省晓示人民之处，不必行。将此传谕该督及各该督抚知之。②

乾隆帝的这一上谕应该说是明智的，他把移民政策的重心放在川省无余田可耕、"将不禁自止"上，也符合移民的规律。随着川省荒地的垦辟以及社会经济的全面恢复，事实上，此后不久，大规模向四川移民的运动也宣告停止。当然，在嘉庆初年白莲教起义之

---

① 《清高宗实录》卷 367，乾隆十五年六月戊子。另参见同书卷 604，乾隆二十五年正月庚申的上谕。

② 《清高宗实录》卷 784，乾隆三十二年五月壬申。

后，又有外省流民的移入，如乐至县："嘉庆初，妖匪扰境，户口稍替，复有自秦、自楚汉族入籍孳息。"① 但其规模、范围远非清代前期可比，政策导向也不明显。

综观上述，概而言之：就移民的对象而言，有"以川民实川户"（一般民户与绅衿户）和招徕外省流民两个层面。就移民政策的内容而言，则包括了官给牛种、捐借口粮盘费、差官搬取、招民议叙、招民授官、放宽新垦地起科纳赋年限、流民入籍、移民子弟在川科举考试、承认移民的占地产权、优厚给田、减轻赋税、平息争讼、验照入籍、辨别良莠、编查保甲等诸多内容。就移民政策的时段划分而言，又可划分为五个阶段：一是顺治中期到康熙初年（三藩之乱前），这一阶段移民初步展开，以急于招民、招民议叙为标示；二是三藩之乱期间（康熙十二年至康熙二十年），这一阶段因叛军占据湖广、四川等地而使移民无从谈起；三是三藩之乱结束之际到雍正六年（1728 年），这一阶段移民进入高潮，以诸多优惠的政策内容吸引流民为标示；② 四是雍正七年（1729 年）到乾隆十四年（1749 年），这一阶段移民仍不断涌入，但清廷出于社会安定的考虑，以及移民在川人数的增多和川地社会经济的恢复，移民政策转严，以停止优惠招民的条例及限制流民入川为标示；五是乾隆十五年（1750 年）到乾隆三十二年（1767 年）以后，政策又走向宽缓，有点自流放任的意味，仍有移民的迁入，但大规模的移民运动渐次结束。

事实上，向四川的移民进程也正是伴随着有关政策和时段而展开，政策效应得到了较为充分的体现。

在顺治中期到康熙初年的初始招民阶段，已是"渐次招徕，人迹所至，烟户递增"③。某些地区还取得比较突出的成效，如苍

① 光绪《乐至县乡土志·户口》，转见鲁子健编：《清代四川财政史料》上册，四川省社会科学院出版社 1984 年版，第 17 页。

② 当然，在个别年份、个别情况下，也有对徙川之民的限制，除参看上揭康熙五十一年谕外，另参见《康熙朝汉文朱批奏折汇编》第 5 册，档案出版社 1985 年版，第 337～338 页。

③ 民国《温江县志》卷 3，《民政·户口》。

溪县，"自献贼乱后，土著几空"，而"清初招徕流亡"，土著归复者达"十之四五"①。眉州，"遭明末献贼之乱，城被屠戮，仅有遗黎"，清初"异省迁居，频频招集"，至康熙二年（1663 年），已有 2094 户。② 泸州，"献贼乱后，人口耗散。顺治十五年始设州牧，土著居民渐次复业，外来客户渐就招徕"③。云阳，"清初始移民吴楚，渐辟蒿莱"④。

　　三藩之乱结束以后，随着社会的安定和新的优惠政策的出台，流民不断入川垦荒定居，移民渐次进入高潮。据四川提督岳升龙在康熙三十六年（1697 年）奏称，是时，除了川北仍"见其人少地荒"外，"川西、成都所属与川南、邛、雅一带；田野渐辟，人户颇繁"，川东各处，亦是"旱涝无虑，丰瘠相均"，"全蜀郡县，俱庆秋成"⑤。据湖广提督俞益谟在康熙四十七年（1708 年）奏称，仅"湖南衡、永、宝三府百姓，数年来携男挈女，日不下数百名口，纷纷尽赴四川垦荒"⑥。沿长江水路入川的湖广流民，则是"日以千计"⑦。康熙五十一年（1712 年）上谕也称："湖广民往四川垦地者甚多。"⑧ 康熙五十二年（1713 年）上谕又称："湖广、陕西，人多地少，故百姓皆往四川开垦。"⑨ 又据该年候补知县朱尔介的奏报，"楚南徙川百姓，自康熙三十六年以迄今日，即就零陵一县而论，已不下十余万众"⑩，而"楚省宝庆、武冈、沅阳等

---

① 民国《苍溪县志》卷9，《食货·户口》。
② 民国《眉山县志》卷3，《食货·户口》。
③ 民国《泸县志》卷3，《食货·户口》。
④ 民国《云阳县志》卷9，《财赋》。按：嘉庆《四川通志》卷115，《职官·政绩》中也多有类似的记载。
⑤ 《康熙朝汉文朱批奏折汇编》第 1 册，档案出版社 1984 年版，第 23 页。
⑥ 《康熙朝汉文朱批奏折汇编》第 1 册，档案出版社 1984 年版，第 923页。
⑦ 道光《夔州府志》卷34，《政绩》。
⑧ 《清圣祖实录》卷 250，康熙五十一年五月壬寅。
⑨ 《清圣祖实录》卷 256，康熙五十二年十月丙子。
⑩ 《康熙朝汉文朱批奏折汇编》第 5 册，档案出版社 1985 年版，第 336页。

处人民，或以罪逃，或以欠粮俱比，托名开荒携家入蜀者，不下数十万。"① 再据康熙五十九年（1720 年）四川总督年羹尧的奏报，陕西流民，"自去冬至今，有挈其妻子，随带驴骡，数十成群，来川就食"。② 雍正九年（1731 年），据四川巡抚马会伯奏报，"湖广、福建、江西、广东民人来川者较前更多，且有游手好闲、不安本分之人，甚难稽查"③。同年，川陕总督岳钟琪也奏报："湖广、江西、广东、广西等省之民，逃荒入川，不下数万户。"④ 雍正六年（1728 年），四川巡抚宪德奏称："入川人户众多，奸良不一。"⑤ 同年，上谕又指出："上年闻湖广、广东、江西等省之民，因本地歉收米贵，相率而迁移四川者，不下数万人。"⑥

雍正七年（1729 年）以后，虽然停止了有目的带有优惠措施的招民，同时也有了许多移民的限制条例，但移民潮依然波涌不止。如乾隆六年（1741 年），两广总督马尔泰奏："广东惠、潮、嘉二府一州，所属无业贫民，携眷入川。"⑦ 乾隆八年（1743 年），四川巡抚纪山奏："湖广等省外来之人……群思赴川报垦。"⑧ 乾隆九年（1744 年），御史柴潮生奏："近年以来，四方流民多入川觅食，始则力田就佃，无异土居，后则累百盈千，浸成游手。"⑨ 乾隆十三年（1748 年），云贵总督张允随奏："查贵州旧案，自乾隆八年至今，广东、湖南二省人民，由黔赴川就食者，共二十四万三千余口；其自陕西、湖北往者，更不知凡几。国家定蜀百余年，户

---

① 黄廷桂：《楚民寓蜀疏》，见雍正《四川通志》卷 47，《艺文》。

② 《康熙朝汉文朱批奏折汇编》第 8 册，档案出版社 1985 年版，第 671 页。

③ 《雍正朱批谕旨》，雍正五年四月十八日马会伯奏折。

④ 《清世宗实录》卷 61，雍正五年九月己卯。

⑤ 《清世宗实录》卷 65，雍正六年正月乙亥。

⑥ 《清世宗实录》卷 66，雍正六年二月甲辰。

⑦ 《清高宗实录》卷 138，乾隆六年三月戊寅。

⑧ 《清高宗实录》卷 203，乾隆八年十月己卯。

⑨ 军机处录副奏折，见《康雍乾时期城乡人民反抗斗争资料》下册，中华书局 1979 年版，第 634 页。

口之增，不下数十百万。"① 乾隆二十五年（1760 年），仍然是
"各省流寓民人入川者甚多"②。

　　这些零散的史料只能大致反映出某一个阶段的移民趋势，据此
统计各个阶段的移民数字则相当困难。据郭松义的估计，四川
"顺康时期的外省移民，当在五十万到百万之间"，而"雍乾两朝
入川的客民，不但不会少于顺康两代，而且还要超过很多"③。据
王笛的估计，从清初至嘉庆年间，四川人户中的移民及其后裔，至
少占当时川省人口 2070.9 万中的 85%。④ 凡此，都可以作为参考。
不管怎么说，延续百年的各省向四川的移民运动，使川省人口大为
增加，是无疑的；川省人口中绝大多数为外来移民，也是无疑的。
从下述川省的人口（移民）构成中还可再次体会。

　　湖北、湖南地近四川，在地理区位上具有向四川移民的优势，
上引资料也反复揭示了"湖广"向四川的移民。⑤ 在地理区位的优
势下，湖广向四川的移民，大多是在时间上占先、在人数上占多，
即所谓："蜀中自明季兵灾后，土著几无孑遗。迨国朝定鼎，悉由
外省占籍。楚蜀接壤，转徙最便，故楚省较它省尤多。"⑥ 即所谓：
"明之黄、麻籍最早，而武昌、通城之籍次之。康熙之永、零籍最
盛，而衡州、宝庆、沅州、常德、长沙之籍次之。……谚曰：'湖
广填四川'，犹信。"⑦ 这也正是"湖广填四川"之俗语的注解。

---

　　① 《清高宗实录》卷 311，乾隆十三年三月癸丑。
　　② 《清高宗实录》卷 604，乾隆二十五年正月庚申。
　　③ 郭松义：《清初四川外来移民和经济发展》，见《中国经济史研究》1988
年第 4 期。
　　④ 王笛：《清代四川人口耕地及粮食问题》，见《四川大学学报》1989 年
第 3、4 期。
　　⑤ 另外，如四川方志所载：新宁，"邑多楚人"（同治《新宁县志》卷 3，
《风俗》）；灌县，"楚籍最多"（民国《灌县志》卷 16，《礼俗》）；什邡，"占籍
惟楚省人最多"（民国《重修什邡县志》卷 7，《礼俗》）；仪陇，"邑中湖南、湖
北最多"（同治《仪陇县志》卷 3，《食货》）；叙永，"土著者少，寄籍者多，而
以鄂省为最"（民国《叙永县志》卷 4，《礼俗》）。
　　⑥ 民国《达县志》卷 10，《礼俗》。
　　⑦ 光绪《广安州新志》卷 2，《户口》。

其他各省如陕西、江西、广东、福建也有较大数量的移民，另外还有山东、山西、河南、浙江、广西等省人数不等的移民。

四川各个不同的地区所吸纳的外省移民在比例上各不相同，但从总体上看，湖广籍所占比例最大，据简阳县的统计，外省籍移民多至11个省，以全县222个家族而论，外省籍为213个，湖广人即达133个，占外省籍移民比例的62.4%。① 据金堂县的统计，土著"为数寥寥"，外省移民"似不下十余省，然以楚籍为占多数"，其中湖广籍约占37%，广东籍约占28%，福建籍约占15%，其余各省籍约占20%。② 据广安州的统计，湖广籍占59.9%，江西籍占13.3%，浙江、福建籍占6.7%，山东、山西、河南籍占6.7%，广东籍占6.7%，本省外县籍也占6.7%。③ 另据郭松义对合州、简州、井研、南溪等州县部分迁入户的统计，湖广籍占57.3%，广东籍占14%，福建籍占3.2%，江西籍占2.6%，陕西籍占0.9%，贵州籍占3.6%，本省籍占3%，其他占3.4%，不详占1.1%。④

在清廷移民政策的导引下，大量移民进入四川，必然对四川的社会经济等各个方面带来重大影响。郭松义先生认为，影响主要有三：一是加速了荒田垦复，使四川的经济得到了较快的发展。除了荒田的垦复外，移民在生产技术上也传送了不少有益的经验，还带来了一些新的农作物品种。农业之外，移民在其他生产部门特别是对井盐业也多有贡献。农村经济的恢复发展，又促进了城市的繁荣、市场的活跃。二是在清初的移民垦荒中，四川出现了一大批自耕农民。这与川省存在着许多待垦荒地，以及农民起义彻底扫荡了

---

① 民国《简阳县志》卷17至18，《氏族表》。

② 民国《金堂县续志》卷3，《食货·户口》。

③ 光绪《广安州新志》卷2，《户口》。按：这里作了换算，原文为："大率黄、麻籍四之，永、零籍五之，豫章籍二之，浙、闽籍一，齐鲁、晋汴籍一，粤籍一，蜀人迁籍一。"另外，也有"秦、陇、滇、黔之人"，但"占户籍者绝少"。

④ 郭松义：《清初四川外来移民和经济发展》，《中国经济史研究》1988年第4期。

该地的王侯亲贵和世家大族有重要关系，同时也与清廷的给田、薄赋政策相关联。大量自耕农的出现，又使四川的社会经济得以较快的复苏和发展。三是在自耕农发展的基础上分化出一批中小地主。他们的土地积累，虽然不排除有巧取豪夺的做法，但更多的是艰苦创业、通过经济手段取得的，这种情况，与其他地区有别。①

上述之外，笔者认为还有几个问题值得注意：

第一，由于不同省份、不同地区的大量移民，使四川出现了多元文化并存、多元文化相互渗透的现象。这在语言、宗教、衣食住行等方面都有反映。如安县，"各省客民占籍，声音多从其本俗，同一意义至俗语，各处发音不同"。② 大竹县，"平时家人聚谈或同籍互话，曰'打乡谈'，粤人操粤音，楚人操楚语"；"举凡婚丧时祭诸事，率祖原籍通行者而自为风气"。③ 乐至县，"豫章、楚、闽、粤、黔杂处，或多行其故，俗不能尽同"。④ 铜梁县，"四方人居处杂厝，风气不古，好机心而务诈顽，与土人绝异"。⑤ 富顺县，"蜀民多侨籍，久犹怀其故土，往往酿为公产建立庙会，各祀其乡之神望"。⑥ 广安州，"凡楚人居其大半，著籍既久，立家庙，修会馆，冠昏丧祭，衣服、饮食、语言、日用，皆循原籍之旧，虽十数世不迁也"。⑦ 这都是保留原有文化的例子。在一个移民社会中，随着时间的推移，比之于文化的渗透和融合，维系原有文化往往更为困难。入籍四川的移民大多是以聚族而居、形成家族集团，乡民依托、形成同乡村落，建立会馆、形成更大范围的省区集合为手段来维系各自的文化特征。⑧

---

① 参见上揭郭松义文。
② 民国《安县志》卷56，《礼俗》。
③ 民国《大竹县志》卷3，《风俗》。
④ 道光《乐至县志》卷3，《风俗》。
⑤ 光绪《铜梁县志》卷1，《风俗》。
⑥ 民国《富顺县志》卷4，《坛庙》。
⑦ 光绪《广安州新志》卷2，《户口》。
⑧ 蓝勇对清代四川的移民会馆与分布曾有统计，可以参考。见《清代四川土著和移民分布的地理特征》，载《中国历史地理论丛》1995年第2辑。

第二，由于移民的垦田力作，使四川的垦熟田亩和赋税额不断增加，不但有利于川省的经济恢复，也有裨于清朝财政。四川在顺治十八年（1661 年），仅有熟田 11 883 顷 50 亩，征税银 27 094两。至雍正二年（1724 年），田额为 214 456 顷 16 亩，税银为225 535两，但是时"隐田漏赋"严重，经过雍正年间的清丈，至雍正七年（1729 年），田额已达 459 027 顷 83 亩，税银已达656 426两。虽然税银比明代万历额 1 616 600 两要低许多，但熟田额却大大高出明代万历额 134 827 顷 67 亩。① 田额比明代的增多，标志着四川经济的恢复和发展；税银比明代的减少，正是四川实行轻赋政策的结果。而且也正是由于清代前期四川的轻赋，既给农业经济的发展提供了保障，又使四川田赋按年征足。

第三，随着四川外来移民的增多，土民与客民之间、客民与客民之间的矛盾也日益突出。还在康熙五十二年（1713 年），上谕就曾指出："湖广、陕西，人多地少，故百姓皆往四川开垦。闻陕西入川之人，各自耕种，安分营生；湖广入川之人，每每与四川人争讼，所以四川人深怨湖广之人。"② 在移民运动中，湖广入川之人最多，形成一定的势力，难免跋扈，遭到川民或其他移民的怨恨，当在情理之中。据黄廷桂《楚民寓蜀疏》称，"有占人已熟田地者，掘人祖宗坟墓者，纠伙为盗肆虐行劫者，结党凶殴，倚强健讼；又有私立会馆，凡一家之事，率楚中群凶横行无忌，此告彼诬，挟制官府者。凡此，臣皆得之传闻，未敢入告"③。土、客之间的矛盾虽然涉及许多方面，但为地权的争讼则是其焦点。雍正五年（1727 年），户部在所上奏折中即已指出："四川昔日荒芜田地，渐皆垦辟，从来并未丈勘，止计块段插占管业。又土著与流民各居其半，田土不知顷亩，边界均属混淆，此争彼占，争讼繁兴。"④

---

① 雍正《四川通志》卷5，《田赋》。参见《清朝文献通考》卷1、卷3，《田赋一》、《田赋三》。

② 《清圣祖实录》卷256，康熙五十二年十月丙子。

③ 雍正：《四川通志》卷47，《艺文》。

④ 光绪《大清会典事例》卷165，《户部·田赋·丈量》。

雍正六年（1728 年）的上谕也说，当地"民俗好为争竞，当其未垦之时，则置之不问，及至既垦之后，则群起相争"①。四川巡抚宪德更是一语中的："川省词讼，为田土者十居七八，大率为界址不清。"②

第四，清代向四川的移民，在不同的阶段还有其他不同的结果。当清初"流民遍野"之时，流民至川，可以从"无产而有产"，可以使游手游食之人，变为"良民"，减少社会的不安定因素；同时又可使川省"无人而有人，渐填实而增赋税"③。康雍乾之际，不少省区的人口压力加重，向四川的移民，又缓冲了人口迁出地的社会矛盾，有利于不同省区社会经济的平衡发展。不过，雍乾以降，由于向四川的大量移民，四川的社会问题也变得突出起来，"盗贼滋炽"，"奸匪"增多④。上揭雍正年间以来对流入四川人户的限制，从某种程度上说正是基于这一考虑。即如引人注目的秘密社会组织"啯噜子"，就是流民集合的结果，这在乾隆八年（1743 年）四川巡抚纪山的奏折中已指出过："川省数年来，有湖广、江西、陕西、广东等省外来无业之人，学习拳棒，并能符水架刑，勾引本省不肖奸棍，三五成群，身佩凶刀，肆行乡镇，号曰啯噜子。"⑤ 川陕总督庆复在乾隆十年（1745 年）也说："四川啯噜子多系福建、广东、湖广、陕西等省流棍入川。"⑥ 而"啯噜子"与后来的各种"会匪"、"邪教"，又多有渊源关系，成为有清一代四川的一个重要的社会问题。

---

① 《清世宗实录》卷 66，雍正六年二月甲辰。

② 《清史列传》卷 15，《宪德传》。

③ 《明清史料》丙编，第 10 册，康熙七年九月二日"户部题本"。

④ 《清高宗实录》卷 63，乾隆三年二月壬子。

⑤ 《清高宗实录》卷 203，乾隆八年十月己卯。

⑥ 《清高宗实录》卷 251，乾隆十年十月戊午。邱仲文：《论蜀啯噜状》、《再论啯噜状》可以看看。见《皇朝经世文编》卷 75，《兵政》。另外还可以参考彭朝贵、王炎主编《清代四川农村社会经济史》的有关论述，天地出版社 2001 年版。

四、移民政策之二：向西南的人口迁移

这里所说的"西南"，是指云南、贵州、广西三省。

据美籍华人李中清教授的研究，西南地区是传统的移民区，在历史上，除了影响较为短暂的汉晋、唐宋时期的移民外，元代以降共有两个阶段的大规模移民：第一阶段发生在元、明之间，主要是一种强制性的移民；第二阶段在清代，主要是一种自发性移民，但移民的规模和数量都超过了前代。正是这种移民使中国南部边疆汉化。[①]

清代向西南的移民大多是"自发性"移民，意味着这种移民不是移民政策的产物，因此，我们也就很难系统地勾勒出移民政策的变化轨迹。当然，这并不等于说向西南的移民不受有关政策的影响。

顺治后期，随着西南地区的平定，清廷一方面重申"凡各处逃亡人民，不论原籍、别籍，必广加招徕"，"务使逃民复业"的既定政策，[②] 另一方面，又以给予牛具、种籽等条件鼓励招民垦荒定居。顺治十三年（1656 年），"以广西卫所久废，令州县招垦荒屯，无力者官给牛具"[③]。顺治十六年（1659 年），云贵甫定，因"民间遭兵火残毁，饥饿载道，死无虚日"，经五省经略洪承畴疏请，在当时国家财政十分困难的情况下，清廷拨银 15 万两"赈济两省穷民"，以期穷民安居，流民归复。[④] 同年，"发饷银二万两，借给苗民牛种"[⑤]，表现出了对少数民族的安抚之意。顺治十七年

[①]　参见李中清：《1250—1850 年西南移民史》，《社会科学战线》1983 年第 1 期；《明清时期中国西南的经济发展和人口增长》，《清史论丛》第 5 辑，1984 年。按：李中清所指的"西南"，包括云南、贵州以及四川西昌地区和凉山彝族自治州。

[②]　嘉庆《广西通志》卷1，《训典一》。

[③]　《清朝文献通考》卷 10，《田赋十》，第 4941 页。

[④]　《清史列传》卷 78，《洪承畴传》。

[⑤]　乾隆《贵州通志》卷 15，《食货·蠲恤》。

（1660 年），云贵总督赵廷臣又上疏请求"招民开垦"①，寻经户部议准："滇黔田土荒芜，当亟开垦，将有主荒田令本主开垦，无主荒田招民垦种，俱三年起科，该州县给以印票，永为己业。其滇省衢路残黎，如杨林、永昌等处，请将顺治十七年本省秋粮，借贷为春种之需。"② 这种招民垦荒政策，基本上与全国一致，还未见得特别优惠，因而，贵州巡抚罗绘锦于康熙四年（1665 年）进一步提出："黔省以新造之地，哀鸿初集，田多荒废，粮无由办，请不立年限，尽民力次第开垦，酌量起科。"招民开垦荒地而"不立年限"，"酌量起科"，当然是一种特别优惠的政策，但格于其他省区未有此先例，仅仅是"下户部议"，未获批准。③

可以想见，清初未加区别的招垦政策，对贫瘠的西南边区而言，不会具有招徕流民的吸引力。三藩之乱期间，西南诸省作为战乱的重灾之区，"所在驿骚，肆骋痛毒"，"军民荼苦，如在水火"。④

三藩之乱平定之后，清廷便着眼于战后社会经济的恢复，颁布了善后事宜 44 条，以"荡涤烦苛，维新庶政，大沛宽和之泽"为指导思想，禁止额外横征，并屡屡蠲免钱粮。⑤ 康熙二十一年（1682 年），新任云贵总督蔡毓荣又上奏《筹滇十疏》，其中，"蠲荒赋"、"理财源"、"敦实政"、"举废坠"诸疏，也具有同样的意旨。⑥ 在《筹滇第一疏·请蠲免》中，蔡毓荣还针对"变乱之后，

---

① 李元度：《国朝先正事略》卷 4，《赵清献公事略》。

② 《清圣祖实录》卷 1，顺治十八年二月乙未。

③ 《清圣祖实录》卷 15，康熙四年四月戊辰。

④ 乾隆《贵州通志》卷 15，《食货·蠲恤》；嘉庆《广西通志》卷 1，《训典一》。

⑤ 参见陈锋：《清代军费研究》，武汉大学出版社 1992 年版，第 363～364、369～370 页。

⑥ 《清史列传》卷 7，《蔡毓荣传》。按：乾隆《云南通志》卷 29，《艺文四·奏疏》载有《筹滇十疏》全文，其篇目分别为：《筹滇第一疏·请蠲免》、《筹滇第二疏·制土人》、《筹滇第三疏·靖逃逋》、《筹滇第四疏·议理财》、《筹滇第五疏·酌安插》、《筹滇第六疏·收军器》、《筹滇第七疏·议捐输》、《筹滇第八疏·弭野盗》、《筹滇第九疏·敦实政》、《筹滇第十疏·举废坠》。

抛荒田地，死徙人丁，在在有之，目下开垦乏人，牛种未备，逃亡无勾补之法，生聚非旦夕之功"的实际情况，再次提出了"陆续招徕开垦"的建议，以期"田畴渐辟，户口渐充"，清廷下令允行。在此基础上，康熙二十九年（1690年），云南巡抚王继文上疏请求云南荒地"减则起科"，"仍令地方官量借牛种及出陈米石，务使力耕有成"，并承认承垦荒地者的土地所有权。① 康熙三十二年（1693年），"以滇省明代勋庄田地，照老荒田地之例，招民开垦，免其纳价"；次年，又"以贵州兵燹荒废，正当招徕，劝垦徐议，编审暂停"。②

要之，在三藩之乱平定以后的一段时间内，清廷以禁止横征、蠲免钱粮、减则起科、借贷牛种口粮、宽限编审等优惠措施鼓励流民的归复和招徕内地移民。

西南地区是少数民族居住区，元、明以来所实行的土司制度，往往体现着土司的意志，时有与中央政权的对抗，魏源有云："云、贵、川、广，恒视土司为治乱。"③ 并且，土司对所属人民任意苛派赋税，土司之间又相互仇杀，"汉民被其摧残，夷人受其荼毒"，成为西南边疆的"大害"。④ 雍正帝在上谕中曾对此反复谕及，如雍正二年（1724年）五月谕："各处土司，鲜知法纪，所属土民每年科派，较之有司征收正供不啻倍蓰，甚至取其牛马，夺其子女，生杀任情。"雍正五年（1727年）十二月上谕："向来云、贵、川、广以及楚省各土司，僻在边隅，肆为不法，扰害地方，剽掠行旅，且彼此互相仇杀，争夺不休，而于所辖苗蛮，尤复任意残

---

① 王继文：《筹请屯荒减则占垦疏》，见乾隆《云南通志》卷29，《艺文四》。按：原疏未注明日期，据倪蜕：《云南事略》（见王崧编《云南备征志》卷17），此疏上奏日期为康熙二十九年十月。又按：贵州巡抚王燕在《劝民开垦荒田疏》中，也提出过大致相同的请求。见乾隆《贵州通志》卷35，《艺文·疏》。

② 《清朝文献通考》卷2，《田赋二》，第4867页。

③ 魏源：《圣武记》卷7，《雍正西南夷改流记上》。

④ 《雍正朱批谕旨》，雍正四年九月十九日鄂尔泰奏折。

害，草菅民命，罪恶多端，不可悉数。"① 因此，"欲安民，必先制夷；欲制夷，必改土归流"。②

应该说，雍正年间西南少数民族地区"改土归流"的实行，保证了中央有关政策的贯彻，在客观上也有利于移民的迁入。

在改土归流的同时，清廷对向西南的移民采取了更加明显的鼓励政策，这包括了如下数点③：

第一，按招民数额和开垦荒地数额对地方官员进行议叙或惩处。如雍正四年（1726 年）覆准："滇、黔二省广行开垦，并定开垦事例：凡官员招募佃户、资送开垦者，按户数多寡议叙；军民自备工本者，按亩多寡议叙。"雍正五年覆准："滇、黔二省招民开垦，委员及地方官将所领工本招募良民，开垦数多、田皆成熟者，三年之内，准其议叙。倘虚应故事，招募匪类，领银潜逃，或开荒草率，不能种植报粮者，照才力不及例指参；所费工本，著落该员赔补。"

第二，针对移民新垦田地，一旦垦熟，"则群起相争，甚至伙众抢割，结讼不休"的情况，明确垦民的土地所有权。如雍正二年（1724 年）议准广西例："可垦之荒，立标招认，定限两月后开垦，即有豪强，不得再行争认。"雍正四年（1726 年）议准云、贵例："地方官招民开垦及官生捐垦者，将垦熟田地归于开垦佃户。"雍正七年（1729 年）又规定了云南部分地区"每户不得超过二顷之外"的占田标准。

第三，针对边远之区"有田者不肯远种，无力者不能自种"的实情，适当资助牛具、籽种、口粮、盘费、居室。如广西在雍正二年（1724 年）议准，将常平仓谷"量借贫民为牛种、饭食、置农器、盖茅庐之资，分作二年补还"；雍正五年（1727 年），又动

---

① 乾隆《云南通志》卷 29，《艺文一》；嘉庆《广西通志》卷 1，《训典一》。

② 魏源：《圣武记》卷 7，《雍正西南夷改流记上》。

③ 参见光绪《大清会典事例》卷 166，《户部·田赋·土地开垦一》；《皇朝经世文编》卷 34，《户政九·屯垦》；《雍正朱批谕旨》有关年份的鄂尔泰奏折；《宫中档雍正朝奏折》第 7 辑。

用常平仓谷赈济因灾由广东省流入广西的灾民，并"查明姓名、籍贯及男女大小人口数目"，在梧州府、郁林州所属各县"设法安插"。云、贵两省在雍正四年（1726年）议准的招民开垦事例中，已经有"开垦工本"的规定，雍正五年（1727年）在具体议行云南东川府的招民措施时，"买水牛一百头，盖房六百间，招民开垦，酌给牛种房屋，复给以现银为半年食米之费。其自外州县来者，又给以盘费为搬运行李之资"。另外如云南丽江府、贵州威宁州等地土寒薄的"极边夷郡"，也仿此办理。为了解决"法制犹易，而经费为难"的问题，还同时鼓励官绅捐款，"务使经费有出"。

乾隆以降，随着内地人口压力的加剧，向西南地区的移民更加引人注目，但从政策上考察，则鲜见鼓励性措施，相反，还有一些禁令，如乾隆六年（1741年）的编查保甲，"苗寨大者，十户为一牌，牌有头；十牌为一甲，甲有长；寨立长一二人。小者，随户口多寡编定，寨立长一人"。若有"汉奸及外来苗瑶在寨居住，一人容隐，九家连坐"。① 又如乾隆十五年（1750年）议准的经理苗疆事宜规定，如果"汉人在旧疆苗地住久，置有房产，素行良善者，饬土司、土目等，于年底查造烟户民数时，附造入册，仍毋许招留册外之人。其归化未久与新疆一带各苗寨，令地方官稽查，不得听汉人置产，亦不许潜处其地"。② 之所以有这些禁令（"新辟苗疆"比"旧管苗疆"要严厉），目的是为了避免"苗民争竞之端"③。当然，有关禁令的效果十分有限，往往是"禁而不能止"④。乾隆以后的移民大多是"亲故援引，依附而来"⑤，构成自愿移民的示范效应。

由于乾隆以前缺少系统的人口统计数字，我们不清楚到底有多

---

① 《清高宗实录》卷139，乾隆六年三月丙戌。按：其他年份议准的事例请参见光绪《大清会典事例》卷158，《户部·户口·保甲》。

② 《清高宗实录》卷363，乾隆十五年四月。

③ 罗绕典：《黔南职方纪略》卷6，《镇远府》。

④ 贺长龄：《复奏汉苗土司各情形折》，见《耐庵奏议存稿》卷5。

⑤ 罗绕典：《黔南职方纪略》卷2，《兴义府》。

少人口移入西南，但在有关政策的鼓励下，西南地区有不间断的移民则是无疑的，后来的有关记载以及移民数字统计，也应该是前此移民的结果。并且，三藩之乱以后，西南地区的经济恢复与人口增加，也与移民有着不可割裂的关系。①

乾隆以后的有关移民记载就很多了。据乾隆十三年（1748 年）贵州按察使介锡周奏称，"黔省虽节年首报开垦，而山坡箐林，尚多荒土，每多外来游民，往赴力垦"，其"银、铜、黑白铅厂，上下游十有余处，每厂约聚万人、数千人不等，游民日聚"②。据《黔南职方纪略》记载，雍正、乾隆以来，"江广川楚客民源源而至者，日盛月增，兵燹以前（指乾隆末年至嘉庆初年湘黔苗民起义），汉、苗之夹杂混淆，早已不能判然有别"，湘黔苗民起义之后以迄道光年间，"比年以来，下游各郡以及川播贫民偶值岁有不登，携老挈幼，担负而来，或入滇，或入粤，由郡经过因而逗留者，每岁冬春日以数百计"，以至"客多主少"。又称，"客民之贸易者、手艺者，邻省、邻府接踵而来，此客民所以多也"③。据《檐曝杂记》记载，由内地移入贵州、广西的客民多黠，"在其地贸易，稍以子母钱质其产，蚕食之"，到乾隆中期，"膏腴地皆为（客民）所占，苗、倮渐移入深山，而凡附城郭、通驿路之处，变为客民世业"④。乾隆以来向云南的移民，郭松义在其论著中已举出过不少典型事例，可以参看，⑤ 不赘述。

另据乾隆以后西南三省的人口统计，也可以体会人口增加与移

---

① 美籍华人李中清教授认为，西南地区直到康熙二十年平定了三藩之乱以后才开始从明清之际的破坏中恢复过来，至康熙三十九年，西南已恢复到了 16 世纪的人口数。见《明清时期中国西南的经济发展和人口增长》，文载《清史论丛》第 5 辑，1984 年。又据乾隆《贵州通志》卷 11，《食货·户口》记载，明万历六年贵州登录户为 43405 户，至雍正十年，已登录户为 272689 户，增加了数倍。

② 《清高宗实录》卷 311，乾隆十三年三月癸丑。

③ 罗绕典：《黔南职方纪略》卷 2，《兴义府》；卷 6，《黎平府》。

④ 赵翼：《檐曝杂记》卷 4，中华书局 1982 年重刊本，第 68 页。

⑤ 参见郭松义：《清代人口流动与边疆开发》，见《清代边疆开发研究》，中国社会科学出版社 1990 年版。

民的关系，兹选出有关年份列表 5-2 示之：①

表 5-2　　　西南地区乾隆以后人口统计　　单位：万人；年增长率：‰

时　　间	广西	增长率	云南	增长率	贵州	增长率
乾隆十四年（1749 年）	368		194		307	
二十二年（1757 年）	385	5.77	201	4.51	335	11.40
三十二年（1767 年）	470	22.08	214	6.47	344	2.69
四十一年（1776 年）	538	16.08	310	49.84	500	50.39
四十八年（1783 年）	603	17.26	329	8.76	511	3.14
五十六年（1791 年）	664	12.65	368	14.82	518	1.71
嘉庆二十四年（1819 年）	741	4.14	600	22.52	534	1.10
道光十年（1830 年）	751	1.52	655	8.33	537	0.51
二十年（1840 年）	763	1.60	701	7.02	541	0.75
三十年（1850 年）	782	2.49	737	5.14	543	0.37

　　乾隆十四年（1749 年），广西、云南、贵州三省的人口统计数，已经超过了明代万历年间的人口数额，这一方面标示着西南地区的社会经济发展，另一方面恐怕也说明此前已经吸纳了不少的外来移民。如果再往前推数年，以有较为可信的乾隆六年（1741 年）的统计为基点比较，云南从 91 万余口，增加至乾隆十四年（1749 年）的 194 万余口，8 年间增加了 103 万余口，平均年增长率为 141.48‰；贵州从 241 万余口，增加至乾隆十四年（1749 年）的 307 万余口，8 年间增加了 66 万余口，平均年增长率为 34.23‰。这种非常高的人口增长率，固然与乾隆六年（1741 年）初始的人口统计不完整有关，但也不能说与移民的增加没有牵涉。

　　即使以乾隆十四年（1749 年）较高的人口数额为基点，如表

---

　　① 乾隆四十八年之前的数据见《清朝文献通考》卷 19，《户口一》。后面的数据见严中平等编：《中国近代经济史统计资料选辑》附录，科学出版社 1955 年版。

5-2 所示，乾隆一朝西南三省的人口增长率仍然是很高的，其中云南一直到道光年间还保持着超过全国的平均年增长率（当时全国的年增长率大致在 7‰）。边远地区人口的高速增长，一般来说，不是自然增殖的结果，而是移民的结果。

当然，表 5-2 的统计不可能区别 "土著" 与 "移民"，对移民的增加趋势仅仅是建立在分析之上的一种推测。幸运的是，在史籍中还存在着一些移民数字，兹将道光年间对贵州 "客民" 的清查数额列表 5-3 于下，作为参照①：

表5-3　　　　　　　　　　道光年间贵州客民统计

地　区	客民数（户）	地　区	客民数（户）
贵阳府	9 251	平越州	994
安顺府	3 684	黎平府	7 502
兴义府	25 632	镇远府	2 062
普安厅	1 326	思南府	18
大定府	10 048	铜仁府	86
都匀府	11 032	松桃厅	857

表 5-3 总计户数为 72 492 户，若以口计，当在 30 万人以上。仅此，已是相当可观。

对表 5-3 尚需加以说明的问题有三：第一，清代之前的 "江广楚蜀客民"，在贵州 "置产成家者，今日（道光间）皆成土著"，所以，这里的 "客民" 并不包括以前的移民，仅是清代的移入者。第二，这次清查的缘由是因着钦奉谕旨 "饬禁汉奸私入苗寨，勾

① 据罗绕典：《黔南职方纪略》卷 1 至卷 6 统计。按：上揭郭松义文也引用了这一史料，但安顺府的数字有误（当是印刷之误）。又按：另据爱必达：《黔南识略》卷 1，《总叙》记载，道光六年清查，客民户共 71 499 户，其中，买当苗人田土客民户 37 865 户，佃种苗人田土客户 13 190 户，贸易、手艺、佣工客户 20 444 户。

引滋扰",清出的"客民"户数,是此前尚未编入人口册籍的移民,已经编入人口册者,不在此次清查之列,因此,也就不是清代的全部移民数。而且,还同时规定:"自此编查之后,如再有勾引流民擅入苗寨,续增户口、买当田土者,将流民递籍,并将勾引之客民立时驱逐出境,田产给还苗人,追价入官,仍照违制律治罪。"这既可以看出当时的大量移民已成为当地的社会问题,又可以看出对移民的限制措施。第三,表5-3的统计也不全面,缺少遵义府、仁怀厅、思州府、石阡府的客民数字,这并不等于说此三府一厅没有客民,实际情况可能恰恰相反,要么是客户超过了土著数,要么是土、客相安,不必要清查(这与上述清查意旨是相吻合的),如遵义府,据称,"通属汉户十之六七,苗户十之三四,然苗、汉无猜","皆一律编入里甲"。又如仁怀厅,据称,"无苗民,惟土著与客户,相安日久,无事区分也"。不管是哪种情况,均能说明向西南的移民规模。

根据上述,笔者的拙见认为,乾隆以前,清廷对向西南的移民采取了鼓励性政策,尽管有关移民的记载较少,又鲜见移民数字统计,但移民的不断增多应该是没有疑问的,乾隆初年有系统的人口统计之时,所显现的人口数字的增多,即包含着移民因素在内,这在一定程度上标示着政策与实际的吻合。乾隆以后,清廷对向西南的移民采取了限制性措施,而是对有关移民的记载反而增多,这一方面说明确实存在着相当规模的移民潮,另一方面也说明了政策与实际的背反,而且也可能正是由于这种"背反",移民现象更受重视,有关记载也就随之而增多。这也是我们在凭藉史籍分析历史问题时,应该加以注意的。

五、移民政策之三:向西北的人口迁移

一般所说的向西北的移民,是与新疆的屯田联系在一起的。

但是,西北作为一个大经济区,在新疆屯田之前,事实上已有着向陕西、甘肃(在清代,宁夏府、西宁府亦属甘肃所辖)的鼓励移民政策和人口流动;并且,后来的向新疆的移民,大体上也是

沿河西走廊向西北扩展的。

如果把向陕西、甘肃的移民作为向新疆移民的前奏，那么，我们就可以看出，向新疆的移民是一种阶梯式的渐进性移民。

自康熙中期起，对向陕西西部西安府、凤翔府的移民，已采取了非常明显的鼓励性措施，凡招徕流民，"每户给牛一头，并犁具银共五两，谷种银三两，雇觅人工银二两，布政司照数支给。该抚将所招民数册报，不论旗、民，照奉天招民例议叙"①。此时，"奉天招民议叙例"（即"辽东招民条例"，初制定于顺治十年，康熙七年四川仿行，见前述）早已停止，独准陕西西部旧例重拾，已可体味政策的特别优惠及其背后的用意。到康熙末年，随着以策妄阿拉布坦为首的准噶尔部势力的再度崛起以及对西北的用兵，向甘肃的移民与屯田被提上议程。这是很值得注意的，特先作示例：

康熙五十三年（1714年），议准了甘肃"安插失业穷民六款"；其一为"无依穷民，宜加意安插，无致失所"；其二为"荒弃地亩，招民开垦，将荒地查出，置立房屋，每户二间，无业之民，给予口粮、籽种、牛具，令其开垦"，凡新垦土地，"即给予本人永远为业，照例六年后起科"；其三为"甘肃水利，亟宜兴行，令地方官相度地势，有可以开渠引水者，募夫开浚，可以用水车者，雇匠制车，可以穿井造窖者，即行穿造"；其四为"牛羊牧畜，令民孳生"，凡甘肃不能开垦耕种的山场，一概牧畜牛羊，并令督抚查明无业穷民，"每户给羊种十只，每二户给牛种一只，俟六年之后，将孳生羊羔十只、牛犊一只交官变价"；其五为"督理官员，宜加遴选"，令督抚"选才具优长贤能之员，具题调补，俟历俸五年，有果能招徕开垦、兴行水利、孳畜牛羊、教导百姓者，令督抚保题，照五年俸满即升之例，即行升用"；其六为"倒塌城垣，亟宜修理，于明年春和之时修筑，令穷民佣工，得以养赡"②。这六条措施，可谓是照顾到了方方面面。其中，给予无业穷民以房

---

① 《清朝文献通考》卷2，《田赋二》；光绪《大清会典事例》卷166，《户部·田赋·开垦一》。

② 《清圣祖实录》卷260，康熙五十三年十月壬申。

屋、口粮、籽种、牛具，以及羊种、牛种，无疑具有吸引力；而对水利的讲求，在西北干燥之区，尤是打下日后生产的基础。此后的有关政策，也多注重于此。

康熙五十五年（1716 年），吏部尚书富宁安疏称："军需莫要于粮米，臣复细访，自嘉峪关至达里图，可垦之地尚多，肃州之北、口外金塔寺地方，亦可耕种。请于八月间，臣亲往遍行踏勘，会同巡抚绰奇招民耕种外，再令甘肃、陕西文武大臣及地方官捐输耕种。无论官民，有原以己力耕种者，亦令前往耕种。俟收获之后，人民渐集，请设立卫所，于边疆大有裨益。"在踏勘查明的基础上，议准："动正项钱粮，派官招民耕种。"①

康熙六十一年（1722 年），因甘肃西部的瓜州、沙州、敦煌等处"田土广阔，宜于牧放马畜，兼有河水"（有党河、疏勒河），又是传统的屯田区，控扼地方，诸处遣用，"俱属有益"，议准"派往官兵造城屯田"②。

雍正元年（1723 年），又议准："布隆吉尔驻扎官兵，俸饷由内地转输，多费不便，前者赤金卫、柳沟所（赤金、柳沟二地均在嘉峪关外，今玉门市西北，其地有赤金河、疏勒河，疏勒河又名"苏赖河"、"布隆吉尔河"）等处，常募人种地，今于每营拨余丁二名，每丁官给牛二头、籽种四石，口粮三石，次年给半，三年但给籽种之半，嗣后毋给。其田即为耕者恒产。无论米麦青稞，计收三石，以为兵丁月饷。布隆吉尔增设一卫守备，沙州增设一千总，令专管种地事务。"③ 这是在募民垦种的基础上，重兴兵屯。

雍正二年（1724 年），因"西宁、布隆吉尔地方遥远，愿往垦地者少"，所以"议将直隶、山西、河南、山东、陕西五省军流人犯，连家口发遣之人有能种地者，令其前往开垦。初到之时，地方官拨给地亩，动支正项钱粮采买籽种、牛只分给之。其应征粮草，

① 《清圣祖实录》卷 269，康熙五十五年七月丁亥；卷 270，康熙五十五年十月丁酉。

② 《清圣祖实录》卷 297，康熙六十一年四月戊午。

③ 光绪《大清会典事例》卷 179，《户部·屯田·西路屯田》。

照例于三年起科"①。这是带有强制性的、又兼有一定优惠条件的罪犯迁移（遣屯）之一例。

雍正六年（1728 年）议准："宁夏所属插汉托辉地募民垦种。宁夏东北插汉托辉地南北延袤百有余里，东西广四五十里、二三十里不等，东界黄河，西至西河，其地平衍，可垦为田，遣大臣会同督抚浚治河渠，招民垦种，官借建房、牛具、籽种之资。凡陕西各属无业民户愿往者，计程途远近给予路费。每户按百亩，以为世业。"② 同时谕令文武官员、缙绅"身先倡率"，"均当踊跃从事，争先垦种，不可观望因循，贻延善举"③。

随后，又于雍正七年（1729 年）议准了安西州所属沙州垦民"牛骡倒毙、给银买补"条例；雍正八年（1730 年）议准了沙州新垦地"宽限起科"条例；雍正十年（1732 年）议准了安西州所属瓜州"筑堡造房，给予口粮牛种"，"就近招民屯种"条例，以及"边地屯田事宜"；雍正十二年（1734 年）议准了凉州府镇番县所属柳林湖"招民开垦、兴办屯田"条例；乾隆元年（1736 年）议准了瓜州回民"宽限偿还籽种、口粮、银两"条例（乾隆三年又议准免还），等等④。

综上，可以看出，向甘肃的移民，就其移民方式而言，是一般移民和遣屯、民屯、兵屯的结合；就其移民区域而言，尤其注重甘肃北部、西部、西北部诸沿边区域，这些地区除了军事意义外，也大都具有较好的水利和自然经济条件，特别是形成了沿河西走廊由东向西伸展的点线结合的移民屯垦格局；就其移民优惠措施而言，则包括了建立房屋住处，给予路费盘缠、口粮、籽种、牛具、牛羊骡、皮衣皮帽等物品以及相应银两，承认土地所有权，颁给关防印信，宽限起科，宽限偿还甚至免除所借粮、银等方面。

---

① 《清朝文献通考》卷 3，《田赋三》，第 4872 页。
② 《清朝文献通考》卷 3，《田赋三》，第 4876 页。
③ 《清世宗实录》卷 76，雍正六年十二月丁亥。
④ 参见《清朝文献通考》卷 3，《田赋三》；卷 4，《田赋四》；卷 10，《田赋十》。光绪《大清会典事例》卷 179，《户部·屯田·西路屯田》及《实录》有关年份。

应该说，康熙后期以来向西北地区（主要是甘肃）的移民与兴屯，具有重要的意义，它不但在西北用兵之时，填实了边区，做到了屯、战结合，而且新垦地的粮食作物收获，解决了一部分军粮所需，减少了远道转输军粮的劳费。① 同时，在移民政策、移民兴屯方式等方面，也为新疆的移民提供了经验。

向新疆的移民与屯田，在康熙后期已经开始，如康熙五十四年（1715 年）议准："哈密地方，可以耕种，令将军席柱、尚书富宁安将西吉木、布隆吉尔等处勘明具奏。"康熙五十五年（1716 年）议准："勘明哈密所属布鲁尔、图古里克接壤之处，并巴里坤、都尔博勒金、喀喇乌苏及西吉木、达里图、布隆吉尔附近之上浦、下浦等处，俱可耕种，应各令人耕种，给予口粮、牛种。再，兵丁有原耕种者，亦令耕种，俟收成后，以米数奏请议叙。"康熙六十年（1721 年）上谕："吐鲁番现驻官兵，其可种之地甚多，总督鄂海、按察司永泰，著往吐鲁番地方种地效力。"② 康熙六十一年（1722 年），议政大臣等遵旨会议："见今吐鲁番驻兵种地，多积米粮，甚属紧要。蒙圣恩赏给吐鲁番种地人等牛羊，又令哈密回人等一并垦种，于军务愈有裨益。"③ 雍正八年（1730 年）上谕："吐鲁番回目额敏和卓屯田种地，恭顺效力，甚属可嘉。……额敏和卓赏缎二十匹，其种地效力之回民，赏银二千两。"④ 乾隆元年（1736 年）议准："哈密回人，每年官给籽种五百石，收获时纳米四千石，每石赏银一两。现今大兵既撤，哈密止驻兵五千，从前运到米，尚存二十万石有零。自今年为始，免令回人纳粮。"⑤ 乾隆七

---

① 关于甘肃的屯垦亩数及粮食作物收获情况，彭雨新先生已作过示例，参见《清代土地开垦史》，农业出版社 1990 年版，第 202～204 页。关于西北的用兵情况、军费及转输军粮费用，参见陈锋：《清代军费研究》，武汉大学出版社 1992 年版，第 252～258 页。

② 以上诸条均见光绪《大清会典事例》卷 179，《户部·屯田·西路屯田》。

③ 《清圣祖实录》卷 296，康熙六十一年二月己卯。

④ 《清世宗实录》卷 99，雍正八年十月辛丑。

⑤ 光绪《大清会典事例》卷 179，《户部·屯田·西路屯田》。

年（1742年），又议准哈密所属蔡巴什湖地区"回民屯田章程九条"，将原兵屯地亩，"租于回民耕种"，并拨给牛骡马匹籽种。①

康、雍年间以迄乾隆初年，对新疆的移民与屯田，均有一定的优惠措施。但是，当时西北局势不靖，移民数量很少（包括甘肃人民的外迁和回民的内迁），主要是当地驻军的兵屯，屯田地区也限于邻近甘肃的巴里坤、哈密、吐鲁番地区，在一定程度上，只是同一时期甘肃移民与屯田的外延。②

新疆的大规模移民与屯田，是在乾隆年间"平准战争"结束、统一新疆之后（乾隆二十年基本平定北疆，乾隆二十四年平定南疆）。

乾隆二十年（1755年），清军进军伊犁、统一北疆之后，天山北路的屯田随之展开。乾隆二十一年（1756年）奏准：

> 巴里坤至济尔玛台、济木萨、乌鲁木齐、罗克伦、玛纳斯、安济哈雅、精（晶）河等处，俱有地亩可资耕种。伊犁附近地方，约有万人耕种地亩，空格斯、珠勒都斯等处，可耕之地亦多。现在伊犁有回人三千余名，令巴里坤办事大臣及甘肃抚臣，派出绿旗兵一百名，委员酌带籽种、农具、耕牛，于明年正月内前来，分别按地酌给耕种。俟试看一年，再行办理。③

上揭资料提到的地名难免生疏，但对照清代的新疆地图，可以清晰地看出，这是沿天山北路，东起东疆门户巴里坤，沿传统的"西大路"，中经木垒、古城、济木萨、阜康、乌鲁木齐、昌吉、呼图壁、玛纳斯、乌苏、晶河，直至伊犁的由东向西伸展的屯垦规

---

① 《清高宗实录》卷165，乾隆七年四月戊申。

② 光绪《大清会典事例》的有关记载也均列在"西路屯田"目下，而未在"新疆屯田"目下记述。

③ 光绪《大清会典事例》卷178，《户部·屯田·新疆屯田》。参见《清高宗实录》卷520，乾隆二十一年九月己巳。

划格局。

天山南路（南疆）的屯田也渐次展开。乾隆二十三年（1758年）奏准：

> 辟展、鲁克察克、吐鲁番，除官兵及回人屯种外，因水乏无可开垦。吐鲁番西百余里，通哈喇沙尔（即"喀喇沙尔"）托克逊城，水颇充足。再，哈喇沙尔通库车、阿克苏大路，旧系额鲁特回人垦种，海都河水甚足，乌鲁木齐水亦足用。现于哈喇沙尔派兵二千四百名，乌鲁木齐原派兵五百名，增派五百名，托克逊与辟展、鲁克察克相近，量增兵五百名，辟展仍派兵四百名，共需兵四千三百名……①

这里有关天山南路的屯田规划，也是由东向西伸展，东起哈密，由三间房、十三间房进入吐鲁番盆地，中经辟展、鲁克察克、吐克逊，进入喀喇沙尔地区，再向西经库车、阿克苏，直至乌什，正好与北路遥相对应。

由这种天山南北路的屯田规划格局，逐布形成了巴里坤、古城、乌鲁木齐、伊犁、哈密、吐鲁番、喀喇沙尔、乌什等几个大的屯垦区。②

关于新疆屯田的形式，彭雨新先生在其所著《清代土地开垦史》一书中，列举了兵屯（附"遣屯"）、回屯、户屯、旗屯四种，冯锡时在《清代新疆的屯田》一文中，列举了兵屯、遣屯、户屯、回屯、旗屯五种③，约略相同。这五种形式的屯田，似可进一步归结为三种，即：兵屯、民屯、遣屯。

就移民的角度而言，不同形式的屯田，与移民的关系也不尽

---

① 光绪《大清会典事例》卷178，《户部·屯田·新疆屯田》。参见《清高宗实录》卷555，乾隆二十三年正月壬子。

② 参见彭雨新：《清代土地开垦史》，农业出版社1990年版，第205～209页。

③ 见马汝珩、马大正编：《清代边疆开发研究》，中国社会科学出版社1990年版。

相同。

兵屯在最初实行的是绿营、八旗士兵的轮番屯田，一般地说，这种屯田与移民没有多大的关系。但是，乾隆年间议准的"携眷屯田"制度，就与移民有关联了。经检索《清高宗实录》，最早谕令兵丁携眷屯田的时间是乾隆二十三年（1758 年）三月，上谕称，乌鲁木齐、鲁克察克屯田，令索伦兵丁前往，"来年再将伊等眷属移去，料伊等自必情愿，至拣选兵丁时，若户口多者，恐其亲属相离，毋庸派往，惟小户单丁为善"①。十月，上谕又称："现在派往乌鲁木齐屯田兵丁，已至一万数千，所垦地亩，亦必广阔。目今军营事务俱有就绪，此项屯田，如有情愿携带家口者，即行准其带往。伊等既有家口，则分地垦种，各安其业，而生聚畜牧，渐与内地村庄无异。其不愿携带者，亦不必抑勒勉强，听其自便可耳。如何酌给盘费，俾兵丁不致拮据，著传谕该督黄廷桂酌量妥协。"②这里已经指出了携眷屯田可以安业生聚的优越性，并令酌量筹给迁移眷属的盘费。

乾隆二十六年（1761 年），议准屯田乌鲁木齐的绿营官兵"移家居住"，除加给屯田兵丁的"盐菜口粮"外，所有迁移眷属，"按其程途远近，给予车辆口粮"③。

乾隆二十七年（1762 年），谕令察哈尔、厄鲁特兵丁携眷前往伊犁屯田，并"编设佐领，给予孳息牲只，仍先给口粮，以资接济"④。

乾隆二十八年（1763 年），先是谕令凉州、庄浪等处官兵"携眷迁移"伊犁屯田，并称："官兵三四千名，合之家口，不下万人，所有营房粮饷，俱当预为备办。"⑤ 接着，又议准在呼图壁地

---

①　《清高宗实录》卷 558，乾隆二十三年三月己亥。

②　《清高宗实录》卷 572，乾隆二十三年十月甲子。

③　《清高宗实录》卷 642，乾隆二十六年八月壬申；《清朝文献通考》卷 11，《田赋十一》，第 4953 页。

④　《清高宗实录》卷 670，乾隆二十七年九月己巳。

⑤　《清高宗实录》卷 678，乾隆二十八年正月辛酉。

区的携眷屯田，筹盖房屋 6 000 间，并备足所需农具、籽种、口粮。① 同时，还议准了"索伦、察哈尔兵挈眷移驻伊犁事宜"，包括"每户派给羊二十五只，二三户合给牛一只"，"盐菜银一年内准支，开垦赏籽种，收获前准给口粮，大口日八合三勺，小口半之"等条款。②

乾隆三十二年（1767 年），因"伊犁地方辽阔"，又议准"陆续添派驻防满洲、锡伯、索伦、察哈尔、厄鲁特携眷官兵，及屯田回民，将及二万户"③。

乾隆四十三年（1778 年），又再次重申了各屯区的"携眷屯田"制度：

> 伊犁屯田兵丁三千名，俱系陕甘两省各绿营兵丁内戍守，五年一次更换（按：有些屯区系三年一换），给予收使银两，每月复给盐菜银，甚属烦费。哈密、巴尔库勒、乌鲁木齐至玛纳斯各处屯田绿营兵丁，已俱改为携眷驻防，甚为妥便。今伊犁屯田绿营兵丁，亦应仿照哈密等处携眷兵丁之例办理，以期一劳永逸。……伊等既得携眷永居，不但有裨屯田实效，将来子弟繁多，添设土户，亦复有益边疆。而各项费用，可归节省。应即移咨陕甘总督，酌量分别移扎。再，库尔喀喇乌苏屯田绿营兵丁，现在亦系五年一次更换，俟伊犁驻防兵丁办竣后，再行酌照新定章程一并办理。④

至此，在新疆各大屯区，官兵携眷屯田已成为常例。

从上揭史料也可以看出，为了携眷屯田的实行，曾陆续制定了官费搬眷，建造房屋，分地垦种，给予牲畜、口粮、农具、籽种等优惠措施。这些措施的实行，不但安定了边疆地区屯田官兵之心，

---

①　《清高宗实录》卷 695，乾隆二十八年九月癸未。
②　《清高宗实录》卷 683，乾隆二十八年三月丁丑。
③　《清高宗实录》卷 791，乾隆三十二年闰七月戊申。
④　光绪《大清会典事例》卷 178，《户部·屯田·新疆屯田》。

而且有利于屯田官兵眷属的移往。从各地新移入的屯田官兵眷属，也成为乾隆年间新疆地区移民的主要来源之一。同时，"携眷常驻"制度，既在一定时间内稳定了兵屯制，又与后来兵屯向民屯转化有着内在的联系。也正是由于携眷屯田的实行，至乾隆末年停止"官为搬眷之例"时，"凡移来兵丁眷口，及携眷出口户民、金妻发配之遣犯人等"，已是"习俗相安"，"互为婚姻，地广生繁"。①

遣屯，或称"犯屯"，也是传统的向边疆地区的移民措施之一。

乾隆帝认为，在内地"生齿渐繁，食货渐贵"，在新疆又"边陲式廓，地利方兴"之时，遣犯人前往新疆屯垦，是"以新辟之土疆，佐中原之耕凿，而又化凶顽之败类为务本之良民，所谓一举而数善备"②。基于此，乾隆年间以来，曾不断地将犯人遣往新疆，其值得注意的措施有如下数端：

一是鼓励犯人家口一同前往。如乾隆三十一年（1766年），针对原有定例"发遣应携眷属者，准给官车、口粮，不应携眷而自愿携眷者不给"，军机大臣等重新议准："乌鲁木齐地属边陲极远，该犯有例不携眷而情愿携眷者，若非官为料理，势必无力携往，请照阿桂所奏，不分例应携眷与否，凡携眷者，一并给予口粮、车辆。"至于原先遣犯未携家口，而现在又情愿搬移家口前往者，"即行该省督抚，将伊等家眷，照送遣犯例，办给口粮，车辆"③。

二是分给遣犯地亩、口粮、籽种、农具等。如乾隆二十七年（1762年），上谕军机大臣等："旌额理奏称，'发往乌鲁木齐屯田遣犯等，请先给屯地十二亩，与兵丁一体计亩纳粮。伊等亦有携眷者，酌给地五亩，自行开垦，其未收获以前，官为养赡家口'等语。著照所请行。"④ 乾隆三十一年（1766年），陕甘总督吴达善

---

① 《清高宗实录》卷1430，乾隆五十八年六月甲子。
② 《清高宗实录》卷599，乾隆二十四年十月丁酉。
③ 《清高宗实录》卷759，乾隆三十一年四月庚申。
④ 《清高宗实录》卷653，乾隆二十七年正月丙辰。

上奏疏称，在巴里坤屯田的遣犯，"每名额地二十二亩"，"现在种植有效，宜广为添垦"，请将甘肃沙州的遣犯，"就近拨赴巴里坤，随兵耕作。所需籽种、口粮、农具、牲畜等项，悉照现在该屯遣犯之例，一体办给"。得旨："好。"①

三是将勤于耕种、有所贡献的遣犯与屯田兵丁一例奖赏。乾隆三十三年（1768 年），上谕称："伊犁、乌鲁木齐等处种地兵丁，收获粮石已至应行议叙赏赍分数，经朕俱施恩将官员议叙、兵丁奖赏。其乌鲁木齐种地之民人及遣犯，虽非屯田官兵可比，该管官员并无分别，理应一体议叙。至种地之民人、遣犯等如果竭力耕种，所收粮石至分数者，亦应于多收粮石内量加奖赏。嗣后，新疆各处种地民人、遣犯所收米石，如及应赏分数，俱照此办理。"② 随后，又议定了不同屯区、不同身份（兵丁、遣犯及管理官员）收获粮石的议叙、奖赏及惩处标准。③ 从其奖赏标准来看，遣犯反而比兵丁更易于受到奖励（参见表 5-4）。

表 5-4　　　　　　　　兵丁与遣犯奖赏标准比较

屯　　区	兵丁奖赏标准	遣犯奖赏标准
伊犁、古城、乌什等处	每人每年收粮 18 石，赏给一月盐菜银两；至 28 石，加倍奖赏。	每人每年收粮 9 石，每日赏给白面半斤；至 12 石，加倍奖赏。
乌鲁木齐、巴里坤、喀喇沙尔等处	每人每年收粮 15 石，赏给一月盐菜银两；至 25 石，加倍奖赏。	每人每年收粮 6 石 6 斗，每日赏给白面半斤；至 10 石，加倍奖赏。

四是准许遣犯在一定年限内转入民籍。如乾隆三十一年（1766 年），经军机大臣等议准："其能改过者，拟定年限，给予地亩，

① 《清高宗实录》卷 775，乾隆三十一年十二月乙丑。
② 《清朝文献通考》卷 11，《田赋十一》，第 4956 页。
③ 参见光绪《大清会典事例》卷 178，《户部·屯田·新疆屯田》。

准入民籍。"① 次年又议准，编入民籍的遣户，"照内地户民之例，编立保甲"②。乾隆三十五年（1770 年），又补充规定，单身遣犯，若能"悔过迁善，尽心屯种"，亦可"照前定年限，与有眷者一体为民"③。仅乌鲁木齐一地，乾隆三十七年（1772 年），即"拨入民籍之遣犯一百三十二户"④。

凡此遣犯移民措施，多有其独到之处。尽管遣犯在服刑期内受到严厉的管束⑤，但是由于上述措施的贯彻，还是能够鼓励遣犯屯田的积极性，遣犯携眷和遣犯改入民籍，又使移民数量不断增多。

民屯，也就是迁移人民进行屯田，与上述兵屯、遣屯相比，它更是一种完全意义上的移民。

在乾隆初次平准之役结束之时，乾隆帝已经谕令："伊犁等处，可种之地既多，酌量遣派内地兵民前往屯粮，照安西地方之例办理。"⑥ 此后，有关谕令和政策频颁，各处回民和内地人民也不断移往。

迁移回民屯田，大致在乾隆二十五年（1760 年）走向正规，该年，参赞大臣舒赫德奏称："伊犁屯田，初次遣回人三百名，……来年自应多为遣往。……现因各城伯克来阿克苏之便，会议派出回人五百户，计阿克苏一百六十一户，乌什一百二十户，赛哩木十三户，拜城十三户，库车三十户，沙雅尔十三户，多伦一百九十户，于来年二月，办给籽种、器具，携眷前往。其行走口粮及收获以前食用，按期接济。"⑦ 乾隆二十六年（1761 年），上谕称：

---

① 《清高宗实录》卷 759，乾隆三十一年四月庚申。

② 《清高宗实录》卷 791，乾隆三十二年闰七月辛酉。

③ 《清高宗实录》卷 851，乾隆三十五年正月甲辰。

④ 《清朝文献通考》卷 11，《田赋十一》，第 4956 页。

⑤ 如乾隆二十七年上谕："伊等俱系免死减等之犯，理宜严加管束。果能知罪守分，尽力耕作，尚可姑容；若生事脱逃，自当于本处正法。即寻常斗殴等事，亦不可照内地之例办理。"见《清高宗实录》卷 653，乾隆二十七年正月丙辰。

⑥ 《清高宗实录》卷 523，乾隆二十一年闰九月戊午。

⑦ 《清高宗实录》卷 615，乾隆二十五年六月丙申。

"伊犁再增回人千余，生齿更觉繁盛，亦于伊犁生计有益。且裁减绿旗兵丁，既省内地之力，而回人田作，亦较胜旗兵。"① 乾隆二十七年（1762 年），参赞大臣阿桂奏称："叶尔羌等城回人，续请移居伊犁者二百十四户，现交阿奇木伯克茂萨等安插。年力精壮者，给籽种、牛具，令往屯田。"② 乾隆二十八年（1763 年），伊犁将军明瑞奏称："应派各城种地回人一千五百户，派出阿克苏二百七十户，乌什二百户，喀什噶兵三百户，叶尔羌、和阗四百户、赛哩木、拜城一百三十户，库车、沙雅尔一百五十户，喀喇沙尔、多伦五十户。"③ 乾隆二十九年（1764 年），明瑞又奏："臣等将迁来伊犁回人三千二十户，交阿奇木公茂萨派往各处屯田，……嗣后即再添一二千户，亦可自容。"④ 同年，上谕称，所有迁移回民的衣服、路费，亦"概从官办"⑤。乾隆三十年（1765 年），明瑞又奏："各域迁移屯田回人，共一千七百九十六户，俱陆续到齐。所需口粮，除五月以前照原奏给发外，尚需一月口粮，交吐鲁番公茂萨通融办理。其回人所带牲只，即为屯田之用，不足，再为拨补。"⑥

短短几年，迁移回民屯田已形成高潮。仅据上揭，迁移回民已达数千户⑦，对迁移的回民，除整装费、路费外，也同样分拨土地，给予口粮、籽种、农具、牲畜等。

至于内地人民迁移新疆，大致在乾隆二十六年（1761 年）开始实施。乾隆帝认为，如果"令腹地愿往无业流民量为迁移，则垦辟愈广"，于是，"传谕杨应琚，令其将如何招募前往，俾垦种

---

① 《清高宗实录》卷 634，乾隆二十六年四月戊寅。
② 《清高宗实录》卷 658，乾隆二十七年四月甲戌。
③ 《清高宗实录》卷 699，乾隆二十八年十一月己巳。
④ 《清高宗实录》卷 709，乾隆二十九年四月庚子。
⑤ 《清高宗实录》卷 716，乾隆二十九年八月癸巳。
⑥ 《清高宗实录》卷 729，乾隆三十年二月丁酉。
⑦ 另据《新疆识略》卷 6，《屯务》记载，自乾隆二十七年至三十二年，由各地陆续迁移至伊犁的回民为 6000 户。

日就展拓，兵民渐次蕃庶，及作何令其分起派往之处，详悉妥议具奏"①。陕甘总督杨应琚遂遵旨办理，据称："肃州、安西二处，招募贫民二百户，定于本年十月料理前往。又高台县招民十六户，肃州招民四十四户，此外河西一带尚有数百户情愿挈眷前往。又山西临晋县民卢文忠一户情愿自备资斧前往，颇知急公，仰悬赏给监生顶戴，以示鼓励。"② 乾隆二十七年（1762 年），又从张掖、山丹、东乐等县招民 200 余户，除"指给地亩开垦"外，并每户给马一匹，折价给银 8 两，"同前奏明赏给盖房银，折交米面一石，分年完纳"③。

乾隆二十九年（1764 年），据杨应琚奏称，"若照前办送之例，给予车辆、口食，则河西一带附近新疆之安西、肃州、甘（州）、凉（州）等处，大概招募一二千户，可以不劳而集……不特迁移户口，谋生有路，且可使河东无业贫民以次迁移佃种，诚为两便"④。同年，杨应琚还奏称，在筹划巴里坤北山一带募民耕种之时，先期修治渠道、筑建土堡，"户民陆续齐至巴里坤，因见有堡可居，有渠可灌，倍加欣喜。从此闻风接踵而至"⑤。兴修水利可能对移民具有较大的吸引力，正是由于巴里坤地区不断修治旧渠、开挖新渠，引黑沟之水灌垦，杨应琚在乾隆三十年（1765 年）再次奏称："认垦者闻风趋赴，自二十六年至今，共垦地三万八千余亩。"⑥

乾隆三十年（1765 年），"肃州申报招民八百余户，高台县四百余户"，分别"在呼图壁、宁边城、昌吉、罗克伦等处，查明余

① 《清高宗实录》卷 642，乾隆二十六年八月辛未。

② 《清朝文献通考》卷 11，《田赋十一》，第 4953 页。按：据后来杨应琚的奏报，该年实际从甘州、肃州、安西招民 400 余户，1500 余口前往乌鲁木齐垦种立业。见《清高宗实录》卷 716，乾隆二十九年八月辛巳。

③ 《清高宗实录》卷 653，乾隆二十七年正月丙辰；卷 655，同年二月庚寅。

④ 《清高宗实录》卷 716，乾隆二十九年八月辛巳。

⑤ 《清高宗实录》卷 723，乾隆二十九年十一月丁丑。

⑥ 《清高宗实录》卷 748，乾隆三十年十一月乙亥。

地，给予车辆口粮，送往安插"。①

乾隆三十一年（1766年），巴里坤总兵德昌上奏"筹办穆垒（即"木垒"）屯田事宜"（共五款），其一称："穆垒迤西一带，水泽有大有小，兹就水泽易周处，自吉尔玛泰至特纳格尔，计可垦田八万余亩，安插民人二千六七百户。本议以本年屯田粮石，建盖房间，止备明岁招募二百户之用，未免规模狭小，请于戊子年（乾隆三十三年）起，每岁招移三百户。俟积贮有余，随时广为招徕。"其二称："现在招徕户民，每户有兵盖土房二间，无庸给修房银。其每户给农具一副、马一匹，令巴里坤同知豫办。但该处马匹无多，请改办牛只。"② 同时，陕甘总督吴达善也上奏"穆垒安户章程"，主要包括在移民中编立里甲，移民计户认垦（每户30亩），设立文官管理户民等内容。均经议准。③

上述可以看出，从内地（主要是邻近的甘肃）迁移无业贫民到新疆垦田耕地，也包括了诸多优惠措施，正像移民所呈称的那样："我等俱系内地无业贫民，蒙恩赏给口粮，移居乌鲁木齐，所有农器、籽种及种地马匹，俱系官办，准分年完项。"④ 另外还有兴修水利、给予盘费、划拨土地、安置住房等。这些都与迁移兵丁眷属、迁移回民大致类同。不过，应该指出的是，有些粮食及经费的拨给，是在动用前此兵屯的积累，这也标示着在民屯渐次兴起之时，兵屯已取得相当成效。

优惠的移民政策，使移民接踵而至，荒田渐辟，⑤ 上述已有所揭示，另据徐伯夫的统计，至乾隆四十年（1775年），乌鲁木齐、宜禾、昌吉、伊犁、阜康、奇台、玛纳斯等地，民屯土地已达278 257亩，移民人数达72 023人。⑥

也正是由于移民和屯垦，使新疆渐改景观。还在乾隆二十九年

---

① 《清高宗实录》卷742，乾隆三十年八月戊申。
② 《清高宗实录》卷770，乾隆三十一年十月戊申。
③ 《清高宗实录》卷775，乾隆三十一年十二月乙丑。
④ 《清高宗实录》卷725，乾隆二十九年十二月癸卯。
⑤ 按：有些是前此兵屯退出的屯田。
⑥ 徐伯夫：《清代前期新疆地区的民屯》，《中国史研究》1985年第2期。

（1764 年），参赞大臣绰克托在描述乌鲁木齐的情景时说：

> 民人等移居以来，伐木采煤，养育鸡豚，竟成村落，与内地无异。①

到乾隆三十七年（1772 年），据陕甘总督文绶的亲身所历，巴里坤至乌鲁木齐一线，更是一派繁庶景象：

> 于八月十五日出嘉峪关，由安西至哈密。九月二十六日，过南山口，由东达巴、松树塘、奎苏、石人子，而抵巴里坤。时当秋成之后，城州禾稼盈畴，天时、地利、人和、大有等渠，屯田甚广，颇为丰美；城关内外，烟户铺面，比栉而居，商贾毕集，晋民尤多。臣留心谘访，其商贾中之有资本者，已多认地开垦；其艺业佣工穷民，因乏生理资本，未经呈垦。而该处地广粮贱，谋生甚易，故各处民人，相率而来，日益辏集。
>
> ……又西行，即木垒河、东西吉尔玛泰、奇台、东西格根、吉布库、更格尔等处。南面一带，山如屏障，自春入夏，积雪消融，近山各处，渠水充足，向设八屯。自乾隆三十二年以来，据民垦出良田三万四千余亩。又木垒一带、英格布喇及东中西泉等处，商民种地数千余亩。又奇台、东格根、吉布库，官兵屯田万有余亩，内地商贾、艺业民人，俱前往趁食，聚集不少。而该地屯田民人，生齿繁衍，扶老携幼，景象恬熙。此巴里坤所属地方民户蕃庶情形也。
>
> 又西行，即吉木萨地方，隶于乌鲁木齐，所属三台、紫泥泉子、特纳格尔，而抵乌鲁木齐，天气和暖，地土肥美，营屯地亩日以开辟。兵民众多，商贾辐辏，比之巴里坤城内，更为殷繁。
>
> 又西行，即昌吉、瑚（呼）图壁、玛纳斯等处，其地肥

---

① 《清高宗实录》卷 725，乾隆二十九年十二月癸卯。

水饶，商贾众多，计与乌鲁木齐相似。

约计乌鲁木齐所属，连年在外招募户民，及内地送往户民，共垦有营屯田地三十余万亩，颇为殷足。年来往彼贸易之民，日益众多，是以乌鲁木齐、特纳格尔等处，商民请移眷来屯，业经乌鲁木齐大臣巴彦弼等奏明，于上冬搬移在案。……此外，在彼乐业垦田，及佣工艺业之人，连年生聚，日益众多。即在彼为民遣犯，亦无不各安耕凿，积蓄成家。此乌鲁木齐所属地方饶裕情形也。

臣往来新疆，时遇负担之民出外趁工佣食，询之，据称新疆地广粮贱，佣工一月，可得银一二两，积蓄稍多，自请移家。诚如圣谕，关外屯政日丰，所在皆成乐土，小民知利之所在，无不争先往赴，久而相安成习，邀朋携侣，熙攘往来，各自适其谋生之乐。圣主筹虑边氓生计，烛照无遗，洵有如臣途次往来所见者。①

之所以不厌其烦地引述文绶的上疏，是因为其确能说明问题。细心阅读，还可以进一步看出，由移民就垦带来繁庶之后，商人、雇工、手艺人等也纷纷奔赴新疆，这些"流动人口"一旦"积蓄稍多"，又"自请移家"，成为新的移民。这正是连锁式的移民开发效应。

当然，新疆作为处女地的开发，土地还可进一步开垦，水利还可进一步兴修，移民还可进一步招募，上述措施与成效也远未臻完善，一如文绶所说："屯田虽已广辟，而余地犹未尽垦；泉流虽已疏浚，而沟洫犹未尽开。欲期地无弃壤，民无遗利，必须于内外各处并行招募。"基于此，文绶在上揭奏疏中又提出了数条措施：

第一，"新疆各屯，商贾、佣工、艺业民人甚多，应请就近招徕垦种"。这包括三个方面的内容：一是富有者可以出资雇工，尽力承垦，垦熟土地即为己业；二是贫穷者每户给地 30 亩，并给农具、籽种，接济口粮，酌借马、房银两；三是呈垦土地，六年后升

---

① 文绶：《陈嘉峪关外情形疏》，见《皇朝经世文编》卷81，《兵政》。

科，每亩纳粮八升，先前借给口粮、房马价银等，分年扣还。

第二，"新疆可耕地亩，应指明地名，广为晓示，以便农民往垦"。这是因为，新疆地域广阔、地名复杂，何处有可垦之地，何处有待垦之地，何处可容纳多少民户等，一般民众不易知晓，应逐一查明，并令各地方官广行晓谕，"如此则民知趋向，呈垦亦为便易"。

第三，"嘉峪关本属内地，应请每日晨开酉闭，以便农民商贾前往关外，广辟田畴"。内地人民奔赴安西、新疆等地，嘉峪关是其必经重要关口，原先，"关吏循照旧例，仍行常闭，凡有经过者，俱查验年貌、询明姓名注册，方得开关放行，不免守候稽延之累。在关外立业垦田者，既愿招致亲朋，内地无田可种者，亦颇相携出门，乃皆阻于一关"。此后，每天大开关门，除"进关者仍行盘诘"外，"出关者听其前往，不得阻遏农民"。

第四，"乌鲁木齐大路数处，应请修治宽阔"。凡"石壁夹峙甚狭、行车颇艰"之处，一概出资加以拓宽整治，以使农民往来顺达。

以上数条措施，均经军机大臣等议准。①

此后，仍不断"设法劝导"内地人民移往新疆，"愿往新疆种地者"也为数不少，如乾隆四十一年（1776 年）有 642 户，② 乾隆四十二年（1777 年）有 1540 户，③ 乾隆四十三年（1778 年），有张掖、武威、平番、镇番、肃州、靖远等州县"无业贫民"若干户，④ 乾隆四十四年（1779 年），有 1887 户；⑤ 等等。这一方面是进一步实施招民政策的结果，另一方面也与清廷削减兵屯、发展民屯的总体规划相吻合。从表5-5 所列兵屯、民屯亩数的沿革变化也可反观移民趋势⑥：

---

① 《清高宗实录》卷 909，乾隆三十七年五月戊午。
② 《清高宗实录》卷 1019，乾隆四十一年十月壬戌。
③ 《清高宗实录》卷 1025，乾隆四十二年正月甲午。
④ 《清高宗实录》卷 1061，乾隆四十三年闰六月壬午。
⑤ 《清高宗实录》卷 1083，乾隆四十四年五月壬子。
⑥ 参见上揭冯锡时文。

表5-5　　　　　　　　　乾嘉年间新疆兵屯、民屯比较

时　　间	兵屯亩数	民屯亩数
乾隆四十二年（1777年）	288 108	297 578
嘉庆二十一年（1816年）	171 270	750 009

截至嘉庆以前，新疆的移民以及兵屯、民屯的重点，主要在北疆地区。道光年间平定张格尔叛乱之后，南疆地区又在原有屯田的基础上大规模地发展民屯并实行招民措施，在南疆由东至西的辟展、鲁克察克、吐鲁番、伊拉里克、喀喇沙尔、库车、阿克苏、乌什、巴尔楚克、喀什噶尔、叶尔羌、和田等地，"开地益多，招垦愈众，不惟屯粮可供兵糈，且于边防有裨"①。屯田得到相当程度的发展，军粮的远途转输得到缓解，清廷的财政压力有所减轻。至于南疆招民的一些优惠办法，基本上仍是原有政策的重拾。

六、移民政策之四：向内蒙、东北的人口迁移

内蒙古和东北地区，在清代均是特殊的区域，清政府对这两个地区实行的人口流动政策也约略相同，大体经历了封禁、弛禁、开放的不同阶段。

《清史稿·食货一》称，"自顺治时，令各边口内旷地听兵治田，不得往垦口外牧地"。这是对口外蒙古地区实行封禁的初次笼统规定。其后，有关政策频颁，内容也更加具体，概括说来，有以下数端：

第一，限制或禁止内地民人流入蒙古地区。康熙五十五年（1716年）曾经规定，内地人民进入喀喇沁三旗地区，"每年由户

---

① 光绪《大清会典事例》卷178，《户部·屯田·新疆屯田》。

部给予印票八百张，逐年换给"，不许额外多发。① 乾隆三十七年（1772 年）又规定："口内居住旗民人等，不准出边在蒙古地方开垦地亩，违者照例治罪。"②

第二，蒙古地方不许容留内地民人。乾隆十四年（1749 年）议准："喀喇沁、土默特、敖汉、翁牛特等旗，除现存民人外，嗣后毋许再行容留民人多垦地亩，及将地亩典给民人。"如果"容留民人开垦地亩，及将地亩典与民人者，照隐匿逃人例罚俸一年。管旗章京、副章京罚三九；佐领、骁骑校皆革职，罚三九；领催、什长等鞭一百。其容留居住开垦地亩、典地之人，亦鞭一百、罚三九"③。此后，嘉庆五年（1800 年）、嘉庆十一年（1806 年）、嘉庆十二年（1807 年）、嘉庆十六年（1811 年）又屡屡重申，"不准多开一亩，增居一民"，"如蒙古隐匿不报，民人私行耕种者，照私租私垦之例，严行治罪"④。

第三，禁止流入蒙古地区的内地民人娶蒙古妇女为妻。康熙二十二年（1683 年）规定："凡内地民人出口，于蒙古地方贸易耕种，不得取蒙古妇女为妻。倘私相嫁娶，查出，将所嫁之妇离异，给还母家，私娶之民照地方例治罪，知情主婚及说合之蒙古人等，各罚牲畜一九。"⑤ 这一规定主要是为了防止内地民人在蒙古落户。与此规定相适应，还同时申令，内地民人"不准带领妻子前往"，"俟秋收之后，约令入口，每年种地之时，再行出口耕种"⑥。即使出口，也不许长期在蒙地居住，只能候鸟式的春去秋回。

① 《清圣祖实录》卷 269，康熙五十五年六月丁亥。参见光绪《大清会典事例》卷 978，《理藩院·户丁·稽查种地民人》。

② 光绪《大清会典事例》卷 979，《理藩院·耕牧·耕种地亩》。

③ 光绪《大清会典事例》卷 979，《理藩院·耕牧·耕种地亩》。参见《清高宗实录》卷 348，乾隆十四年九月丁未。

④ 光绪《大清会典事例》卷 979，《理藩院·耕牧·耕种地亩》。

⑤ 光绪《大清会典事例》卷 978，《理藩院·户丁·婚姻》。按：乾隆五十二年，曾一度废止此例。但，嘉庆六年，又再次重申禁令，已娶蒙古妇女者，若两家情愿，可以带回原籍。

⑥ 乾隆《口北三厅志》卷 1，《地舆》。

第四，设立保甲，严密稽查流入蒙古地区的内地民人。乾隆八年（1743年）奏准："山西、陕西边外蒙古地方，种地民人甚多。设立牌头总甲，令其稽查。"① 乾隆十三年（1748年）议准："蒙古地方，民人寄居者日益繁多，贤愚难辨，应责成该处驻扎司员及该同知、通判，各将所属民人逐一稽考数目，择其善良者立为乡长、总甲、牌头，专司稽查。遇有踪迹可疑之人，报官究治，递回原籍。"② 乾隆二十二年（1757年），再次议准："蒙古地方种地民人，设立牌头、总甲及十家长等，凡系窃匪逃人，责令查报；通同徇隐，一并治罪。"③

以上几类禁令，是清廷对内蒙实行"封禁政策"的主要内涵，但是，就禁令中所表现出来的"给予印票"、"毋许再行容留民人"、"不得娶蒙古妇女为妻"、"不准带领妻子前往"、"设立牌头总甲"等来看，已经透露出封而不禁或禁而不止的信息，所谓的"封禁政策"是有限度的。

向东北地区的移民，清初顺治年间曾一度采取鼓励的措施，这就是顺治十年（1653年）颁布的著名的"辽东招民条例"。康熙七年（1668年），招民例停止，此后，陆续采取限制民人出关的措施，凡汉人或旗人出关，需事先领得照票，然后记档放行，守关者往往借此索勒钱文，一如刑部右侍郎韩光基所奏："山海关旗人出入，在守关章京处报名记档放行。惟民人领临榆县印票，赴守关章京处放行。每票一纸，只身者索钱三十文，有车辆者五六十文、百十文不等。其钱系城守都司、兵役与揽头、店主、保人分肥。且出关皆各省人，彼此不识，何从悉其根由，但得钱文，即为出保，该县据保给票。"④ 可见，虽有起票记档的限制，又有索勒钱文的弊端，仍不能完全阻碍民人出关。

至乾隆五年（1740年），王大臣等议准了兵部左侍郎舒赫德上

---

① 光绪《大清会典事例》卷158，《户部·户口·流寓异地》。
② 光绪《大清会典事例》卷978，《理藩院·户丁·稽查种地民人》。
③ 光绪《在清会典事例》卷158，《户部·户口·保甲》。
④ 《清高宗实录》卷102，乾隆四年十月丙戌。

奏的封禁东北条例，被认为是全面封禁东北的肇始，不妨概要引述如下：

一、山海关出入之人，必宜严禁。向例在奉天贸易及孤身佣工者，由山海关官员给予照票，始行放出，其携眷者概不放行，是以奉天集聚之人尚少。嗣因直省数州县歉收，附近居民有愿携眷移出者，由直隶总督处交地方官将所到之人验收，因此他省民人携眷移居者渐众，粮价日益增，风俗日益颇。……嗣后，凡携眷移居者，无论远近，仍照旧例不准放出。若实系贸易之人，交山海关官员将出口人数目姓名，并所居地名，现往奉天何处贸易，一一盘问清楚，给予照票，再行放出。……其在山海关附近三百里以内居住及出口耕田者，亦应一体给票，俟入口时缴销。……若山海关官员于出口之人并不给票，即行放出，而奉天官员将此无票散行之人隐匿容留者，照失察出口逃人律议处……

一、严禁商船携载多人。查奉天所属地方海口，因通浙江、福建、山东、天津等处海界，其商船原无禁约，该地方官给予船票，经过各海口，照例查验，钤加印记，始准开行。此内山东、天津之船，载人无数，每次回空，必携载多人。若不禁止，则人知旱路难行，必致经由水路。应请交直隶、山东各督抚，转饬州县，嗣后遇有前往奉天贸易商船，令其将正商、船户人数并所载货物数目，逐一写入照票，俟到海口，该地方官先将照票查明，再令卸载。若票载之外携带多人，即讯明申报府尹，解回本地。若地方官明知隐匿，照失察漕船隐匿逃人律议处……

一、奉天空闲田地，宜专令旗人垦种。……数年来生齿日繁，又因游民聚集甚多，将旷园熟土，大半占种。……请将奉天旗地、民地交各地方官清查，……若仍有余田，俱归旗人，百姓人等禁其开垦。

一、严禁凿山，以余地利……

一、重治偷挖人参，以清积弊……①

该条例的议定，当然是出于对东北满族根本重地的考虑，是为了保证旗人在东北的利益，在陆路和水路都加强了对流入东北民人的稽查。但贸易商人和单身民人尚可凭照出入。同时，又议准，先前流入东北的民人，情愿在东北入籍定居者，"准令取保入籍，其不情愿入籍者，定限十年，令其陆续回籍"。虽说是"全面封禁"，仍表现出一定的灵活性。乾隆十五年（1750年），"定限十年"期满，又重新议准："流民归籍一案，今已满十年。其不愿入籍而未经饬令回籍者，令地方官确查实数，速行办理。……并令奉天沿海地方官，多拨官兵稽查，不许内地流民再行偷越出口。并行山东、江浙、闽广五省督抚，严禁商船，不得夹带闲人。再，山海关、喜峰口及九处边门，皆令守边旗员、沿边州县，严行禁阻。庶此后流民出口，可以杜绝。"② 此后，终乾隆一朝以至嘉、道时期，有关禁令仍屡屡重申。

但是，尽管有上述禁令，进入内蒙、东北地区的移民仍然源源不断，如康熙五十一年（1712年）上谕："山东民人往来口外垦地者，多至十万余。"③ 乾隆十二年（1747年）军机大臣等议奏："蒙古牧场，原不应听他处民人开垦，乃贫户络绎奔赴，垦地居住，至二三十万之多。"④ 乾隆四十一年（1776年）上谕："山东无业贫民，出口往八沟、喇嘛庙等处佣耕度日者，难以数计。"⑤ 嘉庆十五年（1810年）上谕："内地民人生齿日繁，出口谋生者益复增加。"⑥

之所以如此，除了众所周知的关内人口压力增大，必然导致人口流徙的一般性原因外，其主要因素有四：

---

① 《清高宗实录》卷115，乾隆五年四月甲午。
② 光绪《大清会典事例》卷158，《户部·户口·流寓异地》。
③ 《清圣祖实录》卷250，康熙五十一年五月壬寅。
④ 《清高宗实录》卷304，乾隆十二年十二月己未。
⑤ 《清高宗实录》卷1009，乾隆四十一年五月甲午。
⑥ 《清仁宗实录》卷226，嘉庆十五年二月己酉。

一是内蒙、东北地区在尚未开发的情况下，土地肥沃，地广人稀，先期流入开垦荒地的内地民人又提供着"成家业"、"谋厚利"的示范效应。一如乾隆帝、嘉庆帝上谕所指："盖由此等流寓民人，在彼耕作得利，藉以成家业者甚多，远近传闻，趋之若鹜，皆不惮数千里挈眷而往。"① "出关民人，或系只身，或携带眷属，纷纷前往佣工贸易。缘关外地方佣趁工价比内地较多，若遇偏灾年份，山东、直隶无业贫民，均赴该处种地为生，渐次搭盖草房居住，是以愈聚愈众。"②

二是有关官员执行政策不彻底，稽查不力。乾隆十一年（1746年），军机大臣等曾为此专门议奏："遵旨查办奉天流寓民人一案，前奉恩旨，令情愿入籍之民取保入籍，不愿者，定限十年陆续回籍。迄今五年有余，该府尹霍备莅任数载，其各州县流寓民人，并未取保入籍，亦未令其回籍，漫无稽查。而定议后，出关人数续添四万七千余口，聚集益众……实属怠玩。"③ 乾隆十五年（1750年），上谕云："今据将军阿兰泰等折奏，流民内，竟有置有产业，不欲回籍，而又不愿编入奉籍者，该将军等请以附籍之名，曲徇其意，办理甚为不合。"④ 乾隆四十年（1775年），又针对有关官员的怠玩，制定了《失察流民处分例》，将失察流民的官员，分别予以罚俸、降级的处罚⑤。但依旧是"日久奉行不力，遂至有名无实"⑥，"查办流民一节，竟成具文"⑦。

三是在自然灾害期间，特准灾民出关。如乾隆八年（1743年）上谕："本年天津、河间等处较旱，闻得两府所属失业流民，闻知口外雨水调匀，均各前往就食，出喜峰口、古北口、山海关者颇多，各关口官弁等若仍照向例拦阻，不准出口，伊等既在原籍失业

① 《清高宗实录》卷 1009，乾隆四十一年五月甲午。
② 《清仁宗实录》卷 111，嘉庆八年四月丙子。
③ 《清高宗实录》卷 257，乾隆十一年正月戊子。
④ 《清高宗实录》卷 371，乾隆十五年八月甲午。
⑤ 《清高宗实录》卷 996，乾隆四十年十一月丙戌。
⑥ 《清仁宗实录》卷 86，嘉庆六年八月甲寅。
⑦ 《清仁宗实录》卷 236，嘉庆十五年十一月壬子。

离家，边口又不准放出，恐贫苦小民愈致狼狈。著行文密谕边口官弁等，如有贫民出口者，门上不必拦阻，即时放出。"① 次年，山东、河南、天津等处灾民出关，也依旧照准，并形成以后灾民特准出关的惯例。

四是政策的不确定性。如果说允许灾民出关，尚可被看成是灾荒之时的变通措施，在总体上还不一定与封禁政策相悖。那么，在其他情况下颁布的一些谕旨，则表现出了统治者的矛盾心态。如康熙五十五年（1716 年）上谕："今太平已久，生齿甚繁，而田土未增……或有言开垦者，不知内地实无闲处。今在口外种地度日者甚多，朕意养民之道，亦在相地区处而已。"② 从这里看不出封禁的痕迹，相反还有鼓励移民之意。即使在封禁转严或"全面封禁"之后，仍有类似的谕旨。乾隆七年（1742 年）大学士等议准："户部尚书陈应华奏称，近闻民人踵至山海关者，皆诎然而返，或该关地方官有意留难，不行给票，或管关官员故为掯勒。请行令直隶总督饬地方官遵例，查系近关三百里内居民，出关种地者，即给印票。并行令该关副都统，转饬管口官验明印票，立即放出。从之。"③ 这是在封禁严厉的情况下，有条件出关的事例。乾隆二十五年（1760 年），乾隆帝针对周人骥限制移民的奏折，谕称："国家承平日久，生齿繁庶，小民自量本籍生计难以自资，不得不就他处营生糊口，此乃情理之常，岂有自舍其乡里田庐而乐为远徙者？地方官本无庸强为限制。……即如现在古北口外，内地民人前往耕种者，不下数十万户，此孰非去其故土者。然口外种地者，依食渐多饶裕，固难执一而论也。……若如周人骥所奏，有司设法禁止，不但有拂人性，且恐转滋事端。否则徒为增设科条，而日久又成故事。封疆大吏当通达大体，顺民情所便安，随宜体察。"④ 这是令地方大臣"相机处事"的典型谕旨，事实上与封禁政策相矛盾，

---

① 《清高宗实录》卷 195，乾隆八年六月丁丑。
② 《清圣祖实录》卷 268，康熙五十五年闰三月壬午。
③ 《清高宗实录》卷 165，乾隆七年四月辛亥。
④ 《清高宗实录》卷 604，乾隆二十五年正月庚申。

是政策不确定性的又一标识。另外，康熙、雍正、乾隆、嘉庆各朝在口外移民集中之地设置地方官予以管理，① 并被后继帝王赞为"圣虑周详，抚民怀远"②，也意味着承认移民的合法性。

　　凡此，可以说明，在封禁期间，有大量的内地移民出关，不但在政策执行上存在着有令不行、令行不止的偏差，而且，政策本身也充满着矛盾。因此，清廷对内蒙、东北地区的封禁十分有限，所谓的"全面封禁"，实属勉强，或许可以称之为"半封禁"，这也就是笔者已经指出的："东北和内蒙地区，迄至清代中后期，基本上处于半封禁状态。"③

　　在内地移民不断出关，封禁政策又难以完全执行的情况下，虽然封禁令没有解除，但是自嘉庆年间以来，事实上已经"弛禁"。这从有关上谕中可以知晓。如嘉庆八年（1803 年），面对"内地民人前往山海关守候出关者，尚复不少"的情况，嘉庆帝一面谕令以后"断不得携眷出口，致干例禁"，一面又令守关官员"查点欲行出口之户，现有若干，逐一放行"④。嘉庆十一年（1806 年），内地民人出口至内蒙垦荒者，"动辄以千万计"，嘉庆帝也只是谕令"边门章京留心稽查，遇农民相率出口者，查系何州县人户，详细造册"，以便对原籍官员加以议处，并未对流民出口禁阻⑤。嘉庆十九年（1814 年），嘉庆帝又进而指出，各省流民出关，"势难一概禁止"，边关禁阻，"其绕道偷越者，仍所不免，既于民生有碍，亦于关政无益"⑥。弛禁的意旨更加明显。

――――――――

　　① 如嘉庆十五年上谕称："口外沿边地方，自康熙年间，已有内地民人在彼耕种居住，百余年来，流寓渐多，生齿日众。雍正元年以后，节次添设官员。现在吉林、盛京、直隶、山西口外毗连一带，共设有一府一州五县十二厅……"见《清仁宗实录》卷 228，嘉庆十五年四月庚子。

　　② 《清世宗实录》卷 53，雍正五年二月庚辰。

　　③ 参见陈锋：《清代的土地开垦与社会经济》，《中国经济史研究》1991 年第 1 期。

　　④ 《清仁宗实录》卷 115，嘉庆八年六月辛卯。

　　⑤ 《清仁宗实录》卷 164，嘉庆十一年七月己未。

　　⑥ 《清仁宗实录》卷 290，嘉庆十九年五月癸巳。

至咸丰年间，已由弛禁走向局部开放，光绪末年，更实行大规模的"放垦"。这一时期的移民引人注目，已有不少论著涉及了移民过程及其对内蒙、东北的开发，这里不加赘述。

"开放"与"弛禁"是两个不同的概念，开放意味着原有禁令的废止，意味着在政策上允许内地人民移往关外。从政策的转变动因来看，一方面是原有弛禁的必然继续，另一方面则是时局变化、财政困窘使然。在咸丰十年（1860年），割地辱国的中俄《北京条约》签订之后，咸丰帝即谕称，"吉林、黑龙江与俄国接壤，现虽换约，仍应严密防范，未可稍涉大意"，令吉林、黑龙江两处将军勤加练兵，多方筹划，"应需经费，俱先行设法捐办"，并将筹划之策上奏①。这一上谕与地方大员的上奏及移民招垦政策的变化，应该说有着直接的联系。当稍后吉林将军景淳等在《开荒济用折》中要求招民开垦荒地30余万垧，以筹经费时，咸丰帝即称："吉林荒地，既可援案招垦，别无违碍，于经费不无裨益，著即按照所奏办理。仍照旧章先取押租，俟五年后升课（科）。惟事属经始，务必办理妥协。"其"押租钱"20余万吊的一部分及升科后的钱文，"抵充该省官兵俸饷"②。同年，黑龙江将军特普钦亦"以地方困苦，官兵俸饷不继"，奏请"仿照吉林章程"，"招民试垦闲荒，藉裕度支，兼防窥伺。得如所请。是为江省放荒之始"③。特普钦为此所上的奏折很能说明政策转变之缘由，引述如下：

> 黑龙江省地处极边，官兵困苦，皆指俸饷过度，即城乡一切生计，亦皆赖俸饷周转，而历来俸饷均仰赖内省拨解。近年以来，经费支绌，虽迭奉恩旨饬部催办，而拨解寥寥，续领未至，积欠已增，每每不敷支放。……臣等反复熟商，通盘筹计，地方既属拮据，私垦之民一时又难驱逐，与其拘泥照前封禁，致有用之地抛弃如遗，而仍不免于偷种，莫若据实陈明，

---

① 《清文宗实录》卷338，咸丰十年十二月癸酉。
② 《清文宗实录》卷339，咸丰十年十二月壬午。
③ 民国《呼兰府志》卷3，《财赋》。

招民试种，得一分租赋，即可裕一分度支。且旷地既有居民，预防俄人窥伺，并可借资抵御，亦免临时周章。①

所谓"迭奉恩旨饬部催办，而拨解寥寥，续领未至，积欠已增"，标示着晚清财政的困窘以及地方大员专顾本省的情势日甚一日；所谓"得一分租赋，即可裕一分度支"，"旷地既有居民，预防俄人窥伺"，也明白无误地表明"筹饷"与"实边"，是清末东北大放垦格局形成的政策导向。也正是在这一政策导向之下，有关鼓励移民垦荒的种种措施接连出台。② 基本上与东北同一步调的内蒙古地区的清末大放垦，也同样是在大致相同的情势下，清政府"筹饷"与"实边"政策导向的结果。③

七、移民政策之五：向台湾的人口迁移

在统一台湾之前，大陆与台湾间的人口流动已经非常突出，④但与清廷的政策无关。康熙二十二年（1683 年）统一台湾之后，清政府对向台湾的移民非常关注，认为"台湾孤悬海外，五方杂处，土著之民少而流寓之民多"，"至流寓之人，非系迫于饥寒，即属犯罪脱逃，单身独旅寄寓台湾，居无定处，出无定方，往往不安本分，呼朋引类，啸聚为奸"⑤。因而在最初阶段，移民审慎，

---

① 民国《黑龙江志稿》卷 8，《经政》。
② 请参见彭雨新：《清代土地开垦史》，农业出版社 1990 年版，第 260～267 页。许淑明：《清末黑龙江移民与农业开发》，《清代东北地区土地开垦述略》，分载《清史研究》1991 年第 2 期，《清代边疆开发研究》，中国社会科学出版社 1990 年版。另，有关招垦章程见李文治编：《中国近代农业史资料》第 1 辑，三联书店 1957 年版，第 800～808 页。
③ 参见黄时鉴：《论清末清政府对内蒙的移民实边政策》，《内蒙古大学学报》1964 年第 2 期；上揭彭雨新：《清代土地开垦史》，第 269～278 页。
④ 参见杨彦杰：《荷据时代台湾史》，江西人民出版社 1992 年版，第 154～169 页。
⑤ 《明清史料》戊编，第 1 本，第 27 页。

控制严格，"克台之岁，旨下福建督抚，凡渡台者禁带家眷"①。并对只身往来者发给照票，严加盘查，无票不许偷渡，如康熙五十七年（1718 年）议准的条例："凡往台湾之船，必令到厦门盘验，一体护送，由澎而台；其从台湾回者，亦令盘验护送，由澎到厦。凡往来台湾之人，必令地方官给照，方许渡载，单身游民无照者，不许偷渡。如有犯者，官兵民人分别严加治罪。"② 但由于是时台湾地广人稀，具有很大的吸引力，并不能遏制大陆民人的偷渡，反而导致"无照游民辄多顶冒水手偷渡过台"，盘验胥役"借端需索"，商船过台每每遇阻，"台地物价日昂"等种种问题。③

　　鉴于此，雍正五年（1727 年），台湾知府沈起元"条陈台湾事宜"，认为"偷渡之禁不可不为转计"，应该有所禁有所不禁，"法当第禁奸民之偷，而不当禁良民之渡"，若良民渡台，"漳泉内地无籍之民，无田可耕，无工可佣，无食可觅，一到台地，上之可以致富，下之可以温饱。……且或亲戚兄弟在台成业，此既需人助理，彼可相依为活，合之则两全，离之则两伤"④。为此，闽浙总督高其倬上疏要求放宽民人渡台限制，令两种人"搬眷过台"，一是先行渡台单身在台置有产业者，一是佣耕佃户在台住满五年，业主又愿意具结保留者，"准其给照搬眷"。但此时离清廷派兵平定朱一贵起义为时不久，清廷对游民的增加，致滋乱萌，仍心存疑虑，因此遭到户部等衙门的议驳，雍正帝亦朱批："台湾人民携带家口，应行与否，历来众论不一。朕令高其倬到闽后，详慎酌量定议具奏，今高其倬所奏，亦胸无定见，而为此游移迁就之词。古人云，利不什，不变法，害不什，不变制，著仍照旧例行，待朕再加酌量。"⑤ 虽然雍正帝批评高其倬"胸无定见"，但从"待朕再加酌量"一语来看，也反映出雍正帝的犹疑态度。

---

①　连横：《台湾通史》卷 7，《户役志》。

②　《清圣祖实录》卷 277，康熙五十七年二月甲申。按：有关具体规定，尚可参见嘉庆《兵部处分则例》卷 12，《关禁》。

③　《明清史料》戊编，第 1 本，第 38 页。

④　沈起元：《条陈台湾事宜状》，见《皇朝经世文编》卷 84。

⑤　《清世宗实录》卷 61，雍正五年九月庚辰。

直至雍正十年（1732年），广东巡抚鄂弥达上疏具奏，认为："民人之立业台湾者数十万，彼既愿为台民，凡有妻子在内地者，许呈明给照搬眷入台，编甲为良，则数十年之内赤棍渐消，人人有室家之系累，谋生念切，自然不暇为非。更令有司善抚教之，则人人感激奋兴，安生乐业。"鄂弥达将单身在台者"搬眷入台"解释为台湾安定的重要因素，以解清廷的疑虑，显然要比前此地方大臣聪明得多，所以旋经大学士鄂尔泰、张廷玉等奉旨议准："台地开垦承佃、雇工贸易，均系闽粤民人，不啻数十万之众，其中淳顽不等，若终岁群居，皆无室家，则其心不靖，难以久安。鄂弥达陈奏亦安缉台地之策。臣等公同酌议，查明有田产生业、平日安分循良之人，情愿携眷来台入籍者，地方官申详，该管道府查实给照，令其渡海回籍，一面移明原籍地方官，查明本人眷口，填给路引，准其搬移入台。"①

允许"搬眷入台"，是台湾移民的重要的政策性变化，它有利于大陆向台湾的人口流动，并有利于移民群的安定。

但是，此后的政策仍有变化。乾隆四年（1739年），闽浙总督郝玉麟以搬眷入台，"奸民从而滋弊，或捏称妻媳姓氏，或多报子女诡名，或通同奸棍领出执照，贿顶渡台，弊且百出"为由，要求以一年为限，"如有业良民未搬家眷过台者，务于限内搬取，逾限不准给照。若有偷渡，照例治罪"。得到清廷的批准②。这一政策的转变，事实上有点不尽情理，反而促使偷渡盛行，一如奉旨巡视台湾的户科给事中六十七在乾隆九年（1744年）的上奏中所说："今既欲申严偷渡禁约，而又不为揆度情理之平，并杜生全之路，无怪乎日禁偷渡，而偷渡之民愈见其众也！……骨肉隔绝，在畏法者，两处俱抱向隅；在偷渡者，一身先蹈不测。若必拘于成例，不为亟请变通，殊非所以推广皇仁、爱民保赤之至意。"在这里，六十七不但据理陈述，而且扛出了"推广皇仁、爱民保赤"以及"王道"、"伦理"、"仁政"等大旗，并宣称"我皇上以仁孝治天

---

① 《明清史料》戊编，第2本，第107页。
② 《清高宗实录》卷100，乾隆四年九月己酉。

下，常恐一夫不获其所"，力争乾隆帝改变移民政策，乾隆帝因此也未批让户部"议奏"。户部遵旨议奏的结果，是允许搬眷入台，但非常奇怪，乾隆帝并没有批准，而是再次让户部"议奏"①。随后，户部又"令该督抚确查定议"，几经折腾，一直拖到乾隆十一年（1746 年），经闽浙总督马尔泰议复，方才得到户部的议准：

> 在台人民，果有祖父母、父母在籍，准其赴台就养；如祖父母、父母在台，准其子孙赴台侍奉；若本人在台，而内地妻少子幼，并无嫡亲可托者，亦准其搬移聚处。即赴台侍奉祖父母、父母之子孙，果有幼少妻子，亦准一体赴台。仍照从前搬养成例，令台防、厦防各同知，于登簿换文时留心稽查，验明人照相符，方准配船渡台。并令内外地方官先行关查明确，方准给照。如有藉称伯叔兄弟及妻之兄弟族戚，一概不准滥给照引。倘蒙混影射越渡，立即解回，并将滥给照引之地方官严参议处；徇隐具结之地邻族保，一并严究。其荒僻口岸，严饬各员弁常川巡察，如有游旷之徒作弊偷渡，擒拿重究。倘有疏纵，照徇纵偷渡例参处。②

观上引条例，可以看出，这里的"搬眷入台"绝不是前此雍正十年（1732 年）例的回归或简单重复，"搬眷"的范围要宽泛得多，不仅仅是妻子，而是包括了祖父母、父母等在内，这是随着时间的推移出现的新问题和采取的新对策。览此，也可以略略体味此一条例的出台为何屡经反复的意蕴。

不过，紧接着，乾隆十二年（1747 年），闽浙总督喀尔吉善又

---

① 《明清史料》戊编，第 3 本，第 207 页。参见戊编第 1 本，第 76 页；第 2 本，第 108 页。按：林仁川、王蒲华在《清代福建人口向台湾的流动》一文中，曾用一语指出，乾隆十一年开携眷之禁。见《历史研究》1983 年第 2 期。但林仁川最近的著作《大陆与台湾的历史渊源》第 60 页，却又指出，乾隆九年第二次允许携眷赴台，似误。文汇出版社 1991 年版。

② 《清高宗实录》卷 265，乾隆十一年四月甲申。按：光绪《大清会典事例》卷 158，《户部·户口·流寓异地》将此系在乾隆十二年条下，当误。

"以前奏未定年限，恐滋弊混"为由，"请定限一年之后，不准给照"，"凡有渡台民人，禁绝往来，不能搬移"①，再次停止移民的搬眷。

在停止搬眷期间，同时加强了对偷渡的防范，如乾隆十三年（1748年）吏部等衙门议准的条例："奸民偷渡过台，一由内地客头之包揽，一由在台回至内地民人之接引，请凡获偷渡人犯，必先究客头。如官不能究出，罚俸一年，已供故删者，革职。……如（在台回至内地民人）招引多人偷渡，本人照客头例发边卫充军；不请印照者，照偷渡例杖八十，逐回原籍；地方官滥给印照，照例参处。"②又如乾隆二十三年（1758年）闽浙总督杨应琚奏定的《防范台湾事宜》，也包括了严防偷渡的条文。③

至乾隆二十五年（1760年），福建巡抚吴士功又上疏请求重开"台民搬眷之恩例"，他在长篇上疏中主要提出两个问题：第一，停止搬眷已十有余年，在台湾的汉民"已逾数十万"，"十年长养，凡向之孑身飘流过台者，今已垦辟田园，足供俯仰"，"向之童稚无知者，今已少壮成立，置有产业"，"若弃之而归，则失谋生之路；若置父母妻子于不顾，更非人情之安"。第二，停止搬眷，父母妻子不能团聚，导致了"冒险偷渡，百弊丛生"，"例禁虽严，而偷渡接踵"。因此重新提出搬眷过台办法：

> 除内地只身无业之民及并无嫡属在台者，一切男妇仍遵例不许过台，有犯即行查拿递回外，其在台有业良民，果有祖父母、父母、妻妾、子女、（子）妇、孙男女及同胞兄弟在内地者，许先赴台地。该管县报明，将本籍住处及眷口姓氏、年岁开造清册，移明内地原籍查对相符，覆到之日，准报明该管道府，给与路照，回各原籍搬接过台。其内地居住之祖父母、父

---

① 《明清史料》戊编，第2本，第108页。参见吴士功：《请开台民携眷之禁疏》，见《皇朝经世文编》卷84。
② 《清高宗实录》卷322，乾隆十三年八月丁亥。
③ 《清高宗实录》卷559，乾隆二十三年三月。

母、妻妾、子女、子妇、孙男女及同胞兄弟等，如欲过台探亲，相依完聚者，即先由内地该管州县报明，造册移明台地，查确覆到，再行督抚给照过台。仍责或厦门、台防两同知并守汛武员，凡遇过台眷口出入，均须验明，人照相符，方准放行，如人照不符及不先行查确、滥行给照者，将该管查参议处。汛口文武失察徇隐，一并分别处分。其只身无业之民并无亲属可依，客头舡户包揽偷渡者，仍照例严行查拿，毋得少有宽纵。①

此办法基本与乾隆十一年（1746 年）之例相同，值得注意的是程序更加细密，并明确了"搬眷"与"探亲"的区别。此疏经户部议复，又经闽浙总督杨廷璋确查定议，认为，"虑及全台大势，不便聚集匪类"，奏请"定限一年停止"，复经户部议准实行②。也就是说，此次重开搬眷过台之例，期限仅为一年。

乾隆二十六年（1761 年），搬眷期限满后，杨廷璋又遵"搬眷过台停止之后，如何使私渡禁绝，悉心酌定规条，实力办理"之饬令，制定了《防范偷渡规条》，该"规条"共有三款：一是对偷渡船户严加治罪，"遇拿获揽载船只，将各船户照客头包揽过台例，为首者发边卫充军；为从者枚一百，徒三年"。二是对失察官员严加处分，"如获犯，即究出入口岸，将失察之文武员弁，照议处本籍地方官例，核数查参"。三是对拿获偷渡人犯的人员从优奖赏，"原议在洋获犯十人以上，赏银二两，嗣后请加为四两；每十名以上，照数递加。若尚未出洋，别汛兵目、澳甲盘获者，减半给赏"③。

很明显，此次停止搬眷之后的政策重点主要是放在防范偷渡上。此后的有关谕令不啻再三，如乾隆三十四年（1769 年）上谕："渡台民人，多属内地素无恒产、游手好闲之徒，一经潜渡海洋，

---

① 《明清史料》戊编，第 2 本，第 108～109 页。
② 《明清史料》戊编，第 2 本，第 110 页。
③ 《清高宗实录》卷 647，乾隆二十六年十月辛卯。

窜迹台地，日积日多，必致引类呼朋，毫无顾忌，黄教之案，乃其明验。但此等无赖游民，与其约束于到台之后，多费周章，不如稽查于渡海之前，力为禁阻。向来腹地民人不许私行赴台，定例本严，因地方有司奉行不力，以致诡名偷越之人日增一日，否则此十余万及数十万闽粤流寓，岂能不胫而至耶？……其现今流寓在台者，虽不能尽行驱回内地，而编设保甲，互相觉察，勿任匪类得以藏奸。或原编保甲外，查出新增人户，即系此次禁后复行偷渡之人，该管官查明来历，申报督抚，将原查疏漏之员弁严参重处，则凡有稽查海口之责者，自不敢以具文塞责，庶足弭于未形。至台地生事不法之徒，至有罗汉脚混号，实与四川啯噜子无异，此等凡有过犯，悉照啯匪从重处治，务使刁风永辑，而海徼肃清。该督等其悉心率属查办，期于法在必行，毋使稍有玩纵。仍令该督等将如何实力查禁、有无审出偷渡之人，于岁底汇奏一次，以观伊等之能否尽心，核其优劣焉。"① 从上谕中可以看出，尽管有防范偷渡的种种办法，偷渡还是防不胜防，"偷越之人日增一日"，不得已，清廷一方面屡屡对稽查官员进行训诫，另一方面对已入台的移民编设保甲，加强管理，并对生事不法者严加处理。

乾隆五十三年（1788 年），清廷在平定台湾林爽文起义之后，闽浙总督福康安与福建巡抚徐嗣曾在《清查台湾积弊，酌筹善后事宜折》中议定了台湾的善后章程，其中即包括了严加申禁稽查游民私渡的条款，试图消除台湾社会的不安定因素，加强对台湾地区的统治②。次年，福康安再次上奏，重申："凡各口岸，尤当加谨严查，况内地、台湾各处罗汉脚、天地会等匪，潜踪四窜，尤当严密巡逻。节经饬文武员弁，遇有偷渡台湾及自台湾潜回不法之人，实力擒拿，毋得稍有纵漏。"并且进一步指出，"私渡例禁甚严，经上年添汛拨兵，并于内地复申明严禁之后，何以尚未能禁绝？推原其故，盖因台湾地土膏腴，无业民人纷纷渡海觅食"，与

---

① 《清高宗实录》卷 845，乾隆三十四年十月癸酉。

② 参见陈锋：《清代军费研究》，武汉大学出版社 1992 年版，第 370～373 页。

其禁而不绝，不如改堵为疏，另立新章，因此提出了设置"官渡"的初步建议，"使民人等知官渡便于私渡，而私渡并不省于官渡，则私渡之民不待查禁而自归于官渡"①。乾隆帝览奏后认为："明设官渡，给照验放，以清私渡之源，所筹均属妥协。"是时，福康安已调任两广总督，因而乾隆帝谕令："其应如何查禁之处，著伍拉纳、徐嗣曾将折内情形，详加体访，与水师陆路提督、台湾镇道会商妥议，定立章程，即行具奏。"②施即，新任闽浙总督伍拉纳领衔具奏《官渡章程》，并得到大学士阿桂等的议准：

> 内地客民领照赴台湾，责令行保船户开报姓名、籍贯、年貌、住址，并往台湾作何生业，呈报该管厅员查验，立即给照放行。移明台湾各厅，验放入口。其出口之处，仍令守口员弁查验放行。如有给照迟延、验放留难等事，即将该员弁严行参处。人照不符，照私渡例治罪。又，官渡商船，由厦门至鹿耳门，每名许收番银三元；由南台至八里岔，蚶江至鹿仔港，每名收番银二元，不准多索。仍饬专管各汛口员弁、兵役，每日将所泊商、渔等船，查验字号、船牌，按旬列报；一有无照船只，即行根究，如兵役等拿获偷渡之犯，即将船只、货物一并赏给，以示鼓励。其沿海有底无盖小船，俱令验烙编号，止许就近拨载，不得远出，以防弊混。③

从上引资料可以看出，该章程特别强调三端：一是对待官渡移民，不许给照迟延和验放之时故意留难；二是规定了三条官渡线路的收费标准，不许额外多索；三是加强对商船、渔船和一般小船的管理，官渡之外不得私自偷渡。这一官渡章程一直实施到同治十三年（1874年）。显然，官渡章程的制定，其目的在于畅通官渡，禁绝私渡，是清廷向台湾移民政策的又一转折。

---

① 《明清史料》戊编，第2本，第140页。
② 《清高宗实录》卷1323，乾隆五十四年二月甲寅。
③ 《清高宗实录》卷1345，乾隆五十四年十二月乙亥。

　　综合上述，可以得出结论：迄至同治十三年（1874 年），清廷向台湾的移民政策大致经历了三个阶段。第一个阶段是康熙二十二年至雍正十年（1683—1732 年），其政策的主要之点是允许持照者单身入台定居或单身往来。第二个阶段是雍正十年至乾隆五十四年（1732—1789 年），这一阶段比较复杂，有学者认为，此一阶段（下限延至光绪元年）的特点是允许携带家眷大规模迁移入台①，但上述已经表明，允许携眷（搬眷）是有限度的，政策的反复性很大，在大多数时间里，仍旧是持照者单身入台，并加强了对私渡者的稽查和防范。第三个阶段是乾隆五十四年至同治十三年（1789—1874 年），其政策的主要之点是实施官渡，但仍未废除原有的禁例。从总体上看，由于台湾孤悬海外的特殊地理位置，以及台湾地区不时萌发的社会不安定因素，清廷对向台湾的移民一直相当审慎，防范与限制是其政策的主流，只是在内地人口压力增大，向台湾的人口迁移又成为潮流的客观情势下，清廷的政策限制才有所放松。特别是雍正十年（1732 年）首开搬眷之例以后，乾隆十一年（1746 年）、乾隆二十五年（1760 年）又两次允许搬眷，尽管旋开旋禁，但有关吁请、议论、政策变动的本身已经意味着移民潮的不可禁止，乾隆五十四年（1789 年）的实施官渡，则标示着在私渡难以禁绝的情势下，移民政策与手段的不得已的变通。随着向台湾移民的政策性变动，"移民日多，垦务日进"，"至者愈多，拓地愈广"，前揭广东巡抚鄂弥达的上疏、福建巡抚吴士功的上疏，以及乾隆帝的上谕中，都曾约略言及雍、乾年间台湾的移民已达数十万，另据连横《台湾通史》以及有关史料的记载，康熙年间收复台湾之时，台湾人口约有 10 万，至乾隆四十七年（1782 年），增至 91 万余人，嘉庆十六年（1811 年），增至 200 万人，道

---

　　①　参见上揭林仁川、王蒲华《清代福建人口向台湾的流动》一文，林仁川《大陆与台湾的历史渊源》一书。另参周文顺：《台陆关系通史》，中州古籍出版社 1991 年版，第 236 页。

光二十三年（1843 年），增至 250 万人。① 这种人口的超常规增长，主要是移民所致。

台湾移民的增加，一方面是清廷移民政策松动的结果，另一方面也是由于私自偷渡的源源不绝，前者标示着人口迁移与政策的吻合，后者则标示着人口迁移与政策的背反。不管向台湾的人口迁移是如何势不可挡，但从政策方面考察，却一直处于半封禁状态。直到同治十三年（1874 年），日本企图吞并台湾，清廷以福建船政大臣沈葆桢督师前往，并诏命沈葆桢筹善后之策，沈遂奏请开禁，其疏略云：

> 台湾地广人稀，山前一带，虽经蕃息百有余年，户口尚未充裕。内地人民向来不准偷越，近虽文法稍弛，而开禁未有明文。地方官思设法招徕，每恐与例不合。今欲开山，不先招垦，则路虽通而仍塞；欲招垦，不先开禁，则民裹足而不前。……际此开山伊始，拓垦方兴，臣等揆度时势，仰恳天恩，请将一切旧禁尽与开豁，以广招徕，俾无顾虑。②

疏上，光绪元年（1875 年）正月上谕：

> 福建台湾全岛，自隶版图以来，因后山各番社习谷异宜，曾禁内地人民渡台及私入番境，以杜滋生事端。现经沈葆桢等将后山地面设法开辟，旷土亟须招垦，一切规制自宜因时变通，所有从前不准内地民人渡台各例禁，著悉与开除。③

至此，台湾由半封禁走向全面开放，并随之出台鼓励移民的具体措施，在"厦门、汕头、香港各设招垦局，立章程，任保护，

----

① 连横：《台湾通史》卷 3，《经营志》；卷 7，《户役志》。《明清史料》戊编，第 2 本，第 128 页。

② 连横：《台湾通史》卷 15，《抚垦志》，

③ 《光绪朝东华录》（一），第 21 页。

凡应募者与以便宜，日给口粮，人授地一甲，助以牛种农器，三年之后，始征其租"。①

---

① 参见连横：《台湾通史》卷15，《抚垦志》。

第 六 章

财政收入政策与收入结构的变动

前述赋役制度的整顿与改革的主旨之一，是对财政收入进行规范，理顺财政收入的关系，以便稳定赋额，然后在稳定赋额的基础上再稳定岁出。这一点又是受传统社会中国家财政"量入为出"的基本原则所决定和制约的。清代前期的财政收入与支出政策，从总的方面来看，也基本上是围绕着"量入为出"的原则而变动。清代后期由于支出陡增，财政收入政策随之调整，以应时局之变，财政范式更多地具有"量出制入"的色彩。

一、清代前期的财政收入结构及岁入辨析

清代前期，财政收入的构成主要是田赋、盐课、关税、杂赋四项（也有学者将其分解为田赋、漕粮、盐课、关税、杂赋、耗羡六项）①。这些税种都较为复杂，兹集中在这里作简要释名。

① 按：又有学者分为直接税、消费税、收益税、流通税四种。参见陈秀夔：《中国财政制度史》，台湾正中书局1973年版，第326页。并参见［日］滨下武志：《中国近代经济史研究》，第80~81页。东京大学东洋文化研究所报告，1989年。

田赋是对民田、屯田等田制类别的直接课税（其中主要是民田）。摊丁入地之后，田赋中又包括了丁银，因此，田赋又称作"地丁"。田赋征收主要采取货币地租形式，大多征收银钱，但也有一小部分征收实物地租，直接征收粮食、草束。在山东、河南、江苏、浙江、安徽、江西、湖北、湖南等省征收的"漕粮"以及在江苏、浙江二省所属五府一州征收的"白粮"，除了在某些时候进行漕、白二粮"改折"外，也全是征收实物（另随征经费银）。因此，田赋又称作"地丁钱粮"或"地丁漕项"。

盐课又称作盐税，一般来说是对食盐消费者征收的一种间接税（其中的灶课是对食盐生产者课纳的直接税）。分作灶课、引课、正项、杂项等许多类别，除了"贡盐"之外，全部征收银钱。盐课向来被视作税制中最复杂的一种。

关税是对商人征收的商品过往税。清代前期的关税主要是指内地的"常关税"（康熙年间开海禁，已设置海关），以别于清代后期的"海关税"。征收关税的各关就其隶属关系而言，又分为户部关、工部关，户部关主要征收衣食百货税，工部关主要征收竹木船料税。

杂赋又称"杂税"，是指其他杂项税种。也有人认为除传统的正项钱粮——田赋之外，都可称之为杂赋，即"地丁之外取于民者，皆为杂赋"①。但在实际征收的过程中，杂赋有较为确定的内涵，据《大清会典事例·户部·杂赋》所罗列，杂赋包括以"课"命名的芦课、茶课、金银矿课、铜铁锡铅矿课、水银硃砂雄黄矿课、鱼课；以"税"命名的田房契税、牙税、当税、落地牛马猪羊等项杂税以及以"租"命名的旗地租、学田租、公田租等（实际上是田赋的一种特殊形式）。另外还有少数民族地区的实物贡税，如马贡、狐皮贡、贝母贡、蜡贡等（也有的贡税折银）。当然，各省区的杂税项目并不相同，如山东有船筏税、泰山香税、当

---

①　王庆云：《石渠余纪》卷6，《纪杂税》。胡均在《中国财政史讲义》中也采取这种区分法。

税、田房契税、牙杂税、牛驴税等项,① 河南有活税银、当税银、老税银、房地税契银、牙帖税银、酒税银等,② 山西有额外商税、匠价、枣株、酒课、羊粉、皮价、纸房、水磨、商畜、牙税、当税、契税等项,③ 陕西有商筏税、房壕租、地税、畜税、当税、牙税、酒税、磨课等项,④ 江南有田房税、牙帖税、花布牛驴猪羊等税、典铺税、洲场税、商税、门摊税、靛花油饼等税、渔税、船税、曲税等项,⑤ 江西有商贾税、茶酒税、落地税、窑税、食盐税、商税、赣郡谷船税、茶课、纸价、当税、牛税、牙税等项,⑥ 湖北有麻铁线胶课钞、商税、门摊、官地学租、班匠、渔税、油税、茶税、阶基、城壕等项。⑦ 有些税种是该地所独有的,有些税种只是叫法的不同。

为了显示财政收入沿革与构成比例,特据许檀、经君健的统计,列表6-1如下:⑧

表6-1　　　　清代前期各朝主要财政岁入一览表　　　单位:万两

年　代	总额	%	地丁	%	盐课	%	关税	%	杂赋	%
顺治九年	2 438	100	2 126	87.2	212	8.7	100	4.1	?	?
康熙二十四年	3 424	100	2 823	82.4	388	11.3	122	3.6	91	2.7
雍正二年	3 649	100	3 028	83.0	387	10.6	135	3.7	99	2.7
乾隆十八年	4 266	100	2 964	69.5	701	16.4	459	10.8	142	3.3
乾隆三十一年	4 254	100	2 991	70.3	574	13.5	540	12.7	149	3.5
嘉庆十七年	4 014	100	2 802	69.8	580	14.4	481	12.0	151	3.8

---

① 乾隆《山东通志》卷12,《田赋·杂税》。

② 乾隆《河南通志》卷21,《田赋上·杂赋》。

③ 雍正《山西通志》卷39,《田赋一》。

④ 雍正《陕西通志》卷26,《贡赋三》。

⑤ 乾隆《江南通志》卷79,《食货》。

⑥ 雍正《江西通志》卷145,《艺文》。

⑦ 雍正《湖广通志》卷18,《田赋》。

⑧ 许檀、经君健:《清代前期商税问题新探》,《中国经济史研究》1990年第2期。数字一仍其旧,笔者仅加了百分比。

表 6-1 大体能反映清代前期的赋税沿革及岁入构成情况，其岁入的增长也与社会经济的恢复、发展基本吻合。当然，这种统计尽管颇费心思，也未必尽如人意，正如作者所说："首先遇到的困难就是统计资料的欠缺，我们很难见到构成年序系列的可比统计，或有总额而无分项，或有分项而与总数不能吻合。其次，有些统计数字令人难以放心地使用。例如，《大清会典》和《史料旬刊》均载有嘉庆十七年的地丁杂税额，前者来自《十七年奏销册》，后者引自《汇核十七年各直省钱粮出入清单》。两者都有权威的依据，但却都无法复核确认，令人难以取舍。尤其应该注意的是，封建财政税收的分类，与今天的概念大不相同。而其中某些项目，我们又不能查到具体的说明，仅从税课名称很难确定其课征对象，也为我们重新分类统计增加了困难。"作者虽然是有感于"商税"而发，但事实上是整个财政经济史研究中都必然遇到的问题。刘锦藻在梳理清代前期的赋额时也曾叹称："同一官书，而人人言殊，何能考焉！"①

在这里，笔者无意作系统的考证，仅分别列出乾隆十八年（1753 年）、三十一年（1766 年）二表（见表 6-2、表 6-3）②，结合论题略作辨析。

---

①　《清朝续文献通考》卷 66，《国用四》，第 8225 页。

②　据乾隆《大清会典则例》、乾隆《大清会典》、《清朝文献通考》、光绪《大清会典事例》有关各卷及《清史稿》卷 125，《食货六》；魏源《圣武记》卷 11，《武事余记·兵制兵饷》编制。按：该表需要作如下几点说明：（1）表中漕粮、白粮均是原额，实征为少，如乾隆十八年漕粮实征正兑米 2 751 283 石，改兑米 501 490 石，二者合计为 3 252 773 石，不足 400 万石之数。（2）表中常例捐输一项，《圣武记》、《清史稿》虽然均言是 300 万两，笔者认为是一个夸大了的数目，故以估计数 200 万两列入。（3）屯赋指内地的屯田，新疆等地屯田所收未记入，每年约收粮 20 余万石。（4）彭泽益《清代财政管理体制与收支结构》，载《中国社会科学院研究生院学报》1990 年第 2 期；吴慧：《明清财政结构性变化计量分析》，载《中国社会经济史研究》1990 年第 3 期，列有乾隆三十一年统计表。汤象龙：《鸦片战争前夕中国的财政制度》，列有清代前期岁入估算表。原载《财经科学》1956 年第 1 期，已收入汤象龙：《中国近代财政经济史论文选》，西南财经大学出版社 1987 年版，均可参看。不过与笔者的统计有所不同。

表 6-2　　　　　　　　　乾隆十八年岁入明细统计

类　别	银（两）	粮（石）	草（束）	备　注
民田赋	29 611 201	8 406 422	5 145 578	草每束 7 斤
屯田赋	503 557	373		
旗地租	202 267			
官庄田租	38 924		121 709	
学田租	19 069			
漕　粮		4 000 000		另有麦、豆 107 142 石
白　粮		216 638		
盐　课	7 014 941			
关　税	4 595 546			
芦　课	195 768			
茶　课	69 191			江苏、安徽课原汇入关税
渔　课	27 482			
金矿课	66			征收金，为金两
银矿课	67 296			无定额者除外
铜矿课	10 825			同上
铁矿课	2 152			同上
铅锡等矿课	3 186			同上
田房契税	190 000			
牙、当等税	186 190			
落地杂税	856 214			
贡　税	41 618	17 700		折银者计入
耗　羡	3 500 000			
常例捐输	2 000 000			
合　计	49 133 493	12 748 275	5 267 827	

表 6-3　　　　　　　　　乾隆三十一年岁入统计

类　别	银（两）	粮（石）	草（束）	备　注
民田赋	29 917 761	8 317 735	5 144 658	草每束 7 斤
屯田赋	784 902	1 079 064	5 050 620	
旗地租	315 492			
官庄田租	44 908		618 145	
学田租	19 069			
漕　粮		4 000 000		另有麦、豆 107 142 石
白　粮		216 638		
盐　课	5 745 000			
关　税	5 415 000			
芦　课	122 500			
茶　课	73 100			
渔　课	24 500			
矿　课	81 000			无定额者除外
田房契税	190 000			
牙、当等税	160 000			
落地杂税	858 000			
贡　税	41 000	17 000		
耗　羡	3 500 000			
常例捐输	2 000 000			
合　计	49 292 232	13 755 579	10 813 423	

以上两表的统计已做得较为细致（表 6-2 又比表 6-3 更细一点），但由于典籍记载的参差以及史料的欠缺，仍难免会有一些出入。而且将上述杂赋中的"租"列到了前面，与后列杂赋中的"课"、"税"相分离，略有割裂之嫌，这均是为了有助于后面的分析。

　　这里需要阐述的主要问题有四点：

　　第一，田赋等银的统计值得注意。在摊丁入地之前，一般地说，田赋与丁银（徭里银、口赋）分开统计，但事实上，《实录》中所载的"田赋"额已包括了丁银在内，有些学者未加分辨，在田赋之上再加丁银，导致了重复计算。在这方面，上列表6-1的统计有些是正确的。如顺治九年（1652年）征银2 126万两（《清世祖实录》记载同），康熙二十四年（1685年）征银2 823万两，均是包括了田赋、丁银两项。① 雍正以降，摊丁入地，"田赋"与"地丁"同义，田赋中包括丁银则是毋庸言。不过，就笔者看来，表6-1对雍正以后的统计仍有问题。首先，雍正二年（1724年）3 028万两之额则不单单是"地丁"银，似乎包括了屯赋、学田租等银，② 乾隆十八年、三十一年（1753年、1766年）之银额又是较为严格意义上的"地丁"银（参见表6-2、表6-3）。其次，嘉庆十七年（1812年）的"地丁"银更为复杂，列在《汇核嘉庆十七年各直省钱粮出入清单》中的"地丁项下"银额，已经明确标明是"额征地丁杂税等银"或"额征地丁芦课杂税等银"③。这里最值得注意的是，官方对田赋等银的统计方法在不同的朝代都有所变化。据《清朝文献通考》、乾隆《大清会典》、乾隆《大清会典则例》的记载，雍、乾年间已将田赋、丁银、屯赋、学田租等银都统计在"田赋"项下，所谓的"杂赋"只包括芦、茶、渔、矿等课及田房契税、牙税、当税、落地杂税等。嘉庆年间以降，变化更

---

　　① 按：据《清朝文献通考》，康熙二十四年田赋银为24 449 724两，丁银为3 136 932两，二者合计为27 586 656两，这个数字更接近于《清圣祖实录》中的2 721万两之额。

　　② 据《清朝文献通考》，是年田赋银为26 362 541两，口赋银（丁银）为3 291 229两，屯赋银为436 446两，学田租银为23 458两，四者合计始达3 011万两。

　　③ 见《史料旬刊》第22~27期。据笔者重新计算，该年"地丁项下"额征地丁杂税等银为31 783 502两（另有蠲缓等银4 832 862两），实征银为29 528 201两。

大，"田赋"或"地丁"项下，又包括了各种"杂赋"或"杂税"，《汇核嘉庆十七年各直省钱粮出入清单》中的收入部分，实际上只列了三项，即：地丁项下（地丁杂税）、盐课项下、关税项下，从而使复杂的税种在统计上趋于简明。王庆云在《石渠余纪·直省岁入总数表》中所列道光年间的岁入，之所以只记地丁杂税、盐课税、关税三项，也应该认为是因为这种变化的结果。统计方法上的变化，当然不会改变清代前期财政收入的构成，但却是应该注意和明瞭的。①

第二，以银两为单位的货币收入是清代前期的主要财政收入，但以粮石为单位的实物收入也占有相当大的比重，不可忽视。据表6-2、表6-3所示，乾隆年间的粮石岁入为一千数百万石，基本上由田赋中的实物收入与漕粮、白粮构成。历朝的粮石岁入虽有所增减，但总在一千万石左右。吴慧先生的统计比此为少，主要是忽略了漕、白二粮。② 粮石收入有较为固定的用途，田赋中的粮石主要用于支给各省驻军的饷米，漕粮主要用于京城禁旅八旗及百官俸米（有时也截留改拨地方），白粮则主要供给宫廷。需要同时说明的是，漕粮与白粮的征收，除了随粮征收加耗外，由于是沿途转运，还同时征收"经费"等银，以供转运所需，所附征银两数额为数不少，如白粮经费，"江苏、浙江共征银二十三万二千六十一两八厘"，漕粮所征各项银两更多达185万余两。③ 这一部分银两由于考虑到主要是转运经费，所以未统计在表6-2、表6-3中。但在漕、白二粮"改折"时，这一部分银两依然征收，减省的转运经费又成为国家的收入。④

---

① 另外，"杂赋"中的统计方法尚有一些问题需要注意，这里从略。

② 参见吴慧：《明清财政结构性变化的计量分析》，《中国社会经济史研究》1990年第3期。

③ 《清朝文献通考》卷43，《国用五》，第5251页。

④ 参见陈锋：《清代军费研究》，武汉大学出版社1992年版，第336页。

第三，耗羡银与常例捐输银，是雍、乾年间政府新的财政收入。当然，耗羡银的征收在雍正以前已经普遍存在，不论何种钱粮，均有耗羡的征收，且有不断加重的趋势。就田赋中的耗羡而言，"州县火耗，每两有加二三钱者，有加四五钱者"①；"大州上县，每正赋一两，收耗银一钱及一钱五分、二钱不等。其或偏州僻县，赋额少至一二百两者，税轻耗重，数倍于正额者有之"②。这种耗羡的征收，虽然在顺、康年间屡有谕旨禁止，但事实上无法遏制，且逐步得到清廷的默认：一方面是谕称"屡经严饬，而积习未改"；另一方面又谕称"量加些微，原是私事"③。在前，我们已经指出，雍正之前，耗羡的征收在财政上的关键之点是"皆系州县入己"④，"官取之，官主之，不入于司农之会计，无耗羡之名耳"，"非无耗羡也"⑤。雍正年间以来，则是"耗羡归公"，将入于地方官员的私自收入转归于政府的财政收入，然后再用耗羡收入所得支发官员的养廉等，以弥补官员正俸的歉薄和地方财政的亏空。"耗羡归公"也是雍正帝即位后整顿、清厘财政的重要举措之一。盐税中的"浮费归公"也与"耗羡归公"有大致相同的主旨。⑥ 每年的耗羡银收入，《清史稿》、《圣武记》等书均记为"三百万两有奇"，表 6-2、表 6-3 所标列的 350 万两，则是根据已有的

---

① 蒋良骐：《东华录》卷 24，第 399 页。

② 钱陈群：《条陈耗羡疏》，见《皇朝经世文编》卷 27。

③ 《清朝文献通考》卷 2，《田赋二》，第 4864 页。蒋良骐：《东华录》卷 24，第 399 页。

④ 高成龄：《议覆提解耗羡疏》，见《皇朝经世文编》卷 27。

⑤ 钱陈群：《条陈耗羡疏》，见《皇朝经世文编》卷 27。

⑥ 参见陈锋：《清代盐政与盐税》，中州古籍出版社 1988 年版，第 128 ~ 134 页。

研究成果得出的大致数目。①

　　一般所说的"常例捐输"始于乾隆初年（在清代的先例，则可以追溯到顺治六年举办的"捐纳"，包括"纳监生例"、"纳吏例"、"纳承差例"），每年收银数十万两至数百万两不等，也成为清廷的一笔经常性收入。② 表6-2、表6-3所列乾隆朝的常例捐输岁入银200万两左右，只是一个折中的估计数。另据汤象龙先生的详细统计，嘉庆五年（1800年）至道光二年（1822年）的23年中，常例捐输入银为4 436万余两，平均每年收捐190万两左右；道光元年（1821年）至道光三十年（1850年）的30年中，常例捐输入银3 388万余两，平均每年收捐在110万两左右。③ 大致说，常例捐输银呈现出各朝递减的趋势。

　　第四，据表6-2、表6-3的统计，乾隆朝的财政岁入在4 900万两左右，是清代前期的岁入高峰（据表6-1的不完全统计，乾隆朝的岁入也是最多的）。

---

　　①　参见薛瑞录：《清代养廉银制度简论》，载《清史论丛》第5辑，1984年。并参葛寒峰：《清代田赋中之耗羡》，载《农学月刊》1939年第5期。另据陈康祺《度支考》的不完全记载，耗羡银亦在354万两以上，见《清朝续文献通考》卷66，《国用四》，第8225页。再，《嘉庆十七年奏销册》所载的各省耗羡银数，合计共为398万余两（包括部分盐规、匣费等银）。见嘉庆《大清会典》卷13，《户部·湖广清吏司》。又据佐伯富：《清代雍正朝养廉银研究》，第3表"各省耗羡数"，雍正年间各省的耗羡银额为3 557 979两。该文连载于《东洋史研究》第29卷1号，1970年；第29卷2、3合号，1970年；第30卷4号，1972年。氏著《中国史研究》第3卷收录，京都同朋舍1977年版。又据何烈的研究：至于耗羡的收支，收入方面，因"银数随正粮升除，不能一定"，乾隆四十七年为3 490 577两，嘉庆十七年为4 316 675两，嘉庆二十五年为4 788 126两。参见氏著：《清咸同时期的财政》，台湾国立编译馆中华丛书编审委员会1981年版，第72页。

　　②　参见陈锋：《清代军费研究》，武汉大学出版社1992年版，第331、325页。许大龄先生认为常例捐输始于乾隆十年，见许大龄：《清代捐纳制度》，燕京大学1950年版，第86页。每年户部的捐银收入见罗玉东：《中国厘金史》上册，第6~7页，《历朝户部银库收入表》，商务印书馆1936年版。

　　③　参见汤象龙：《道光朝捐监之统计》与《鸦片战争前夕中国的财政制度》两文，见《中国近代财政经济史论文选》，西南财经大学出版社1987年版。

　　之所以如此，一是由于雍正以来进行了财政整顿，新增加了财政收入项目，二是由于当时赋税征收状况较好。这也正是雍、乾年间户部存银增加的原因之一。雍正以前岁入在3 600万两以下，除了少耗羡银和常例捐输银的收入外，主要是赋税收入不足额和社会经济尚未完全恢复使然。① 嘉、道年间岁入的减少，则主要是由于赋税的欠征、缓征等原因，按照《汇核嘉庆十七年各直省钱粮出入清单》的解释，则是：因地丁银两蠲缓多寡不同，盐课余银行销无定，杂税、关税例系尽收尽解，是以较少。② 据表6-1的统计，嘉庆十七年（1812年）的岁入为4 014万两，若再加上耗羡银、常例捐输等银600万两左右，实际岁入在4 600万两左右。③

　　要言之，清代前期财政收入结构的变动并不是太大，仍是以田赋（地丁）、盐课、关税、杂赋四项为主干，雍乾年间耗羡银与常例捐输银的增列，也只是在原来已有的耗羡征收以及顺治六年（1649年）已开始举办的"捐纳"基础上的政策调整。而就赋税的征收税则而言，经过顺治年间以来赋役制度的整顿，也应当说是相对稳定的。当然，这种相对稳定并不意味着税则的丝毫不变。

二、清代前期的财政收入政策

　　一个突出的现象是，在正常时期，赋税的税则基本确定，赋税征收有章可循，财政收入基本上围绕着既定政策操作。而在非常时期——主要是战争时期，也包括其他原因的支出增加而导致的财政困难时期，清政府的财政政策也由传统的"量入为出"转变为

　　① 如所周知，顺治年间的情况更为特殊。据顺治十一年六月户部奏称，当时清政府所控制的直隶、山东、山西、河南、浙江、江南、陕西、湖广、江西、福建、广东11省的原额地丁银一项即达31 645 668两，荒亡蠲免银即达6 394 000两。见《清世祖实录》卷84，顺治十一年六月癸未。

　　② 见《史料旬刊》第30期。

　　③ 按：常例捐输仍以年收入银200万两计入；耗羡银一项，据《嘉庆十七年奏销册》所载各省细数合计，共为3 987 671两，这里面包括了部分盐规、匣费等银。见嘉庆《大清会典》卷13，《户部》。

"量出制入"，随着这一整体政策的变动，各种筹款的举措也因时而生，不但赋税的税则发生变化，而且增加了新的临时性收入。换句话说就是，在非常时期，财政收入政策表现出更多的积极性或变动性。

开国时期财政收入政策的变动已如第三章所述。在那种特殊的情势下，兵马钱粮的摊派勒索，赋税的预征、加征、私征等都曾对社会经济的恢复带来巨大的影响，同时也是那一时期财政收入政策多变的标志。此后以迄鸦片战争前（清代后期的情况更为复杂，见后述），非常时期收入政策的变动也多有值得注意之处。

就田赋的征收而言，三藩之乱期间有"加征官宦地亩银"一项，加征的税则，是"每亩三钱，每石三斗"，加征的范围是绅衿官户名下所属地亩，"在任在籍乡绅及贡、监诸生，不论已未出仕者，无不遍及"。这种加征，已有让绅衿富户为国分忧的意味，但在具体执行中，加征的范围有所扩大，即所谓"有民田收入官户者，亦在加征之例"①。康末雍初西北用兵期间，"陕西、甘肃二属各州县卫所地丁钱粮，每一钱额外征收三厘，米每斗额外征收三合"，以致陕甘地区"兵饥于外，民困于内"②。乾、嘉、道时期，因金川用兵、白莲教之役以及筹措防边经费，四川等省则有"津贴银"的累次加征，"军需浩大，征榷繁兴，朝廷避加赋之名，随粮附征银曰津贴"③，按粮摊派的津贴银，成为筹措军费的重要手段。

一般地说，康、雍、乾、嘉各朝对田赋的加征比较避讳，田赋加征的范围与地区均有所限制，但清廷屡次标榜的"永不加赋"信条，事实上已经打破。

就盐课的征收而言，三藩之乱期间，尽管"自滇、黔告变，

---

① 叶梦珠：《阅世编》卷6，《赋税》。参见陈锋：《清代军费研究》，武汉大学出版社1992年版，第301～303页。

② 《平定准噶尔方略》前编卷11，雍正元年六月庚申。参见汪景祺：《读书堂西征随笔》，"西安吏治"条。

③ 民国《绵阳县志》卷3，《食货》。

所在揭竿蜂起，盐无行销地，商皆裹足不前，至亦榛墟弥望，无所得售"，但"计臣以军需所恃，督饷之檄，急如星火"①。盐课的加征比之于田赋的加征更是肆无忌惮，当时的加征主要有"加征五分银"、"加斤增课银"、"遇闰加课银"、"计丁加引"等四项，所增银两为数不少。据笔者考证，三藩之乱期间虽然处于战火燎烧、盐引难销的非常时期，由于实行了盐课的加征和其他督征措施，盐课岁入最高时仍达到 400 万两以上，反而比战前的盐课岁入增加了。三藩之乱以后，虽然对盐课的加征有所豁免，但同时也有新的加征，这从"引课"的不断增长上也可窥知。以长芦盐区为例：顺治初期，每引征正课银二钱六分五厘零；康熙中期，每引征银已达四钱六分；乾嘉时期，每引征银更增至六钱三分三厘。增加的比例相当之大。当然，每引盐的重量历朝有所变化，如果把引斤和课额的变化综合加以考察，则更可以得出较为确切的加征比例，如表6-4 所示②：

表6-4　　　　　清代前期长芦盐区引斤课额比较

时　　期	每引载盐数	每引正额银	每百斤正课银	课额加增%
顺治初期	200 斤	0.265 两	0.133 两	100
康熙中期	250 斤	0.460 两	0.148 两	138.9
乾嘉时期	300 斤	0.633 两	0.211 两	159.2

除盐课中"引课"的加征之外，"杂项"的加征也值得注意，比如康熙中后期开始摊派的"铜斤银"（又称"铜斤脚价"）、"河工银"（又称"河工节省"、"河工捐输"）等。另外，最值得注意的，还有"盐斤加价"一项，据笔者界定，盐斤加价实有"补贴加价"、"因公加价"两个类别，嘉庆之前主要实行的是补贴加价，嘉庆以后主要实行的是因公加价。嘉庆十四年（1809 年），因"南

① 《清史稿》卷 123，《食货四》。

② 参见陈锋：《清代盐政与盐税》，中州古籍出版社 1988 年版，第 117 页。

河大工"需款，开始实行"因公加价"，当时被称作"南河大工加价"（即"河工加价"），仅此一项，即收银400余万两。此后又有"堰工加价"、"海防加价"等名目。这种因公加价，一般说来是因临时需要经费而采行的临时收入措施，因此从性质上说是一种临时性的财政收入，不列入国家的正常财政收入预算。但所谓的"临时"，一旦加征，也往往历经数年之久，而且越到后来越成为补苴财政的重要手段，"临时"演变为"经常"，这种特征，在清代后期更是显露无遗。

就关税的征收而言，主要是实行"溢额议叙"法。本来，康熙帝即位后已经认识到顺治年间实行溢额议叙的弊端，指出，"各省设立关税，原期通商以裕国用，向因钱粮不敷，故定例将抽税溢额者加级纪录，以示鼓励，遂使各差冀邀恩典，因而骚扰地方，困苦商民"，宣布"罢抽税溢额议叙之例"①。康熙十四年（1675年），清廷急于筹饷，除了严申关差考成之制外，又重新实施"溢额议叙"法，规定："全完者记录一次，溢额每千两者，加一级；至五千两以上者，以应升缺先用。"康熙十六年（1677年）又进一步规定："各关税额二万两以下者，仍照前议叙。二万两以上者，额税全完纪录一次，溢额半分以上加一级，一分以上加二级，一分半以上加三级，二分以上加四级，三分以上以应升缺先用。数多者递准加级。"② 这无疑是鼓励关税的加抽滥征。随后意识到"关差苛取溢额"，"任意征收"，才又改弦易辙。

就杂税的征收而言，也以三藩之乱期间的加征最为突出。据上谕称，当时加征的项目为田房契税和牙税二项③，但事实上则包括了房税（间架税）、田房契税、牙税、当税、酒税、落地杂税等名目。《阅世编》卷六，述房税的加征云："康熙十五年丙辰，以军需浩繁，国用不足，始税天下市房，不论内房多寡，惟计门面间架，每间税银二钱，一年即止。除乡僻田庐而外，凡京省各府州县

① 《清圣祖实录》卷14，康熙四年正月己亥。
② 《清朝文献通考》卷26，《征榷一》，第5078页。
③ 《康熙朝东华录》卷5，康熙十七年三月壬年。

城市以及村庄落聚数家者皆遍，即草房亦同。……二十年辛酉春，以国用不给，江南抚臣慕天颜疏请再征房税一年。……平屋每间征银四钱，楼房每间征银六钱。天下皆然，惟山西以旱荒特免。"其他各种杂税的征收，据档案记载，一般分为"旧额加增"、"议增"、"新增"诸项，估计是累次议加。拙著《清代军费研究》已有论述，不赘。

另外，非常时期的两项主要的临时性财政收入是"捐纳"和"报效"。

所谓"捐纳"，是指政府通过加级、议叙、旌奖或直接出卖官位，用以筹措经费、增加财政收入，以应要需的措施。就捐纳的种类而言，根据其筹措经费的不同用途，许大龄先生将其分为四种：一为军需事例，二为河工事例，三为赈灾事例，四为营田事例。① 早在顺治年间，清廷就曾议开过"监生、吏典、承差等援纳"以及"捐马议叙例"，其捐纳规则笔者在《清代军费研究》中已经根据档案作过介绍。值得注意的是，顺治朝的捐纳限于援纳监生和吏役，以及现任官员的记录、升级等，均不能直接捐取官位，这标示着开国之初清廷对捐纳的谨慎态度。入康熙朝以后，三藩之乱期间，因为财政的特别困难，则开了捐官的先例，即如《清史稿·选举志》所称的："文官捐始康熙十三年，以用兵三藩，军需孔亟，暂开事例。"从康熙十三年（1674年）至十六年（1677年），捐纳的知县达500多人，捐款收入达200余万两。除捐纳知县外，还有捐其他官员之例。笔者已有论述，不赘。要言之，三藩之乱期间的捐纳已非昔日可比，捐纳已包括了为后来所沿袭的诸多内容，特别是捐纳实官的肇始，② 虽能筹集较多的经费以应要需，但却为害深远。

所谓"报效"，是指富豪之家因公抒诚，捐出银两，报效国

---

① 许大龄：《清代捐纳制度》，燕京大学1950年版，第13页。
② 当然，捐纳实官之例，在清代之前已经存在。参见陈锋、刘经华：《中国病态社会史论》，"捐纳制与政治腐败"，河南人民出版社1991年版，第104页。

家。有清一代的"报效"者，主要是特别富有的盐商。就盐商的报效动机来看，应该说不乏主动输将、急公好义者，但在大多数情况下，所谓的"报效"，却是统治者为了解决财政的困难，明示暗派、勒索商人钱财的一种惯用手段。就盐商报效的类别来看，可分为军需报效、水利报效、赈济报效和备皇室之需的"备公报效"四种，① 其中最主要的是战争年间为筹措军费而举行的军需报效。《清史稿·食货志·盐法》称："或遇军需，各商报效之例，肇于雍正年芦商捐银十万两。"根据笔者的考证，事实上在顺治年间已有军需报效的个例，康熙朝三藩之乱期间军需报效正式举行，同时，在康熙年间还开始了赈济报效、水利报效之例。② 有清一代的盐商报效在乾、嘉年间最为突出，对国家财政的补苴意义也最为显要，兹根据笔者的统计示列表6-5：

表6-5　　　　　　　　乾、嘉两朝盐商报效统计

盐 区	类 别	乾隆朝（两）	嘉庆朝（两）	小 计（两）
长 芦	军需报效	1 800 000	526 000	2 326 000
	水利报效	——	460 000	460 000
	赈济报效	100 000	246 000	346 000
	备公报效	——	60 000	60 000
山 东	军需报效	600 000	274 000	874 000
	水利报效		720 000	720 000
	赈济报效	——	80 000	80 000
	备公报效	——	40 000	40 000

----

① 另外，在个别盐区有"缉私报效"，晚清又有为办理新政而举行的"杂项报效"。

② 除参见陈锋：《清代盐政与盐税》外，还可参见陈锋：《清史稿·盐法补正》，载《文献》1990年第4期。

续表

盐　区	类　别	乾隆朝（两）	嘉庆朝（两）	小　计（两）
两　淮	军需报效	15 100 000	10 000 000	25 100 000
	水利报效	2 317 600	2 500 000	4 817 600
	赈济报效	2 077 891	300 000	2 377 891
	备公报效	9 270 000	——	9 270 000
两　浙	军需报效	2 700 000	4 500 000	7 200 000
	水利报效	1 600 000	——	1 600 000
	赈济报效	——	300 000	300 000
	备公报效	1 000 000	——	1 000 000
西　广	军需报效	1 800 000	3 300 000	5 100 000
	水利报效	——	3 100 000	3 100 000
	备公报效	——	200 000	200 000
河　东	军需报效	300 000	30 000	330 000
合　计		38 665 491	26 636 000	65 001 491

　　据表6-5所列，乾隆、嘉庆两朝四种类别的盐商报效银达6 500余万两之巨。其中军需报效为4 063万两，占62.5%；水利报效为1 069万余两，占16.4%；赈济报效为310万余两，占4.8%；备公报效为1 057万两，占16.3%。仅从不同的报效所占的比例这一点也可以领会报效的性质及其功用。

三、清代后期的财政收入政策与财政收入结构

　　以鸦片战争为界标的清代后期的财政收入政策与财政收入结构均发生了重大的变化。这种变化可以引用马克思在《中国革命和欧洲革命》中的一段话来揭明：

　　　　中国在1840年战争失败后被迫付给英国的赔款，大量的

非生产性的鸦片消费，鸦片贸易所引起的金银外流，外国竞争对本国生产的破坏，国家行政机关的腐化，这一切就造成了两个后果：旧税捐更重更难负担，此外又加上了新税捐。①

没有疑问，所谓"旧税捐更重更难负担，此外又加上了新税捐"，是由于鸦片战争以及此后的军费支出、赔款支出、洋务费支出等财政支出的不断增加，清政府的财政空前危机，不得不采取新的财政收入政策，以弥补缺项。

鸦片战争以后，有关整顿财政、筹措经费的上谕频颁，以户部为首的理财官员也纷纷条奏各种理财办法。例如：

道光二十一年（1841年），谕令户部："国家经费有常，自应量入为出，现在军需、河工、灾赈，先后颁发帑金数已不少……当此制用孔亟之时，谅能仰体朕心，分别缓急，通盘筹度。"②

道光二十三年（1843年），谕军机大臣："体察情形，所有大小工程及支领款项，遇有可裁减者即行裁减，可节省者即行节省。总期实力撙节，积少成多，庶于公项有裨。"③

道光三十年（1850年），户部奏称："理财之要，以地丁、盐课、关税为岁入之大端，以兵饷、河工为岁出之大端。得其弊之所在，认真革除，害去而利自见。""与其正赋之外别费经营，何若于正赋之中核实筹划。"④

咸丰元年（1851年），户部奏称，"自古理财之道，不外开源节流二端。开源之道必须有利无弊，或弊少利多者方可举行。臣等旦夕思维，未有良法可裨经费。惟节流之道臣等随事讲求，有以节制"，并议定章程七条。⑤

咸丰二年（1852年），谕军机大臣："户部议奏，度支万分紧

①　《马克思恩格斯选集》第2卷，人民出版社1972年版，第3页。

②　《皇朝政典类纂》卷155，《国用二》。

③　《清宣宗实录》卷390，道光二十三年三月庚午。

④　《清文宗实录》卷7，道光三十年四月癸酉。

⑤　《皇朝政典类纂》卷155，《国用二》。

迫，军饷无款可筹，密陈情形一折，览奏实深焦灼。……若不及早筹维，岂能以有限之帑金，供无穷之军饷乎?"①

咸丰三年（1853年），又因军费支出"刻不容缓"，谕令各地方大员"无论何款，迅速筹备"②。接着，又有漕粮改折、杂款摊捐、征抽厘金、田赋征借、按粮津贴、推广捐例、发行票钞、举借外债内债等种种吁请和措施出台，真正到了"财用之不足，内外臣工人人忧虑"的地步。③

光绪四年（1878年），御史梁俊奏称："生财之道，不外乎开源节流。迩年以来，经费支绌，于是议节财流，则减官俸之成数，改旗饷之放章；议开财源，则劝捐之章日新，抽厘之卡日密。乃财愈理而愈亏，用愈节而愈竭。国家需用巨款，每不得已息借洋商，其弊尤为无穷，不堪设想，此不可不通盘筹划者也。"④

光绪六年（1880年），户部专折上奏，胪列筹备饷需措施十款，上谕指出，"国家岁入岁出，自有常经，军兴以来，供应浩繁，以至京师及各省库储均形支绌。事平之后，帑藏仍未裕如，皆因本有之财源不能规复，可缓之用款未能减裁"，因而饬令户部及地方大员"振刷精神，悉心筹划，各尽其职，为所当为，毋避嫌怨，毋涉瞻徇，毋畏艰难，毋任粉饰，总期于国计民生两有裨益"。同时谕令："各就地方近日情形通盘酌度，如有可筹之款，可兴之利，无损于民而有益于国者，各抒所见，一并奏闻，以备采择。"⑤

光绪十年（1884年），在"军饷紧要"，财政极度困厄的情势下，奉慈禧太后懿旨："现在军饷紧要，应如何预为筹划之处，着军机大臣、户部、总理各国事务衙门大臣公同妥议具奏。"户部等衙门认为："国家理财一政，行之无事之时较易，行之军兴之际实

① 《皇朝政典类纂》卷173，《国用二十》。

② 《清文宗实录》卷83，咸丰三年正月戊辰。

③ 曾国藩：《议汰兵疏》，见《曾文正公奏稿》卷1。

④ 朱寿朋：《光绪朝东华录》（一），中华书局1958年版，第650页。

⑤ 朱寿朋：《光绪朝东华录》（一），中华书局1958年版，第863~869页。

难；行之小有挞伐之始尚易，行之大乱初平之后尤难。自咸丰、同治以来，粤匪乱起，海国事滋，中外用项日增月益，彼时筹饷即难。然各省广开捐例，初议抽厘，各军每自设供饷之方，未全劳庙堂之筹措，兼之改币行钞，大减放款，勉为敷衍京省之需。发捻平后，西路、海防两处，用尤浩繁，一岁所入不足一岁之出，又十五六年矣。户部前于光绪二年，奏总核度支，六年，奏筹备饷需。……无如内外臣工，因循成习，情面未除，言而未必行，行而未必果。"① 于是，户部等衙门在"辄深愧愤"，深刻反省以往筹款不力的心情下，遵旨议定"开源节流事宜二十四条"：

1. 领票行盐，酌令捐输；2. 整顿鹾务；3. 就出茶处所征收茶课；4. 推广洋药捐输；5. 推广沙田、牙帖捐输；6. 烟酒行店入赀给贴；7. 汇兑号商入赀给贴；8. 划定各项减平减成；9. 严提交代征存未解银两，并严定交代限期；10. 严催亏空、应缴应赔各款；11. 入官产业勒限变价解部；12. 酌提漕规、盐务盐规余款（以上开源）；13. 裁减厘局经费；14. 核减各关经费；15. 核定各省局员额数、银数；16. 随营文武分别裁汰，及酌定额数、银数；17. 酌减内地各省防军口粮；18. 酌减内地防军、长夫；19. 防军有营房者，不准再领帐篷折价；20. 核定内地各省兵勇饷数；21. 确定各项军饷，按年指拨；22. 停止不急工程；23. 各项欠发勒限清厘，各项预支分别核办；24. 另定各省起运、存留（以上节流）。②

光绪十二年（1886 年），户部又称，"我朝用兵之费，未有如今之多且久，财用窘乏，亦未有如今日之甚者"，因此，"各省关或括库储，或向商借，剜肉补疮，设法筹解，已属不遗余力，而各

----

① 档案，光绪十年户部等衙门奏折。见《历史档案》1985 年第 2 期。原标点不妥之处已予纠正。

② 《皇朝政典类纂》卷 160，《国用七》。参见《清德宗实录》卷 193，光绪十年九月丙午。

路犹以饷不足用，屡请于朝……上捐国帑，下竭民膏，艰窘情形，日甚一日"①。

此后，各种筹款方策仍不断上陈，清廷也仍不断下令让臣僚们就筹款问题各抒己见。除各种名目的"节流"措施外，所谓的"开源"，仍旧是旧税的加征和新税的开办，从而形成晚清财政收入中极富搜刮特征的"苛捐杂税"以及随之而加剧的吏治崩坏。上谕中也不得不承认："朕闻各处办捐，有指捐、借捐、炮船捐、亩捐、米捐、饷捐、堤工捐、船捐、房捐、盐捐、板捐、活捐，名目滋多，员司猥杂。其实取民者多，归公者募。近年军饷浩繁，不得已而借资民力、商力、然必涓滴归公，撙节动用，始得实济，若似此征求无艺，朘薄民生，尚复成何政体！"②

旧税种的加征，主要是田赋征收中的附征和浮收勒折，以及盐课征收中的盐斤加价和抽收盐厘。

事实上，在清初以及清代前期的田赋征收中，已经存在着预征、摊征、加征、私征等种种并非正常的现象，但均有所限制，已如上述。鸦片战争以后，特别是太平天国起义以后，随着财政的困难以及各种筹款政策的出台，田赋征收中的各种"附征"成为普遍的现象，有所谓"田赋征借"、"按粮津贴"、"按粮捐输"、"亩捐"、"赔款新捐"等种种名目。各种"附征"，各省不尽相同，就其性质而言，是为避加赋之名而征收的田赋附加税，"名称虽殊，实与加赋无大异"③。各省的田赋附加情况，学者们已多有论述，④李文治编《中国近代农业史资料》和鲁子健编《清代四川财政史料》也分别就全国的情况和四川的情况作过较详的示例，大致各地田赋附加比田赋原额加征数倍至十数倍不等，兹据此分列二表

---

① 《皇朝政典类纂》卷155，《国用二》。

② 《清朝续文献通考》卷46，《征榷十八》，第8009~8010页。

③ 《清史稿》卷121，《食货二》。

④ 参见彭雨新：《辛亥革命前夕清王朝财政的崩溃》，载《辛亥革命论文集》，湖北人民出版社1981年版；彭泽益：《十九世纪五十至七十年代清朝财政危机和财政搜刮的加剧》，载《十九世纪后半期的中国财政与经济》，人民出版社1983年版。

（见表6-6，表6-7），以见有关地区田赋的附加比例。

表6-6　　　　　　　　　　晚清各省田赋附加比例　　　　　　　单位：两

年代	地　区	田赋标准	加派前原额		加派后赋额		增加%
			单位	额数	单位	额数	
1868	江西南昌县	地丁银	银两	1.0	银两	1.5	50
1877	四川各大县	地丁银	银两	1.0	银两	10.5	900
1877	四川各小县	地丁银	银两	1.0	银两	5~6	400~500
1908	江西南昌县	地丁银	银两	1.0	银两	1.8	80
1908	江西南昌县	地丁银	银两	1.0	银两	1.9	90
1908	江苏上海县	地每亩	钱文	13	钱文	70	438
1908	河南浚县	地每亩	银两	0.037	银两	0.096	159
1908	河南新乡县	地每亩	银两	0.054	银两	0.216	300

表6-7　　　　　　　　　　晚清四川田赋附加比例　　　　　　　单位：两

年代	州县	田赋正额	按粮津贴	按粮捐输	附加合计	增加%
1901	渠县	6 458	6 458	32 500	38 958	603
1901	泸州	12 670	12 667	83 600	96 267	760
1902	华阳	8 196	8 196	44 000	52 196	637
1902	合州	4 998	4 998	61 500	66 498	1 330
1903	峨眉	5 373	5 052	20 000	25 052	466
1905	广安	9 808	9 808	59 000	68 809	701
1907	南充	9 012	9 012	18 000	27 012	300
1908	东乡	2 981	2 981	14 600	17 581	590
1909	南川	2 462	2 400	23 000	25 400	1 032
1909	巴县	6 781	6 657	51 000	57 657	850
1910	富顺	12 366	12 366	71 000	83 366	674
1911	江津	5 996	5 996	50 700	56 696	946

浮收勒折之弊在清代前期即已存在，《清史稿·食货志·赋役》云："乾隆初，州县征收钱粮，尚少浮收之弊。其后诸弊丛生，初犹不过就斛面浮收，未几，遂有折扣之法，每石折耗数升，渐增至五折六折，余米竟收至二斗五升，小民病之。"又云："漕粮浮收，其来已久。"晚清更是严重，河南"各州县征漕，每石浮收二两，地丁钱粮谅不无浮收之处"。山东"有漕州县，按章征收者绝少，往往于官斗之外倍蓰加收，并立样盘名目，纵容蠹役格外剥削"①。湖南"州县廉俸无多，办公之需，全赖钱漕陋规稍资津贴。……地丁正银一两，民间有费至数两者；漕米一石，民间有费至数石者。款目繁多，民间难以析算，州县亦难逐一清厘，一听户粮书吏科算征收，包征包解，不厌不止"②。

一般地说，田赋（地丁、漕粮）征收中的"浮收"，是随着吏治的腐败和地方财政的困难，地方官员的一种非法征收，所以不断有上谕禁止，有关官员也不断上疏请求整饬，但终归痼疾难治，如咸丰三年（1853年）上谕："给事中雷维翰奏，州县浮收激变，多以抗粮滋事为词，请旨饬各督抚妥办一折。国家征收赋税，各有定额，岂容不肖贪吏于正供之外任意勒折浮收，以致民力告匮，民欠日多。中饱在于吏胥，而亏损在于国课。若该给事中所奏，州县收漕，竟有应交一石，浮收至两石之多，并有运米不收，勒折交银，以致民怨沸腾，激成事变，遂有聚众戕官之案。"③ 又如同治六年（1867年）上谕所称："浮收之弊，例禁虽严，而不肖州县仍敢视若具文，诛求无厌，以有限之脂膏充难盈之溪壑，积习相沿，殊堪痛恨。"④ 田赋征收中的"勒折"（主要是漕粮），虽也与吏治的腐败有关，如贫民小户在交纳本色粮石时，多方刁难，"任意诛求，迟至廒满停收，即须改征折色，每石价至五六千文不等"⑤，这也

---

① 《清朝续文献通考》卷3，《田赋》，第7521、7525页。

② 骆秉章：《沥陈湖南筹饷情形折》，见《骆文忠公奏议》卷12。

③ 《清文宗实录》卷105，咸丰三年九月甲辰。

④ 《清朝续文献通考》卷3，《田赋三》，第7525页。

⑤ 《清朝续文献通考》卷3，《田赋三》，第7522页。

就是"小户交折色，大户交本色"之弊①。但更为重要的是，当时清廷财政困难，对有漕省份实行"漕粮改折"政策，从征收实物粮石改而征收折色银两，并借银贵钱贱之机，提高银、钱的转折比例。咸丰三年（1853 年）初定漕粮改折时，系"每石以银一两三钱解部"②。具体征收时，又大多以银折钱，"每石折收钱或五六千，或七八千，或十二三千，或十五六千，竟有多至十八九千者"③。"咸丰中，胡林翼始定核收漕粮，每石不得过六千钱"④。此项规定之后，虽"渐少浮收之弊"，但在有些地区，仍是"浮收勒折，自倍蓰至十百不止"⑤。而且，这种"改折"的限定，仍显得过高，据称，是时"米价每石不及二千，是以三石完一石矣"⑥。显然是清廷通过漕粮的改折以及地方官员的浮收勒折而加重对农民的搜刮。

　　食盐运销以及盐课征收中的"盐斤加价"作为"补贴商人"与筹措要需的一种手段已经屡有采行。清代后期的盐斤加价则主要是为了筹措各种经费，以弥补财力的不足。在道、咸、同各朝，已有"堰工加价"、"海防加价"、"河防加价"、"归公加价"等名目，入光绪朝以后，盐斤加价名目更多，也更为频繁，兹将不同地区、不同时间的盐斤加价分列二表（见表 6-8，表 6-9）示之。⑦

---

① 胡林翼：《致罗淡村方伯》，见《胡文忠公遗集》卷 60。胡林翼在这里还说："小户交折色，愚弱良善，书差欺压，数至倍蓰。……至于大户，则以本色完纳，书吏不敢盈取。州县费用不足，则以小户之有余，暗为取偿，是湖北二百年之虐政，亦天下有漕省份之积弊也。"

② 《清朝续文献通考》卷 66，《国用四》，第 8226 页。

③ 胡林翼：《革除漕务积弊并减定漕章密疏》，见《胡文忠公遗集》卷 23。

④ 《清史稿》卷 121，《食货二》。

⑤ 光绪《湘潭县志》卷 6，《赋役》。

⑥ 《清朝续文献通考》卷 3，《田赋三》，第 7526 页。

⑦ 表 6-8 资料来源为：《清盐法志》卷 3，《通例·征榷门》；卷 21，《长芦·运销门》；卷 23～24；《长芦·征榷门》。表 6-9 参见陈锋：《清代盐政与盐税》，中州古籍出版社 1988 年版，第 140 页。按：书中的"偿款加价"错印为"光绪二十二年"，实为"光绪二十七年"，在这里予以纠正。

表6-8　　　　　　　　　　道光以后长芦盐区的盐斤加价

时　间	加增钱额	征收银额（两）	加价名目及备注
道光五年（1825）	每斤二文	560 000	堰工加价
道光二十二年（1842）	同上	342 000	海防加价
咸丰八年（1858）	同上	200 000	海防加价
同治五年（1866）	同上	120 000	河防加价（豫岸）
同治十三年（1874）	同上	210 000	归公加价（直岸）
光绪二十一年（1895）	同上	120 000	海防加价（豫岸）
光绪二十一年（1895）	每斤一文	100 000	饷需加价（直岸）
光绪二十七年（1901）	每斤四文	700 000	赔款加价
光绪三十二年（1906）	每斤一文	60 000	练军加价（豫岸）
光绪三十四年（1908）	每斤四文	810 000	抵补土税加价
光绪三十四年（1908）	同上	450 000	铁路加价（豫岸）
宣统元年（1909）	同上	500 000	铁路加价（直岸）

表6-9　　　　　　　　　　光绪朝湖南的盐斤加价

时　间	加增钱额	加价名目	宣统元年征收银额
光绪十年（1884）	每斤二文	防饷加价	2 916 两
光绪十一年（1885）	同上	江防加价	51 519 两
光绪二十年（1894）	同上	军需加价	51 519 两
光绪二十年（1894）	同上	海防加价	9 202 两
光绪二十五年（1899）	同上	练饷加价	125 734 两
光绪二十七年（1901）	每斤四文	偿款加价	297 835 两
光绪二十七年（1901）	每斤二文	配销加价	7 774 两
光绪二十七年（1901）	每斤四文	偿款口捐	432 731 两
光绪三十二年（1906）	每斤二文	配销续加价	6 102 两
光绪三十四年（1908）	每斤四文	抵补土税加价	79 381 两
光绪三十四年（1908）	同上	铁路口捐	359 379 两

　　显而易见，清代后期的盐斤加价各区虽有所不同，但以光绪朝为烈。光绪以前的加价一般是每斤一文二文，光绪朝的每次加价以每斤二文四文居多，而且加价频繁，甚至一年数加。据表 6-9 所示也可看出，光绪朝的各种加价一直是沿而不废，宣统元年（1909年）的征收额事实上是各种加价的累积。在盐斤加价的同时，又有各种"杂项"的征解，湖南在宣统元年（1909 年）征收的杂项款目及银额为：缉私岸费 51 458 两，衡岸配销岸费 6 533 两，局费 7 818 两，杂支经费 7 678 两，善堂经费 7 199 两，备荒经费 7 199 两，学堂经费 101 477 两，商捐旅京学费 8 120 两，永、宝、衡岸配销余利提解学费并路捐 20 112 两。① 其他各区的情况大致类似。盐斤加价以及其他名目的加征，必然使盐引成本增高，食盐售价也随之加增，最后的重负落在食盐消费者的头上，其结果也就如王守基所云："官盐价贵，私盐乘之，遂无可如何矣。"②

　　盐厘从某种程度上说，可视为是厘金的一种。但首先应该明了的是，一般所说的厘金是指"百货厘金"，基本上不包括盐厘，盐厘是盐课的直接附加，独自成为一个系统。③《清史稿·食货志·盐法》云："道光以前，惟有盐课。及咸丰军兴，复创盐厘。"最早抽收盐厘的盐区是两淮，时间在咸丰四年（1854 年）四月，此后，四川、河东、山东等盐区陆续抽收，"以抽厘为济饷之举"④。盐厘的征收极为复杂，各区的情况也很不一致，笔者在《清代盐政与盐税》中已把盐厘分为引厘、关卡厘、包厘、私盐厘、正课厘等五种类型予以阐述。大致地说，在盐厘的征收过程中，制度混乱，五种类型的盐厘交织在一起，有的盐区以一种类型为主，兼抽其他，有的盐区几种盐厘并抽。而且，随着清廷财政困难的加剧，

---

① 《湖南财政说明书》卷 4。

② 《清朝续文献通考》卷 37，《征榷九》，第 7906 页。

③ 井出季和太氏的《厘金》对各省区的盐厘也有叙述，可以参考。见《支那内国关税制度》的第三册，"南支那及南洋调查"第 208 辑。台湾总督官房调查课昭和七年（1932 年）版。

④ 《清盐法志》卷 3，《通例·征榷门》。参见陈锋：《清代盐政与盐税》，中州古籍出版社 1988 年版，第 143～154 页。

盐厘的抽收不断加重，盐厘名目也在不断增加。如四川的引厘，咸丰五年（1855年）初征时规定：犍为、乐山、富顺、荣县、射洪等井厂，"凡配引盐，每斤榷银一厘"。至咸丰十一年（1861年），巴盐每斤加征一厘五毫，每引计征引厘十九两五钱，花盐每斤加征一厘，每引计征引厘二十五两。① 入光绪朝以后，因军费、赔款等支出剧增，在原有引厘之外，又增加"加厘"、"新加厘"、"外筹加厘"、"新军加厘"、"土税加厘"等许多名目的引厘，如表6-10所示：②

表6-10 　　　　　　　　　光绪朝川盐每引课厘细目

税　　　目	开征时间	滇黔官运每引课厘		计岸官运每引课厘	
		巴盐	花盐	巴盐	花盐
引　　厘	咸丰五年	19.5	18	18	18
渝　　厘	咸丰十年	2	2	2	2
黔 税 厘	光绪三年	10.4	10.4	——	——
滇 加 厘	光绪九年	0.6	0.6	——	——
加　　厘	光绪二十一年	10	12.5	10	12.5
新 加 厘	光绪二十五年	10	12.5	10	12.5
外筹加厘	光绪二十七年	15	18.7	15	18.7
滇 团 厘	光绪二十八年	1	1	——	——
黔 加 厘	光绪二十九年	9	9		
新军加厘	光绪三十二年	10	12.5	10	12.5
土税加厘	光绪三十四年	19.3	18.7	15	18.7
合计		106.8两	115.9两	115.9两	94.9两

① 参见光绪《四川盐法志》卷24，《征榷五》；卷25，《征榷六》。

② 据《清盐法志》卷263，《四川·征榷门》。参见陈锋：《清代盐政与盐税》第31表，中州古籍出版社1988年版。

盐厘征收的苛重显而易见，它与盐斤加价共同构成清代后期盐课中最为重要的两项加征。

在田赋、盐课等旧有税种的加征之外，新税种的增加也非常突出。以百货厘金的征收而言，"咸丰三年，金陵失陷，饷源枯竭。太常寺卿雷以诚治军扬州，始于仙女庙倡办厘捐。是年，苏、常叠陷，仅存上海一隅，丁漕丝毫无收，仅资沪关税项，实不足以赡军，乃设立厘局，藉资接济"①。厘金的开征是为了筹措镇压太平天国起义的军费，万般无奈而为之，即李鸿章所云："正项既不足以养兵，必须厘金济饷。"② 亦如咸丰、同治二帝所谕："近年用兵省份，需饷浩繁，劝办捐输，设卡抽厘，藉以接济军需，原属一时权宜之计。""国家爱育黎元，体恤商民，从无苛刻之事。近因军饷浩繁，设局抽厘，乃朝廷万不得已之举。"③ 这种一时权宜之计，后来并不曾废止，反而在抽征范围上不断扩大，在抽征税率上不断提高，《清朝续文献通考》曾总结道："每百文抽一文，此为厘金作俑之始，所取廉，所入巨，是以商贾不病，兵气遂扬。曾、胡踵之，事平不去，且增至每百抽三文。江浙二省岁抽各约三四百万，可不谓之巨款耶！其后卡若栉比，法若凝脂，一局多卡，一卡多人，只鸡尺布，并计起捐，碎物零星，任意扣罚。行旅愁叹，衢路荆棘。"④ 另据统计，仅"烟酒厘金"一项，广东 1895 年加抽 2 倍，1899 年再加抽 1 倍，1901 年又加抽 30%；浙江 1896 年加抽 20%，1900 年续加抽 20%，1901 年又加抽 30%，1904 年再加抽 50%；直隶 1896 年加抽 40%，1898 年加抽 60%，1900 年加抽 130%。"茶糖厘金"一项，浙江 1896 年加征 20%，1900 年续加 20%，1901 年又加征 30%，1904 年再加征 50%；直隶 1894 年加征 20%，1902 年加征 50%。其他如洋药厘、土药厘、肉厘、竹篾

---

① 光绪《大清会典事例》卷 241，《户部·厘税·直省厘局》。
② 《李文忠公全书·奏稿》卷 9，第 2 页。
③ 光绪《大清会典事例》卷 241，《户部·厘税·禁例》。
④ 《清朝续文献通考》卷 49，《征榷二十一》，第 8037 页。

厘、煤厘、绸缎厘、鹿茸厘、麝香厘等也各有加征。① 按照何烈的说法，当时各省推行厘金制度，大体解决了军饷缺乏的困难，是清廷逃过一次覆亡危机的重要原因之所在。②

王振先的《中国厘金问题》，将厘金的沿革分作三个时期，一是创办时期，包括雷以诚的创制和曾国藩、胡林冀的仿行。二是推广时期，认为，"办有成效，各省争自仿行，不数年间，厘金遂推及于各地。开办伊时，厘局地点尚限于水陆冲要、货物辐辏之区。自商贾谋脱税趋歧路，承办厘金之局员，复认额包征，藉以牟利。时捐输之例即开，纳贿得官者相望于道，其势不能不多取盈。防奸商趋避之弊，不免多设分局，在在盘诘留难，商民益受其累"。三是发达时期，认为，咸丰末年，虽已认识到厘金的弊害，屡有裁减厘局之谕，但因为财政困难，厘局难撤。至光绪年间，厘局益繁，病民亦愈甚。"江苏一省，有四百余所之分卡，自大运河上流宿迁县至镇江，其间距离仅六百里，而厘局及常关之数，达十有九。又由河南省卫辉府经卫河输送货物于天津，历河南、山东、直隶三省，沿途纳税须十余次。其烦苛可想。……所谓厘金发达时期，即其殃民最甚之时"。③

厘金的抽收以官吏中饱、苛扰商民、诸弊丛生著称。《清史稿·食货志·征榷》云："厘捐各委员徒事中饱，民怨沸腾。"《清朝续文献通考·征榷考·厘金》云："商民以十输，公家所入三四而已，其六七皆官私所耗费，而鱼肉之于关市为暴客，于国家直盗臣耳！大抵有厘捐之省，殆无不舞弊之委员，无不染指之大吏。其款皆外销，即责令报部，亦止总数，固无不花私费之报销也。积弊既深，厉民滋甚。"关乎此，上谕亦不讳言，咸丰帝称："各省劝捐及委办厘卡各员，率多虐取侵蚀，以饱私橐，是赡军之举，转为

---

① 参见徐义生：《中国近代外债史统计资料》第 8 表，中华书局 1962 年版。

② 何烈：《清咸同时期的财政》，台湾"国立编译馆中华丛书编审委员会"1981 年版，第 1 页。

③ 王振先：《中国厘金问题》，商务印书馆 1917 年版，第 50～51 页。

病民之事。"同治帝称："地方不肖绅士，往往寅缘入局，百端侵渔，商贾不胜其扰，而军饷仍无裨益。是以朝廷不得已之举，为不肖委员、绅士分肥之地，利归于下，怨敛于上。"光绪帝称："各省抽收厘金，叠经谕令各督抚等据实报部，力杜中饱。乃近来厘局委员，往往徇情滥委，任用匪人，以致贪婪侵蚀，百弊丛生，殊堪痛恨！当此库款支绌之时，自应涓滴归公，实征实解，若非认真稽查，将使亿万厘金，半归私橐，实属不成事体。"①

从以上对诸多弊端的指斥中不难看出，以苛扰商民、加重商民负担而抽收的巨额厘金，并没有"涓滴归公，实征实解"，有相当大的一部分被官吏中饱、地方耗费而侵蚀、截流掉了。因此，其实征数额也就难以稽查。仅就上报的厘金数额来看，每年总在一千万两以上。据光绪《大清会典》所载，光绪十三年（1887 年）各省册报的厘金岁入如表 6-11 所示②：

表 6-11　　　　　　光绪十三年各省厘金册报额

省别	银额（两）	省别	银额（两）
奉天	408 638	408 638	2 076 347
直隶	303 056	福建	1 760 565
山东	105 172	湖北	1 314 557
河南	78 526	湖南	1 181 979
山西	195 490	广东	195 490
陕西	386 547	广西	670 879
甘肃	413 388	四川	1 601 789
安徽	475 432	云南	333 442
江苏	2 281 181	贵州	150 563
江西	1 323 712	合计	16 747 194

---

① 光绪《大清会典事例》卷 241，《户部·厘税·禁例》。
② 光绪《大清会典》卷 18，《户部》。

　　另据《清史稿》所载，光绪十七年（1891 年）的厘金岁入为
1 631 万余两;① 再据《光绪岁入总表》所载，光绪十一年至光绪
二十年（1885～1894 年）的厘金岁入浮动在 1 421 万余两至 1 674
万余两之间。② 光绪二十九年各省厘金收入仅为 1 179 万余两，而
宣统三年的厘金预算又达到4 318万余两。③ 从而成为晚清的主要
岁入之一。各种不同记载的厘金岁入额不管如何参差，④ 由于存在
着上揭"半归私橐"、"公家所入三四而已，其六七皆官私所耗费"
的现象，所以，册报的厘金岁入额充其量也不过是实征厘金的一半
左右。

　　晚清以增加财政收入为目的的厘金抽收以及抽收厘金过程中的
种种弊端，正标志着官吏中饱、苛扰商民的加剧。而鸦片战争以后
海关税额的增加以及鸦片烟税的征收，则又标示出中国半殖民地半
封建社会状态下财政收入的极度变态。本来，鸦片战争之前，关税
主要是指常关税，"洋关之设，自五口通商始。前此虽有洋商来粤
贸易，惟遵章向常关税纳税而已"⑤。随着《江宁条约》（"南京条
约"）等一系列不平等条约的签订，清政府被迫对外开放通商口
岸，中国的海关设置权、海关税则制定权、海关行政管理权等国家
主权渐次丧失。如海关税则的制定，道光二十二年（1842 年）签
订的中英《江宁条约》规定"英国商民居住通商之广州等五处，
应纳进口、出口货税、饷费，均宜秉公议定则例"，所谓的"秉公
议定则例"，实即英国侵略者单方拟定，次年签订的中英《五口通
商附粘善后条款》（"虎门条约"）、《五口通商章程：海关税则》
（"五口通商章程"）即强迫清政府接受了极低的税率。道光二十四
年（1844 年）签订的中美、中法《五口贸易章程：海关税则》
（"中美望厦条约"、"中法黄埔条约"）更载明："倘中国日后欲将

　　① 《清史稿》卷 125，《食货六》。

　　② 《清朝续文献通考》卷 66，《国用四》，第 8227～8228 页。

　　③ 王振先:《中国厘金问题》，商务印书馆 1917 年版，第 55～58 页。

　　④ 各种不同的厘金岁入统计可以参见罗玉东:《中国厘金史》上册，商务
印书馆 1936 年版，第 160～192 页。

　　⑤ 《清史稿》卷 125，《食货六》。

税则更变，须与合众国领事等官议允。如另有利益及于各国，合众国民人应一体均沾"；"如将来改变则例，应与佛兰西会同议允后，方可酌改。"① 也就是说，海关税则的修改，也必须得到外国侵略者的批准。《清史稿·食货志六·征榷》在谈及海关税额沿革时云："合计洋关岁征各税，咸丰末年，只四百九十余万。同治末年，增至千一百四十余万。光绪十三年，兼征洋药厘金，增为二千五十余万。三十四年，增至三千二百九十余万。宣统末年，都三千六百十七万有奇，为岁入大宗。"可以认为，海关税额的增加以及其成为晚清财政收入的重要构成，是以国家主权的被侵蚀为代价的。同时，也必须意识到，极低的税率以及海关主权的旁落，不仅使海关税额遭到侵夺，殖民主义者也藉此倾销、走私商品，加强了对中国的经济侵略。当甲午战争以后海关税被指作偿还巨额债款的担保后，海关税在财政收入上的意义也转而归于债权国。

鸦片烟税是对鸦片所征之税。鸦片进口向为清廷所禁止，至少在名义上是如此，即所谓"鸦片烟流毒无穷，久干例禁"②。第一次鸦片战争之后以迄第二次鸦片战争前，鸦片仍属禁品，屡屡"申明禁令"③，但这其间鸦片走私相当猖獗，非法鸦片贸易形同"合法"，鸦片进口量大幅度增加，据统计，第一次鸦片战争前几年间（1835—1839 年）平均每年进口鸦片达到 30 000 箱，鸦片贸易"在数量上和利润上都有了增加"，"外国进口商们是尝到血的滋味了"；至第二次鸦片战争前的 1854 年，每年进口鸦片已突破 60 000 箱，1855 年又增加到 65 000 余箱。④ 在鸦片既不能禁止又影响税款收入的情况下，一方面，地方大员极力鼓吹"寓禁于征"，征收鸦片烟税以解财政之困厄，咸丰七年（1857 年），闽浙总督王懿德即奏称"军需紧要，请暂时从权，将进口洋药量予抽

① 见王铁崖编：《中外旧约章汇编》第 1 册，三联书店 1957 年版，第 32、34~50、51、59 页。

② 《史料旬刊》第 3 册，道光十一年湖广道监察御史冯赞元奏折。

③ 《清朝续文献通考》卷 53，《征榷二十五》，第 8083 页。

④ ［美］马士：《中华帝国对外关系史》第 1 卷，三联书店 1957 年版，第 208、613 页。

捐，以济眉急"，"朝旨允行"①。另一方面，鸦片烟贩、外国侵略者也极力怂恿并向清政府施加压力对鸦片课税，以使鸦片贸易"合法化"②，第二次鸦片战争后，咸丰八年（1858 年）在中英、中美、中法间相继签订的《通商章程善后条约：海关税则》（"通商章程"）第五款中规定："洋药准其进口，议定每百斤纳税银三十两。"③ 从此，鸦片便以"洋药"为名，在列强强加的"条约制度"下合法化了。

在上揭《通商章程》中同时载明，鸦片运入内地后，"关税之则，与洋药无涉。其如何征税，听凭中国办理"。光绪元年（1875 年），广东曾有"招商包收洋药捐"之举；光绪七年（1881 年），左宗棠又奏称，"禁食鸦片，宜先增税，洋药百斤，拟征税厘百五十两。土药（土产鸦片）价低，准依洋药推算"，寻经议准，洋药"税、厘并征"，"每百斤正税三十两外，加征八十两，统计厘税百一十两，土药不论价之高下，每百斤征四十两"④。其鸦片烟税年征收额，咸丰年间大致在 270 万两左右，⑤ 光绪朝税、厘并征后大致在 900 万两左右，再加上土药税厘，年征税额当在 1 500 万两以上。⑥ 鸦片烟税的征收以及征税后鸦片贸易的合法化以及土产鸦片的泛滥，不言而喻都导致了沉重的后果，税额的增加也正是以中国人的受毒日深为代价。

当然，从财政角度着眼，由上述带来的变化是明显的，其最突

① 《清朝续文献通考》卷 50，《征榷二十二》，第 8057 页。《清史稿》卷 125，《食货六》。

② 参见严中平主编：《中国近代经济史》，人民出版社 1989 年版，第 119～132 页。

③ 见王铁崖编：《中外旧约章汇编》第 1 册，三联书店 1957 年版，第 117、134、138 页。

④ 《清史稿》卷 125，《食货六》。

⑤ 《筹办夷务始末》（咸丰朝）卷 79，中华书局 1979 年版，第 2935～2937 页。

⑥ 参见彭雨新：《中国近代财政史简述》，载孙健编：《中国经济史论文集》，中国人民大学出版社 1987 年版。

出之点就是在以旧税的加征和新税的开办为标志的财政政策下财政
岁入的急剧膨胀（其又以岁出的膨胀为前提）；在膨胀的岁入中，
新税种占有突出的比例，原有税种所占比例则相应下降，即如光绪
十年（1884 年）户部所奏："国家自咸丰、同治年来，各省出入迥
非乾隆年间可比，近来岁入之项，转以厘金、洋税等为大宗。"①
从以下统计中更可看出这种变化。

　　王庆云曾作过鸦片战争后几年的《直省岁入总数表》，经过整
理后列为表 6-12 所示②：

表 6-12　　　　　　　鸦片战争后道光年间岁入统计　　　　单位：万两

年　代	总额	%	地丁杂税	%	盐课	%	关税	%
道光二十一年	3 859	100	2 943	76.3	495	12.8	421	10.9
道光二十二年	3 868	100	2 957	76.4	76.4	76.4	413	413
道光二十五年	4 079	100	3 021	74.1	507	12.4	551	13.5
道光二十九年	4 250	100	3 281	77.2	499	11.7	470	11.1

　　如果此表 6-12 与表 6-1 相对照可以发现，鸦片战争后十年的财
政岁入及其结构和康、雍、乾、嘉各朝基本相同（道光年间岁入
总额比乾、嘉年间的减少，主要是欠征所致，当时的岁入总定额为
4 517万余两。另外，当时的一些非常规收入也没有统计在内），地
丁、盐课、关税仍是财政岁入的三大支柱，特别是地丁银，仍是财
政收入的主体。这似乎也说明，虽然时代已进入半封建半殖民地阶

① 　由此，户部奏定新的度支办法："以地丁、杂赋、地租、粮折、漕折、
漕项、耗羡、盐课、常税、生息等十项为常例征收；以厘金、洋税、新关税、按
粮津贴等四项为新增征收；以续完、捐输、完缴、节扣等四项为本年收款，排比
核列，以见一年入数。"见《皇朝政典类纂》卷 161，《国用八·会计》。
② 　原表见王庆云：《石渠余纪》卷 3，或《熙朝政纪》卷 4。原表中道光二
十二年、二十五年、二十九年实征总数有错误，北京古籍出版社 1985 年出版的
点校本未加校正。笔者在列制此表时参酌《清朝续文献通考》卷 66，《国用四》
所载作了改动。

段，传统的国家财政并未因之改变。

随着咸丰以后旧税的加征与新税的开办，此后的情况当然是大异于从前了。据刘岳云《光绪岁入总表》提供的数据，光绪年间的岁入情况大致如表 6-13 所示：①

表 6-13　　　　　　　光绪年间岁入统计年代岁入总额

年代	岁入总额（千两）	各项财政收入所占百分比（以各类总计为 100）					
		地丁杂税	盐课	常税	厘金	洋税	其他
光绪十一年	77 086	42.0	9.6	3.1	18.5	18.5	9.2
光绪十二年	81 269	40.4	8.3	3.2	18.6	17.7	17.7
光绪十三年	84 217	38.9	8.3	3.0	19.9	22.9	7.0
光绪十四年	87 792	37.8	8.6	3.1	17.7	20.2	12.6
光绪十五年	80 761	39.7	9.6	3.2	18.5	20.8	8.2
光绪十六年	86 807	38.9	8.6	3.0	17.7	19.3	12.5
光绪十七年	89 684	37.5	8.0	2.9	18.2	20.3	13.1
光绪十八年	84 364	39.5	8.8	3.0	18.2	20.9	9.6
光绪十九年	83 110	40.0	9.2	3.4	17.2	20.2	10.6
光绪二十年	81 033	40.3	8.3	3.4	17.5	13.2	17.3

另外当时上海英领事遮密孙统计的数据，光绪十八至二十年（1892—1894 年）的平均岁入总额与各项岁入所占百分比则如表6-14所示：②

表 6-14　　　　　　　光绪年间岁入统计比较

岁入总额（千两）	地丁	漕粮	盐课盐厘	常关税	洋关税	百货厘	土药	杂税
89 029	28.2	7.4	15.3	1.1	24.7	14.6	2.5	6.2

---

① 《清朝续文献通考》卷 66，《国用四》，第 8227～8228 页。
② 《清朝续文献通考》卷 68，《国用六》，第 8247～8248 页。

以上表 6-13、表 6-14 映现出两个最为显著的特征：一是岁入总额在各项加征之下大幅度增加，已由原来的额定征收额 4000 余万两增至 8000 万两左右。① 这对应付当时膨胀的岁出不能不说是财政收入政策的行之有效。二是财政收入结构明显改变。表 6-13 标示的地丁杂税银（包括地丁、杂赋、租息、粮折、耗羡等项）由表 6-12 标示的 76% 左右降至 40% 左右，如果单纯以"地丁"计，光绪十一年（1885 年）地丁收入为 2 302 万余两，占总额的 29.9%，光绪十二年（1886 年）为 28.6%，光绪十七年（1891 年）仅为 26.4%（这与乾、嘉年间地丁银占 70% 左右亦是相差悬殊。参见表 6-1）；盐课、常关税银等传统的收入，在岁入总额中的比例亦大为降低。② 与此相反，新增加的厘金、洋税却一跃成为收入的大宗，表 6-13 中厘金、洋税两项约占总收入的 38%（最低的光绪二十年为 30.7%，最高的光绪十三年为 42.8%，大多数年份则为 38% 左右）；表 6-14 中洋关税、百货厘、土药三项则占总收入的 41.8%，这还不包括盐课中的新增盐厘。这种财政收入结构在总体上的变动，不仅可以反观或者可以进一步体味晚清财政收入政策的变化，而且也标志着中国社会在进入半封建半殖民地之后随着时间的推移而导致的传统封建财政的瓦解。尤其是厘金、洋税等间接税收在征收伊始和征收过程中的病态特征以及列强侵夺、威逼的印记，也就更加反映了晚清财政的变异。财政问题最终是与社会性质相吻合了。

---

① 据光绪十年户部奏称，此前奏销混入，不但"各省奏销迟延"，许多新征税目收而未报，"即常例地丁等项出入册籍，亦多造送不能齐备"，经过清厘整饬后，光绪六、七等年的实际岁入额已达 8 234 万余两，另入本色粮米 1 120 余万石。见《皇朝政典类纂》卷 161，《国用八·会计》。

② 常关税银由于表 6-13、表 6-14 的统计不同，所占比例也不同，但晚清常关税额的降低（约为 260 万两左右）却是一个事实。关于盐课，表 6-13 的统计基本上未包括盐厘，表 6-14 却包括了盐厘在内，故所占比例亦不同，有关情况可参见陈锋：《清代盐政与盐税》，中州古籍出版社 1988 年版，第 173～177 页。

还应该指出，由于晚清财政的混乱，财政岁入总额以及各类税收的数额都存在着一些问题，即如盐课，光绪三十一年（1905 年）户部在议复署兵部尚书铁良清查两淮盐务折时即奏称：

> 总计两淮岁入报部有案者，共只五百余万两，此外若新课、新厘、偿款加价皆收而未报；又若局费、缉费、外销各款向未奏咨立案，皆收而不报。此两淮相沿之办法也。此次该大臣奉命往查，不避劳怨，于两淮正杂各款举向所未经报部者亦悉令开出，复为详列科则，计二十九年共报收银一千二百余万，以视历年之自行奏报仅得银五百余万者已为倍之，固由是年收数较旺于往年，亦实由外销各款为数过多，且其间又有内销正款如余斤加价者亦拨作外销者，绳以部章，多不能合。①

《清朝续文献通考》又载：

> 甲午前后盐税岁入一千三百余万，茶税仅九十万，且国家有事，盐税必加，中日战时加一次，庚子乱后再加，近因政费膨胀而又加，然始终为千三百余万，闻者咸以为奇，知其中必有隐匿者。果也！预算案言，盐茶税共四千六百余万，较前增三倍。②

因之，实际的岁入数尚需进一步考证。另据清末的财政调查，光绪三十四年（1908 年）各省的财政岁入如表 6-15 所示③：

---

① 《清朝续文献通考》卷 38，《征榷十》，第 7921 页。
② 《清朝续文献通考》卷 68，《国用六》，第 8250 页。
③ 《度支部奏调查各省岁出入总数折附清单》，《度支部清理财政处档案》，清宣统年间铅印本。

表 6-15 　　　　　　　　光绪三十四年各省岁入统计

省 区	岁入银（两）	备 注
奉天	15 807 273	
吉林	4 858 702	
黑龙江	933 256	另中钱 4 855 040 串，羌钱 102 803 元，金沙 306 两
直隶	21 658 597	
热河	806 385	
江苏宁属	25 496 890	
江苏苏属	20 403 020	另江北岁入库平银 132 525 两，湘平银 1 506 987 两，钱 280 739 串 667 文
安徽	6 006 729	
山东	11 311 699	
山西	5 871 806	
河南	6 885 117	
陕西	3 963 702	
甘肃	3 121 780	另钱 2 518 串 798 文
新疆	2 172 300	
福建	6 721 105	
浙江	8 148 581	另银元 4 633 444 元，小银元 657 角，钱 240 914 串 477 文
江西	7 569 863	
湖北	16 545 200	另银元 476 元，钱 662 200 串
四川	15 320 657	
广东	7 259 463	另洋银 20 018 037 两
广西	4 890 643	
云南	6 011 502	
贵州	1 533 270	
合计	204 297 540	

以上的统计已经达到 2 亿余两，比现有的光绪年间的统计高出两倍多。这个数字也已经较为接近后来的预算统计。光绪三十四年（1908 年）十二月，度支部奏称，"本年系应行核查之期，先经通咨各省督抚，转饬清理财政局，将宣统元年出入总数，按照预算册式，分类分款造册送部"，统计宣统元年（1909 年）各省岁入除受协不计外，共收银 263 219 700 两，岁入又有增加。① 随后实行预算，兹再列出宣统二年（1910 年）度支部的预算表作为参照（见表 6-16）②：

表 6-16　　　　　　　　宣统年间预算岁入统计

税　　　目	岁入额（千两）	占总额百分比	备　　　注
田　　赋	46 165	17.1	临时岁入 1 937 千两
盐茶课税	46 312	17.2	
洋关税	35 140	13.0	
常关税	6 991	2.6	临时岁入 8 千两
正杂各税	26 164	9.7	
厘　　捐	43 188	16.0	
官业收入	46 601	17.3	
杂收入	19 194	7.1	临时岁入 16 051 千两
合　　计	269 755	100	

财政问题确实至为繁杂，由于许多基础性的问题需要清厘，以上所述不免冗长。综合上述，要言之：正常时期的财政收入政策并不具有太多的弹性，只是在正常收入不足以应付正常支出以及临时

---

① 《清朝续文献通考》卷 68，《国用五》，第 8234 页。
② 《清史稿》卷 125，《食货六》。按：另外，还有附列二项临时收入，一为捐输，岁入为 5 652 千余两，一为公债，岁入为 3 560 千两。统计预算岁入，经常与临时共为 296 963 千两。后来又经资政院复核，预算岁入之数有所增加，以便与岁出持平。请参见《清朝续文献通考》卷 68，《国用六》，第 8245 页。

支出的情况下，收入政策才有一些修修补补式的更张；与此相伴随，财政收入结构也就没有大的变动，清代前期非常时期的财政收入政策（比如三藩之乱时期）随着支出的剧增而出现大的调整，虽然也一时改变了财政收入结构，但非常时期结束之后，各项支出仍循原来之径，收入政策又重新调整到原来的轨道，所以从一个较长的历史时段来看，清代前期的财政收入结构是较为稳定的。清代后期的情况当然是不同了。与前期相比，清代后期的大多数时间一直处于非常时期，收入与支出都具有非常时期的特征，而且，社会性质的转变也直接与财政体制的变化相关联，所以收入政策与收入结构的剧烈变动也就毫不奇怪了。

第七章

财政支出政策与支出结构的变动

在"量入为出"的基本原则或财政范式下，正常的财政收入必须等于或略大于财政支出，财政收入是支出的前提条件，财政支出必须在财政收入的额度内安排、协调，这就意味着赋税不能任意增减，这是维持财政秩序的一个方面。另一方面，由于以入定出，财政收入一经稳定，财政支出也必然受到限制，不能任意变动，即使增加支出，也要严加审核，否则就不能保持收支平衡。这两个方面表明了财政收入与支出的相互影响和相互制约，同时也表明，在正常的财政秩序下收入政策与支出政策具有一致性，而且，支出政策在更大的程度上受制于收入政策。

一旦战事兴起，特别是较大规模的战争，军费支出陡增，伴随着战火的燎烧而出现的问题就是收支程式的打破，必然出现国家财政的人不敷出（当然也包括因其他原因而导致的财政困难），在这种情况下，统治者亦不会束手无策，必然采取相应的措施加以弥补，这也就是笔者已经申说过的国家财政在非常时期由"量入为出"转变为"量出制入"①。"量出制入"当然也意味着收入政策

---

① 参见陈锋：《清代军费研究》，武汉大学出版社1992年版，第10~11页。

与支出政策的相互影响和相互制约，但收入政策在更大的程度上受制于支出政策。

清代的支出政策与支出结构也是围绕着这种基本原则而变动。

一、清代前期的财政支出问题

我们已经将顺治一朝称之为开国时期，当时由于连年用兵，加上奏销制度及其他财政制度尚未上轨，从总体上看，顺治朝的支出政策与支出结构主要是围绕着军费支出进行有限的调整，尚不具备后来那样较为固定的支出项目和比例。

据《大清会典》记载，清代前期较为固定的财政支出共有12款，即：祭祀之款、仪宪之款、俸食之款、科场之款、饷乾之款、驿站之款、廪膳之款、赏恤之款、修缮之款、采办之款、织造之款、公廉之款。①

对于这12款支出（或归结为数款支出）的一般性叙述，可以参考注揭诸文，笔者在这里重点阐明的主要是两个问题：一是财政支出的岁额及其比例，二是典籍所载的"岁出之款"是否就是前此学者所指称的"全部国家岁出"。这两个问题相互联系，所以结合下面对康、乾、嘉三朝的统计兼而述之。

刘献廷的《广阳杂记》在谈及"天下钱粮出进存剩总数"时说："每岁进银三千四百八十四万四千九百七十五两，加闰在外；每岁出银二千七百三十八万八千五百八十八两，加闰在外。每岁存剩银七百四十五万六千三百八十七两。案天下之饷，合满汉之兵，

---

①　嘉庆《大清会典》卷12，《户部·尚书侍郎职掌三》。按：汤象龙在《鸦片战争前夕中国的财政制度》一文中，将此12款支出归纳为6项，即：皇室经费、宗室世职和官吏俸禄、兵饷、驿站经费、教育经费、河工塘工经费。该文发表于1956年，已收入《中国近代财政经济史论文选》，西南财经大学出版社1987年版。彭泽益所述略同，见《清代财政管理体制与收支结构》，载《中国社会科学院研究生院学报》1990年第2期。彭雨新则归纳为行政费支出、军费支出、治水费支出3项，见《清代前期三大财政支出》，载《中国古代史论丛》1981年第2期。

岁需者不过一千三百五十万而止耳。"① 如按此说，每岁支出银为
2 700 余万两，与岁入银 3 400 余万两相比，结余 730 余万两，支出
最多的兵饷一项为 1 300 余万两，占总支出 2 700 余万两的 49.3%，
但值得注意的是，刘氏在这里所说的兵饷只是各省之额，并不包括
京城支款，各项岁出如表 7-1 所示：②

表 7-1　　　　　　　　　　康熙中期岁出统计

岁出项目	银额（两）	百分比（%）
京城官员俸银、杂项银等	2 453 772	8.4
京城、盛京八旗饷银	5 348 821	18.3
各省八旗、绿营饷银	13 642 496	46.7
各省存留俸工、驿站、河工等银	7 761 875	26.6
合　　计	29 206 964	100

据上，就支出结构来看，兵饷一项为岁出大宗，仅就所列饷额
已占岁出的 65%，其他各项则占岁出的 30% 以上。就岁出总额来
看，比岁入额 3 400 余万两结余 500 万两左右，这从总体上说应该
视为三藩之乱后清廷财政状况好转的一个标志，同时也是康熙帝清
理财政，"事事减省"的结果。③ 不过，应该指出的是，除上列支
出外，还有其他一些支出未能列入，比如河工经费一项，有所谓岁
修、抢修、另案、大工四种的分别，表中所列各地的存留河工银，
一般仅指数额有限的岁修银。据汤象龙先生统计，清代前期的四种

① 刘献廷：《广阳杂记》卷 2，中华书局 1957 年重刊本。第 76～77 页。
按：刘氏所言之数额未指明是何年，笔者估计是康熙二十六年左右的数额，也就
是说岁入与岁出均较为正常。
② 《广阳杂记》所载岁出总数与各细数不符，此表按各细数统计。表中
"京城官员俸银、杂项银等"一款，包括王以下满洲官员俸银、汉官俸银、蒙古
王俸银、各部院杂项银、各部院公费银等项。另参见陈锋：《清代军费研究》，武
汉大学出版社 1992 年版，第 200 页。
③ 《清朝文献通考》卷 39，《国用一》，第 5218 页。

河工费用支出每年在 350 万两左右，若再加上塘工经费，每年的支出则在 400 万两左右。① 当然，有些河工经费银，特别是河工另案与大工，并不列入正常的岁出，所需款项也往往另外筹措，估计康熙年间正常的河工费用支出，每年总有一二百万两，再加上其他一些支出，每年的结余额大致在 200 万两左右，这个数字与康熙中期的户部存银额基本吻合。② 康熙后期，"京城俸饷等项一年需用九百万两有余"③，结余银亦相应减少。

乾隆朝的岁出，《清史稿·食货志六·会计》曾概述乾隆三十一年（1766 年）的支出款项与数额云：

> 岁出为满、汉兵饷一千七百余万两，王公百官俸九十余万两，外藩王公俸十二万两有奇，文职养廉三百四十七万两有奇，武职养廉八十万两有奇，京官各衙门公费饭食十四万两有奇，内务府、工部、太常侍、光禄寺、理藩院祭祀、宾客备用银五十六万两，采办颜料、木、铜、布银十二万两有奇，织造银十四万两有奇，宝泉、宝源局工料银十万两有奇，京师各衙门胥役工食银八万两有奇，京师官牧马牛羊象刍秣银八万两有奇，东河、南河岁修银三百八十余万两，各省留支驿站、祭祀、仪宪、官俸役食、科场廪膳等银六百余万两，岁不全支，更定漕船岁约需银一百二十万两，是为岁出三千数百余万之大数。而宗室年俸津贴、漕运旗丁诸费之无定额者，各省之外销者不与焉。

据该段史料，合计岁出银 3 451 万余两。魏源《圣武记·武事余记·兵制兵饷》与前揭彭泽益先生文均统计为 3 077 万余两；吴慧

---

① 参见汤象龙：《鸦片战争前夕中国的财政制度》，《中国近代财政经济史论文选》，西南财经大学出版社 1987 年版。

② 参见法式善：《陶庐杂录》卷 1，中华书局 1959 年刊印本，第 23 页。

③ 《康熙朝东华录》卷 17，康熙四十八年十一月庚辰。

先生统计岁出为 2 325 万余两,① 更令人生疑。这与当时的岁入银 4 900余万两相比较（参见表6-3），委实悬殊，这当然不能视作当时年结余银在一千数百万两或两千数百万两。其中的问题，除了魏源所说的"至出入开除外，岁余若干之确数，则《会典》及《皇清三通》均无明文"而导致的统计困难外，最主要的原因恐怕是将各省的支出与京城的支出混淆——尤其是将各省兵饷支出1 700余万两误以为是全部的兵饷支出，对此，拙著《清代军费研究》已作过辨析，可以参考。另外，《清朝文献通考》列有当时（乾隆三十年奏销）京城的岁出 21 款，合计为 961 万余两,② 据此并参酌《圣武记》、《清史稿》等书所记，可以列制表 7-2：

表7-2   乾隆三十一年岁出统计

岁 出 项 目	银额（两）
京城兵饷	6 033 045
盛京等地官兵俸饷	1 500 000
京城王公百官俸银	938 700
外藩王公俸银	128 000
内务府、工部、太常侍、光禄寺、理藩院备用银	565 000
宝泉、宝源局工料银	107 671
在京各衙门胥役工食钱粮银	83 330
内务府、上驷院、奉宸苑等刍牧银	83 560
京城其他杂项支出银	177 211
各省满汉兵饷银	17 037 100
文职养廉银	3 473 000

---

① 参见吴慧：《明清财政结构性变化的计量分析》，载《中国社会经济史研究》1990 年第 3 期。

② 参见《清朝文献通考》卷40，《国用一》，第 5227 页。按：凡以钱文为单位者，以 1 000 文作银一两折算。

续表

岁 出 项 目	银额（两）
武职养廉银	800 000
八旗添设养育兵银	422 000
满汉兵赏恤银	300 000
恩赏旗兵钱粮银	380 000
更造漕船料银	120 000
河工岁修银	3 800 000
采办颜料、木、铜、布等银	121 014
织造银	140 050
各省留支驿站、祭祀、官俸役食等银	6 000 000
合　　计	42 209 681

表 7-2 合计岁出银为 4 220 余万两。受资料的限制，统计仍难周详，如京城每年的岁出，《清朝文献通考》记为 961 万余两（即表 7-2 前 9 项合计数），而在乾隆七年（1742 年）甘肃巡抚黄廷桂所上题本中引户部左侍郎梁诗正的奏折时已称："京中各项支销，合计须一千一二百万。"① 乾隆中期京城需款按理也应在 1 200 万两左右，必有一些岁出未能悉数列出，岁出之款超过表 7-2 所列。事实上，乾隆朝的财政状况并不像人们想象的那样宽裕，上揭黄廷桂的题本已经指出过乾隆初年"所入不敷所出，比岁皆然"，并进一步分析道：

> 盖因八旗兵饷浩繁，故所出者多；各省绿旗兵饷日增，故所入者渐少。是兵饷一项，居国用十分之六七。……查直省一切正杂钱粮，康熙、雍正年间岁岁相积，仍有余存。迄年以

---

① 钞档：《俸饷》22，《军务·经制·善后》，乾隆七年三月十一日黄廷桂题本。

来，统计直省收支各款，其在年谷顺成、钱粮全完之岁，所入仅敷所出，倘有蠲缺伫缓，即不足供一岁用度。如直省支放项下，雍正元年计需兵饷一千三百余万两，乾隆四年计需兵饷一千七百余万两，其计多用银四百余万两。雍正元年计需俸工等银五百余万两，乾隆四年计需俸工等银六百余万两……又如部库支放项下，雍正年间，除西北两路军需外，每岁用银八九百万两不等，乾隆四年因添设养育兵丁、加给京官双俸、并各衙门一切经费，岁需银一千一百余万两……再如直省杂支项下，若地方工程等项，向或民力兴修，以及公项贴补，近来渐次动拨地丁钱粮，加以采买储备，拨补荒缺诸费，共计每岁又多用银百余万两不等。又如直省征收项下，自乾隆元年以来，各案永蠲地丁杂税银一百二万余两，永蠲关税盈余银五十八万余两……自雍正十三年起至乾隆五年岁底，恩蠲、积欠等银至三千四十二万余两，灾蠲银至二百四万余两，米豆等项至二百八十余万石……

由此可以看出，雍正末年以迄乾隆初年，正常的财政收入不敷财政支出或基本持平的原因，一是在于京城和直省兵饷的增加，二是在于俸禄、工食钱粮等银的增加，三是在于原不动用正项钱粮的地方工程等项转而改为正常开支，四是在于蠲免等仁政的实行以及钱粮的欠征使得正常的财政岁入有所减少。

乾隆十年（1745 年）御史柴潮生也曾指出："就今日计之，则所入仅供所出；就异日计之，则所入殆不足供所出。以皇上之仁明，国家之休暇，而不筹以开源节流之法，为万世无弊之方，是为失时。"因而上"理财三策"①。这也就可以理解当时不得不采用各种筹款之方法以资挹注的根由。②

至于乾隆朝库存银的增加（从乾隆元年的 3 300 余万两到乾隆

---

① 柴潮生：《理财三策疏》，见《皇朝经世文编》卷 26。

② 参见肖一山：《清代全史》第 2 册，台湾"商务印书馆"1985 年版，第 357 页。

三十七年的 7 800 余万两），在笔者看来，一方面，是由于正常收入与正常支出方式下的结余（笔者估计，乾隆中期年节余银在 400 万两左右，最多不会超过 600 万两，而不太可能像有些学者统计的那样达到一千数百万两或两千数百万两）；另一方面，则是多方筹措以及"准回之役"结束后（乾隆二十六年）节省部分支出的结果。略如乾隆三十七年（1772 年）谕称："方今国家当全盛之时，左藏所储，日以充积。……因平定西陲以来，摘减沿边防守兵马及酌裁各省驻防汉军粮饷马乾等项，除抵补新疆经费外，每年节省银九十余万两，历今十有余载，岁需出数较少，约积存千有余万，库帑之增，大率因此。"① 此后，由于武职养廉、红白事例银、绿营公费银等改由正项支出，② 岁出又增，由此引起大臣的担忧，并进而受到"因一时库藏充盈，不思久远之计"的批评③。

嘉庆朝的岁出基本上仍依乾隆朝之制，但岁出之项目更为规范化，所谓清代前期岁出的 12 个款项（祭祀之款、仪宪之款、俸食之款等）正是由嘉庆《大清会典》首次明确。嘉庆朝"凡各省岁入岁出之数"，"按《嘉庆十七年奏单》，岁入银除蠲缓银四百八十三万二千八百六十二两有奇，实入银四千十三万六千一百九十四两有奇，岁出银三千五百十万七千五百三十四两有奇"④。据《史料旬刊》所载《汇核嘉庆十七年各直省钱粮出入清单》称，当时的额征地丁杂税、盐课、关税等项岁入银为 44 969 056 两，嘉庆十六年（1811 年）实际岁入银为 43 501 077 两，岁出银为 36 004 605 两；嘉庆十七年（1812 年）岁入银为 40 136 194 两，岁出银为 35 107 534两。

必须再次指出，许多学者将此岁入、岁出之数误认为是全国的岁入、岁出数，并依此来分析岁入、岁出结构，并得出了嘉庆年间

① 《清高宗实录》卷920，乾隆三十七年十一月癸卯。
② 参见陈锋：《清代军费研究》，武汉大学出版社 1992 年版，第 215～222 页。
③ 参见阿桂：《清增兵筹饷疏》，英和：《开源节流疏》。均见《皇朝经世文编》卷26。
④ 嘉庆《大清会典》卷13，《户部·山西清吏司》。

的财政收支相抵，每年结余 500 万两左右的结论。这显然是一种疏忽。事实上，史料所载已明确标示出岁入、岁出数是"各省"或"各直省"之额，并不包括京城的支款与户部另外的入款。如果再细心一点，同样会发现，嘉庆《大清会典·户部·尚书侍郎职掌三》所载 12 项岁出之款的银两支数均不包括京城，如"祭祀之款"下称："京城各坛庙祭祀，由太常侍领取物价咨部核销；各处陵寝米麦折价银两，由礼部支领核销。各省坛庙祭祀银两俱在地丁银内动用。"其中直隶为 26 210 两，奉天为 966 两，吉林为 93 两，山东为 11 774 两，山西为 15 748 两等（不备举，各省合计为198 958两。下述款项均有各省的细数记载）。如"俸食之款"下称："京城各衙门俸工役食，归陕西司、八旗俸饷处专核。外省文员均按品给俸……额支官俸役食银，直隶 211 386 两，奉天 13 613两……"如"饷乾之款"下称："京城八旗官兵俸饷，由八旗俸饷处专核；陵寝官兵俸饷及各处牧群官丁俸饷，归福建司专核；巡捕五营官兵俸饷，由陕西司专核。"如"公廉之款"下称："京城满汉官员公费，巡捕营红白事例，归陕西司；八旗官员养廉，归山东司；八旗官兵红白事例，归俸饷处专核。外省文职养廉，在耗羡银内动支，绿营武职公费银，关地丁正项银内动支，绿营武职及驻防官兵养廉、红白事例银，在耗羡、匣费及盐规杂税银内动支……"很明显，由于奏销归口不一，京城的支款均是另外记载的，如支出最多的兵饷一项，典籍一般所记的"饷乾之款"当时为 1 724 万余两，仅是各省的支出（这里不包括东北，更不包括京城），如果以此来分析常额军费在岁出中的比例当然是错误的，笔者在拙著《清代军费研究》中已有分析，可以参见。

笔者认为，嘉庆年间各省的岁入、岁出相抵，每年结余 500 万两左右，并不表示当时财政状况的宽裕，这 500 万两左右的银额仅仅是在各省存留、支出、协拨之后存剩的上调户部之数，由于"在京之支款有官俸、有兵饷、有公费、有役食，余者为杂支"①，京城支款每年总在 1 000 万两以上，各省的岁出结余并不足以应

---

① 　嘉庆《大清会典》卷 14，《户部·陕西清吏司》。

付，尚需用常例捐输以及另外开捐等加以弥补。如果以嘉庆十七年（1812 年）直省岁出银 3 500 万两、京城支款 1 200 万两计之，岁出银为 4 700 万两，较之前述岁入银 4 600 余万两，已有入不敷出之虞。这种入不敷出主要是由于赋税钱粮的欠征所致，并与吏治的腐败联系在一起。道光朝依然沿袭了这一态势。一如道光三年（1823 年）上谕所指：

> 国家出纳，岁有常经，所入银数果能全行征解，即除岁出之数，本有盈余。兹据该部（户部）按近三年比较开单呈览，综计岁入，每年多有缺少。实缘定额应支之款势不能减，其无定额者又复任意加增……嗣后着各督抚率同该藩司实力钩稽，不得任意动垫，尤不得违例格外请支。至于地丁各款，全完省分甚少，皆因不肖官员以完作欠，惟在地方大吏认真考核督催，力除积弊。此外，盐务如何畅销引课，关税如何定额无亏，以及铜铅如何不致短绌，均令各该管上司力矢公忠，劝惩严明，以收实效。①

由于史料的限制以及财政问题本身的复杂，我们很难作出精确的岁出统计，而且每年的"岁用之数盈缩不齐"，仅统计出某朝某年的岁出额作为衡量某一历史时段的标尺也难免会有出入。但是，在尽量钩稽、澄清一些误解后，相信还是能够得出大致的认识：顺治朝的财政支出，由于连年用兵，基本上是一种军事性质的支出，尽管采取了许多筹饷措施以弥补正常收入的不足，仍然处于入不敷出的境地。康熙初年财政支出步入正轨，社会经济也有所恢复，财政出现结余，至康熙十二年（1655 年），户部存款已达 2 100 余万两，但随即爆发的三藩之乱，军费支出浩繁，使库存销蚀殆尽，在各种筹款措施纷纷出台的情况下，仍难以扭转财政的困厄。三藩之乱结束以后，伴随着社会经济的全面恢复，收入稳定、支出有制，应该说清朝财政渐入佳境，每年的财政收入在应付正常的财政支出

① 《清朝续文献通考》卷 69，《国用七》，第 8257 页。

外，年结余额估计在 200 万两左右，户部存款最多时达到 4 700 余万两，① 具备了蠲免钱粮以及应付非常支出的能力。雍正以降，虽然财政支出较前增加，但由于财政的整顿，收入亦增，雍正年间户部存银最多时曾达到 6 200 余万两，只是由于雍正末年的西北用兵，使存银减耗至 3 200 余万两。乾隆初年以迄乾隆中期，"大兵大役，散财不赀"，正常的财政收入、支出方式常被打破，户部存银徘徊在 2 700 余万两至 4 300 余万两之间，虽然是散财不赀，但总归聚财有道。乾隆二十六年（1761 年）准回之役结束后，财政状况再度明显好转，收支相抵，估计年结余银在 400 万两左右，至乾隆三十六年（1771 年）"二次金川之役"时，户部存银已接近 7 900 万两。此后，二次金川之役、台湾之役、安南之役、初次廓尔喀之役、二次廓尔喀之役、湘黔苗民起义之役接连发生，乾隆中后期这六次战争的军费支出笔者已统计为 1.1 亿两，② 而 "（乾隆）四十五年以前又普免天下钱粮四次，户部尚余银七千八百万。五十五年以前又免钱粮多次，而户部尚存银八千万"③。一方面是战时军费支出巨大，另一方面是普免钱粮使正常收入减少，这里的户部存银额并不完全标示正常收入与支出的结余，而是由于实行了盐商报效等另外的筹款手段。④ 事实上，乾隆四十六年（1781 年）后陆续实行的武职养廉银、红白事例银、绿营公费银改由正项支出，每年已多支出银 200 余万两，财政结余已是大不如前。嘉庆即位，适逢白莲教起义，"用帑逾万万"，这种巨额的战时军费支出，虽说 "以屡次开捐所收七千余万两抵之"⑤，另外也还有加征 "津贴

---

① 此据法式善：《陶庐杂录》，存银最多的两个年份是康熙四十七年 4 718 万余两，康熙五十八年 4 736 万余两。另可参见《历史档案》1984 年第 4 期公布的户部存银档案。陈康祺：《度支考》则云康熙四十八年存银达到 5 000 余万两，见《清朝续文献通考》卷 66，《国用四》，第 8225 页。

② 参见陈锋：《清代军费研究》表 6-8，武汉大学出版社 1992 年版。按：清代前期的战时军费支出，笔者认为在 7 亿两以上。

③ 《清朝续文献通考》卷 66，《国用四》，第 8225 页。

④ 参见陈锋：《清代盐政与盐税》表 47，中州古籍出版社 1988 年版。

⑤ 魏源：《圣武记》卷 11，《武事余记·兵制兵饷》。

银"等筹饷手段，使嘉庆帝度过了一段艰难的非常时期，但是，正常的财政收入与支出已出现拮据，其困厄来自两个方面，一是沿自乾隆后期财政结余的减少，二是赋税的普遍欠征。按照曾国藩的说法，嘉庆以后，"国家岁入之数与岁出之数而通筹之，一岁本可余二三百万"，但在欠征之下，已无结余可言。① 可以根据嘉庆年间的《大出大进黄册》，列出嘉庆三年至嘉庆七年（1798—1802年）户部的进额与出额作为参考（见表7-3）②：

表7-3　　　　　　　　嘉庆年间户部银库收支统计

月份	嘉庆三年大进	嘉庆四年大出	嘉庆六年大进	嘉庆七年大出
一 月	银 20 930 两 ——	银 89 644 两 ——	银 60 102 两 钱 420 串	银 373 044 两 钱 173 串
二 月	银 12 110 两 钱 7 700 串	银 1 413 628 两 钱 10 617 串	银 151 888 两 钱 134 214 串	银 1 264 390 两 钱 172 184 串
三 月	银 166 184 两 钱 9 017 串	银 3 249 706 两 钱 9 579 串	银 99 742 两 钱 13 358 串	银 755 688 两 钱 52 468 串
四 月	银 32 496 两 钱 9 017 串	银 661 580 两 钱 11 530 串	银 208 117 两 钱 13 223 串	银 594 365 两 钱 86 549 串
五 月	银 92 613 两 钱 9 064 串	银 2 140 226 两 钱 13 848 串	银 94 057 两 钱 51 876 串	银 657 337 两 钱 87 483 串
六 月	银 257 046 两 钱 8563 串	银 695 137 两 钱 17 641 串	银 87 171 两 钱 123 659 串	银 551 119 两 钱 87 061 串
七 月	银 1 720 922 两 钱 9 486 串	银 1 082 612 两 钱 397 144 串	银 2 355 834 两 钱 230 346 串	银 541 678 两 钱 198 019 串
八 月	银 140 515 两 钱 9 323 串	银 3 754 704 两 钱 16 294 串	银 233 674 两 钱 140 067 串	银 1 000 697 两 钱 194 354 串
九 月	银 4 635 710 两 钱 9 730 串	银 571 188 两 钱 32 678 串	银 910 437 两 钱 53 598 串	银 515 330 两 钱 92 063 串

① 《皇朝政典类纂》卷155，《国用二·节用》。

② 档案：《内阁黄册》：《嘉庆三年户部银库大进黄册》，《嘉庆四年户部银库大出黄册》，《嘉庆六年户部银库大进黄册》，《嘉庆七年户部银库大出黄册》。按：表中数字，银，两以下舍去；钱，串以下舍去（见表7-3）。

月份	嘉庆三年大进	嘉庆四年大出	嘉庆六年大进	嘉庆七年大出
十月	银 2 798 562 两 钱 9 835 串	银 795 599 两 钱 39 132 串	银 489 407 两 钱 52 111 串	银 547 028 两 钱 88 442 串
十一月	银 120 024 两 钱 17 163 串	银 585 020 两 钱 50 924 串	银 743 662 两 钱 61 796 串	银 618 105 两 钱 90 103 串
十二月	银 6 416 810 两 钱 431 326 串	银 2 910 100 两 钱 783 380 串	银 3 867 866 两 钱 292 058 串	银 1 553 758 两 钱 385 939 串
合计	银 16 413 921 两 钱 529 849 串	银 17 949 144 两 钱 1 382 317 串	银 9 301 957 两 钱 1 166 717 串	银 8 972 539 两 钱 3 084 838 串

由表 7-3 可知，户部银库的进银与出银相比，并无节余。嘉庆四年（1799 年）与三年相比，银赤字为一百五十余万两，钱赤字为八十五万余串，亦即八十余万两；嘉庆七年（1802 年）与嘉庆三年相比，银略有节余，为三十余万两，钱赤字接近二百万串，亦即接近二百万两。而嘉庆五年（1800 年）的大出为 13 117 175 两，① 也不在少数。况且，就表 7-3 所列大进特别多的年份，也非正常的进银，如嘉庆三年（1798 年）七月份进银中有"捐纳房付交嘉庆三年正月至七月常例捐纳银一百六十七万六千七百八十两"；九月份进银中有"捐纳房付交嘉庆三年七月至九月止，头卯官生捐纳银四百五十六万三千二百六十两"；十月份进银中有"捐纳房付交嘉庆三年十月头卯捐纳银二百七十四万零六百五十一两"；十二月份进银中有"捐纳房付交嘉庆三年八月起至十二月止常例捐纳银二百万零八万三千四百一十八两。捐纳房付交嘉庆三年十一月、十二月新例捐纳银三百一十一万一千九百七十两"。凡是进银独多的月份，都有这种临时的款项。这也能够印证上揭魏源所说以屡次开捐抵之确属实情。

也可以说，在嘉庆、道光年间，虽然不时有大额支出，但由于捐例的屡开以及盐斤的屡次加价，国家财政尚未到山穷水尽的地步。即使如此，帝王与臣僚的焦虑也还是明显的，屡有上谕和上疏

---

① 档案：《内阁黄册》：《嘉庆五年户部银库大出黄册》。

言及，不备述。①

二、清代后期的财政支出问题

鸦片战争以后，国家财政更趋紧张，特别是太平天国起义以后，入款减少，支出顿增，户部存银几乎枯竭，即如咸丰二年（1852年）上谕："国家经费有常，自道光二十年以后即已日形短绌，近复军兴三载，糜饷已至二千九百六十三万余两。部库之款原以各省为来源，乃地丁多不足额，税课竟存虚名！……见在部库仅存正项待支银二十二万七千余两，七月份应发兵饷尚多不敷。"②

另据当时户部银库的收支统计，也几乎是年年入不敷出（见表7-4）：③

表7-4   **咸丰年间户部银库收支统计**   单位：两

年　　度	进　　银	出　　银	盈（＋）亏（－）
咸丰二年（1852）	9 196 945	11 103 669	−1 906 724
三年（1853）	5 638 380	9 840 151	−4 201 771
四年（1854）	10 442 075	10 468 564	−26 489
五年（1855）	9 956 867	10 079 189	−122 322
六年（1856）	9 220 056	9 141 910	＋78 146
九年（1859）	15 580 654	13 350 297	＋2 230 357
十年（1860）	9 397 441	12 795 530	−3 398 089
十一年（1861）	7 108 582	6 581 645	＋526 937

此后，随着财政收支规模的扩大，户部银库的出入银额相应增

---

① 参见英和：《开源节流疏》，见《皇朝经世文编》卷26。
② 《皇朝政典类纂》卷173，《国用二十·会计》。
③ 据彭泽益的统计改制，见《十九世纪后半期的中国财政与经济》，人民出版社1983年版，第140页。

加，但从总体上说，虽然是经过了"同治中兴"，户部银库空虚的状况仍未改观，兹再根据有关档案统计制成表7-5作为参照①：

表7-5　　　　　　　　同光年间户部银库收支统计　　　　　单位：两

年　　度	进　　银	出　　银	盈（+）亏（-）
同治十二年（1873）	11 274 430	11 623 012	-348 582
光绪十七年（1891）	14 245 372	13 052 961	+1 192 411
二十年（1894）	13 381 524	14 154 824	-773 300
二十三年（1897）	15 540 824	15 142 508	15 142 508
二十四年（1898）	18 359 330	18 010 663	+348 667
二十五年（1899）	14 543 209	15 258 046	-714 837
三十年（1904）	12 941 234	13 639 395	-698 161
三十一年（1905）	15 962 259	15 483 844	+478 415
三十二年（1906）	17 344 061	17 045 029	+299 032
三十三年（1907）	16 076 821	15 347 679	+729 142
三十四年（1908）	16 502 019	18 047 513	-1 545 494

以上统计11个年份，有6个年份盈余、5个年份亏空，仅就此统计来看，盈亏相抵，尚亏空银634 391两。

户部银库空虚的原因，除了支出的不断增加以及内库的指拨外，②与各省解部之款的拖欠亦大有关系。

在鸦片战争之前，上谕已经屡屡指出，如道光十六年（1836

①　参见周育民：《甲午战后清朝财政研究》，载《中国经济史研究》1989年第4期；彭泽益：《清代财政管理体制与收支结构》，载《中国社会科学院研究生院学报》1990年第2期。

②　据光绪四年三月总管内务府奏："至于臣衙门应用经费，自咸丰七年起至同治十三年止，因差繁款绌，节次请拨部款应用，除承办典礼要差不计外，计历时十八载，共用部款九百十八万有奇。"见《光绪朝东华录》（一），中华书局1958年版，第570页。

年）上谕内阁称："国家赋入，岁有常经，度支攸关，岂容任意延宕？是以上年曾经降旨饬催，自应遵照赶紧办理，兹据该部（户部）查明奏催各款银数，共八百七十余万两。现据各该省陆续起解，入拨到部，截至本年三月底止，仅止报拨解部共银二百六十七万。"①

道光十九年（1839 年）上谕又称："国家经费有常，度支有节，凡各省应纳之赋及其余税课，均于征收后随时入拨报解，不容丝毫短少，所以重帑项而权出入。兹据户部查明，积年渐久，延欠频仍，综计欠解银数，除盐务悬引未完及帑利等款准其分别展缓外，其余拖欠有二千九百四十余万两之多。"②

这种状况不但在道光朝未能改变，入咸丰朝之后反而变得更为严重。不得已，咸丰帝于咸丰三年（1853 年）批准户部的变通措施，将原来的各省解京款项，由春秋两季报拨时"随时奏拨解部"，改为"归入冬拨案内，与各直省协拨兵饷一律酌拨"，也就是说由当年的奏拨改为年前的预拨摊解，即如上谕所称：

> 户部奏，部库岁需银两，请改归冬拨案内办理一折。向来户部岁需京饷，例于各省春、秋拨册内随时奏拨解部。近年以来，各省经部指拨之款，每因起解不时，以致部库时形支绌，自应先期筹划，以济要需。所有该部岁拨京饷，着准其自本年为始，归入冬拨案内，与各直省协拨兵饷一律酌拨。……各该省督抚于部拨款项，无论京饷、外饷，均宜照数起解。倘有藉词截留及率请改拨者，着户部随时查核，据实参奏。③

这一拨解制度的更张，对晚清财政体制的变化有多方面的影

---

① 《清宣宗实录》卷 282，道光十六年四月己卯。
② 《清宣宗实录》卷 323，道光十九年六月戊辰。
③ 《清文宗实录》卷 113，咸丰三年十一月戊辰。按：彭泽益先生认为："从 1856 年起，把京饷原由各省预拨改为临时定额摊派解款。"见《十九世纪后半期的中国财政与经济》第 143 页。这一说法与笔者的拙见不同。

响，值得注意。其直接的用意当然是在于保证户部的入款和"京饷"的支出，但事实上问题依然严重。

次年，上谕已经指责"山东、河南两省应解京饷银两，经户部屡次奏催，日久未据报解。……仍复任意迁延"①。

咸丰九年（1859 年）上谕又指出"山东等省积年欠解京饷银两为数甚多"，据称，"各该省欠解咸丰六七八等年银三百六十六万余两……其本年山西、山东、河南、陕西、浙江、四川等省欠解银二百八十二万余两"②，旧欠新欠竟达 648 万两之多。

又据同治二年（1863 年）户部奏，"京饷报解寥寥"，该年应解京饷 700 万两，除山西、山东、长芦、湖北、粤海关解到地丁、盐课、关税银 21 万两外，"余俱丝毫未解"，"转瞬即届五月初限，若再似此延宕，势必贻误"，而上年所欠京饷，也仍达 340 余万两。③

此后欠解依旧，上谕频频，有关上谕除不断饬令地方大员将欠款"扫数解齐，毋得迟延干咎"，"毋得饰词延宕，致误要需"外，④ 竟也近乎哀求："当此需用孔亟，各该督抚等俱有天良，无论如何为难，总当依限速解，力顾大局。"⑤ 这从总体上反映出鸦片战争以后特别是太平天国起义以后部库的益形支绌和财政制度的混乱。

其所以如此，究其根本原因，则是由于当时各项支出的增加，即所谓"自咸丰同治以来，粤匪乱起，海疆滋事，中外用项日增月益"，"一岁所入不足供一岁之出"；即所谓"国家岁入岁出自有常经，军兴以来，供亿浩繁，以致京师及各省库储均形支绌。事平

---

① 《清文宗实录》卷 150，咸丰四年十一月丙寅。

② 《清朝续文献通考》卷 69，《国用七》，第 8260～8261 页。

③ 见太平天国历史博物馆编：《吴煦档案选编》第 6 辑，江苏人民出版社 1983 年版，第 88 页。

④ 《清穆宗实录》卷 316，同治十年七月癸丑；《曾国藩全集·奏稿九》，岳麓书社 1991 年版，第 5682 页。

⑤ 《清穆宗实录》卷 329，同治十一年二月庚辰。

之后，帑藏仍未裕如"。①

晚清的财政支出已经是"迥非乾隆年间可比"，支出结构与支出总数都有较大的变化。据户部所办光绪七年（1881 年）的奏销来看，"以各省陵寝供应、交进银两、祭祀、仪宪、俸食、科场、饷乾、驿站、廪膳、赏恤、修缮、河工、采办、办漕、织造、公廉、杂支等十七项为常例开支；以勇营饷需、关局经费、洋款、还债息款等四项为新增开支；以补发旧欠、预行支给两项为补支预支，以批解在京各衙门银两一项为批解支款"②。17 项常例开支③，按户部的解释，"系敬遵《钦定大清会典》及《皇朝文献通考》内原有门类"，基本上等同于清代前期的支出。新增勇营饷需、关局经费、洋款、还债息款等项支出，则是"参酌近年情事纂定"，从一个重要的侧面反映出了晚清财政支出的变化，兹据刘岳云《光绪岁出总表》提供的数据列表如表 7-6 所示：④

表7-6 　　　　　　　　　　　**光绪年间岁出统计**

年代	岁出总额（千两）	各项财政支出所占百分比（以各类总计为100）					
		勇饷	局费	洋款	补支预支	常例支出	其他
光绪十一年	72 735	34.7	3.3	3.6	10.2	46.2	2.0
十二年	78 551	35.2	3.8	3.1	9.0	46.7	2.2
十三年	81 280	24.8	3.3	4.6	14.2	50.3	2.8
十四年	81 967	27.8	3.6	4.4	5.4	55.3	3.5
十五年	73 079	28.2	3.8	4.3	9.3	50.7	3.7
十六年	78 410	25.5	3.5	4.0	12.7	49.9	4.4

① 参见《清朝续文献通考》卷70，《国用八》，第 8265 ~ 8267 页。

② 《皇朝政典类纂》卷161，《国用八·会计》。

③ 后来在光绪《大清会典》及刘岳云《光绪岁出兑表》中归并为 15 项，即将"河工"归并于"修缮"项下，将"办漕"归并于"采办"项下。

④ 《清朝续文献通考》卷67，《国用五》，第 8232 ~ 8233 页。

续表

年代	岁出总额（千两）	各项财政支出所占百分比（以各类总计为100）					
		勇饷	局费	洋款	补支预支	常例支出	其他
光绪十七年	89 355	20.4	3.5	4.3	16.3	52.7	2.8
十八年	75 545	24.6	4.3	6.0	9.2	52.7	3.2
十九年	75 513	25.3	4.2	4.8	9.5	52.8	3.4
二十年	81 281	23.3	3.5	4.6	10.3	55.5	2.8

由表 7-6 可以清楚地看出，光绪年间的岁出与清代前期相比，已有较大幅度的增加，岁出的增加，主要是由于新增款项使然。据上表所列新增勇饷、局费（关局经费）、洋款（还债息款）三项统计，已占岁出的 30% ~ 40%。若将上表与前列表 6-13 比较还可看出，是时的岁入略大于岁出，多少有一定的盈余。但由于统计本身存在着一些问题，"盈余"未必可靠，与"入不敷出"的纷纷陈词亦不吻合。另据遮密孙的统计，甲午（光绪二十年，1894 年）之前岁出为 89 249 000 余两，与岁入相较赤字为 20 余万两（参见表 6-14）；再据赫德的统计，甲午之后岁出为 10 112 万两（其中各省行政费 2 000 万两，陆军军费 3 000 万两，海军军费 500 万两，京城行政费 1 000 万两，旗饷 138 万两，宫廷经费 110 万两，海关经费 360 万两，出使经费 100 万两，河道工程 94 万两，铁路 80 万两，债款开支 2 400 万两，准备金 330 万两），与岁入 8 820 万两相比，赤字达 1 292 万两之多。[①] 这是需要进一步探讨的。但不管怎么说，有一点却很清楚，这就是晚清财政支出的膨胀以及财政支出结构的变动，以及财政的入不敷出，均与新增支出有关。因此，需对新增支出之主要者略加分析。

---

① 《中国海关与义和团运动》（帝国主义与中国海关资料丛编），中华书局 1983 年版，第 64 ~ 65 页。参见《清朝续文献通考》卷 68，《国用六》，第 8248 ~ 8249 页。

首先是勇饷及其他军费开支。

在镇压太平天国起义过程中出现的勇营与清代前期战时招募的乡勇已是大为不同，由于各省的募勇筹饷多具地方色彩，"勇营饷需"年支出多少，户部很难稽查。据刘岳云《光绪岁出总表》，光绪十一年至二十年（1885—1894 年）勇饷开支浮动在 1 826 万余两至 2 761 万余两之间。而另据记载，光绪十一年（1885 年）勇营岁需银则达 3 400 余万两，该年八月，军机大臣会同户部奏称："自咸丰年来，各省舍兵不用而用勇，兵乃日归无用，岁仍糜额饷一千四五百万两。至今又养营勇，以户部登记册档可考者核计，约有五十四万余员名，一岁约需饷银三千四百余万两。是各省兵、勇两项已不下百余万人，岁需饷项五千余万两。再加以京外旗兵三十余万人，岁又需额项银一千余万两。就现时赋税额入连例外征收之厘金、洋税等项合计，一岁约共应收银七八千万两，其中各项每年仍约有欠完银共六七百万两不等。是竭天下之物力，八分以养兵勇！长此支销，断非经久之道也。"① 细读之，不难体会是时绿营、八旗、营勇之需费对国家财政带来的负担，竟是"竭天下之物力，八分以养兵勇"。其中，新增加的勇饷又成为常额军费中的一项主要支出。② 另外，"常胜军"的军费，据统计，咸丰十一年至同治三年（1861—1864 年）也达 342 万余两。③ 从同治十三年（1874

---

① 《洋务运动》（三），第 541 页。中国近代史资料丛刊。

② 按：八旗、绿营传统的"饷乾之教"，由于绿营兵的裁减，岁出已有所减少，光绪十三年各省饷乾之数为 14 861 965 两，京城 6 164 310 两，另，钱 18 272 串，钱折银 276 910 两。见光绪《大清会典》卷 19、卷 21，《户部》。又按：勇营以及绿营兵额在晚清时有变动，饷额也无一定之数，据光绪二十三年户部奏称，经裁减兵额后，是时"各省兵勇约共八十余万人，岁需饷银约共三千余万两"。这或许就是上揭赫德所谓陆军军费 3 000 万两之由。见《清朝续文献通考》卷 203，《兵二》，第 9510 页。

③ 彭泽益：《十九世纪后半期的中国财政与经济》，人民出版社 1983 年版，第 130 页。

年）起开始筹建的南北洋海军，在光绪初年年需军费 400 万两左右。① 据称：沈葆桢"奏定各省协款每年解南北洋各二百万两，专储为筹办海军之用，期以十年成南洋、北洋、粤洋海军三大支。嗣犹恐缓不及事，请以四百万两尽解北洋，俟北洋成军后再解南洋"。另据李鸿章奏，北洋海军经费，从光绪十五年正月起，"遵照新章收支"，所用款项分别归户部、兵部、工部核销。光绪十五年共新收银 102 万余两，开除银 99 万余两；光绪十六年共新收银 138 万余两，开除银 142 万余两，各不等。② 至于晚清的军事企业以及购甲置械等支出，即可看作是洋务费支出，同时也是军费支出的一部分，其年支出数，薛福成曾略称："欲图自强，于是不得不修炮台、购火器，不得不设船政局与机器局……综计岁费亦不下一千数百万两。"③ 这说明有些军费支出并未列入统计之内。

　　至于兵饷中的饷米，在清代前期，一般是征解本色，在统计银两时，也就没有统计在内。清代后期，一些地方的情况发生了变化，如广东八旗驻防饷米，"咸丰以前系解本色，兵燹之后，各州县艰于挽运，始经奏定改为折价。内除南、番二县向因备办辕门供应，每米一石折银一两六钱五分，其余各州县每石折价自四两二钱至二两四五钱不等"，一石米除个别情况外，竟然折征二至四两不等，显然是一种额外的苛索。同治六年（1867 年），虽然将折征标准降低，"南、番二县每石折银一两七钱，顺德等二十三州县每石折银二两三钱，新宁等八州县每石折银二两。内惟龙门一县省米系备将军、都统俸米之需，每石折银三两二钱"，但总数依然不少。广东各县供支广东八旗驻防饷米原额与折征额，如表 7-7 所示④：

---

　　① 《洋务运动》（八），第 483 页。

　　② 见朱寿朋：《光绪朝东华录》（三），中华书局 1958 年版，光绪十八年五月，第 3115~3116 页；光绪十九年五月，第 3228~3229 页。

　　③ 《清朝续文献通考》卷 203，《兵二》，第 9507 页。

　　④ 广东清理财政局：《广东财政说明书》卷 2，《岁入门·田赋上》。

表 7-7　　同治以后广东各县供支广东驻防八旗饷米折价

县　别	额解米石（石）	每石折价（两）	折征银数（两）
南海县	15 413.237	1.7	26 202.504
番禺县	7 841.212	1.7	13 330.061
东莞县	12 137.918	2.3	27 917.213
顺德县	9 126.919	2.3	20 991.213
香山县	6 308.095	2.3	14 508.620
新会县	3 211.222	2.3	7 385.812
花　县	1 893.912	2.3	4 355.998
三水县	387.074	2.3	869.572
清远县	1 363.126	2.3	3 135.192
曲江县	1 118.879	2.3	2 573.422
英德县	1 841.220	2.3	4 234.807
仁化县	156.070	2.3	358.817
归善县	946.691	2.3	2 218.790
博罗县	4 353.651	2.3	10 013.398
高明县	2 871.034	2.3	6 603.380
四会县	1 118.650	2.3	2 572.897
阳春县	2 128.291	2.3	4 895.071
新兴县	3 090.123	2.3	7 107.283
广宁县	1 079.904	2.3	2 483.779
开平县	584.333	2.3	1 343.966
德庆县	475.413	2.3	1 093.452
封川县	476.830	2.3	1 096.709
鹤山县	478.020	2.3	1 101.246
罗定县	2 929.850	2.3	6 738.655
东安县	1 477.703	2.3	3 398.717

县　别	额解米石（石）	每石折价（两）	折征银数（两）
从化县	680.234	2.0	1 360.448
新宁县	23.739	2.0	47.479
翁源县	439.431	2.0	878.863
河源县	1 278.017	2.0	2 556.035
长宁县	419.799	2.0	839.598
连平县	104.635	2.0	209.270
高要县	1 734.039	2.0	3 468.079
恩平县	53.600	2.0	107.201
龙门县	654.266	3.2	2 093.654

以上原供支广东驻防八旗米石为八万八千余石，折征银两为十八万八千余两。这仅仅是广东一省的驻防八旗所支数额，而且是减征以后的数额，减征额据称为十余万两。

巨额的战时军费支出，更是另款奏销。《清史稿·食货志六·会计》述及晚清战时军费支出时云：

英人之役，一千数百万两。咸丰初年粤匪之役，二千七百万，其后江南大营月需五十万两，徽宁防营月需三十万两，则一年亦千万。湖北供东征之需者，岁四百余万，湖南亦不赀。而北路及西南各省用兵之费不与焉。同治中，曾国藩奏湘军四案、五案，合之剿捻军费，共请销三千余万两。李鸿章奏苏沪一案、二案，合之淮军西征两案，共请销一千七百余万两。左宗棠奏西征两案，共请销四千八百二十余万两。此外若福建援浙军需，合之本省及台湾军需，截至三年六月，已逾六百万两。四川、湖南援黔军需，岁约四百余万两，积五年二千万两。云南自同治二年至同治十二年，请销军需一千四百六十余万两。而甘肃官绅商民集捐银粮供军需者，五千余万两，再加各省广中额学额计之，当不下数万万。光绪中，惟中法之役三千余万两。若西征之饷，海防之饷，则已入年例岁出，不复列。

这当然只是概言之，其中尚存在许多问题。据彭泽益先生的研究统计，咸、同年间的战时军费支出，有案可稽者达到 4 223 万两，若再加上奏销的缺漏部分和不入奏销的各种支出，估计约支出银 8.5 亿两。① 与清代前期一样，晚清的战时军费支出对清廷财政带来重大影响，甚或说对晚清的财政压力更为巨大，一如光绪十二年（1886 年）户部所奏："我朝用兵之费，未有如今之多且久；财用窘乏，亦未有如今日之甚者。军兴以来近三十年，用财曷止万万！迄寰宇底定，而甘肃、新疆需饷孔多……各省关或括库储，或向商借，剜肉补疮，设法筹解，已属不遗余力，而各路犹以饷不足用，屡请于朝。"② 由军费支出带来的"财用窘乏"溢于言表。

其次是外债支出。

晚清的举借外债，曾作为地方及清朝政府筹措应急款项的一种手段。从财政意义上讲，外债具有双重性质：一方面，在举借外债之时，外债是作为财政收入补苴国用的；另一方面，在偿还外债本息之时，外债又作为财政支出而改变着财政支出结构。甲午战争之前，由地方及中央政府出面承借的外债款额虽然不是太大，③ 但在偿还外债时已对清廷带来一定的压力，光绪十二年（1886 年）户部即奏称："一款未清，又借一款，重重计息，愈累愈多，近来所偿息款，将近千万。上捐国帑，下竭民膏，艰窘情形，日甚一日。"④ 又据上表的统计，光绪十一年至光绪二十年（1885—1894

---

① 参见彭泽益：《清代咸同年间军需奏销统计》。该文已收入《十九世纪后半期的中国财政与经济》，人民出版社 1983 年版。

② 《皇朝政典类纂》卷 155，《国用二·节用》引邸钞。

③ 据徐义生统计，共计 43 笔借款，款额约为 4600 万两。见《中国近代外债史统计资料》，中华书局 1962 年版，第 4～10 页。

④ 《皇朝政典类纂》卷 155，《国用二·节用》。参见［日］滨下武志：《中国近代经济史研究》，东京大学东洋文化研究所报告，1989 年，第 68～69 页。

年）每年偿还外债本息（洋款）分别占财政支出的 3.1% ~ 6% 左右（合计偿还外债本息银为 3 440 万两左右，最多的一年偿还 451 万余两）。光绪二十年（1894 年）中日甲午战争爆发，由于战时军费支出以及战后赔款，清廷不得不连续举借外债，随后，偿还外债更成为清廷的重负，如光绪二十二年（1896 年）户部所奏：

> 近时新增岁出之款，首以俄法、英德两项借款（指 1895 年俄法借款 4 亿法郎，1896 年英德借款 1 600 万英镑）为大宗。俄法借款计一年共应还本息二千一百十五万四千七百五十二佛郎，现在佛郎合银时价核算，约需银五百余万两。……英德借款计一年共还本息九十六万六千九百五十二镑，照现在金镑时价核算，约需银六百数万两。……二者岁共需银一千二百万两上下，益以所借汇丰、克萨（指汇丰借款、克萨镑款）及华商等款（指瑞记洋款）本息，并袁世凯、宋庆、董福祥、魏光焘等军饷乾则，岁增出款已不下二千万两矣。国家财赋出入，皆不常经，欲开源而源不能骤开，欲节流而流亦不能骤节，其将何以应之？此非各省、关与臣部分任其难不可。①

在这基础之上，光绪二十四年（1898 年）因"日本赔款尚欠七千二百五十万两，若不续借巨款，照约于二年内还清，则已付之息不能扣回，威海之军不能早撤，中国受亏甚巨"，又向英德续借 1 600 万镑（约合银 1.12 亿两）之巨款，② 每年的偿还外债支出遂达到 2 400 万两左右，③ 约占岁出的 25%。当时的财政状况已略如赫德

---

① 参见《中国海关与英德续借款》（帝国主义与中国海关资料丛编）所附光绪二十二年五月一日户部奏折，中华书局 1983 年版。按：1200 万两债款本息分别有关税、地丁杂税、盐课、盐厘、货厘等项下摊还。户部奏折另附有《部库及各省、关认还借款清单》，可以参看。

② 参见《清朝续文献通考》卷 71，《国用九》，第 8273 ~ 8274 页。

③ 光绪二十五年为 2227 万余两，二十六年为 2372 万余两，二十七年为 2456 万余两，二十八年为 2440 万余两，二十九年为 2408 万余两各不等。见《中国海关与英德续借款》第 52 页。

所说：

> 根据户部从残存案卷所编制的最近财政收支清表，岁入约八千八百万两，而岁出据说需一亿零一百万两。岁入的四分之一以上须用于偿还旧债，收支相抵不敷部分，仍是一种亏欠，还没有款项抵还。

> 事实上用这样多的收入偿还旧债，是造成入不敷出的原因，因为所有这些债款的支付，都是政府从北京和各省的行政经费中扣除下来的。没有新的收入来应付新的支出。因此，如果再从收入项下提款，入不敷出的数字更要增大，欠债更多，财政势必破产。①

此后，外债与赔款俱增，据度支部所办宣统三年（1911 年）预算，每年的外债与赔款支出已达 5 164 万余两。② 仍是岁出之大宗。

再次是赔款支出。

赔款支出不惟是财政上的负担，而且烙印着中国近代历史上的耻辱。据汤象龙先生研究，自第一次鸦片战争以至清末，在 50 年的时间中，大小赔款一百数十次，"有因战争失败而成立的，有因教案发生而成立的；有由中央政府偿付的，有由地方政府偿付的"。其中以清廷的军事赔款与财政的关系最为密切，也最为重要，此类赔款有五次：一是道光二十二年（1842 年）鸦片战争赔款 2 100 万元（以一元折银七钱计，合银 1 470 万两）；二是咸丰十年（1860 年）英法联军赔款 1 600 万两；三是光绪七年（1881 年）伊犁赔款 500 万两；四是光绪二十一年（1895 年）日本赔款 2.3 亿两（赔日本军费 2 亿两，退还辽东半岛赔款 3 000 万两）；五是光绪二十七年（1901 年）八国联军赔款 4.5 亿两。此五次赔款合

---

① 1901 年 3 月 25 日《赫德致北京公使团赔款委员会意见书》，见《中国海关与义和团运动》，中华书局 1983 年版，第 64 页。

② 《清史稿》卷 125，《食货六》。

计，款额已达 7. 157 亿两之巨①。如果再加上分期偿款的利息，数额更巨，如八国联军赔款（即所谓"庚子赔款"）摊还期为 39 年，年息四厘，本息合计接近 10 亿两（赔款本额 4. 5 亿两，赔款利息5. 3 亿余两）。

应该说，前三次赔款支出尚在清政府的财政承受能力之内，清政府分别在地丁、盐课、关税、商捐、兵饷、厘金等项下支付，据统计，鸦片战争赔款来源及比例如表 7-8：②

表7-8　　　　　　　　鸦片战争赔款支出与来源

赔款来源	银　　两	百分比 %
关　　税	6 388 000	43. 28
地　丁*	3 125 800	21. 18
盐　　课	601 200	4. 07
兵　　饷	650 000	4. 40
商　　捐	3 995 000	27. 07
合　　计	14 760 000	100

＊其中包括少量关税、盐课、无法剔除计算。

可见，在偿付鸦片战争赔款中，关税（这里是粤海关税银）所占比例最大，从关税中支付的银两，约占粤海关同期税收的75%（1843—1846 年度，粤海关收银 8 559 995 两，拨付赔款银为6 388 000 两），事实上已经开了用关税作为赔款主要经费来源的先例。在偿付英法联军赔款时，又在条约中正式规定了用关税作为赔款的担保，1 600 万两赔款，由江海关、镇海关、九江关、江汉关、

①　参见汤象龙：《民国以前的赔款是如何偿付的》，原载《中国近代经济史研究集刊》第 2 卷，第 2 期，1934 年，该文已收入《中国近代财政经济史论文选》，西南财经大学出版社 1987 年版。

②　彭泽益：《十九世纪后半期的中国财政与经济》，人民出版社 1983 年版，第 16 页。

浙海关、闽海关、粤海关等海关扣付的银两即达 1 434 万余两，约占赔款额的 90%。① 偿付伊犁赔款时，在关税、田赋附加税之外，又将厘金作为重要的偿款税源。这意味着前三次赔款虽然清朝政府的财政能力尚能承受，但迫不得已把当时的重要税源作为抵注。

后两次赔款支出则使清朝政府财政走向崩溃。甲午战争对日本赔款 2.3 亿两（如果再加上利息，则达 2.4 亿两以上），如此巨款，清政府已无能力承担，不得不转借外债以偿赔款，其情形如表 7-9：②

表 7-9　　　　　　　　　甲午赔款举借外债情形

借债时间	借债名称	借款额	折合银两	年息	期限
光绪二十一年	俄法借款	4 亿法郎	90 517 516	4%	36 年
二十二年	英德借款	1 600 万英镑	97 622 400	5%	36 年
二十四年	英德续借款	1 600 万英镑	112 776 780	4.5%	45 年

以上三项借款共计 3 亿余两，赔款转而成为长期的外债负担（加上前几次借款，每年须偿还本息 2 400 余万两，已如上述），而且，此三项借款分别以关税、货厘、盐厘担保，清廷财政更受制于债权国。此后的庚子赔款 4.5 亿两，更非清政府所能支付，按照上揭赫德《致北京公使团赔款委员会意见书》中的出谋划策以及随后签订的《辛丑条约》，规定此项赔款由清政府发出债券交由各国收执，分作 39 年摊还，年息四厘，4.5 亿两赔款，加上逐年利息，遂申算为 9.8 亿余两之额，赔款又转为外债负担，并由三大收入担保、摊还：（1）关税担保前此借款以外的剩余，以及关税增加百分之五所得之收入；（2）各通商口岸五十里以内的常关税收；（3）盐税担保前此借款以外的剩余。据统计，各省、关每年所摊还的赔

① 参见上揭汤象龙文。
② 据徐义生：《中国近代外债史统计资料》表一，《从甲午中日战争至辛亥革命时期清政府所借外债表》编制。中华书局 1962 年版。

款银额在 2 500 万两左右，具体情况如表 7-10 所示①：

表 7-10　　　　　　　**各省关历年摊还庚子赔款统计**　　　　　单位:两

年　　代	各省摊还数	各海关摊还数	合　　计
光绪二十八年(1902 年)	21 212 500	3 198 367	24 410 867
二十九年(1903 年)	21 162 500	3 005 368	24 167 868
三十年(1904 年)	21 137 500	3 641 784	24 779 284
三十一年(1905 年)	21 212 500	3 756 880	24 969 380
三十二年(1906 年)	21 212 500	4 172 083	25 384 583
三十三年(1907 年)	21 212 500	4 109 156	25 321 656
三十四年(1908 年)	21 212 500	3 849 803	25 062 303
宣统元年(1909 年)	21 212 500	3 811 276	25 023 776
二年(1910 年)	21 212 500	3 935 118	25 147 618
总　　计	190 787 500	33 479 835	224 267 335

在庚子赔款之前已有其他负债，如果将此前的负债合而计之，开始庚子赔款之年的外债、赔款支出已在 4 700 万两以上，表 7-11 即是光绪二十八年（1902 年）的外债、赔款额数以及税项来源比例：②

表 7-11　　　　　　　**光绪二十八年债款摊解**

赋税厘捐种类	摊解额（两）	百分比 %
地丁税捐	27 736 657	58. 12
关税与洋药税厘	11 160 250	23. 38
盐课与盐厘	8 827 093	18. 50
合　　计	47 724 000	100

---

①　据上揭汤象龙文。

②　据徐义生：《中国近代外债史统计资料》表九，《各省关按年摊解八项债款本息表》编制，中华书局 1962 年版。

　　这项支出约占当时清政府财政收入额的40%和支出额的30%，由此可以了解清廷的财政负担是如何的沉重，由此也可以了解当时各种税捐的迅速增加和搜括的加剧。

　　上述军费、外债和赔款是晚清最主要的三项支出，而且这三项支出有着密不可分的连带关系，一如上揭汤象龙先生在《民国以前的赔款是如何偿付的》文中所指出的："一旦对外战争爆发或对内镇压农民起义，政府军费随之膨胀；军费膨胀，外债即随之。及对外战争结束，赔款又随之。或因赔款难偿，外债又随之。此种连带的关系构成中国近代财政史的主要基础之一。"就其财政支出的性质而言，晚清的军费支出与清代前期的军费支出相比，虽然在支出数额、支出结构方面都发生了变化，但不管是其对内用于镇压人民起义或平定叛乱，还是对外防边御侮，都是为了维护封建统治。编练营勇、操练海军，是有感于"绿营之无用"，有感于"其不能当大敌、御外侮"，甚至连"土匪、盐枭亦不能剿捕"[①]；后来的编练新军，则是有感于"一代有一代之兵制，一时又有一时之兵制，未可泥古剂以疗新病"[②]。另外如购置洋枪、洋炮、兴办军事企业等，在支出政策导向上具有"自强"的意味，应该是值得注意的。至于巨额的军费支出所带来的对内镇压凶残、对外不足以御敌的后果，则是清朝政府反动性与腐朽性的集中体现。外债支出与赔款支出不但标志着清政府的腐败和财政的崩溃，而且也反映出西方列强对中国侵略程度的加深。从外债的用途来看，甲午战争之前举借43笔外债，银额约为4 600万两，用途如表7-12所示：[③]

---

　　① 张之洞：《遵旨筹议变法折》，见《张文襄公奏稿》卷32。

　　② 《清朝续文献通考》卷204，《兵三》，第9517页。

　　③ 据徐义生：《中国近代外债史统计资料》第4～10页所列表重新编制，中华书局1962年版。

表 7-12　　　　　　　甲午战争之前外债用途分类

类　　　别	银额（两）	百分比%	备　　　注
军费支出	34 279 974	74.53	用于轮船招商局、铁路、织布局
实业支出	4 705 640	10.23	
河工支出	2 333 955	5.08	用于河南郑工、山东河工
消费性支出	4 500 000	9.78	修建颐和园及三海、南海用款
其　　　他	173 400	0.38	出使经费及恤款
合　　　计	45 992 969	100	

　　上列表一目了然，所借外债主要用于军事，特别是其中有 983 万两直接用于残酷地镇压人民起义，愈显反动。在财政入不敷出之时，用 450 万两的外债修建供统治者寻欢作乐的园林，也充分反映出清政府的腐朽。实业借款及河工借款虽具有积极意义，但比例毕竟很小。甲午战争以后的借款（1894—1911 年）总额为 12 亿两，用于铁路、工矿的借款略有增加（占 29.6%），但主要的则是为了赔款（占 59.9%）。① 明显标示出列强对中国的掠夺。所借外债都附有苛刻的政治和经济条件（包括高额债息，用关税、厘金、盐课、地丁杂税等主要税收担保，攫取海关管理权、开埠通商权、修筑铁路权、开矿权以及优先购买债权国商品等），列强正是通过借债（资本输出）实施对中国的财政及社会经济的控制。正如列宁在《帝国主义是资本主义的最高阶段》中所说："资本输出的利益也同样地促进对殖民地的掠夺，因为在殖民地市场上，更容易用垄断的手段排除竞争者，保证由自己来供应，巩固相当的'联系'等。在金融资本的基础上生长起来的非经济的上层建筑，即金融资本的政策和意识形态，加强了夺取殖民地的趋向。"② 毛泽东《在中国革命和中国共产党》一文中更是一针见血地指出："帝国主义

---

　　①　参见徐义生：《中国近代外债史统计资料》第 90 页所列表。中华书局 1962 年版。

　　②　《列宁选集》第 2 卷下册，人民出版社 1972 年版，第 804 页。

列强经过借款给中国政府，并在中国开设银行，垄断了中国的金融和财政。因此，它们就不但在商品竞争上压倒了中国的民族资本主义，而且在金融上、财政上扼住了中国的咽喉。"① 这一点，早在1896 年英德、俄法借款时盘踞中国海关总税务司要职的赫德就向伦敦政府表白过："中国必须筹借更多的钱……总理衙门问我是否愿意负责管理内地的土产鸦片，各通商口岸的常关、厘金、盐税等，如有可能，也都将交我管。我想法国和俄国正在企图控制中国的内地税收，交换条件是中国可以从此不再为了钱而为难。中国如果吞下这块钓饵，下一步就将被吞并了。"在争得 1898 年的英德续借款后，赫德又得意地说："新借款一千六百万镑的草合同已签字。总理衙门已听从我的意见，应允由我管理盐税和厘金，以每年约五百万两的收入，作为借款担保，并允将来扩大管理范围。"此事除经济上的丰润外，并且有"政治上的重要性"②。这里揭示的意蕴已是再清楚不过。甲午战争以后巨额的赔款支出或转借外债，不惟是列强对中国掠夺和控制程度的再次加深，而且依据《马关条约》、《辛丑条约》规定，款额要在各主要税种中分期摊还、抵付，这样，一方面是分期摊还、抵付，使财政支出变态性膨胀③，另一方面又竭力搜刮，使财政收入也变态膨胀，但因收入的相当一部分是偿款所需，政府的实际收入反而减少，致使晚清财政陷入重困而不能自拔。即使清廷灭亡后，这一问题也依然困扰着后继政府。

---

① 《毛泽东选集》第 2 卷，人民出版社 1991 年版，第 629 页。

② 《中国海关与英德续借款》（帝国主义与中国海关资料丛编），中华书局1983 年版，第 3~4 页，第 36 页。

③ 参见孙文学主编：《中国近代财政史》，东北财经大学出版社 1990 年版，第 115 页。

第 八 章

钱粮的征解与奏销

钱粮征解与奏销的规范或者失控，直接关系到政府的财政收入与支出，并与吏治的好坏、纳税者的承受能力、财政体制等问题相关联。严格地说，钱粮的征解与奏销属于财政制度的范畴，但在制度的制定与更张过程中，财政政策的导向作用十分明显。

一、钱粮征解的相关问题

乾隆《大清会典·户部·田赋》在叙述田赋征解时说：

> 凡直省田赋，由州县官征解，布政司执其总而量度之，或听部拨解京，或充本省经费，或需邻省酌剂。岁陈其数，析为春秋冬三册，由巡抚咨部。春二月，秋八月，冬十月。部受其计簿，核其盈绌，授以式法，列其留存、拨解之数，以时疏闻，以定财用出纳之经。

这只是概其要而言之，钱粮的征解事实上包括了钱粮催征、运解京饷（起运）、运解协饷（协拨、拨协或协济）、选委解官、防护饷银、收粮上仓、运解漕粮、漕粮改折、钱粮催科考成等内容。有些问题具有关联性。在这里，我们主要分析两个问题：一是在钱粮催征过程中胥吏的盘剥及其限制，二是钱粮催科考成的制定与更改。①

1. 胥吏的盘剥及其限制

陈支平已经指出："中国封建社会传统的税收政策，是以个体生产者（个体家庭）为直接征收对象的，而不似西欧封建社会那样由诸侯庄园主附庸进贡的方式来支持皇室。然而，中国的中央集权者们并不能从个体生产者那里取得赋税，于是，一个庞大的官僚阶层，便成了沟通封建国家中央政府和个体生产者之间赋税转移所必不可少的中间环节。因此，中国封建社会的赋税徭役系统，实际是由三个层次所构成，即中央政府皇帝——官僚阶层——个体生产者，个体生产者把赋税徭役上纳给官僚阶层，由官僚阶层转达于国家中央政府和皇帝。这种三层次的赋税系统为官僚阶层们谋取经济利益造就了良好的条件。也就是说其赋役系统自身就孕育着官僚地主们与封建国家争夺经济权益的必然性。"② 官僚阶层，特别是府县官员，接近税源利地，借催征、解纳钱粮之机而刮财射利、贪污中饱已是众所周知。但尤其值得注意的是，胥吏这一个重要的阶层，虽然不在封建官僚流品之内，但"位卑"而不"权轻"，"有司派征钱粮，皆假吏胥里书之手"③，甚至有人说道："小民之畏书吏甚于畏官，而其畏粮差，甚于畏书吏，盖粮差者执役至贱，人品

---

① 当然，与此相联系的在钱粮催征过程中的"包揽"问题也是值得注意的，这方面的研究论文可参见［日］西村元照：《清初的包揽》，《东洋史研究》第35卷3号，1976年。［日］山本英史：《清初的包揽问题》，《东洋学报》第59卷1、2合号，1977年；《绅衿对税粮的包揽与清廷的对策》，《东洋史研究》第48卷4号，1990年。

② 陈支平：《清代赋役制度演变新探》，厦门大学出版社1988年版，第114~115页。

③ 《清世祖实录》卷57，顺治八年六月辛酉。

极于下流，视舞弊为本分，以勒索为惯常。"① 他们实际充当着粮册编造、催征钱粮、摊派徭役等角色，其在催征钱粮过程中的种种盘剥、贪婪行径也就与非法征收、额外勒索联系在一起。

关于此，清初臣僚已是议论纷纭。

冯杰称："臣目击黎元疾苦……如征赋一事，往时'赤历'必由道府查算用印，以防暗加；今赤历多不由道府印发矣。里长领散户，由前开应征则例，后开本户地粮，照单封纳，今州县多不给散户，由奸胥上下其手，谁其问之？往时见役催里长，里长催花户，近多用衙役执催单，所索酒饭钱、脚力钱，又有掇限钱，常倍于本贫户之正银者。"②

陈之遴称："窃惟天下有司剥民之术大要，应征钱粮数目不使民知，任其（胥吏）明加暗派，敲扑侵肥，（小民）无凭申诉。"③

熊一潇称："钱粮一项，万绪千端，势必假手吏胥……吏胥自权在手，一味玩弄，任意侵渔。"④

慕天颜在《请永行均田均役疏》中也曾历数差役使之害："差役之为害，本司前经列示，而州县独于粮里之中为尤甚，如图差、区皂、经催、分管等名色，各有不同，总一役而异其名也。因上行革去此等差名，遂易一称呼，人仍其旧，此辈盘踞衙门，承袭顶首，粮户甲催供其鱼肉，秋收夏熟饱其鲸吞，一认役必开派使用数端，一开仓必妄取公费几两，而包收侵唆，必累重征，赴限应差，又索东道，此坐图之差扰也。而承票拘拿之虎役，更有甚焉，摘一户名，先索见面钱，临比时，完者亦云代候比较，勒索酒钱，若未完者，则害不可名状矣。带比受杖，则有手轻钱、照料钱，正身营脱，则有买嘱钱、代杖钱，身经痛苦，复要知会该房，一票未销，

---

① 广东清理财政局：《广东财政说明书》卷2，《岁入门·田赋上》。

② 《明清档案》第1册、第113件，顺治元年八月二十五日户科右给事中冯杰启本。

③ 《明清史料》丙编，第4本，顺治十年四月二十三日户部尚书陈之遴揭帖。

④ 档案，康熙十二年七月二十五日熊一潇题：《为江南国赋多逋等事》。

再发签差，催皂层见迭出，而前欠一两，用费至二两。"①

何承都在《条陈赋役利弊疏》中则总结出"征比、支销、借题"三弊，其征比之弊云："夫征比款件，一依部文，然长吏追呼，愚民奚知？胥执簿以敲，惟恐或后；一履吏之庭，鞭扑笞责，魂惊魄悸，安敢诘而问焉。追比已盈，吏收券而焚之，小民即控诉抢吁，而已无案可结矣。上下相蒙，百姓胶骨。"

赵廷臣在《请定催征之法疏》中又揭示了催征八弊："恶劳喜逸，不亲簿书，一也；假手户书，任其作奸，二也；止核里欠，不稽户欠，临比不清，移甲为乙，三也；里立图差，责比催办，入乡叱哮，坐索酒食，欠者贡金，完者代比，四也；一月六卯，限勒期迫，四乡之民，仆仆道路，公私咸误，五也；见征带征，并日而比，民无适从，而皆拖欠，六也；军需不可缓也，而开征则数溢于军需，协饷不可缓也，而追比则过倍于协饷，起、存宜有后先之分也，而催征则无分起、存，七也；棰楚列于堂下，拶夹并于一刻，小民畏一时之刑，有重利称贷、减价变产而不顾者，虽明知剜肉医疮，且救目前，不复计死，八也。"同时，"八弊之外，又有坐管经承之费，有坐差摘追之费，有奔比赴比之费，有守候应比之费，有转限宽比之费，有请人代比之费"。因此，赵廷臣感叹道："小民止有此膏血，多一分之旁费，必至少一分之正供。坐此积弊，粮终不完，而民日以困；不特民困，官亦受累。然则，催科非能病民，而以催科病民者，不得其人与法也！"

此外，姚文然的《请除折漕混冒疏》，陆世仪的《论赋役》，曾王孙的《勘明沔县丁银宜随粮行议》等又分别揭示了胥吏在征漕、差丁过程中的"上下其手"、"表里为奸"②。

在盐课、关税、杂税的征收中，胥吏的盘剥与贪婪也很突出，兹再各举一例。

吕星垣在《盐法议》中曾针对盐政弊端提出了"盐法六议"，即所谓："励官廉以清源"、"严功过以督捕"、"恤商本以藏富"、

---

① 乾隆《江南通志》卷68，《食货志·田赋二》。

② 以上未注明出处者均见《皇朝经世文编》卷29～30，《户政》。

"恤丁力以培本"、"通引额以裕课"、"谨私渡以防漏",这六个问题都与"胥吏通线索"、"胥吏蹈瑕,格外需索"、"胥吏上下其手"有关。①

徐旭龄在指摘关政之弊时称:"今日民穷极矣,所恃通财货之血脉者,惟有商贾,乃今商贾以关钞为第一大害。臣推原其故,总由于官多、役多、事多,有此三患,故商贾望见关津,如赴汤蹈火之苦也……至旧役盘踞,屡经严禁而如故者,各关既就近招募,则此辈衙门情熟,易于上下相蒙……有子供役,而父在外收银,弟供役,而兄在外需索,不惟旧役不能禁,一役反化为二役矣……"②

黄六鸿在言及杂征时说:"催征有法,而百姓不得受其累;比较有法,而胥里不得播其奸……杂课之于田房当税,乃有力之交易,吾虽栉比而稽,尚无损于心肉。至如牛驴等项,小民日用之需,若翼征蹄算,贾贩将裹足不前,民用因之日缩而价腾;牙行身帖,市侩养生之具,彼终岁早夜奔驰,不惮严霜烈日而仅获此蝇头,以活父母妻子。尤必剜筋剔髓,而诛索无遗,是官与胥争搏蚀于小民矣。"③

胥吏在催征赋税钱粮过程中的盘剥及非法行径,无疑会对正常的钱粮征收带来弊害,种种弊害的产生,有的是地方官"蒙蔽不知",有的则是地方官与胥吏、差役、里长等"通同作弊"。

对于上述弊端,清廷曾采取过许多措施加以限制。在上揭顺治元年(1644年)八月户科右给事中冯杰的启本上,摄政王曾经朱批:"这本说除害事情,亦有可采。里长照旧催粮,不许衙役下乡滋扰。该部即与议覆。"这是最早的措施之一。其他措施,兹根据《大清会典事例》简要排列示之④:

---

① 《皇朝经世文编》卷50,《户政》。另参见陈锋:《清代盐政与盐税》,中州古籍出版社1988年版,第125~135页。

② 徐旭龄:《省官役以清关弊疏》,见《皇朝经世文编》卷51。

③ 黄六鸿:《杂征余论》,见《皇朝经世文编》卷29。

④ 参见光绪《大清会典事例》卷95,《吏部·处分例·书役》;卷106,《吏部·户部·处分例·关税考核》;卷106,《吏部·处分例·严禁苛索税羡》;卷171,《户部·田赋·催科》;卷172,《户部·田赋·催科禁令》;卷231,《户部·盐法·禁例》;卷239,《户部·关税·禁令》。

顺治十年（1653 年）题准："州县官不许用孤贫衙役，恃老行凶，不乡催征。"又题准："令各关差刊示定例，设柜收税，不得勒扣火耗，需索陋规，并禁关役包揽报单。"

顺治十二年（1655 年）覆准："江南财赋繁多，经征诸役，包揽侵渔，保长歇家，朋比剥民，令严行查访，勒石永禁。"

顺治十七年（1660 年）题准："有钱粮已完，吏役混开者，果属冤抑，许诉理开复，经手官役及院、司、道、府分别议处。"又题准："盐船过关，止纳船料，如有藉端盘验、额外苛求者，以枉法治罪。"

顺治十八年（1661 年）覆准："州县征收钱粮，务将各区花名缮造粮册，使纳户细数与一甲总额相符，易于摘催。又，州县官不许私室秤兑，各置木柜，排列公衙门首，令纳户眼同投柜，以免扣克。又覆准，布政司及州县征收钱粮，均遵部颁法马秤兑，毋令奸胥高下其手。"

康熙九年（1670 年）题准："各关招募书吏，不许旧役更名复充。"

康熙十三年（1674 年）覆准："州县应征钱粮，许司、道行文，立限催提，不得差役扰害。"又题准："凡正身衙役及额定贴写帮差之外，有白役随所差衙役吓诈，未能查出之官，罚俸六月，若官员知系白役，于定数之外滥留应役，发给牌票，差遣公事，娄赃累民，按其所犯赃数，一两以下者，将本官降一级调用，一两以上者，降二级调用，十两以上者，革职。"

康熙十八年（1679 年）定："各处关差，如有将不应纳税之物额外横征，差役四出，踞津滥税，扰害商民者，该督抚即行题参，若不题参，事发照不揭报劣员例处分。"

康熙二十五年（1686 年）题准："衙蠹害民，令督抚访拿，司、道、府、州县等官举报。若司道府州县等官不报上司，照徇庇例降三级调用；不行题参之督抚，罚俸一年。其访拿衙蠹并赃私数目，年终造册题报。"

康熙二十八年（1689 年）覆准："州县催征钱粮，随数填入印票，一样二联，不肖有司与奸胥通同作弊，藉名磨对稽查，将花户所纳之票强留不给，遂有已完作未完，多征作少征者。今行三联印票之法，一存州县，一付差役应比，一付花户执照。嗣后征收钱粮豆米等项，均给三联印票，照数填写，如州县勒令不许填写，及无票付执者，许小民告发，以监守自盗例治罪。"

康熙三十九年（1700 年）题准："直省府州县陋规杂派，有遇差役因公济私、以一派十者，有年节派送礼仪者，有郡守之交际派之各属者，有府县卫所官出门中火路费、及跟役食用派之里民者，有上官差使往来派送规礼下程者，有起解饷银派出解费者。又道府有开征奏销之陋规，征漕有监兑下县及差人坐催之规例。凡此陋习，一概革除。又题准：征收钱粮，有公然科敛者，合邑通里，共摊同出，名曰软抬；各里各甲，轮流独挡，名曰硬驮。奸胥土豪，包揽分肥，苦累小民。皆勒石永禁。"

康熙四十二年（1703 年）覆准："州县征收串票内，分别注明漕项、地丁数目，如蒙混征比，该督抚即行指参。"

雍正二年（1724 年）议准："征收卯簿，行令各省督抚，严饬各属，务须亲对完欠，毋得假手户房书吏，倘有怠玩，即行题参。"

雍正四年（1726 年）覆准："各衙门考取书吏，细加查核，毋致有冒籍、冒姓、顶替诸弊。"

雍正五年（1727 年）覆准："江南各州县经征积弊，每开征时，于经承中佥点一名为总书，皆系奸胥承充，行令该督抚将总书名色革去。"

雍正八年（1730 年）议准："各省衙役犯赃，本官知情故纵者，照纵役犯赃例革职。其止于失察，实无知情故纵者，照在京部院司官之例，十两以上者，将该管官降一级留用，不及十两者，罚俸一年。令各省督抚于题参疏内，将本官或系知情故纵，或系失于察觉，详悉声明，分别议处。"

乾隆元年（1736 年）题准："州县收纳钱粮，务照定例，令纳户包封自投入柜，不许收书一涉其手，如有奸胥违例留包偷取情弊，该管府州即揭报题参。"

乾隆四年（1739 年）覆准："凡衙门胥役，阅历愈久，则贪诈愈甚，……如年至七十，即令其罢役，不许允当各项差使，如有设法盘踞、改易年岁者，严察分别治罪。"

嘉庆五年（1800 年）奏准："各省大小衙门，将不在公之人作为挂名书吏者，降三级调用；接任官不行查出，降一级留任。如系刺字革役挂名，接任官降二级调用。"

嘉庆七年（1802 年）议准："州县额征本色南秋粮米，查照征银之例，责成征收监放各员，亲身赴仓查验，毋得假手胥吏，以杜弊端。"

道光二年（1822 年）奏准："内外大小衙门书役犯赃，除本犯照例治罪外，本管官如通用婪索，不论银数多寡，皆革职提问；若纵令作弊得赃，亦不论银数多寡，皆革职。其止系失于觉察，如犯该杖徒者，本管官罚俸六月；犯该军流者，本管官罚俸一年；犯该斩绞者，本管官降一级留任。俱以首犯之罪名为断。自行访拿究办者，免议。"又议准："书役犯赃脱逃，将本管官先照犯该军流例，罚俸一年；俟日后获犯审明，再照罪名轻重改议。"又议准："蠹役得赃，承审官已将索诈实情审出，故为改重就轻者，革职。"

以上示例可以看出，具有法律性质的各种条文对胥吏盘剥的限制，一方面与第四章所述赋役制度的整顿相一致，另一方面则包括了对私征、滥征的清理，陋规的禁革，招募胥吏人选的要求，胥吏犯赃惩治，胥吏非法对各管官的处罚等。种种条文的不断颁布，意味着种种弊端的不断滋生，在传统的专制制度之下当然不能指望几纸条文的限制就能弊绝风清，但也应该注意到，条文颁布的本身，也正是发现弊端、督抚题参、整饬吏治的结果，赖此，胥吏盘剥有所收敛，官、吏联手作弊有所顾忌，至少在一段时间内是起作用的，其意义不可忽视。

2. 钱粮催科考成的制定与更改

可以说，吏治不清是任何统治者都要关心的问题，但这种关心一般是在物议纷纭、弊端凸显、矛盾激化之后，大多缺乏主动清厘的意识。对催科考成的制定就有所不同了，我们注意到，为了军国要需，清廷对财政的考虑更甚于对吏治的关心，不惜制定严厉的考成则例，督促地方官血比穷追，以保证赋税钱粮征收的足额或溢额。

在清初财政收入有限、军费支出巨大的情况下，清廷已开始对主管田赋征收的地方官施加压力，顺治七年（1650 年）题准："督征钱粮，知府、直隶州知州，以所辖各属之完欠计分数，布政使司，以通省之完欠计分数。"① 若督征钱粮不完，分别议处。顺治十二年（1655 年），根据户科都给事中朱之弼的疏请，又具体规定："布政使、知府、直隶州知州，俱应通计所属钱粮完欠，照州县一体参罚。十分全完者，优升。欠一分，罚俸六个月，照常升转；欠二分者，住俸；欠三分者，降职一级；欠四分者，降俸二级；欠五分者，降职一级；欠六分者，降职二级。俱戴罪督催，停其升转，俟完日开复。欠七分者，降职一级调用；欠八分者，降职二级调用；欠九分、十分者，革职。"② 是时，由于"钱粮积欠多而考成严"，导致"官多降调"，两江总督郎廷佐因此要求"将考成规则去其降调之例，重不过改职戴罪，仍令在任，课其成功"，以便官员"安心治理"，顺治帝览奏后认为"其言深切时弊，下所司详议"③。随后，顺治帝又谕称："钱粮系军国重务，有司考成自不能宽，但近来参处拖欠，降调纷纭，新旧交代，反误催征，官虽屡更，拖欠如故。以后因钱粮降调各官，俱著带所降之级在任督催，完日开复。"④ 在顺治帝的这一谕令下，顺治十四年（1657 年）十二月，户部又重新更定了考成则例："州县官欠七分者，降职四级；欠八分者，降职五级。布政使、知府、直隶州知州欠八分者，降职四级；欠九分者，降职五级。俱戴罪督催，完日开复。"⑤ 这一规定，事实上要比前定考成则例减轻许多。之所以如此，除了"降调纷纭，反误催征"外，也是由于当时在战乱的情况下，"天下之民有圈地之苦，有逃人之苦，有喂养马匹供应大兵之苦，有封

---

① 乾隆《大清会典则例》卷 37，《户部·田赋四》。
② 《清世祖实录》卷 88，顺治十二年正月辛丑。
③ 《清世祖实录》卷 108，顺治十四年三月甲寅。
④ 《清世祖实录》卷 112，顺治十四年十月庚午。
⑤ 《清世祖实录》卷 113，顺治十四年十二月壬申。

船之苦……"等种种苦楚，"催科不宜太急"，"以示轸念民艰之意"。①

进入康熙朝以后，考成再次变得严厉，并进一步走向细密化。康熙二年（1663年）制定的考成则例与康熙四年（1665年）、康熙五年（1666年）补定的考成则例，基本上成为后来田赋催科考成的范本，兹不惮其繁，引述如下：

（康熙二年）题准：征收钱粮，本年内全完者，记录一次；三年相接均全完者，加一级。

又题准：地丁钱粮初参，经征州县官欠不及一分者，停其升转，罚俸一年；欠一分者，降职一级；二分者，降职二级；三分者，降职三级；四分者，降职四级；皆令戴罪催征。欠五分以上者，革职。布政使、知府、经管钱粮道员、直隶州知州欠不及一分者，停其升转，罚俸半年；欠一分者，罚俸一年；二分者，降职一级；三分者，降职二级，四分者，降职三级；五分者，降职四级；皆令戴罪督催。欠六分以上者，革职。巡抚欠不及一分者，停其升转，罚俸三月；欠一分者，罚俸一年；二分者，降俸二级；三分者，降职一级；四分者，降职二级；五分者；降职三级；六分者，降职四级；皆令戴罪督催；欠七分以上者，革职。

又题准：地丁钱粮被参后，催征时州县官限一年，布政使、道府、直隶州知州限一年半，巡抚限二年，其年限内不完，不复作分数，照原参分数处分。州县官原欠不及一分，年限内不全完者，降一级留任，再限一年催征，如又不能完，即照所降一级调用；原欠一分，年限内不全完者，降三级调用，如果能催征完至八九厘者，降三级留任，再限一年催完，如仍不全完，降三级调用；原欠二分，限内不全完者，降四级调用；原欠三分，限内不全完者，降五级调用；原欠四分以上，

① 姚延启：《敬陈时务疏》，见《皇朝经世文编》卷12。按：此疏又以《敬陈时务八款》之篇名，载《皇清奏议》卷14。

限内不全完者，革职。

（康熙四年）题准：州县官经征一应起运本年钱粮，五万两以下，一年内全完者，记录一次；五万两以上、十万两以下，一年内全完者，记录二次；十万两以上，一年内全完者，记录三次。督催知府、直隶州知州及经管钱粮道员，十万两以下，一年内全完者，记录一次；十万两以上、二十万两以下，一年内全完者，记录二次；二十万两以上，一年内全完者，记录三次。督催布政使，五十万两以下，一年内全完者，记录一次；五十万两以上、一百万两以下，一年内全完者，记录二次；一百万两以上，一年内全完者，加职一级。其监屯同知、通判，督催卫所屯粮全完，照经征州县官例议叙。如地丁粮银已完，而本色颜料并一应起解杂项等银未完者，不准议叙。至经征州县官，将未完之钱粮捏称全完转报，或一年内二三官征完之钱粮，捏为一官征完申报者，州县官革职，司道府官各降二级调用，巡抚降一级调用。如州县官申报未完，司道府作完申报者，司道府革职，州县官免议。如司道府申报未完，巡抚作完题报者，巡抚革职，司道府免议。

（康熙五年）覆准：州县官带征节年拖欠钱粮，二年内，全完一万两以上者，记录一次；二万两以上者，不论俸满升转。其知府、知隶州知州、经管钱粮道员，带征钱粮，二万两以上者，记录一次；四万两以上者，记录二次；六万两以上者，不论俸满升转。布政使带征全完十万两以上者，记录一次；二十万两以上者，记录二次；三十万两以上者，不论俸满升转。如带征钱粮全完，而经征钱粮不完，仍不准议叙。①

显而易见，康熙初年的考成则例已经相当完备，它既注意到了在考成中惩罚与议叙的结合，又注意到了经征钱粮之州县官与督征钱粮之上司官的分别对待，将不同职级的官员的利益与责任联结在

---

① 参见光绪《大清会典事例》卷107，《吏部·处分例·征收地丁钱粮》；卷173，《户部·田赋·催科考成》。

一起；既规定了征收钱粮的初参处分、续参处分，以及按征收钱粮多寡的议叙、带征拖欠钱粮的议叙，又规定了捏报钱粮的不同处罚等。这种考成则例的臻于完备，一方面反映了在政策的调整下，一种制度由不成熟到成熟的历程；另一方面则可以视作新形势下的因时制宜（如欠征、拖欠钱粮的严重化，捏报钱粮弊端的出现及其对策）。

在田赋催科考成之外，盐课、关税也同样有考成则例，其考成则例的制定与变更大致和田赋催科考成同步。不过，应该指出的是，盐课考成远比田赋考成繁杂，在产、运、销各个环节均制定有考成则例，包括了收盐考成、征课考成、销引考成、缉私考成等方面。① 由于终清一代私盐的泛滥，清廷为了官盐的畅销和盐税的征纳，对缉拿私盐非常重视，曾采取过许多具体的措施缉捕防阻私盐。一方面，在产盐之地实行保甲制和火伏制，在各行盐口岸设立缉私卡巡；另一方面，又颁布了诸如"灶丁售私律"、"获私求源律"、"夹带私盐律"、"买食私盐律"、"豪强盐徒贩私律"、"兵丁贩私律"、"巡盐兵役贩私律"、"旗人贩私律"等一系列严厉的刑律。与此相一致，又屡颁缉私考成，以督促有关官员对私盐的缉拿。

在这里仅对缉私考成加以分析，以窥其他类型考成的繁杂情况以及征税考成与相关考成的关系。

缉私考成条例繁多，除户部、吏部、兵部各定有考成则例外，各省区又分别定有相关条例，而且前后也多有变化。大致说，从考成类别来分，缉私考成可分为缉拿武装贩私考成、缉拿小伙贩私考成、缉拿邻私考成、缉拿场私考成等。从考成的前后变化趋势看，初定考成时，条例粗疏，且较注重于惩罚的一面，后来则渐趋严密，并注重于奖叙的一面。如缉拿场私考成，康熙十八年（1679年）规定："如有奸灶违禁私卖，立行提解究惩；倘官役疏忽透漏，察出，除玩灶律拟外，团保照知而不举之律与本犯同科，分司

---

① 参见陈锋：《清代盐政与盐税》，中州古籍出版社 1988 年版，第 41～53页。另参见陈锋：《清代盐法考成述论》，《盐业史研究》1996 年第 1 期。

场员照失察私盐之例特参处分。"① 而乾隆三十年（1765 年）之例已非常详明，且将失察或知情的运使、运同、运判、盐场大使等分别对待。②

在名目繁多的缉私考成中，清廷对缉拿武装贩私考成最为重视，兹以此为典型作考察。

康熙十五年（1676 年），首次制定了武装贩私考成则例，其例称：

> 凡旗人、兵民聚众十人以上、带有军器兴贩私盐，失于觉察者，将失事地方专管官革职，兼辖官降二级，皆留任，限一年缉拿，获一半以上者，复还官级，若不获者，照此例革职、降级。该督抚、巡盐御史如有失察官员，徇庇不行题参，照徇庇例议处。专管官一年内拿获十人以上，带有军器大伙私贩一次者，纪录一次；二次者，纪录二次，三次者，加一级；四次者，加二级；五次者，不论俸满即升。兼辖官一年内拿获三次者，纪录一次；六次者，纪录二次；九次者，加一级。拿获次数多者，均照此数纪录、加级。③

这种对"专管官"和"兼辖官"分别对待的考成，惩罚非常严厉，奖叙也很优厚。如果与缉拿小伙贩私考成加以比较，更显而易见。康熙四十四年（1705 年）题准的小伙贩私考成则例称："小伙兴贩私盐，该管吏目、典史、知州、知县等官，失察一次者，降职二级。失察二次者，降职四级，皆留任，戴罪缉拿。一年限满无获，罚俸一年，各带原降之级缉拿。如又年限已满不获，仍罚俸一年，各带所降之级缉拿，拿获私盐之日，皆准其开复。失察三次者，革职。道府、直隶州知州等官，失察一次者，降职一级；失察二次者，降职二级；失察三次者，降职三级，皆留任，戴罪缉拿。

---

① 档案，康熙十八年六月二十日卫执蒲呈：《奏缴事迹文册》。
② 光绪《大清会典事例》卷105，《吏部·处分例》。
③ 《清盐法志》卷6，《职官门·考成》。

一年限满无获，罚俸六月，各带原降之级缉拿。拿获私盐之日，皆准其开复。失察四次者，降三级调用。"① 缉拿小伙贩私考成的处罚显然要比缉拿武装贩私考成轻得多，另外，缉拿小伙贩私考成也没有奖叙的规定。之所以如此，除了考虑到二者发生的频率不同和缉拿难度不同外，其目的也在于鼓励鞭策官兵巡役首先缉拿大伙私枭。"向来匪类，大半出于盐枭"②，盐枭的武装走私，不仅影响着食盐的运销和征课，也对清廷的封建统治产生了威胁，这是不言而喻的。

康熙三十年（1691 年）后，清廷曾多次对缉拿武装贩私考成作过修改，从中可以看出缉私考成的总体变化趋势。

我们先来看考成中惩罚规定的变化。康熙十五年（1676 年）初定缉拿武装贩私考成时，处罚特别严厉，只要是对贩私"失于觉察"，专管官要受到革职留任的处分，兼辖官要受到降二级留任的处分。这种严厉的考成，造成了"官吏畏考成之法……私盐盛行，尽为盗贼，地方官员明知并不查拿"的后果。③ 基于此，康熙三十年（1691 年）覆准："十人以上带有军器兴贩私盐，失察各官，系本处拿获一半者，免其处分外，其本处虽未拿获，被别处全获者，亦免其处分。"康熙三十九年（1700 年）又议准："私枭党众，官兵不能拿获，或止获一二名，及兵丁被杀伤者，专管官、兼辖官皆免其处分。限一年缉拿，如不获，仍照旧例处分。"这里，有关处罚显然比前为轻，特别强调了官兵只要尽力缉拿盐枭，就可免除处分或暂免处分，以便使官吏督责兵丁巡役在限期内继续缉查。这种处罚的减轻，应该说更合乎情理。嘉庆五年（1800 年），对官吏的处罚又进一步减轻，该年议准："枭徒贩私，聚众十人以上，带有军器，拒捕杀伤人者，州县印捕官降二级留任，道员府州，罚俸一年，俱限一年缉拿。限满不获，专管官照所降之级调

①　光绪《大清会典事例》卷 105，《吏部·处分例》。
②　《清朝续文献通考》卷 35，《征榷七》。
③　嘉庆《两淮盐法志》卷 13，《转运·缉私》。

用，兼辖官降一级留任。"①

其次，再来看考成中奖叙的变化。与考成中惩罚的逐步减等相反，奖叙在逐步升级。如道光二十五年（1845年）议准："专管官一年内拿获大伙私贩一次者，纪录一次；二次者，纪录二次；三次者，加一级；四次者，加二级；五次者，不论俸满即升。应请改为拿获二次者，优叙加级；三次者，不论俸满即升。"这一规定，把康熙十五年（1676年）的拿获大伙私贩二次者纪录二次，改为优叙加级，拿获三级者加一级，改为不论俸满即升。赏格的升级是明显的。到同治年间，赏格又再次升级，据同治十二年（1873年）吏、户两部议定的考成则例称："专管官一年内能拿获大伙私盐一起者，加一级；二起者，加二级；三起者，不论俸满即升。兼辖官一年内统计所属，拿获大伙私盐一起者，纪录二次；二起者，加一级；三起者，加二级。每案一起，照此递加。"②

与赏格的升级相一致，对缉私兵丁巡役也大加赏赐。如乾隆元年（1736年）议准的两浙盐区条例："嗣后巡盐兵役能拿获大号海船，人、盐并获者，将盐船入官，私盐变价，即于变价银内赏给十分之四。"③又如乾隆五十六年（1791年）议准的两淮盐区条例："行销淮盐之江西、湖广、江南、河南各省，无论巡役兵民，但能拿获枭贩者，将拿获盐货车船头匹，全行赏给。"④再如道光二十六年（1846年）议准的长芦盐区条例："嗣后弁兵、县役、场巡、商巡捕获盐匪，除罪止杖枷各犯，仍照向例将所获私盐、器具、牲畜变价充赏外，如罪应似徒者，每名赏银十两，罪应军流者，每名赏银二十两，罪应斩绞者，每名赏银一百两，按名递加。擒获大伙巨枭，兵役、商巡破格重赏，文武官员从优议叙，以示鼓励。"⑤

上述缉私考成中处罚的减等与奖叙的升格，事实上从另一个方

---

① 光绪《大清会典事例》卷105，《吏部·处分例》。
② 《清盐法志》卷6，《职官门·考成》；光绪《大清会典事例》卷105，《吏部·处分例》。
③ 《清盐法志》卷181，《两浙·缉私门》。
④ 《清朝续文献通考》卷34，《征榷六》。
⑤ 《清盐法志》卷27，《长芦·缉私门》。

面反映出私盐的日益泛滥。

另外值得注意的是，尽管有缉私考成，还是多有虚应故事的现象，"怠玩成风，上下徇庇，以致国法不申，枭徒无忌"①。更为重要的是，缉私官兵为了应付考成，往往置真正的枭贩于不顾，对"不在禁约之列"的贩盐贫民却大肆缉拿，如两淮康熙十七年（1678年）"株连百余人"的盐枭案，就是肩挑背负的"失业之民"②。对此，清廷亦有所察觉，并于康熙五十年（1711年）议准："如有不肖官员贪图纪录，将贫难军民、肩挑背负易米度日之人，及外省来贸易之平民，滥作私贩查拿，私用非刑，害人致死者，将该员照诬良为盗例革职。如未经致死者，将该员降一级调用。"③ 这当然是很好的对缉私考成的补充，但实际情况却又不尽如人意，一如乾隆帝所谕："官捕业已繁多，而商人又添私雇之盐捕，水路又添巡盐之船只。州县毗连之界，四路密布。此种无赖之徒，藐法生事，何所不为！凡遇奸商夹带、大枭私贩，公然受贿纵放，而穷民担负无几，辄行抱执，或乡民市买食盐一二十斤者，并以售私拿获，有司即具文通详，照拟杖徒。又因此互相攀染，牵连贻害。此弊直省皆然。"④ 这也正反映出缉私中存在的问题及其相关联的吏治腐败。

前面所指出的钱粮催科考成在康熙初年已经相当完备，只是就一项政策的制定和基本格局的形成而言，并不意味着其在此后一成不变，以后的变更还是时有，并在两种情况下显现出特色。

一种情况是在军兴旁午、军费支出巨大、财政特别困难之下，为了勒催钱粮、维持收支平稳而实行特别考成。如在三藩之乱期间，"自滇黔告变，所在揭竿蜂起，盐无行销地，商皆裹足不前，至亦榛墟弥望，无所得售"⑤，为了应付销引难、征课急的局面，

①　档案，康熙十八年六月二十日卫执蒲呈：《奏缴事迹文册》。

②　嘉庆《两淮盐法志》卷44，《人物》。

③　光绪《大清会典事例》卷105，《吏部·处分例》。

④　档案，乾隆元年七月二十八日张廷玉题：《为钦奉上谕事》。

⑤　《清史稿》卷123，《食货四》。

就曾制定了比常例考成更为严厉的特别考成，只要将二者稍加比较，就可得出清晰的印象（见表8-1）：①

表8-1　　　　　　　　常例考成与特别考成比较

盐课欠额分数	常例考成处分	特别考成处分
一分以下	罚俸一年	降职一级留用
一分以上	降俸二级	降职二级留用
二分以上	降职一级留用	降职二级调用
三分以上	降职二级留用	降职三级调用
四分以上	降职三级调用	降职四级调用
五分以上	降职四级调用	革职
六分以上	降职五级调用	
七分以上	革职	

　　为了制表的方便，上表只是比较了对巡盐御史的常例考成和特别考成，后者显然要比前者严厉得多。对其他官员的考成也同样如此，如盐运使，原规定："盐课欠不及一分者，停其升转，罚俸半年……欠六分以上者，革职"；特别考成则改为：欠不及一分者，降职一级……欠五分者，革职。"再如兼管盐法的各省巡抚，原规定，"盐课欠一分者，罚俸三个月；欠二分者，罚俸六个月……欠十分者，降职四级"；特别考成更定为，"盐课欠一分，罚俸六个月；欠二分，罚俸九个月……欠九分，降职四级"，等等。同时，还制定了特别考成优叙例：

　　　　一年正杂额课及带征银两全完，御史准加一级。运司、提

---

　　①　档案，康熙十九年八月二十七日布哈呈：《两淮运司正杂钱粮文册》。参见陈锋：《清代盐政与盐税》第54～55页。按：常例考成制定于康熙三年，另可参见《清盐法志》卷6，《职官门·考成》；光绪《大清会典事例》卷230，《户部·盐法·考成》。特别考成制定于康熙十四年十二月十一日，一般典籍未载。

举司一年内全完，准纪录二次；一连两年全完，准加一级……巡抚一年全完，准其纪录一次；两年全完，纪录二次；一连三年全完，准加一级。①

一般地说，特别考成正是这种特别严厉的处分例和相对优厚的议叙例的结合。再就征收关税考成来看，三藩之乱爆发后于康熙十四年（1675 年）更定的考成例，除将原先的处分例"欠不及半分者，罚俸一年"，改为"欠不及半分者，降职一级留任"之外，还特别强调了征收关税的溢额议叙。本来，关税的溢额议叙，曾作为"各差冀邀恩典，因而骚扰地方，困苦商民"的一项弊政，于康熙四年（1665 年）废止②，康熙八年（1669 年）又再次重申："征收关税官，……其溢额者，亦不准加级纪录。"③ 而三藩之乱期间的溢额议叙又成了鼓励关差多征税银的法宝，康熙十四年（1675年）题准：

　　全完者，纪录一次。溢额每千两者，加一级；至五千两以上者，以应升先用。部差官员，不令督抚管辖。

康熙十六年（1677 年）又题准：

　　各关额税银二万两以上者，仍照前例议叙。万两以上者，额税全完，纪录一次。溢额半分以上；加一级；一分以上，加二级；一分半以上，加三级；二分以上，加四级；三分以上，以应升先用。数多者，递准加级。④

上述特别考成，在议定之初，清廷就曾声明："事平之日，仍照旧例考成。"应该注意到，非常时期的特别考成虽然过分注重惩处与优叙，但作为一段时间内弥足财力的一种应急手段，又有着不可忽视的作用。当然，由此而导致的苛扰纳税者的弊端也是明显的，康熙二十五年（1686 年）谕及"溢额议叙"时即称："近来各关差官，……既已充肥私囊，更图溢额议叙，重困商民，无裨国计，种种情弊，莫可究诘。朕思商民皆我赤子，何忍使之苦累？今欲除害去弊，必须易辙改弦，所有见行收税溢额即升、加级、纪录，应行停止。"①

另一种情况是随着钱粮"欠征"、"积欠"的严重化，出现了滥加议叙的倾向和考成的屡屡展限。上揭康熙四年、五年（1665 年、1666 年）的田赋催科考成中已经显示了经征本年钱粮全完和带征积欠钱粮限内全完的议叙例。从清代中期起，议叙标准大为降低，如嘉庆四年（1799 年）经征本年钱粮的议叙例，"州县官经征一应起运本年有分数钱粮，……其三百两以上，不及一万两，于奏销前全完者，纪录一次；一万两以上全完者，纪录二次……"，至五万两全完者，即加一级（原来无加级例，五万两以下纪录一次）。该年带征积欠钱粮的议叙例也同样优厚，"不及一万两者，纪录二次；一万两以上者，纪录三次……"（原定例一万两以下不加议叙，一万两纪录一次）。道光二十九年（1849 年）又再次奏准，"于照常议叙之外，量加优叙"，并且，视其成绩，或者"准该督抚奏请送部引见"，或者"准其指定应升之阶保奏"，等等。②

所谓考成的"展限"，就是延缓考成。这是清廷在钱粮积欠累累的困局面前，随着奏销的推迟，不得已而实行的措施。上揭康熙二年（1663 年）所题准的田赋催科考成中，已经有展限的规定，至乾隆十五年（1750 年），因"累累拖欠"，又视拖欠钱粮数额的多寡，分别展限，其中，州县官欠数在"五万两以上至十万两者，均作四年，十万两以上者，均作五年征完"，限内不完，分别议

① 《清圣祖实录》卷 124，康熙二十五年正月甲午。按：随即议准："有溢额者，停其议处。"

② 参见光绪《大清会典事例》卷 107，《吏部·处分例·征收地丁钱粮》。

处。因展限时间延长，展限期内官员调动，同时又规定了接征官员的考成："其接征之员，概以接征之日，另起初限。"由此导致新问题的出现，即如嘉庆十二年（1807年）上谕所指："地方官任意因循，征催怠惰，甚或有侵挪亏蚀情弊。……而上司护惜属员，往往曲为地步，凡涉参限将满，俾接征之员，另行开限，州县恃此规避之法，又复何所儆畏？无怪乎各省积欠如此之多也。"到晚清，甚至出现了"遂将全省钱粮数目，概不报部，更有于所属州县二参届限时，调署离任，巧为规避，延不开参"的严重情况。①

由于"引滞课疲"，盐课征收的考成展限，在清代中期以后更是习以为常，少则展限二三年，多则展限五六年不等，"迭次请展"、"递年推展"②。有些盐区的展限时间，更长达十年之久。③更有甚者，"各官任内有承督未完案件，于限内离任者，以罚俸一年完结"了事。④

滥加议叙和考成展限，虽然手段不同，反映的问题却是一致的，从总体上表明了清廷对钱粮欠征和清理积欠的努力。但是，滥加议叙和考成展限的本身已经意味着欠征、积欠问题的难以扭转，这一方面固然与吏治的腐败有关，另一方面也标志着在"本年之钱粮须完纳，历年之积欠又须带征"，以及"州县之勒派，胥吏之营求"之下，人民负担的沉重，尽管"勉强输将"，仍不能如数全完。⑤ 在这种背景和情况之下，一些对钱粮征收考成的重新整饬也是值得注意的。如光绪六年（1880年），户部奏"筹备饷需"一折，提出十条整顿办法，认为"自咸丰初年河工、军务迭起，部库存款拨放殆尽……现在库款存储无多，照常收放，尚可支持，设

---

① 参见光绪《大清会典事例》卷107，《吏部·处分例·征收地丁钱粮》；卷173，《户部·田赋·催科考成》。

② 王守基：《广东盐法议略》，见《皇朝政典类纂》卷75。

③ 档案，嘉庆八年十月三十日佶山呈：《两淮钱粮事迹文册》。

④ 档案，道光四年九月七日英和题：《为汇核等事》。

⑤ 《皇朝政典类纂》卷155，《国用二·节用》引邸钞。

有意外要需，则支应即形棘手"的情况下，必须着意整顿，其中"丁漕等项为入款之大纲，全赖封疆大吏认真率属竭力整顿，悉复旧额，毋令本有之财源视同废弃"，"欲除积弊，不得不思所变通，应请自此次奏准后，所有钱粮奏销，各依定限，令各该督抚一面具题，一面先将未完一分以上各员名开具简明清单，专折奏报，由部核定处分，先行具奏，仍各于题本内将业经具奏各员声明备核。间有未能依限具题省份，此项专折，仍应按限入奏。其有具奏后续完者，准其续行奏请，归本案开复。此外盐课、漕项，凡经手钱粮，入报销有关处分者，一律照此办理。庶经征人员有所儆惧，而帑项不致虚悬"①。此次整顿的关键之点是在重申定限考核，未完一分以上即遭处分的前提下，将钱粮考成与钱粮奏销紧密结合起来。

二、奏销行政组织职能与奏销程序

户部作为政府的财政中枢，"掌天下之地政与其版籍，以赞上养万民，凡赋税征课之则，俸饷颁给之制，仓库出纳之数，川陆转运之宜，百司以达于部，尚书侍郎率其属以定议，大事上之，小事则行，以足邦用"②。也就是说掌管一切财政经济事宜。在奏销方面，则"制天下之经费"与"国用之出纳"③。但清代实行的是分司理事制度，户部之下设有 14 个清吏司分掌事权。14 个清吏司的职掌在清代前后期略有变化，兹以乾隆《大清会典》与光绪《大清会典》所记分别示之（见表 8-2）：

---

① 《光绪朝东华录》（一），中华书局 1958 年版，第 863～866 页。
② 光绪《大清会典》卷 13，《户部》。
③ 光绪《大清会典》卷 19，《户部》。按：〔日〕佐伯富撰有《清代奏销制度》一文，可以参看，该文分作奏销的起源、雍正时代的财政整理、奏销制度、奏销的崩溃等问题。见东洋史研究会编《雍正时代的研究》，同朋舍 1986 年版。

表 8-2　　　　　　　清代前期与后期各清吏司的职掌比较

司　　别	乾隆《大清会典》所记职掌	光绪《大清会典》所记职掌
山东清吏司	掌稽山东布政使司及盛京民赋收支奏册，兼掌盐课请引疏销。	掌核山东布政司及东三省钱粮，兼掌盐课、参课及八旗官员之养廉。
山西清吏司	掌稽山西布政使司民赋收支奏册，兼掌游牧察哈尔地亩。	掌核山西布政司之钱粮。
河南清吏司	掌稽河南布政使司民赋收支奏册，兼掌游牧察哈尔以及围场捕盗官兵俸饷。	掌核河南布政司钱粮及察哈尔之俸饷，又掌报销之未结者。
江南清吏司	掌稽江苏、安徽二布政使司民赋收支奏册，兼掌江宁、苏州二织造有关钱粮支销奏册。	掌核江南三布政司钱粮及江宁、苏州织造之奏销，又掌各省之平余与地丁之逾限而未结者。
江西清吏司	掌稽江西布政使司民赋奏册。	掌核江西布政司之钱粮，又掌各省之协饷。
福建清吏司	掌稽直隶、福建二布政使司民赋收支奏册，兼掌直属内府庄田，以及游牧察哈尔地亩。	掌核直隶、福建二布政司钱粮与天津之海税，又掌直隶之杂款、赈济及官房租收入。
浙江清吏司	掌稽浙江布政使司民赋收支奏册，兼掌杭州织造支销奏册。	掌核浙江布政司钱粮及织造之奏销，又掌天下民数、谷数。
湖广清吏司	掌稽湖北、湖南二布政使司民赋钱粮有关收支奏销册籍。	掌核湖北、湖南二布政司钱粮与厂课，又掌耗羡之政。

续表

司　　别	乾隆《大清会典》所记职掌	光绪《大清会典》所记职掌
陕西清吏司	掌稽西安、甘肃二布政使司民赋收支奏册，兼掌行销茶引、在京汉官俸禄、外藩俸禄、巡捕三营俸饷及各衙门经费。	掌核陕甘新疆三布政司及粮储道之钱粮，又掌茶法及在京之支款（官俸、兵饷、公费、役食、杂支）。
四川清吏司	掌稽四川布政使司民赋收支奏册，本省关税及在京入官户口。	掌核四川布政司钱粮与其关税，又掌草厂之出纳、纸朱之奏销及入官之款，又汇奏天下收成之数。
广东清吏司	掌稽广东布政使司民赋收支奏册，兼掌八旗继嗣归宗、更正户口。	掌核广东布政司之钱粮与八旗继嗣之政令，又掌户差之更代。
广西清吏司	掌稽广西布政使司民赋收支奏册，兼掌京省钱局运铜鼓铸及内仓粮石支放与供应刍豆。	掌核广西布政司之钱粮及其厂税，又掌天下之钱法、内仓之出纳及矿政。
云南清吏司	掌稽云南布政使司民赋收支奏册，兼掌山东、河南、江南、江西、浙江、湖广等省岁运漕粮及京通仓储、江宁水次六仓收支考核。	掌核云南布政司粮储道之钱粮及其厂课，又掌漕政及八旗甲米的预报、发放，八旗及内务府官员俸米发放亦掌之。
贵州清吏司	掌稽贵州布政使司民赋收支奏册，兼掌各关各口征收税课。	掌核贵州布政司粮储道之钱粮与关税、貂贡。

　　如上，光绪《大清会典》所记各司职掌，大多比乾隆《大清

会典》所记有所扩大，① 只有山西清吏司的职掌缩小。各清吏司的职掌是依其事务繁简而均匀定之，不大可能让山西清吏司的职掌独简。所谓"只有山西清吏司只管本省钱粮，不兼办其他事务"②，是值得怀疑的。王庆云《石渠余纪》称："户部山西司奏销红册为一岁国用出入总汇之本。"③ 据此一语，即可知山西司在奏销方面的职掌相当重要。但乾隆与光绪《大清会典》均缺记。据嘉庆《大清会典》记载，山西清吏司"掌核山西布政使之钱粮，凡各省岁入岁出之数掌焉。每年各省额征之数为岁入银，支销之款为岁出银。以所入抵支所出有余省份，或入拨解部，或留协邻省；不敷省份，或于旧存及杂支项下动用，或由邻省协拨。于各省奏销到齐之后，分款汇缮清单，具折奏闻。凡岁入岁出，具将上年数目多寡，开列比较。额征之数，因地丁蠲缓不同，盐引行销无定，杂税、关税，例系尽收尽解，不能一律。支销之款，系循例支给者，与上年或相同，或较多较少；系随时动用者，或上年所有，今年所无，或上年所无，今年所有。均分别列款。并将俸工旷缺不齐，兵饷、驿站预提先后不一，协拨银两数目无定，与上年互有多寡缘由，清晰声叙。盐课、关税项下支销款目无多，其留充本省兵饷、赈济及拨解河工银两，亦列入岁出项下开造"④。结合上揭《石渠余纪》所

---

① 事实上，在乾隆之前，各司职掌也多有变化，据顺治八年九月十六日和硕端重亲王波洛所上题本《为改附兵饷以专责成事》称："照得臣部（户部）山东司专管本省本折钱粮并六运司盐法以及各省镇兵马钱粮、满洲驻防、招买粮草，素称事繁。兼之引从部发，事更繁多，一司难以料理。及查兵饷事务，在明季时，原设左右二司专理。自我朝定鼎，将左右二司官裁撤，各留书办一名附入山东、山西二司带管。今山东司盐法事繁，难以兼摄。查广东司事务简少，合将右科兵饷等项事务并承行书役一切文卷改附广东司兼理，庶繁简得均而事有专责。"朱批："是。"（中国第一历史档案馆藏）如是，在顺治元年至八年间，山东司亦兼掌兵饷事宜，随后又改归广东司兼掌。附志于此，以见诸司职掌变化之一斑。

② 张德泽：《清代国家机关考略》，中国人民大学出版社 1981 年版，第 45 页。

③ 王庆云：《石渠余纪》卷 3，《直省出入岁余表》。

④ 嘉庆《大清会典》卷 13，《户部》。

载文字分析，有理由认为，光绪《大清会典》关于山西清吏司职掌的记载当有脱文。

由上可以看出，各清吏司有稽核分省奏销之责，即"凡钱粮入有额征，动有额支，解有额拨，存有额储，无额则有案。及奏销，则稽其额与其案而议之。省各隶于司"①。同时，各清吏司还兼管其他财政奏销事宜，如山东司兼管盐课奏销，江南司、浙江司兼管织造奏销，陕西司兼管茶课、京官俸禄奏销，云南司兼管漕粮奏销，贵州司兼管关税奏销，等等。

此外，涉及财政奏销，上述之外的其他有关部门的职能也值得注意。兹据光绪《大清会典》略加引述：

北档房："掌缮清字、汉字之题本奏折，拨京省之饷。凡拨饷，曰春拨，曰秋拨，令各省以其实存之数报于部，乃察其盈绌而拨于京省。曰冬拨，各省估其来岁之兵饷以报部，则酌而拨之。凡拨饷，先以本省，不足，则视其省之近者而协拨焉。会计各省岁出岁入之数。"

八旗俸饷处："掌核八旗之俸饷与其赏恤。"

捐纳房："掌捐纳之事。"

内仓："掌内仓之出纳。"

银库："掌银钱之出纳。"

坐粮厅："掌验收漕粮，转石坝土坝水陆之运，司通济库之出纳。"

盛京户部："掌治盛京之财赋。"

光禄寺："掌燕劳荐飨之政令，办其品式，稽其经费……春秋预支银于户部，越岁则奏销。"

内务府广储司："掌库藏出纳之政令。设六库以储上用，一曰银库，二曰皮库，三曰瓷库，四曰缎库，五曰衣库，六曰茶库。皆时其启闭，各稽其出纳之数，书于黄册蓝册，五年则钦派大臣以察核之。"

内务府会计司："掌征三旗庄赋园赋而稽其出纳……岁终会核

————————

① 光绪《大清会典》卷20，《户部》。

其数而题焉。"

六科："在京部院衙门支领户部银物月册，各省收成分数、易知由单，并奏销钱粮册，钱粮交盘册，漕粮全单及漕运交兑册，各仓收放米豆册，坐粮厅岁报抵通漕白册，盐课奏销册，各户关一年汇报册，皆由户科察核。官兵俸饷册，朋桩奏销册，驿站奏销册，由兵科察核。赃赎银谷册，由刑科察核。工程奏销册，工关一年汇报册，由工科察核。"

十五道："掌稽在京各衙门之政事，而注销其限……若制签、搭饷、磨册、勘工，则道各分其职。"

户部及所属清吏司，以及上揭各部门的有关职能，一方面说明了财政奏销的繁杂，另一方面又标志着财政奏销的条块分割及相互制约。特别是都察院所属六科对有关奏销册的"察核"，事实上起着财政审计的作用，值得注意。

光绪三十二年（1906 年），适应"新政"的需要，户部改为度支部。新改易的度支部与军机处联衔上疏认为："旧时之以一清吏司领一布政司者，揆之事势，殊难允惬，自不能不因时变通。"因此，要求将原有的 14 个清吏司"从新厘定，以事名司"，"分配繁简，各以类附"，得到清廷的允准。① 于是，度支部拟定章程 20条，将 14 司改为田赋、漕仓、税课、管榷、通阜、库藏、廉俸、军饷、制用、会计 10 司，并规范了度支部及新设 10 司的职掌。

其中，度支部职掌为："综理全国财政，管理直省田赋、关税、榷课、漕仓、公债、货币、银行及会计度支一切事宜。"10 司职掌为："田赋司掌各直省地丁正耗完欠奏销，新增地丁随粮各捐，规复征额差徭，筹议垦务及清丈田亩，改正地租升科定则，并稽核内务府八旗庄田地亩，稽核赐复、免科、除役、蠲赋、缓征，并稽核州县交代各事宜。""漕仓司掌各直省漕粮、漕折、漕项等奏销考成、春秋拨册及临时蠲缓等款，稽核京外各仓积储支放及各省兵米谷数，筹备赈抚各事宜。""税课司掌稽核常洋各关收支各直省商货通税及当杂各税，筹计各省新增税项、烟酒杂捐、机器制

---

① 《光绪政要》卷 33，江苏广陵古籍刻印社 1991 年版，第 2384～2385 页。

造各货税，发给各省田房税契、货商牙帖及一切印花，考核进出口税则，发给关单执照，考核官物及新法制造应否免税等项，查核各关出入口货税收数比较各事宜。""管榷司掌各省盐法，稽核引票、课厘、租税、规羡、杂款、加价、折价、场课、灶课、井课、畦税各项考成奏销，春秋拨册，贡盐、京饷、帑利、饭银、纸朱各款，盘查运库、道库、盐属各官交代更换，纲总认办引岸，兼管茶引、茶课、羡截、土药统税及筹议专卖各事宜。""通阜司掌稽核各省所有金银铜铅矿物，云贵等省铜铅运务，筹铸金银铜各种货币，核议制造纸币，代造商家银行行使凭票，订正总分银行、总分造币厂各章程，筹划全国流通货币办法，调查全国需用货币数目，稽核银行造币厂、印刷造纸等厂局报告，核计购买铜铅各事宜。""库藏司掌稽核国库出入款项，各直省报解京饷各项经费，收放颜缎两库物料，核定折价，核议苏杭两省织造奏销，盘查银缎颜三库，稽核各省司道库储新旧案减平银册，兼管本部饭银出入各事宜。""廉俸司掌稽核京外王公百官廉俸，各处驻防官兵半俸半饷、养赡、红白事赏及各衙门经费事宜。""军饷司掌稽核全国海陆各军、长江水师、在京各旗及各处驻防、各省绿营、官设警兵饷项，并各省协饷各事宜。""制用司掌筹拨京协各饷，稽核各项工程领款及一切例支杂支扎库事宜，并各处河工、海塘岁修款项及路矿邮电本利、福建船厂经费报销及一切官有财产出入各事宜。""会计司掌综核全国岁入岁出款目，编列预算决算表式，汇纂各部各省财政统计，颁布各项簿计法式，核定各项特别经费特别报销，筹计颁布国家公债，核算赔还洋款，核办各省春秋冬拨册各事宜。"①

此次改易，体现了"以事名司"的指归，将原来各司纵横交错的财政职能改为"以类相从"，从而使新设各司的财政职能趋于条理化和明晰化。而新设会计司则有可能使奏销更加规范，并与新式预算（详见后述）的酝酿实施有关。

就奏销程序而言，当然与财政机构的设置与更易密不可分。在户部改为度支部以及新设各司后，各类奏销分别由地方或财政机构

① 《清朝续文献通考》卷121，《职官七》，第8810～8811页。

上达于各司，如田赋归之于田赋司，漕粮归之于漕粮司，关税及正杂各税归之于税课司，盐课归之于管榷司等，然后由会计司综核，度支部长官审定复核。

在户部以及各司未改易之前，有关奏销程序，《大清会典》有所说明：

> 凡岁课奏销，布政司会所属见年赋税出入之数申巡抚，疏报以册达部，曰奏销册。载旧管、新收、开除、实在四柱，条析起运、存留、支给、拨协、采办为数若干，以待检校。部会全数而复核之。汇疏以闻。以慎财赋出入，以定奏销考成。①

在这里，除了涉及奏销格式（详见后述）外，主要是奏销程序的概要述说。但应该指出的是，此处的奏销程序仅是就田赋奏销而言。田赋的奏销，布政使司是一个关键的环节。众所周知，清代的地方政权分为省、府、县诸级，"布政使司布政使掌一省之政，司钱谷之出纳"②，上受户部有关清吏司之辖，下则管统府县。当奏销之时，各府县将各地钱粮征收出纳之册报送布政使司，"布政使司受其出入之籍而钩考之，以待奏销"③。然后，各布政使司将各省的奏销册呈送各主管清吏司，户部"责成各司详加磨勘"④，再由户部"会全数而复核之，汇疏以闻"。乾隆《户部则例》也较清楚地记载了由州县到藩司，再到督抚，由督抚上呈户部的各个程序，如州县造册："藩司攒造地丁奏销册，于例限前令各属先造草册申送，核发照造，如款项数目不符，即于草册内注明发回，分别远近，定限补造。其有怠玩成习，屡催不应者，提取攒造原册之谙熟经承赴司查询，不得擅提印信官，亦不得徇纵司吏多提县吏在省攒造，违者查参究治。"藩司造册："直省奏销钱粮，由藩司核造

---

① 乾隆《大清会典》卷10，《户部》。
② 《清朝文献通考》卷85，《职官九》，第5617页。
③ 乾隆《大清会典》卷10，《户部》。
④ 《清史稿》卷121，《食货二》。

总册，申呈该管督抚，该督抚核无遗漏滥支，加钤印信，声明具题。"缮造黄册："各省每年奏销地丁钱粮，各该督抚缮造黄册，随本进呈。"①

其他钱粮奏销，另有其奏销程序，如盐课，先由各盐运使司造册申巡盐御使（盐政）或巡抚，再由巡盐御使或巡抚将奏销册呈送户部山东司稽核，再由户部复核。② 又如，王公、京营绿旗等俸禄支领奏销，"王公公主额驸领俸，以旗册呈宗人府，满世爵及文武官由本旗，汉文官由本部院册送吏、兵二部，核实咨（户）部"。"京营绿旗武职领俸，由步军统领册送兵部，核实咨（户）部"③。再如，河工经费支出奏销，"凡经费，各工有修防之费，有俸饷之费，有役食之费，有岁报图册之费。江南河工有岁增五寸之费，山东有疏浚运河之费。各有常额。江南以河库道，河南以开归陈道、彰怀卫道，山东以运河道，直隶以天津道、通永道、永定河道、清河道、大名道，掌其出纳，岁要其数于河道总督，核实报销"④。不同的财政类别款项，各有其不同的奏销程序。

三、常规奏销制度及政策演变

财政是传统社会中统治者最为重视的类项，经过历朝历代的因袭借鉴与整饬规范，应该说，财政奏销是较为成熟的制度之一。但即使是成熟的制度，在新的形势下，也不可能完全萧规曹随，也有在政策导引下重新整饬规范的一面，重新整饬规范也往往更为重要，更为值得重视。

在清王朝入关之前的崇德三年（1638 年），都察院承政祖可法疏言："户部掌司钱谷，职任匪轻，应立旧管、新收、开除、实在

---

① 乾隆《户部则例》卷 16，《田赋·奏销考成》。
② 参见陈锋：《清代盐政与盐税》，中州古籍出版社 1988 年版，第 29～31 页。
③ 乾隆《大清会典》卷 18，《户部》。
④ 乾隆《大清会典》卷 74，《工部》。

文簿，年终令公明官稽查。"得到统治者的认可。① 虽然具体情景不甚明了，但已揭示当时的奏销制度已有雏形。清王朝入关之初，由于特殊的战乱格局，未见有明晰的钱粮奏销，现存档案和现有典籍中也不见记载。至顺治三年（1646 年）四月，摄政王多尔衮始谕令户部：

> 今特遣大学士冯铨前往户部，与公英俄尔岱彻底查核，在京各衙门钱粮数目，原额若干？见今作何收支、销算？在外各省钱粮，明季加派三项，蠲免若干？见在田土，民间实种若干？应实征、起解、存留若干？在内责成各衙门，在外责成抚按，严加详稽，拟定《赋役全书》，进朕亲览，颁行天下，务期积弊一清，民生永赖。②

此次上谕，虽然是针对编制《赋役全书》而言，但也同时表达了进行钱粮奏销的意愿。同年，又有"造报文册"和"钱粮考成"的政策出台。关于"造报文册"，光绪《大清会典事例》卷一七七《户部·田赋·奏销》载："顺治三年定，官员造报各项文册，遗漏重开，数目舛错，或多开少报，遗漏职名者，罚俸三月。该管官未经查出，据册转报者，罚俸一月。"关于"钱粮考成"，《古今图书集成》卷一三四《食货典·赋役部》载："凡完欠劝惩，顺治三年复准，司道府州县官征收钱粮完欠分数，岁终报部查核。完十分者为上等，完六分以上者为中等，完五分以下者为下等，按分数定其殿最。"

"造报文册"当然不单指钱粮奏销册，但其列在《大清会典事例·户部·奏销》中，"钱粮考成"则应以钱粮征收、奏销相联系，所以，从这里已可大致看出当时对钱粮奏销的重视和钱粮奏销的肇始。

事实上，我们在现存档案中，也发现了顺治三年后有关田赋、

---

① 《清朝文献通考》卷41，《国用三》，第 5259 页。

② 《清世祖实录》卷25，顺治三年四月壬寅。

盐课等的分类奏销记载。如顺治六年（1649 年），巡按河南监察御使李若琛题称，据河南省造报的奏销册，"河南一省宣武等共二十二卫所，通共原额屯地九万九千三百八十八顷十三亩，自顺治元年起至顺治四年终止，实开熟地二万五千九百九十七顷八十六亩。又编审过汝州等五卫所屯丁二千三百二十四丁。合计丁地二项，元、二、三、四年共征银八万八千四十一两，已完过银五万四千三百九十一两。除解支过，尚遗存库银三千五百二十九两。……顺治五年分旧管并新收共熟地二万七千七百五十顷九十一亩，……合计丁地二项并续查出实地共该征银四万二千八百八十六两，已完银三万一千五十七两。据报解过布政司银二万九百二十七两，又解部军器折价牛角箭弦等银一千四百五十二两，……见在库银二千九百八十二两"①。从这份题本中可以看出，顺治元年至四年的奏销为一案，顺治五年的奏销为一案，亦可证顺治三年之前没有单独的奏销，即使有钱粮征解数字也是后来补报的。湖广顺治五年的钱粮奏销也是顺治八年才补报。② 逐步才过渡到年度奏销。

尽管如此，当时的奏销并不规范，主要存在着两个问题，一是有的省份有钱粮奏销，有的省份则没有钱粮奏销，③ 即使有钱粮奏销的省份，也没有一定的奏销时间限制；二是受前者的制约，户部没有也不可能有全国的总奏销。鉴于此，顺治八年（1651 年）顺治帝亲政后，刑科左给事中魏象枢专折上疏：

> 国家钱粮，部臣掌出，藩臣掌入。入数不清，故出数不明。请自八年为始，各省布政使司于每岁终会计通省钱粮，分别款项，造册呈送该督抚按查核。恭缮黄册一套，抚臣会题总

---

① 钞档：《地丁题本·河南（四）》，顺治六年六月二十四日李若琛题。中国社会科学院经济所藏。

② 档案，顺治八年七月二十日迟日益题：《为奏销五年钱粮事》。中国第一历史档案馆藏。

③ 王庆云：《石渠余纪》卷3，《纪赋册粮票》云："开国之初，法制未定。顺治八年以后，各省始有奏销数目。"有所疏忽。如上所述，在顺治八年之前，有些省份是有钱粮奏销的。

数，随本进呈御览。仍造清册，咨送在京各该衙门互相查考，既可杜藩臣之欺隐，又可核部臣之参差。①

魏象枢的上疏及其被采纳，是清代奏销制度确立的一个相当重要的界标。据有关档案的记载来看，当时的奏销确实是遵循此奏及户部的议复进行，可以引述江西巡抚张嘉的一份奏折为证：

> 奉札行准户部咨开：刑科左给事中魏象枢题《为请定藩司会计奏报之法等事》，内称：省直钱粮，自八年为始，令每岁终藩司造册报督抚按，缮黄册进呈。仍册报在京各有钱粮衙门，互相查算等因。复奉谕旨，备札到臣。就经严檄布政司督催前项册报，以凭磨算。去后，值新抚未任，臣驻省会督催，往复驳核。据该司将额征起存完欠数目逐一分别造册到臣，臣复亲行核算，移送江南督臣马国柱重加复核磨算，计江西省属一十三府顺治八年分田亩人丁所征额赋并课钞租税等项共该银二百三十二万九千八百三十五两有奇……②

张嘉的上疏是针对田赋奏销而言，在相当重要的兵马钱粮奏销方面，也同样进行了新的整饬，户部尚书车克奏称：

> 查各镇饷司有循例按季报销者，有稽迟不报者。至于各督抚镇有年终奏销者，亦有年终报销者，甚至有经年不行奏报者，孰非划一之规。合通行各督抚镇于年终将所辖各营路及道标各项兵马支放过本折钱粮备开管、收、除、在、截日扣支等项清册奏销。其从前未报者悉行补报。

---

① 《清世祖实录》卷57，顺治八年六月辛酉。又《清史列传》卷8，《魏象枢传》："八年，世祖章皇帝初亲政，……（象枢）请定藩司会计之法，以杜欺隐；立内外各官治事之限，以清稽滞。皆报可。"

② 档案，顺治九年张嘉题：《为遵旨会议奏销钱粮事》。按：该件档案残损，缺上疏的具体时间。

朱批：是。①

无疑，经过顺治八年（1651年）的奏销整顿，各项钱粮收支的年终奏销，奏销册的管、收、除、在"四柱"格式，以及对奏销册的核查磨算等，已经初步形成制度。并且，在各省及各项钱粮奏销的基础上，户部也有了对全国出入总数的总奏销。据记载，在顺治十一年（1654年），户部首次有了对全国岁入岁出的总奏报。户部奏称："国家所赖者赋税，官兵所倚者俸饷，关系匪轻。今约计北直、山东、山西、河南、浙江、江南、陕西、湖广、江西、福建、广东十一省，原额地丁银三千一百六十四万五千六百六十六两有奇，内除荒亡蠲免银六百三十九万四千两零，地方存留银八百三十七万一千六百九十六两零，起解各部寺银二百七万六千八十六两零，该臣部下银一千四百八十万三千八百八十四两零，内拨给十一年分各省镇兵饷一千一百五十一万八千四百两零，应解臣部银三百二十八万五千四百五十两零；又应找拨陕西、广东、湖广等处兵饷银一百八十万两，又王公、文武满汉官兵俸饷银一百九万一千一百两零，计不敷银四十一万五千六百两零……"② 载在《清世祖实录》以及《清圣祖实录》、《清世宗实录》中的历年全国地丁钱粮总额，③ 也是从顺治八年开始，这正与奏销的整顿与上轨相吻合。

---

① 档案，顺治八年车克题：《为销算兵马钱粮事》。按：该件档案残损，缺上疏的具体时间。另据顺治十七年二月三十日山东巡抚许文秀呈报的兵马钱粮奏销册称："顺治八年六月初八日准户部咨，《为销算兵马钱粮事》内开：新奉明旨，一切钱粮现在奏销，而兵马钱粮支放繁多，尤为吃紧，合通行各督抚镇于年终将所辖各营路及各道标各项兵马支放过本折钱粮，备开管、收、除、在、截日扣支等项清册奏销。其从前未报者，悉行补报。"内容大致相同。故可知车克的上疏亦当在此前后。

② 《清世祖实录》卷84，顺治十一年六月癸未。按：顺治"十四年，设巡视官察核光禄寺钱粮，并饬户工两部岁终会计，勿使入不敷出"。见《清朝文献通考》卷41，《国用三》，第5299页。

③ 参见陈振汉等编：《清实录经济史资料》第三分册上，《顺治朝历年地丁钱粮统计表》、《康熙朝历年地丁钱粮统计表》、《雍正朝历年地丁钱粮统计表》，北京大学出版社1989年版。

当然，任何政策的出台，在初始阶段都有其一定的局限性；任何制度的确立，也有其逐步完善的过程。顺治八年（1651 年），钱粮奏销的上轨，并不意味着所有奏销都循例进行。如顺治十六年（1659 年）云南新复后，"滇省废弛日久，钱粮概多混淆，田地荒芜，户口残缺，十六年分各州县经征米谷，有兵马驻镇动支者，有起运接济者，又有存留未尽者。至若所征银两，有起解司库者，有就近在彼买办粮料支放者。且《赋役全书》于十二月中旬始到，转发各属远近不等，必数月方能传遍，一时难以清楚"，难以造册奏销。① 这是问题的一个方面。另一方面，也还有对相关事项的进一步规定。

就有关事项的进一步规定来看，有几个问题值得注意：

第一，奏销时限的规定。上述有关钱粮的奏销仅仅概称"岁终会计"（即年终奏销），至于何时造册进呈，则未加限制。各省如果没有一定的奏销时间规范，造册奏销难免迟延或参差不齐，势必影响到户部的总奏销。于是，顺治九年（1652 年）议准："直省销算钱粮，逐款备造支解完欠清册，户部据以查核。近畿各省限二月终，远省限三月终到部，逾限者参处。"这是有关奏销时限的首次规定，但这一规定仅以"近畿"和"远省"相区分，还较为笼统。因此，顺治十二年（1655 年）又议准："奏销本年钱粮报部定限，直隶、山东、山西、河南、陕西限次年二月终；江南、浙江、江西、湖广限三月中；福建、四川、广东、广西限三月终。"由于两广离京遥远，奏销册籍难以按时到部，顺治十六年（1659 年）又议准："广东、广西改限五月终奏销。"云贵收复后，顺治十八年（1661 年），首先规定了贵州的奏销时限："贵州钱粮限六月中造册奏报。"② 康熙三年（1664 年），又规定了云南的奏销时限："云南奏销钱粮限六月中报部。"③ 后来，由于钱粮征解的迟延，奏销时限又有所延缓，如雍正七年（1729 年）议准："地丁钱粮奏销

---

① 见钞档：《地丁题本·云南（二）》，顺治十七年二月林天擎揭帖。

② 均见《古今图书集成》卷 134，《食货典·赋役部》。

③ 《古今图书集成》卷 135，《食货典·赋役部》。

定例，直隶、山东、山西、河南、陕西令四月到部；江苏、安徽、江西、浙江、湖广令五月到部；福建、四川、广东、广西、云南、贵州令六月到部。"钱粮征解奏销的迟延，必然影响到钱粮支出的安排，因而又要求各省在正式奏销前，"先造草册一本"①。

如果"有司奏销迟延舛错，以至违限者，督抚题报时，将有司参处，督抚免议。如督抚行催不力，或属员申报，不即具题者，并将督抚处分"②。另外也还有具体的处罚则例出台，如康熙十五年（1676年）议准的蠲免钱粮造册例："官员将蠲免钱粮增减造册者，州县官降二级调用，该管司道府官罚俸一年，督抚罚俸六月。如被灾未经题免之先报册内填入蠲免者，州县官罚俸一年，该管上司皆罚俸六月。"③ 又如康熙二十二年（1683年）题定的奏销违限处罚例："奏销钱粮册结，必须随案送部，若司道都司府州县卫所官将册结迟延不送，违限一月者，罚俸六个月，违限二月者，罚俸九个月，违限三月者，罚俸一年，违限四五月者，降一级留任，违限六月以上者，降二级调用，违限一年以上者，革职。如已申送而督抚不即送部，违限五月以下者，照司道等官例处分，违限六月以上者，降二级留任，违限一年以上者，降三级调用。"④ 同年，亦具体规定了奏销舛错的处罚例："如造册内数目舛错遗漏者，府州县卫所官罚俸一年，督抚及转报之司道等官各罚俸六月。如督抚司道等官造册舛错遗漏者，止将督抚等官议处。"⑤

第二，奏销格式的重申。应该说，我国传统的财政制度相对成熟，奏销册的"四柱"格式创立及沿袭，有比较长的历史过程。据郭道扬的研究，唐代前期所用会计结算法，基本上还是"三柱"法，唐代中期出现"四柱结算法"的名目，已经有了由"三柱结

---

① 光绪《大清会典事例》卷177，《户部·田赋·奏销》。又，与地丁钱粮奏销时限的限定与更改相一致，也有对"兵马钱粮奏销册籍到部定限"的规定。参见陈锋：《清代军费研究》，武汉大学出版社1992年版，第161页。

② 光绪《大清会典事例》卷177，《户部·田赋·奏销》。

③ 乾隆《大清会典则例》卷19，《吏部·考功清吏司·灾赈》。

④ 《古今图书集成》卷136，《食货典·赋役部》。

⑤ 光绪《大清会典事例》卷177，《户部·田赋·奏销》。

算法"向"四柱结算法"的过渡迹象。至宋代，"四柱结算法"已得到普遍运用，而且名目划一，简明扼要，趋于完善。在宋哲宗统治时期，四柱名目又发生变化，"元管"改作"旧管"，"已支"改作"开除"，"见在"改作"实在"。这样，"旧管、新收、开除、实在"的四柱册名目与样式便被固定下来，为明清两朝所沿用。①在述及清代时，郭道扬概称："在清代的官厅会计核算中，四柱法的运用较之明代进一步普及。账簿、名籍、鱼鳞册、黄册、奏销册、《赋役全书》，以及《会计录》等无一不取用四柱式。"②如上所述，在崇德三年（1638 年）及顺治八年（1651 年）的奏销要求中，已有"旧管、新收、开除、实在"的四柱格式规定。但征诸现存档案，可以知晓，这种规定并没有得到切实的执行。如山西省顺治八年（1651 年）的地丁钱粮奏销册，分为原额、存留、起运、续报、续完、未完等项。③顺治十六年（1659 年）的地丁钱粮奏销册，分为原额、旧管、新收、开除、实在等项。④又如同年的山东省兵马钱粮奏销册，分为旧管、新收、拨兑、开除、实在等项。⑤再如两淮盐区顺治十年（1653 年）的盐课奏销册，在"正项钱粮"、"杂项钱粮"、"部议十四款"等款目类别中，分为额征、征解、未完、带征、实征等项。⑥鉴于这种奏销格式的混乱，至康熙十一年（1672 年），再次申令："奏销册，直省布政使司总数，府州县细数，皆载旧管、新收、开除、实在四柱，以凭稽核。"⑦经过此次申令，在地丁钱粮奏销和兵马钱粮奏销中的四柱奏销格式

①　郭道扬：《中国会计史稿》上册，中国财政经济出版社 1982 年版，第316、396 页。

②　郭道扬：《中国会计史稿》下册，中国财政经济出版社 1988 年版，第173 页。

③　钞档：《地丁题本·山西（二）》，顺治九年六月二十六日车克题本。

④　钞档：《地丁题本·山西（二）》，顺治十七年二月白如梅题本。

⑤　档案，顺治十七年二月三十日许文秀呈：《奏销十六年兵马钱粮文册》。

⑥　档案，顺治十一年二月二十七日梁凤鸣呈：《顺治十年分征解过正杂盐课钱粮数目文册》。

⑦　光绪《大清会典事例》卷 177，《户部·田赋·奏销》。

基本划一。但我们也注意到，此后并不是所有的钱粮奏销都采用了四柱格式。如《康熙十八年两淮盐课奏销册》，在"正项钱粮"、"杂项钱粮"（上揭"部议十四款"已归并入杂项钱粮下）类别下，分为额征、实征、起解、存库等项。① 又如《康熙十九年江苏杂税奏销册》，分为旧额、加增、议增、已完、未完等项。② 前揭郭道扬著作中所说的"无一不采用四柱式"，是值得怀疑的。

第三，月报制、冬估制、春秋拨制的实行。（1）月报制。如上所述，清代的钱粮奏销采取年终奏销制，但对不时动用的钱粮奏销则没有规定。康熙三十九年（1700 年），因工部钱粮奏销"情弊甚多"，始谕令："凡有修理之处，将司官笔帖式俱奏，请派出每月支用钱粮分晰细数，造册具奏。"康熙四十五年（1706 年），又谕令户工二部，"将不启奏用咨文动支大小款项钱粮，于月终汇奏"③。至此，不时动用钱粮的月终奏销形成定制，并在月报制的基础上，年终再统一奏销。（2）冬估制。顺治五年（1648 年）规定，"各督抚于题请兵饷疏内，开列该抚额征钱粮现在实数，及兵马岁需饷乾数目，以便部拨"，已粗具冬估制的雏形。④ 随着"分成拨饷制"和"预拨来年春季俸饷制"的实行，⑤ 冬估制亦逐步完善，至雍正三年（1725 年），明确规定："每年冬，各省督抚将本省次年一岁应需官兵俸饷，预为会计，造册咨部，由部将各省额征起运等项银两，按款照数拨给。"⑥ （3）春秋拨制。春秋拨制与

① 见档案，康熙十九年八月二十七日布哈呈：《两淮运司康熙十八年分正杂钱粮文册》。

② 见档案，康熙二十年八月十五日慕天颜呈：《康熙十九年分江苏八府州属牙帖、田房、牛驴猪羊等杂税册》。

③ 《清朝文献通考》卷41，《国用三》，第5230 页。

④ 光绪《大清会典事例》卷255，《户部·俸饷·各省兵饷一》。按：康熙二年，工科给事中吴国龙曾疏言："各部寺衙门应用钱粮，年前具题数目，次年于户部支给。""下部议行。"见《清朝文献通考》卷41，《国用三》，第5229 ~ 5230 页。这是在京需用钱粮冬估制的肇始。

⑤ 参见陈锋：《清代军费研究》，武汉大学出版社1992 年版，第160 ~ 163 页。

⑥ 光绪《大清会典事例》卷169，《户部·田赋·部拨京饷》。

冬估制有一定的联系，所谓联系，就是户部在各省冬估册的基础上，对各省征收、库存钱粮分春、秋进行二次拨解，即："凡拨饷，曰春拨，曰秋拨。"① 春秋拨制亦在雍正三年（1725 年）趋于完善，该年奏准："直省于春秋二季将实在存库帑银，造具清册，春季限于二月，秋季限于八月到部，由部据各省所报现存实数，酌定数目，奏明拨解。除仅敷本省需用之福建、广东、广西等省，及不敷本省需用之陕西、甘肃、四川、云南、贵州等省存留本省，不解至京，余省春秋二季册报实存银数，酌量存留本省，以备协济邻省兵饷，并别有所需请拨用外，其余银悉令解部。"②

第四，地丁钱粮奏销与兵马钱粮奏销同时进行。这与冬估制、春秋拨制都有一定的联系，特别是与冬估制联系密切。如上所揭，在顺治五年（1648 年）的规定中，已要求"各督抚于题请兵饷疏内，开列该抚额征钱粮现在实数"，以便户部统筹考虑。但这种奏销难免头绪不清，导致了奏销册的繁杂，于是，康熙二十五年（1686 年）又重新规定："嗣后应令奏销兵马钱粮与奏销地丁钱粮，同时各为一疏奏销。"③ 也就是说，既将地丁钱粮奏销与兵马钱粮奏销同时进行，又将二者分别奏销。

第五，将奏销钱粮与清查亏空结合起来。康熙二十三年（1684 年），康熙帝"以各省督抚侵欺库帑，户部无凭查核"为由，要求大学士、九卿"详定条例"。在随后所定条例中，还只是限于对存留、起运款项的分晰造报，对用过款项的清查，以及对舛错款项的

---

① 光绪《大清会典》卷 19，《户部》。

② 光绪《大清会典事例》卷 169，《户部·田赋·部拨兵饷》。按：据档案记载："春秋二拨，自雍正三年为始，每春秋二季造具实在存库银两清册送部，春季清册务于二月二十日以前到部，秋季清册务于八月二十日以前到部。臣部（户部）据各省所报见存实数，定分拨多寡。"见档案，乾隆元年十二月十九日法敏题：《为请定酌拨条例事》引前定例。

③ 档案，乾隆三十六年素尔讷题：《为奏销乾隆三十五年钱粮事》引前定例。按：该件档案残损。

驳查等。① 康熙二十八年（1689 年），户部疏称："各处藩司库银，屡以亏空见告，虽定有藩司升任巡抚躬自盘查之例，然平时漫无稽核，至升任时始行盘查，未免已晚……嗣后应令各省巡抚于每年奏销时，将司库钱粮亲身盘查，如无亏空，于奏销本内一并保题。倘保题之后仍有查出亏空者，将巡抚照康熙二十七年十二月内新定交盘例治罪。"② 雍正元年（1723 年），又进一步重申，并增加了"令总督监同巡抚亲身盘查"，"钱粮无缺，出具印结，于奏销本内一并保题"的内容。③

　　第六，对部费陋规的清理。钱粮奏销头绪纷繁，各地的钱粮奏销册在送呈户部以后，往往因数字舛错或格式不符等种种理由屡遭驳查，在顺治年间已有"在外年年销算，在内年年驳查，相习成例"之说，④ 以至造成"章奏之最繁者，奏销之驳查"的局面。针对这种情况，一方面，给事中姚文然提出"应驳者必驳，不应驳者即省，庶内省章奏之繁，外省驳查之累"的建议；⑤ 另一方面，职掌造册的官员为使奏销顺利通过，又大肆向户部行贿，从而形成引人注目的部费陋规。康熙年间的名臣靳辅即指出："迩来各省销算钱粮，科钞到部，承议司官，虽不乏从公议允之案，然偶值一事，或执一己之偏见，或信部胥之唆使，任意吹求，苛驳无已。钱粮数目繁琐，头绪牵杂，非精于核算，洞悉款项，熟知卷案者，万难得其要领……则经用钱粮之官，不得不行贿以求之，所谓部费也。"⑥ 康熙年间的部费陋规已相当严重，虽经整饬，但并无多大效果。雍正元年（1723 年）上谕即称："一应奏销，积弊甚大。若

---

① 《清朝文献通考》卷 41，《国用三》，第 5230 页。参见《清圣祖实录》卷 114，康熙二十三年三月癸酉。

② 钞档：《地丁题本·湖南（二）》，乾隆二年八月十九日张廷玉题本引前定例。

③ 档案，乾隆三十六年素尔讷题：《为奏销乾隆三十五年钱粮事》引前定例。

④ 档案，顺治十一年正月十二日杨璜题：《为支销之弊宜除事》。

⑤ 姚文然：《请省奏销驳查疏》，见《清朝经世文编》卷 12。

⑥ 靳辅：《苛驳宜禁疏》，见《清朝经世文编》卷 26。

无部费，虽当用之项册档分明，亦因本内数字互异，或因银数几两不符，往来驳诘，不准奏销。一有部费，即糜费钱粮百万，亦准奏销……朕今不得不加整理。"① 经过雍正年间的清理整顿，情况有所好转。②

综上，不难看出，有关新政策的出台与奏销制度的进一步完善相辅而行。奏销时限的规定，奏销格式的重申，以及月报制、冬估制、春秋拨制的实行，目的在于钱粮奏销的规范化；地丁钱粮奏销与兵马钱粮奏销的同时进行，奏销与清查亏空的结合，目的在于钱粮奏销的通盘考虑和最大限度地发挥奏销的功能；而对部费陋规的清理，则标志着整顿财政和整肃吏治的统一。而且，冬估制、春秋拨制以及地丁钱粮奏销与兵马钱粮奏销的同时进行，已经显现出清代前期奏销的"预算"色彩。

上述奏销制度的整顿与规范性措施，主要实施于康、雍年间，因此，可以认为：顺治八年（1651 年），是清代奏销制度的确立点；康、雍两朝，则是清代奏销制度的完备期。

当然，康、雍两朝奏销制度的完备，并不意味着清代前期的常规奏销制度再无变化，这只是一种不拘泥于细枝末节的概说。雍正朝以后，常规奏销制度除循例进行外，在两个方面仍有新的特色：一是"上、下忙造册"的实行，二是"比较奏销法"的实行。

地丁钱粮分为春季和秋季的上、下忙征收，是一种惯例；上忙何时征完，下忙何时征完，也有明确的时间限定。但要求将上、下忙征收分别造册，则始自嘉庆二十年（1815 年）。是年，经户部奏准：

> 各州县应征上下忙钱粮，除例准留支及实欠在民外，所有征存属库银两，尽数提解司库。其上忙应四月完半者，限五月

---

① 《清朝文献通考》卷 41，《国用三》，第 5231 页。

② 参见陈锋：《清代军费研究》，武汉大学出版社 1992 年版，第 164～165 页。按：雍正年间对其他陋规的清理整顿也相当突出，参见陈锋：《清代盐政与盐税》，中州古籍出版社 1988 年版，第 128～133 页。

底；六月完半者，限七月底。下忙限十二月底截清。解司银
数，按限造册送部查核。所有上下忙解司银数，送部款册，令
藩司核明。州县每年额征钱粮，本年征过若干，各未完若干，
其已完银内，州县应留支若干，实应解存司库、报部候拨若
干，又节年缓带征钱粮征获若干，仍未完若干，分别正课杂
项，各归各款，造具简明册，依限详报督抚查核。该督抚即于
二十日内专折具奏，将原册一并送部。迟逾参处。并责成承办
司员，按款详细登记印簿，俟该省春秋二拨及奏销各册到日，
逐一核对。遇有送到州县交代册结，随时抽查。倘有已征未解
情弊，除州县参革治罪外，并将该督抚藩司一并严参。①

据此，上、下忙的分别造册，除将上、下忙征收期限有所展缓外，
还将此与春秋拨册及州县交代制结合起来。

《地丁题本》中有很多上、下忙奏销的题本，以山东的情况为
例，道光三年（1823 年），护理山东巡抚杨键奏称：

> 为征解道光二年下忙及节年缓带征钱粮已未完数目，循例
> 恭折具奏，仰祈圣鉴事：窃准户部奏准，通行州县，上下忙钱
> 粮，责成藩司认真催提，截清上下忙解司银数，详明督抚，专
> 折奏报等因，历经遵照在案。查山东各州县征收道光二年下忙
> 及节年缓带征钱粮，自二年七月初一日起，截至十二月底止，
> 臣在藩司任内照依前定章程，严饬各属尽收尽解，不准存留藩
> 库。今据署藩司卢元伟详称：查道光二年分上忙册报通省州县
> 卫所及庆元县民粮未完地丁银 1 523 718 两零，除道光二年二
> 麦被雹被水及秋禾被水被虫案内，节次奏明豁免蠲缓并留支银
> 536 341 两，已完解司候拨银 641 662 两，又预完缓征银 49 两，
> 未完银 345 667 两。又上忙册报未完耗银 138 784 两零，除道
> 光二年二麦被雹被水及秋禾被水被虫蠲缓共银 56 447 两零，

---

① 钞档:《地丁题本·直隶（一）》，道光三年十一月七日蒋攸铦题本引前
定例。

已完银 43 068 两，又预完缓征银 157 两，未完银 39 112 两。又上忙册报未完起运折色脚价等项共银 8 672 两，内除道光二年秋禾被水蠲缓银 100 两，已完银 1 870 两零，未完银 6 702 两零。又上忙册报未完课程牛驴牙杂等项已完银 1 514 两零。又征完嘉庆二十三、四、五等年并道光元年旧欠地丁耗羡、脚价课程、牛驴牙杂船税等项共银 74 667 两。新旧正杂下忙钱粮共计完银 74 667 两零等情，由司造册具详请奏前来，臣复加查核，悉属相符。除行司督饬各属将未完应征银两上紧催征，并将细册送部查核外，所有道光二年下忙及节年缓带征钱粮已未完数目，理合恭折具奏。①

由上不但可以看出上、下忙的征收时限、征收款项、完欠情况，而且可以知晓，在奏报下忙的地丁各项征收时，对上忙的钱粮完欠也依然重视。

实行上、下忙分别造册后，年度奏销依然进行，只不过此后的年度奏销增加了对上、下忙钱粮征收情况的总体奏报。

由于规定了上、下忙分别造册、题报，相应地，又制定了有关考成的处分则例。如嘉庆二十一年（1816 年）奏准："各直省征存上忙钱粮，除例准留支及实欠在民外，尽数提解司库，仍照原定章程，将实征实解细数，按限造册，报部备查，毋庸予以处分，统俟下忙报解银数之后，该督抚一面造册咨部，一面查明各州县钱粮如有已征未解者，即行据实严参。倘该督抚不行参奏，经部查出，即将该督抚一并参处。"道光二十九年奏准："各省上下忙解司钱粮，截数期限，除广东于次年正月，云贵二省于次年三月，仍照旧例截数外，其余各省，均应于本年十二月底截清已完数目，造册详报。由藩司核明上下忙共实征若干，共未完若干。其已完银内，州县留支若干，解司若干，已收司库者，应解部若干，报拨若干，同节年缓带征钱粮已未完解各数，分别正项杂项，造具简明清册，依限于封印前详送督抚。该督抚复核，以二十日为限，即于次年开印后专

---

① 钞档：《地丁题本·山东（一）》，道光三年二月二十九日杨键题本。

折具奏。册并送部，不得迟至奏销届期始行奏报，迟逾参处。"咸丰二年（1852 年）奏准："上忙完至三分，下忙完至五分者，免议。其在三分、五分以上者，分别议叙，其不及三分、五分者，分别议处。"咸丰九年（1859 年）谕："国家经费，以地丁为大宗，乃各省于上下忙钱粮竟有因一二州县未能征收，遂将全省钱粮数目概不报部，更有于所属州县二参届限时，调署离任，巧为规避，延不开参，以为见好属员之计。殊属瞻玩。着各督抚严饬该藩司，将历年未经造报者，统限于明年二月之前详细造册，送部核办。其明岁上下忙钱粮，除云南、贵州二省向系征收全完后报部外，其余各省，着于截止后，上忙限十一月底，下忙限次年五月底，分析成数报部。倘该州县依限全完，准其援照成案，量于议叙。如有不肖州县藉词延宕，即从严参劾。倘敢瞻徇荫庇，即着该部将该藩司及经征不力州县指名严参，以惩玩泄。"① 这些考成处分则例涉及上、下忙的征收分数及册报。虽然咸丰九年上谕规定的上、下忙造册报部时间比原来的要晚，但也是在战乱期间一切规章难以尽遵之后不得已的规复措施，同样值得注意。

比较奏销法则始自道光二年（1822 年），该年，因御使刘尹衡的上疏和户部的议奏，道光帝发布上谕：

> 嗣后实征钱粮，务令扫数完解，并饬藩司随时调查红簿串根，如有银数参差，立即分别参办，至各州县征解银数，着照部议，设立比较之法，于奏销题报外，照例具奏，折内开具清单，明列通省三年比较，如本年额征若干，已完若干，未完若干，积年旧欠若干，本年带征已完若干，未完若干，比之上三年最多最少之数盈或绌，一一注明。②

---

① 参见光绪《大清会典事例》卷 171，《户部·田赋·催科期限》；卷 173，《户部·田赋·催科考成》。

② 档案，道光三年五月十五日韩文绮题：《为查明道光元年奏销案内已未完解地丁钱粮，比较上三年完欠银数事》。

　　由于当时地丁钱粮征收的拖欠以及奏销的展限，奉此上谕后，户部随即行令各省"将道光元年地丁奏销案内已未完欠数目，补行奏报"，补行奏报亦用"三年比较法"，所以，比较奏销法事实上是从道光元年（1821 年）的奏销开始。

　　根据上揭上谕，可以看出，比较奏销法，事实上包括了"本年额征"钱粮与上三年比较，以及"积年旧欠"钱粮与上三年比较两项内容。现存档案也证实了这一点。如道光二年（1822 年）福建的地丁钱粮奏销：

　　　　道光二年地丁并升垦起科银 1 234 269 两零，除留支各款银 200 923 两零外，截至奏销止，解完司库银 840 941 两零，尚未完银 192 404 两零。

　　　　比较嘉庆二十四年分额征地丁银 1 233 654 两零，除留支各款银 200 923 两零外，截至奏销止，解完司库银 819 197 两零，尚未完银 213 533 两零，计多完银 21 744 两零。

　　　　比较嘉庆二十五年分额征地丁银 1 234 191 两零，除留支各款银 199 770 两零外，截至奏销止，解完司库银 796 752 两零，尚未完银 237 668 两零，计多完银 44 189 两零。

　　　　比较道光元年分额征地丁银 1 234 193 两零，除留支各款银 199 731 两零外，截至奏销止，解完司库银 833 956 两零，尚未完银 210 505 两零，计多完银 16 984 两零。

　　　　带征积年旧欠：

　　　　道光二年分带征嘉庆二十三、四、五等年并道光元年积欠地丁银 704 754 两零，尚未完银 627 158 两零。

　　　　比较嘉庆二十四年分带征嘉庆二十三年积欠地丁银 230 424 两零，截至奏销止，解完司库银 58 034 两零，尚未完银 172 390 两零，计多完银 19 561 两零。

　　　　比较嘉庆二十五年分带征嘉庆二十三、四等年积欠地丁银 385 923 两零，截至奏销止，解完司库银 61 785 两零，尚未完银 324 137 两零，计多完银 15 810 两零。

　　　　比较道光元年分带征嘉庆二十三、四、五等年积欠地丁银

561 805 两零，截至奏销止，解完司库银 67 557 两零，尚未完银 494 248 两零，计多完银 10 038 两零。①

其他各省的地丁钱粮比较奏销大致类似。再举道光五年（1825年）河南的地丁钱粮奏销为例：

> 谨将豫省道光五年分征解新旧钱粮，比较上三年完欠分数，缮具清单，恭呈御览。
>
> 计开：
>
> 道光五年分额征解司银地丁银 2 813 448 两零，内除各属留支并缓征共银 525 983 两零。实应征解银 2 287 464 两零。截至奏销止，已完银 2 203 990 两零内，分造入五年秋拨册内道光五年地丁驿站等银 1 369 392 两零，造入六年春拨册内道光五年地丁驿站等银 695 355 两零。下余银 139 242 两零，俟入六年秋拨册内造报。
>
> 未完银 83 474 两。
>
> 计已完九分六厘四毫，未完三厘六毫。
>
> 比较道光二年分实应征地丁等银 2 366 250 两零，已完九分二厘八毫银 2 195 778 两零，未完七厘二毫银 170 472 两，计多完三厘六毫。
>
> 比较道光三年分实应征地丁等银 2 365 751 两零，已完九分一厘六毫银 2 167 346 两零，未完八厘四毫银 198 405 两，计多完四厘八毫。
>
> 比较道光四年分实应征地丁等银 2 531 884 两，已完九分一厘二毫银 2 309 127 两零，未完八厘八毫银 222 757 两，计多完五厘二毫。
>
> 旧赋项下：
>
> 道光五年地丁奏销成例，册报带征嘉庆二十三、四、五并道光元、二、三、四等年地丁等银 878 225 两零，内除沙压地

---

① 钞档：《地丁题本·福建（一）》，道光三年八月五日孙尔准题本。

亩并未届征限共银 511 060 两零，实应征银 367 165 两。截至奏销止，已完银 219 071 两，分别入于道光五年秋拨及道光六年春秋拨册内。

未完银 148 094 两。

计已完五分九厘七毫，未完四分三毫。

比较道光二年地丁奏销册报，应带征嘉庆二十三、四、五并道光元年等年银 278 544 两，已完七分二毫银 195 438 两未完二分九厘八毫银 83 106 两，计少完一分五毫。

比较道光三年地丁奏销册报，应带征嘉庆二十三、四、五并道光元、二等年银 368 268 两，已完五分三厘九毫银 198 618 两，未完四分六厘一毫银 169 650 两，计多完五厘八毫。比较道光四年地丁奏销册报，应带征嘉庆二十三、四、五并道光元、二、三等年银 564 322 两零，已完六分三厘三毫银 357 518 两，未完三分六厘七毫银 206 805 两，计少完三厘六毫。①

由上可见，比较奏销法的内容是大致相同的，只有表述的差异。此后，道光六年（1826 年），户部又议准："各省征收新旧钱粮比较分数，自道光五年为始，均于奏销截数后开单奏报，并颁清单式样。"② 从而使比较奏销进一步规范。

咸丰年间，由于战乱的原因，三年比较奏销之法恐怕难以实行，在《地丁题本》中，我们看到了"请免开列比较"的奏请。③

到同治年间，"比较奏销法"有变化，先是用三年比较奏销法，如同治《户部则例》所载："州县实征解银数，恭疏题报外，仍于具奏折内开具清单，明列通省三年比较，本年额征若干，已未

① 钞档：《地丁题本·河南（一）》，道光六年六月二十一日程祖洛题本。

② 档案，道光十六年八月四日林则徐题：《为道光十五年江苏地丁奏销比较上三年分数事》引前定例。

③ 钞档：《地丁题本·浙江（二）》，咸丰八年十二月十六日胡兴仁题本。

完若干，比之上三年或盈或绌，一一注明，以备核查。"① 但随后改为仅与上年比较，我们在同治八年（1869 年）浙江的地丁钱粮奏销中，看到了这种变化。② 光绪年间的比较奏销，也同样是仅与上年比较。③

上、下忙分别奏销与比较奏销，是原有年度奏销的重要补充。同时，我们也应该看到，此两项奏销制度的实行，是清代中期地丁钱粮征收普遍拖欠情势下的必然产物，其目的是在于及时掌握不同时期、不同年度的钱粮征收情况，并试图藉此加强对有关官员征收钱粮的考核。

除了"上、下忙造册"和"比较奏销法"外，也还有其他一些奏销措施出台，并形成新的制度。如雍正年间以后，在八旗与绿营中实行"红白事例银"制度，红白事例银的发放与造报，也专门有《红白奏销册》。④ 又如雍正年间实行"耗羡归公"后，至乾隆五年（1740 年），上谕始要求各省"将一年之内额征公费完欠杂支同余剩未给各数目，逐一归款。……俱于岁底将一切动存完欠各数，及扣存减半平余银两，造册咨送户部核销"⑤。这应该看成是随着形势的变化或新事项的出现对奏销制度（奏销类项）的完善或补充。

清代后期，由于咸丰、同治两朝的动乱，正常的奏销制度遭到了破坏，在破坏的同时，也有所整饬，如上揭咸丰九年上、下忙造

---

① 同治《户部则例》卷 9，《田赋三·征收事例》。按：同治《户部则例》为同治十三年刻本，这一定例，虽然前面有同治四年的上谕，但是否与该定例有关，仍然模糊。至于仅与上年比较的两年比较法，未载。

② 钞档：《地丁题本·浙江（二）》，同治九年二月三十日杨昌浚题本。

③ 钞档：《地丁题本·浙江（二）》，光绪二年二月初二杨昌浚题本。

④ 参见陈锋：《清代军费研究》，武汉大学出版社 1992 年版，第 68 ~ 73、129 ~ 136 页。

⑤ 见光绪《大清会典事例》卷 170，《户部·田赋·耗羡动支》。在《宫中档乾隆朝奏折》第 5 辑、第 6 辑中载有湖北、山西、江西、河南、山东、广西等省的耗羡奏销报告。例如：湖北乾隆十七年耗羡银，旧管 363 614 两，新收 470 931 两，开除 479 963 两，应存 354 582 两；山西乾隆十七年耗羡银，旧管 235 799 两，新收 394 049 两，开除 413 174 两，实在 216 674 两，等等。

册的规定即是一例。

到光绪年间，作为整顿财政秩序的一环，奏销制度又有一个规复的过程。在这一过程中，户部与臣僚都有所条陈，在吸纳建议的基础上，奏销制度在规复的同时，也有所更改。

光绪元年（1875年），御史余上华奏称：

> 国家岁入，自有常经。从古圣王临御，未有不量入为出而能裕经费之源者。近自军兴以来，用兵二十余载，以致帑藏空虚，迥异往昔。中外用款，支绌日甚。臣思户部为天下财赋总汇之地，若不及早理其源二节其流，诚恐泄沓日久，支撑愈难。虽经臣工迭次奏请，至今出纳各款仍未确切筹维，拟请饬下部臣，将按年岁入正项地丁、盐课、关税以及续征津贴、捐输、厘金、洋税各杂项，共有若干，开具简明清册，其有不能指定确数之款，亦可比较数年，酌中核计，并有该部堂官督同各司官，将按年实用京饷、廉俸及陵寝要工、神机营兵饷为一款，各省应留俸饷、杂支为一款，各省旗、绿各营额设官兵俸饷为一款，各省练军、防勇应支饷需为一款，西北两路征兵应拨饷需为一款。以上各款，总计实出若干，亦分晰开具简明清册。与入款互相比较，实亏若干，应如何酌量撙节，先事绸缪之处，由该部妥协综合，汇总开单具奏，以备查考。至各项用款，该部有疑难不能遽定者，不妨约举大概，据实奏明，请旨定夺。如此通盘合计，先事确有持循，将来庶无贻误。再，财用等事，在部臣亦经悉心筹划而行，查各省往往延不登覆，以致岁入各款久无确据，并请饬下户部，于行查事件，该省逾限不覆，即行指名严参查处。①

由于此前钱粮奏销的不能按时进行，以致"岁入各款久无确据"，"出纳各款仍未确切筹维"，因此有各类钱粮分款奏销的建议。该年，御史王兆兰亦奏，"各省总未将收支细数按年报部"，

---

① 《光绪朝东华录》（一），中华书局1958年版，第85～86页。

军需及各项用款也未及时奏销，要求加以整理，奉上谕："国家财赋，岁有常经，现在各省军务虽平，而饷需尚虞缺乏，库款支绌时形，尤宜量入为出，全局通筹。着户部会计各省地丁、盐、漕及厘金、捐输等项，除蠲缓外，合（核）明每岁出入之数，以入抵出，倘有不敷，应如何补救之处均着悉心妥议，毋得徒托空言。并着各省督抚饬令藩司查明各该省现存厘卡地方共有几处，先行报部，并将各省收支细数按年造册核销。如仍任意迟延，即由该部指名参处。至军务已平各省，其军需销款尤不得浮滥支销，并着户部查明各省情形，分别立限截止。其内外各衙门承办物料例价，着即查明，一律改归旧制，概不准于例价外稍有浮多。"① 这里的重点是整饬奏销秩序。

光绪六年（1880 年），户部奏称：

> 严核各项奏销，以地丁为大宗。例载，凡奏销限期，该督抚照依限定月份，于是月底具题册结，随本送部。若因公不能依限，准其奏展，无故逾限者议处。司道府州县卫所官先已违限，查明据实开报吏部，分别照例议处。其奏销后续行报解者，仍准照例报部，分别扣除免议各等语。定例极为严密。乃行之既久，渐行弛懈，各省册结，未能依限到部。到部以后，会同核议，送改事故，翻译清文，辗转耽延，经年累月。甚或题本缮齐后，接到外省扣除免议减议咨文，又须行知更改，一员改毕，一员又来，往往因一县一州致稽通案。经征各官，习知题覆需时，其应得处分，业已设法规避。未完款目，仍未能年清年款，于国课实有妨碍。欲除积弊，不得不思所变通。应请自此次奏准后，所有钱粮奏销，各依定限，令各该督抚一面具题，一面先将未完一份以上各员名开具简明清单，专折奏报，由部核定处分，先行具奏。仍各于题本内将业经具奏各员声明备核。间有未能依限具题省份，此项专折，仍应按限入奏。其有具奏后续完者，准其续行奏请，归本案开复。此外盐

---

① 《光绪政要》卷 1，光绪元年四月御史王兆兰奏。

课、漕项，凡经手钱粮，如报销有关处分者，一律照此办理。庶经征人员知所儆惧，而帑项不致虚悬矣。①

此奏一方面在于指摘钱粮奏销不能依限进行，在奏销过程中，又存在着规避处分的弊端，以致经征钱粮不能年清年款。另一方面，要求在钱粮奏销依限进行的情况下，与对官员的处分结合起来，经征钱粮未完一份以上，须开具简明清单，专折奏报，由户部核定处分。②

光绪七年（1881 年）给事中张关准奏称：

> 户部总握利权，凡内而近畿，外而直省，苟凡仓库、钱漕、关税、盐课、厘金、捐输，有一不归于度者，皆其专责。诚得人而理之，亦何至富有天下而时形拮据乎！康熙朝，国家多事，帑藏不充，世宗宪皇帝即位之初，特简怡贤亲王总理户部，综核详明，剔除积弊，不数年间，海内丰盈，库储充溢。迨乾隆朝，屡兴大役，军需浩繁，度支未闻匮乏。成效共睹，所宜永远遵守毋忽忘也。自粤匪构乱以来，各省督抚因时因地每有便宜陈奏，朝廷往往曲为允从，部臣亦破例议行。原以时局多艰，不得不稍通权变。今海宇乂安亦有年矣，乃各省疆臣积渐成故，各存意见，或专擅利柄，或徇庇私人，浸浸乎视定章若弁髦，而部臣亦玩愒因循，巧为避嫌，工于卸过。

因此，提出"军饷由部核实"、"厘金由部综核出入"、"盐务由部经理"、"用款先由部议、督抚不得擅专"四条建议，该归并的归并，该清理的清理，一切出入用款奏销，皆由户部掌握。③

---

① 《光绪朝东华录》（一），中华书局 1958 年版，第 866 页。原断句似有不妥之处，已重新标点。按：严核各项奏销，为当时户部奏请的整顿财政措施十条之一。
② 参见光绪《大清会典事例》卷 177，《户部·田赋·奏销》。
③ 《光绪朝东华录》（一），中华书局 1958 年版，第 1048～1051 页。

光绪八年（1882年）奏准：

> 本年八月以后，各省报销，或半年奏报一次，或一年奏报一次。上半年者，限本年十二月到部，下半年者，限次年六月到部，一年者，限次年八月到部。不准经年累月汇案造报。①

奏报办法，表现出灵活性，奏报时限，也与清前期有别。

光绪十年（1884年），户部奏称：

> 查乾隆九年，大学士鄂尔泰等议复御史范廷楷条奏会计钱粮出入，始定为自十年起，每年将各项奏销，再行通盘核算，另造黄册，汇总具奏一次。二十四年，复经大学士傅恒等奏准，每年汇奏出入，其中额征地丁等项，一切动用细数，均于奏销案内按款核题，而汇奏之时，又复缮写清单，已属详明，另造黄册应行删除。其由臣部支给银两，另有银库造册进呈等因，历经照办，每年只将各省地丁、常税、盐课三项由部汇开出入大数，列单陈奏。……自咸丰、同治年来，各省出入迥非乾隆年间可比，近来岁入之项，转以厘金、洋税等为大宗；而岁出之项，又以善后、筹防等为巨款。若照常年汇奏成案办理，均未列为出入，实不足以尽度支之全。且近年各省奏销迟延，即常例地丁等项出入册籍，亦多造送不能齐备，当经行查各省，令其将地赋漕盐关厘各项出入数目，无论已报未报，均按光绪六、七两年收支数目，开具简明清单，于九年底送部，以便核计。嗣因届期，仍多未覆，复于上年奏明，督饬北档房司员先行跟接光绪八年奏过六年份出入成案，就各省藩司及漕、盐、关、厘各处报部有案可稽者，一面详算，造简明出入清册，于开年后，赶紧缮妥呈进，并请旨通饬各直省，仍遵前咨，迅速奏咨覆部，以凭考察。倘所覆仍未详备，俟清册进呈

---

① 光绪《大清会典事例》卷177，《户部·田赋·奏销》。

后，再奏定格式，颁发各省。……嗣后即可每年遵依造报，以凭汇核。……臣部为钱粮总汇之区，从前出入均有例额，入款不过地丁、关税、盐课，兵饷、存留、协拨数事，耗羡数端，出款不过京饷，纲举目张，最为简括。乃自军兴以来，出入难依定制，入款如扣成、减平、提解、退回等项，皆系入自出款之中，而出款如拨补、筹还、移解、留备等项，又皆出归入款之内。头绪辈辖，造报不齐，汇覆良非易易。今查此次所办册籍，系敬遵《钦定大清会典》及《皇朝文献通考》内原分门类，参酌近年情势纂定。以地丁、杂赋、地租、粮折、漕折、漕项、耗羡、盐课、常税、生息等十项为常例征收，以厘金、洋税、新关税、按粮津贴等四项为新增征收，以续完、捐输、完缴、节扣等四项为本年收款。排比核列，以见一年入数。除去蠲缓未完各数，通计实入共银八千二百三十四万九千一百七十九两八钱六分二厘零。……以各省陵寝供应、交进银两、祭祀、仪宪、俸食、科场、饷乾、驿站、廪膳、赏恤、修缮、河工、采办、办漕、织造、公廉、杂支等十七项为常例开支，以勇营饷需、关局经费、洋款、还借息款等四项为新增开支，以补发旧欠、预行支给两项为补支预支，以批解在京各衙门银两一项为批解支款。排比核列，以见一年出数。除去欠发未报各数，通计实出共银七千八百十七万一千四百五十一两六分七厘零。……臣部于此次奉旨后，赶紧颁发册式，通限令各省除例办奏销册籍均照旧按年造送外，其此项会计出入，亦即跟接造报八、九两年简明清单，于光绪十一年开印前后咨送到部。其十年份以后会计出入清单，均令按年造送，于次一年封印前后到部，不准延宕。如迟至封印尚有不到者，臣部即照拨册逾限例将该管司道指名严参。①

此奏很长，但却非常重要。除了缕述奏销制度的变迁外，重点

① 《清朝续文献通考》卷70，《国用八》，第8267～8268页。参见《皇朝政典类纂》卷161，《国用八·会计》。

在于说明，自咸丰、同治以来，各省出入非乾隆年间可比，不但出入款项不同，而且奏销也特别混乱。整顿奏销制度，一方面是要求按时造报，另一方面，也是更为重要的，"遵《钦定大清会典》及《皇朝文献通考》内原分门类，参酌近年情势"①，规定了新的奏销内容和奏销格式，"以地丁、杂赋、地租、粮折、漕折、漕项、耗羡、盐课、常税、生息等十项为常例征收，以厘金、洋税、新关税、按粮津贴等四项为新增征收，以续完、捐输、完缴、节扣等四项为本年收款"。"以各省陵寝供应、交进银两、祭祀、仪宪、俸食、科场、饷乾、驿站、廪膳、赏恤、修缮、河工、采办、办漕、织造、公廉、杂支等十七项为常例开支，以勇营饷需、关局经费、洋款、还借息款等四项为新增开支，以补发旧欠、预行支给两项为补支预支，以批解在京各衙门银两一项为批解支款"。从而使光绪中后期的奏销有案可循，渐次走向了正规。另据刘岳云所列《光绪岁入总表》，亦是从光绪十一年（1885 年）起始，岁入项目分为地丁、杂赋、租息、粮折、耗羡、盐课、常税（以上常例）、厘金、洋税（以上新增）、节扣、续完、捐缴（以上无关岁额）诸项。② 刘岳云所列《光绪岁出总表》，同样是从光绪十一年（1885年）起始，岁出项目分为陵寝供应、交进银两、祭祀、仪宪、俸食、科场、饷乾、驿站、廪膳、赏恤、修缮、采办、织造、公廉、杂支（以上常例）、勇饷、关局经费、洋款（以上新增）、补支、预支、解京各衙门经费诸项。③ 基本上与光绪十年岁出岁入整顿条

---

① 按：所谓遵《钦定大清会典》内原分门类，主要是根据嘉庆《大清会典》。如嘉庆《大清会典》卷12，《户部》云："凡岁出之款十有二，一曰祭祀之款，二曰仪宪之款，三曰俸食之款，四曰科场之款，五曰饷乾之款，六曰驿站之款，七曰廪膳之款，八曰赏恤之款，九曰修缮之款，十曰采办之款，十有一曰织造之款，十有二曰公廉之款。"岁出十二款整齐有序，岁入之款亦然。嘉庆《大清会典》所载与之前的康熙、雍正、乾隆诸会典所载已经不同。

② 《清朝续文献通考》卷66，《国用四》，第 8227 ~ 8228 页。刘岳云：《光绪会计表》卷1，《入项总表》。

③ 《清朝续文献通考》卷67，《国用五》，第8232 页。刘岳云：《光绪会计表》卷1，《出项总表》。

例吻合。当然，在实际执行中，地方上是否一切按清廷的要求办理，仍存在着疑问。刘岳云在编《光绪会计表》时曾云："各省款项，或此有彼无，或此分彼合，或名异实同，由各省情形不同，办理因之有别。"又云："各省比较多少数目，或合七八年计之，或合三五年计之，或仅列一二年。因各省奏销，或到或未到，故不能划一。"① 这些不同和不能划一，也正意味着晚清的奏销虽然屡经整饬，仍然存在着问题。

光绪三十年（1904 年），上谕：

> 方今时事多艰，民生重困，而官吏壅弊，下情不通，甚至地方钱粮浮收中饱，以完作欠，百弊丛生，大负朝廷恤民之意。着各省督抚将各属经征钱粮限五个月内开列简明表册，该州县钱粮正额若干，现在实征若干，向系收银者，注明每赋一两正、耗各收银若干，或系收钱折银，或系收银元作银，均注明每银一两折收若干。每漕粮一石收本色者，户、耗各收米若干，收折色者，每石收银若干。此外有无陋规、杂费，逐一登明，据实声叙。各令和（合）盘托出，不准含混遗漏。俟该省奏报到后，着户部核对，由政务处刊入官报，俾众共知，藉以察官方而通民隐。②

此谕一方面要求各省征收钱粮开列简明表册上报，将征收款项和折征情况一一注明，由于银、钱比价的变动，以及新式银元的发行与流通，也一并注明银元与银两的折征比例；另一方面，要求刊入官报，将赋税征收公开化，以使奏销走向规范、公开的轨道。似乎已经受到了西方预算公开的影响。

---

① 刘岳云：《光绪会计表》缀言，光绪二十七年教育世界社印本。
② 《光绪政要》卷30，光绪三十年六月，《诏各省督抚各属征收钱粮开列简明表册》。

四、战时奏销制度及政策演变

一般地说，常规奏销制度是较为规范的制度，一旦确立便具有相对稳定性。与常规奏销制度相比，战时奏销制度则具有临时性和多变性，战时奏销政策也因时因事而异。

战时奏销制度有其特定的范畴，主要指的是战时军费奏销（或称"军需奏销"），它与平时军费奏销（或称"兵马钱粮奏销"）相对应。罗尔纲先生曾对清代的战时军费奏销下过一段定语："军需奏销为兴大兵役时的特别支出，与经常的兵马钱粮奏销不同，它的性质是临时的，它的范围，是跟着战事的进展随时随地而不同的。……报销之始，则先将原拨银两数目作为初案新收，次列开除若干，实存若干，以初案的实存，作为次案的旧管。支用数目，逐案层递滚算，分门别类，挨次题销。"① 罗先生的这段话，是对战时军费奏销的一般性概括，说明了战时军费奏销的特殊性和奏销程序，但没有注意到战时军费奏销的多变性和复杂性。

清初顺治年间，连年用兵，战火不断，"频年鞠旅陈师，饷繁粮浩"②。战时军费奏销比之于常规奏销的无序及渐上轨道，更显得杂乱无章。当时在各省区设立的"饷司"，既主管兵马钱粮的摊派、催缴，又主管军需的奏销，但由于缺乏相应的规章制约，诸弊丛生。顺治八年（1651 年），四川道监察御使王亮教称："饷司历年任其出入不闻，奏报销算，差官催饷，势同狼虎，粮役恣其鱼肉，有司受其凭凌。"③ 顺治十年（1653 年），户部尚书车克称："我朝沿习旧制，特设饷司各官，以办粮糗，此政之所以重军需而稽侵冒也。近见宣大督臣题为悖旨冒饷一疏，内云，饷司徐兆举、陆云龙与镇标中军张世忠等通同侵扣饷银六万六千余两。又云，桃花、矾山等处，五、六等年钱粮蒙混支销，借题克落者为数尚

---

① 罗尔纲：《绿营兵志》，中华书局 1984 年版，第 373 页。
② 档案，顺治四年高士俊题：《为急需接济，筹饷无术事》。
③ 档案，顺治八年闰二月二十日王亮教题：《为遵旨请撤饷司事》。

多。……臣谓一镇如此，他镇可知；近畿如此，远方可知。当此需兵需饷之际，使朝廷有用金钱徒饱贪官之腹。"① 顺治十一年（1654 年），户科给事中杨璜又称："臣查天下钱粮之弊，万绪千端，其最著者莫大于支销不明，得以彼此牵混，行其影射侵挪之计。"② 终顺治一朝，战时军费奏销的混乱格局没有改变。

在三藩之乱初期的康熙十三年（1674 年），康熙帝曾明确谕令："拨饷一次即造册奏销一次，以杜不肖官役借端牵混、挪移侵欺并贱价作贵等弊。"③ 这是一次较为重要的上谕，也是在战时军费奏销方面作的第一次明确规定。据此，各地的军需局或粮台在收到户部的拨饷或各地的协饷之后，即将旧管钱粮数额、新收钱粮数额，以及拨解在途、尚未收到的数额，并预估以后的需款数额等分别缮造清册，由总督、巡抚或布政使等用兵地方大员上报户部，户部藉此再作权衡拨解。

很清楚，这一规定主要在于军需的估报和拨款后的收款奏报，试图扭转以往"支销不明"的状况。但是，由于缺乏对用过之款的报销限定，因此，军需的拨款和收款数目虽然明晰，而军需用款的报销依然混乱。有的地方是用过一次款项即造册奏销一次，有的地方则迟延不报或经年不报，针对这种情况，户部题准："嗣后大兵经过，动用本省钱粮，仍应于本省造册之外，另行造册，一年报销一次。至大兵进剿，拨各省协解钱粮，拨一次即将一次造册报销。"④ 从而将项目奏销与年度奏销结合起来。

尽管如此，当时的军费奏销仍然不规范，并未出现前揭罗尔纲先生所说的"支用款目，逐案层递滚算，分门别类，挨次题销"的那种情况，而是在战争结束以后再进行总的销算。由于战争结束后，战时设立的军需局或粮台相应撤销，军费奏销的任务便落在各

---

① 档案，顺治十年十二月三日车克题：《为兵饷侵冒多端事》。

② 档案，顺治十一年正月十二日杨璜题：《为支销之积弊宜除事》。

③ 档案，康熙十四年九月二十日蔡毓荣呈：《奏销敕部立法销算兵马钱粮事件文册》。

④ 档案，康熙十八年十二月八日张朝珍呈：《奏销荆襄大营自康熙十七年六月起至九月止收支协饷军需等项目黄册》。

地藩司头上，即"军务告竣，一切奏销案件改由藩司汇核查办"①。有时因奏销案件太多，也曾设立报销总局以主其事。这样一来，或因接手之员事务不熟，茫无所知；或因历时久远，无从稽考；或因案牍繁多，难以析别。所谓军费奏销的"算总账"，便往往成了一笔糊涂账。这或许就是乾隆以前历次战争的军费数额，官书阙于记载的主要原因。

实际上，许多战争的用款也确实是销算不清。即如历时八年的三藩之乱用款，直至康熙末年，还茫无头绪。此后以迄乾隆初年的历次战时军费奏销，也大多历经十数年、数十年不能完结。② 其所以出现军费销算不清的情况，因素当然是多方面的，比如经理军需人员不按部定则例采买粮草、支销钱粮，贪劣之员借机渔利等，在奏销之时难免要遭到"部驳"，户部驳文一下，又要辗转核查，难免旷日持久。但是，这与当时军费奏销没有统一的制度，多不按时、分案奏销密切相关。直到乾隆十九年（1754 年），在预备西北军需时，山西巡抚恒文才率先提出了按时、分案奏销军需的意见。他说：

> 窃惟军需钱粮帑项攸关，向来办理军需，每俟军务告竣之后，始行查办报销，不特头绪纷繁，抑且承办之员前后更易，造报不免舛错，驳查更费周章。似不若办竣一案即将一案用过钱粮造册报销，则造报之员均属经手之人，即查核之上司，曾经督办，亦深悉其原委，不能丝毫弊混，可以迅速完结。惟当军务未竣之时，一切关系军情事宜，均应密办，若将承办军需随案具本题销，总（纵）极详慎，而咨揭繁多，恐有漏泻（泄），更不如以奏代题，尤为谨密。③

① 档案，乾隆元年十二月十二日刘于义题：《为奏销军需钱粮事》。

② 参见陈锋：《清代军费研究》，武汉大学出版社 1992 年版，第 178～179 页。

③ 档案，乾隆十九年八月十七日恒文奏：《为军需钱粮敬请随案奏销，以清案牍事》。

乾隆二十年（1755 年），甘肃布政使史奕昂亦指出：

> 自臣抵任以来，检阅从前军需旧案，每至数年之久方始报销，承办之员类多更易，事经年远，查询愈繁，胥吏反得上下其手，殊非所以慎支用而省案牍也。此次办过各项钱粮，臣拟大兵齐至军营，即将用过细数逐款查明，随时造报，次第请题，听部核销。……如其中支过粮饷有必须于凯旋后核造者，请即以凯旋之日起，勒限一年内统为造报。倘承办经手之员造册逾限，即照例参处。①

乾隆帝对以上二人的建议甚为赞赏，分别朱批："甚好！知道了。"上引两件奏折除分别历数前此军费奏销的弊端外，在总结经验的基础上，实际上提出了三种办法：第一，用过钱粮及时分案奏销。第二，奏销军费以奏本代替题本。第三，用过钱粮一时不能核办奏销的，在军务告竣后的一年限期内造报，不得逾限。这些办法无疑会对战时军费奏销的纠偏治弊起到作用，所以当即便予以实行。据现存档案看，当时的军费奏销确实体现了分门别类、依次奏销的特点，如运米一次、采买米一次、采买草料一次、采买马驼一次、支过出征行装银一次等，均各作一案奏销。

应该说，康熙十三年（1674 年）的拨饷一次即造册奏销一次与乾隆十九年（1754 年）的依次分案奏销，是战时军费奏销制度方面两次大的改进，它对改变军费奏销的混乱局面起着不容忽视的作用。特别是乾隆十九年实行的分别款项依次奏销，是战时军费奏销程式的根本改变，这种"随支随销"的方式，可以使军需款项迅速结案，即使一时难以结案，也必须在军务告竣后的"一年内统为造报"，从而避免了由军费奏销迟缓而产生的许多弊端。

从总体上看，此后的战时军费奏销均是循例进行。

但是，也必须注意到，由于战争的突发性、历时性、扩延性、

---

① 档案，乾隆二十年二月十二日史奕昂奏：《为请定军需钱粮随时造报之限，以杜拖延事》。

复杂性，以及军费拨款、筹措、支出、编报、奏销、驳查的头绪纷繁，案牍山积，军费奏销又往往不以人的意志为转移。换句话说，军费用过一案即奏销一案，以及军务告竣后一年内报销完毕的规定，在战争事起仓促或拖延时日，以及支销违例、屡驳屡查的情况下，奏销变得非常困难，往往难以如期造报完毕。因此，尽管有乾隆十九年军费报销的理想范式，仍然不得不有所变通。实际上，此后历次战争中的军费报销，多是采取战时的随时造报与战后的统一报销相结合。一般来说，战争时期钱粮物料的收储、支发、核实，以及军费收支案牍的及时编报等，均由战时因办理军需所设立的军需局经手；战后的统一报销则由事后成立的报销局经手。军需局将一切奏销案件转交报销局汇总查办，军需局随即撤去，局员或归复旧职，或转留报销局，一任办理、督察军务的总督大员委任。报销局在接手军需局的军费收支"底册"后，仍需"按照则例，逐款详核，凡动用银、米，核与则例相符者，必查对底案，始准报销，以归核实。或例准开销而未经动用，及实用之数比则例较少者，即照实用之数具报，不得因有例可援，稍任浮冒。此外有军行紧急，事在必需，量为变通，而核与成例不符者，照例核减，另行分别著落认赔。总期用款俱循则例，帑项不致虚糜"①。然后，按照这些基本的要求，分案汇总，依次结算。报销结案的时间也不再限于一年，而是根据战争时日的长短分别限定日期。②

　　质言之，上述军费奏销制度的不断改进，其功能主要表现在分别款项、及时奏销方面，也可以说仅仅是军费奏销程序的改变和整理，当然有着不可忽视的作用。但从另一个方面来讲，其对军费支出与奏销中的某些弊端仍然难以遏制。

　　上述已经谈到常额军费奏销中的部费陋规及驳查，在战时军费奏销中其弊更大。据说，三藩之乱期间，"江南供应满汉各营节年

---

　　① 档案，乾隆五十四年闰五月二十一日福康安奏：《为酌核军需报销章程，以杜浮冒以重帑项事》。

　　② 参见陈锋：《清代军费研究》，武汉大学出版社1992年版，第182页。

米豆草价各案，不蒙准销，屡驳屡查"①。这种现象，以后历次战时军费奏销中屡见不鲜。其所以如此，固然是由于经理军需人员浮冒开销、中饱私囊，不驳查不足以核实，但同时也是由于部官司员以军费报销为利薮之地，借驳查之名以索部费，以致"军需款目，至一千数百万之外，部费即须十余万"②。令人吃惊。

时人曾经认为，"军需一项，所有虚浮，皆在采买米豆草束等项内藏掩"③。所以，历次军费报销中，遭到驳查最多的是采买米豆、草束，制办军器、火药等项。在战争中，由于军需紧急，刻不容缓，办理军需人员一般是"照时价采买制办"，而战时又往往物价增昂，采买制办军需的价值经常"较原议部价浮多"，也就屡遭部驳。这其中，虽然有不肖官吏浮冒开销的现象，但也有因公办理者。而在具体办理中，二者又很难区分，颇费周章。雍正十三年（1735年）九月，新即位的乾隆皇帝曾试图采取"折中定价"的办法，"斟酌合宜，俾官吏无赔累之苦，国帑无浮冒之弊"，以求公允，以解决军费奏销中屡屡驳查之弊。④ 但所谓的"折中定价"，实际执行效果并不好。至乾隆四十九年（1784年），在前此基础上，统一制定了《采买米麦草豆价值》、《采买马驼骡头牛羊价值》等军需条例，使有关的军费奏销有例可依，走向规范。同时也有适度的灵活性，即遇有物价的特别增昂，承办军需人员可以"确访时值，奏明采买"⑤。与制度的规范相一致，清廷还不断颁布政令（处罚则例），对经理军需人员的违规现象进行整饬，例如⑥：

① 慕天颜：《军需报销疏》，见《皇朝经世文编》卷32。

② 张集馨：《道咸宦海见闻录》，中华书局1981年版，第278页。

③ 档案，雍正三年八月八日王景灏奏：《为奏闻事》。

④ 《平定准噶尔方略》前编卷39，雍正十三年九月癸亥。

⑤ 乾隆《钦定户部军需则例》卷7，《采买办解》。参见陈锋：《清代军费研究》，武汉大学出版社1992年版，第184页。另参见郭松义、李新达、李尚英：《清朝典制》，吉林文史出版社1993年版，第440页。

⑥ 以下诸条见乾隆《大清会典则例》卷16，《吏部·解支》；卷23，《吏部·军政》。光绪《大清会典事例》卷100，《吏部·处分例·支放钱粮》。

康熙十四年（1675 年）议准："各省采买米谷豆草估价，均照督抚所定，如估价多开者，或被旁人首告，或被科道题参，审系情实，原估官革职提问，转审官降四级调用。奏销之督抚，降二级调用。如督抚、布政使、道府等官通同多算者，皆革职提问。凡米谷豆草多算，被上司查出，督抚查参者，上司、督抚皆免其处分。"

康熙十五年（1676 年）议准："军前供应米豆草束等项，如地方官将价值浮冒开销，督抚查出题参，照贪官例革职拿问。如奏销完结之后，或被科道纠参，或被旁人举首，将督抚一并照贪官例治罪。其举首之人，系官，照伊应升之官，加一等优升。系旗人、民人，授为七品官。"

康熙二十五年（1686 年）规定：一应制造、采买等项，如有冒销、侵欺事发，皆照户部"军前供应米豆草束浮冒开销例"议处。

雍正五年（1727 年）议准："凡地方有军需公务，督抚不及咨题者，行令该州县垫办，或挪库项，或垫己资，先行详明督抚。办完后十日内，即照实价申详院司道府，限两月内核明题销。倘州县申报过限，或督抚题报后期，户部查明月日，皆交部议处。其司道府逾限不行核转，亦照例查明交议。若该州县报价不实，及督抚不据实核明题报，希图冒销者，户部题参。州县照侵欺例治罪，督抚司道等官，皆照徇庇例议处。"

嘉庆八年（1803 年）议准："大兵剿贼之时，遇有军需动用钱粮，督抚司道等官，一面具题咨报，一面动用。若司道等官并未申详督抚，擅自动用，一万两以下者，降三级调用，一万两以上，不及五万两者，降四级调用，五万两以上者，降五级调用。督抚竟为题销，降二级留任。如已经申详，督抚不行具题，擅自动用者，将督抚照司道等官例分别银数议处，俱令赔还。"等等。

凡此政令（处罚则例）的不断颁布，既意味着制度与政策的相互补充，也标示着弊端的不断发生，防贪杜弊任重而道远。

咸丰年间太平天国运动爆发，由于时局变动带来的事权、军权、财权变动，① 战时军费奏销更值得特别注意，此亦成为时人议论的主要问题之一。对于当时的军费报销，时人已经指出，在前，"军需报销自乾隆朝刊颁则例，准销各款有条不紊"，然事后请销，一收一支，仍难以针孔相符，战争中动用的"旗、绿官兵，调发若干，死亡若干，人数尚有可核"，但仍有"浮冒侵渔"之弊；"若此次发逆倡乱，捻匪、回匪继之，招募之勇，其立营补额，均未奏咨备案，随营员弁亦不报部存查"，各种支出，无从清厘，更加上"各路统兵大臣肆意专擅"，"核算必成不了之局"。② 一般性奏销，也是"无一理之之处，无一理之之人……户部虽为总汇，而各处之虚实不知之。外省所报册籍，甲年之册，必丙年方进，已成事后之物，更有任催罔应者。孰应准、孰应驳、孰应拨、孰应停、孰应减、孰应止，皆未闻部中下一断语，皆以该督酌量办理、兼筹并顾一笼统之词而已"③。当时所谓的"外销"更由地方一手把持，即："外省积习，皆有外销款项，自筹自用，向不报部。"④

咸丰后期，军费奏销一无改观。咸丰十年（1860年），上谕内阁："户部奏军需巨款延不造报，请旨饬催一折。广东自道光三十年起，本省军需。前后支应，为数甚巨，仅将二年动用军需奏报一次，余均系笼统约略之数。其历年防剿处所，调派兵勇及动用粮饷若干，并何经理支放，事逾十载，总未造报。节经该部奏催，置若罔闻，以致漫无稽考，实属任意延玩。现当经费支绌之时，似此巨款，岂容日久因循，着劳崇光、耆龄查明历任司道及办理军务各

---

① 何烈认为："从咸丰三年起，清廷财政流于崩溃，户部再无力筹供各地的军饷。各省饷归自筹，勇归自募，已经打破了两百年来的兵制和饷制。各省在筹饷的时候，便没有认真考虑到将来的报销问题。"参见何烈：《清咸同时期的财政》，"国立"编译馆中华丛书编审委员会1981年版，第393页。并参见"奏销制度的解体"一节。

② 《清朝续文献通考》卷69，《国用七》，第8262页。

③ 金安清：《生财不如理财论》，见《皇朝经世文四编》（何良栋辑）卷17。

④ 《会议政务处奏遵议度支部奏清理财政明定办法折》，见《大清光绪新法令》第10册，第6类《财政·清理财政办法》。

员，先行奏参，交部严加议处。一面将该省叠次防剿处所，支用军需确实细数，遵照历奉谕旨，按限分晰造册报销。自此次严催后，倘再藉词延搁，以及造报含混，即着户部参办，以重帑项。"① 一方面是"军需巨款，延不造报"，另一方面，"倘再藉词延搁，以及造报含混，即着户部参办"，也表现出了整饬的意向与决心。

同治三年（1864 年），户部尚书倭仁上疏，藉口"历年以来各省军需承办既非一人，转战动经数省，且则例所载，征调但指兵丁，而此次成功多资勇力"，种种例案相歧，要求从宽奏销②。上谕称："军需报销一事，本有例定章程，惟近来用兵十余年，蔓延十余省，报销款目，所在多有，若责令照例办理，不独虚糜帑项，徒为委员、书吏开需索之门。而且支应稍有不符，于例即难核准，不得不着落赔偿，将帅宣力行间，甫邀恩锡，旋迫追呼，甚非国家厚待勋臣之意。着照所请，所有同治三年六月以前各处办理军务未经报销之案，惟将收支款目总数分年分起开具简明清单，奏明存案，免其造册报销。……自本年七月起，军需有例可循者，当遵例支发……事竣之日，一体造册报销。不得以此次特恩，妄生希冀。"③ 这种"破格恩施各路统兵大臣"的谕令，自然受到欢迎，曾国藩在给其子的信中即称："接奉谕旨，诸路将帅督抚均免造册报销，真中兴之特恩也。"④ 但从政策角度看，却是一种无可奈何的折中。

况且，此后的所谓依例奏销，仍为臣下所不遵。不得已，光绪八年（1882 年）的上谕又再次妥协，从同治三年六月以前免其造册报销，妥协到光绪八年八月以前免其造册报销。上谕称：

> 御史梁俊奏，军需善后用款，请开单报销，免造细册一折。各省军需用款，前经奉旨，同治三年六月以前，免其造

---

① 《清文宗实录》卷 316，咸丰十年四月甲申。
② 倭仁：《请免军需造册报销疏》，见《同治中兴京外奏议约编》卷 3。
③ 《清朝续文献通考》卷 69，《国用七》，第 8261～8262 页。
④ 《曾国藩家书》，湖南大学出版社 1989 年版，第 522 页。

报。七月起，仍一体造册。历年即久，用款甚繁，军需正项及善后事宜，名目尤多。若以造册合例，往往再三驳查，稽延时日，甚至迁就挪移，串通嘱托，百弊丛生。并有应行造报之案积久未办，转不足以昭核实。所有光绪八年八月以前各省未经报销之案，着将收支款目总数分年分起开具简明清单，奏明存案，免其造册报销。至嗣后军需、善后应行造销之款，仍着照例随时赶紧报销。①

这种"不得已"，也可以视作是对军费报销的清理整顿，"妥协"是有时限和目标要求的，在"妥协"中规复军费报销的旧制。并不能简单地认为"毫无实效"，或者"清廷对之无可奈何，只好置之不问"②。从光绪十五年（1889 年）的上谕中可再作体会。上谕称：

前据张之洞奏，广东军需善后报销，请免造册，当谕令该部议奏。兹据户部遵旨议奏，向来核查报销，均需造具细册，方能按照旧章详细钩稽，分别准驳，若仅开单具报，无从核算，前经该部奏明，光绪九年以后军需等款，概令造册报销，不准再有开单奏报，各省均经遵照办理。乃张之洞辄将九年以后军需、善后各款率请开单奏报，不特与户部奏案各省办法不齐，且事止一省，时仅数年，按籍可稽，何难详细造报。国家度支所入，丝毫皆关帑项，岂容只顾简便，不顾定章，任意陈请。至所称册籍如山，徒使堂司各官不能阅算，只供书吏刁难之具，尤不成语。该部书吏果有藉端需索情事，张之洞即应指出其人，以便严行究办，何得藉案牍繁多，冀免造册。执属非事。所有九年至十四年收支各案，仍着督饬局员迅速造具细

---

① 《清朝续文献通考》卷70，《国用八》，第 8266 页。

② 何烈：《清咸同时期的财政》，"国立"编译馆中华丛书编审委员会 1981 年版，第 407 页。

册，报不核销，毋得稍有含混。所请开单奏报之处，着不准行。①

很清楚，经过晚清不断的清理整顿，军需奏销尽管还存在这样或那样的问题，但总体情况已经有所好转，"光绪九年以后军需等款，概令造册报销，不准再有开单奏报，各省均经遵照办理"之语，即是一种明白无误的表示。即使如张之洞这样的重臣要求简单奏报了事，亦遭议驳。

五、晚清预算的酝酿与实施

在清末实施预算之前，中国历史上有没有预算制度，学术界存在分歧。

孙翊刚的《中国财政问题源流考》专设"中国国家预算的早期形态及其发展演变"一编，对中国历史上的预算制度进行了探讨。孙翊刚认为，到春秋战国时期，"中国的预算制度（"上计"）已粗有制度了"。到唐代开元、天宝年间，唐王朝的预算制度，已呈完备状态。②

陈明光的《唐代财政史新编》更是用"国家预算"的概念谋篇布局。该书分为上、中、下三编，除中编叙述"安史之乱与唐朝财政体系的变动"外，上编为"唐代前期国家预算的法制形态"，下编为"唐代后期国家预算的特定形态"，以研究唐代国家预算的主旨十分明确。其在引言中称："虽然在我国古籍中未见'预算'一词，但是，对国家财政收支的计划性这一'预算'的基本内涵，我国古人早有清醒的认识并付诸实践。例如，《礼记·王制》载，'冢宰制国用，必于岁之杪，五谷皆入，然后制国用，用地小大，视年之丰耗，以三十年之通制国用，量入以为出'。这是

① 《光绪朝东华录》（三），中华书局1958年版，第2667~2668页。
② 孙翊刚：《中国财政问题源流考》，中国社会科学出版社2001年版，第285~311页。

对量入为出的预算原则初次总结。又如，司马迁《史记·平准书》中称述汉高祖刘邦'量吏禄，度官用，以赋于民'，则显露了后来由唐人杨炎明确加以概括的'量出制入'的预算原则的端倪……唐代的国家预算就其基本内涵而言，是一种源远流长的客观存在。"同样认为，预算起自先秦，源远流长。宣统二年编制的所谓"预算"形式，在中国古代早已有之，而到唐代，已形成完备的预算制度："在现在财政学中，国家预算指的是经过法定程序而编制、审查与批准的国家财政年度收支预计。显然，经过法定程序以及计划的周密性程度，是辨识国家预算形态完备与否的两点必具特征。根据这一定义，考察史实，我们同样发现唐朝确实建立过相对完备的国家预算，堪称中国财政史上国家预算形态演变上的一个里程碑。"①

李锦绣在《唐代财政史稿》前言中说："陈明光已经指出，唐代建立了相对完备的国家预算，我同意这一根本观点。吐鲁番出土的'唐仪凤三年度支奏抄'文书是一件支度国用计划（预算）残卷。预算是国家财政的核心，因而我在财务行政一章中，首论唐前期预算，对预算收支两方面基础、预算的编制、审议、执行、内容特色及其与量入为出财政原则的关系等论述较多。因为只有明确了唐前期的预算，才可理解唐前期的整个财政，才可明确唐前后期或中古史前后期财政的本质不同。前期的预算是建立在国家的财政法（律、令、格、式及制敕）基础之上的，前期的财政与财政法联系相当紧密。"②

另外，葛承雍认为，在唐代，户部的概算、度支的预算和比部的决算，三者已经形成一套严密的制度。③蔡次薛认为，唐初开始设立预算制度，每年一度编造记账（预算），层层上报，最后由户

---

①　陈明光：《唐代财政史新编》，中国财政经济出版社 1991 年版，第 4～5 页。另外，可参见陈明光：《中国历史上何时建立"国家预算"》，《厦门大学学报》1995 年第 1 期。

②　李锦绣：《唐代财政史稿》上卷，北京大学出版社 1995 年版，第 7～8 页。

③　葛承雍：《唐代国库制度》，三秦出版社 1990 年版，第 16 页。

部总其成。同时，又建立了监督预算执行的审计制度。① 刑铁认为，以唐中叶为界，古代中国的财政预算呈现出两个明显的阶段性发展过程，唐中叶以前，是"量入为出"阶段，唐中叶以后，是"量出制入"（按：原文用"量出为入"一词）与"量入为出"两种原则并行，并且以"量出制入"原则为主。《宋史·食货志》开始设置"会计"一目，既含国家的财政预算，也含决算内容。此前《周礼》中的"司会"一职，即是掌管和核查中央及地方的财政收支，已含预算和决算的内容；唐代称此职为"国计"，实际就是会计。但重视会计的作用并使此职的设立成为定制，则是在宋代。明代人邱浚在《大学衍义补》卷二十《总论理财之道》中云："每岁户部先移文内外各司及边方所在，预先会计嗣岁一年用度之数：某处合用钱若干，某事合费钱若干，用度之外又当存积预备若干，其粮谷见在仓库者若干，该运未运到者若干。造为账籍，一一开报……"这是一套完整详尽的国家预算编造过程。在此之前，历代的财政预算并不完善，有时甚至没有统一的预算，邱浚的这一方案，虽然不一定实行过，但从预算方法本身来看，应当说是中国封建社会国家财政预算思想和预算方法的集大成者。而邱浚《大学衍义补》卷二三《经制之义》设计了进行财政决算的详细程序，也可以说是我国古代国家财政决算思想和方法的集大成者。②

　　孙翊刚、陈明光、李锦绣、葛承雍、刑铁等人都是研究财政史的知名学者，他们的观点当然值得注意。但是，这些学者基本不治清代史和近代史，与清史、近代史学者以及财政学学者的观点有差异。在众多的财政学教材中，基本上认为严格意义上的预算是近代

---

① 蔡次薛：《隋唐五代财政史》，中国财政经济出版社 1990 年版，第 187～188 页。

② 刑铁：《我国古代专制集权体制下的财政预算和决算》，载《中国经济史研究》1996 年第 4 期。

的事。① 笔者认为，清末的预算，从立宪的酝酿、实施，到财政机构的重新设置，从财政事项的调查，到财政预算的编制，大多前所未有，是接受西方预算思想和预算制度的产物，具有明显的近现代色彩，与中国古代所谓的"预算"毕竟不同。所以，笔者一般将清末预算之前的所谓"预算"称之为"奏销"。事实上，清末呼吁施行预算的人士大都是饱学之士或接受新学之人，他们既对《周礼》所记以及历代的财政制度熟悉，又对"泰西之法"有所了解，并没有混淆古法与新制的区别，如监察御史赵秉麟就上奏称："《周礼·冢宰》以九式节财，岁终制用，立司会为计官长，司书贰之，……皆有会计。……近泰西各国岁出岁入，年终布告国人，每岁国用，妇孺咸晓。考泰西列邦，所以国人咸知国用者，在有预算以为会计之初，有决算以为会计之终。其承诺之任，监财之权，悉议会担之。……近奉明谕，预备立宪，设资政院以司预算，设审计院以掌检查，远符周礼，旁采列邦，用意至善。"②

　　笔者已经指出："尽管传统的奏销制度在清代前期已经较为完备，但毕竟与具有现代色彩的预决算制度有区别。因此，清末一些有识之士提出'仿泰西之法'实行预算。在形势的推动下，光绪二十九年，中央设立财政处，光绪三十二年九月，户部改为度支部，并进行了财政机构改革，目的皆在于清理财政、统一事权。光绪三十二年七月，清廷宣布了预备立宪事宜，'清理财政'也是预备立宪的主要内容之一。实际上已经具备了实行预决算的氛围。光绪三十四年八月，宪政编查馆、资政院始提出清理财政的具体计划和预决算进程。同年十二月，宪政编查馆又奏定户部草拟的《清理财政章程》，该章程共有八章35条，内容涉及中央与各省清理财政的诸项事宜。宣统元年，度支部又奏定了《清理财政处办事章

---

① 参见崔满红、李志辉主编：《财政学》，中国金融出版社2004年版，第313～315页。赫书辰、曲顺兰主编：《财政学》，经济科学出版社2007年版，第306页。事实上，尹文敬的《财政学》（商务印书馆1935年版）已经持这种观点。在"学术史回顾：20世纪的清代财政史研究"中已经谈到。

② 《光绪政要》卷32，光绪三十二年十二月，《度支部议复御史赵秉麟奏制定预算决算表事宜》。

程》和《各省清理财政局办事章程》，对清理财政处和清理财政局的设员分职、职务权限以及奖励与惩罚等都作了具体的规定。清末的清理财政以及预决算进程基本上正是循着上述规章而展开。尽管清末的预算十分艰难，也存在着这样或那样的问题，但是，预算的完成已标示出传统奏销制度的终结和传统财政体制向现代财政体制的转折。"① 受到报纸篇幅的限制，这只是言其大概。

在清末的预算开始之前，已经有预算的酝酿。曾任驻日本公使馆参赞和驻美国旧金山领使馆总领事的黄遵宪在其 1887 年定稿的《日本国志》② 中曾经介绍过日本与西方的预算制度，并提出变法以行预算的主张：

> 凡会计起于预算，由是而出纳，而决算。预算之法，各官厅先就科目揭载额数，制预算表，申牒大藏省，大藏省检核后，送交会计院检查，于内阁决定。各厅欲于预算外临时增费，则申其事由于大藏省，转呈太政官，经太政官允许，则并告检察院。每岁四月十五日开检查会议，议毕送之太政官。经审查决定后，每岁七月将预算表报告于众。

> 余考泰西理财之法，预计一岁之入，某物课税若干，某事课税若干，一一普告于众，名曰预算。及其支用已毕，又计一岁之出，某项费若干，某款费若干，亦一一普告于众，名曰决算。其征敛有制，其出纳有程，其支销各有实数，于预计之数无所增，于实用之数不能滥，取之于民，布之于民，既公且明，上下孚信。自欧罗巴逮于米利坚，国无大小，所以制国用之法，莫不如此。

> 君民相亲，上下和乐，成周之所以极盛也。日本近仿泰西

---

① 陈锋：《清代财政的近代转型》，《光明日报》2000 年 10 月 13 日。

② 按：据《日本国志》的点校者吴振清称：该书在黄遵宪任满离日时的 1882 年已经草成，因为黄遵宪在与日本人的赠别诗中曾云："草完明治维新史，吟到中华以外天。"1887 年夏该书定稿。见黄遵宪：《日本国志》，吴振清等点校本，天津人民出版社 2005 年版，第 4 页。

治国之法，每岁出入，书之于表，普示于民，善犹有古之遗法
也。……承平则国帑未匮，势不极，法不变故也。以今日值多
事之秋，履至艰之会，则不变其何待！①

据现有史料所知，黄遵宪是最早介绍日本和西方预算之人，也
是最早呼吁"值多事之秋，履至艰之会，则不变其何待"，要求变
法行预算之人。据说，黄著杀青，曾向李鸿章、张之洞各送一部，
并呈送总理各国事务衙门一部，但并未引起当道者太多的注意，直
到甲午战争战败以后，此书的价值才引起重视。②

郑观应在 1894 年前后所撰《度支》一文对西方的预算制度更
有详细的叙说：

度支者，国家预筹出入之数也。泰西各国每岁出入度支，
皆有定额，不能逾限。如明岁出款若干，进款若干，两抵之外
尚欠若干，户部即于今岁预为之备。若有军务急需，则辟院集
议另筹。所有进出各款，岁终刊列清账，布告天下，以示大
众。……惟中国尚无度支清账颁示国中。闻本年五月户部奏
称，常年进项七千余万，一岁所入不足一岁所出。今筹办海
防，购船置炮，须款甚巨，非借洋款不足以应急需。当仿泰西
国例，议定一国岁用度支之数。先举其大纲，次列其条目，畴
为必需，畴为可省，畴为无益，畴为缺乏，滥者节之，乏者增
之，必需者补之，无益者削之，合京省内外而通计之，则常经
之出数可得也。次则核查行省二十一部，每岁田赋所入者几
何，地丁所入者几何，洋关税所入者几何，常关税所入者几
何，厘捐所入者几何，盐政所入者几何，沙田捐、房屋捐、海
防捐、筹防台炮捐所入者几何，油捐、茶捐、丝税及一切行
帖、典帖、契尾杂款所入者又几何。每省分立一清册，核定入

① 黄遵宪：《日本国志》卷 17，《食货志·国计》。
② 黄遵宪：《日本国志》，吴振清等点校本，天津人民出版社 2005 年版，
第 6 页。

款，详列其条目，刊布天下，使官绅百姓家喻而户晓，了然于
国家之所取于民者固有一定之数。……凡一出一入，编立清
册，综核比较为赋财出入表。出有逾，则节之，不可任其渐亏
也；入有余，则储之，不可供其虚耗也。此合国内各省为通盘
理财之法也。更令各官岁呈简明清册一本，实记一关之出入盈
虚，关册汇齐，乃会合而详核之。要知中国之财流出外洋者若
干，外洋之财入我中国者若干，两两核较，而其出入之大数可
得知之也。出入惟均，则姑任之；出浮于入者，则必详究其所
以失之故，当兴何项商务以补救之；入加于出者，亦必详究其
所以得之故，当若何悬赏以鼓励。此合中外各国为通盘理财
之法也。观泰西各国之筹国用，盖无论土地大小，人民之众
寡，未有不如此者。①

　　文中所谓"当仿泰西国例，议定一国岁用度支之数"，是对实
行预算的直接呼吁，但未见清廷的响应。是时，已经形成了一种仿
行西法的氛围，如李希圣《光绪会计录·例言》所云："今日言理
财者，莫不仿行西法。"②

　　甲午战争前后有关预算的介绍和实行预算的呼吁，虽然未见清
廷的响应，但甲午战争以后引起清廷的注意当是无疑的。就目前所
见到的史料，在光绪二十四年（1898 年）的上谕中，首次有了回
应。上谕称：

　　翰林院奏，代递庶吉士丁维鲁《请编岁入岁出表颁行天
下》一折。户部职掌度支，近年经费浩繁，左支右绌，现在
力行新政，尤须宽筹经费，以备支用。朕维古者冢宰制国用，
量入为出，以审岁计之盈虚。近来泰西各国，皆有预筹用度之
法，着户部将每年出款、入款，分门别类，列为一表，按月刊

---

　　①　郑观应：《度支》，见《盛世危言》，中州古籍出版社 1998 年版，第
285~286 页。

　　②　李希圣：《光绪会计录·例言》，光绪二十一年刊本。

报，俾天下咸晓。然于国家出入之大计，以期节用丰财，蔚成康阜，朕实有厚望焉。①

所谓"近来泰西各国，皆有预筹用度之法"，已经表明清廷对西方预算的注意，所谓"着户部将每年出款、入款，分门别类，列为一表，按月刊报，俾天下咸晓"，可以看出对西方的预算依然懵懂，也就很难指望在当时真正实行预算。

此后，有关对西方预算的考察、介绍以及实行预算的呼吁，不断见于奏章、报刊。

光绪二十五年（1899年），盛宣怀上奏要求预定一年会计，将来年实在进出各款预先筹议，开缮清单，刊行各省，实行预算。户部议覆称："近时泰西各国每年由该国度支大臣预将来岁用款开示议政院，以为赋税准则。说者谓其量入为出，颇得周官王制遗意，而实则泰西之法量出以为入，与中国古先圣王之所谓量入为出者相似仍属相反，中西政体不能强同，颇如是也。"罗玉东在他的名作《光绪朝补救财政之方策》中引述过这段档案材料，并且认为："此事若注意行之，本可为改革清廷财政之先声，无如其时财政当局既无远见，又不喜多事，以至清代第一次预算案，遂流为畸形产儿。"②

光绪二十七年（1901年），张謇作《变法评议》，认为户部应办之十二件事情中，有一件是"行预计"，略云：

日本维新之初，国之贫盖甚矣。大隈重信始仿西法，作会计预算表，人犹未信，及决算表出，款明数核，其为用乃大白。……今宜将每年还款用款，析一户部总出入之数，由户部按各省向来解部外销多寡，析一各省出入之数，复由各省布政使按各府州县解司及本地支办多寡，析一各府州县出入之数。

———————————

① 《清德宗实录》卷426，光绪二十四年八月壬午。
② 罗玉东：《光绪朝补救财政之方策》，《中国近代经济史研究集刊》第2卷第2期，1934年。

各府州县自析应解布政使者为一类，本地方已办养教诸事为一类，应兴学堂、警察、测量、水利、兴业、备荒诸事为一类。凡岁出若干，又析赋税为一类，杂入为一类；凡岁如若干，出入相抵，不足若干，应增入若干。事前预算，揭告于众，事后决算，揭告于众。增入之法，议会筹之，要使聚之官，散之民，与天下共见共闻而已。①

张謇所说日本的预算基本上是黄遵宪的翻版，但他所说的地方预算却有新意。

光绪三十年（1904年）十一月二十三日，《时报》发表该报记者所撰《论今日宜整顿财政》云：

今日京外各官之所汲汲皇皇者，莫不曰财政、武备、教育、实业，而四者中，尤以财政为最要。善理财政，则三者皆可具举；不善理财政，则任举其一，亦不能实行。……夫财政之最要者，莫如预算。西哲有言，一家之预算，量入以为出，一国之预算，量出以为入，此治财政者之恒言也。国家愈文明，则其岁出岁入之费愈多，则其预算之法亦愈精密。预算有岁出岁入，今日吾国之所宜讲求者，莫如先算岁出。岁出有单预算，有复预算，吾国之所宜讲求者，莫如单预算。所谓单预算者，合经常与临时而一之。而所谓复预算者，则分经常与临时而二之者也。……吾谓今后户部宜制一单预算表式，不立经常、临时之名……虽然，此特理想之预算焉矣。若实行之，则恐不能。何以故？以行政机关紊乱故。夫财政学与行政学本相勾连，因预算财政不能不委之行政官吏，欲整顿财政，先宜改良行政机关。……今日中国之行政机关，宜分中央政府与地方政府。其中央政府之制，宜仿日本，内阁以外，分置各省。其地方政府之制，宜尽裁司道府，使州县直接督抚，督抚直接内

---

① 张謇：《变法评议》，《张季子九录》卷2，《政治类》。

阁。惟督抚之下，宜多设局所，一如中央政府之制。①

此论颇有见地，对西方预算的了解也较深入，并且注意到了实行预算与改革官制的关系。

光绪三十二年（1906 年）九月二十日，《南方报》刊载《论中国于实行立宪之前宜速行预算法》一文，称：

> 政府今日举行新政，而无待于筹款也则已，如有待于筹款，则非先行预算之法不可。筹款而无待取之于民者也则已，而欲取之于民，则非速行预算不可。所谓预算者，国家预定收入、支出之大计划也。盖国用之收入，收入之于民也。收入自民，故不能不求民之允诺，不能不示以信用。预算者，示民以信用之契据也。国用之支出，亦以为民也，支出为民，故不得不邀民之许可，欲民许可，不得不受其监督。预算者，授民以监督之凭证也。

并根据日本的预算，作了四个方面的说明和介绍，即："预算案之编成"、"预算之定义"、"预算之效力"、"预算之不成立"。进而认为：

> 预算之要点，全在经常预算与临时预算之分，而特别会计，所以备要事特定之用，追加预算，所以备意外无定之供。又有预备费，以为之补助。则组织之机关于是乎备。而预算案编成之权限，其要点在发案权与定议权之分。发案权属于政府，定议权属于议会。政府对于预算费，常有要求增加岁入之意，议会对于预算费，常有要求核减岁出之心。因之，政府、议会时起争论。然若文化大进，民格日高，则此风亦不能渐熄也……我国当此财政困乏之时，又值与民更始、需用浩繁之际，而欲彼此相示以诚，无稍猜忌，在上者取之有方，在下

---

① 《论今日宜整顿财政》，《东方杂志》，1905 年第 2 卷第 1 期。

者，供之有道，则非速行此预算法不可。然预算之法，须经宪法规定，议会协赞。今我国宪政未行，议会未立，果将依何法以行预算乎？不知预算之发案权既操自政府，则凡所有收入、支出各款；经常、特别各项，必须报告全国，自不致有出纳极滥之弊。即使编成之预算案，我国民有不能承认者，议会虽未成立，而既有议定权之性质，则监督财政为应尽之义务。我国民自可公举代表，向政府要求增损，初不必俟宪法颁布，而始行预算之法也。况预算案开始编纂，必多缺憾，日本亦屡经改良，方臻完备。故中国行预算法，必俟数年以后始克就绪。届时议会亦必成立，应付可以适宜。而其基础，则必定于数年以前，故记者以为今日仿行预算法，不可须臾稍缓者也……然则，今日欲速行预算，必先以调查财政为第一要义。调查之法，政府宜于各省设立财政调查局，各地方绅士宜设立公产调查局，将各地方所有正供及一切纳官杂费、与夫、兴学、练兵、警察，凡举办各要政支用款项，无不详细调查，以为他日议决预算之预备。然预算之范围甚广，关系极多，非调查财政之一端所能尽。即就支出一方面言之，则一切政务上费用，必先明晰各项政务之性质办法而后，始能断其应支若干。故吾人于调查财政一事，应注意者尚多。①

此论以记者的名义发表，但就文中所论，非一般人士所能写，必经过相当的考察和研究，既指出实行预算的必要性，又指出实行预算与宪法、政府、议会的关系，更指出欲行预算，必先以调查财政为第一要义。款款切中要津。

光绪三十二年（1906年）十二月，度支部议复御史赵秉麟奏制定预算决算表事宜，略称：

福建道监察御史赵秉麟奏《制定预算、决算表，整理财

---

① 《论中国于实行立宪之前宜速行预算法》，《东方杂志》1906年第3卷第13期。

政而端治本》一折，光绪三十二年十一月十八日奉旨：度支部议奏，钦此。……原奏内称：……近泰西各国岁出岁入，年终布告国人，每岁国用，妇孺咸晓。考泰西列邦，所以国人咸知国用者，在有预算以为会计之初，有决算以为会计之终。其承诺之任，监财之权，悉议会担之。故英国每年出入预算案，由国会决。大宪章第十二条，国内收补助费，必由国君议决。后世守之，愈益发达。法国自千六百十四年以后，财政紊乱。千七百八十九年开议会，始定租税承诺权，千八百六十二年改良会计法。……东西各国之财务、行政，必须国民以两种监察：一、期前监察，承诺次年度之预算是也。一、期后监（察），审查经过年度之决算是也。故国民知租税为己用，皆乐尽义务；官吏知国用有纠察，皆不敢侵蚀。所谓君臣共治也。近奉明谕，预备立宪，设资政院以司预算，设审计院以掌检查，远符周礼，旁采列邦，用意至善。然中国财政散漫，非钩考整齐，恐司计大臣亦难周知其成数，是资政、审计两院终无完全确立之一日。……请谕令度支部选精通计学者制定中国预算决算表，分遣司员，往各省调查各项租税及一切行政经费，上自皇室，下至地方，钩稽综核，巨细无遗，定自何年何月起，作为会计年度开始期。预算、决算既定，提纲挈领，一目了然。然后将皇室费、中央行政费、地方行政费通盘筹算，界限分明。①

御史赵秉麟原奏涉及英、法、日等国的预算，也较为详备，且奉旨"度支部议奏"。又奉明谕，"预备立宪，设资政院以司预算，设审计院以掌检查"，已经有了实行预算的决心。这标志着清末实

---

① 《光绪政要》卷32，光绪三十二年十二月，《度支部议复御史赵秉麟奏制定预算决算表事宜》。赵秉麟原奏，见故宫博物院明清档案部编：《清末筹备立宪档案史料》下册，中华书局1979年版，第1016～1018页。但将该奏折的上奏时间标明光绪三十三年十一月十八日，"光绪三十三年"当是光绪三十二年之刊误。

行预算的肇始。

但当时如何实行预算，度支部当政者似乎依然模糊，即使在上揭度支部的议复中，也一方面认为，"周礼颁材之式，以某赋待某用，此即近日某事用款，又某款项下支给之意"，所谓的预算决算，又与户部、度支部历年所办奏销有暗合之处。暗指（或暗讽）预算决算我中国古已有之，并无新鲜之处；另一方面，所谓的"筹草创之法"，"收整齐划一之规"，依旧指向三个方面：一是各省销案宜及时清理，二是各省外销之款宜核实奏明，三是在京各衙门收支款项应知照度支部。虽云筹议预算，实则旧调重谈。至于赵秉麟要求派员赴各省调查，度支部亦认为"各省款目繁多，急切调查，恐多遗漏。俟各省稍事清理，通盘筹定，倘有应行调查之件，再当随时派往"。也表现出不急之心和推诿之意。对于这种模糊和意见不一，也反映在当时的时论中，光绪三十三年（1907 年）三月九日，《时报》发表《论国民当知预算之理由及其根据》一文，有所指陈：

　　虽然政府欲编制预算案，其方针果何在乎？其以为新制定一种法律乎？夫关乎预算性质之学说，东西学者议论分歧，有以预算为纯然一种法律者，盖谓其经议会之协赞，经君主之裁可，乃公布施行。纯然法律上之形式也。有倡为财政委任说者，谓政府之支出义务，人民之纳税义务，本可依法律以执行之，而必编制预算者，乃议会付与政府以执行收入支出之权能者也。有倡为行政责任免除说者，谓预算不成立，则政府于支出当负责任，议会所以参与此行政规条者，不外预免除政府行政上责任之旨趣也。三者说明，预算之性质、主张各有不同。然则，今日政府所主张，将为法律说乎？则现在国会未开，并无协赞之事，故无所谓法律也。抑主张委任说乎？以预算之事，以国民所委任，此在民权发达之国，视此种理想，固如日月经天、江河行地，而不以为奇，若自现政府视之，恐将掩耳骇汗而却走，非其所乐闻也。抑主张责任说乎？则今日政府无所谓责任，亦不知所谓责任与不责任，先自处于无责任之地，又何所用其免除也。①

从上文可以体会到，当时预算的酝酿，依旧莫衷一是。

但到光绪三十三年（1907 年）下半年，情况有所变化，九月，宪政编查馆上奏《办事章程十三条》，主旨是在各省设立调查局，专职各省民情、风俗、商事、民政、财政、行政规章等一切调查事件，奉上谕："宪政编查馆奏请饬各省设立调查局，各部院设立统计处各折片，各省民情风俗，一切沿革习尚参差不齐，现在该馆开办编制、统计二局，非有京外通力合作办法，无以推行尽利，着外省设立调查局一所，着各省督抚遴选妥员，按照此奏定章程，切实经理，凡将调查各件，咨报该馆。"② 谕令各省设立调查局，对促进预算的进行有不可忽视的作用。

光绪三十四年（1908 年），实行预算进入实质阶段。该年，度支部、宪政编查馆奏定《清理财政章程》，该章程共有八章 35 条，其章目如下：第一章，总纲；第二章，清理财政之职任；第三章，划分新、旧案之界限；第四章，调查财政之方法；第五章，预备全国预算之事；第六章，预备全国决算之事；第七章，酌定外官公费；第八章，附则。

在笔者看来，与预算有重要关系者为如下数条：

第一条，清理财政，以截清旧案，编订新章，调查出入确数，为全国预算、决算之准备。

第二条，臣部设立清理财政处，各省设立清理财政局，专办清理财政事宜。

第三条，臣部清理财政处由臣部派司员分科办理，其职任如下：一、开列各省出入各项条款，发交各省清理财政处分别

① 《论国民当知预算之理由及其根据》，《东方杂志》，1907 年第 4 卷第 6 期。

② 《光绪政要》卷 33，光绪三十三年九月，《宪政编查馆奏请饬各省设立调查局》。

调查；一、综合京外光绪三十四年分出入款项详细报告册并宣统元年以后各季报告册；一、摘录各项说明书，分门别类编成总册；一、会同各司稽核京外各处预算报告册、决算报告册；汇录京外各处预算报告册、决算报告册，编成总册；一、核定各项清理财政章程。

第八条，各省入款如田赋、漕粮、盐课、茶课、关税、杂税、厘捐、受协等项，出款如廉俸、军饷、制造、工程、教育、巡警、京饷各款、洋款、杂支等项，统由臣部撮举纲要，开列条款，交各省清理财政局，将光绪三十四年分各项收支、存储银粮确数，按款调查，编造详细报告册，并盈亏比较表，限至宣统元年底呈由督抚陆续咨送到部。

第十条，清理财政局应将该省财政利如何兴，弊如何除，何项向为正款，何项向为杂款，何项向系报部，何项向未报部，将来划分税项时，何项应属国家税，何项应属地方税，分别性质，酌拟办法，编订详细说明书，送部候核。前项说明书，限至宣统二年六月底陆续咨送到部。

第十一条，自宣统元年起，各省文武大小衙门局所应将出入各款按月编订报告册，送清理财政局，由局汇编全省报告总册，按季呈由督抚咨部。上季报告册限于下季到部。其清理财政局未成立以前出入各款，一律造册补报。

第十四条，各省文武大小衙门局所自宣统二年起，预算次年出入款项，编造清册，于二月内送清理财政局，由局汇编全省预算报告册，呈由督抚于五月内咨送到部。各省预算报告册内，应将出款何项应属国家行政经费，何项应属地方行政经费，划分为二，候部核定。前项之国家行政经费系指廉俸、军饷、解京各款，以及洋款、协饷等项，地方行政经费系指教育、警察、实业等项。

第二十一条，京外各署出入各款，自宣统三年正月初一日起，一律遵照预算册办理，凡属出款项下，不得于定额外开支，别项经费亦不得彼此挪用。

第二十二条，遇有临时特别重要支款，未经列入预算册，或已列预算册，而收不足数，不敷所出者，由该省督抚会商臣部，随时奏明，酌量筹拨。①

同年，宪政编查馆奏定预算、决算办法，认为"开设议院以前，应行筹备各事，头绪至为纷繁，办理宜有次第"，"以清理财政，编查户籍为最要"。分为9年进行筹备，如第一年（光绪三十四年，1908年）筹备的主要事项为：筹备咨议局，颁布城镇乡地方自治章程，颁布调查户口章程，颁布清理财政章程等；第二年（1909年）筹备的主要事项为：举行咨议局选举，调查各省人口总数，调查各省岁出入总数等；第三年（1910年）筹备的主要事项为：召集资政院议员举行开院，汇报各省人口总数，编订户籍法，核查各省岁出入总数，厘定地方税章程，试办各省预算决算；第四年（1911年）筹备的主要事项为：调查各省人口总数，编订会计法，汇查全国岁出入确数，颁布地方税章程，厘定国家税章程等；第五年（1912年）筹备的主要事项为：汇报各省人口总数，颁布户籍法，颁布国家税章程等；第六年（1913年）筹备的主要事项为：实行户籍法，试办全国预算等；第七年（1914年）筹备的主要事项为：试办全国决算，颁布会计法等；第八年（1915年）筹备的主要事项为：确定皇室经费，设立审计院，实行会计法等；第九年（1916年）筹备的主要事项为：宣布宪法，确定预算决算等。②

度支部、宪政编查馆奏定的《清理财政章程》，虽然有很多条目，但关键在于各省设立清理财政局，对各省的财政事项进行清理，编造报告册，编订详细说明书（财政说明书），为预算的编制作准备。

宪政编查馆奏定的预算、决算办法，则具体安排了预算的进

---

① 《大清光绪新法令》第2册，第1类《宪政》，商务印书馆1910年版。参见《度支部清理财政处档案》，清宣统年间铅印本。

② 《宪政编查馆咨议局预算决算办法》，《度支部清理财政处档案》，清宣统年间铅印本。

程，即所谓的"九年筹备"。在分年筹备外，又每年分两届进行落实。如度支部所奏："光绪三十四年八月初一日内阁奉上谕：……着即责成内外臣工遵照单开各节，依限举办，每届六个月，将筹办成绩胪列奏闻，并咨报宪政编查馆查核。……十二月十一日，宪政编查馆、资政院会奏《设立考核专科章程》内开，九年筹备事宜，应自光绪三十四年八月起，至十二月底止，为第一届，以后每年六月底及十二月底各为一届，限每年二月内及八月内各具奏报一次。……查第二年筹备事宜，系臣部会同督抚调查各省岁出入总数，自各省正副监理官陆续到差，即饬将光绪三十四年现行案依限报告，臣等复于上年（宣统元年）十月间通电各省，将光绪三十四年出入总数提前电咨，以便汇总具奏。嗣经各省将是年出入总数于十一月底先后电咨到部，业于上年十二月将各省岁出入总数，分列清单，先行汇奏一次。此臣部筹办第二年第二届事宜情形也。至第三年筹备事宜，……尤以试办预算为先着，诚以预算册报不早编订岁出入总数，既难详晰，复查地方税章程，亦且无从核定，是以臣等于本年正月即酌订预算表册式，奏请饬下京外各衙门依限赶办。"①

宣统元年（1909 年），又分别奏定了《清理财政处办事章程》、《各省清理财政局办事章程》，对中央和地方清理财政办事机构的设置和行政功能进行了规定。

《清理财政处办事章程》分为四章十三条。包括总则、设员分职、职务及权限、附则四章。并将清理财政处分为十二科：总务科、京畿科、辽沈科、江赣科、青豫科、湘鄂科、闽浙科、粤桂科、秦晋科、甘新科、梁益科、收掌科，以利于分科办事。②

《各省清理财政局办事章程》分为七章二十七条。包括总则、设员分职、职务、权限、奖叙及惩罚、经费、附则七章。并规定各

①　档案，宣统二年二月二十四日度支部奏：《为陈明办过第二年第二届及现办第三年应行筹备事宜事》。

②　《度支部奏本部清理财政处办事章程折》，《度支部清理财政处档案》，清宣统年间铅印本。

省清理财政局设总办一员，会办无定员，设正监理官一员，副监理官一员，分为编辑科、审核科、庶务科三科，各设科长一员，科员无定员。编辑科掌编订各项收支章程及各项说明书并各项簿式票式册式，审核科掌稽核各衙门局所所送各项出入款项清册及各项报告册，并汇编全省按年按季报告总册，庶务科掌该局一切出入款项及公牍案卷各事宜。①

同时，上谕认为"清理财政，为预备立宪第一要政，各省监理官又为清理财政第一关键"，派正副监理财政官员分赴各省，以加强各省清理财政的稽查与督催。所派各省的正副监理财政官员如表8-3所示②：

表8-3　　　　　　　　　　　各省正副监理财政官

地　区	正　监　理	副　监　理
直隶	右参议刘世珩	主事陆世芬
湖北	候补参议程利川	主事贾鸿宾
江苏	候补参议管项颐	
江宁		主事景凌霄
苏州		翰林院检讨王建祖
两淮		七品小京官梁致广
云南	郎中奎隆	主事余晋芳
山东	郎中王宗基	主事章祖僡
广东	郎中宋寿征	主事胡大崇
甘肃	郎中刘次源	丁忧主事高增融
陕西	员外郎谷如墉	主事薛登道
河南	员外郎唐瑞铜	七品小京官蹇念益

---

① 《度支部奏各省清理财政局办事章程折》，《度支部清理财政处档案》，清宣统年间铅印本。

② 《度支部奏派各省正副监理财政官员折》，《度支部清理财政处档案》，清宣统年间铅印本。

续表

地　区	正　监　理	副　监　理
四川	帮办土药等事宜方硕辅	丁忧主事蔡镇藩
浙江	丁忧按察使王清穆	主事钱应清
山西	山西银行总办乐平	主事袁永廉
贵州	广西候补道彭谷孙	丁忧员外郎陈星庚
江西	九江府知府孙毓骏	员外郎润普
安徽	前重庆府知府鄂芳	主事熊正琦
新疆	丁忧候补知府傅秉鉴	主事梁玉书
广西	试用知府汪德溥	主事谢鼎庸
东三省	分省补用道熊希龄	
奉天		丁忧主事栾守刚
吉林		主事荆性成
黑龙江		主事甘鹏云
福建	分省补用道严璖	丁忧主事许汝棻
湖南	候补道陈惟彦	郎中李启琛

在正监理中，刘世珩、程利川、管项颐、方硕辅、王清穆被赏三品衔，其余被赏四品衔。品衔的提高，也正表明清廷对其职任的重视。

正副监理财政官员的分派以及《清理财政章程》、《清理财政处办事章程》、《各省清理财政局办事章程》的颁布，各级清理财政机构相继成立，① 使清理财政在制度上有了保证。

---

① 按：度支部清理财政处在颁布《清理财政章程》后随即成立，各省清理财政局则在宣统元年后陆续成立。度支部奏称："为颁布《清理财政章程》，臣等业于上年十二月奏明在案。现在臣部清理财政处已经遵旨设立，并通咨各省，将应设清理财政局赶紧开办，其各省正监理官亦经开单请简，并奏派副监理官。俟各局设局开办，即可从事清理。"档案，宣统元年闰二月二十八日度支部奏：《为陈明办过第一年筹备事宜并现在筹备情形事》。

清理财政是预算的重要一环，"以为预算、决算之预备"，除了裁撤咸丰以来陆续设立的厘金、军需、善后、支应各局所，设立清理财政局，统一财权外，① 还具体规定了清理财政局具体的调查条款和各省岁出、岁入细数款目，以便于各省《财政说明书》的统一编制。其调查条款规定：

一、各省清理财政局应调查光绪三十四年分藩、运、道、局等各库收支存储银粮数目，并全省出入款项总散各数目及府厅州县库收支存储银粮数目，各官银钱号资本、营业情形，造具详细报告册送部。

一、清理财政局编造详细报告册应调取各该库各项账簿，详细核对，不得稍有舛漏。其解支各款，并须调验批回领纸，以期核实。

一、册内各库收支存储数目并全省出入款项总散各数目，务须彼此钩核，针孔相符。

一、册内收支各款，均应详考沿革，声叙原委。其各项名目，词意稍晦者，并须酌加诠释，以资考核。

一、各省外销向不报部之款，均需详细调查，列入册内，

① 《度支部奏各省财政宜统归藩司管理以资综核折》，《度支部清理财政处档案》，清宣统年间铅印本。按：各省的具体情况不尽相同，如福建：福建原有善后局、税厘局、济用局，将三局裁并，改为清理财政局。赈捐局、交代局等则直接裁撤，另外，又在藩司署内改设度支公所，分总务、田赋、粮储、厘捐、官廉、军需、制用七科，"每科专设科长一员，量事之繁简酌派一二等科员各数名分任其事，并设总科长一员，以为全局机关稽查出入总数，仍以藩司总其成"。档案，宣统二年六月二十五日松寿奏：《为闽省遵旨统一财权事》。又如四川：四川原有经征总局、筹饷报销局、厘金总局、津捐局、展办赈捐局等，将"以上各局一律裁撤，改设财政公所，分总务、粮赋、税务、厘捐、典用、协解六科。每科量事之繁简，酌委科长、科员分任其事，而以藩司总其成。业于四月初一日成立"。档案，宣统二年四月十五日赵尔巽奏：《为遵旨统一财政，筹办大概情形事》。又按：赵学军《清末的清理财政》，列有"清理财政中各省设立的统一财政机构表"，可以参看。见王晓秋、尚小明主编：《戊戌维新与清末新政》，北京大学出版社1998年版，第305页。但该表不全，未列四川。

分别性质，以类相从，仍于各项下注明此款向归外销，以清眉目。

　　一、各省清理财政局应将藩、运、道、局各库收支存储数目及全省出入款项总散各数目，上紧调查，先行造册报部。其各府厅州县等库收支数目，调查稍需时日，准其稍后续行造报。①

《调查全省岁出入细数款目》则规定得相当具体细致，"岁入"项下分为部款、协款、本省收款三大类项。其中，本省收款又细分为：（1）田赋（包括地丁之正赋、耗羡、杂赋，租课之地租、旗租、官租、学租、牧租、芦课、渔课、杂租、杂课、土司租赋），（2）漕粮（包括漕粮、漕折、漕项、屯卫粮租），（3）盐课税厘（包括场课灶课、盐课、盐厘、加价、税捐、帑利、羡余、杂捐），（4）茶课税厘（各省或有或无，各就该省情形详细开列，包括茶课、茶税、茶厘、截羡、杂项），（5）土药税（包括正税、公费、行店各捐、牌照各捐、杂项），（6）关税（包括常关税钞之正税、另征火耗、另征土药税、颜料、杂项、罚款，海关税钞之洋货进口正税、土货进口正税、洋货子口税、土货出内地子口税、土货出关入内地子口税、洋药进口正税、洋药厘金、船钞、增收洋药、土药正半税、罚款、杂项），（7）杂税（各省名目不一，各就该省情形详细开列，包括契税、烟酒税、牲畜税、矿税、斗秤税、落地税、出产税、销场税、其他各项杂税），（8）厘金（包括百货厘金或统捐、米谷厘金、丝茶厘金、烟酒厘金、皮毛厘金、牲畜厘金、竹木厘金、瓷货厘金、药材厘金、其他各项厘金），（9）杂捐（各省名目不一，各就该省情形详细开列，包括房铺捐、烟酒捐、屠捐、猪捐、肉捐、其他各项杂捐），（10）捐输（包括常捐、赈捐、代收部捐），（11）官业（包括制造官厂收入、官银钱号余利收入、官电局收入、官矿局收入、造纸局印刷局收入、其他各项杂收），

---

① 《度支部通行各省遵照奏章按款调查编造详细报告册及比较表文》附调查条款，《度支部清理财政处档案》，清宣统年间铅印本。

（12）杂款（包括减成、减平、截留提解各款、报效、捐款、罚款、裁节各款、生息、各项变价、其他各项杂收）。"以上各条均系略举大概，其或有款目增减、名词异同之处，应由清理财政局酌量办理"。

岁出项下分为解款、协款、本省支款三大类项。其中，解款细分为：（1）京饷，（2）练兵经费，（3）解度支部各款，（4）解各部专款，（5）解各部院饭银，（6）解内务府经费，（7）例贡，（8）采办，（9）织造经费，（10）解还赔款，（11）解还洋款，（12）解上海浚浦经费。本省支款细分为：（1）行政总费（包括督抚衙门经费、各巡道衙门经费、各府厅州县经费），（2）交涉费（包括交涉使衙门或洋务局经费、接待赠答各费、教案赔款恤款、派员出洋游历考察等费、其他各项杂支），（3）民政费（包括民政衙门经费、巡警道衙门或巡警总局经费、各府厅州县巡警经费、赈恤各款、补助善举各款、其他各项杂支），（4）财政费（包括藩司或度支使衙门经费、粮道衙门经费、盐政衙门经费、各关经费、厘捐局经费、善后或筹款财政等局经费、各州县衙门征收钱粮经费、其他各项杂支），（5）典礼费（包括祭祀费、学宫费、时宪费、修缮费、旌赏费、庆贺费、其他各项杂支），（6）教育费（包括提学使衙门经费、学务公所经费、省城各官立学堂经费、各府厅州县官立学堂经费、补助私立各学堂款项、图书馆经费、劝学所经费、遣派出洋游学等款、其他各项杂支），（7）司法费（包括臬司或提法使衙门经费、各级审判厅经费、发审局经费、臬司或提法使监狱费用、其他各项杂支），（8）军政费（包括旗营饷项、绿营饷项、新军饷项、陆军水师武备各学堂经费、制造军火军械局厂经费、购办军装军械费用、转运粮饷费用、临时操防费用、军塘驿站经费、兵差经费、牧厂经费、其他各项杂支），（9）实业费（包括劝业道衙门或农工商务局经费、农事试验场经费、商品陈列所经费、工艺局或各项官办制造厂经费、矿物局或各处官立矿厂经费、垦务局经费、其他各项杂支），（10）交通费（包括官办铁路经费、电报官局经费、文报局经费），（11）工程费（包括河工经费、海塘经费、各处修缮道路桥梁渡船经费、其他各项杂支）。"以上各条均系略举大概，其或有款目增减、名词异同之处，应由清理财政局酌量办理"①。

也正是在这些细致规定的要求和基础上，各省清理财政局开始了各省岁出、岁入的大调查和《财政说明书》的编纂。如《湖南财政款目说明书·例言》称："是编遵照部章，将全省财政款目分门别类，逐款详细说明，其款目次第查照调查条款，参照预算总册式，分类编订。"②《广东财政说明书·凡例》称："书中所编类目，系依部颁调查条款及预算册式，参核酌定。入款编分：田赋、盐课税厘、关税、正杂各税、土药税、厘金、正杂各捐、捐输、官业收入、杂收入，为十类。出款编分：解款、协款、行政总费、交涉费、民政费、财政费、典礼费、教育费、司法费、军政费、实业费、交通费、工程费、官业支出，为十四类。"③ 各省的财政说明书于宣统元年起陆续编纂，按照《清理财政章程》第十条的规定，应该于宣统二年六月编定并咨送到部，有些省份依限完成，如浙江清理财政局于宣统元年三月开始编纂，于宣统二年六月中完成。④有些省份则拖延至年底或次年。

各省清理财政局除了编撰《财政说明书》外，还有按季造送报告册、按年造送报告册、按年造送预算报告册、按年造送决算报告册的任务，上揭《清理财政章程》虽有条款涉及，但不具体。宣统元年（1909 年），度支部对此曾经作过具体的规定。该规定相当重要，已经刊布的档案，未见收录，也未见有学者引用。兹不惮其繁，引述如下：

上年十二月间，度支部《遵旨妥议清理财政办法折》内称：各省造送预算、决算报告各册，与报销旧案不同，至逾限

① 《调查全省岁出入细数款目》，《度支部清理财政处档案》，清宣统年间铅印本。
② 《湖南财政款目说明书·例言》，湖南清理财政局 1911 年刻本。
③ 《广东财政说明书·凡例》，广东清理财政局 1911 年刻本。
④ 档案，宣统二年六月二十八日增韫奏：《为浙江省遵章编订财政说明书，依限咨送事》。

处分如何加重之处，会同吏部斟酌拟定，另行具奏等因，奏明在案。现在各省设局筹办，渐次就绪，自应明定册报逾限处分，以专责成而免贻误。查清理财政，以调查出入款目为始基，以确定预算决算为纲要，所有各项册报及一切限期，于奏定清理财政章程内均以分晰声明，业经通行各省，自宜遵照办理。凡各省应行造送光绪三十四年份收支款目报告册，统限于宣统元年十二月底到部，其每年按季造送之报告册，春季限于六月底到部，夏季限于九月底到部，秋季限于十二月底到部，冬季限于次年三月底到部。除本年春季报告册业经奏明展限三个月，此后各省应一律依限造送，不得稍有迟误。以上按年、按季两项报告册，皆调查款目之事也。

至预算报告册，系自宣统二年起，每年均限于五月底到部。决算报告册系自宣统四年起，每年均限于六月底到部。

所有各项报告册以月底为限者，其逾限日期应自次月初一日起算，惟云南、贵州、广西、四川、甘肃、新疆六省及乌里雅苏台、科布多、阿尔泰、伊犁、塔尔巴哈台、西宁、西藏、库伦各处将军、大臣预算、决算两项报告册，准展限半个月，预算册逾限之期自各该年六月十六日起算，决算册逾限之期自各该年七月十六日起算。

至逾限处分，吏部查处分则例，各省春季拨册，定限二月二十日以前造送到部；秋季拨册，定限八月二十日以前造送到部。如有迟延，不及一月及一月以上者，将造册之盐道、粮道、藩司、运司罚俸六个月，督抚罚俸三个月；二月以上，司道罚俸九个月，督抚罚俸六个月；三月以上，司道罚俸一年，督抚罚俸九个月；四五月以上，司道降一级留任，督抚罚俸一年；半年以上，司道降一级调用，督抚降一级留任。俱公罪。如造册之员依限造送，系由督抚迟延者，造送之员免议，将该督抚照造送人员迟延之例议处等语。查各省清理财政局造送按年、按季出入款项册逾限处分，系属季报，与春拨册、秋拨册按季造册报部者相同，其总办、会办、督抚等官自应比照分别定议，毋庸再定专章。其各省清理财政局及各省文武大小衙门局所，每年造送预算、决算报告册逾限处分，据称关系尤巨，应即加重定议。如有迟延不及一月及一月以上者，将专管造册之总办、会办罚俸九个月，督抚为督催之官，罚俸六个月；二月以上，专管官罚俸一年，督抚罚俸九个月；三月以上，专管官降一级留任，督抚罚俸一年；四五月以上，专管官降一级调用，督抚降一级留任；半年以上，专管官降三级调用，督抚降一级调用。俱公罪。

其文武大小衙门局所造册，送该省清理财政局。预算册应遵章限于各该年二月内到局，决算册应遵章限于各该年三月内到局。若每季报告册，应按月送局。光绪三十四年报告册应先期送局，即由各清理财政局酌核道里之远近及款目之多寡，明定限期，通饬各衙门局所遵照。如有任意违限及抗延欺饰等弊，应由各省督抚分别参撤惩处。至各省正副监理官均有稽查督催之责。臣部奏定章程内开，若监理官督催不力，轻则撤换，重则参奏。及造报不实，扶同弊混，查实严参。

朱批：依议，钦此。①

度支部该奏，明确了季报册、年报告册以及按年造送预算报告册、按年造送决算报告册的时限及违误处分，对各省清理财政局及相关人员是一种规范，其意义不可小视。

另外，各省清理财政局在核查岁出岁入、造送报告册、编撰财政说明书的同时，还对财政的混乱进行过整理，提出改进措施。对此，已有学者论及，可以参考。② 但各省与度支部的主张并不相同，特别是涉及各省岁入岁出的安排，如有减款，往往遭到度支部的议驳。如宣统二年（1910年），江西巡抚冯汝骙奏称，江西省岁

---

① 档案，宣统元年八月二十八日度支部奏：《为清理各省财政，酌拟册报处分事》。

② 赵学军：《清末的清理财政》，见王晓秋、尚小明主编：《戊戌维新与清末新政》，北京大学出版社1998年版，第293～297页。

入岁出比较，统计每年不敷银二百七十余万两，要求减少协饷。①
度支部即称："江西所言，自系因财政艰窘，力筹自顾起见，惟各
省财政同处困难，协拨各款由皆奉行已久，倘以该省预算不敷之
故，骤准减免，则各省纷纷踵效，应协者必争，请减缓受协者必呼
吁频来，无补盈亏，徒增紊乱。"②

如上所言，"清理财政，以调查出入款目为始基，以确定预算
决算为纲要"，各省的清理财政与《财政说明书》的编纂，以及季
报册、年报告册的造送，为实行预算打下了良好的基础。这也就是
度支部所说的："各省岁出、岁入总数，正款、杂款名目繁多，必
须各省逐一调查，将各项报告册依限造送，臣部乃能汇总稽核。"③
按照上揭宪政编查馆奏定的预算、决算办法，分为九年进行筹办，
其中第六年（1913 年）试办全国预算，第九年（1916 年）宣布宪
法，确定预算、决算。由于各省清理财政与《财政说明书》的编
纂完成以及宪政的提前，宣统二年（1910 年）十一月奉上谕："现
在开设议院既已提前，所有筹备清单各项事宜，自应将原定年限，
分别缩短。"于是宪政编查馆重新修正诸年筹备事宜：宣统三年，
颁布会计法，厘定国家税、地方税各项章程，厘定皇室经费，颁布
审计院法，颁布户籍法，汇报各省户口总数。宣统四年，颁布宪
法，颁布议院法，确定预算决算，设立审计院。④

根据上谕和宪政编查馆重新修正的诸年筹备事宜，预算提前进
行，宣统三年（1911 年）正月，度支部奏定了《试办全国预算简
明章程》、《试办特别预算暂行章程》、《宣统三年预算案实行简章》
等预算实施条款。《试办全国预算简明章程》共有 28 条，《试办特
别预算暂行章程》共有 9 条，这两个章程，《清末筹备立宪档案史

---

① 档案，宣统二年八月二十七日冯汝騤奏：《为赣省预算，出入不敷事》。
② 档案，宣统二年九月二十八日度支部奏：《为遵旨议奏事》。
③ 档案，宣统元年八月二十六日度支部奏：《为陈明办过第二年第一届筹
备事宜并现在办理情形事》。
④ 故宫博物院明清档案部编：《清末筹备立宪档案史料》上册，中华书局
1979 年版，第 88～92 页。

料》已经收录，可以参看。①《宣统三年预算案实行简章》共有14条，如下所示：

第一条，京外各衙门自宣统三年正月起，凡岁入岁出款项，一律遵照预算案办理。

第二条，在会计法、国库章程未实施以前，所有预算案一切收支，遵照本章程办理。

第三条，在京各衙门应将收支款项按季编印报告册送度支部。

第四条，各省文武大小各衙门应将收支款项，按月编订报告册，送清理财政局按季造简明报告册送度支部。前项报告册以款为断。

第五条，各省征收岁入，各衙门按照预算案收入定额，总以有盈无绌为度。如有特别原因以致收不足额时，应由各省设法筹抵，仍将短收理由及筹抵方法，报明度支部查核。

第六条，各省文武大小各衙门应各将预算定额，编制支付预算册，送发款衙门备查。如各衙门支领之款已满定额时，发款衙门即行停支。

第七条，各省除按照支付预算册按月计额支付外，其有应按季按年或分批逐批支付者，得查照向章办理。各省支款向由某库某项动用者，应仍其旧。

第八条，各省遇有特别重要事件，须追加预算者，应钦遵谕旨，由各该省筹有的款，方准酌议追加。并将增筹岁入追加岁出各款，分别开单奏明办理，一面另订专册，咨送度支部查核。

第九条，凡追加岁出款项，如有不尽不实情形，各该衙门应负责任。

第十条，各省文武大小各衙门至宣统二年底止，所有上年

---

① 故宫博物院明清档案部编：《清末筹备立宪档案史料》下册，中华书局1979年版，第1044～1050页。

余存金，应提出另存，编订专册，报明度支部查核。

第十一条，各省按照预算案岁入岁出相抵有盈余者，应提出另存，报明度支部查核。

第十二条，凡预算案岁出款项有因事体变更应行裁减者，及随后查明确系多估，应行节省者，即将裁节各款分别提出另存，报明度支部查核。

第十三条，凡预算追加岁出之款，得先尽上年余存及本年盈余裁节项下动用，仍先咨商度支部核准。

第十四条，凡预算案内各类定额，不得彼此挪用，但本类内款项以下不在此限。①

以上三个章程，宣布和规定了从宣统三年起试办全国预算，并分为几个步骤进行：第一，在京各衙门，将收支款项按季编印报告册直接送度支部；在外各省文武大小各衙门将收支款项，按月编订报告册，送清理财政局，按季造简明报告册送度支部；各省编国家岁入预算报告册、地方岁入预算报告册及比较表送度支部；各省文武大小各衙门编国家岁入预算报告分册、地方岁入预算报告分册及比较表送清理财政局，并由清理财政局汇总。第二，度支部在收到各衙门、各省的各种表册后，核定编制全国岁入总预算案；由主管衙门如外务部、民政部、度支部、学部、陆军部、海军部、法部、农工部、邮传部、理藩部，分编岁出预算报告册。第三，度支部在收齐外务部、民政部等主管衙门的预算报告册，以及编制全国岁入岁出总预算案后，交内阁会议政务处核议后，送资政院议决；地方岁入岁出预算案，经度支部认许后，由各省咨议局议决。第四，遇有特别重要事件，须追加预算者，为追加预算案，分别开单奏明办理，另订专册，咨送度支部查核。

各省的预算与全国预算的试办，基本上是按照上述章程办理。如现存政务处档案《核定四川省宣统三年岁入预算表》称："查四川省送部预算报告册及专案补报漏列各款，岁入共库平银二千三百

———————————

① 《度支部奏维持预算实行办法折稿》，1911 年集成图书公司铅印本。

六十九万六千一百六十五两三钱，度支部复核，经常门杂收入类减银二千二百五十二两一分八厘，临时门杂收入类减银一百万七千二百七十六两，共减银一百万九千五百二十八两一分八厘。此外度支部拟增各款，经资政院审查核定，应增者，计经常门田赋类增银一万三千二百九十五两，盐茶课税增银八万两，官业收入类增银十二万两，共增银二十一万三千二百九十五两。统计经常、临时岁入共库平银二千二百八十九万九千九百三十二两二钱八分二厘，内拨受协各款五十七万六千七百十两，实在本省岁入银二千二百三十二万三千二百二十二两二钱八分二厘。"① 其他各省的预算表基本上是统一模式，先载岁入总数及核减、核增的说明，后列具体的款项和数额。也正是在各省上报和度支部等衙门审核的基础上，编制出了全国的预算案。

---

① 档案，《核定四川省宣统三年岁入预算表》。原档缺呈报时间及呈报人。

第 九 章

中央财政与地方财政的调整

在清代，并没有严格意义上的中央财政与地方财政的分野，但有以"起运"、"存留"为标志的中央财政与地方财政的划分，并且存在着中央财政与地方财政的调整或变动，这是没有疑问的。不过，就中央财政与地方财政的关系及其性质而言，清代前期与清代后期是大为不同的。清代前期，中央财政与地方财政的调整，主要反映出在户部的控制之下，钱粮起运、存留比例的变动；清代后期，中央财政与地方财政出现混乱格局，主要反映出中央财政的运转失灵和财权的下移以及清廷整顿财政新秩序的努力。

一、起运、存留比例的变动

起运与存留，一般被视作是中央和地方在财政收入上的重新分配，按照乾隆《大清会典则例》的解释，"州县经征钱粮运解布政司，候部拨，曰起运"；"州县经征钱粮扣留本地，支给经费，曰存留"①。乾隆《大清会典》亦称："凡州县官征收田赋，如期运解布政使司，以待部拨，其应充本地经费者，如数存留，以待支给。布政使司受其出入之籍而钩考之，以待奏销。"② 所谓"起运"，即各地所征收的钱粮按一定比例起解户部及各部寺监，或听候户部协拨他省兵饷要需，作为国家经费开支之用（包括了京饷、协饷、藩库存储银以及雍正五年后的留储银、雍正八年后的分贮银等），属于中央财政；所谓"存留"，即各地所征收的钱粮按一定比例存留本地，作为地方经费开支之用（地方存留类别各地略有不同，如湖北，包括驿站项下排夫、脚马、红船、水手、江济等银，以及官俸役食、历日、表夫、祭祀、部寺解费、廪粮、新设关庙三祭等银，从表9-2中的"裁减项目"、"存留类别"以及史料示列中，也可以体会），属于地方财政。③

与其他制度一样，清廷入关后依然沿袭明代的起运、存留制度，起运、存留比例大致仍依其旧，即如江苏巡抚汤斌所称，"本朝定鼎，田赋悉照万历年间则例……顺治初年，钱粮起、存相半"，但随后即因"兵饷急迫，起解数多"④。这种因军费紧急、中央财政困难而采取的削减地方财政、变存留为起运的措施，在清初曾陆续实行，成为当时财政政策的一个重要导向。其中，具有较大规模的裁减存留，肇始于顺治九年（1652年），该年四月，"户部以钱粮不敷"，遵旨会议筹措款项，将"州县修理察院铺陈、家伙等银"、"州县修宅家伙银两"、"州县备上司朔望行香纸烛银两"、"在外各衙门书吏人役工食银两"等项加以裁减，变为起运

---

①　乾隆《大清会典则例》卷36，《户部》。

②　乾隆《大清会典》卷10，《户部·田赋》。

③　当然，这只是大致的划分，军费支出的一部分由驻军所在的地方开支，官俸的一部分也在地方支出。参见彭雨新：《清代田赋起运存留制度的演进》，《中国经济史研究》1992年第4期。

④　汤斌：《逋赋难清，乞减定赋额并另立赋税重地州县考成例疏》，见乾隆《江南通志》卷68。

钱粮以应军需。① 顺治十一年（1654 年）六月，户部又奏称，"国家所赖者赋税，官兵所倚者俸饷，关系匪轻"，"又会议裁扣工食等银二十九万九千八百余两"，"将所裁钱粮于紧要处养赡满洲兵丁"②。顺治十三年（1656 年）九月，在钱粮不敷、中央财政极度困难的情况下，再一次大规模的"裁直省每年存留银两"，其裁减项目与银额如表 9-1 所示：③

表 9-1　　　　　　　　　顺治十三年地方经费的裁减

裁　减　项　目	裁减银额（两）
抚道按臣巡历操赏花红银	6 292
预备过往各官供给下程柴炭银	171 064
督抚按巡历造册纸张、扛箱银	28 916
衙门桃符门银价值银	1 421
孤贫口粮、柴薪、布匹银	87 767
朝觐、造册送册路费银	11 748
生员廪膳银	126 818
考校科举修造棚厂工食花红银	88 087.5
乡饮酒礼银	4 515
修渡船银	20 707.5
修理察院公馆银	6 052.5
进表路费银	3 626.5
渡船水手工食银	10 888.5
巡检司弓兵工食银	23 289.5
督抚府州县书役工食银	162 341.6
合　　　计	753 534.6

---

① 《清世祖实录》卷 64，顺治九年四月丁未。有关各地的具体裁减情况参见陈锋：《清代军费研究》，武汉大学出版社 1992 年版，第 321 页。

② 《清世祖实录》卷 84，顺治十一年六月癸未。

③ 《清世祖实录》卷 103，顺治十三年九月辛未。

这次裁减的地方各项经费达 75 万余两之多，也被全部移作军费，如户部尚书车克所说："十三年因钱粮入不敷出，缺额四百四十余万，随经诸王、贝勒、大臣、九卿、科道会议，于存留各款裁减，以抵不敷兵饷。"① 此后，裁减地方存留仍续有举行，如顺治十四年、十五年（1657 年、1658 年），康熙元年、二年、三年、五年（1662 年、1663 年、1664 年、1666 年）等的裁减。② 到康熙七年（1668 年），各地的存留银额只剩 338.7 万余两，与该年田赋银2 583.9 万两相比较，起运比例为 86.9%，存留比例仅为 13.1%，与原来的"起、存相半"比较，已是少得可怜。然而，清廷为了改变中央财政的窘迫，该年又裁存留银 1 744 369 两零，止实在存留银 1 643 237 两零，存留仅占 6.4%，导致地方经费无着落，弊端百出。康熙帝在大臣们的疏谏下，始同意将"康熙七年所裁各款自九年为始，复其存留"③，也就是说，存留仍为 338.7 万余两。

不久，三藩乱起，"各处用兵，禁旅征剿，供应浩繁"，又开始削减地方存留，作为筹措军需的重要方略。山东巡抚赵祥星首先举动，"时军兴需费，祥星以暂裁通省存留支给等银二十余万两充饷，先后具奏，均奉旨嘉奖。寻授为兵部右侍郎"④。据档案记载，康熙十四年（1675 年）正式议准"暂移存留事案"，奉旨"裁减驿站官俸工食及存留各项钱粮"，随后，各地先后以裁存留报闻。当时有所谓"存留钱粮，尽裁充兵饷"之说。⑤

从有关方志的记载也可看出，三藩之乱期间确实将此前的剩余存留钱粮"尽裁充兵饷"，几乎没有什么剩余。为了较系统地说明问题，兹以河北东安县为例，将原额存留银、顺治朝裁减存留银、

---

① 档案，顺治十七年六月十二日车克题：《为酌拨十七年兵饷事》。
② 各种方志记载的裁减时间略有不同，如果综合方志的记载来看，实际上在这一段时间内每年都有裁减。
③ 参见蒋良骐：《东华录》卷 9。
④ 《清史列传》卷 10，《赵祥星传》。
⑤ 同治《苏州府志》卷 12，《田赋》引康熙二十年慕天颜疏；又参见《皇清奏议》卷 20，康熙十五年郝浴疏。

康熙朝三藩之乱期间裁减剩余存留银的情况列表9-2所示。①

表9-2　　　　　　　　　　**顺、康两朝东安县裁减存留比较**

存留银类别	原额银（两）	顺治朝的裁减	康熙朝的裁减
顺抚吏书廪给银	108	十三年裁90两	元年全裁
霸州道快手工食银	86.4	十三年裁14.4两	十五年全裁
府尹柴薪银	42	未裁	七年全裁
儒学斋夫工食银	24	十三年全裁	
知县俸薪银	63.5	未裁	十五年全裁
心红纸张银	20	十三年全裁	
油烛银	10	十三年全裁	
上司伞扇银	10	十二年裁8两 十三年全裁	
修宅家伙银	20	九年全裁	
吏书工食银	129.6	九年裁57.6两	元年全裁
门子工食银	14.4	九年裁2.4两	十五年全裁
皂吏工食银	115.2	九年裁19.2两 十三年裁24两	十五年全裁
马快工食银	144	九年裁9.6两	十五年全裁
民壮工食银	360	九年裁60两 十三年裁6两	十五年全裁
灯夫工食银	28.8	九年裁4.8两	十五年全裁
看监禁子工食银	57.6	九年裁9.6两	未裁
修理监仓银	20	未裁	十五年全裁
轿伞扇夫工食银	50.4	九年裁8.4两	十五年全裁
库书工食银	12	九年裁6两	元年全裁

---

①　康熙《东安县志》卷4，《赋役》。按：乾隆《东安县志》卷7，《解支》的记载略有不同。

存留银类别	原额银（两）	顺治朝的裁减	康熙朝的裁减
仓书工食银	12	九年裁 6 两	元年全裁
库子工食银	28.8	九年裁 16.8 两	十五年裁 6 两
斗级工食银	28.8	九年裁 16.8 两	十五年裁 6 两
铺兵工食银	104	十八年裁 8 两	未裁
典史俸薪银	31.5	十五年未裁	全裁
书办工食银	7.2	九年裁 1.2 两	元年全裁
门子工食银	7.2	九年裁 1.2 两	十五年全裁
皂吏工食银	28.8	九年裁 4.8 两	十五年裁 12 两
马夫工食银	7.2	九年裁 1.2 两	十五年全裁
生员廪膳银	192	十三年裁 128 两	二年全裁
朔望行香纸烛银	1	九年全裁	
乡饮酒礼银	10	十三年裁 5 两	十五年全裁
科场器皿银	60.4	未裁	十五年全裁

上表所列共 32 款，除"看监禁子工食银"、"库子工食银"、"斗级工食银"、"铺兵工食银"、"皂吏工食银"因具有特殊意义尚存剩一点外，其余存留银两全部裁减完毕。表中未列诸项，如"状元归第银"、"新中进士牌坊银"、"新中举人牌坊银"、"新中武进士花红银"、"新中武举人花红银"、"吹手工食银"、"火夫工食银"、"更夫工食银"、"膳夫工食银"等项，也大都递加裁减，并于三藩之乱期间"暂裁解部充饷"。

上表示列的东安县裁减存留的情况，当然不是特殊的个例，而是普通性的。对此，各种编撰较好的地方志中均有记载，再拣出江西婺源县的情况作为示例，其裁减时间与复存留情况，均可与上述对照。光绪《婺源县志》载：

知县俸薪油烛银 75.5 两，顺治十四年裁 30.5 两，康熙十四年全裁，二十二年复。

门子工食银 14.4 两，顺治九年裁 2.4 两，康熙七年裁 6 两，十年复，十五年全裁，二十二年复。

皂吏工食银 115.2 两，康熙七年裁 72 两，十年复，十五年全裁，二十二年复。

马快工食银 144 两，顺治九年裁 9.6 两，康熙七年裁 134.4 两，十年复，十五年全裁，二十二年复。

民壮工食银 360 两，顺治九年裁 60 两，康熙七年裁 228 两，十年复，十五年全裁，二十二年复。

轿、伞、扇夫工食银 50.4 两，顺治九年裁 8.4 两，康熙七年，裁 12.4 两，十年复，十五年全裁，二十二年复。①

又如，康熙《信丰县志》载：

知县俸薪 27.4 两，薪银 36 两，顺治十四年裁薪银 20 两。心红油烛纸张银 30 两，修宅家伙银 20 两，顺治九年全裁。迎送上司伞扇银 10 两，顺治十二年裁 8 两。

吏书 12 名，工食银 129.6 两，顺治九年裁 57.6 两，实给银 72 两。每名每月只给银 0.5 两。

门子 2 名，工食银 14.4 两，顺治九年裁 2.4 两，实给银 12 两。每名每月只给银 0.5 两。

皂吏 16 名，工食银 115.2 两，顺治九年裁 19.2 两，实给银 96 两，每名每月给银 0.5 两。

马快 8 名，工食银 144 两，顺治九年会议每名每月给银 1.2 两，每年裁银 9.6 两解部，实给 134.4 两。

民壮 50 名，工食银 360 两，顺治九年会议每名每月给银 0.5 两，每年裁银 60 两，实给银 300 两。

灯夫 4 名，工食银 28.8 两，顺治九年会议每名每月给银 0.5 两，裁银 4.8 两，实给银 24 两。

---

① 光绪《婺源县志》卷 16，《食货志》。

看监禁卒 8 名，工食银 57.6 两，顺治九年会议每名每月给银 0.5 两，裁银 9.6 两，实给银 48 两。

轿伞扇夫 7 名，工食银 50.4 两，顺治九年会议每名每月给银 0.5 两，裁银 8.4 两，实给银 42 两。

仓书 1 名，工食银 12 两，顺治九年会议每名每月给银 0.5 两，裁银 6 两，实给银 6 两。

库书 1 名，工食银 12 两，顺治九年会议每名每月给银 0.5 两，裁银 6 两，实给银 6 两。

库子 4 名，工食银 28.8 两，顺治九年会议每名每月给银 0.5 两，裁银 4.8 两，实给 24 两。

斗级 4 名，工食银 28.8 两，顺治九年会议每名每月给银 0.5 两，裁银 4.8 两，实给 24 两。①

裁减存留为起运，亦即变地方财政为中央财政，构成清廷应急军需、渡过中央财政困厄关口的重要手段，有着不可忽视的作用。但是，存留钱粮作为地方财政的标志，事实上维持着地方的行政、社会功能，难以或缺，裁减存留之后，势必生出弊端，还在顺治九年（1652 年）首次大规模议裁存留时，户部尚书车克就已指出：

> 起运以供军旅之需，即有不给，尚可拨济于他藩；存留以供本地之用，一或不敷，万难乞贷于别省。且细查存留各款，不及枚举，其万万不容已者，如经制之有俸薪以养廉也，俸无所出，何以惩官之贪？衙役之有工食以劝力也，食无所资，何以禁吏之蠹？礼士藉有月粮，粮裁皆沮气矣。赈贫恃有孤米，米去而孤独尽呼号矣……以及朝觐、表笺、乡饮、科贡诸费，俱所必需，自难节省。其尤有上关国脉、下系民生，不可斯须废缺者，莫如站支银两焉……倘一一减缩，势必欲挪移供应。②

---

① 康熙《信丰县志》卷 2，《秩官表》；卷 5，《食货志》。
② 档案，顺治九年七月二十八日车克题：《为遵旨议奏事》。

车克对裁存留之弊的认识可概括为四端：一为地方财政因此而紧张，遇事难以设处；二为势必促成或加剧地方官吏的私征私派、贪婪中饱；三为地方行政的社会公共职能削弱；四为导致地方官的挪移侵欺、地方财政混乱。

此种有见解的议论，之所以不为清廷所动，且在顺治后期以迄三藩之乱期间屡屡议裁存留者，据称是"迫不得已"之故。特别是在"存留钱粮，尽裁充兵饷"之时其弊益显。并且更有可能导致地方官吏借摊派之名而中饱私囊，一如刑部尚书朱之弼所说：

> 存留钱粮原留为地方之用，裁一分则少一分，地方官事不容已，不得不又派之民间，且不肖有司因以为利，是又重增无限之苦累矣！①

当时职任直隶灵寿县的名臣陆陇其亦云：

> 查《赋役全书》，旧额有一项人役，则有一项工食，有一项公务，则有一项钱粮，盖未有用其人而可不予之以食，办其事而可不费一钱者也。用人而不予以食，则必至于卖法办事；而求不费钱，则必至于派民。自兵兴之际，司农告匮，将存留款项尽行裁减，由是州县掣肘，贪墨无忌，私派公行，不可禁止。百弊之源，皆起于此。自康熙二十年以后，再颁恩诏，渐次奉复，海内始有起色。然尚有应复而未复者，敢为宪台陈之：
>
> 如衙役犯赃之律甚严，而书办之工食独不复，不知此辈能枵腹而奉公乎。抑将舞文弄法，以为仰事俯育之资也。给以食，而犯法虽杀之无憾也。不给以食，使之不得已而犯法，加之以刑，其肯心服乎？此其当复者一也。
>
> 心红纸张、修宅家伙，此州县所必不能免者也，既奉裁革，不知天下有司，皆能捐俸而自备乎。抑或有责之铺户，派

---

① 蒋良骐：《东华录》卷9引朱之弼疏。

之里下者也。有正项开销，虽贪吏无由借端苛派，无正项可动，将借口以责之于民，朝廷之所省有限，而小民之受累无穷。此其当复者二也。

上司过往，下程中伙杂支供应，此州县所必不能无者也，既奉裁革，不知上官之临州县，皆能自备供应，自发价值乎？抑或有不能不资藉于地方者也，有司之懦者恐触上官之怒，百计逢迎，贤者亦恐失事之体，多方补苴，无米之炊，不知其安从出也。此其当复者三也。

存留尽复，则私派可禁，私派尽禁，则百姓可足。在主持国计者，惟知复一项，则费一项之金钱，不知裁一项，则多一项之掣肘。掣肘之害，层累而下，总皆小民受之，小民疲罢逃亡，其害仍自国家受之。①

陆陇其除了指摘三藩之乱期间将存留款项尽行裁减，是导致弊端丛生的渊源，还认为，三藩之乱对存留的归复非常有限，仍然难以杜绝弊端的产生，因此提出了归复存留的三个理由，认为，"存留尽复，则私派可禁，私派尽禁，则百姓可足"。

类似议论尚多，其意已明。同时，康熙帝也曾认识到，大幅度的削减地方存留，亦与当时议论纷纭的藩库钱粮的"亏空"有关。他在康熙四十八年（1709 年）的上谕中称："凡言亏空者，或谓官吏侵蚀，或谓馈送上司，此固事所时有。然地方有清正之督抚，而所属官员亏空更多，则又何说？朕听政日久，历事甚多，于各州县亏空根源，知之最悉。从前各省钱粮，除地丁正项外，杂项不解京者甚多，自三逆变乱之后，军需浩繁，遂将一切存留款项尽数解部，其留地方者，惟俸工等项必不可省之经费，又经节次裁减，为数甚少。此外则一丝一粒，无不陆续解送京师，虽有尾欠，部中必令起解。州县有司无纤毫余剩可以动支，因而挪移正项，此乃亏空之大根源也。"② 由此也可以体会到地方财政紧张所导致的结果往

---

① 陆陇其：《时务条陈六款》，见陆陇其《三鱼堂外集》卷1。
② 蒋良骐：《东华录》卷21，第342 页。

往是连锁性的。

三藩之乱结束以后，存留款项又陆续归还地方，存留与起运的关系有所好转。当然，所谓的"复存留"，仍是有限度的，如生员廪膳银一项，原额为 190 277 两，顺治十三年（1656 年）裁 2/3，康熙二年（1663 年）又将留支的 1/3 全裁，康熙二十四年（1685 年）六月，为了"培养士气"，也仅仅归复原额的 1/3①。再就直隶东安县的情况来看，原额起运银为 6 901.8 两，原额存留银为 6 259.3 两，起运、存留比例约略相当，后节次裁减，三藩之乱期间裁减殆尽，以后尽管陆续归复，也并不是"归复"到原先的比例，其乾隆年间的存留银为 2 242.3 两②，存留银占应征田赋钱粮的 17%，这个比例与全国的情况相比大致相当。

为了展示起运、存留的变化，特将康熙《大清会典》所载康熙二十四年（1685 年）的起运、存留数额，以及乾隆《大清会典则例》所载乾隆前期的起运、存留数额，分列表 9-3、表 9-4 所示。③

表 9-3　　　康熙二十四年各省起运、存留比例

省别	起、存总额（两）	起运（两）	百分比	存留（两）	百分比
直隶	2 443 608	1 881 108	76.98	562 500	23.02
奉天	13 939	4 755	34.11	9 184	65.89
山东	3 191 415	2 504 209	78.47	687 206	21.53
山西	3 017 289	2 678 779	88.78	338 510	11.22
河南	2 709 157	2 268 602	83.74	440 555	16.26

---

①　蒋良骐：《东华录》卷 13，第 209 页。

②　乾隆《东安县志》卷 7，《解支》。

③　康熙年间的数额，见康熙《大清会典》卷 24，《户部·赋役一》；乾隆年间的数额，见乾隆《大清会典则例》卷 36，《户部·田赋三》。按：［美］曾小平：《州县官的银两——18 世纪中国的合理化财政改革》，董建中译，中国人民大学出版社 2005 年版，第 28 页，有《康熙二十四年地丁钱粮的起运与存留》，可以参看。数字可能有问题。陈桦：《18 世纪的中国与世界·经济卷》，辽海出版社 1999 年版，第 275 页，有《嘉庆末年各地存留银情况表》，可以参看。

续表

省别	起、存总额（两）	起运（两）	百分比	存留（两）	百分比
江苏	3 978 516	2 836 593	71.30	1 141 923	28.70
安徽	1 689 859	1 153 291	68.25	536 568	31.75
江西	1 960 556	1 525 638	77.82	434 918	22.18
福建	1 069 853	866 448	80.99	203 405	19.01
浙江	2 920 629	2 188 575	74.94	732 054	25.06
湖北	1 044 827	831 754	79.61	213 073	20.39
湖南	637 994	487 419	76.40	150 575	23.60
陕西	1 575 752	1 277 096	81.05	298 656	18.95
甘肃	211 092	105 969	50.20	105 123	49.80
四川	42 000	12 465	29.68	29 535	70.32
广东	1 146 095	1 006 377	87.81	139 718	12.19
广西	332 522	243 211	73.14	89 311	26.86
云南	174 818	—	—	174 818	100
贵州	63 216	61 692	97.59	1 524	2.41
合计	28 223 137	21 933 981	77.72	6 289 156	22.28

表9-4　　　　　　　　　　　**乾隆年间各省起运、存留比例**

省别	起、存总额（两）	起运（两）	百分比	存留（两）	百分比
直隶	2 401 058	1 913 491	79.69	487 567	20.31
盛京	41 685	26 031	62.45	15 654	37.55
山东	3 408 797	2 781 647	81.60	627 150	18.40
山西	3 042 468	2 593 517	85.24	448 951	14.76
河南	3 320 491	2 738 250	82.47	582 241	17.53
江苏	3 144 529	1 898 991	60.39	1 245 538	39.61

续表

省别	起、存总额(两)	起运(两)	百分比	存留(两)	百分比
安徽	1 837 565	1 379 512	75.07	458 053	24.93
江西	1 007 233	571 321	78.28	435 912	21.72
福建	1 248 738	1 037 618	83.09	211 120	16.91
浙江	2 314 142	2 145 083	92.70	169 059	7.30
湖北	1 173 906	823 102	70.12	350 804	29.88
湖南	1 194 984	903 517	75.61	291 467	24.39
陕西	1 608 851	1 356 305	84.30	252 546	15.70
甘肃	284 689	191 593	67.30	93 096	32.70
四川	657 584	490 364	74.57	167 220	25.43
广东	1 257 914	841 372	66.89	416 542	33.11
广西	390 980	296 035	75.72	94 945	24.28
云南	209 985	166 201	79.15	43 784	20.85
贵州	92 452	75 489	81.65	16 963	18.35
合计	13 279 023	10 277 512	78.38	3 001 511	21.62

地方存留的"归复"以及中央财政与地方财政比例的适当划分与固定，是随着国家财政的好转而逐步实现的，"存留之数，岁亦不齐"，各个时期起运与存留的比例均有所变动，康熙二十四年（1685年）的起运、存留数额，从总体比例上来看，已经接近后来的比例，但云南全部存留的情况，以及四川等省的高比例存留，依旧带有三藩之乱战争过后的遗痕。乾隆年间起运与存留所反映的比例，大体上是经过纷更之后而固定化了的。

在各种地方志中，也大多载有起运钱粮与存留钱粮，而且存留钱粮的支出类项也较为具体。下面选录河南开封府的起运与存留情况，作为例证：

开封府：起运银四十七万五千五百六十六两六钱，遇闰加额银五千九百九十四两九钱。存留支给河夫、驿站，并官俸、役食、祭祀、棉布等项银六万六千八百三十四两九钱，遇闰加额银四千九百八两八钱。

祥符县：起解连闰并匠价银八万六千四百六十二两四钱，存支河夫连闰银二千三百六十四两四钱，驿站连闰银一万四千一百五十四两六钱，祭祀、俸工等项连闰银一千八百三十一两九钱。

陈留县：起解连闰银三万五千七百七十二两，存支河夫连闰银四百六十四两六钱，驿站连闰银三千一百八十三两三钱，俸工、祭祀等项连闰银一千一百一十八两二钱。

杞县：起解连闰银八万二千五百五十三两五钱，存支河夫连闰银一千四百三十六两八钱，驿站连闰银四千一百五十八两七钱，俸工、祭祀等项连闰银一千七百三十三两五钱。

通许县：起解连闰银二万三千三百六十八两八钱，存支河夫银三百七十三两一钱，驿站连闰银五千一百六十七两六钱，俸工、祭祀等项连闰银一千三百六十两九钱。

太康县：起解连闰银三万五千六百四十五两七钱，存支河夫银七百一十八两三钱，驿站连闰银四千四百六十三两七钱，俸工、祭祀等项连闰银一千八百五十两九钱。

尉氏县：起解连闰银二万一千七百八十二两六钱，存支河夫银三百四十九两八钱，驿站连闰银二千三百一两一钱，俸工、祭祀等项连闰银八百五十八两七钱。

洧川县：起解连闰银一万五千一百五两七钱，存支河夫银二百三十六两九钱，驿站连闰银一千八百三十七两七钱，俸工、祭祀等项连闰银五百一十八两三钱。

鄢陵县：起解连闰并匠价银二万七千七百九十三两三钱，存支河夫银三百二十八两六钱，驿站连闰银六百两四钱，俸工、祭祀等项连闰银八百二十一两八钱。

扶沟县：起解连闰银一万九千三百二十七两八钱，存支河夫银二百八十二两九钱，驿站连闰银三百七十七两八钱，俸工、祭祀等项连闰银八百四十四两二钱。

中牟县：起解连闰银二万七千三十三两，存支河夫连闰银一百九十二两五钱，驿站连闰银一千八百五十三两二钱，俸工、祭祀等项连闰银四百六十七两四钱。

阳武县：起解连闰银三万四千九百五十三两一钱，存支河夫银连闰共一千二百五十四两三钱，驿站连闰银一千四百五十两四钱，俸工、祭祀等项连闰银一千七十三两五钱。

封邱县：起解连闰银二万九千六十七两七钱，存支河夫连闰银四百六十七两二钱，驿站连闰银二千一百六十二两一钱，俸工、祭祀等项连闰银八百八十两八钱。

兰阳县：起解连闰银二万三千一百七十三两八钱，存支河夫等项连闰银五百六十一两五钱，驿站连闰银二千四百四十七两八钱，俸工、祭祀等项共银七百七十一两七钱。

仪封县：起解连闰银一万九千五百二十一两三钱，存支河夫连闰银九百四十两，驿站连闰银二千二百三十八两八钱，俸工、祭祀等项连闰银一千二百四十一两七钱。①

由上可知，存留类项的支出，开封府主要是河夫、驿站、官俸、役食、祭祀等项，至少在一个府内是基本上相同的。

起运与存留有一定的比例，也有制度上的规范。如：

顺治十年（1653年）覆准："起运钱粮，布政使司先发给府州县空白批文百张，批文内编定号数，府州县起解时，填领解姓名，钤印投司。司验批到先后，以杜侵冒。"

顺治十一年（1654年）覆准："起解钱粮，布政使司立验批簿，州县于起解之先，豫期申报司库，填入验批簿内，一面起批，限期解交该衙门，该衙门仍将批发回，不得踵蹈寝批之咎。州县将领过批回实收，具文申报，登簿存验。"

顺治十七年（1660年）覆准："州县解司钱粮批回，三注日期，一注到司日，一注兑银日，一注发批日。"

康熙二年（1663年）覆准："州县起解钱粮，以批回为据，令

---

①　雍正《河南通志》卷21，《田赋上》。

设连环批，其式用纸一张，联书字号，截为二批，豫申巡抚，亲判银数，限日发回。州县临起解时，将发回连环批，一申巡抚存案，一发解役赴该衙门交纳。注收银数目，原批发回，州县即送巡抚对批查验，以杜侵冒迟延之弊。"

康熙四年（1665年）覆准："钱粮各有款项，起解不容混淆，如布政使司将解到钱粮，发换批回，改抵别项，及府州县不按款项，蒙混抵解，布政使司递为转报者，听督抚题参。"

康熙七年（1668年）题准："州县开征钱粮后，逐月报府，随收随解，如藉称候齐汇解，以抗玩治罪。府于州县申报后，即转报布政使司，如报收未解，府不即速稽查者，以徇庇例治罪。司于府申报后，核参不严，致日久侵没者，以失察例治罪。巡抚本年不核，至事发，或交代时始查出者，以蒙混例坐罚。"

康熙十五年（1676年）议准："官员将不应起解之钱粮，违例起解，及应解本色解送折色者，各加议处。"

康熙五十九年（1720年）议准："州县官将征收钱粮，计道路之远近，量数目之多寡，随征随解布政使司，如有迟延不解者，由府核报参处。如州县批解正项钱粮，而布政使司抵兑杂项，勒批不发者，许州县申报督抚，或径报部院题参。"

雍正七年（1729年）议准："湖北起解正项钱粮，填用批号，于联批内书写细字，首列起解年分，某项钱粮额数，次开某年月日解过本项之批号银数，复将现解钱粮，用大字分别开填某号批解若干，复细字填注汇计已完未完总数，起解杂项，填用单批，编列字号，钤以州县印信，按照司道衙门，各自一号，起编至百号止，陆续填用，每批止开现解款项，别于批尾粘单，开载解过款项银数月日，每粘单内，以开载十号为率。获批者，于本号之下注明。直隶、奉天、山东、河南、陕西、广东、广西、贵州，现用单联号批，浙江、江西、湖南、云南、正项钱粮，现与湖北之例相符，其杂项填用单批。应照湖北遵行。又山西、江南、福建、甘肃、四川，均照所颁单联批式填解。其盐课米豆等项，填用联批，各省不同，照本省例，复参以湖北之式行。"

乾隆三十二年（1767年）议准："直隶各州县仓库钱粮，除另解之兵饷，留支之俸工、役食、祭祀等银，悉行勒限起解司库。旗地租银，同地粮随征随解。毋许藉词八月奏销，致任延阁。其田房、牛驴、牙帖等杂税，及驿站、小建、余剩、廪粮等项，应随正项搭解。又带办师生、缺官、降罚、住俸、孤贫、小建等款，数本零星，统于年底扫数汇解。如州县月报不实不尽，核有情弊，该管上司，即前往抽查揭报。至征存钱粮，于拆封次日即便倾镕。银数在三千两以内者，限十日，每千两加二日，总不得过二十日。具批起解，如有逾限，分别记过咨参。"

嘉庆五年（1800 年）奏准："州县征收钱粮，照依赋役全书内额编银两，分别征收。各州县详请拆封后，责成道府查核实征银两，应支官俸、役食、驿站、夫马、祭祀、廪膳、孤贫等项银两，由各州县自行支留，余存银两即行解交藩库。"①

各种制度上的规范，涉及方方面面，而且十分具体。

起运与存留的关系以及存留的动用，也有相应的规定。如康熙元年（1662 年）题准："州县钱粮，先尽起运之数全完，方准存留。"雍正六年（1728 年）题准："直省存留银，凡官役俸工等项，遇支给之时，传集同城文武官共同给发，申报奏销。"② 所谓"先尽起运之数全完，方准存留"，以及上揭种种措施，都表明了对起运钱粮的特别重视。所谓"官役俸工等项，遇支给之时，传集同城文武官共同给发，申报奏销"，也表明存留钱粮不可随意动用，也有例行的奏销手续。

在存留之制外，还分别于雍正五年（1727 年）和雍正八年（1730 年）创立了"留贮"与"分贮"银制度，以备地方不时之用，即所谓："直省备用之额，雍正五年以各省经费外或多需用，令督抚于春、秋二拨时，酌留若干，封贮司库，是为留贮。遇用预期疏闻。……雍正七年谕拨户部银二万两，分给大兴、宛平二县，以备需用。八年，援宛、大之例，凡供军需及繁剧州县，亦各拨银

---

① 以上见光绪《大清会典事例》卷 169，《户部·田赋·起运钱粮》。
② 乾隆《大清会典则例》卷 36，《户部·田赋三》。

贮库，是为分贮。"① 留贮与分贮银制度，应该说是随着国家财政的好转所采行的对存留之制的补充措施，但其主旨则是为了备战应军需，② 毕竟与存留之制不同。

二、耗羡的存留与兵饷的协拨

就起运与存留的关系而言，耗羡的存留与兵饷的协拨亦值得特别注意。

耗羡归公以后，耗羡与存留的关系是一个重要的问题。业师彭雨新先生已经指出"耗羡归公是存留问题上的一大前进"，但未加具体的探讨。③

雍正初实行耗羡归公，提解司库，以支发养廉银和补充地方财政所用，在第四章"耗羡归公与养廉银支发"一节中已经作了论述。耗羡归公是雍正朝重要的财政改革，是毋庸置疑的，但经过一段时间之后，耗羡归公也导致了弊端的产生。特别是在耗羡的动用上，由于缺乏制度上的具体规定，弊端更加明显，雍正帝晚年已经有所察觉，雍正十三年（1735 年）上谕指出："朕留心体察，外省布政使中竟有庸劣无识之人，将此项银两视为无足轻重之物，而不念其为民脂民膏，或那补借支，或任意费用。前任含糊交代，后任不便深求，竟将有关国计民生之项渐成纸上空谈，而督抚亦不查察。"因而谕令"勒定限期，令造清册，送部查核。至于清查之法，应自该省议定公费养廉之年份起，至前任卸事之日止，将额征公费、完欠、杂支，同余剩未给各数目，按年归款……嗣后，按年分晰造册，随同奏销钱粮各册，咨送户部核销"④。清查耗羡的用项以及规范耗羡的奏销，意旨十分明显，但由于雍正帝的去世，一

① 《清朝文献通考》卷40，《国用二》，第 5228 页。

② 参见陈锋：《清代军费研究》，武汉大学出版社 1992 年版，第 175～176 页。

③ 彭雨新：《清代田赋起运存留制度的演进》，《中国经济史研究》1992 年第 4 期。

④ 《清世宗实录》卷157，雍正十三年六月乙亥。

时中断了耗羡的清查进程。① 到乾隆五年（1740 年），清查耗羡的思路又重新拾起，该年上谕：

> 雍正十三年六月内曾奉皇考谕旨，将各省耗羡存公银两饬令清查，原属防微杜渐之至意。朕嗣位之初，念耗羡不同正项，从前原未定有章程，且历年已久，各省规条不一，官员更换亦多，况复恩诏屡颁，纵有挪欠，亦当在宽免之列，是以谕令暂行停止清查。今看各省情形，渐滋冒滥，若不早加整顿，立法防闲，必致挪移出纳，弊窦丛生。一经败露，国法难宽。揆之朕爱养教诲之心，固有所不忍，即经办各员，噬脐知悔，已属难逭。是及今综核清理，亦豫为保全之道也。户部可行文各省督抚，将地方必需公费，分析款项，立定章程，报部核明，汇奏存案。嗣后务将一年之内额征公费完欠杂支同余剩未给各数目，逐一归款。各官养廉，照依正署起止月日应得分数，并扣除空缺，详细登记。其收数内有拖欠未完者，分别应否着追，其支数内有透动加增者，分别是否应给。有无挪移亏缺之处，俱于岁底将一切动存完欠各数，及扣存减半平余银两，造册咨送户部核销。如此年清年款，则民力输将，均归地方实用，而经理之员，亦免罹于参处矣。②

乾隆上谕的关键之点是："行文各省督抚，将地方必需公费，分析款项，立定章程，报部核明。"王庆云《石渠余纪》卷三《纪耗羡归公》所云："（乾隆）五年，以地方无关紧要之事，辄动耗羡，令督抚将各省必需公费分晰款项，报部核奏。自是以后，各省耗羡掌于户部湖广司者，取之有定数，用之有定款。"即是指此。嘉庆《大清会典》在叙述户部湖广清吏司职掌时称："凡耗羡之政掌焉。各省每年征收地丁耗羡银两，乾隆五年谕，各省督抚，将地

---

① 参见郑永昌：《从"地方之公"到"国家之公"——论乾隆初期对地方耗羡收支管控体制的确立》，《故宫学术季刊》第 20 卷第 3 期，2003 年。
② 《清朝文献通考》卷 41，《国用三》，第 5233～5234 页。

方必需公费，分晰款目，立定章程，由部核明，汇奏存案。每年动款，分别循例请销，有定款有定数者，有定款无定数者，以五年通融比较。无定款随时动用者，通融撙节，不得出范围之外。又常例之外，遇有兴作必需者，随时奏明动用。每年将收支动存各数造册送部。户部于年终查核汇奏。"①

在耗羡的清理整顿上，乾隆五年（1740 年）肯定是一个重要的年份，但该年是否制定了《耗羡章程》，则较为模糊，按王庆云《石渠余纪》和嘉庆《大清会典》的记载，似乎该年已经制定，但据郑永昌称："乾隆十三年（1748 年）四月，户部将各省汇奏的耗羡经费各条，节经多次往返诘驳删减，最后将准销经费各项，正式颁定《耗羡章程》。"②

然而，据光绪《大清会典事例》记载："各省耗羡章程，节次驳令删减，至乾隆十五年，始据各省督抚陆续酌定，经部议覆。各省耗羡提解归公，原为各官养廉及地方公事之用，仅按各省岁收银两，通计节年报销之有定款项，权其多寡，酌量派拨，至无定款项，难以悬拟，其银存留本省以备公用。"③

又，乾隆十五年（1750 年）"户部议覆前署江苏巡抚雅尔哈善疏称，江苏省罪囚口粮，在常平仓谷内动给，其盐菜钱文，于耗羡内每年留银二百二十二两零支销。第各属罪囚多寡不同，盐菜钱按日给发，每较原定之数不敷，嗣后应按年核计罪囚多寡，据实请销。应如所请，将罪囚不敷盐菜钱，列在有定款无定数项下，在存公银内动支"④。

乾隆十七年（1752 年）上谕："湖北巡抚恒文奏动耗羡一折内称，本年春拨解黔银两，共用水脚鞘银十二两零，于本年三月份耗羡内动给等语，此奏殊不知大体。各省《耗羡章程》，其有定款无

---

① 　嘉庆《大清会典》卷 13《户部》。

② 　郑永昌：《从"地方之公"到"国家之公"——论乾隆初期对地方耗羡收支管控体制的确立》，《故宫学术季刊》第 20 卷第 3 期，2003 年。

③ 　光绪《大清会典事例》卷 170，《户部·田赋·耗羡动支》。

④ 　《清高宗实录》卷 378，乾隆十五年十二月壬申。

定数之项，部议令随时奏明，固为慎重钱粮起见，但若仅十余金之事亦专折奏请，其琐屑细碎，殊非政体。嗣后此等动用之处，若在百两以下，应成总汇折奏闻，方为得体。可传谕各省督抚知之。"①

乾隆十八年（1753 年）奏准："江南河工经费，其有定款定数者，仍应照数支销，其有定款而无定数者，以乾隆五年报部之数为准。除见在协办河臣二人各分给五百两以资公用外，其河臣勘工、盘费及修理廨舍、工食、犒赏等项，准其动支银五千两，按月支给。河库道修理天平库署等项，准其动支银五百两，均听各该处自行通融办理。其无定款定数者，照《耗羡章程》，遇有动用之处，令河臣奏明办理。"②

乾隆二十三年（1758 年）上谕："户部汇奏耗羡银两内，安徽、浙江、山东、四川、西安（陕西）五省所交耗羡，除通融抵补外，尚多支银一万四千四百余两，请行令该督抚查明，承办各官分赔等语，《耗羡章程》原因每年动支数目多寡不同，是以定议五年合计汇办，以示节制。"③

嘉庆二十五年（1820 年）奏准："直省额征耗羡银两，随地粮编征，每年地亩升除不一，随征数目，多寡无定，其动用有定款、有定数者，共五百三十八款，按年尽数支给。其有定款、无定数者，共一百二十九款，每年共酌给银九万一千四百八十三两有奇。令督抚酌盈剂虚，通融撙节，实用实销，由部五年比较，通盘核算，不得出范围之外。倘有任意支销，以致不敷，即于滥动各官名下着落赔补。至常例之外，有兴作等项，随时动用各款，其数在五百两以上者，奏明动用，在三百两上下者，咨部办理。仍于年底汇折具奏，将一年内奏咨动用各案，分别行查准驳各若干件，另缮清单奏闻。"④

根据上述记载，笔者认为，乾隆五年（1740 年）上谕后，各

①　《清高宗实录》卷 423，乾隆十七年九月癸未。

②　乾隆《大清会典则例》卷 132，《工部·都水清吏司》。

③　《清朝文献通考》卷 41，《国用考三》，第 5236 页。

④　光绪《大清会典事例》卷 170，《户部·田赋·耗羡动支》。

省已经陆续制定《耗羡章程》，至乾隆十五年（1750 年）"始据各省督抚陆续酌定，经部议覆"。而且此后也还有补充和变化。

乾隆年间耗羡的清理和《耗羡章程》的酌定，其意义，与起运、存留关系密切者，表现在三个方面。

一是规范了耗羡的奏销。无论是造册、考成，还是征解、支发，都有了各种具体的规定。这些规定，在乾隆《户部则例》中，散见《田赋·征解》、《田赋·耗羡》、《田赋·奏销考成》各卷中，而在同治《户部则例》中，则有集中的记载，兹据同治《户部则例》将有关规定示列如下：

> 各省额征各款耗羡，均随同正项钱粮统计分数，一疏具题，以定考成。如正、耗全完，方准议叙。
>
> 各项耗羡，除已完未完分数考成册造报外，仍一面将动存各款，声明有无侵挪亏空，专折奏报，一面分析造具四柱款册送部，户部于年终汇核具题。
>
> 征收耗羡，如止解正项，不解耗羡，即系官吏侵挪。藩司一面勒追，一面参究。若该司瞻徇容隐，经部查出，一并参处。各项着落分赔。仍将是否随正完解之处，该督抚于报部册内声明，以凭稽核。
>
> 各省额征耗羡银两，概同正项钱粮，随时征收，其应支各官养廉、吏役工食，准其于征收银内坐支。其余仍随正项钱粮尽数解司。每届岁底，各省督抚查明，一年之内额征完欠及动用存留确数，并节年积存数目，年清年款，造册报部，由部汇奏。①

以上所谓"各款耗羡，均随同正项钱粮统计分数"，"征收耗羡，如止解正项，不解耗羡，即系官吏侵挪"，"各省额征耗羡银两，概同正项钱粮"等，都说明乾隆初年以降，耗羡已与正项钱粮无异。

---

① 同治《户部则例》卷9，《田赋三·耗羡考成》。

二是规定了耗羡作为地方存留，其银额以及支发的范围和类项。各省的耗羡存留数额以及有定款、有定数者，根据嘉庆二十五年（1820 年）奏准的《耗羡章程》示列如下：

直隶省额定耗羡章程，并晋省协解银，共三十万二千二百六十六两有奇，有定款、有定数者共十款。

奉天省额定耗羡章程，并中江、山海关税羡余等银，共九千二百七十八两有奇，有定款、有定数者共八款。

江苏省苏州布政司所属额定耗羡章程，并匣费等银，共三十五万七千四十八两有奇，有定款、有定数者共三十三款。江宁布政司所属额定耗羡章程，并盐规匣费，共银三十五万七千四十八两有奇，有定款、有定数者共二十八款。

安徽省额定耗羡章程，并匣费等银，共二十二万八千二百七十三两有奇，有定款、有定数者共二十九款。

江西省额定耗羡章程，并关税、火耗羡余等银，共二十三万三千三十二两有奇，有定款、有定数者共四十二款。

浙江省额定耗羡章程等银，共十六万二千三百六十二两有奇，有定款、有定数者共十七款。

福建省并台湾府额定耗羡章程，暨官庄关税赢余寺田租谷，共银二十二万六千六百九十七两有奇，有定款、有定数者共五十九款。

湖北省额定耗羡章程，并各税赢余等银，共二十八万五千九百八两有奇，有定款、有定数者共三十二款。

湖南省额定耗羡章程，共银十五万八千九百四十六两有奇，有定款、有定数，及增添祭祀一款共三十二款。

河南省额定耗羡章程，共银四十二万一千一百十七两有奇，有定款、有定数者共三十九款。

山东省额定耗羡章程，共银四十七万三千一百三十四两有奇，有定款、有定数者共二十二款。

山西省额定耗羡章程，共银三十六万九千二百五十四两有奇，有定款、有定数者共三十一款。

陕西省额定耗羡章程，共银二十三万七千一百七十八两有奇，有定款、有定数者共二十七款。

四川省额定耗羡章程，并盐茶羡余杂税赢余等项，共银二十九万二千九百两有奇，有定款、有定数者共二十五款。

广东省额定耗羡章程，并落地税羡银，共二十三万二千七百六十三两有奇，有定款、有定数者共三十七款。

广西省额定耗羡章程，并盐道拨解盐羡银，共四万三千一百七两有奇，有定款、有定数者共二十六款。

云南省额定耗羡章程，并公件铜价等银，共十八万一千一百二十四两有奇，有定款有定数者共五十六款。

贵州省额定耗羡章程，并秋粮耗米、官田荞米、军田租谷变价等银，共六万二千八百六十一两有奇，有定款、有定数者共三十款。①

《耗羡章程》所规定的有定款有定数者，照款照数支销，而有定款无定数者，无定款无定数者，则另外奏明请旨。

《耗羡章程》所规定的有定款有定数者，每省都有具体的款目和数额，为了省篇幅没有照录，兹选取江西、湖北、山东三省作为具体示例：

江西省额定耗羡章程，并关税、火耗羡余等银，共二十三万三千三十二两有奇，有定款、有定数者共四十二款。内：总督吏役工食银一千三百一两二钱八分（原额银一千六百二十一两二钱八分），总督纸张银二百四十两（原额银三百两），总漕书吏工食银八十两，总漕路费银六百六十两，巡抚吏役工食银二千四百三十一两二钱（原额银二千九百三十一两二钱），巡抚拜本包箱银一百十两（原额银一百三十两），布政司书役工食银九百二十九两（原额银一千一百二十两），按察司纸张银二百二十四两，书役工食银六百三十六两，盐道库丁

_____

① 光绪《大清会典事例》卷170，《户部·田赋·耗羡动支》。

更夫工食银三十两（原额银四十二两），仓场总漕书役饭食银八十八两，总漕衙门赍册盘费银一百十七两，塘兵饷银一百八十七两一钱，提塘廪给塘饷银二千二百五十六两（原额银二千七百二十六两四钱），地丁册籍盘费银一百七两九钱（原额银一百五十二两九钱），颜料水脚银一千一百六十五两二钱四分，各属祭祀共五款祭品银七百一两有奇，吏部饭银一千二百两，户部地丁奏销及投册饭银二千六百八十五两六钱，兵马奏销饭银一百二十两，户科饭银三百六十两，兵米奏销饭银四百七十两，茶引饭银八两，颜料苎布饭银六十两，颜料、缎匹、二库饭银三百四十七两一钱八分，兵部兵马奏销饭银一百二十两，驿站奏销饭银一千两，刑部饭银二千两，原解兵科改解刑部饭银三百两，义宁州有额无征茶课银六十七两三钱一分七厘，德化、建昌、二县渡夫工食银一百八两，按察司秋审饭银二百二十两（原额银三百三十八两），南昌、新建、丰城、三县岁修营房工料银十三两八钱，各官养廉银十八万三千三百二十一两，总督辕门火药银一百二十三两六钱二分七厘（原额银一百五十两），巡抚衙门纸张银三百九十九两五钱（原额银五百两），星子等四县救生船水手工食银一千五百四十五两四钱二分二厘（原额银二千四百八十八两八钱），岁修营房工料银四百二十六两。

湖北省额定耗羡章程，并各税赢余等银，共二十八万五千九百八两有奇，有定款、有定数者共三十二款。除裁汰藩臬两司庆贺表笺银四十一两七钱三分四厘，摆马渡船水手工食银二百八两八钱，看守万寿宫人役工食银十二两，总督、巡抚出郊赏赉银一百十两八钱八厘，共四款。其余二十八款，内：各官巡盐公费银七千六百四十八两（原额银一万三千九百六十四两），看守先农坛农夫口粮银八两，各属祭祀共二款祭品银四百九十七两有奇，总督、巡抚、衙门进本公费银五百十八两，黄河冰冻雇夫绕道递送部文工食银五十两，宜昌、施南二府有苗州县设立义馆廪饩银二百八两，户部兵马奏销饭银一百八十两，兵部饭银一千一百六十两，户部黄白蜡等项饭银五百七十两八钱七分五厘（原额银五百七十四两八钱七分五厘），吏部饭银一千两，刑部饭银二千两，总督、巡抚二衙门廪工纸札银四千两，藩司衙门攒造奏册工价银二百七十八两，藩臬二司书吏资费银一千两，臬司、粮道衙门奏册工价银二百四十两，户部地丁奏销饭银一千一百五两六钱，又南粮奏销饭银三百六十两，户科饭银三百四十两，兵科饭银二百两，总督、巡抚、将军各衙门书役工食银一千三十两，文职各官养廉银十七万一千九十两，各属救生船工食银二千二百三十三两七钱八分一厘（原额银三千六百八十五两二钱），协贴豫省塘站马夫工料银一千一百十四两八厘（原额银一千一百五十七两八厘），土千总俸银五十七两九分九厘（原额银六十九两八钱三分六厘），荆州将军并左右两翼心红纸张饭食等银一百五十六两（原额银三百二十八两），荆州硝磺水脚银三两，户部黑铅饭银三百两三钱七分三厘。

山东省额定耗羡章程，共银四十七万三千一百三十四两有奇，有定款、有定数者共二十二款。内：各官公费银三万二千三百三十三两，巡抚衙门书吏盐菜银一千四百四十两，布政司衙门书吏饭食银二千两（原额银二千五百三十四两），吏部饭银一千两，提塘报资银六千八百六十一两，总河衙门公费银一千一百两八钱八厘，巡抚衙门军牢等役工食并炮药等银四百十六两四钱，泉夫工食银七千八百四十两，蒙阴等处祭祀银五百五十二两六分五厘，各官养廉银二十六万四千九百五十九两，泉夫器具银一百五十五两二钱，青州副都统衙门书吏工食银一百六两五钱（原额银一百五十六两），又心红银一百两（原额银一百四十两），户部兵马奏销饭食一百二十两，兵部饭银一百二十两，提塘赍送兵马奏销册籍赢价银八十八两，户科饭银五百两，解部科饭银盘费银五十五两，地丁奏销并投册饭银一千八百八十一两六钱，提塘赍送地丁投文掣批往返盘费银二百四十两，解送地丁奏销册籍赢价银六十三两（原额银七十两），德州南北两河千总养廉银九十两（原额银一百七十五两六钱）。

上引难免繁杂，但可以藉此知晓有关省份存留耗羡银支发的具体情况。

三是一部分耗羡划入起运项下，一部分耗羡划入存留项下，改变了原来耗羡基本为存留的模式。由此，起运也分为起运正银和起运耗银，存留分为存留正银和存留耗银，如表9-5所示①：

表9-5　　　　　各省起运正银、耗银与存留正银、耗银

省　　别	起　　运（两）		存　　留（两）	
	起运正银	起运耗银	存留正银	存留耗银
直隶	1 788 521	211 856	662 622	自嘉庆十六年改解司库
盛京	20 319	——	9 148	——
吉林	31 957	3 298	144	——
山东	2 772 630	228 639	328 171	45 942
山西	2 645 504	272 847	325 074	86 202
河南	2 747 240	244 110	248 773	36 272
江苏江宁	875 559	65 201	166 264	16 618
江苏苏州	1 355 705	48 030	124 762	7 497
安徽	1 220 310	113 998	250 419	55 370
江西	1 781 608	86 652	215 993	——
福建	1 037 993	130 380	198 763	4 864
浙江	2 121 751	83 584	239 797	10 731
湖北	961 769	71 263	98 403	10 923
湖南	936 647	74 936	234 910	42 220
陕西	1 341 362	66 452	269 402	173 780
甘肃	214 495	10 536	69 531	32 378

---

① 光绪《大清会典事例》卷169，《户部·田赋·起运钱粮》；光绪《大清会典事例》卷170，《户部·田赋·存留钱粮》。

续表

省　别	起　运（两）		存　留（两）	
	起运正银	起运耗银	存留正银	存留耗银
四川	541 502	44 697	114 210	54 911
广东	864 211	126 260	192 460	52 665
广西	330 846	12 154	97 157	26 851
云南	147 000	47 642	66 816	63 802
贵州	65 865	5 044	29 373	9 702
小计	23 802 794	1 947 939	3 942 192	730 728
合计	25 750 733		4 672 920	

　　上表的起运总额和存留总额都比康熙年间和乾隆年间少，当是征不足额所致，这也是清代中后期田赋征收的实情。从起运与存留的比例看，由于一部分耗羡列入了起运，所以总的起运比例达到84.64，存留比例则降至15.36。

　　关于兵饷的协拨，笔者在《清代军费研究》中已经有所探讨，可以参见。① 协拨亦称"协济"、"协饷"、"拨协"等，是将财力有余省份拨协财力不足省份的一种保证军需供支平衡的手段。

　　清朝分布各省的军队，原则上在各省起运项下拨支经费，即所谓"以本地之所输，供本地之所用"②。但由于各省军队的分布系从王朝统治的整体要求着眼，驻军多寡与各地的财政收入不平衡，边远省份驻军人数多，而赋税收入少，军费难以保证，必须依赖邻省或别省的协济。如贵州，"贵州额征银止八万余两，兵饷需二十八万有奇，例拨邻省银二十万两"③。如云南，"滇省各标镇协营年需官兵俸饷银九十余万两，除本省额征地丁税课等银拨存备放外，

<hr/>

　　① 陈锋：《清代军费研究》，武汉大学出版社 1992 年版，第 166～169 页。
　　② 刘武元：《谨请安攘十计疏》，《皇清奏议》卷 3。
　　③ 《皇朝政典类纂》卷 175，《国用·俸饷》。

约不敷银三十万两，历由户部于邻省酌拨解滇协济"①。如甘肃，"甘肃一省，地丁钱粮岁仅二十八万余两，而各营兵饷岁需银二百四十余万两之多"②。因此，兵饷的协拨是经常性的，但受协省份、拨协省份以及协饷总额历朝、历年略有不同。一般来说，经常受协的有陕西、甘肃、云南、贵州、四川、福建等省，经常拨协的有山东、河南、浙江、江苏、湖北、湖南等省。协饷总额每年大致在四百万两左右，依据档案将乾隆二年（1737 年）的协饷情况示列如表 9-6③：

表 9-6　　　　　　　　　　乾隆二年协饷示例

受协省份	协饷额（两）	拨协省份
陕　　西	1 300 000	河南、山东
甘　　肃	2 024 963	山西、河南
云　　南	300 000	湖北、江西
贵　　州	737 268	浙江、江西
四　　川	50 000	浙江
广　　西	105 366	江西

上列协饷额达 4 537 597 两，受协省份为陕西等六省，拨协省份为河南等六省，有的是两省协一省，有的是一省协数省。

为了显示协饷的变更情况，再拣出乾隆九年（1744 年）的协饷档案予以示例，如表 9-7 所示④：

---

① 档案，乾隆二十九年九月十一日爱必达奏：《为奏明事》。
② 档案，乾隆二十年七月四日明德奏：《为秘陈愚昧之见，伏候圣裁事》。
③ 钞档：《俸饷》16，《协拨军饷（一）》。
④ 档案，乾隆九年十二月十四日讷亲题：《为钦奉上谕事》。

表 9-7　　　　　　　　　乾隆九年协饷示例

受协省份	协饷额（两）	拨协省份
陕　西	200 000	河南
甘　肃	2 440 000	山西、河南、山东
云　南	580 000	湖北、江西
贵　州	749 799	浙江
四　川	200 000	江西

上列协饷额为 4 169 799 两，受协省份为陕西等五省，拨协省份为河南等六省。

从上述两例中可以看出，无论是受协省份、协饷额，还是拨协省份、协饷总额，都有所不同，但基本上都遵循着统一的规律：一是在和平时期受协省份与拨协省份有较为固定的关系，二是协拨先尽邻省，邻省不足再尽次邻省，以尽量减少协拨所带来的转输之费。这就是则例已经指明的："岁应需官兵俸饷，预为会计，造册咨部，由部将各省额征起运等项银内，按款照数拨给，如福建、广东、广西，仅敷本省俸饷外，尚间有须用协济者，即于邻近省份拨解，陕甘、四川、云南、贵州等省，所需不敷本省，俸饷银于邻省拨解，如山西、河南邻近陕甘，直隶、山东次近陕甘；江西、湖广邻近四川，云贵、浙江次近四川、云贵。凡拨协，先尽邻近，再尽次近。此外各省若别有急需，应协济者，随时于邻近省份通融拨解，藩库银如不敷用，或动盐课，或请内帑，随时奏闻。"①

为了协饷的正常拨解，顺治九年（1652 年）曾制定了协饷拨解考成则例，若协饷不完，即"分别考成，据实题参"②。康熙四年（1665 年）又议定了协饷的拨解限期和违误处分：

直隶各省兵饷协拨定为五分，限四月内完二分半，九月内

① 乾隆《大清会典则例》卷 36，《户部·田赋三》。
② 档案，顺治九年四月二十六日车克题：《为谨议协济钱粮考成之法事》。

全完。如行师大兵军饷，协济别省钱粮，或迟或误者，革职。支给本省兵饷，或迟或误者，州县卫所官降三级，司道府直隶州各降二级，督抚各降一级，皆令其戴罪督催，完日开复。①

雍正元年（1723 年），又再次申令：

> 其协解兵饷钱粮，定限四月内完一半，九月内完一半，如起解迟延，于部拨钱粮之外擅行动用别项钱粮，将动用官员、该督抚一并议处。凡解送协饷，如有骚扰驿站及苦累小民者，该督抚指名题参，从重治罪。如该督抚瞻徇不行纠参，或备受害人首告，或被科道纠参，将瞻徇不参之督抚一并议处。②

同时，又有协拨造册的具体规定，每年分春秋冬三季造报，均不得逾限：

> 直隶每岁应造拨饷清册，春季限二月二十日以前到部，秋季限八月二十日以前到部，冬季限十月内到部。逾限题参议处。③

显然，清廷对兵饷的协济拨解十分重视。

但是，我们注意到，兵饷的协济拨解完欠与否，虽然受上述政令的制约，但在很大程度上却不取决于此，而是取决于全国财政状况的好坏以及各省财力的是否充足。只有在财政状况较好的情况下，协饷才能如期完解，反之，协饷则为画饼。只略举清初和晚清之例就可明了。如顺治十二年（1655 年）户部尚书孙廷铨在谈到陕西的协饷时说："臣部题催、咨催、差催，不遗余力，延至今日，解到者寥寥无几，如十二年江南尚欠银三十一万四千两，山西

---

① 乾隆《大清会典则例》卷 16，《吏部·考功清吏司》。
② 档案，雍正元年十二月五日纳齐略题：《为酌拨雍正元年兵饷事》。
③ 乾隆《户部则例》卷 20，《库藏·拨解》。

尚欠银二十万两；十三年份山西省欠银一百零一万两，山东省欠银八万两，河南省欠银五万两。又江南省原欠协饷改拨十三年正赋银十万两。总计各省所欠秦川兵饷一百七十五万四千两有奇。至今差官往彼守候，杳无至期。"① 在一两年的时间里，陕西的欠解协饷达到一百七十余万两，而且屡催不至。咸丰三年（1853 年），四川总督裕瑞奏称："自军兴以来，需饷日浩，支绌益增，而川省岁入赋税无多，例支各款为数甚巨，所入本不敷出，是以每年必须由部于邻省协拨银二三十万两方克敷用。近来各省办防办剿，协拨悬殊，即如本年由部指拨江海关税银二十万两解川充饷，嗣准部咨，江海关税银应尽解粮台备用，是外省不能协济川省已有明证。"② 咸丰四年（1854 年），陕甘总督易棠奏称："各省欠解甘省饷银，新旧积至六百余万两。"③ 咸丰年间任甘肃布政使的张集馨则说："甘肃本省进款无几，外省协拨多不批解，兵饷真万分为难。……各营文牒催饷，以及口外各城来文，急于星火，无从应付。""甘省事体极难，欠饷至一千零七八十万之多。而口外防兵，又复嗷嗷待哺，各省协饷，任催罔应。"④ 咸丰五年（1855 年）上谕在谈及黔饷的欠解时说："现在黔省剿办上下游苗匪，指拨军需，急难应手，实属万分支绌，各省应解黔饷，岂容拨解迟延，致误事机！"各省积欠，"屡催罔应"⑤。同年，上谕谈及滇、黔、甘协饷时又称，"至滇黔甘肃等省，待饷孔殷，江西积欠至三百二十余万两之多，虽（地方）经费支绌，系属实情"，但是，亦应该"稍清积欠，不得专顾本省，致误要需"⑥。同治五年（1866 年），上谕在

---

① 档案，顺治十三年闰五月二十九日孙廷铨题：《为秦川兵饷半年无支，部拨外协屡催不至事》。

② 档案，咸丰三年十二月十八日裕瑞奏：《为劝谕绅民按粮津贴，请免预征以安民心而裕度支事》。

③ 档案，咸丰四年十一月二十二日易棠奏：《为甘省库款匮乏，协饷解到无期事》。

④ 张集馨：《道咸宦海见闻录》，中华书局 1981 年版，第 184 页、第 210 页。

⑤ 《清文宗实录》卷 181，咸丰五年十月甲寅。

⑥ 《清文宗实录》卷 183，咸丰五年十一月甲戌。

谈及各省欠解甘肃协饷时，又称："自上年闰五月至今，各省欠解竟至一百六十余万之多。又庆阳粮台由四川、河南、山东、山西各协银三十万两，本年以来，解者寥寥；河东盐课项下岁拨之数；丙寅纲全未解到。甘省粮缺饷匮，势成坐困。即使各省源源接济，已觉分润无多，若再不克如期，大局何堪设想！着官文、曾国藩、崇实、骆秉章、李瀚章、赵长龄、阎敬铭、马新贻、曾国荃、刘坤一、郭柏荫按照单开，各将各省欠解数目即速筹拨，派员迅解，以济饥军，毋得再分畛域，致误大局。"① 这说明，户部虽然握有兵饷的统筹协拨之权，但在财政困难的情况下，仍难作无米之炊。各省的地方大员虽然不时受到协饷不完的循例处分，但在财力不足的情况下，首先仍是顾及本省之饷。一般来说，清初的协饷欠解，属于普遍性的财政困难，晚清的协饷欠解，除了财政困难之外，还与地方督抚权力的膨胀有关。

三、晚清的财权下移

以起运、存留为标志的中央财政与地方财政的划分，在晚清已是徒有虚名，兵饷协拨的欠解也异常严重，已如上述。甚至在协饷欠解的情况下，过境协饷也遭到过境之地大员的"截留"，对此，咸丰三年（1853 年）正月曾经谕令："嗣后务须统筹全局，先其所急，不得将过境饷银辄请截留。"② 但地方大员并不听命，如"徐州粮台奏拨之款内有陕西银四万九千两，为河南截留，仅解还银一万四千两"③。同时，欠解京饷也十分突出。咸丰三年（1853 年），户部尚书文庆奏称："户部拨山东道光三十年、咸丰元年、二年、三年钱粮一百五十万两解部，迄今未到。"④ 此后，文庆又接连奏

①　《曾国藩全集·奏稿九》，岳麓书社 1991 年版，第 5415 页。原标点不妥之处已改正。

②　《清文宗实录》卷 82，咸丰三年正月己未。

③　《清文宗实录》卷 114，咸丰三年十二月癸酉。

④　档案，咸丰三年十二月十八日文庆奏：《为提拨山东饷银逾限未到，请旨严催事》。

称，奉解京饷"臣部叠次奏、咨行催，各该省视为具文，完延如故。是预先筹拨有名无实。查部库待用孔亟，京饷尤关紧要"①。"部库甲寅年（咸丰四年，1854年）岁需八旗官兵俸饷六百五十万两，经部于咸丰三年十二月奏明，在各省地丁、盐课、关税等银内指拨，截至四年十二月止，尚未解到银三百三十八万两"②。

京饷、协饷的欠解以及对起运钱粮的截留，其意蕴是多方面的：第一，在户部银库空虚的情况下，京饷的欠解以及屡催罔应，意味着中央财政的困厄。第二，中央财政支绌之后，先前那种遇有需要由户部直接拨银的情况已经鲜见，不得不更多地依赖各省的互相协济，而是时地方财政同样匮乏，如上揭咸丰帝的上谕所指"经费支绌，系属实情"，于是，地方大员"专顾本省"，将协饷的解交放在次要的地位，协饷的欠解甚至截留也就毫不奇怪。③第三，上述情况不仅仅标示着中央财政与地方财政的竭蹶不遑，而且是财权外倾，中央财政失控、运转不灵的重要标志。一如曾国藩奏折所指："我朝之制，一省岁入之款，报明听候部拨，疆吏亦不得专擅。自军兴以来，各省丁、漕等款，纷纷奏留供本省军需，于是户部之权日轻，疆臣之权日重。"④户部在一份奏折中也同样无可奈何地说："臣部为钱粮总汇，凡有出入，悉宜周知。咸同以来，各省军务倥偬，部拨款项往往难于立应，疆臣遂多就地筹款，以济军食，如抽厘助饷之类，因而一有缓急，彼此自相通融，协借不尽咨部。核复以其系就地自筹之款，与例支之项无碍，故部臣亦无从深问。近年库款支绌，各省皆然。"⑤

上引曾国藩的奏折已经指出，"户部之权日轻，疆臣之权日重"的局面形成，肇始于咸丰初年的镇压太平天国起义，此说为

---

① 档案，咸丰四年十一月十二日文庆奏：《为奏闻事》。

② 档案，咸丰五年正月十三日文庆奏：《为指拨京饷银两拖欠过多事》。

③ 关于晚清地方财政的困难，严中平主编的《中国近代经济史》第731页列有"山东等九省常年收支和入不敷出情况简表"，可以参看。人民出版社1989年版。

④ 《曾国藩全集·奏稿七》，岳麓书社1989年版，第3997页。

⑤ 《清朝续文献通考》卷71，《国用九》，第8279页。

不争之事实。换言之，晚清财权的下移或外倾，与时局的变化有着内在的必然联系。广东巡抚郭嵩焘在同治三年（1864 年）所上的一份奏折中回顾总结出晚清的两个"变局"，正有助于加深对时局、事权、财权交互关联的认识：

> 自古行军，皆由调发，近时则一出于召募，此用兵之一变局也。军务初起，朝廷颁发帑金，动辄数百万，或由户部运解，或由邻省协拨，军营安坐以待支放。师久而财日匮，东南各省，蹂躏无遗，户部之解款，邻省之协饷，力皆不能自顾，偶一办理防堵，捕剿土匪，左右支绌，无可为计，其势又不能坐听其决裂，故虽艰窘如广西、贵州、亦须经营筹划，自求生理，而湖南经理得宜，则竟以一省之力，支柱数省，此又筹饷之一变局也。①

郭氏所言第一个"变局"，隐约揭示了晚清招勇募勇、湘军淮军继起之后，"兵为将有"的局面必然"直接地影响到政治上去而牵动了一代的政局"②。郭氏所言"经营筹划，自求生理"的筹饷"变局"，更是晚清财权下移的直接表现。当时各统兵大员不但率皆自筹兵饷，即如曾国藩所言："此时天下大乱，吾辈行军，必须亲自筹饷，不可仰食他人。"③ 而且，赋税钱粮收入亦多受其制约，对此，时任督办安徽军务的钦差大臣袁甲三曾经抱怨道："军兴以来，带勇者鸱张，筹饷者劳瘁。余尚未到江西，业已三函催索。其时厘金全归大营，地丁又归大营指拨，江省不名一文，而索饷者动辄数十万，神仙幻化，或者不致为难。至带勇者能否见谅？则非余之所敢知矣！"④ 江西巡抚沈葆桢亦奏称："闻警以来，各郡县之募

---

① 郭嵩焘：《详陈厘捐源流利弊疏》，见《皇朝经世文续编》（盛康辑）卷56。
② 罗尔纲：《湘军兵志》，中华书局 1984 年版，第 217 页。
③ 《曾文正公书礼》卷 16，《复左季高》。
④ 张集馨：《道咸宦海见闻录》附《张集馨朋僚函札》，中华书局 1981 年版，第 441～442 页。

勇者，均请留用正款，靳之则城邑不保，何有丁漕？许之而库藏空虚，何从挹注？"① 袁、沈之言均透露出鸱张的领兵大员对财权的控制。同时，也还存在着督、抚之间（带兵之总督与地方之巡抚）对地方财权的分割。②

晚清的财权下移，固然与领兵大员鸱张、督抚专权有关，③ 但览观此一时期的谕令，亦是在需饷急迫、财政特别困难的情况下，清廷"力筹通变"的财政政策导向使然。可以略作示例：

咸丰元年（1851 年）三月谕："广西军兴以来……需饷孔殷……其邻近省份，接到钦差大臣李星沅等飞咨拨饷，无论何项银两，一面先行速筹拨解，一面具折奏闻，不得以未奉谕旨或未接部文，致有迟误。"④

咸丰二年（1852 年）正月谕："所需军饷，尤不可稍有迟缓，致误事机，着户部再行迅速筹划，宽为储备，以济要需。"⑤

咸丰二年（1852 年）七月谕："贼匪窜踞湖南郴州……广西、湖南两省军饷，如有缓不济急之处，该署督抚仍遵前旨，无论何款，赶紧设法筹备，以资拨解。"⑥

咸丰二年（1852 年）八月谕："至（湖南）团练乡勇，雇募民壮，所需经费，著准其在于藩库正项下留备银十万两，以济急

---

① 沈葆桢：《江西税厘仍归本省经收疏》，见《皇朝经世文编续编》（盛康辑）卷 78。

② 如咸丰十年曾国藩奏称："此后江西通省钱漕，应归抚臣经收，以发本省绿营及各防兵勇之饷；通省牙厘，归臣设局经收，以发出境征兵之饷。"到同治三年，沈葆桢又要求"将牙厘茶税等款，仍归江西本省经收"，从而引起纷争，朝廷的"持平定议"也依旧显示出财权的分割，见上揭《皇朝经世文编续编》卷 78，《兵政四·饷需》所载曾、沈奏折。又参见《曾国藩全集·奏稿七》，第 3993～4013 页。

③ 参见刘伟：《甲午前四十年间督抚权利的演变》，《近代史研究》1998 年第 2 期。

④ 《清文宗实录》卷 29，咸丰元年三月乙未。

⑤ 《清文宗实录》卷 52，咸丰二年正月辛巳。

⑥ 《清文宗实录》卷 67，咸丰二年七月壬申。

需，一俟捐饷充足，即行归款。"①

咸丰二年（1852 年）九月谕："户部奏请饬各省预筹军饷一折，现在楚粤军务，未能克期竣事，应用军饷浩繁，各省疆吏，自应迅速筹画，以资接济。……该督抚等身受重恩，目击国用支绌，谅必极力图维，不致以无款可筹一奏塞责也。"②

咸丰三年（1853 年）十月谕："向荣奏军饷告匮一折，已谕令户部催解，并寄谕怡良、许乃钊，于江苏各库，无论正杂款项，迅速筹解大营，以济急需。"③

咸丰四年（1854 年）谕："雷以诚奏试行捐厘助饷，业有成效，请推广照办，并开列章程呈览一折，粤逆窜扰以来，需饷浩繁，势不能不借资民力，历经各路统兵大臣及各直省督抚奏请设局捐输，均已允行。"④

要之，太平军起义广西之后，受着户部存银告竭的制约，不得不谕令地方筹款拨解，已开地方财权渐大之萌；而太平军突破广西、进军湖南之后，谕令"无论何款，赶紧设法筹备"，事实上已将筹饷之权下放地方；咸丰三年（1853 年）以后，太平军横扫数省，随着战事的扩大，饷需的急迫，财政的支绌，"无论何款，迅速筹备"的类似谕旨频颁，并且随着抽厘助饷等地方性筹饷措施的出台以及清廷的应允，财权下移已成定局，"中央虽握财政机关，不过拥稽核虚名，无论田赋、盐茶，一切征权，悉归地方督抚。……内而各局院，外而各行省，乃至江北提督、热河都统，莫不各拥财权"⑤。

财权下移的表现形式是多种多样的，几乎在财政收入、支出、奏销的各个方面都显露无遗。除了上述已经涉及的京饷、协饷的任意欠解和截留外，即使在传统的财政收入中任意加征的现象也十分

---

① 《清文宗实录》卷 68，咸丰二年八月戊子。
② 《清文宗实录》卷 72，咸丰二年九月丁丑。
③ 《清文宗实录》卷 109，咸丰三年十月戊子。
④ 《清朝续文献通考》卷 49，《征榷二十一》，第 8038 页。
⑤ 《清朝续文献通考》卷 68，《国用文》，第 8224 页。

突出，如盐课征收中在"部定盐斤加价"之外，各省区又往往"另议加增"，称之为"外销加价"，外销加价所搜刮的款额，均不报解户部，也不入国家财政奏销，而是"均存储运库，留为本省紧要之需"①。田赋征收中的藉名加派更是无处不有，仅转引一段史料看看四川的情况："自咸丰军兴，楚军剿贼，藉辞转运军装稽留，曾文正公定楚军章程，每营原有余夫八十名，以备转运军装，悉为统领乾没。经过州县，拉夫封船，肆意骚扰，官民避匿，莫敢谁何！总督骆公秉章檄州县应付，于是一百四十厅州县皆设局征收。贼平，因仍不撤。计粮一两，派银六七两，或制钱七八千文。又复巧立名目，一再加派，数倍正供；官绅勾连，肆意欺侵。"②

　　咸丰军兴后新增加的厘金，"事平不去"，而且"卡若栉比，法若凝脂，一局多卡，一卡多人，只鸡尺布，并计起捐，碎物零星，任意扣罚……大抵有厘捐之省，殆无不舞弊之委员，无不染指之大吏。其款皆外销，即责令报部，亦止总数"③。缪全吉亦综合论之曰：

　　　　名省奏行厘捐之法，虽形式上系奏请朝廷核准，然以其非正供常赋，不过一时权宜计，故其捐课之项目、额数、税率、报解及协解之程度，报请之规定以及局卡之人事等，均无具体之规章。由于厘捐抽取方便，税源可靠，项类既极庞杂，数目又甚巨大，朝廷亦无可稽考，地方实享其利。虽后亦有奏旨报销之事，但各省偶有依例奏销之案，而所报亦十不一二，不过虚应故事而已。从此，由以往督抚请求朝廷拨款之情势，转变为中央遇事必须呼吁各省协济。苟遇此种情形，除少数省份勉强作象征性之解缴外，更多以新政、省防、荒歉等藉口推托，

---

①　参见陈锋：《清代盐政与盐税》，中州古籍出版社 1988 年版，第 141～142 页。

②　见鲁子健编：《清代四川财政史料》上，四川省社会科学院出版社 1984 年版，第 390 页。

③　《清朝续文献通考》卷 49，《征榷二十一》，第 8037 页。

朝廷亦无可如何。要之，厘捐自始即由督抚推行并自由度之，终则为各省变相之税收与常规。①

缪氏所论颇有见地。至于作为各统兵大员"就地筹饷"的其他种种苛捐杂税，各地更是各有规章，五花八门、"类皆违例征收，苛扰闾阎"②，勿需细说。咸丰军兴后清廷颁定的《推广捐例章程》，也同样导致了中央政府的失控："甘捐、皖捐、黔捐，设局遍各行省，侵蚀、勒派、私行减折，诸弊并作。"③

由是观之，晚清财权的下移是一个复杂的现象。财权下移之局的形成，因着时局的变化，既有督抚专权的意蕴，又有时势所迫的政策导向因素；财权下移的结果，既标示着中央财政对地方财政的失控，又展现出财政体制极端混乱之后，地方漫无限制的筹款，一方面使清廷和各地方渡过了重重险关，另一方面又不可避免地导致弊端迭出。④

从本质上讲，中央财政对地方财政的失控，亦即意味着中央集权的财政体制的瓦解，由此，也必然导致中央集权体制在其他方面的变化。这一点，事实上是不为清廷所容的，亦与传统的以中央集权为转移的观念相悖。所以，我们在考察晚清财权下移的过程中，既注意到了有关政策引导其发展的一面，也注意到了有关政策遏制

---

① 缪全吉：《曾国藩募府盛况与晚清地方权力变化》，见《中国近代现代史论集》第5编，台湾"商务印书馆"1985年版。

② 许廷桂：《请户部慎选司员疏》，见《同治中兴京外奏议约编》卷3。

③ 《清史稿》卷112，《选举七·捐纳》。

④ 这一方面已经有许多重要的研究成果。参见罗玉东：《光绪朝补救财政之方策》，《中国近代经济史研究集刊》第2卷第2期，1934年；罗尔纲：《清季兵为将有的起源》，《中国社会经济史集刊》第5卷第2期，1937年；彭雨新：《清末中央与各省财政关系》，《社会科学杂志》第9卷第1期，1947年；刘广京：《晚清督抚权力问题商榷》，《中国近代现代史论集》第6编，"台湾商务印书馆"1985年版；汪林茂：《清咸同年间筹饷制度的变化与财权下移》，《杭州大学学报》1991年第2期；何瑜：《晚清中央集权体制变化原因再析》，《清史研究》1992年第1期；何汉威：《从清末刚毅、铁良南巡看中央与地方财政的关系》，《台湾"中央研究院"历史语言研究所集刊》第68本，第1分，1997年3月。

其发展、欲图重新振刷的一面。而前者多具迫不得已的色彩，后者更能体现清廷的主旨，特别是在太平天国革命被镇压，在"同治中兴"、"光绪新政"的时代。只不过事物的发展有时不可逆转或难以逆转罢了。

对晚清财权下移的政策性遏制，一般被视作财政的清厘或整顿。

还在咸丰九年（1859年），针对厘金的征收与稽核，上谕已经指称"严定章程，以清弊窦"，令"各省督抚、带兵大员，将委办劝捐抽厘各官绅职名，造册报部，以凭查核"。同治二年（1863年）又谕称："因军饷浩繁，设局抽厘，乃朝廷万不得已之举。叠经明降谕旨，严禁扰累。并因御史丁绍周条陈江北厘捐积弊，复经通谕各直省督抚，于厘捐委员，概行裁革，统归地方官经理，按月申报实数，由该管督抚按照例限报部，并照部定章程，酌定简明条款。"光绪十年（1884年）再谕："各省抽收厘金，叠经谕令各督抚等据实报部，力杜中饱，乃近来厘局委员，往往徇情滥委，任用匪人，以致贪婪侵蚀，百弊丛生，殊堪痛恨。当此库款支绌之时，自应涓滴归公，实征实解。若非认真稽查，将使亿万厘金，半归私橐，实属不成事体。嗣后该督抚等，务当激发天良，明查暗防，设法整顿。"① 前后的谕旨正表明了清廷的努力以及效果的不显。

综合性的财政清厘、整顿，在光绪朝的几个年份显现出特色。②

一是光绪六年（1880年）。该年户部奏称："自咸丰初年，河工军务迭起，部库存款拨放殆尽。至同治年间，每年预拨京饷递增至八百万两，部库出入并无盈余。现在库款存储无多，照常收放，尚可支持，设有以外要需，则支应即形棘手。臣等职司出纳，不得

---

① 均见光绪《大清会典事例》卷241，《户部·厘税·禁例》。

② 罗玉东认为，光绪朝补救及整理财政之各项方策，分为三个时期，一为光绪元年至二十年，二为光绪二十一年至二十六年，三为光绪二十七年至三十四年。参见见罗玉东：《光绪朝补救财政之方策》，《中国近代经济史研究集刊》第2卷第2期，1934年。

不作未雨之谋，惟是各省拨款已极繁多，若不通盘筹划，奏拨巨款，责令起解，势必顾此失彼，徒托空言，转多贻误。"因此，提出十款解决办法，一为严催各省开荒，二为捐收两淮票本，三为通核关税银两，四为整顿各项厘金，五为严查州县交代，六为严核各项奏销，七为专提减成养廉银两，八为催提减平银两，九为停止不急工程，十为核实颜缎两库折价。此十款大多切中要津。光绪上谕称："户部奏筹备饷需一折，国家岁入岁出，自有常经，军兴以来，供应浩繁，以至京师及各省库储均形支绌，事平之后，帑藏仍未裕如，皆因本有之财源不能规复，可缓之用款未能减裁，既无以备缓急之需，亦非慎重度支之意。如该部所称各属垦荒一条，果能认真查办，行之数年，何尝不可渐复旧额。其捐收两淮票本一条，既与改票初章不相刺谬，且亦不至病商。至通核关税及整饬厘金各条，均属目前要务，必须严定章程，核实办理。州县经征钱粮，丝毫皆关国帑，岂容任意亏短，该部请严查州县交代及严核各项奏销各条，系为裕饷源除积弊起见。其专提减成养廉银两及催提减平银两各条，或循名核实，或申明旧章，均可次第施行。若停止不急工程及核实颜料缎匹两库折价等条，亦系撙节款项之道，均着照所议办理。"①

二是光绪十年（1884年）。该年户部奏称："自咸丰、同治年来，各省出入迥非乾隆年间可比，近来岁入之项，转以厘金、洋税等为大宗；而岁出之项，又以善后、筹防等为巨款。若照常年汇奏成案办理，均未列为出入，实不足以尽度支之全。且近今各省奏销迟延，即常例地丁等项出入册籍，亦多造送不能齐备。当经行查各省令其将地赋、漕、盐、关、厘各项出入数目无论已报未报，均按光绪六七两年收支数目，开具简明清单，于九年底送部，以便核计。……本年四月，各省造报清单始行咨送过半，而迄今仍有未覆之省，实难再延。兹据承办司员等检集各项已到奏册、咨单，逐件查算，共办成光绪七年一年岁出岁入详细底册八十四本，简明清册九本。臣部为钱粮总汇之区，从前出入均有例额，入款不过地丁、

---

① 《光绪朝东华录》（一），中华书局1958年版，第863～869页。

关税、盐课，兵饷、存留、协拨数事，耗羡数端，出款不过京饷，
纲举目张，最为简括。乃自军兴以来，出入难依定制，入款如扣
成、减平、提解、退回等项，皆系入自出款之中，而出款如拨补、
筹还、移解、留备等项，又皆出归入款之内。头绪蓼輈，造报不
齐，汇覆良非易易。今查此次所办册籍，系敬遵《钦定大清会典》
及《皇朝文献通考》内原分门类，参酌近年情势纂定。以地丁、
杂赋、地租、粮折、漕折、漕项、耗羡、盐课、常税、生息等十项
为常例征收，以厘金、洋税、新关税、按粮津贴等四项为新增征
收，以续完、捐输、完缴、节扣等四项为本年收款。排比核列，以
见一年入数。……以各省陵寝供应、交进银两、祭祀、仪宪、俸
食、科场、饷乾、驿站、廪膳、赏恤、修缮、河工、采办、办漕、
织造、公廉、杂支等十七项为常例开支，以勇营饷需、关局经费、
洋款、还借息款等四项为新增开支，以补发旧欠、预行支给两项为
补支预支，以批解在京各衙门银两一项为批解支款。排比核列，以
见一年出数。"① 该奏除了指陈地方督抚前此奏报迟延，主要是重
新"排比核列"岁入、岁入各项目，重点在于"通筹出入，综核
度支"，从而使晚清的奏销制度至少在表面上走向正规化。当然，
此次清厘整顿没有涉及外销款项。

三是光绪二十三年（1897 年）。该年针对厘金中饱，清理外销
之款。户部奏："臣等窃查厘金中饱，弊在承办委员不肯和盘托
出。各省例不应支而事非得已者，辄于厘税收款提留济用，所谓外
销者也。各省院司类有案存，原非自谋肥己，然既有外销之事，即
有匿报之款，否则从何罗掘。无惑乎人言藉藉，金谓各省厘税实收
之数，竟数倍于报部之数矣。现在中饱之弊已奉上谕饬令各该将军
督抚激发天良，认真整顿，各该将军督抚自不致仍前泄沓。惟是外

---

① 《皇朝政典类纂》卷 161，《国用八·会计》；《清朝续文献通考》卷 70，
《国用八》，第 8267 ~ 8268 页。按：罗玉东认为，光绪十年岁出岁入案的整顿，
始自光绪七年。见罗玉东：《光绪朝补救财政之方策》，《中国近代经济史研究集
刊》第 2 卷第 2 期，1934 年。《清朝续文献通考·国用考五·用额》按语亦称：
"自光绪七年，已有岁计报告之文，当事者终视为故事而虚应之。"

销之款若不和盘托出，则厘税实收之数亦终不能和盘托出。臣部总握度支，各省岁出岁入，不合藏头露尾，致臣部无可钩稽。即外销之款不能骤议全裁，亦宜咨报臣部，权衡缓急，庶几内外一气，共济时艰。……拟请饬下各省将军督抚，一面将该省外销各款数目向来取给于厘税者，据实奏明，分别裁减；一面将各该省所收百货厘、盐厘、茶厘、土药厘及常税、杂税等项银钱数目，据实报部，毋事侵饰。统限奉旨后三个月奏咨，不得违逾。自光绪二十四年正月起，按季具报。其从前造报不实或外销浮糜，拟乞圣恩宽其既往，并准将外销最切要之款切实声明，臣部量于留支，使无窘于公用。"① 所谓的"外销之款"，有清一代，一直存在，② 只不过此前地方财政和地方权力有限，不甚突出，咸丰年间地方征收厘金等税种后，地方的权限和财力大为扩充，"各省厘税实收之数，竟数倍于报部之数"，外销经费遂成为一个突出的问题。此奏要求将外销之款报部稽查，表现出整顿地方财政和统一事权的决心。

　　四是光绪二十五年（1899 年）。该年有关谕令频颁，表现出了清廷整顿财政的决心。四月，谕称："各省关税、厘金、盐课等项，取这于民，岁有常经，倘使各督抚等能认真整顿，裁汰陋规，剔除中饱，事事涓滴归公，何患饷源不济？无如封疆大吏瞻徇情面，不能力祛因循积习，以致委员、司巡人等窟穴期间，种种侵欺，难以枚举。此后若不认真革除，必至日甚一日，将复何所底止！著大学士、军机大臣、六部、九卿，将各省关税、厘金、盐课详加查核，应如何杜绝弊端，裨益饷项，总期朝廷不加取于民而国用藉资挹注，以维大局而济时艰。至各部院堂官，如能洞悉各省情形，实在足资整顿者，不防直抒己见，用备采择。"③ 该月，又针对盐课、关税、厘金中的外销款项，谕令："各省盐课、关税、厘

---

　　① 《光绪朝东华录》（四），中华书局 1958 年版，第 4015 页。
　　② 按：日本学者岩井茂树认为："太平天国以降，被称为外销经费的'外销'一词出现。"误。见岩井茂树：《清朝国家财政中的中央和地方》，《东洋史研究》第 42 卷第 2 号，1983 年。最近出版的岩井氏著作已经予以纠正。见氏著：《中国近世财政史研究》，京都大学学术出版会 2004 年版，第 171 页。
　　③ 《光绪朝东华录》（四），中华书局 1958 年版，第 4370～4371 页。

金皆为帑项要需，岂容任意滥支滥销。着各将军督抚严行查核，如有前项情事，悉令追出归公，专案报部，以浴正帑而杜漏卮。"① 五月，谕称："近阅各省奏报，大半以入不敷出、无力筹饷为辞，不知国家维正之供原有一定款目，此盈彼绌，理有固然。各省近年以来添设局所至为繁多，又有所设外销之款，虽部臣不能顾问，就使实用实销，绝无浮冒，其中岂无不急之费、可裁之款？诚能移缓就急，专意练兵、制械二事，何患饷项不充、兵威不振！各督抚奉到此旨，著各就地方情形，悉心体察，某项可径行裁撤，某项可暂行停缓，务须腾出饷项若干，以为练兵制械之用，迅即详悉复奏，不得稍有欺饰，致干重咎！"② 六月，军机大臣等议奏认为："财赋之区，实管之各省；厘剔之责，必属之疆臣。"要求"饬下各该将军督抚，激发天良，不辞劳怨，整躬率属，彻底清查"，因此又发布长篇上谕，大要是整顿各项财政税收，"厘剔关税、厘金、盐课诸弊"，并将各地税收实数上报，"各项所得盈余"，也"逐一据实开报"，若做到此点，"朝廷体察下情，不但不追咎既往，并当酌盈剂虚，留有其余，不使办公竭蹶"③。该年整顿的重点，名义上是整顿关税、厘金、盐课征收中的弊端，但由于涉及税收中的陋规、中饱、盈余以及外销款项，矛头所指是整顿地方财政，并派刚毅为钦差大臣南下清厘，欲图收回地方的部分财权和利源。因此，就恢复中央财政的集中管理来看，该年所采行的措施是不可忽视的。

五是光绪三十四年（1908 年）。此前，有关财政的清厘整顿一直没有停止。光绪三十二年（1906 年）九月，针对"今日积弊之难清，实由于责成之不定"，"名为户部，但司出纳之事，并无统计之权"，因此，"厘定官制"，将户部"正名为度支部，以财政处、税务处并入"④，这种官制上的变更，一方面，虽是"仿行宪

① 《光绪政要》卷 25，光绪二十五年四月，饬各省外销款项不得滥支。

② 《光绪朝东华录》（四），中华书局 1958 年版，第 4374 页。

③ 《光绪朝东华录》（四），中华书局 1958 年版，第 4389 ~ 4396 页。

④ 《光绪朝东华录》（五），中华书局 1958 年版，第 5577 ~ 5580 页。参见《光绪政要》卷 32。

政"的需要，但同时却标示着清廷统一财政管理的企图，新改设的度支部，不但"综理全国财政"，管理一切财政事宜，而且"可随时派员调查各省财政"。至光绪三十四年（1908 年）五月，御史赵炳麟上《统一财权，整理国政》奏折，奉旨："会议政务处议奏，钦此。"于是，会议处议称："部中（度支部）虽有统辖财政之专责，并无转移调剂之实权，若不早为更张，将各省外销及在京各衙门经费，通行核实，详细规定，恐凡有设施，无不仰给于部款，而收入各项，又复笼统留支，则日复一日，该部亦必有难于因应之时。今该御史以财政散漫，一切政治皆有空言而无实效，奏请将国税、地方税划分两项，而统其权于度支部，深合立宪国之通例，亦为中国办事扼要之图，自应酌量筹办。"① 随后，会议处又针对历年的财政清厘整顿实情，上了一份奏折，该奏折称："度支部为全国财政总汇之区，宜乎内而各衙门，外而各直省，所有出入款目无不周知矣。而今竟不然，各衙门经费往往自筹自用，部中多不与闻；各直省款项，内销则报部，尽属虚文，外销则部中无从查考。局势涣散，情意睽隔，此不通之弊也。"此奏正从另一个方面说明了此前财政清厘整顿的受挫。于是，度支部、会议处等重新议定了清厘整顿章程：

> 1. 外债之借还宜归该部（度支部）经理；2. 在京各衙门所筹款项宜统归该部管理；3. 各省银号宜由该部随时稽核；4. 各省关涉财政之事宜随时咨部，以便考核；5. 直省官制未改以前，各省藩司宜由部直接考核；6. 造报逾限宜实行惩处。②

---

① 《光绪朝东华录》（五），中华书局 1958 年版，第 5956 页。
② 《会议政务处奏遵议度支部奏清理财政明定办法折》（光绪三十四年十二月），见《大清光绪新法令》第 10 册。按：《大清光绪新法令》第 2 册，第 1 类《宪政》另载有宪政编查馆奏定的《清理财政章程》（光绪三十四年十二月），该章程共有八章 35 条，其章目如下：第一章，总纲；第二章，清理财政之职任；第三章，划分新、旧案之界限；第四章，调查财政之方法；第五章，预备全国预算之事；第六章，预备全国决算之事；第七章，酌定外官公费；第八章，附则。此处不备引。

　　该章程以及注揭宪政编查馆奏定的《清理财政章程》，条例完备，内容涉及"清理财政以统一财权"的各个方面，标示着从上到下、从中央到地方，全面清理财政的展开，并昭示着采行新的预决算制度的肇始。此后，众所周知的各省普遍进行清厘、编定、刊布的《财政说明书》，以及度支部编定的《宣统三年全国岁入岁出总预算》，正是循着这一政策导向，执行财政清厘整顿章程的结果。当然，随着清王朝的被推翻，好不容易展开的清厘整顿也就寿终正寝了。

第十章

银钱比价的波动与对策

一、银、钱平行本位制概说

一般认为，清代的货币制度是一种银、钱并用的平行本位制（或称"双本位"制、"复本位"制），其基本点是银两与铜钱都作为法定货币而同时流通，即所谓"我朝银、钱兼权，实为上下通行之货币"①。这种货币制度依然是前朝的沿袭，据《清朝文献通考·钱币考》称，"自汉以来，银尚未为通用之币，故银钱相权之直，前史多未及详"，"至金时，铸银承安宝货，公私同见钱用，此以银为币之始。前明中叶令各处税粮得收纳白金，而银之用益广"。银、钱并用之后，在金代，"每银一两折钱二贯，则银直又过昂。明代钱互有贵贱，每银一两直五十五文至百文不等，又有京钱、外省钱多寡之异。末季至银一两易钱五六千文，而钱法大坏"。此种简略的考述已经表达出清代"银钱兼权"的平行本位制

---

① 《清朝文献通考》卷13，《钱币一》，第4965页。

虽然有前朝的遗痕，但已是完备得多了，非前代所可比。

当然，若以现代货币理论来衡量，清代的所谓银、钱平行本位制仍是幼稚的，杨端六先生称之为"不完整的平行本位制"①，这主要是因为：铜钱的铸造虽然有一定的法定标准（钱币的重量与币材成分均屡有变更），基本具备货币的形态，但银两严格地说并不是一种货币，其在流通中以重量计，仅是一种"称量货币"，而且银两的成色、形状、单位重量等因时因地都有所不同。不过也应该认识到，"在以前幼稚的经济生活中，此种银之功用是无异于通常货币的"②。

如上所揭，清代既然是"银、钱兼权，实为上下通行之币"，那么，在银、钱平行本位制之下，应该有两个重要的内涵或标准。

第一，无论在国家财政收支中，还是在日常经济生活中，银两与铜钱应该并重。但事实并非如此，清廷的政策导向基本上是"用银为本，用钱为末"③。国家财政收支始终采用银两为计算单位，铜钱大多用于经济生活中的小额交易。在清初，为使铜钱"上下流通"，也曾规定征收赋税时"兼收银、钱"，支出俸工兵饷时"银、钱搭放"，如"顺治十二年题准，制钱搭放兵饷工食，令州县扣算，刊入由单，填注收簿。十四年题准，征收钱粮，银七钱三，银尽数起解，其钱充存留之用。康熙七年覆准，存留驿站官役俸工杂支等项，均照银七钱三例搭放制钱，该督抚取所属征收流水底簿，岁终将搭放数目，造册报部。如奉行不力，指名题参"④。但在征收赋税时依然遇到阻碍，一如任源祥在《制钱议》中所说：

> 钱法有二：曰铸，曰行。铸钱之法，不惜铜，不爱工，古人言之，今人固无以易之。行钱之法，则惟曰钱粮纳钱，此古

---

① 杨端六：《清代货币金融史稿》，三联书店 1962 年版，第 3 页。
② 汤象龙：《咸丰朝的货币》，见《中国近代财政经济史论文选》，西南财经大学出版社 1987 年版，第 47 页。
③ 陈宏谋：《申铜禁酌鼓铸疏》，见《皇朝经世文编》卷 53。
④ 光绪《大清会典事例》卷 220，《户部·钱法·搭放兵饷》。

人所不待言而不言，今人屡言之而未能行之也。古者赋出于
田，曰粮；其折征而纳以铜钱，故谓之钱粮。钱粮纳钱，其来
已久，有不必见之于议论者。自明季以来，钱粮课程，尽数纳
银不纳钱，钱于是铸而不行。故顺治中有钱粮纳钱之议，有银
七钱三之令，如是则钱可以行矣。而钱卒不行，何也？钱三准
存留，不准起运，则钱粮终不纳钱也。银七钱三，非不载在编
册，以示必行，然皆纸上空文，未见有实在纳钱者，从好不从
令也。①

据任源祥所说，赋税钱粮普遍性的纳银而不纳钱，沿自晚明，清初
欲想改变而终不能改变，成为纸上空文的原因，是由于30%的纳
钱比例必须存留地方开支，而不能起运上交户部，这样，地方官当
然也就不肯收钱而存留，这就是所谓的"从好不从令"。为此，任
源祥提出"钱粮纳钱，必自起运始"的建议，并说"起运纳钱，
则有司不得不纳钱；有司纳钱，则民自乐输钱"。在重银的政策导
向以及国家财政收支以银两为计算单位的框架下，这种建议自然不
会被清廷理睬。

　　第二，银两与铜钱并行，意味着两者之间有一定的比价关系。
对此，《清朝文献通考·钱币一》曾有按语："钱与银相权而行，
欲求钱法之流通，必先定钱直（值）之高下。钱无定直，则铺户
之倒换者得以操其重轻，私家之居奇者得以伺其赢缩。钱价无准，
而物价亦失其平。……我朝定鼎之初，议以银一分为钱七文，是年
（顺治四年）更定每分为十文，以为定例。嗣后屡经申明其令。"
所谓的"定钱直之高下"，正是在于确定铜钱与银两的比价（或兑
换率）。石毓符先生认为："整个清代自始至终最主要的货币只有
两种，即银两与铜钱。银两和铜钱作为货币同时流通，而彼此之间
却没有固定的价值联系，因此银与钱的比价时常变动。"② 杨端六
先生所见略同，他说："在清代统治时代的中国，银钱相权而行，

① 《皇朝经世文编》卷53，《户政·钱币下》。
② 石毓符：《中国货币金融史略》，天津人民出版社1984年版，第114页。

都作为货币而流通，但是两者之间没有固定的价值联系，只有在清初顺治年间，曾规定每十文准银一分，并在钱上铸有‘一厘’字样，在银钱比价上似乎决定了 100 比 1，但不久就没有好好地遵守自己所定的法制。"① 以事实上存在着的银、钱比价的时常变动，来反证彼此之间没有固定的价值联系，恐怕是一种误解。银、钱比价的变动有另外复杂的原因，也反映了在货币流通中法定的比价关系并不能左右不同货币的实际价值。有没有固定的比价与比价的变动完全是两回事。事实上，日本学者小竹文夫在 20 世纪 40 年代发表的《清代银钱比价的变动》一文中已经认为，因为"厘"是"两"的千分之一，所以，顺治十年所铸背面有"一厘"字样的铜钱，即标志着银一两兑换制钱 1 000 文，以后很长时间是这种比价关系。至道光十一年（应为道光十年——引者按），京城的银钱比价定为银一两兑换制钱 1 100 文，道光二十一年，又定为兑换制钱1 300文，京城以外仍遵从原来的规定。不过，各地的实际情况已经不再遵守法定比价，而各按市场比价交易，清廷无力控制，只能听之任之。② 小竹氏的这种见解非常正确，可惜未引起国内学者的注意。

清廷入关之前，已经开始铸"天命通宝"钱、"天聪通宝"钱流通。清廷定鼎北京后，即令开户部宝泉局、工部宝源局铸"顺治通宝"钱，并次第在各省设局鼓铸。③

---

① 杨端六：《清代货币金融史稿》，三联书店 1962 年版，第 181 页。

② 见［日］小竹文夫：《近世支那经济史研究》，东京弘文堂书店昭和十七年（1942 年）版。

③ 据《清世祖实录》与《顺治朝东华录》各卷记载，顺治二年二月开大同、密云二镇鼓铸，二年五月开陕西鼓铸，三年三月开延绥镇鼓铸，四年五月开河南、广东鼓铸，四年八月开湖广鼓铸，四年十月开江西鼓铸，六年元月开福建鼓铸，六年四月开山东、浙江鼓铸。有时，各省鼓铸又时开时停。尚可参见光绪《大清会典事例》卷 219，《户部·钱法·直省鼓铸》。又据档案，顺治九年四月十八日户部尚书车克所上《为查明京、省钱息，以资兵饷事》题本，截至顺治八年，各省钱局名称为：武昌钱局、太原钱局、河南钱局、山东钱局、临清钱局、阳和钱局、宣府钱局、蓟密钱局、荆州钱局、陕西钱局、福建钱局、浙江钱局、江南钱局、郧襄钱局，共开 1002 炉。

据《大清会典事例》记载："顺治二年题准：改铸新钱，每七钱准银一分；旧铸钱，每十四钱准银一分。官以此征收，民以此输纳，听便行使。"① 这是《大清会典事例》以及《清朝文献通考》关于"钱价"的首条材料。然据《清世祖实录》记载，在顺治元年（1644 年）七月，工部左侍郎叶初春已上疏云："以新铸制钱每七文作银一分，钱价日增，民未称便。"② 据此可以知晓，清人关伊始已有了每铜钱 700 文合银一两的约略规定。顺治四年（1647年）十月，上谕户部："制钱行使，原定每分七文，小民交易不便，今改定为十文，尔部即出示晓谕。"③ 这是为后来所沿袭的铜钱 1 000 文合银一两的法定比价之肇始。为醒眉目见，兹将有清一代银、钱的法定比价沿革列表 10-1④：

表 10-1　　　　　　　　清代银、钱法定比价沿革

时　　间	每银一两合钱	每钱一文重量	备　　注
顺治元年（1644 年）	700 文	一钱	首次定例
二年（1645 年）	700 文	一钱二分	旧钱 1400 文准银一两
三年（1646 年）	700 文	一钱二分	禁用旧钱
四年（1647 年）	1000 文	一钱二分	首次 1000 文准银一两
八年（1651 年）	1000 文	一钱二分五厘	重申定例
十年（1653 年）	1000 文	一钱二分五厘	钱背铸"一厘"字样
十四年（1657 年）	1000 文	一钱四分	重申定例
康熙二十三年（1684 年）	1000 文	一钱	重申定例

① 光绪《大清会典事例》卷 220，《户部·钱法·钱价》。参见《清朝文献通考》卷 13，《钱币一》，第 4966 页。

② 《清世祖实录》卷 6，顺治元年七月辛亥。

③ 《清世祖实录》卷 34，顺治四年十月丁丑。

④ 该表据光绪《大清会典事例》卷 220，《户部·钱法·钱价》，参酌《清朝文献通考》、《清朝续文献通考》有关各卷。顺治初年几例因较为重要，据《清世祖实录》有关各卷补。

时　间	每银一两合钱	每钱一文重量	备　注
康熙二十九年（1690 年）	1000 文	一钱	因"钱直不平"，重申
四十一年（1702 年）	1000 文	一钱四分	旧钱 1000 文准银七钱
雍正七年（1729 年）	1000 文	一钱四分	因钱价转贱，重申
十二年（1734 年）	1000 文	一钱二分	重申定例
乾隆九年（1744 年）	1000 文	一钱	因钱价贵，重申
道光十年（1830 年）	1100 文	一钱二分	京城例
二十一年（1841 年）	1300 文	一钱二分	京城例
咸丰三年（1853 年）	2000 文	一钱	京城例与纳税例

由上表可以看出，在清代前中期，银两与铜钱之间有较为固定的法定比价关系。顺治四年（1647 年）以前，每银一两合钱 700 文，这在现存档案中也能得到印证，如陕西西安府官库自顺治二年正月至三年九月，所有新收、支解、实在项下钱文折银数，均按银一两合钱 700 文折算。① 顺治四年（1647 年）以后的很长一段时间中虽然银、钱的实际比价多有波动（见后述），但仍然守着每银一两合钱 1000 文的法定比价，并屡屡重申：

（康熙）二十九年申定钱直不平禁例。户部议言：官局制钱，顺治年间即定每十文准银一分，近因钱市居奇，而价复参差不一，自今市肆交易，务照定例，每银一两毋得不足千文之数。违者旗人鞭一百，民人杖一百，各枷一月。

康熙五十八年议准：八旗兵饷给钱一半，其汉官俸钱及各衙门公费停其给钱，每钱一串，给银一两。

（雍正）七年申定钱直。户部奉上谕：钱为国宝，固贵流通以利民。然必权衡轻重，使得其平，方能使民用而无弊。近

① 　档案：《顺治朝题本·库藏类》第 137 号。

闻直隶及奉天等处钱价过贱,民间贸易,物价必致亏损,且恐奸弊从此而生,着该督及奉天府尹饬地方官通行晓谕,嗣后每银一两,只许换制钱一千文,并着该部行文,各省一例遵行,以为经久平准之定则。

（乾隆）八年上谕:兵饷有搭放钱文之例,江南设局鼓铸,核计成本,用银一两铸出钱八百九十六文,是以题明每银一两止折给饷钱八百八十文,余钱十六文充作钱局公费及运送饷钱之水脚等项。朕思兵丁月饷,仅足以敷日用,若搭钱又行扣除,则所得减少,着将江南省搭放饷银自甲子年为始,仍照定例,每银一两给钱一千文。

乾隆九年谕:江南搭放饷银,自乾隆九年为始,仍照定例,每银一两给钱一千。①

上揭已经清楚地说明了清廷对法定比价的遵守。当然,在个别情况下,也有"照市价易银"的谕令,如康熙六十年议准:"京城制钱向来市价每银一两易钱八百八十,今每银一两易钱七百八十,钱价日贵,民用甚艰,嗣后将卖米所收制钱,令五城照市价易银交库,俟钱价稍平,即行停止。"② 乾隆初年,河南巡抚奏称:"小民零星钱粮,及大户尾欠,一钱以下者,概准以制钱交纳。计银一钱完制钱一百文,以免用银折耗。……惟是各省钱价昂贵,每制钱百文,易银一钱一二分不等。今若以钱百文,止准作银一钱,即不加火耗,小民已暗折银二三分。况州县收钱之后,仍易银起解,是徒以百姓之脂膏饱官吏之欲壑。"因此要求按时价折算银、钱比价。乾隆认为,"制钱价值,各府州县不能划一,即一邑之中,早晚时价亦不相同。今若随时计算,无一定之准则,诚恐有司开报不实,上司稽查不周,官民上下之间,易滋弊窦"。仅仅同意在河南试行

---

① 《清朝文献通考》卷 14~16,《钱币考》,乾隆《大清会典则例》卷 44,《户部·钱法》。

② 乾隆《大清会典则例》卷 44,《户部·钱法》。

一年。① 凡此，均属于特例。

　　道光朝以后情形发生了变化，在典籍中已经很难看到对原有法定比价的申明，银、钱的比价大多因时因地而异，更多地具有"因行就市"的色彩，特别是咸丰三年（1853 年）实行"钞法"之后，户部奏准，"推广钞法，以钱准银，凡地丁杂税及一切解部之款，均请以钱钞二千抵银一两"，原行使的铜钱，亦"按照制钱两串（2000 文）折银一两之数抵交，总期上下相信，出入均平"②，标示出了法定比价与市场比价的趋同。

二、"银贱钱贵"及其对策

　　如上所述，有清一代在相当长的时间里是以银一两准钱 1000 文为法定比价的，其成为衡量银、钱比价波动的一般性标准。若在市场的实际比价中，银一两准钱不足 1000 文，便被称为"银贱钱贵"；银一两准钱超过 1000 文，便被称为"银贵钱贱"。

　　本来，在银、钱平行本位制度之下，银两与铜钱各自有着成色、重量等不定因素，在本质上已不太可能保持两者之间比价的稳定；况且，在日常经济生活中，虽说是"银、钱兼权"，但"大数用银，小数用钱"，银两与铜钱事实上有着不同的使用范围，银、钱的实际比价更多地受制于市场，法定比价很难左右，所以，银、钱比价的波动便成为有清一代始终存在的一个问题。

　　在清代前期，除了个别年份曾经有过"银贵钱贱"的现象外，更多地表现为"银贱钱贵"。兹据《清朝文献通考·钱币考》略作示例：

　　顺治十年（1653 年），"钱用日广，钱价渐昂"。

　　康熙十八年（1679 年），上谕："今闻钱法渐弛，鼓铸滋弊，以致制钱日少，价值腾贵。"

　　康熙二十三年（1684 年），管理钱法吏部左侍郎陈廷敬疏言：

---

① 《清高宗实录》卷 115，乾隆五年四月丙戌。
② 《清朝续文献通考》卷 20，《钱币二》，第 7696～7697 页。

"民间所不便者，莫甚于钱价昂贵，定制每钱一千直银一两，今每银一两仅得钱八九百文。"

康熙二十九年（1690 年），申定钱直不平禁例，户部议言："官局制钱，顺治年间即定每十文准银一分，今因钱市居奇，而价复参差不一。自今市肆交易，务照定例，每银一两毋得不足千文之数，违者旗人鞭一百，民人杖一百，各枷一月。"

康熙六十一年（1722 年），户部议言："京城制钱，旧时每市银一两易钱八百八十文，今银一两易钱七百八十文，钱价日贵。民间日用，以钱交易，资用甚艰。"上谕："京师钱价甚贵，至今尚未得平。"

雍正元年（1723 年），上谕："钱文系国家要务，皇考常注意此事，见在钱价日昂，其如何平价之处，著王大臣会同九卿定议具奏。"

雍正四年（1726 年），上谕："钱文乃民间日用所必需，鼓铸日增而钱不见多，必奸民图利，有毁钱造器皿之事，若不禁止铜器，则钱价究不能平。"[1]

进入乾隆朝以后，"银贱钱贵"更为突出。陕西巡抚陈宏谋在乾隆十年上疏称："即如陕西钱价，向来每银一两易钱八百以上，近则止易钱七百二三四十文，其昂贵为历来所未有。"[2] 王光越也已经主要依据现存档案列制出乾隆一朝的钱价沿革表，兹转引之以见其概（见表 10-2）[3]：

---

[1]　佐伯富对雍正朝的"银贱钱贵"及其导致的私铸猖獗等问题，已有论述，见氏著《清代雍正朝的货币问题》，《东洋史研究》第 18 卷第 3 号，1959年。收录《雍正时代的研究》，同朋舍 1986 年版。

[2]　陈宏谋：《申铜禁酌鼓铸疏》，见《皇朝经世文编》卷 53。

[3]　王光越：《乾隆初年钱价增昂问题初探》，载《历史档案》1984 年第 2期。参见［日］黑田明伸：《乾隆朝的钱贵》，《东洋史研究》第 45 卷第 4 号，1987 年。另外，郑永昌：《清代乾隆年间的私钱流通与官方因应政策之分析——以私钱收买政策为中心》也列有《清代乾隆年间银钱比价表》，可以参看，《台湾师范大学学报》第 25 期，1997 年 6 月。

表 10-2　　　　　　　　乾隆朝银、钱实际比价沿革

年　　代	每银一两合钱	地　区
乾隆二年（1737 年）	730 文	苏州
二年（1737 年）	750～760 文	江苏
三年（1738 年）	800 文	京师
三年（1738 年）	830 文	保定、山东、湖南等
三年（1738 年）	940 文	四川
四年（1739 年）	720 文	江苏
四年（1739 年）	710 文	浙江
四年（1739 年）	760 文	湖广
五年（1740 年）	800 文	湖北
五年（1740 年）	810 文	福建
六年（1741 年）	830 文	京师
六年（1741 年）	755～770 文	广东、江南、山东等省
七年（1742 年）	830 文	江西
七年（1742 年）	770～820 文	福州
八年（1743 年）	750～820 文	闽浙省城
八年（1743 年）	780～820 文	陕西、山东
九年（1744 年）	700 文	未详
九年（1744 年）	800 文	福建
九年（1744 年）	780 文	京师
九年（1744 年）	780～820 文	两广
十年（1745 年）	833 文	广东
十一年（1746 年）	730 文	陕西
十一年（1746 年）	830 文	湖广
十三年（1748 年）	700 文	浙东（京师与各省略同）
十三年（1748 年）	710 文	山东

续表

年　　代	每银一两合钱	地　区
乾隆十三年（1748 年）	600 文	西安
十四年（1749 年）	710~750 文	陕西
十四年（1749 年）	800 文	直隶
十五年（1750 年）	800 文	湖南
十六年（1751 年）	780 文	保定
十六年（1751 年）	810 文	福建
十六年（1751 年）	781 文	山西
十六年（1751 年）	820 文	京师
十八年（1753 年）	830~870 文	未详
二十三年（1758 年）	730 文	陕西
二十四年（1759 年）	600~700 文	甘肃
二十五年（1760 年）	880 文	未详
二十六年（1761 年）	790~860 文	河东、宁夏
二十六年（1761 年）	860 文	湖南
二十六年（1761 年）	850 文	直隶
四十年（1775 年）	955 文	京师
四十三年（1778 年）	890 文	陕西
四十四年（1779 年）	880 文	京师
四十五年（1780 年）	910 文	直隶及近省
五十九年（1794 年）	1400 文	闽浙
五十九年（1794 年）	2450 文	云南
六十年（1795 年）	1000 文	山西

为了展示某一地区在这一时期的银、钱比价情况，再根据陈春声

的统计列出乾隆年间广东的银、钱比价，作为参照（见表10-3)①：

表 10-3　　　　　乾隆朝广东银、钱实际比价沿革

年　　代	地点	每银一两合钱	资料来源
乾隆六年（1741 年）	广东	750～770 文	《历史档案》84、2 期
八年（1743 年）	广东	700～815 文	《中国货币史》第 529 页
八年（1743 年）	广东	850 文	《清代的矿业》第 262 页
九年（1744 年）	广东	780～790 文	同上，第 46 页
九年（1744 年）	广东	700～820 文	《清高宗实录》卷二二〇
十年（1745 年）	广东	833 文	《历史档案》84、2 期
十四年（1749 年）	广东	800 文	档案，刑科题本
四十一年（1776 年）	香山县	892 文	同上，刑科题本
五十五年（1790 年）	开平县	1400 文	道光《开平县志》卷八
五十五年（1790 年）	恩平县	1400 文	道光《恩平县志》卷三

　　从表 10-2 可见，乾隆朝的钱价增昂是普遍性的，特别是在乾隆元年至十六年（1736—1751 年）这一段时间内，每银一两所换铜钱数目大多在 830 文以下，表 10-3 也从一个省区的再示例印证这一情况。而且，以上两表所示例的全国及广东的银、钱比价也详于这一时期，统计的详明并不是一种随意，而是这一时期银、钱比价问题特别突出，臣僚上疏和有关记载予以了特别的关注。

　　上揭王光越文认为，乾隆十七年（1752 年）后"钱价趋向平减"。与前相较，应该说这种认识是正确的，同时也是清廷采取各种平减钱价的措施使然。但是，与法定银、钱比价对照，仍然呈现出银贱钱贵的趋势。兹据笔者所接触到的档案材料，将乾隆十八年（1753 年）有关各省的情况略作示例。

---

　　①　陈春声：《市场机制与社会变迁》，中山大学出版社 1992 年版，第 171 页。按：引《清代的矿业》页码排印错误，已予以纠正。

示例之一：直隶。据直隶总督方观承奏称，直隶"各处市集每银一两换钱八百三十文至八百七十文不等"①。

示例之二：山东。据山东巡抚杨应琚奏："各属现在钱价，每银一两易钱八百二三十文至八百五六十文不等……钱价仍渐增长。"②

示例之三：河南。据河南巡抚蒋炳奏："现今开、归、陈、许四府州所属，每银一两换钱八百三十文至八百六七十文不等，彰、卫、怀、河四府，汝、陕二州所属，自八百一二十文至八百六七十文不等。"③

示例之四：江西。据江西巡抚鄂容安奏："现今各属所报，每银一两可换钱八百三五十文不等。是较诸他省钱价实平。"④

示例之五：湖北。据湖北巡抚恒文奏："现在每银一两换钱八百二三十文不等。"⑤

示例之六：湖南。据湖南巡抚范时绥奏："湖南各属现在钱价每两库平纹银自八百文至八百八十文不等。"⑥

示例之七：福建。据闽浙总督喀尔吉善奏："通省钱价，下游每两可易钱八百三十文、八百四十文不等，上游每两可易钱八百五十文、八百六十文不等。"⑦

示例之八：广东。据广东巡抚苏昌奏："现在省城及各属所报钱价，每纹银一两换制钱八百八十文，较之从前已为平减。"⑧

示例之九：贵州。据贵州巡抚开泰奏："现在省城一带每库平纹银一两换钱九百五十文，通属各府州县约略价之增减，俱不相上

①　档案，乾隆十八年三月二十日方观承奏：《为奏明事》。

②　档案，乾隆十八年五月二日杨应琚奏：《为钦奉上谕事》。

③　档案，乾隆十八年五月十日蒋炳奏：《为钦奉上谕事》。

④　档案，乾隆十八年五月十一日鄂容安奏：《为奏覆事》。

⑤　档案，乾隆十八年五月二十九日恒文奏：《为钦奉上谕事》。

⑥　档案，乾隆十八年五月二十六日范时绥奏：《为覆奏事》。

⑦　档案，乾隆十八年五月二十九日喀尔吉善奏：《为奏明查办闽省钱文事》。

⑧　档案，乾隆十八年五月十六日苏昌奏：《为钦奉上谕事》。

下，较之他省实属平贱。"①

据以上示例可以看出，除个别省份外，是时银贱钱贵的现象虽较以前"平减"，但依然未有根本的改观。

再者，钱价的"平减"虽是一个基本的趋势，但在个别地区也有因用兵而又钱价高昂的事例，如乾隆十九年（1754 年）甘肃的情况：

> 甘肃一带僻介西陲，向因钱少，价本昂贵，近因挽运军粮，车辆辐辏，钱价益见腾涌，每银一两仅易钱六百文。恐有奸商居奇，不时严加查禁，而钱价终不能稍减。②

乾隆"准回之役"期间（乾隆十九年至乾隆二十六年）所导致的西北地区数年的钱价高昂，上表亦有所反映。

"钱文为日用所必需，价值平减，则其为小民利益者甚溥"③，而"钱价日昂，则升米尺布其价暗增，实不便于贫民"④。钱价的增昂，直接地影响着人民的生活和正常的经济秩序，向为统治者重视，清廷曾不断地采取各种平抑钱价的措施，以期钱价回落。归结起来，其平抑钱价的措施大要有以下数种。⑤

第一，加卯、添炉鼓铸，增加铜钱数量。

---

① 档案，乾隆十八年五月十五日开泰奏：《为奏闻事》。
② 档案，乾隆十九年十一月四日刘统勋奏：《为奏请拨运钱文以平钱价事》。
③ 档案，乾隆十八年五月二日杨应琚奏：《为钦奉上谕事》。
④ 《朱批谕旨》，雍正四年十一月十四日高成龄奏折。
⑤ 按：瑞士学者傅汉思在《清代前期的货币政策和物价波动》（张世福等译）一文中认为，清朝货币政策的主要目标是使货币制度稳定。这就意味着应该把波动控制在最小程度，也意味着市场银钱兑换率应该尽可能地接近官方兑换率。为了达到这一目标，政府采用了一系列的传统方法。措施大致涉及三个方面：一是铜料的采办，二是铜钱的生产，三是铜钱的流通。见《中国钱币》1995年第 3 期。邓亦兵认为，清代前期的货币政策是通过对货币的生产、流通、管理三个方面来实现的。见邓亦兵：《清代前期政府的货币政策与特点——以京师为中心》，《北京社会科学》2001 年第 2 期。

　　当时人们普遍认为，银贱钱贵是由于铜钱数量缺少，总是以铜钱数量的增减来思考和解释货币的价值变化，所以便屡见"制钱日少，价值腾贵"的谕旨或"钱日少而贵"，"钱直平减，全在钱文之充裕"的臣僚上疏。① 作为平抑钱价的首要对策也就是加卯、添炉鼓铸铜钱。

　　一般地说，京局增加鼓铸铜钱的数量，主要采取增加卯数的办法。②。如户部宝泉局，顺治初年每年额铸钱三十卯，康熙二十三年（1684年）增至四十卯，雍正六年（1728年）增至五十卯，乾隆初年又屡屡增加，至乾隆二十五年（1760年），已增至七十六卯，比顺治初年增加了1.5倍多。以一卯铸钱12 880串计，年增铸铜钱592 480串。③ 工部宝源局在银贱钱贵的情况下，也同样是增卯鼓铸，如乾隆六年（1741年）奏准："将云南省应解宝源局加运铜五十六万八千余斤，加铸二十卯，得钱十有一万三千余串。"乾隆十年（1745年）又议准："将宝源、宝泉二局于本年额铸外，带铸五卯，加铸二十二卯，共可得钱四十五万八千六百三十串有奇，

---

　　① 也正因为如此，所以学术界有所谓的乾隆朝"钱荒"问题的讨论，杜家骥已有文章进行驳正分析。见杜家骥：《清中期以前的铸钱量问题——兼析所谓清代"钱荒"现象》，《史学集刊》1999年第1期。

　　② 按：《清朝文献通考》卷13，《钱币一》释"卯"云："其开铸之期曰卯，宋以后始有画卯、点卯之名，盖取其时之早。相沿既久，遂以一期为一卯。"至于每卯铸钱数，《清史稿》卷124，《食货志·钱法》称，"钱千为万，二千串（千文）为一卯"，误，据光绪《大清会典事例》卷214，《户部·钱法·京局鼓铸》记载，"京局每年额铸三十卯，以万二千八百八十串为一卯"（指户部宝泉局）。另据《清朝文献通考》卷14，《钱币二》称："宝泉局每卯用铜七万二千斤，铅四万八千斤，铸钱一万二千四百八十串；宝源局每卯用铜三万六千斤，铅二万四千斤，铸钱一万二千四百八十串。"又按：除增卯鼓铸之外，户部宝泉局于乾隆七年议准，增加"勤炉"十座，工部宝源局也于同年"照户部分局之例，添设一局，于旧局二十五炉之内移设新局十三座，另设勤炉六座"。此属于添炉鼓铸。参见光绪《大清会典事例》卷214、卷890所载。

　　③ 光绪《大清会典事例》卷214，《户部·钱法·京局鼓铸》。

流通民间，以平钱价。"①

各省增加鼓铸铜钱的数量，主要采取重开铸局和添加炉座的办法。清初顺治年间曾陆续开设各省铸局，已如前揭。其后，随着铜钱流通量的多寡以及币材来源的丰歉，各省铸局时开时停。大致是，在钱值高昂的情况下，重开铸局和添设炉座是其主流。特别是在乾隆初期更为突出，据笔者统计，在乾隆二年至乾隆二十一年（1737—1756 年）这一时期内，几乎是年年增铸，重开铸局和添加炉座的省份有福建、云南、贵州、直隶、广东、四川、湖北、湖南、山西、陕西、江西、江苏、浙江、广西等省。如福建，乾隆九年（1744 年）议准："今钱价既贵，自应酌量加炉鼓铸，以平钱价。"② 有些省份在重开铸局、添加炉座之外，还曾有过加卯鼓铸的事例。如贵州，乾隆九年（1744 年），"户部议准贵州总督张广泗疏称，黔省钱价渐贵……请于每年额铸三十六卯外，加铸十卯"③，从而使铜钱的数量大为增加。新增铸的铜钱，在搭放兵饷、流向市场的同时，有的则是直接为了"减价出易，以平市价"，"设局售卖，以平市价"，其意旨十分明确，这自然会对平抑钱价起到作用，所以乾隆帝不无得意的称："钱法贵于流通，近日钱价顿平，自由铸钱日多之故。"④

随着加卯鼓铸、重开铸局、添加炉座等增铸铜钱措施的实行，其他政策也相应改变，为了解决币材不足的问题，也就同时促进了对外贸易政策（进口洋铜）和矿业政策的开放。另外，还实行了新的"禁铜"政策。凡此，亦值得注意。

---

① 光绪《大清会典事例》卷890，《工部·鼓铸·鼓铸局钱》。按：是年工部年鼓铸数已达六十一卯。

② 《清高宗实录》卷215，乾隆九年四月己巳。

③ 《清高宗实录》卷217，乾隆九年五月辛丑。

④ 光绪《大清会典事例》卷220，《户部·钱法·钱价》。

第二，严禁铜钱的私销、私铸。①

铜钱的私自销毁和私自铸造，历来是破坏钱法的两大痼疾。一般认为，"自古铜贵钱重则易私销，铜贱钱轻则滋私铸，是以钱文轻重必随铜价之低昂而增减之"②。尽管问题的症结没有这样简单，清廷还是把增减钱文的重量作为抑制银、钱比价波动的一种手段（参见表10-1）。

私销铜钱弊端的存在，使得增铸铜钱的成效大为降低，这就是所谓的"钱以铜质，苟非销毁，自可久而不敝，积而日多"，"而钱文不见其多，日见其少，其为奸徒销毁情事已著"③。康熙十二年（1673年），应四川道御史罗人杰之请，首次议定了私销制钱禁例：

> 销毁制钱者，犯人与失察官，皆照私铸例治罪（即为首斩决，为从绞决，见后述）。地方官拿获，每一起纪录一次，至四起加一级；旁人首告者，所获铜一半入官，一半给赏。④

康熙十八年（1679年），在户部等衙门议定的《钱法十二条》中，其第十条规定："化钱为铜，已经禁止，定有处分则例，未定有鼓励拿获之例，嗣后有出首拿获者，审实，将所获之铜一半入官，一半给赏。"⑤ 从而将处罚和奖励相结合。

此后，康熙二十三年（1684年）、二十四年（1685年）、三十六年（1697年）、五十六年（1717年），雍正四年（1726年）、十三年（1735年），乾隆十五年（1750年）等，又分别重申或增定

---

① 这方面可以注意的论文，请参见王光越：《试析乾隆时期的私铸》，载《历史档案》1988年第1期。郑永昌：《清代乾隆年间的私钱流通与官方因应政策之分析——以私钱收买政策为中心》，载《台湾师范大学历史学报》第25期，1997年6月。

② 《清朝文献通考》卷16，《钱币四》，第4993页。

③ 陈宏谋：《申铜禁酌鼓铸疏》，见《皇朝经世文编》卷53。

④ 光绪《大清会典事例》卷220，《户部·钱法·钱法禁令》。

⑤ 《清圣祖实录》卷85，康熙十八年十月丙寅。

条例。如康熙三十六年（1697 年）议准：

> 嗣后内外文武官将该管地方销毁制钱私铸贩卖者，自行拿
> 获，免其治罪。如被户部、都察院、差官查出，督抚差官拿
> 获，或被旁人首告者，五城坊官及直省州县官不知情者，一起
> 降三级调用，二起革职。兵马司掌印指挥、直省知府、直隶州
> 知州，一起降二级，二起降四级，皆调用。三起革职。司道
> 官，一起降一级，二起降二级，三起降三级，皆调用。四起革
> 职。五城御史、直省督抚，一起降一级，二起降二级，三起降
> 三级，皆留任。四起降四级调用。五起革职。知府下捕盗同
> 知、通判，州县下吏目、典史照掌印官，盐场大使照典史，分
> 司照知府，运司照司道，武职守备、都司照州县官，游击、参
> 将照知府，副将照司道，提镇照巡抚，各分别处分。以上议处
> 各官，有因公出境者免议。①

照各次议定的条例来看，法令不可谓不密，措施不可谓不严。
而私销铜钱之所以延绵不绝，除了销毁铜钱难以发觉、不易防范的
原因外，重要的是在于铜价贵于钱价，销毁铜钱有利可图。有鉴于
此，臣僚们在请求申严禁令的同时，也曾提出过其他建议，如禁用
铜器、减轻钱文重量、改铸"青钱"等。② 均曾试行，且有不同的
成效。

比之于私销，起初，清廷对私铸似乎更为重视。在制定私销禁
例之前，清廷已多次颁布私铸例，如顺治四年（1647 年）、八年
（1651 年）、十年（1653 年）、十三年（1656 年）已屡屡重申，至
顺治十四年（1657 年），又详细规定：

---

① 　光绪《大清会典事例》卷 220，《户部·钱法·钱法禁令》。
② 　按：所谓"青钱"，即是改变币材成分，在铜、铅之上加锡铸造而成，
加锡之后，所铸之钱呈青色，故名。未用锡者，谓之"黄钱"。据说，青钱质脆，
"锤击即碎，不能打造器皿"，"设有销毁，但可改造乐器，难作小件，民间无利
可图"。因之，可防私销。

私铸钱文之为首及匠人处斩；为从及知情买使者，拟绞监候；其卖钱经纪铺户与贩换和私钱者，责四十板，流徙尚阳堡；总甲、十家长知情不首者，俱照为首律处斩，不知者，坐失察责四十板，徒一年；告捕者，赏银五十两。该管地方官知情者，亦照为首律处斩；不知者，照失察律处分。不能察觉者，在内五城坊百官，在外州县卫所官，每起降职一级；掌印兵马司并直省知府、直隶州知州，每二起降职一级；司道每三起降职一级。捕盗同知、通判、州县吏目、典史，有捕盗责任者，照各掌印官例；运盐使司运使，照司道例，分司照知府例，盐场大使照典史例；千总、守备、都司，照州县例，参将、游击、副将，照司道例。①

该律例具体规定了私铸、贩卖、买使私钱的处罚以及各有关官员的失察处分，已经十分严厉。此后仍不断重申并视情变更。如雍正十三年（1735 年）议准："私铸未成，从来比照伪造印信未成律问拟，向未着有定例。嗣后凡私铸，甫经置造器物，尚未铸钱，被获审实者，将起意为首、并同伙商谋之人，皆照伪造印信未成为首律杖一百，流三千里。其凑钱入伙，并房主、邻右、总甲、十家长，知情不首者，皆照为从减一等律，杖一百，徒三年。不知情者，照不应重律杖八十。该地方官不实力访拿，经上司查出，或别经发觉，究明实系尚未铸造者，照豫先不行查出例，降一级调用。"乾隆十五年（1750 年）议准："凡各省拿获私铸之犯，不论砂壳铜钱，为首及匠人，皆拟斩监候，为从及知情买使者，皆发遣为奴。如受些微雇值，挑水、打炭、烧火，及停工、散局之后贪其价贱，偶为买使，以及房主、邻右、总甲、十家长，知而不拿获举首者，皆照为从发遣罪减一等，杖一百，徒三年。其房主人等，并不知情，但失于觉察，亦皆杖一百。或有空房别舍，误借匪人，一有见闻，立即驱逐，未经首捕者，果系并未在场，亦非受贿容隐，仍止照不知情科断。失察各官，皆交部分别议处。……再，私铸之

① 《清世祖实录》卷 113，顺治十四年十一月甲辰。

犯，有即系私销之人，该督抚拿获私铸案犯，必先严究有无销毁，倘有私销确据，即照私销例从重治罪。"①

在严禁铜钱的私销、私铸的同时，清廷还曾实行过私钱的收买政策。郑永昌认为，私钱的流通对垄断铸币权的清朝政府而言是一种挑战，面对这种难题，清廷可以藉《大清律例》等规定，严加取缔，然而，乾隆初期，由于制钱供应不足，导致钱荒，政府对私钱的流通采取的基本方针是一种放任或弛禁的态度。至乾隆中叶以后，当制钱的供应逐渐稳定，各省呈报市场钱价日益平减的时候，处理私钱的政策才正式开展，采用的方式是多面性，但其中与历代严行峻法政策迥然不同之处，是采用一种较温和的收买政策。② 这种见解当然是值得注意的，但收买私钱只是各项政策之一环。

第三，严禁囤积铜钱，加快钱文流通。

铺户、富户的囤积铜钱，使铜钱的流通量减少，在一定意义上导致了"钱少而价贵"；而且，越是钱值昂贵，囤积铜钱的现象也就越为突出。时人已经认为，在采取许多平抑钱价的措施之后，"钱价之浮重如故"，一是在于"铺户拥钱不售"，当铺、钱铺等"大小铺户，收买制钱，居奇囤积，俟钱贵始行发卖，名为长短钱"，暗中操纵钱价，以此获利；③ 二是在于"富户藏钱者众"，"且钱价越贵，则富户愈藏；富户愈藏，则钱价愈贵"④。

为了清理、杜绝上述弊端，在雍正元年（1723 年）、九年（1731 年）、十三年（1735 年），乾隆元年（1736 年）、七年（1742 年）等年曾申明了"铺户囤积钱文禁例"。如雍正十三年题准的禁例："倘有不法奸商，专贩私钱，运载至数十百串出京货卖，及在京铺户人等，将钱囤积在家，俟价昂始行出售者，查拿究治。其寻常行旅之盘缠，小贩之资本，不得滥行截索留难，如胥役

① 光绪《大清会典事例》卷220，《户部·钱法·钱法禁令》。

② 郑永昌：《清代乾隆年间的私钱流通与官方因应政策之分析——以私钱收买政策为中心》，《台湾师范大学历史学报》第 25 期，1997 年 6 月。

③ 葛祖亮：《钱法议》，见《皇朝经世文编》卷 53。

④ 储麟趾：《敬陈泉布源流得失疏》，见《皇朝经世文编》卷 53。

藉端生事，扰害小民，一经发觉，严行重处。该管各官玩忽不行严禁，交部议处。"① 至乾隆九年（1744 年），又将富户的囤积一并严禁："不许囤至一百串以上，倘有违禁藏匿不报者，一经查出，亦照违制例治罪。"② 此后，又多次重申。并将对藏匿的惩治与举报的奖励结合起来，收到了较为显著的效果。据现存档案中各省督抚的奏报，各省有的"钱价已觉稍平"，有的"较上年价值相去悬殊"，有的"较之从前已为平减"，有的"钱价实十数年来仅见之事"③。

第四，倡导用银，以补钱文之不足。

白银本是贵金属，比之于铜钱，在货币流通中，白银一般应占据主导地位，但在银贱钱贵之时，铜钱更受重视，更为民间所乐用，白银反而受到冷落。乾隆九年（1744 年），在议定《平抑钱价八条》时，首次规定："京城各粮店收买杂粮，宜禁止使用钱文。"④ 当时，大学士鄂尔泰等议称：

> 京城近年以来钱价昂贵，实由耗散多端，若不官为稽查，则钱文无由充裕……京城九门七市，货卖钱文最多者，莫过于杂粮。每遇秋成时，外来各种粮食，俱系车马载至店铺发卖，所得钱文即用车马载回，易启贩运囤积之弊。嗣后店铺收买杂粮，俱用银两，不准用钱文交易。⑤

这里的用银两收买杂粮，不准用钱交易，虽有倡导用银的意味，但其目的则在于禁止贩运钱文出京及囤积铜钱，与此后的倡导用银尚有区别。

乾隆十年（1745 年），兵部侍郎舒赫德上疏称，"京师钱文，

① 《大清会典事例》卷 220，《户部·钱法七·钱法禁令》。

② 《清朝文献通考》卷 16，《钱币四》，第 5001 页。按：此实为当时的"平抑钱价八条"之一，参见《清高宗实录》卷 226，乾隆九年十月壬子。

③ 档案，乾隆十九年三月七日杨应琚奏：《为遵旨办理，钱价渐平事》。

④ 《清高宗实录》卷 226，乾隆九年十月壬子。

⑤ 《清朝文献通考》卷 16，《钱币四》，第 5001 页。

自各门严查后，价直渐平"，并提出相关建议，乾隆帝览奏后认
为：

> 照所请行钱文一事，有称广为开采者，有称严禁盗销者，
> 有称禁用铜器者，其论不一，即京师现在稽查办理，亦不过补
> 偏救弊之一端，终非正本清源之至计。朕思，五金皆以利民，
> 鼓铸钱文，原以代白金而广运用，即如购买什物器用，其价直
> 之多寡，原以银为定准，初不在钱价之低昂。今惟以钱为适
> 用，其应用银者，皆以钱代，而趋利之徒，又复巧诈百出，使
> 钱价低昂以为得计，是轻重倒置，不揣其本，而惟末是务也。
> 不但商民情形如此，即官员办公，亦有沿习时弊者。……嗣后
> 官发银两之处，除工部应发钱文者仍用钱外，其他支领银两，
> 俱即以银给发。至民间日用，亦当以银为重。其如何酌定条
> 款，大学士、九卿议奏。

这是一次相当重要的上谕。综观所言钱文"原以代白金而广运
用"、"价直之多寡，原以银为定准"，以及"应用银者，皆以钱
代"，"是轻重倒置，不揣其本，而惟末是务"云云，乾隆帝似乎
要主张实行银本位，但事实上远未达到这一步，其本意不过是在
"惟以钱为适用"的情况下倡导用银而已，仍未超出"银、钱兼
权"的基本定式。所以，大学士、九卿等遵旨议定：

> 凡各省修理城垣、仓库等项，领出帑银，除雇觅匠夫给发
> 工钱外，一应办买物料，如有易钱给发者，该管上司即行查
> 禁。其民间各店铺，除零星买卖准其用钱，至总置货物，俱用
> 银交易。①

据这个规定来看，倡导用银是明确的，官办工程尤其如此，但
对民间交易的规定则很笼统，何谓"零星买卖"？何谓"总置货

---

① 《清朝文献通考》卷16，《钱币四》，第5002页。

物"？则无一定之准绳。鉴于此，后来又规定了京城及近京地区民间交易在三十两以上者准其用银，三十两以下者准其用钱，并传谕各省参照执行。于是，各省又有具体的规定。如山东，山东巡抚杨应琚奏称："东省民间多系零星交易，其在三十两以上者素不多见，应请酌量减轻，以二十两为率，凡民间交易在二十两以上者，不准用钱。如有违犯，将钱文照兵饷例，以银一两易钱一千，官为易换，仍倍罚税银充公。"① 又如河南，河南巡抚蒋炳奏称："凡置买田房产业，价在十两以上者，俱令用银。如或不遵，于税契时查出惩治。"②

第五，加强钱文的交易管理。

当铺、钱铺多与钱市经纪串通，在钱文的出入、交易方面起着重要的作用，私钱之行使、钱价之低昂，往往与其关系密切，所以清廷在有关政策方面也予以了足够的注意。

康熙四十四年（1705 年），曾针对私钱的泛滥，对经纪、铺户人等制定了相应的处罚则例。雍正元年（1723 年），因"钱价日昂"，上谕寻求平抑钱价良策，王大臣、九卿等遵旨议奏："令大兴、宛平两县设立钱行官牙，将钱价议平，毋得任意低昂，以便交易，违者论罪。"③ 雍正七年，又规定设置钱牙名数，钱牙"领帖充当"，并"则成各牙等议平钱价"。乾隆二年（1737 年），又仿"米局"之例，议设"官钱局"，官司余钱出易，"以平钱直"。户部等衙门奏称：

> 见在京城每纹银一两，换大制钱八百文，较之往时，稍觉昂贵，盖因兑换之柄操于钱铺之手，官不司其事，故奸商得任意高昂，以图厚利。……请于京城内外开设官钱局十处，东西南北四城共八处，东华门、西华门外各一处，于内务府、户部、刑部、提督衙门各派官二员，吏、兵二部各派官一员，并

---

① 档案，乾隆十八年五月二日杨应琚奏：《为钦奉上谕事》。
② 档案，乾隆十八年五月十日蒋炳奏：《为钦奉上谕事》。
③ 《清朝文献通考》卷 15，《钱币三》，第 4981 页。

委各衙门杂职等官十员分派各局办理。庶奸商无利可图，自必
将囤积钱文各行出卖，钱价可以渐平。①

尽管有人认为此举未必有益，但此后各省还是多仿照举行，将
鼓铸余钱"设局售卖，以平市价"②。

此外，从康熙十八年（1679 年）户部等衙门议定的《钱法十
二条》中，也还可以看到其他措施，如关差、盐差官员买铜解送，
鼓励开采铜矿、铅矿，以增加制钱的币材。民间大型用具（5 斤以
上），不许用铜制造，以节约铜材。③

应该说，在银贱钱贵的情况下，为恢复银、钱之间的正常比
价，清廷平抑钱价的措施是煞费苦心的，并取得了相应的成效。但
是，银、钱平行本位制度本身已蕴含着银、钱比价的波动不可避
免，而且，银、钱比价的波动，其原因可能在钱的一方面，也可能
在银的一方面，也可能银、钱两个方面兼而有之，清廷所采取的种
种措施，除倡导用银外，多是从钱的一方面着手，颇有点头痛医
头、脚痛医脚的味道，其措施可能会在一时一地显现出结果，但不
能指望从根本上解决问题，这也许正像上揭乾隆帝所说的那样，种
种措施，只不过是"补偏救弊"而已。

乾、嘉以后，钱价一路下跌，遂形成清代中后期旷日持久的
"银贵钱贱"格局，与清代前期比照，已是迥然不同。

---

① 《清朝文献通考》卷 16，《钱币四》，第 4994 页。按：光绪《大清会典
事例》卷 891，《工部·鼓铸》将此系于乾隆三年。

② 光绪《大清会典事例》卷 219，《户部·钱法·直省鼓铸》。

③ 《清圣祖实录》卷 85，康熙十八年十月丙寅。按：雍正四年，严黄铜器
皿之禁，更为严格："其黄铜所铸，除乐器、军器、天平砝码、戥子及五斤以下
之圆镜不禁外，其余不论大小器物，俱不得用黄铜铸造。其已成者，俱作废铜交
官估价给值。倘再有制造者，照违例造禁物律治罪，失察官员及买用之人，亦照
例议处。"《清世宗实录》卷 40，雍正四年正月己未。随后谕："嗣后除三品以上
官员准用铜器外，其余人等不得用黄铜器皿。定限三年，令将所有黄铜器皿悉行
报出，官给应得之价……若三年之后，仍有私藏黄铜器皿者，亦加重处。"《清世
宗实录》卷 48，雍正四年九月丙申。

三、"银贵钱贱"及其对策

正当帝王臣僚在为银贱钱贵大伤脑筋之时，钱价却在乾隆末年一转而贱，如乾隆五十六年（1791 年）上谕："见在钱价过贱。"乾隆六十年（1795 年）上谕："前因京师及各省钱价日贱，由于小钱充斥，节经降旨饬禁……京城钱价近又减落。"嘉庆四年（1799年）上谕："民间钱价日贱。"① 至嘉庆七、八、九、十、十一、十二等年，钱价又有间断性增昂，其后，钱价一路下跌，遂形成清代中后期旷日持久的"银贵钱贱"格局，② 与清代前期相比照，已是迥然不同。

嘉、道年间的银钱比价情况，已有学者作过统计，并被视作权威数据，多被引用，据之示列于表 10-4③：

要之，乾隆末年以迄嘉庆年间所谓的"钱价日贱"或"钱贱银昂"，只是相对于此前的钱价过于高昂而言，银、钱比价的稍稍波动尚不具备"银贵钱贱"的色彩。真正意义上的银贵钱贱则是始于嘉庆末年（每银 1 两兑钱 1200 文以上），而剧烈于道、咸年间。下表所示的嘉、道年间的银、钱比价实情，基本上反映了银贵钱贱的趋势。不过，下表所依据的材料是河北（直隶）宁津县

---

① 《清朝续文献通考》卷 19，《钱币一》，第 7684 ~ 7688 页。

② 当然，在这一基本格局之下，个别年份、个别地区也有"银贱钱贵"的个例，如咸丰元年户部奏称："广西军用浩繁，银贱钱贵，糜费愈多。湖南、云贵、广东皆与该省接壤，应由各邻省附近府分，筹解钱文至粤，以平市价而裕军饷。"见《清文宗实录》卷 48，咸丰元年十一月丁丑。

③ 严中平等编：《中国近代经济史统计资料选辑》，科学出版社 1955 年版，第 37 页。另外，王宏斌的《晚清货币比价研究》列有道咸年间（1821—1855年）各地银钱比价表，可以参考。并认为："银贵钱贱在乾嘉之际已经成为社会问题。到嘉庆末年，已经由八百文左右上涨至一千三四百文，兑换率上涨了百分之六十到百分之七十，进入道光年间，银钱比价在最初十年没有明显地增加，第二个十年银价上涨速度开始加快，朝野上下为之震动，最后一个十年银价扶摇直上，使人惊恐不安。咸丰初年的银价如魔术一样飞涨。"见王宏斌：《晚清货币比价研究》，河南大学出版社 1990 年版，第 34 ~ 36 页。

表 10-4　　　　　　嘉庆、道光朝银、钱实际比价沿革

年　　代	银一两合钱文	年　　代	银一两合钱文
嘉庆三年(1798 年)	1 090.0	道光六年(1826 年)	1 271.3
四年(1799 年)	1 033.4	七年(1827 年)	1 340.8
五年(1800 年)	1 070.4	八年(1828 年)	1 339.3
六年(1801 年)	1 040.7	九年(1829 年)	1 379.9
七年(1802 年)	997.3	十年(1830 年)	1 364.6
八年(1803 年)	966.9	十一年(1831 年)	1 388.4
九年(1804 年)	919.9	十二年(1832 年)	1 387.2
十年(1805 年)	935.6	十三年(1833 年)	1 362.8
十一年(1806 年)	963.2	十四年(1834 年)	1 356.4
十二年(1807 年)	969.9	十五年(1835 年)	1 420.0
十三年(1808 年)	1 040.4	十六年(1836 年)	1 487.3
十四年(1809 年)	1 065.4	十七年(1837 年)	1 559.2
十五年(1810 年)	1 132.8	十八年(1838 年)	1 637.8
十六年(1811 年)	1 085.3	十九年(1839 年)	1 678.9
十七年(1812 年)	1 093.5	二十年(1840 年)	1 643.8
十八年(1813 年)	1 090.2	二十一年(1841 年)	1 546.6
十九年(1814 年)	1 101.9	二十二年(1842 年)	1 572.2
二十一年(1816 年)	1 177.3	二十三年(1843 年)	1 656.2
二十二年(1817 年)	1 216.6	二十四年(1844 年)	1 724.1
二十三年(1818 年)	1 245.4	二十五年(1845 年)	2 024.7
二十五年(1820 年)	1 226.4	二十六年(1846 年)	2 208.4
道光元年(1821 年)	1 266.5	二十七年(1847 年)	2 167.4
二年(1822 年)	1 252.0	二十八年(1848 年)	2 299.3
三年(1823 年)	1 249.2	二十九年(1849 年)	2 355.0
四年(1824 年)	1 269.0	三十年(1850 年)	2 230.3
五年(1825 年)	1 253.4		

大柳镇统泰昇记商店的"出入银两流水账"和"买货总账",其

银、钱比价的波动，恐怕只能反映该地区或周边地区的情况，与全国各地的情况尚有差别，应该是值得注意的。

如，上表所列嘉庆末年（嘉庆二十二年至嘉庆二十五年）的银、钱比价均是每银 1 两兑钱 1200 余文，而据其他史料记载，是时，在另外一些地区，每两换钱已达 1300 余文。道光年间各地的银钱比价，则可以依据《中国近代货币史资料》所汇编的数十件档案材料制成表 10-5，作为参照。

表 10-5　　　　　　　　　道光朝各地银钱比价示例

时　　间	地　区	银一两合钱文	资料来源
道光四年(1824 年)	福建	1 240	档案,赵慎畛奏折
六年(1826 年)	江苏	1 150-1 260	档案,陶澍奏折
八年(1828 年)	江苏	1 280	档案,陶澍奏折
九年(1829 年)	江苏	1 300	档案,陶澍奏折
九年(1829 年)	直隶	1 300	档案,那彦成奏折
十年(1830 年)	福建	1 350	档案,孙尔准奏折
十一年(1831 年)	陕西	1 370-1 400	档案,史谱奏折
十一年(1831 年)	山西	1 300	档案,阿勒清阿奏折
十二年(1832 年)	江苏、浙江	1 350	档案,孙兰枝奏折
十五年(1835 年)	湖北	1 429	档案,纳尔经额奏折
十六年(1836 年)	全国	1 400-1 500	档案,许球奏折
十七年(1837 年)	江西	1 400	档案,裕谦奏折
十七年(1837 年)	四川	1 500-1 600	档案,鄂山奏折
十八年(1838 年)	四川	1 600-1 700	档案,宝山奏折
十八年(1838 年)	广西	1 429	档案,梁章钜奏折
二十年(1840 年)	浙江	1 570	档案,乌尔恭额奏折
二十二年(1842 年)	直隶	1 470	档案,纳尔经额奏折
二十二年(1842 年)	陕西	1 480	档案,富呢扬阿奏折

续表

时　　间	地　区	银一两合钱文	资料来源
二十二年(1842 年)	湖北	1 613	档案,裕泰奏折
二十二年(1842 年)	福建	1 590	档案,怡良奏折
二十二年(1842 年)	贵州	1 587	档案,贺长龄奏折
二十三年(1843 年)	山西	1 540	档案,梁萼涵奏折
二十三年(1843 年)	陕西	1 600	档案,李星沅奏折
二十三年(1843 年)	江苏	1 620	档案,孙宝善奏折
二十三年(1843 年)	湖北	1 667	档案,裕泰奏折
二十三年(1843 年)	福建	1 600	档案,刘鸿翔奏折
二十六年(1846 年)	河南	2 250	档案,鄂顺奏折
二十六年(1846 年)	山西	1 700 ~ 2 000	档案,吴其浚奏折
二十六年(1846 年)	江苏	2 000	档案,璧昌奏折
二十六年(1846 年)	广东	1 500	档案,耆英奏折
二十六年(1846 年)	广西	1 600	档案,周之琦奏折
二十六年(1846 年)	云南	1 580 ~ 1 640	档案,陆建瀛奏折

实际上这依旧是一种大致的趋势，各地银钱比价的波动仍然各各不同，如山西，据道光二十三年（1843 年）山西巡抚梁萼涵奏称，"道光二十一年晋省银价，每两易钱一千三百六七十文"①，要比表 10-5 所示同一时期的银钱比价低落。即使在同一年，同一个省份，不同的奏折反映的情况，也有差异。如江苏，道光二十六年

---

① 档案，道光二十三年二月十八日梁萼涵奏：《为筹议晋省钱局先以四炉开铸造事》。

（1846年），另据江苏巡抚李星沅奏称，"以江苏而言，从前每银一两易制钱一千至一千二三百文，今且一千八九百文矣"①，仍比表10-5所列示的低落。即使是在同一地同一年中，各个月份也不一定相同，如林则徐在道光二十六年（1846年）的上疏中谈陕西的情况："陕西银钱市价，长落无常，有时竟与别省迥异，如本年七月内，臣甫到西安省城，每纹银一两可换制钱一千八百余文，迨至九、十月间，每两仅换钱一千二三百文不等，较前两月，顿减钱五百余文之多，众人皆以为诧异。"②

综观以上二表可以看出，道光朝的银贵钱贱现象已经非常突出，特别是鸦片战争前后以迄道光末年，银、钱比价已经波动在每银1两兑钱1400～2000文。其他记载亦大致相同，道光二十五年（1845年），御史刘良驹即称："京中纹银每两易制钱几及二千文，外省则每两易制钱二千二三百文不等。"③ 王庆云也概称："自嘉庆末年钱法日久而敝，而银之外洩亦日多。由是钱价一贱近三十年即不复贵，至今日每两易钱二千，较昔钱价平时盖倍之，较贵时几及三倍。"④

咸丰年间的银钱比价袭前银贵钱贱之势而更加不堪，汤象龙先生已经依据档案材料作过统计，兹转引之（见表10-6）⑤：

这一时期以"银贵钱贱"为标志的银钱比价的剧烈波动，其原因是多方面的，臣僚纷纷上疏陈述意见，探讨银贵钱贱的原因，以寻求解救之策。杨端六先生认为，根据当时人士的意见，银贵钱

---

① 档案，道光二十六年五月二十五日李星沅奏：《为银钱轻重不一，请议搭放章程，以资补救事》。

② 《林文忠公政书·陕甘奏稿》卷1，《筹议银钱出纳陕省碍难改易折》。

③ 刘良驹：《请饬定银钱划一疏》，见《皇朝经世文续编》（盛康辑）卷58。

④ 王庆云：《石渠余纪》卷5，《纪银钱价直》。

⑤ 汤象龙：《咸丰朝的货币》，原文发表于1932年，已收入汤著《中国近代财政经济史论文选》，西南财经大学出版社1987年版。王宏斌：《晚清货币比价研究》列有咸丰年间（1854—1865年）各地银钱比价表，可以参考。见王宏斌：《晚清货币比价研究》，河南大学出版社1990年版，第58～59页。

表 10-6　　　　　　　　咸丰朝各地银钱比价示例

地　方	年　　月	银一两合钱文
京城	咸丰三年（1853 年）二月前	2 000
	二月十五日后	1 600 ~ 1 700
	五月	2 200
	十一月上	2 300
	十一月下	2 400 ~ 2 500
	四年（1854 年）三月	2 500
	闰七月	2 600 ~ 2 700
	十月	2 500 ~ 2 600
	六年（1856 年）	2 000 ~ 3 000
云南	咸丰三年（1853 年）	1 800 ~ 2 000
	四年（1854 年）	1 800
江苏	咸丰四年（1854 年）	2 000
	六年（1856 年）	2 000
陕西	咸丰四年（1854 年）	2 400 ~ 2 500
河南	咸丰四年（1854 年）	2 700 ~ 3 000
湖南	咸丰四年（1854 年）	2 300 ~ 2 400
浙江	咸丰五年（1855 年）	2 200 ~ 2 300
直隶	咸丰六年（1856 年）	2 000

贱的原因可分为五类：一是生齿日繁、费用日广说，二是钱票夺取制钱地位说，三是国家重银轻钱说，四是偷铸小钱说，五是纹银外流说。① 汤象龙先生认为，银贵问题的症结主要有三：一是鸦片输入，二是国际贸易的影响（这两点都导致了白银的外流），三是制

————————

① 参见杨端六：《清代货币金融史稿》，三联书店 1962 年版，第 199 ~ 206 页。

钱实质减轻。① 另外，也还有因钱多而导致钱贱，因富室藏银、银
不敷用而导致银贵等种种说法。

上述说法，都与银贵钱贱有着一定的关联。而银贵钱贱的主要
原因则是因为白银的大量外流，白银的大量外流又与罪恶的鸦片贸
易密不可分。还在嘉庆年间，时人已经认识到这个问题，其中以嘉
庆二十五年（1820 年）包世臣的论述为典型：

> 鸦片产于外夷，其害人不异酖毒，故贩卖者死，买食者
> 刑，例禁最严。然近年转禁转盛，其始惟盛于闽粤，近则无处
> 不有。即以苏州一域计之，吃鸦片者不下十数万人。鸦片之
> 价，较银四倍，牵算每人每日至少需银一钱，则苏域每日即费
> 银万余两，每岁即费银三四百万两。统各省名域大镇，每年所
> 费，不下万万。……惟买食鸦片，则其银皆归外夷。每年国家
> 正供并盐、关各课，不过四千余万，而鸦片之一项散银于外夷
> 者，且倍差于正赋。夫银币周流，矿产不息，何以近来银价日
> 高、市银日少？究厥漏卮，实由于此。②

道光以降，类似的议论更多。除了认为银贵钱贱与鸦片贸易导
致白银外流外，也与"洋钱"的盛行有关。

道光说："朕闻外夷洋钱在内地行使，自闽广、江西、浙江、
江苏，渐至黄河以南各省。洋钱盛行，凡完纳钱粮及商贾贸易，无
一不用洋钱。番舶以贩货为名，专载洋钱至各省海口收买纹银，致

---

① 参见汤象龙：《道光时期的银贵问题》，原文发表于 1930 年，已收入
《中国近代财政经济史论文选》。按：关于制钱实质减轻问题，美国人马士认为：
"所有的兑换都是受货币的本身价值和它的供求关系所影响的。钱币学家们可以
告诉我们，从乾隆年间的足重铜钱起，到嘉庆年间，钱的分量已逐渐减低，而道
光年间铸钱分量减低更甚，铜钱本身价值的损失，足以使其交换价值丧失百分之
二十到百分之三十。"见［美］马士：《中华帝国对外关系史》第 1 卷，三联书
店 1957 年版，第 232～233 页。
② 包世臣：《齐民四术》卷 2，《庚辰杂著二》，见《安吴四种》卷 26。

内地银两日少。近年银价日昂，未必不由于此。"①

林则徐说："臣等询诸年老商民，佥谓百年以前，洋钱尚未盛行，则抑价可也，即厉禁亦可也。自粤贩越通越广，民间用洋钱之处，转比用银为多，其势断难骤遏。盖民间图省图便，寻常交接，应用银一两者，易而用洋钱一枚，自觉节省，而且无须弹兑，又便取携，是以不胫而走，价虽浮，而人乐用。……鸦片烟由洋进口，潜易内地纹银，此尤大弊之源。较之以洋钱易纹银，其害愈烈。盖洋钱虽有折耗，尚不至成色全亏，而鸦片以土易银，直可谓之谋财害命。……至纹银出洋，自应申明禁例。查户部则例，内载洋商将银两私运夷船出洋者，照例治罪等语，而刑部律例内，只有黄金、铜铁、铜钱出洋治罪之条，并无银两出洋作何治罪明文，恐无以慑奸商之志。近年以来，银价之贵，州县最受其亏，而银商因缘为奸，每于钱粮紧迫之时，倍抬高价，州县亏空之由，与盐务之积疲，关税之短绌，均未必不由于此，要皆偷漏出洋之弊有以致之也。"②

魏源说：银贵钱贱，"人始知鸦片内灌透银出洋之故。夫流贼掠去之银，贼平即出，避乱藏镪之人，乱定则价减，非若透漏外洋之有出无返也"③。

章沅说："至鸦片烟一物，流毒滋甚，该处伪标他物名色，夹带入粤，每岁易银至数百万两之多，此岂寻常偷漏可比。"④

许球说："据臣所知，鸦片贸易实为白银外流之主因。嘉庆初年，夷人出售之鸦片，每年不过数百箱，今已增至两万箱。……上等烟土每箱为八九百元，次等烟土每箱五六百元。……我国此项漏

---

① 中国史学会主编：《鸦片战争》（中国近代史资料丛刊）第 1 册，上海人民出版社 1957 年版，第 81 页。

② 《林文忠公政书·江苏奏稿》卷 1，《会奏查议银昂钱贱除弊便民事宜折》。

③ 魏源：《圣武记》卷 14，《军储篇三》。

④ 中国人民银行总行参事室金融史料组编：《中国近代货币史资料》第 1 辑，上册，中华书局 1964 年版，第 3 页。

厄年约一二千万两。"①

冯桂芬说："上海通市以来，夷船每日收元宝四五百，为银二万余，每年漏银七八百万两，距今十年，遂为常额。四口递减，合计不下二三千万两。"②

王先谦说："臣向在镇江，询悉洋药局委员，洋药进口，每年约七万余箱，洋人每箱售银五百两，总计三千五百万。中国每箱收税三十两，总计不过二百一二十万。洋药厘捐，各省多寡不等，总计只二百数十万。中国所得，皆民输官用，并非获自洋人，而洋人以此毒物收中国之银，岁至三千数百万之多，中国如之何而不穷也。"③

据上引可知，由鸦片贸易导致的白银外流，每年达数百万两至数千万两不等。这种"漏银"，是随着时间的推移而递增，一如鸿胪寺卿黄爵滋在道光十八年（1838 年）所上奏折中称："道光三年以前，每岁漏银数百万两。……自道光三年至十一年，岁漏银一千七八百万两；自十一年至十四年，岁漏银二千余万两；自十四年至今，渐漏至三千万两之多。此外福建、江浙、山东、天津各海口，合之亦数千万两。以中国有用之财，填海外无穷之壑，易此害人之物，渐成病国之忧。日复一日，年复一年，臣不知伊于胡底。"④直至光绪五年（1879 年），王先谦依然奏称："外洋以此毒物收中国之银，岁至三千数百万之多，中国如之何而不穷也！"⑤ 这一点，连英国殖民主义者也是承认的："鸦片主要是用现金即纹银支付

---

　　① 中国人民银行总行参事室金融史料组编：《中国近代货币史资料》第 1 辑，上册，中华书局 1964 年版，第 25 页。

　　② 《清朝续文献通考》卷 20，《钱币二》，第 7704 页。

　　③ 《光绪朝东华录》（一），第 819 页。

　　④ 中国人民银行总行参事室金融史料组编：《中国近代货币史资料》第 1 辑，上册，中华书局 1964 年版，第 30 页。

　　⑤ 《光绪朝东华录》（一），第 819 页。

的，但据报告，现银差不多全部流出了这个国家。"①

以白银外流为主因而导致的银贵钱贱，对国家财政以及国民经济的各个方面都带来了严重的影响。冯桂芬在《用钱不废银议》中，曾从国家财政着眼作过综合论述，他说：

> 国家岁入，统地丁、盐课、关税，不下三四千万两，无非取之于民间。夫民间之所出，粟米之属而已；而国家之所取者，乃在至少至贵之银。置其所有，征其所无，粟愈益贱，银愈益贵。始以粟易钱，则粟贱而钱贵，向之每石入三千文者，今入一千数百文，是十折而为五六。继以钱易银，则钱贱而银贵，向之每两出一千余文者，今出二千文，是又十折而为五六。以银准粟，昔之一两，今之三两也。是民之出银也，常以三两而供一两之用；而国家之入银也，直以一两而竭吾民三两之力。如是，而民安得不贫？民既日贫，赋益难办，逋欠则年多一年，亏短则任多一任，而地丁之入绌。富商大贾，倒罢一空，凡百贸易十减五六，而关税之入绌。于是经费竭，而撙节之说起，撙节甚，而因循之事成，应修之水利不修，因之宣蓄无资，农田易成旱潦，转以蠲恤捐帑金。应设之巡缉不设，因之养疴贻患，穿窬变为跳梁，转以征调糜军饷。凡地方应办之事，大都以工用支绌，概缓筹议，卒之事后补救，需费更多，歧中有歧，弊益滋弊。如是，而国家安得不贫！揆厥原本无非银贵有以致之。……至于盐务，纳课论银而卖盐论钱，银贵以来，课项倍于盐价……②

正是由于银贵钱贱，人民交纳赋税，"常以三两而供一两之

---

① 姚贤镐编：《中国近代对外贸易史资料》第 1 册，中华书局 1962 年版，第 519 页。按：马克思在《中国革命和欧洲革命》一文中则说："从 1833 年起，特别是 1840 年以来，由中国向印度输出的白银是这样多，以致天朝帝国的银源有枯竭的危险。"见《马克思恩格斯选集》第 2 卷，人民出版社 1972 年版，第 2 页。

② 《清朝续文献通考》卷 20，《钱币二》，第 7704~7705 页。

用"，无形之中增加数倍之负担，相应的，国家收取银两，也就以银一两而竭民三两之力，民穷而赋税难征，国家财政紧张而处处紧缩，由此导致民生、财政、经济的连锁反应以及社会矛盾和阶级矛盾的加剧。上引冯桂芬的揭示已是相当明晰。

给事中孙兰枝在道光十二年（1832 年）所上奏折中也从地丁、漕粮、盐课、关税、民间日用几个方面说明了银贵钱贱的影响，其一云，"州县经征地丁银两，民间大半以钱折银"，因"银价日昂，钱价日贱"，"民间暗中贴耗，已以一年四月之粮，完一年之赋"，以致小民"日益困穷"。其二云，"州县往往以银价昂贵，藉口于奏销之艰，迨至征收漕米，每向孱懦良民多方勒折。臣籍隶浙江，即以杭、嘉、湖三府而论，往时交米一石，不过勒折制钱三千四五百文，行之数年，每石增至三千九百九十文，尚不出四千之数；又行之一二年，每石竟需四千二三百文矣。自此逐渐加增，至道光六、七、八等年，每石需四千九百九十文矣。风闻近今数年，初开仓时，仍照四千九百九十文之数，不过一日二日，复增加至五千三四百文不等。一县作俑，各县从而效尤；今岁议增，明岁变而加厉。在州县总以奏销银价之昂为口实，其如民间剜肉补疮，何所不至。每开仓时，典售衣物，甚至卖男鬻女，而官吏置若罔闻，止知收漕一次，得钱若干，致宫阁饥寒交迫，贫累日深"。其三云，清代后期盐务的疲蔽，也多是由于银贵钱贱，食盐"运赴口岸，定例售银，而民间向铺户买盐，例皆用钱。价贱则不敷进本，价贵则不能敌私，以致官引滞销，运本日绌"。其四云，"关税之多莫如江浙，而江浙之税尤莫多于苏州。浒墅关为众商辐辏之处"，但是，"近年该关榷税有绌无盈，一则由于门丁胥吏舞弊百端，一则由于钱贱银贵，商贩稀少。今以该关榷税论之，凡商人纳课，向例由银铺代完。从前该关与银铺私定价值，每银一两勒折制钱一千五六百文。数年来钱贱银贵，竟加至二千四五百文矣。此外尚有各项需索，大约非五千文不能完银一两。浮收勒索，莫甚于此。兹闻南北商贩以关税过重，无可生息，因此歇业者多"。其五云，"民间日用所需，莫切于米麦两项。向来江浙所产米麦，不敷民食，全藉湖广、江西、四川各省及福建之台湾络绎接济。而各处所来米麦，俱系售银。即从中等价论，从前计米一石，照市价纹银二两，合江浙市平制钱一千九百二十文；今亦计米一石，价银二两，需制钱二千六百文。同一银数，而钱价悬殊，民间暗耗已属不少。设遇水旱之年，本省毫无积贮，则仰给于他省愈多，而米价又日益腾贵，其所耗不可胜数。民之困穷，实由于此"①。这种种情况，亦如林则徐所说："近年以来，银价之贵，州县最受其亏，而银商因缘为奸，每于钱粮紧迫之时，倍抬高价。州县亏空之由，与盐务之积疲、关税之短绌，均未必不由于此。"②

道光十七年（1837年），御史刘梦兰在奏说银贵钱贱，"兵民商贾皆受其病"时又称：

兵丁支领饷银，兼用制钱，按成搭放，每钱一千抵银一两。今制钱一千文，不及纹银七折，兵丁生计日艰。其病一也。

州县征收地丁钱粮，乡村农户无从得银，大都以钱折银完纳。不以钱合市价，则官以征解为苦；若必按市价计算，假如完正银一两，耗银一钱，便须制钱一千六七百文，加以火工、解费，约计征银一两便应完制钱二千余文。朝廷正赋并未稍有加增，小民完交实已多至过半。缕丝半粟，粜易维艰，勉力输将，盖藏已罄，是虽年谷顺成而民困不苏。其病二也。

各省盐价俱有定例，不容任意增加，商人以所售钱文易银交课，每银一两势必折耗制钱数百文，商力坐是疲乏，课款因以宕延，故现在各省盐务均无起色。其病三也。

商贾贩运一切货物，概用纹银置买，及其转售，大率得钱交易。商贩顾及成本，银价昂则物价不得不昂，近日民间衣食所需，较从前价几增倍。贫民一日力作，不足供一日之食。其

---

① 中国人民银行总行参事室金融史料组编：《中国近代货币史资料》第1辑，上册，中华书局1964年版，第9~11页。

② 《林文忠公政书·江苏奏稿》卷1，《会奏查议银昂钱贱除弊便民事宜折》。

病四也。①

另外，咸丰十一年（1861 年），曾国藩也曾谈及江西赋税征收时由于银贵钱贱以及银钱比价的不同而导致的农民负担的不均等："龙南地丁每两收钱二千二百文，广陵每两收钱二千一百七十文，吉水漕米收钱二千六百文。"②

总之，银贵钱贱，国家课税、兵民商工，无一不受其害。并且，随着银贵钱贱局势的恶化而弊病益甚。

面对银贵钱贱的严重后果，清廷十分重视，内外官员纷纷上疏分析银贵钱贱的原因并提出各种解救之策。杨端六先生认为，"惟因各人所见不同，故所提方案也不一致"，归结起来，大致有六种措施：第一是"禁银出口法"，第二是"禁烟入口法"，第三是"议行大钱法"，第四是"禁银行钞法"，第五是"重视制钱法"，第六是"自铸银元法"。并认为这六类措施是按时间先后提出来的，"很明显地反映出当时中国历史发展的情况"，如下所示：

第一类——禁银出口法 1809—1833 年

第二类——禁烟入口法 1831—1836 年

第三类——议行大钱法 1838—1845 年

第四类——禁银行钞法 1837 年

第五类——重视制钱法 1837—1855 年

第六类——自铸银元法 1846—1855 年

杨端六先生的这种归纳是有见地的，可以参考。③

笔者认为，与银贱钱贵时所采取的添炉增卯、增加铜钱流通量一样，在银贵钱贱的形势下，时人最先考虑的是银少钱多导致了银贵钱贱，因而便用减铸铜钱作为首选之策。还在乾隆五十六年

---

① 中国人民银行总行参事室金融史料组编：《中国近代货币史资料》第 1 辑，上册，中华书局 1964 年版，第 26～27 页。按：是书标点有欠妥处，已作了更正。

② 《曾国藩未刊信稿》，中华书局 1959 年版，第 10 页。

③ 参见杨端六：《清代货币金融史稿》，三联书店 1962 年版，第 214～220 页。

（1791 年）银贵钱贱初露端倪时，上谕就曾指出："长麟奏调剂市集钱价一折，朕初阅时，因泉货流通，随时长落，原可听民自便，但该省见在钱价过贱，诸物未免增昂。推原其故，自因银少钱多，以致钱价日贱，物价愈昂，朕即想及该省暂停鼓铸，自可调剂得宜。"① 此后，还曾多次谕令各省"减卯停铸"。这种减铸铜钱不过是前此增铸铜钱的简单翻版，在当时的情势下自然难有成效。至道光二十一年（1841 年），"援案奏停鼓铸"的省份达 11 省之多，而"钱价愈贱"②。这种情况已经表明：是时"银之贵贱，不系钱之多寡；而钱之贵贱，转系银之多寡"③。

　　于是，在认识到白银外流、银两减少是导致银贵钱贱的主因后，"嘉庆十四年间，因有银两偷漏出洋之弊，奉旨饬查，经两广总督会同海关监督奏明申禁在案"④。嘉庆十九年（1814 年），上谕又指出："苏楞额奏严禁海洋私运一折，据称，近年以来，夷商贿通洋行商人，藉护回夷兵盘费为名，每年将内地银两偷运出洋至百数十万之多。该夷商已将内地足色银两私运出洋，复将低潮洋钱运进，任意欺蒙商贾，以至内地银两渐形短绌，请旨饬禁等语。夷商交易，原令彼此以货物相准，俾中外通易有无，以便民用。若将内地银两每年偷运出洋百数十万，岁积月累，于国计民生均有关系。著蒋攸铦、祥绍查明每岁夷商等偷运足色银两出洋实有若干，应如何酌定章程严密禁止，会同妥议具奏。"⑤ 道光二年（1822 年）又谕："御史黄中模奏请严禁海洋偷漏银两一折，所奏是。定例：广东洋商与洋人交易，只用货物收买转贸，不准用银。立法甚

　　① 《清朝续文献通考》卷 19，《钱币一》，第 7684 页。

　　② 参见中国人民银行总行参事室金融史料组编：《中国近代货币史资料》第 1 辑，上册，中华书局 1964 年版，第 75～79 页。按：是书第 79～82 页列有《道光年间各省制钱停铸减铸情况简表》。

　　③ 王庆云：《石渠余纪》卷 5，《纪银钱价直》。

　　④ 中国人民银行总行参事室金融史料组编：《中国近代货币史资料》第 1 辑，上册，中华书局 1964 年版，第 1 页。

　　⑤ 《清朝续文献通考》卷 19，《钱币一》，第 7691 页。参见《清仁宗实录》卷 283。

为周备。近因民间喜用洋钱，洋商用银向其收买，致与江浙等省茶客交易，作价甚高；并或用银收买洋货，实属违例病民，不可不严行查禁。著广东督抚及海关监督派委员弁，认真巡查出口洋船，不准偷漏银两。仍不时查察，如有纵放之员，即行参革治罪。"①

此后，有关上谕频颁，两广总督李鸿宾并于道光九年、十年（1829年、1830年）两次遵旨议定严禁白银出洋章程。②

但是，我们知道白银外流主要的是由于鸦片贸易和鸦片走私，若不能禁止鸦片进口，单纯地禁止"白银出洋"，自然也就难以办到，这也正如道光八年（1828年）包世臣所说："夷以土入，华以银出，以致银价踊贵，公私交病。于是议严纹银出洋之禁，而禁后银价益长，是禁之不行可知也。"③

事实上，在雍、乾、嘉年间清廷已认识到鸦片的危害，并屡有禁令，这就是所谓的"鸦片烟流毒无穷，久干例禁"④。但是由于种种原因，直至嘉庆末年，"鸦片之禁已严，而愈禁愈盛"⑤。道光初年以后，其禁更严，并有所针对性，如道光二年（1822年），御史黄中模奏称："迩来洋商与外夷勾通贩卖鸦片烟，海关利其重税，遂为隐忍不发，以致鸦片烟流传甚广。耗财伤生，莫此为甚。应令广东督抚密访海关监督有无收受黑烟重税，据实奏闻。如督抚瞻徇不奏，别经发觉，将洋商家产籍没入关，督抚与监督一并议处。并请旨通饬各省关隘一体严密查拿。如系何处拿获，即应究明于何处行走，所有各关纵放员弁加以严议。"朱批："所奏是。"⑥这主要在于防止有关官员的受贿失察、瞻徇不奏。

----

① 《清宣宗实录》卷29，道光二年二月辛卯。

② 道光九年的章程共有七款，道光十年的章程共有六款，均见《中国近代货币史资料》第1辑，上册，中华书局1964年版，第4～8页。

③ 包世臣：《齐民四术》卷11，《致广东按察姚中丞书》，见《安吴四种》卷35。

④ 《史料旬刊》第3册，道光十一年湖广道监察御史冯赞勋奏折。

⑤ 包世臣：《齐民四术》卷2，《庚辰杂著二》，见《安吴四种》卷26。

⑥ 中国人民银行总行参事室金融史料组编：《中国近代货币史资料》第1辑，上册，中华书局1964年版，第2页。

道光九年（1829 年），御史章沅奏称，"初食鸦片者，仅系幕友、长随，今则官员士绅，皆所不免"①，所以，"今直省严禁鸦片烟而先不自衙门始，尤不先自大吏衙门始，是犹坐视同室之人昼夜聚赌曾不之问"②，"是不得不严其法于吸食之人也"。尤其是对那些"力能包庇贩卖之人"的嗜烟官僚进行严惩，"若犹泄泄视之，是使数十年后，中原几无可以御敌之兵，且无可以充饷之银"③。这是为了禁止吸食，并试图从上而下的禁止，使"人人涤虑洗心，怀刑畏罪"。若"无吸食，自无兴贩；无兴贩，则外夷之烟自不来"④。

道光十八年（1838 年），鸿胪寺卿黄爵滋在其所上《严塞漏卮，以培国本折》中，还列举了当时的其他禁烟对策，如"严查海口，杜其出入之路"；"禁止通商，拔其贻害之本"；"查拿兴贩，严治烟馆"；"开种罂粟之禁，听内地熬烟"等。但效果都极其有限。⑤

这一时期禁烟的主张，最终导致了林则徐被任命为钦差大臣到广东禁烟，以及鸦片战争的爆发。鸦片战争以失败告终后，禁烟也就无从谈起了。

至于铸造大钱、发行票钞等其他措施，除了抑制银贵钱贱、理顺银钱比价的关系外，还有另外的原因。

到了光绪年间，相对于道咸年间而言，银价又开始回落,⑥ 维持在一个大致正常的水平。

---

① 中国人民银行总行参事室金融史料组编：《中国近代货币史资料》第 1 辑，上册，中华书局 1964 年版，第 3 页。

② 《史料旬刊》第 3 册，道光十一年大学士卢荫溥奏折。

③ 《林则徐集·奏稿》，中华书局 1965 年版，第 601 页。

④ 《筹办夷务始末》（道光朝），第 6～7 页。参见《鸦片战争》（一），第 463～466 页。

⑤ 《筹办夷务始末》（道光朝），第 6～7 页。参见《鸦片战争》（一），第 463～466 页。

⑥ 参见王宏斌：《晚清货币比价研究》，河南大学出版社 1990 年版，第 110～119 页。

第十一章
新币的发行及相关问题

一、大钱、票钞的发行与通货膨胀

由于铸造大钱的成本低，其面值愈大，铸造获利愈多，极易导致物价涌贵、私铸蜂起，所以，在中国历史上，铸造大钱向来被认为是通货膨胀、世道衰微的病态表征。"道光中叶，银外洩而贵，朝野皆欲行大钱以救之"①。当时，广西巡抚梁章钜、御史雷以诚、御史张修育、安徽巡抚王植、给事中江鸿升等人纷纷上疏请行，认为"银贵钱贱，官民交困"，"惟有请铸大钱，尚是通便宜民之一法"②。这种以铸大钱平抑银钱比价的上疏，遭到了户部的议驳，如道光十八年（1838 年）户部驳梁章钜铸大钱议："圜法流通，原以便民生日用，若奉行既久，则宜戒更张。……一钱仅当一钱之

---

① 《清史稿》卷124，《食货五》。
② 梁章钜：《浪迹从谈》，中华书局1981年版，第68页。

用，彼犹敢于私铸，若当十之钱，不必用十之铜，当百之钱，不必用百钱之铜，铜之所需较少，钱之获利转多，彼又何所惮而不为私铸？是欲防私铸，而私铸之难防，莫此为甚。臣等悉心酌议，所有该抚奏请铸大钱之处，殊难准行，应毋庸议。"又如道光二十二年（1842 年）户部驳雷以诚铸大钱议："大钱若行，私铸更易，论工本则轻而又轻，论利息则倍益加倍。所谓制造精工、真赝无难立辨，不知奸巧之辈何事不可以弊混，何物不可以伪为？稽查更难周密。……所有该御史奏请增铸大钱之处，实属窒碍难行，应毋庸议。"①

鉴于历史上铸大钱而诸弊并作，特别是私铸繁兴的教训，户部官员以及道光帝还是相当审慎，铸大钱在道光朝终未实行。

进入咸丰朝以后，情景就有所不同了。是时，以镇压太平天国为主的军费支出浩繁，国家财政异常困难，铸造大钱之议又起。览观时人的奏疏可以看出，是时的铸造大钱之议已基本上与平抑银钱比价无涉，而主要的在于筹措军费，以滥发通货的形式补苴国用。如咸丰三年（1853 年）正月，御史蔡绍洛奏称："今军需孔亟，筹饷维艰，事例捐输，可暂而不可久，惟有变通钱法，庶可以补利源。"二月，刑部尚书周祖培奏称："自军兴以来，縻费帑金至二千数百万两之多。军事一日未竣，帑饷一日难者，总应宽为筹储，以期无误要需。臣思自来银钱并重，钱之为用，正以济银之不足。……可仿照汉、唐成法，铸当十、当百、当千之大钱，因古制而酌今宜，又在部臣之妥为筹议也。"三月，户部尚书孙瑞珍奏称："臣部以宽筹经费，银钱并重，自应斟酌变通。"十一月，巡防王大臣绵愉奏称："现在军需浩繁，筹饷情形万分支绌，经部臣议行官票、大钱，以济国用之不足，而大钱一项，尤称通行便利。"等等。②

————————

①　中国人民银行总行参事室金融史料组编：《中国近代货币史资料》第 1 辑，上册，中华书局 1964 年版，第 144、150 页。

②　中国人民银行总行参事室金融史料组编：《中国近代货币史资料》第 1 辑，上册，中华书局 1964 年版，第 199～206 页。

在一片筹饷声中，清廷迫于财政困难、国库空虚的形势，不顾铸大钱之弊及某些人士的反对，① 而正式开铸大钱。《天咫偶闻》概称：

> 咸丰三年，军旅数起，饷需支绌。东南道路梗阻，滇铜不至。刑部尚书周祖培、大理司卿恒春、御史蔡绍洛先后请改铸大钱，以充度支。下其议于户部，时祁文端为权尚书，力赞成之。三月，先铸当十钱一种，文曰"咸丰重宝"，重六钱，与制钱相辅而行。八月，增铸当五十一种，重一两八钱。十一月，因巡防王六臣之请，又增铸当百、当五百、当千三种。当千者重二两，当五百者重一两六钱，铜色紫；当百者重一两四钱，铜色黄。皆磨炉精工，光泽如镜，文曰"咸丰元宝"。而减当五十钱为一两二钱；当十钱为四钱四分，继而又减为三钱五分，再改为二钱六分。四年正月，命宝源局铸当五钱一种，重二钱二分；三月，铸铁当十钱；六月，铸铅制钱，亦颇可行。然未及一年，盗铸蜂起，虽禁以弃市之律，不能止。②

据上可知，咸丰三年（1853 年）先由户部宝泉局铸当十、当五十、当百、当五百、当千等铜质大钱，随后，工部宝源局铸当五铜质大钱、当十铁质大钱及铅质大钱。同时，各省局也相继开铸，其推行时间概如表 11-1、表 11-2 所示③：

---

① 在反对者之中，以户部侍郎王茂荫最有见解。参见王茂荫：《王侍郎奏议》卷6，《论行大钱折》、《再论加铸大钱折》。

② 震钧：《天咫偶闻》卷3，北京古籍出版社 1982 年版，第 67 页。原标点不妥之处，已适当改正。另据档案，咸丰三年十一月二十一日户部右侍郎王茂荫奏：《为敬陈大钱利弊事》："本年三月，户部奏铸大钱，请定当十、当五十二种。自六月始按成搭放。"十一月十四日请添铸当百、当五百、当千三种。

③ 据汤象龙：《咸丰朝的货币》，见《中国近代财政经济史论文选》，西南财经大学出版社 1987 年版。另可参见中国人民银行总行参事室金融史料组编：《中国近代货币史资料》第 1 辑，上册，中华书局 1964 年版，第 241～259 页所载诸表。

表11-1　　　　　　　　　　各省推行大钱时间

省份	推 行 时 间	省份	推 行 时 间
福建	咸丰三年六月	河南	咸丰四年七月
广西	十一月	湖北	闰七月
甘肃	咸丰四年二月	热河	八月
陕西	二月	四川	十一月
直隶	六月	江苏	十二月
山东	六月	浙江	十二月
云南	六月	其他	未详
湖南	七月		

表11-2　　　　　　　　　　各省推行铁钱时间

省份	推 行 时 间	省份	推 行 时 间
山西	咸丰三年七月	河南	咸丰四年十二月
甘肃	咸丰四年四月	直隶	咸丰五年十二月
热河	八月	其他	未详
福建	十一月		

上揭《天咫偶闻》记载了各种大钱的重量及更改，值得注意的是，在各省推广铸造大钱时，各种大钱的重量先是遵照最初的定制，继而奉文改之，又根据情况再改。铸造不同种类的大钱，也是视情而定。如咸丰四年（1854年），陕西巡抚王庆云奏称："（陕局）于本年二月初七日开炉。其始，匠作生疏，铸造不能如法。适奉到部文，将当十大钱改铸重四钱四分，当五十大钱改铸重一两二钱。又添铸当百大钱重一两四钱，并添铸当五百大钱重一两六钱，当千大钱重二两。当即饬准遵照部文分量、铜铅（按：指铜铅比例）行之，先铸当十、当五十、当百三种，由官钱局向市肆通行。比及兼司察看，民间行使未形踊跃。广加采访，金云：钱质

稍轻，而当五十与当百相较，又只差二钱，虽文字不同，而目不识丁之人人手不能分别。……臣与藩司核议，当十者重五钱，当五十者重一两五钱，当百者重二两，均遵用铜七铅三铸成后，复向市肆试行，商民称便。……查当百者已加至二两，则当五百者不得不加至二两五钱，当千者亦应酌加为三两五钱。……（经试用纯铜试铸），此两种商民亦乐于行用，多有以制钱赴局兑换者。"①

各省铸造大钱的种类及相关情况概如表 11-3 所示②：

表 11-3　　　　　　　　　各省铸造大钱情况表

省份	铸局	铸材	大　钱　种　类
福建	宝福	铜铁铅	当五、当十、当二十、当五十、当百
	宝台	铜	当五
江西	宝昌	铜铅	当十、当二十、当五十
山西	宝晋	铜铁	当十、当五十
云南	宝云	铜铁铅	当十、当五十
	宝东	铜铁	当十
新疆	宝伊	铜铁铅	当四、当十、当五十、当百、当五百、当千
	阿克苏	铜	当五、当十、当五十、当百
广西	宝桂	铜	当十、当五十
贵州	宝黔	铜	当十、当五十
甘肃	宝巩	铜铁	当二、当五、当十、当五十、当百、当五百、当千
江苏	宝苏	铜银铁铅	当五、当十、当二十、当三十、当五十、当百、当五百、当千
陕西	宝陕	铜铁铅	当十、当五十、当百、当五百、当千
湖北	宝武	铜铁	当五、当十、当五十、当百

①　档案，咸丰四年五月十日王庆云奏：《为陕局鼓铸大钱酌增分量事》。

②　参见周育民：《晚清财政与社会变迁》，上海人民出版社 2000 年版，第 179～180 页。另参见中国人民银行总行参事室金融史料组编：《中国近代货币史资料》第 1 辑，上册，中华书局 1964 年版，第 252～259 页，《各局铸造咸丰大钱明细表》。

续表

省份	铸局	铸材	大 钱 种 类
直隶	宝直	铜铁铅	当五、当十、当五十、当百
	宝蓟	铜铁	当五、当十、当五十、当百
湖南	宝南	铜铁	当十、当五十、当百
河南	宝河	铜铁铅	当十、当五十、当百、当五百、当千
热河	宝德	铜铁	当五、当十、当五十、当百
四川	宝川	铜铁铅	当十、当五十、当百
山东	宝济	铜	当十、当五十、当百
新疆	叶尔羌	铜	当十、当五十、当百
	宝迪	铜铅	当八、当十、当八十
	喀什噶尔	铜	当五、当十、当五十、当百
	库车	铜	当五、当十、当五十、当百
浙江	宝浙	铜铁	当五、当十、当二十、当三十、当四十、当五十、当百

由上也可以看出，各省大钱的铸造各不相同。

咸丰年间在铸造大钱的同时，又发行票钞。

票钞即纸币。清廷入关后，因"经费未定，用度浩繁"，曾于顺治八年（1651年）"行钞贯之制，是年，始造钞一十二万八千一百七十二贯有奇。自后，岁以为额，至十八年即行停止"①。嘉庆十九年（1814年），侍讲学士蔡之定曾上疏奏请再行钞法，遭到嘉庆帝的拒绝和斥责："前代行用钞法，其弊百端，小民趋利若鹜，楮币较之金钱，尤易作伪，必致讼狱繁兴，丽法者众，殊非利用便

_____

① 《清朝文献通考》卷13，《钱币一》，第4967页。参见《清史稿》卷124，《食货五》。

民之道。且国家经费量入为出，不致遽形匮乏，何得轻改旧章，利未兴而害已滋甚乎！蔡之定著交部议处，以为妄言乱政者戒。"①

在前，议行票钞尚被视作"妄言乱政"，时至咸丰年间，局势发生了变化，咸丰元年（1851 年）王茂荫以"需财为当务之急"再次奏请实行钞法，并具体提出了"推钞之弊"、"拟钞之值"、"酌钞之数"、"精钞之制"、"行钞之法"、"筹钞之通"、"广钞之利"、"换钞之法"、"严钞之防"、"行钞之人"等十条方策，朱批："大学士会同户部议奏。"② 帝王的意思已是斟酌两可。随后又有翰林院检讨沈大谟、福建巡抚王懿德、江苏巡抚杨文定、左都御史花沙纳等人纷请行钞，虽也遭到某些臣僚的反对，③ 但最终在咸丰三年（1853 年）试行，是年上谕：

> 前有旨派左都御史花沙纳、陕西道御史王茂荫（按：时王茂荫已晋升户部侍郎）会同户部堂官妥议钞法，奏明办理。兹据花沙纳等公同酌议具奏，并绘具官票式样进呈，朕详加披览，所拟章程各条尚属周密，着即照所请，定为官票名目，先于京师行用，俟流通渐广，再颁发各省一律遵办。官票之行与银钱并重，部库出入收放相均，其民间银钱私票行用仍听其便，商贾交易亦无抑勒，洵为裕国便民良法，总期上下相信，历久无弊。

① 《清朝续文献通考》卷 19，《钱币一》，第 7691 页。

② 中国人民银行总行参事室金融史料组编：《中国近代货币史资料》第 1 辑，上册，中华书局 1964 年版，第 317～322 页。参见《王侍郎奏议》卷 1，《条议钞法折》。

③ 档案，咸丰三年三月十七日德英奏：《为访闻钞法，限于时事难期上下流通事》："伏见奉旨调赴军营官兵甚多，费饷甚巨，自应宽备广筹，源源接济。近日户部出示钞，令奴才访查舆论。钞法能用于库帑欠充之时，不能行于经费大绌之后；官票仅能上交于官库，不能行于市廛。方今天下众绅捐输，大员停俸，小民咸知经费大绌，私揣库帑必先尽于发饷，不能留备钞票取用，日后以银换钞则易，以钞易银则难。所虑取银期遥，换钱无处，商民畏用，不免阳奉阴违。"

同年又谕：

> 惠亲王等奏请颁行银钱钞法一折，据称，银票以便出纳，钱钞以利流通，请令京师及各直省均由户部颁行银票、钱钞，任听民间日用行使，并完纳地丁钱粮、盐关税课及一切交官等项，俾文武官员军民人等咸知银票即是实银，钱钞即是制钱，核定成数，搭放搭收，以期上下一律流通等语。……着即照所议由户部制造钱钞，颁发中外，与见行银票相辅通行。①

在《清史稿·食货五·钱法》中曾概要记述了票钞之制，略云：

> 票钞制以皮纸，额题"户部官票"，左满（文）、右汉（文），皆双行，中标二两平足色银若干两，下曰"户部奏行官票"。凡愿将官票兑换银钱者，与银一律，并准按部定章程，搭交官项。伪造者依律治罪。边文龙。
>
> 钞，额题"大清宝钞"，汉字平列，中标准足制钱若干文，旁八字为"天下通宝，平准出入"，下曰"此钞即代制钱行用，并准按成交纳地丁钱粮一切税课捐项，京外各库一概收解"。边文如票。

由上观之，票钞中银票发行在先，钱钞发行在后。银票又称"户部官票"或"官票"，钱钞又称"大清宝钞"或"宝钞"、"钞票"。银票分为一两、五两、十两、五十两等几种面额，② 钱钞初行时分为五百文、一千文、一千五百文、二千文等四种面额，③ 后

---

① 均见《清朝续文献通考》卷20，《钱币二》，第7697页。
② 据咸丰三年二月十七日《试行官票章程》称，造票定为一两、五两、十两、五十两四种，另据咸丰三年七月二十一日《推行官票章程》，银票分为一两、三两、五两、十两、五十两等五种，是银票面额前后有所变化。
③ 据《制钞应办事宜章程》，咸丰三年十一月十七日。

又增发五千文、十千文、五十千文、一百千文四种面额。① 并且先后议定了《试行官票章程十八条》、《推行官票章程》、《行钞章程》、《行钞章程十条》、《制钞应办事宜章程》等。《试行官票章程十八条》、《推行官票章程》、《行钞章程》、《制钞应办事宜章程》等，已经载于《中国近代货币史资料》，可以参看。② 而《行钞章程十条》，《中国近代货币史资料》等未载，笔者从档案中查得，特加引述：

1. 造钞宜盖用国宝；

2. 造钞分为九等，而小数宜多制；

3. 造钞必准库平足纹；

4. 欲行钞必先发帑本，广开钱铺，以为兑换钞票之倡；

5. 行钞必银钞各半；

6. 银钞并重，而必互相维制；

7. 发钞必自上而下，先王公大臣官员俸廉始，次及兵饷，次及工食；

8. 行钞必由近而远，京师行有成效，然后交各省藩司仿效办理；

9. 查弊之方宜密；

10. 杜弊之端立法宜竣。③

同时，户部设立官票厅、宝钞局，管理票钞的发行，除"乾天九号"（即户部"四乾"：乾豫、乾恒、乾丰、乾益，和内务府

① 中国人民银行总行参事室金融史料组编：《中国近代货币史资料》第1辑，上册，中华书局1964年版，第416～417页。按：户部尚书肃顺曾述其沿革："臣部于咸丰三年制造宝钞有五百文、一千文、一千五百文、二千文等四种。……又于咸丰五年添造五千、十千、五十千、一百千四种宝钞。"见档案，咸丰九年十一月六日肃顺奏：《为查出官票所司员代换宝钞显有情弊事》。

② 中国人民银行总行参事室金融史料组编：《中国近代货币史资料》第1辑，上册，中华书局1964年版，第350～359页，第374～377页。

③ 档案，咸丰三年三月二十日朱嶟奏：《酌拟行钞章程以济财用事》。

"五天"：天元、天亨、天利、天贞、西天元）等官号外，①　并借助商人力量，在京城设立"五宇官号"行钞。"五宇官号"又称"五宇钱铺"，或简称"五宇"。其沿革，据户部奏称："五宇钱铺原为行钞而设，向准开出钱票以为行钞之资。""自古行钞未有藉资于商力者，咸丰三年，臣部因军务吃紧，经费支绌，试行宝钞，其时并无分厘钞本。咸丰四年，商人白亮、刘宏振呈请捐助钞本，承办钞务。……经管理铁钱局王大臣奏请，设立宇大通，分设宇升、宇恒、宇谦、宇丰、宇泰官钱铺，以铁大钱为钞本，另募商人承办，准其开出本票照民铺一律交易，复会同臣部议定章程。"②后来由于"商人之性惟利是图"，经理不善，至咸丰八年（1858年）五月，停止五宇官号。至于五宇官号之停，户部曾专折奏明，据称："去岁（咸丰七年）奏明清查五宇账目，其时，宝钞与钱票实相依附，深恐宇票一动，宝钞因而不行，则前欠既不易清，逐月放款亦无可恃，另于去岁十月传集民铺五十家发本行钞，即于十一月二十日先停宇升号钱票，将宝钞移于核对总局开发，并改用长戳新钞。自是以来，钞法日有起色。本年开印时，又将宇谦、宇丰二号钱票停止，五月内停宇恒、宇泰钱票。盖欲使民知宝钞之可贵，无假于宇票以渐为之，则无所惊疑也。现在宝钞畅行，宇票停止。"③"五宇官号"的开设及停止，应该是一个重要事件，现有论著涉及不多，已有的叙述也存在着一些错误，如周育民认为，

---

①　咸丰三年，户部于署内设官票厅，设宝钞局于东交民巷，统归票厅司员管理。宝钞分局设在东华门外丁字街，另派员管理。户部复设乾豫、乾恒、乾丰、乾益四官号。内务府设天元、天亨、天利、天贞、西天元五官号。并制定有《官号管理章程十条》。参见中国人民银行总行参事室金融史料组编：《中国近代货币史资料》第 1 辑，上册，中华书局 1964 年版，第 485～490 页。另参见彭泽益：《咸丰朝银库收支剖析》，见氏著：《十九世纪后半期的中国财政与经济》，人民出版社 1983 年版，第 72～86 页。

②　档案，咸丰八年七月十八日柏葰、翁心存奏：《为清理五宇账目所有资本余利、钞本垫款，一切应补应交官项，现已全行完结事附片》。

③　档案，咸丰八年七月十八日柏葰、翁心存奏：《为清理五宇账目所有资本余利、钞本垫款，一切应补应交官项，现已全行完结事附片》。

"该年（咸丰八年）三月，又裁撤宇升、宇恒、宇谦、宇泰四宇字官号（宇丰已于咸丰七年裁撤）"，由于未注明出处，不知何据。①

五宇之停，事实上是分三步，前揭档案已经叙述清楚。兹再将《户部清查五宇官号出入总数清单》移录于下，作为参考②：

计开：

一、臣部历年共放过宝钞合京钱 50 489 625 吊。内分放过：

京饷兵饷宝钞	10 669 904 吊
官兵米折宝钞	9 853 809 吊
官员俸廉宝钞	7 007 161 吊
各处工程宝钞	897 593 吊
各项杂款宝钞	18 681 158 吊
各省截留宝钞	3 380 000 吊

以上各款臣部制造宝钞，按月开放后，俱应赴五宇官号凭钞取钱。

一、臣部共发过五宇官号钞本京钱 12 381 391 吊 670 文。

内分发过：

宇升钞本京钱	2 434 742 吊 360 文
宇恒钞本京钱	2 835 108 吊 350 文
宇谦钞本京钱	2 173 085 吊 320 文
宇丰钞本京钱	2 361 743 吊 320 文
宇泰钞本京钱	2 576 712 吊 320 文

此项钞本系由臣部随时给发五宇，以作收钞之用，如有不敷，向由五宇垫发。

一、五宇官号历年共收回宝钞 21 973 791 吊。内分：

---

① 周育民：《晚清财政与社会变迁》，上海人民出版社 2000 年版，第 203 页。

② 档案，咸丰八年七月十八日柏葰、翁心存呈：《户部清查五宇官号出入总数清单》。

宇升官号收回宝钞　　4 727 480 吊

宇恒官号收回宝钞　　4 183 050 吊

宇谦官号收回宝钞　　4 176 037 吊

宇丰官号收回宝钞　　4 223 437 吊

宇泰官号收回宝钞　　4 363 787 吊

此项即系臣部每月放出之款，业经五宇收回缴存钞库，其余宝钞，有另由铜局捐项内收回者，有仍在民间行使者。

一、五宇官号开票垫发钞本，并底子零尾足京钱9 226 945 吊 368 文。内分：

宇升垫过钞本京钱　　2 204 368 吊 978 文

宇恒垫过钞本京钱　　1 574 966 吊 460 文

宇谦垫过钞本京钱　　1 933 970 吊 138 文

宇丰垫过钞本京钱　　1 795 579 吊 126 文

宇泰垫过钞本京钱　　1 718 060 吊 660 文

此项系因钞本不敷，由五宇开票垫出之款，应由臣部补给。

一、五宇官号缴回铜当五、铁当十，并铜铅制钱足京钱1 122 069 吊 328 文。内分：

宇升缴回未用京钱　　94 708 吊 906 文

宇恒缴回未用京钱　　88 509 吊 988 文

宇谦缴回未用京钱　　135 855 吊 300 文

宇丰缴回未用京钱　　539 859 吊 880 文

宇泰缴回未用京钱　　263 135 吊 254 文

此项系五宇钞本内领去未用之钱，除将铜当五钱10 642 吊 590 文，铁当十钱 1 044 504 吊 880 文，铅制钱11 008 吊 616 文，请交钱局回炉改铸，又铜制钱55 913 吊 242 文缴存大库备用外，所有五宇此项钞本，亦应由臣部补给。

一、五宇官号应找领历年经费不敷足京钱 183 838 吊 996 文。内分：

宇升找领经费京钱　　42 392 吊 588 文

宇恒找领经费京钱　　36 463 吊 192 文

宇谦找领经费京钱　　40 730 吊 924 文

宇丰找领经费京钱　　41 241 吊 188 文

宇泰找领经费京钱　　23 011 吊 104 文

此项系五宇应行补领之款，内除捐铜局收钞，平枲处收钱所需经费，应请如数给发外，其余铺底、家具、房租、车脚以及历年食用不敷赔垫各款，臣等酌拟减去六成，按四成给发。

一、臣部筹款抵还五宇官号垫款，并应领经费足京钱 10 532 853 吊 692 文。内分：

抵还宇升垫款京钱　　2 341 470 吊 588 文

抵还宇恒垫款京钱　　1 699 939 吊 640 文

抵还宇谦垫款京钱　　2 110 556 吊 362 文

抵还宇丰垫款京钱　　2 376 680 吊 194 文

抵还宇泰垫款京钱　　2 004 207 吊 24 文

此项筹还五宇垫款内，除提到捐铜局所收宇票 8 947 568 吊 328 文，大库所存宇票 549 183 吊 602 文，作为钞本，另案奏销外，所有借用乾天九号所存宇票 1 036 101 吊 762 文，应由臣部于钞本项下酌量给还乾天九号归款。

一、五宇官号缴还原领资本足京钱 100 000 吊。内分：

宇升缴还资本京钱　　20 000 吊

宇恒缴还资本京钱　　20 000 吊

宇谦缴还资本京钱　　20 000 吊

宇丰缴还资本京钱　　20 000 吊

宇泰缴还资本京钱　　20 000 吊

此项系五宇应缴还部库之款，业经臣部严追如数缴清，现存核对总局。

一、五宇官号呈缴历年兑换银钱所获余利足京钱 170 009
吊 204 文。内分：

宇升呈缴余利京钱　　44 884 吊 220 文

宇恒呈缴余利京钱　　34 558 吊 958 文

宇谦呈缴余利京钱　　49 474 吊 44 文

宇丰呈缴余利京钱　　25 378 吊 998 文

宇泰呈缴余利京钱　　15 712 吊 984 文

此项亦系五宇应呈缴部库之款，均经臣部如数追完，
现存核对总局。

一、由官钱总局付来乾天九号未用宇票足京钱 799 555 吊
64 文。

此项系乾天九号私存未用之票，据该号呈出，业由臣
部督催五宇商人缴过钱 592 902 吊 840 文，内铜当十
较多，铁制钱较少，与历次领本之数相符。

一、五宇官号自七年八月清查后，共下过票存足京钱
12 947 121 吊 336 文。内分：

宇升已下票存京钱　　3 069 756 吊 762 文

宇恒已下票存京钱　　3 073 438 吊 152 文

宇谦已下票存京钱　　2 276 546 吊 760 文

宇丰已下票存京钱　　1 915 393 吊 882 文

宇泰已下票存京钱　　2 611 985 吊 834 文

此项五宇未下票存，除历年已收回者不计外，自上年
九月清查截数时共一千四百八十余万，叠经臣部严
追，共下过一千二百九十余万吊。

一、五宇官号未下票存京钱 1 961 137 吊 612 文。内分：

宇升未下票存京钱　　42 050 吊 910 文

宇恒未下票存京钱　　30 314 吊 26 文

宇谦未下票存京钱　　1 051 204 吊 20 文

宇丰未下票存京钱　　808 742 吊 304 文

宇泰未下票存京钱　　28 820 吊 352 文

此项系五宇钱票留民间之款。除宇泰、宇恒为数无多，其铺内所存外票、现票数目，均足相抵，应毋庸议外，宇升号票存虽无多，但该商另有抵还乾天九号未经换取之票，应请发交东城，一律催令清结。惟宇谦、宇丰二号所欠票存为数既巨，其铺内所存钱票又不足相抵，未便任其拖欠，应请将宇谦号商人张兆林、宇丰号商人马锡禄交刑部讯追。

　　在各省，则成立官钱局推行官票。如：福建设立永丰官局；陕西省城设立官钱总局，宁夏设分局；江苏清江设中和官局，山阳、清江设官钞局，苏州设官钱店，板闸、邵阳镇设官局；云南设官钱局；四川设官钱局；山西设官钱铺；热河设官钱局；直隶蓟州、遵化设钞局；保定设官号、票钞公所；湖北省城设官局、钱局，荆襄设官局；江西设宝丰官钱总局；浙江设大美官钱总局；山东设官钱铺局；河南设巨盈宝钞局；吉林设通济字号官钱铺；甘肃省城设官钱局，宁夏、秦州设分局。① 并令将有关情况及时汇报。但据上谕看，各省并未尽遵："咸丰四年五月十八日奉上谕：前经户部奏请，令各省开设官钱局推行官票，添铸铜钱、铁钱及各项大钱，当经降旨允准。原以经费支绌，全赖钱法钱钞流通无滞，庶足以利民用而济时艰，乃迄今日久，仅据福建、山西、陕西各省督抚奏明遵办，其余各省并未将现办情形奏报。该督抚等如果悉心经理，何至迁延一载，迄无定章。"② 这种有令不行，也是值得注意的。

　　票钞亦是先在京城发行，随后陆续推行于各省。各省推行银票

---

　　① 中国人民银行总行参事室金融史料组编：《中国近代货币史资料》第1辑，上册，中华书局1964年版，第464~466页。

　　② 档案，咸丰四年六月二十四日毓书奏：《为遵旨设法筹款，开炉鼓铸并速立官钱局推行钞法事》。

与钱钞的时间概如表 11-4 、11-5 所示①：

表 11-4　　　　　　　　　　各省推行银票时间

省份	推 行 时 间	省份	推 行 时 间
福建	咸丰三年九月	江西	咸丰四年十一月
甘肃	十月	四川	十一月
广西	十一月	江苏	十一月
直隶	咸丰四年正月	浙江	十二月
陕西	二月	山东	咸丰四年？月
云南	六月	吉林	咸丰五年？月
湖北	七月	其他	未详
河南	八月		

表 11-5　　　　　　　　　　各省推行钱钞时间

省份	推 行 时 间	省份	推 行 时 间
广西	咸丰三年十一月	湖北	咸丰四年闰七月
甘肃	咸丰四年四月	吉林	咸丰五年正月
直隶	五月	河南	咸丰六年正月
福建	六月	江苏	六月
云南	六月	其他	未详
山东	六月		

　　我们已经指出过，铸造大钱和发行票钞是在军费紧张、国用不足的形势下而为之，因此，铸造大钱和发行票钞也就明显地具有

---

① 　据上揭汤象龙《咸丰朝的货币》一文。参见中国人民银行总行参事室金融史料组编：《中国近代货币史资料》第 1 辑，上册，中华书局 1964 年版，第 464～466 页，《咸丰初年各省设立官钱局及推行官票、宝钞情况简表》。

"济理财之穷"的财政意义。

这种财政意义在三个方面表现突出：

第一，大钱的面值大，相对于等值制钱，越是面值大的大钱，工本越低、获利越大。咸丰三年（1853 年）正月，御史蔡绍洛曾上疏言及铸造铜大钱之利："铸一制钱须费一钱之工本，若改铸大钱，则费三四钱足成一当十之大钱，费三四十钱足成一当百之大钱，所费者少而获息者多。"① 据计算，每铸造当千铜大钱一枚，除去工本 114 文，每枚可增加铸钱收入 886 文，即净利为工本的 7.8 倍，当五百铜大钱和当百铜大钱也分别获利 4.6 倍、1 倍不等。铸造铁大钱，因为它的金属比价比铜低，铸钱获利更多，据计算，每铸当十铁大钱一枚，按照不同的铁价核算的铸利，分别为 12.2 倍和 34.3 倍。② 时人也曾按炉核算出铸造铁大钱之利："按现时采买城内残破锅铁，每斤京钱三十文计算，再除杂料各费，每炉每日约可盈余京钱六十吊文。按日后贩运山西平铁，每斤京铁八十文计算，每炉每日约可盈余京钱四十吊文。"③ 至于印制各种面值的票钞，工本需费更少，据称，每票银千两，仅"以一两运交银库提还造票工本"；"每钞一张，仅需制钱一文六毫，一万张合制钱十六千文，至为简者"④。可以说是"行钞之利，实无尽藏，造百万即有百万之利，造千万即有千万之利"⑤。

第二，直接拨充军需，以解燃眉之急。咸丰四年（1854 年），

---

①　中国人民银行总行参事室金融史料组编：《中国近代货币史资料》第 1 辑，上册，中华书局 1964 年版，第 199 页。

②　参见彭泽益：《一八五三——一八六八年的中国通货膨胀》，见氏著：《十九世纪后半期的中国财政与经济》，人民出版社 1983 年版，第 87～122 页。并参上揭汤象龙《咸丰朝的货币》一文。

③　中国人民银行总行参事室金融史料组编：《中国近代货币史资料》第 1 辑，上册，中华书局 1964 年版，第 222 页。

④　中国人民银行总行参事室金融史料组编：《中国近代货币史资料》第 1 辑，上册，中华书局 1964 年版，第 357、376 页。

⑤　中国人民银行总行参事室金融史料组编：《中国近代货币史资料》第 1 辑，上册，中华书局 1964 年版，第 398 页。

陕甘总督易棠奏称："甘省岁需兵饷四百余万两，全赖各省协济，自咸丰二年至今，各省欠解至三百余万之多，司库存银垫发殆尽。本年兵饷虽经户部照常指拨，而军务未竣，各省能否解到，殊难预定。支发兵饷，刻难缓待。前准部咨议行宝钞，按五成搭放兵饷，甘省岁需钞四百万串，目下部钞尚未发到。臣现与藩司段大章商酌，先行刊印司钞搭放，俟宝钞到日再行更换。"① 由此可见，在协饷不至的情况下，部钞按五成搭放兵饷，成了救命之钞，在部钞未到的情况下，先行刊印"司钞"，部钞之外的"司钞"刊印，也是值得注意的。咸丰七年（1857 年），陕甘总督乐斌又谈及协饷的欠解以及大钱、司钞充饷的情况："本省额赋无多，全赖外省协拨支发，近年南省逆氛未靖，各省欠解甘饷几至千万之多。……臣于在省司道悉心计议，惟有加炉鼓铸大钱，与现行司钞相辅而行，尚可稍补银款之不足。查甘省自设局开炉鼓铸大钱以来，遵照部议，铸造当百以下各种大钱。内当百、当五十两种大钱，皆因折当过多，私铸混杂，民间不能信心行用，业已停铸。现在体察情形，惟当十、当五两种大钱轻重适中，但能经理得宜，尚可逐渐流通。现议于城内城外添设炉座，多募工匠，加铸当五、当十两项大钱，无论兵饷、杂支，俱搭放大钱五成，概以钱二千作银一两搭放。"② 即使当百、当五十大钱不能行用，亦要鼓铸当五、当十大钱，并五成搭放兵饷。咸丰八年（1858 年），闽浙总督庆瑞也曾谈到官票支应军需的情况："闽省于咸丰三年仓促军兴，饷需既无可筹挪，民店又接踵倒闭，官民交困，几不能支。当经奏准开设永丰官局，行用银钱各票，以期上济国用，下便民生。数载以来，用兵未已，一切军需兵饷，司库搜罗即罄，无款应支，不得已悉提官局票银藉资挹注，计截至上年十月底止，共已提用票银三百八十万两有奇。"③

---

① 档案，咸丰四年三月十五日易棠奏：《为甘肃兵饷紧要，搭放钱文为数甚巨事》。

② 档案，咸丰七年三月三日乐斌奏：《为现筹加炉鼓铸大钱以济兵饷事》。

③ 档案，咸丰八年七月十九日庆瑞奏：《为闽省永丰官局提支过巨，票本全虚事》。

第三，清廷从滥发通货中直接增加收益。据现有资料统计以及彭泽益《一八五三——一八六八年的中国通货膨胀》的研究成果，咸丰年间铸造大钱、发行票钞的直接收益，折合成银两，至少达到6129万多两，各种发行所占的比重概如表11-6所示①：

表11-6　　　　咸丰年间铸造大钱、票钞发行数

项　目	发行数量	折合银两	比重（％）
户部、工部两局历年铸钱交库数（1851—1861年）	11 090 500 串	5 545 250	9.05
铁钱局历年铸钱共合京钱数（1854—1859年）	15 026 000 吊	3 756 500	6.13
户部银票历年发行总数（1853—1860年）	9 781 200 两	9 781 200	15.96
户部宝钞历年发行总数（1853—1861年）	27 113 038 串	13 556 519	22.12
乾天九号历年交库京钱票折合制钱数（1853—1861年）	49 447 910 串	24 723 955	40.34
宇字五号清查时京钱票发行余额（截至1857年8月）	15 707 814 吊	3 926 954	6.40
总　计		61 290 378	100

上表统计折合的银两兑额，约相当于当时国库总收入的69.5％，这还不包括当时各省所铸的大钱和地方藩库或官局印造的钱票（省钞或司钞）。由此而带来的财政收益当然是巨大的。

但是，滥发通货的弊端亦相当明显。就铸大钱而言，大钱一出，即出现私铸、贬值、物价腾贵、窒碍难行的局面。

咸丰四年（1854年），刑部尚书德兴、给事中启文谈私铸情形云：“铸造大钱，需本无多，获利甚厚，小民趋利之心胜，畏法之念轻，而私铸日见充盈”，“奸民贪利，私铸日多，京城地面现已一律严拿交部审办矣。奴才闻通州河西务一带地方，私铸更多，竟

———————————

① 参见上揭彭泽益《一八五三——一八六八年的中国通货膨胀》一文。

敢明目张胆，于白昼闹市之中，公然设炉，毫无忌惮。地方官畏其人众，不敢查问。"① 大钱铸造"未及一年，盗铸蜂起，虽禁以弃市之律，不能止"②。

咸丰四年（1854 年）六月，陕甘总督易棠称："现已铸就各种大钱计抵制钱四千余串，内当十、当五十、当百黄铜大钱市肆通行，已无阻碍，惟当五百、当千紫铜大钱行用尚行滞碍。体察情形，当百以下大钱可以多铸，其当五百、当千大钱，容俟察看情形，再行酌量鼓铸。"③ 虽说得较为含混，但当五百、当千大钱不能通行则是无疑的。同月，御史呼延栅在谈到大钱的贬值时说："现在当千、当五百大钱不能畅行，当千者折算七八百文，当五百者折算三四百文。"④ 贬值率大致在 20% ~ 30%，因此要求将当百以上大钱停铸。不久，当百以下大钱亦贬值壅滞，一如是年十月给事中仙保所奏："其大钱行市，始而每吊价值五六百文，后则日甚一日，每吊只值钱三百余文，今则竟无行市矣。因此各行商贾心皆摇动，议论沸腾，一概不使大钱。……以致兵民虽有大钱，无处买物，困苦情形，不堪言状，甚有手持大钱哭泣道路者。"⑤ 随着大钱的贬值壅滞，自然导致了"物价昂贵异常，兵民益形困苦"，其对物价以及人民生活的影响是明确无疑的。御史唐王森举例说，"京城以外，每斤麦面不过制钱十六七文，而城中则每斤至制钱三十七八文不等"，"一城之隔，价值增倍"的原因，正是由于"城中行使当百、当五十大钱，畿辅州县尚未通行，各庄户持麦入城换

①　中国人民银行总行参事室金融史料组编：《中国近代货币史资料》第 1 辑，上册，中华书局 1964 年版，第 307 ~ 308 页。并参同书第 315 ~ 316 页，《咸丰大钱私铸私销私运简表》。

②　震钧：《天咫偶闻》，北京古籍出版社 1982 年版，第 67 页。

③　档案，咸丰四年六月十八日易棠奏：《为谨将甘肃省设立官钱铺及试铸大钱行用情形事》。

④　中国人民银行总行参事室金融史料组编：《中国近代货币史资料》第 1 辑，上册，中华书局 1964 年版，第 263 页。

⑤　中国人民银行总行参事室金融史料组编：《中国近代货币史资料》第 1 辑，上册，中华书局 1964 年版，第 271 ~ 272 页。

归大钱不便使用，因即裹足不前，城中铺户遂多歇业"①。咸丰八年（1858 年），御史征麟在奏折中又称："自钱法数变而后，商贾狡狯之徒百般诡谲。始则因铜当百、当五十大钱，物价为之增长，继则因铁当十大钱，物价又为之增长。……即如食米，从前每石止卖十余吊文，今则每石二十余吊不止；猪肉每斤止卖二三百文，今则每斤六七百文不止。至于杂粮、杂货、零星食物，以及一切日用之类，无一不腾贵异常。"② 咸丰十一年（1861 年），御史刘有铭奏称："窃以国家之创制大钱也，原为一时权宜之计，本期辅制钱而行，以济不足，非专用大钱也。乃今日京城内直不见一制钱，而大钱出京不数十里即不能用，于是内外买卖不通，银价遂大相悬绝。城外银一两不到制钱三千，城内则需大钱二十二三千不止。虽经户部出示禁止，而阳奉阴违。以至物价昂贵，较前不啻十倍。钱法之弊，至此已极。"③ 由此，大钱的窒碍难行也就在情理之中，正如《清朝续文献通考》的作者按称："大钱甫经行使，即行壅滞。前王大臣等饰词入奏，谓民间颇称利用，实则民不利用大钱，利用大钱之私铸耳！"④《清史稿·食货五·钱法》也述其沿革弊端云：

> 大钱当千、当五百，以折当过重，最先废，当百、当五十继废，铁钱以私票梗之而亦废，乃专行当十钱。盗铸蜂起，死罪日报而不为止。局钱亦渐恶，杂私铸中不复辨，奸商因之折减挑剔，任意低昂。商贩患得大钱，皆裹足，三成搭收，徒张文告，屡禁罔效。法弊而扰法者多，固未有济也。当十钱行独久，然一钱当制钱二，出国门即不通行。

---

① 中国人民银行总行参事室金融史料组编：《中国近代货币史资料》第 1 辑，上册，中华书局 1964 年版，第 265 页。

② 中国人民银行总行参事室金融史料组编：《中国近代货币史资料》第 1 辑，上册，中华书局 1964 年版，第 298 页。

③ 档案，咸丰十一年四月二十八日刘有铭奏：《为变理圜法复归旧制事》。

④ 《清朝续文献通考》卷 20，《钱币二》，第 7699 页。

当然，大钱特别是小面额的大钱，如当十大钱，还是起到了一定的作用，在一段时间内相对比较流通。上揭有关史料也已经有所言及，再举出咸丰八年（1858 年）浙江巡抚晏端书的奏折作为体会："鼓铸当十大钱，收款以制钱八成、大钱二成搭收；放款除兵饷原搭一成钱文，亦以制钱八成、大钱二成搭放外，期于工程等项，概以制钱三成、大钱七成搭放。民间交易进出钱款亦即遵照二八搭用。自咸丰四年开铸以后，行用颇见流通。自六年九月间，因兵饷银不敷支，又经何桂清奏请，满汉各营兵饷、米折、马乾，除原搭一成钱文外，加搭二成当十大钱，按照时价在于兵饷项下鼓铸给放。综计四年起至七年止，票本、兵饷两项下，共鼓铸二十三卯，铸出当十大钱十万一百六十余串，抵制钱一百余万串，足敷行用。"但到上疏时，"大钱渐行壅滞"，要求重开铸造制钱。①

大钱若此，票钞的发行也大同小异。在议行票钞之初，就曾引起北京商民的恐惶，"人心惶惑，日甚一日，街谈巷议，处处皆然。且民间于钞法不知其利而宣传其害，竟畏之如虎"，各商家"多有装载银两盈千累万纷纷出都"，各钱铺也纷纷关闭，"街市扰攘，人人警危"②。票钞甫经发行，由于银票、钱钞不能兑现，"持票不能取银，则民已疑；持票并不能取钱，则民愈疑"，官票、宝钞大失信用，"几成废纸"③。在这种情况下，票钞难以流通，"有以钞买物者，或故昂其值，或以货尽为词"，不肯收纳票钞易货，"内外城兵民及大小铺面，均视钞法为畏途"④。

而且，在议行票钞之初谕令的"银票即是实银，钱钞即是制

---

① 档案，咸丰八年二月二十六日晏端书奏：《为浙省现议开铸制钱，暂行停铸大钱并改拟搭放章程事》。

② 中国人民银行总行参事室金融史料组编：《中国近代货币史资料》第 1 辑，上册，中华书局 1964 年版，第 339～341 页。

③ 中国人民银行总行参事室金融史料组编：《中国近代货币史资料》第 1 辑，上册，中华书局 1964 年版，第 365 页。

④ 中国人民银行总行参事室金融史料组编：《中国近代货币史资料》第 1 辑，上册，中华书局 1964 年版，第 381 页。鲍康：《大钱录》亦称："凡以钞买物者，或坚执不收，或倍昂其值，或竟以货尽为词。有戏呼为'吵票'者。"

钱，核定成数，搭放搭收"的意旨不能遵行，特别是民间交纳税课时"搭收"票钞受到阻碍。起初曾规定民间交纳税课，实银和票钞各半搭收，后又改为"银六票四"、"银七票三"、"银八票二"，在政策规定上已是尽量多收实银，少收票钞，而在实际执行过程中，各衙门更是少收或拒收票钞，如咸丰四年（1854 年）二月，克勤郡王庆惠所奏："现在京城凡有收项，各衙门于商民交纳、绅士捐输，均不肯按照奏定成数收受。在各衙门稔知库银支绌，意在多收实银一成，即有一成实银之用。"① 咸丰五年（1855 年），咸丰帝亦谕称："票钞之设，以济银钱之不足，叠经明降谕旨，凡京外应收应放各款，均准按成搭解，以期畅行无滞，凡官吏于收放等款敢于弊混者，亦经吏部等衙门将应得处分罪名明定章程具奏。兹据李钧奏称，河南省州县于征收钱粮时，专收银钱，不收票钞，解司之时，则收买票钞，按五成搭解，以致商民于票钞不知宝贵。见在票银一两、宝钞一千，均止易制钱四五百文。河工领款系八成票钞，二成见银，所领票钞难于行使，每于险工无从抢护。山东省藩库于各领款，则照二成搭放，而于州县解款，并不搭收，致票钞更形壅滞。"②

如上所述，由于票钞不能兑换现银现钱，在流通过程中，以票钞买物，市肆铺户又坚执不收，或倍昂其值，或任意折算，在交纳钱粮税课之时，地方官吏又从中舞弊，尽量少收或不收票钞。这几种情况交互作用，票钞的壅滞和贬值当然也就难以避免。据说，至咸丰九年（1859 年），"以银钞、钱票两项照依市价核算统计，每两不及实银二钱五分"，形同"废纸"③。随着票钞的壅滞和贬值，更加刺激了物价的上涨，如福建，自从发行票钞后，"民困日深，向来闽省米价每石不过三千余文，今（咸丰八年）则贵至三十余

---

① 中国人民银行总行参事室金融史料组编：《中国近代货币史资料》第 1 辑，上册，中华书局 1964 年版，第 385 页。

② 《清朝续文献通考》卷 20，《钱币二》，第 7701 页。

③ 中国人民银行总行参事室金融史料组编：《中国近代货币史资料》第 1 辑，上册，中华书局 1964 年版，第 411 页。

千文；银价不过一千五六百文，今则贵至九千余文。其余日用常物，无不增昂十倍。富者转贫，贫者待毙"，"人民迫不能待"，由此而"肆行喧闹"①。"票行日巨，票本愈虚，纹银铜钱缺少，遂致米粮百物，价日翔昂，民难谋生，怨咨日甚"②。其他省份，大致准此。面对此种情况，尽管清廷也曾采取过一些推行票钞的补救措施，但票钞的壅滞和贬值一无改观，并且还蕴藏着动乱的根苗。不得已，清廷于咸丰十年（1860 年）二月采取了"以前之钞票照常收放，以后之钞票暂停制造"的政策③，事实上宣布了票钞的停止发行。次年，也就是咸丰朝的最后一年，票钞的收放也基本停止。

但是，在实际的运行过程中，票钞的收放仍然延续了相当长的时间。举一件档案为证，同治六年（1867 年），直隶总督官文奏称："前准部议，以各省搭钞久经停止。……三月间，户部议奏加收停放章程，请自奉旨之日为始，截至年底止，作为限满，本年仍准搭放，明年即行停止等因，咨行到省。……直隶自咸丰四年行用钞票以来，迄今十有余年。初行之时放五收三，旋改放五收一。……司库赖以周转，各属亦习以相安，是以咸丰十年、同治二年经前司两次胪陈利弊，奏奉户部议复，仍令照旧银九钞一征收，务使上下流通，以济实银之不足。……溯自咸丰二年军兴以来，除例支各款外，支发各路大营粮台以及供应兵差等项，截至六年冬底，共动用实银二百二十三万三千余两，票银四十二万八千余两；又自七年起截至同治三年六月底止，共动用实银二百二十一万七千余两，票银七十五万三千余两。内惟山西、河南等处协拨银数十万两，其余实银三百余万两，票银一百余万两，皆由司库动垫。是票钞虽属虚银，确抵实银应用。"并且认为"是票钞之有益于库储，

① 中国人民银行总行参事室金融史料组编：《中国近代货币史资料》第 1辑，上册，中华书局 1964 年版，第 456~460 页。

② 档案，咸丰八年七月十九日庆瑞奏：《为闽省永丰官局提支过巨，票本全虚事》。

③ 中国人民银行总行参事室金融史料组编：《中国近代货币史资料》第 1辑，上册，中华书局 1964 年版，第 412 页。

而直隶之得力于票钞，均属信而有征"①。同时，也仍有颁发部钞、印制"司钞"的个例。同治十二年（1873年），陕甘总督左宗棠奏称："同治元年陕回倡乱，甘回继之，军用浩大，当时请颁发部钞一百万串，聊事补苴。嗣后因部钞破烂较多，司库难以周转，经前任藩司恩麟等又请续颁部钞，并请先由本司制造司钞搭放。彼时因筹措孔艰，为此苟且之计，盖不得已也。当准部复，以甘省藩库所制钞票如堪行使，即由该省自行制造，毋庸再请颁发。旋经各前任藩司陆续制司钞八百九十万串，连部钞共计九百九十万串。近因行用日久，腐烂愈多，钞价益贱，城市交易，每银一两易钞至二百五十串，每钞一串仅抵制钱六文。又行使钞票仅只省城内外，外来商贾不肯携带出外交易，而销路日塞，商贾因之裹足不前，百物翔贵，民困愈甚。"②

同治年间部钞的收放以及司钞的印制，可视为咸丰年间的遗绪。

综上，要言之，清廷在咸丰年间的铸大钱和发行票钞，是一种不折不扣的通货膨胀政策。在当时军费支出陡增、财政困窘的情势下，清廷利用国家权力强行滥铸大钱、滥发票钞，虽然在一定程度上能增加收益，"弥足国用"，但这种"收益"是以超经济的剥削和牺牲商民的利益为基点的。货币作为一种特殊的中介物，除了它所具有的职能外，本身也含有一定的内在"价值"，清廷对大钱、票钞的"强制增值"发行，也就同时意味着货币的贬值和物价的上涨。从现代的货币理论来看，通货膨胀与物价的上升基本上是同一含义，但是，"如果货币供给量的增加被限制在相应地增加产出量或货币需求量的范围内的话，它将不会导致价格的上涨"，通常还会有一定的积极意义。③ 而实际情况是，清廷当时的"滥发"通

①　档案，同治六年十二月十二日官文奏：《为统筹直隶时势，票钞断难议停事》。

②　档案，同治十二年四月十一日左宗棠奏：《为甘省部司各钞票不便行使事》。

③　［美］刘易斯：《发展计划》，北京经济学院出版社1989年版，第123～125页。

货，并不能创造新的国民收入，也没有刺激社会经济的发展；新币的发行也没有数量的约束，更没有必要的现金储备。铸造的大钱不能等值，发行的票钞不能兑换，① 除了铸大钱刺激了"私铸"泛滥外，大钱、票钞在流通中均受到阻滞，这必然导致币制的紊乱、物价的上涨、商业的萧条、人民生活水平的下降，以及地方官员的从中舞弊、吏治更加败坏等种种恶果。

二、银元与铜元的铸造

现有研究成果表明，中国的银元，大抵始于康熙元年（1662年）所铸"康熙宝藏"，见诸史料记载的是乾隆五十七年的"乾隆宝藏"，这种藏银，只限于西藏一带使用，对全国的货币制度和货币流通基本没有影响。在沿海和内地铸造银元，起初多有民间私铸或由地方政府允许民间银钱商号自铸。据说乾隆年间广东布政使曾允许银匠仿铸洋钱，此后，嘉庆、道光、咸丰、同治各朝，以至光绪初年，广东、福建、江苏、浙江、湖南、贵州、山东、吉林等省都有银币的铸造。在道光年间，已有"广版"、"福版"、"杭版"、"苏版"、"土版"等名目，如道光十三年（1833 年）御史黄滋爵所说："自洋银流入中国，市民喜其计枚核值，便于运用，又价与纹银争昂，随有奸民射利，摹造洋版，消化纹银，仿铸洋银。其铸于广东者曰广版，铸于福建者曰福版，铸于杭州者曰杭版，铸于苏州者曰苏版、曰吴庄、曰锡版，铸于江西者曰土版、行庄。种种名目，均系内地仿铸，作弊已非一日，流行更非一省。"② 这些地方性的仿铸银币，都未经清廷批准，流通有限，更无法与当时盛行的

---

① 按：咸丰四年三月，户部侍郎王茂荫在《再议钞法析》中，曾提出过四条补救措施：(1) 钱钞可以取钱，(2) 银票并可取银，(3) 店铺可以用钞易银，(4) 典铺出入可以搭钞。试图使票钞可以兑换，但遭到军机处、户部的联合议驳："所论专利商，而不便于国，殊属不知大体，所奏均不可行。"

② 中国人民银行总行参事室金融史料组编：《中国近代货币史资料》第1辑，上册，中华书局 1964 年版，第 43 页。

西班牙、墨西哥等外国银元相比。①

由地方大员向清廷提出的自铸银元的建议，则由江苏巡抚林则徐和江南总督陶澍于道光十三年（1833年）连衔提出。其在《会奏查议银昂钱贱除弊便民事宜折》中说："即如洋钱一项，江苏商贾辐辏，行使最多，民间每洋钱一枚，大概可作漕平纹银七钱三分，当价昂之时，并有作至七钱六七分以上者。夫以色低平短之洋钱，而其价浮于足纹之上，诚为轻重倒置。……无如闾阎市肆久已通行，长落听其自然，恬不为怪。一旦勒令平价，则凡生意应运之人，先以贵价收入洋钱者，皆令以贱价出之，每洋钱一枚，折耗百数十文，合计千枚，即折耗百数十千文，恐民间生计因而日绌，非穷蹙停闭，即抗阻不行，仍属于公无裨。且有佣趁之人，积至累月经年，始将工资易得洋钱数枚，存储待用，一旦价值亏折，贫民见小，尤恐情有难堪。臣等询诸年老商民，佥谓百年以前，洋钱尚未盛行，则抑价可也，即厉禁亦可也。自粤贩越通越广，民间用洋钱之处，转比用银为多，其势断难骤遏。盖民间图省图便，寻常交接，应用银一两者，易而用洋钱一枚，自觉节省，而且无须弹兑，又便取携，是以不胫而走，价虽浮，而人乐用。"② 从这里可以看出，林则徐等认为，洋钱的盛行，虽然导致"银荒"，打乱了故有的货币流通体制，但商民乐用，不能盲目禁止，银元代替银两是一种必然的趋势，③ 因而提出了自铸银元的建议：

欲抑洋钱，莫如官局先铸银钱，每一枚以纹银五钱为准，

---

① 参见彭信威：《中国货币史》，上海人民出版社1965年版，第784～793页。石毓符：《中国货币金融史略》，天津人民出版社1984年版，第89～90页。孔祥毅：《外国银元流通和中国自铸银元》，见氏著《金融票号史论》，中国金融出版社2003年版，第93～96页。

② 《林文忠公政书·江苏奏稿》卷1，《会奏查议银昂钱贱除弊便民事宜折》。参见中国人民银行总行参事室金融史料组编：《中国近代货币史资料》第1辑，上册，中华书局1964年版，第14～17页。

③ 中国人民银行总行参事室金融史料组编：《中国近代货币史资料》第1辑，上册，中华书局1964年版，第17～18页。

轮廓肉好，悉照制钱之式，一面用清文铸其局名，一面用汉文铸"道光通宝"四字，暂将官局铜钱停卯，改铸此钱，其经费比铸铜钱省至十倍。先于兵饷搭放，使民间流通使用，即照纹银时价兑换，而藩库之耗羡杂款，亦准以此上兑。计银钱两枚，即合纹银一两，与耗银倾成小锞者，不甚参差，库中收放，并无失体。盖推广制钱之式，以为银钱，期于便民利用，并非仿洋钱而为之也。且洋钱一枚，即抑价亦系六钱五分，如局铸银钱重只五钱，比之洋钱更为节省，初行之时，洋钱并不必禁，俟试行数月，查看民情乐用此钱，再为斟酌定制。①

林则徐等的建议并没有被道光帝采纳，道光帝认为是"官局议请改铸银钱，大变成法，不成事体，且银洋钱方禁之不暇，岂有内地亦铸银钱之理耶"②。尽管有道光帝的谕驳，也还是不断有人分析利弊，提出自铸银元的主张。如魏源称："货币者，圣人所以权衡万物之轻重，而时为之制。夫岂无法以驭之？曰：仿铸西洋之银钱，兼行古时之玉币、贝币而已。……今洋钱销融，净银仅及六钱六分，而值纹银八钱有奇，民趋若鹜。独不可官铸银钱以利民用，仿番制以抑番饼乎？"③ 吕佺孙称："臣生长江南，窃见民间所用洋钱一项，以银色低潮，外洋所制，而宝贵通用，其价反浮于足纹之上，……价虽浮，而人乐为用，非特通都大邑人人能辨，即乡僻小邨亦多有认识洋钱之人。……今欲禁用，则由来已久，民间未必遵行；欲绝来源，则取利甚大，夷人必不遵约。臣揆诸时势，参以舆论，惟有仿洋钱之制造为银钱。"④ 郑观应称："洋银之入中国，自乾隆间始，式样各异，制度不同，初亦不甚通行。立约通商以来，销流始广，凡洋人履迹所至，无论通都大邑，僻壤穷乡，通

---

① 《林文忠公政书·江苏奏稿》卷1，《会奏查议银昂钱贱除弊便民事宜折》。

② 参见杨国桢：《林则徐传》，人民出版社1995年版，第158页。

③ 魏源：《魏源集》，中华书局1976年版，第483页。

④ 中国人民银行总行参事室金融史料组编：《中国近代货币史资料》第1辑，上册，中华书局1964年版，第191~192页。

用洋钱，而中国纹银反形滞碍。其故何也？盖洋钱大者重七钱二分，小者递减，以至一角五分，市肆可以平行，无折扣之损，囊橐便于携带，无笨重之虞。较之纹银，实属简便。纹银大者为元宝，小者为锭，或重百两，或重五十两，以至二三两。用之于市肆，则耗损颇多，有加耗，有贴费，有减水，有折色，有库平、湘平之异，漕平、规平之殊。畸重畸轻，但凭市侩把持垄断，隐受其亏。若洋钱一圆有一圆之数，百圆有百圆之数，即穷乡僻壤亦不能勒价居奇，此民间所以称便也。西人以其畅行中国，不敷市廛之用，每年续铸运入，约计数百万以上，获利之券操自外人……每圆计重七钱二分，运入中国，极贵时可抵规银八钱，即江苏平常市价，总在七钱三四五六分之间。其利之厚，了然可睹。中国如不自行鼓铸，则其害正自无穷也……中国若仿行此法，则自造之银日见畅行，外来之洋不禁自绝，转移大局莫要于斯。"①

　　光绪十三年（1887）正月，两广总督张之洞上《为广东购办机器试铸制钱事》，在这份奏折中，张之洞指出，广东的铜钱，"自咸丰七年以后，三十年来未曾开铸，官钱日乏，商民病之"，因此，欲从英国"喜敦厂"购买机器铸钱，据清驻英大使刘瑞芬函电称，喜敦厂的上等铸钱机器，"每日作工十点钟，能铸造铜钱二百七十万个"，每日并可"搭铸"银元十万元。张之洞据此称："目前粤省兼用中外铜铅，亏折过巨，力有不支。惟有搭铸银元，或有余息藉资弥补，庶免以亏耗牵挚，至阻圜法。其试铸银元办法，另片详陈。"② 这是一份很重要的奏折，从这份奏折不但可以知晓张之洞早有用机器制造钱币的打算，已经作了购买机器的前期工作，而且提出试铸银元先由铸造制钱引入，使最高统治者易于接受，表现出很高的策略性。

---

① 郑观应：《铸银》，杜翰藩编：《光绪财政通纂》卷26，《银币》。光绪乙巳（三十一年）成都文伦书局铅印本。参见郑观应：《盛世危言》，中州古籍出版社1998年点校本。《郑观应集》，上海人民出版社1982年版。

② 档案，光绪十三年正月二十四日，张之洞奏：《为广东购办机器试铸制钱事》。按：该奏折《中国近代货币史资料》及《历史档案》1997年1~2期刊布的《晚清各省铸造银元史料》均未载。

张之洞在同一天"另片详陈"的《为广东购办机器试铸制钱附片》中称：

> 广东华洋交错，通省皆用外洋银钱，波及广西，至于闽台、浙江、皖、鄂、烟台、天津所有通商口岸，以及湖南长沙、湘潭，四川打箭炉，前后藏，无不通行，以至利归外洋，漏卮无底。窃惟铸币便民，乃国家自有之权利，铜钱、银钱，理无二致，皆应我行我法方为得体。……粤省此次订购铸钱机器内，兼有铸银元机器，拟即选募西人善铸银元者来华试造。若附在钱局内铸造，计此岁铸银元三千万枚之机器，其机器价值、厂屋、工料、火耗，一年所费，不过四五万金。外洋银元每元重漕平七钱三分，今拟每元加重一分五厘有奇，定为库平七钱三分，银元上一面铸"光绪元宝"四字，清文、汉文合璧，一面铸蟠龙纹，周围铸"广东省造库平七钱三分"十字，兼用汉文、洋文，以便于外洋贸易。铸成之后，支放各种饷需、官项与征收厘捐、盐课、杂税及粤省洋关税项向收洋银者，均与洋银一同行用。……闻外洋银元颇有盈余，虽每元加重一分五厘，断无亏折。如蒙允行，恳请颁发明旨……试造之初，先铸一百万元，察其能否流通，陆续添铸，多至五百万元而止。如不能畅行，随时停铸。①

此奏虽然有理有据，仍然受到户部的议驳，认为其弊有四，上谕亦称："所陈兼铸银元一折，事关创始，尚须详慎筹划，未便率而兴办。"② 尽管如此，张之洞还是反复条陈，并由试铸到正式铸造。对此，有关论著已有叙述。金国宝称："银铜元之开铸，始于

---

① 档案，光绪十三年正月二十四日，张之洞奏：《为广东购办机器试铸制钱附片》。

② 中国人民银行总行参事室金融史料组编：《中国近代货币史资料》第1辑，下册，中华书局1964年版，第673~674页。

粤省。粤钱局开办，于前清光绪十三年，是年粤督张之洞奏请试造外洋银元，始有银币。"① 彭信威称："光绪十三年，两广总督张之洞看见中国市面全是外国银币，奏请自铸银元，以谋抵制。于十四五年由广东银元局试铸银币，正面是光绪元宝四字，中央有四个小满文，也是光绪元宝。背面是蟠龙纹。每枚重量是库平七钱三分，比当时通行的鹰洋重一分，想用以抵制鹰洋。币面用中英满三种文字，中央的'光绪元宝'等字用中文和满文，周围的省名和币重用英文，由政府下令作为法币行使，完粮纳税，都能通用。这是中国最早的正式新银元。在钱币学上叫作七三番板（或反板），因为同后来通行的银元相反，英文刻在正面。但因分量重于鹰洋，终为鹰洋所驱逐，后乃改为七钱二分重。这是所谓的七二番板。样币送到北京时，户部觉得正面的英文不妥，叫把英文移到背面去，把背面的中文移到正面来，这才是后来广泛流通的广东龙洋。"② 魏建猷称，张之洞两广总督任间，于光绪十三年二月奏准设立广东造币厂试铸银元，于光绪十五年开始铸造，十六年开始流通于市场。③宫下忠雄称："广东的造币厂设于广州大东门外黄华塘，光绪十三年七月开工，十五年二月竣工。光绪十五年，开始试铸银元和新制钱，同年九月（阳历）发行银元，但由于新铸银元的重量、样式没有得到户部的同意，在改正的基础上，光绪十六年七月才正式发行。"④

各家所言还是有区别⑤，以日本学者宫下氏之说较为接近实

---

① 金国宝：《中国币制问题》，商务印书馆1928年版，第63页。
② 彭信威：《中国货币史》，上海人民出版社1965年版，第793~794页。
③ 魏建猷：《中国近代货币史》，台湾文海出版社1987年版，第123页。
④ ［日］宫下忠雄：《近代中国银两制度研究》，东京有明书房1990年版，第48页。按：该书原先曾为《中国币制的特殊研究》，1952年由日本学术振兴会出版，其成果可见未引起国内学者的重视。
⑤ 杨端六曾经注意到"广东铸造银元，何时开始，各有不同的说法"，并对几种说法加以引述，但自己未有定论。参见杨端六：《清代货币金融史稿》，三联书店1962年版，第289~290页。

情。据笔者自己查阅以及刊布的档案可知，张之洞从英国购回铸造银元大号机器四架，镌刻各种钢模，以及运费、保险费等，共用银三十五万五千余两，于光绪十五年（1889 年）四月二十六日开炉试铸，并将试铸样钱呈进。① 因为在试铸银元的重量上（七钱三分）与流行的外国银元不一致，遭到汇丰银行的反对，在压力之下，又减重量改铸，如张之洞所说："惟洋钱每元向重七钱二分，臣前奏，因中国之银中国所用，故拟定为库平七钱三分。兹据汇丰银行声称，仍拟铸七钱二分，则与向有洋钱一律，便于交易。窃思既欲中外通行，自应俯顺商情，仍以七钱二分为率。至于附铸之小银元，亦照此递为差减。"② 随后，于光绪十六年（1890 年）四月二日正式开铸，"其质、轻重、大小及配合成色，均照奏定章程，每元重库平七钱二分，配九成足银；次则三钱六分，减配八六成足银；再次则一钱四分四厘、七分二厘、三分六厘三种，均减配八二成足银。较现在市行洋钱成色轻重均属一律……并将铸成银元，陆续解还善后局查收搭用"③。七钱二分者为主币，其余四种（分别为五角、二角、一角、五分）为辅币。④

根据何汉威的研究，清末十年间广东所铸银元数量如表 11-7 所示⑤：

　　① 档案，光绪十五年八月六日，张之洞奏：《为广东钱局落成，开炉铸造，恭进样钱，并陈办理情形事》。

　　② 档案，光绪十五年八月六日，张之洞奏：《为洋商汇丰银行闻粤省试铸银元来求附铸行用，请旨开办事》。

　　③ 档案，光绪十三年正月二十四日，张之洞奏：《为广东购办机器试铸制钱附片》。中国人民银行总行参事室金融史料组编：《中国近代货币史资料》第 1 辑，下册，中华书局 1964 年版，第 679 页。《历史档案》1997 年第 1 期，《晚清各省铸造银元史料》（上），第 29 页。

　　④ 有关银元在广东的流通情况，参见陈春声：《清代广东的银元流通》，载《明清广东社会经济研究》，广东人民出版社 1987 年版。

　　⑤ 何汉威：《从银贱钱荒到铜元泛滥——清末新货币的发行及其影响》，《中央研究院历史语言研究所集刊》第 62 本第 3 分，1993 年。

表 11-7　　　　**清末（1890—1899 年）广东所铸银币数量**　　　单位：枚

类别	1890.5 ~ 1891.12	1893	1894	1895	1896	1897	1898	1899
一元	43 933	14 500	232 672	331 750	1 233 000	437 000	570 000	217 000
五角	17 874	45 100	52 490		99 000			
二角	5 667 381	13 923 900	21 807 680	29 055 900	14 743 000	22 537 000	30 989 000	36 566 000
一角	16 098 579	14 216 400	12 494 840	14 159 660	21 538 000	8 651 000	7 721 000	3 241 000
五分	1 158 945	127 100			164 000			

　　由于有广东的经验，张之洞移督湖广后，于光绪十九年（1893
年）上《请铸银元折》，奏称："目睹商艰民困，补救无方，不得
不亟筹一变通利济之法。督同司道再四筹商，佥以广东奏准开铸银
元利用便民，成效昭著。盖银元大小轻重均有定式，取携甚便，尤
利行远，商民便之，不独闽广、江浙及江西、安徽、湖南等省商民
贸易，通用银洋，如湖北汉口、沙市一带，向来亦多行用。至商轮
来往，则全用洋银交易。利权所在，尤当因时制宜。惟有援照广东
成案，开铸银元，庶可补制钱之不足。缘广东银元若由鄂省远道购
置，运费汇费耗折太多，且不能随时济用，拟即在鄂省自行铸造，
购置铸造大小银元之中等机器全副，先行试办。规模不必甚大，计
购办机器、创造厂屋共需经费银四万余两。……银元大小式样、轻
重分量及交纳支发各款、各省行用章程，广东均有户部议准成案可
循，通行各省，商民称便已久，一切均拟仿照成案办理，惟银元所
铸'广东'字样改为'湖北'，所有湖北各局卡厘金、盐课均准商
民一律用银元交纳，支发官款，一体酌量搭用，俱按照当时洋银市
价核算。"朱批：户部议奏。① 议准开铸，至光绪二十一年（1895

---

　　① 张之洞：《请铸银元折》，苑书义等主编：《张之洞全集》，第 2 册，河北
人民出版社 1998 年版，第 891 ~ 892 页。按：有些标点已重新标过。

年），湖北银元局铸成银元大小五种样币进呈。① 随后，各省纷纷效法，浙江、天津、福建于 1896 年开铸，江苏、安徽于 1897 年开铸，湖南、四川、奉天、吉林于 1898 年开铸，等等。②

　　各省纷纷制造银元，各有各的理由，但铸造银元可以盈利是一个很重要的因素。购买机器、开办厂局、雇用工匠，是一笔不小的开支，这些费用都由各地自行筹措，若没有盈利，难以想像。当初广东开铸银元，经费为三十五万五千余两，其余各省，费用恐怕最少也在十万两以上，即如规模较小的四川，用银亦达 115 564 两，在土货厘金中支取。③ 各地的盈余情况，据盛京将军依克唐阿称，"诸费暂由奉省各项税捐项下，每两酌提五分，核实动用"，光绪二十二年八月九日议准，二十三年七月动工，本年（光绪二十四年）五月底竣工，六月九日开工试铸，"三月以来共铸大小银元十四万元。通盘钩稽，不致亏折，尚有盈余"④。吉林将军延茂称："自光绪二十二年十一月开办，截至二十三年十月底止。计十二个月，一年期满，陆续兑换，循环鼓铸，共铸五种银元四十四万七千零八十两八钱五分，除去成色折耗各项银两外，共得利益银六万一千五百四十四两五钱二分七厘。"除去工匠薪津工食等项费用外，净盈利三万七千二百七十一两有奇。⑤ "自光绪二十三年十一月起，截至二十四年十月底止，连闰计十三个月，作为第二结，共铸成五种银元九百八十九万二千一百五十元，……计净得盈余银十九万三

---

　　① 中国人民银行总行参事室金融史料组编：《中国近代货币史资料》第 1 辑，下册，中华书局 1964 年版，第 681～683 页。参见［日］黑田明伸：《清末湖北省的币制改革》，《东洋史研究》第 41 卷 4 号，1982 年。

　　② ［日］宫下忠雄：《近代中国银两制度研究》，东京有明书房 1990 年版，第 467～468 页。

　　③ 档案，光绪二十四年八月二日文光奏：《为购运银元铜钱机器，雇匠造厂，动拨土货厘金，造册请销事》。

　　④ 档案，光绪二十四年九月二十六日依克唐阿奏：《为奉天设立机器制造局先行铸造银元事》。

　　⑤ 档案，光绪二十四年正月六日延茂奏：《为试铸银元一年期满，遵照部议造册备案事》。

千一百八十三两一钱零。查前届报销盈余银三万七千二百七十余两，除交涉、局提用经费及建房、置机开支银外，净剩存盈余银一万八千八百七十两八钱零，连前共存盈余银二十一万二千五十三两九钱零"①。"自光绪二十四年十一月起，至光绪二十五年五月三十日停铸造之日止（按，曾经奉上谕短暂停铸，见后述），计七个月，共铸成五种银元六百二十九万八千四百二十元……净得盈余银十一万五千二百七十两八钱零"②。尽管三次报销的盈利均未达到百分之十，③ 但总的盈利还是相当可观，连政务处亦特别看重此项盈利，要求"所有铸造余利尽数核实归公"④。当然，各地铸造的银元种类不同，盈利也不相同，按照张之洞的说法，铸造大银元盈利较少，铸造小银元盈利较丰："铸成九成银元，成色既减，则所值亦减，照市价兑换，汉口用洋例，上海用规元，展转折算，仅比九成实色略多，万不能抵十足纹银。大约铸银一千两，除铜珠、白铅、火耗、运费外，盈余不及二十两，员司、华洋工匠薪工、局费，每月约需一千数百两，尚未扣除。若铸八成二小银元，成色较低，余利较厚，大约铸银一千两，盈利约可百两。是以粤省钱局，以鼓铸九成大元并无余利，数年来皆铸小银元，多至千余万两，盈余颇丰。"⑤

本来，机器铸造银元，既可以与洋钱争利，避免利归外洋，又可以规范货币，使称量银两变为有型制的银币，其意义不可小视。但由于各省的纷纷铸造以及互相争利，模具不一，成色不一，做工

---

① 档案，光绪二十五年七月十二日延茂奏：《为吉林铸造银元鼓铸数目、各项折耗、一切局用及得盈余银两，遵照部章，造具细册报销第二结事》。

② 档案，光绪二十五年七月十二日延茂奏：《为吉林铸造银元鼓铸数目、各项折耗、一切局用及得盈余银两，遵照部章，造具细册报销第三结事》。

③ 何汉威认为，银元的铸利约为百分之十到百分之十四。见氏著：《从银贱钱荒到铜元泛滥——清末新货币的发行及其影响》，《中央研究院历史语言研究所集刊》第62本第3分，1993年。

④ 档案，光绪二十七年五月二十三日办理政务处奏：《为请旨事》。

⑤ 张之洞：《湖北银元局请仍归南洋经理折》，苑书义等主编：《张之洞全集》，第2册，河北人民出版社1998年版，第1072～1073页。

不一，导致了银币铸造的混乱。为各省的利益，各省又限制他省银元的流通，致使各省的银元流通受阻。光绪二十四年（1898 年），山东巡抚张如梅上疏指陈其弊云：

> 中国铸造银元始于广东，而直隶、湖北、江苏、安徽、浙闽等省继之，皆系沿江沿海通商省份，流通尚易。西北内地诸省亦间有建铸银钱之议者，而往往不甚流通。既以江南各省言之，其流通亦远不如鹰洋为数之巨。……惟各省建厂开炉或先或后，所用机器灵钝不一，胚板之大小不一，体质之纯杂不一，花纹之精粗不一，验收之宽严、局员之贤否亦不一。有核实办理，而适于用者，亦有不甚适用者。……中国自铸银钱，所以塞漏卮、定圜法，而与外人争利权也。与外人争利权，必自我整齐画一始，我不能整齐画一，是自相争自相轧也。自相争自相轧，外人遂得乘其隙而操纵之，利权不复为我有矣。①

张氏此疏，颇有见地，引起清廷的重视，朱批，户部议奏。此后，各种整顿措施先后出台。

光绪二十五年（1899 年）四月，上谕："各省设局太多，分量、成色难免参差，不便民用，且徒糜经费。湖北、广东两省铸造银元设局在先，各省如有需用银元之处，均着归并该两省代为铸造应用，毋庸另筹设局，以节糜费。该两省所铸银元成色、分量，不得稍减，务归画一。"② 但是，遭到直隶、江苏、吉林的反对，不得已，六月的上谕又称，此三省"亦着仍旧铸造，其余各省均仍遵前旨，毋庸另行设局"③。至光绪二十七年（1901 年），上谕认为，"各省所铸银元，惟广东、湖北两省成色较准，沿江沿海均已

---

① 档案，光绪二十四年十一月十一日张如梅奏：《为鼓铸银钱饬部厘定成色式样事》。

② 中国人民银行总行参事室金融史料组编：《中国近代货币史资料》第 1 辑，下册，中华书局 1964 年版，第 798 页。

③ 中国人民银行总行参事室金融史料组编：《中国近代货币史资料》第 1 辑，下册，中华书局 1964 年版，第 801 页。

通行"，又再次重申只允许广东、湖北两省铸造，其余停铸。①

利之所在，各省仍然不遵。于是，光绪二十九年（1903年）三月，上谕："各省所用银钱，式样各殊，平色不一，最为商人之累。自应明定画一银式，于京师设立铸造银钱总厂。俟新式银钱铸成，足敷颁行后，所有完纳钱粮、关税、厘捐，一切公款，均专用此项银钱，使补平、申水等弊扫除净尽。部库、省库收发务归一律，不准巧立名目，稍涉分歧。其应如何妥定章程，着即详晰核议，分别等第，请旨遵行。总之，此事为国家要政，上下交益，该王大臣等所当力任劳怨坚定不摇，务令圜法整齐，推行尽利。"闰五月，户部等衙门遵旨议复认为，"银钱总厂之设，先以勘定合适地基为根据，而机器运用，尤以近水近煤为第一要意。京中地势虽不无可用之处，而水源多不敷用，且距开平煤矿较远，运费亦必增加，似不如建设天津，经费较可节省"。朱批：依议。②

光绪三十年（1904年）八月，张之洞上《试铸一两银币片》，奏称："查从前各省所铸银元，均仿照墨西哥银元之重，合中国库平七钱二分，因中国从前尚未有定化一币制之议，所铸龙元，专为行用各口岸，抵制外国银货进口起见，并未为厘定通用国币起见，本属一时权宜之计。臣前年与刘坤一会奏，曾经陈明七钱二分重者，系依傍洋银办法。现既与各国定约画一银币，……自当别筹全国通行经久无弊之策。……窃谓今日铸全国画一之银币，自当以每元一两为准，出入均按十足纹银计算。……兹拟即就湖北铸造库平一两重银币，先行试用，以觇商情民情，兼体察各国商人情形，出纳利弊。行之而通，则奏请敕下户部裁酌推行；行之而不通，则湖北当收回另铸，所有赔耗工火之费，湖北任之，亏耗亦尚无多。……兹拟试铸银币共分四等，最大者重足库平一两，其次五钱，其次二钱，其次一钱。文曰'大清银币'，照从前银元式，清

---

① 中国人民银行总行参事室金融史料组编：《中国近代货币史资料》第1辑，下册，中华书局1964年版，第804~805页。

② 中国人民银行总行参事室金融史料组编：《中国近代货币史资料》第1辑，下册，中华书局1964年版，第814~815页。

文居中，环之其余洋文及省名、年份、计重若干、龙纹、花样均酌照从前银元式样。"朱批：着照所请，该衙门知道。① 十二月，便铸成样币进呈。② 试铸一两银币，亦是从"画一银币"着眼。

光绪三十一年（1905 年），户部上《银钱总厂简明章程》和《整顿圜法酌定章程十条》，希图全面整顿圜法。由于清朝最后几年的整顿圜法与铸造铜元的整顿联系在一起，所以，在叙述铜元的铸造后，再一起分析。

铜元之铸造亦为晚清币制的一大转折。光绪二十三年（1897年），御史陈其璋上奏，"唯仿照外洋，添造大小铜元，以补制钱之不足"，并力陈铸造铜元有八利："以机器改造铜元，则其利何可胜算，需铜少而值钱多，其利一。成式定而抵值准，其利二。分作三品，市廛适用，其利三。不穿中孔，工省价廉，其利四。铜色精莹，人知宝贵，其利五。往来商贾便于取携，其利六。鼓铸愈多，则银价自长，其利七。行用既广，则物价亦平，其利八。"③ 其后，亦不断有人陈述铸造铜元之利，当然亦有反驳之声。到光绪二十六年（1900 年）六月才在广东试铸。最初的试铸系仿照香港、澳门的铜仙："以粤省地邻港澳，外洋当十铜仙，内地商民间亦搭用，饬局试铸，以资周转。查港澳行使铜仙，计分三等，以第二等者最为适用，因饬先铸二等铜元。正面镌'光绪元宝'四字，内加清文'广宝'二字，周围镌'广东省造'，并分镌'每百个换一元'字样。背面中镌龙纹，周围镌西文，译曰'广东一仙'。每一元以紫铜九十五分，白铅四分，点锡一分配合，计重二钱，每百个抵大银元一元。"④ 何汉威已经注意到："正面镌'每百个换一元'

① 张之洞：《试铸一两银币片》，苑书义等主编：《张之洞全集》，第 3 册，河北人民出版社 1998 版，第 1635～1637 页。

② 张之洞：《进呈银币式样片》，苑书义等主编：《张之洞全集》，第 3 册，河北人民出版社 1998 年版，第 1655～1657 页。

③ 中国人民银行总行参事室金融史料组编：《中国近代货币史资料》第 1 辑，下册，中华书局 1964 年版，第 651～652 页。

④ 中国人民银行总行参事室金融史料组编：《中国近代货币史资料》第！辑，下册，中华书局 1964 年版，第 872～873 页。

字样，可见铜元最初是对银元比价。到光绪三十年才把正面'每百枚换一元'的文字改为'每元当制钱十文'。后来这种铜元成了一种实币，对银币没有一定的比价，可是对制钱却始终是十与一之比。到光绪三十三年，铜元面额有当一、当二、当五、当十和当二十五种，其中当十最为流行，各省都普遍铸造。当二铜元几有名无实，除天津造币总厂外，实际上各省都没有开铸。与其他面额的铜元相比，当一铜元生产成本高，铸造量也少，只在广东、湖北、直隶三省开铸。当二十铜元主要在华北及湖北、江西等省流通，而当五铜元的流通量更为有限。"① 何汉威这段概括的论述值得注意，但各省的铜元铸造情况（见表11-8），可能有所偏差，兹引述张通宝的成果作为参照②：

表11-8　　　　　　　　　清末各省铸行铜元种类简况

省区	开铸年份	铜元品种
广东	光绪二十六年（1900年）	"光绪元宝"当十 "大清铜币"当十
福建	光绪二十六年（1900年）	"光绪元宝"当五、当十、当二十 "大清铜币"当二、当五、当十
江苏	光绪二十七年（1901年）	"光绪元宝"当二、当五、当十、当二十 "大清铜币"当一、当十
吉林	光绪二十七年（1901年）	"光绪通宝"当二 "光绪元宝"当十、当二十 "大清铜币"当十、当二十

---

① 何汉威：《从银贱钱荒到铜元泛滥——清末新货币的发行及其影响》，《台湾"中央研究院"历史语言研究所集刊》第62本第3分，1993年。

② 张通宝：《湖北近代货币史稿》，湖北人民出版社1994年版，第32～33页。参见中国人民银行总行参事室金融史料组编：《中国近代货币史资料》第1辑，下册，中华书局1964年版，第917～922页，《各省铸行铜元概况表》。按：此表也只能作参考，可能仍然有错误。如，湖南开铸日期，表中为光绪二十八年，但据档案，光绪三十二年十二月十日湖南巡抚岑春煊奏：《为湖南停铸铜元事》称，湖南于光绪二十九年冬"就从前银元局房屋机炉试铸铜元，搭配行用"。

续表

省区	开 铸 年 份	铜 元 品 种
安徽	光绪二十八年（1902 年）	"光绪元宝"当五、当十、当二十 "大清铜币"当十
湖北	光绪二十八年（1902 年）	"光绪元宝"当一、当十 "大清铜币"当一、当二、当五、当十、当二十
湖南	光绪二十八年（1902 年）	"光绪元宝"当十 "大清铜币"当十
直隶	光绪二十八年（1902 年）	"光绪元宝"当一、当十、当二十 "大清铜币"当五、当十、当二十
奉天	光绪二十九年（1903 年）	"光绪元宝"当十、当二十 "大清铜币"当十、当二十
浙江	光绪二十九年（1903 年）	"光绪元宝"当十、当二十 "大清铜币"当二、当五、当十、当二十
江西	光绪二十九年（1903 年）	"光绪元宝"当十 "大清铜币"当十
四川	光绪二十九年（1903 年）	"光绪元宝"当五、当十、当二十 "大清铜币"当十、当二十
山东	光绪二十九年（1903 年）	"光绪元宝"当十 "大清铜币"当二、当十
河南	光绪三十年（1904 年）	"光绪元宝"当一、当十 "大清铜币"当十、当二十
广西	光绪三十一年（1905 年）	"光绪元宝"当十
贵州	光绪三十一年（1905 年）	"光绪元宝"当十
云南	光绪三十三年（1907 年）	"大清铜币"当二、当十
新疆	光绪三十三年（1907 年）	"光绪元宝"市银一厘五分、二分五厘 "宣统元宝"当十
西藏	宣统元年（1909 年）	七杰、嘎穷、嘎钦、卡岗、宝塔铜元

　　湖北铜元的铸造，虽然晚于广东、福建、江苏等省，但湖北造

币厂的经营规模最大，铸造量雄居全国之首。据《北华捷报》估计，从 1900—1905 年的 6 年内，全国共铸造铜元 125 亿枚，其中 1/3 可能出自湖北。这种情形的出现，一方面固然是地方当局借铸造铜元以攫利，另一方面，也与湖北境内特别是汉口地区对铜元需求量很大有密切关系。① 湖北铜币局历年铸造铜币的情况如表 11-9 所示②：

表 11-9　　　　　清末湖北铜币局历年铸造铜币概况　　　　单位：枚

年　份	当十铜币	当二十铜币	当五铜币	当二铜币	一文铜币
光绪二十八年（1902 年）	2 874 455				
光绪二十九年（1903 年）	160 033 000				
光绪三十年（1904 年）	440 049 200				
光绪三十一年（1905 年）	1 217 676 000				
光绪三十二年（1906 年）	696 980 000	267 500	5 258 000		1 680 000
光绪三十三年（1907 年）	668 258 000	26 000	4 046 000	784 000	418 000
光绪三十四年（1908 年）	493 160 000		542 000	60 000	29 180 000
宣统元年（1909 年）	219 790 000				
宣统二年（1910 年）		2 144 370			
宣统三年（1911 年）	68 630 000	2 619 790			

---

① 参见何汉威：《从银贱钱荒到铜元泛滥——清末新货币的发行及其影响》，《中央研究院历史语言研究所集刊》第 62 本第 3 分，1993 年。

② 张通宝：《湖北近代货币史稿》，湖北人民出版社 1994 年版，第 33 页。

至于当时全国的铸币情况，按照梁启超的统计，则如表11-10所示①：

表 11-10　　　光绪三十年至三十四年全国所铸铜元数

时　　间	原料铜（担）	铸成铜元（千枚）
光绪三十年	255 771	1 741 167
光绪三十一年	749 000	4 696 920
光绪三十二年	213 673	1 709 384
光绪三十三年	356 400	2 851 200
光绪三十四年	178 500	1 428 000
合　　计	1 753 344	12 426 671

按照梁启超的说法，此统计虽然未必十分准确，但离实际当不远，"由此观之，则此五年间所铸铜元，实在一百二十万万枚以上，而光绪二十八、二十九年及宣统元年所铸者，尚不在此数。民间及外国人所私铸者，尚不在此数。合而计之，则我国现有铜元额，总应在一百四十万万枚内外"。另据何汉威的研究，从清末最后十年间各省铸造铜元的发展来看，光绪三十一年（1905 年）为一分水岭。是年无论在铸造数或币材（紫铜锭块）进口量等方面，都显示出铸造铜元的事业达到全盛期。光绪三十年（1904 年），铜元铸造约为 17 亿枚，次年，激增为 75 亿枚。据英国驻华外交官谢立山（Alexander Hosie）爵士的保守估计，1905—1906 年两年内所铸造的铜元数量约为 90 亿枚，② 要高出梁启超的统计许多。

不管是哪一种统计或估计，清末的铜元铸造量都十分惊人。

---

①　梁启超：《各省滥铸铜元小史》，《饮冰室文集》之二十一。中华书局1936 年版。参见金国宝：《中国币制问题》，商务印书馆 1928 年版，第 84～85页。

②　何汉威：《从银贱钱荒到铜元泛滥——清末新货币的发行及其影响》，《中央研究院历史语言研究所集刊》第 62 本第 3 分，1993 年。

各省之所以大量铸造铜元，与铜元的铸造盈利有很大的关系。光绪三十一年（1905 年）九月的《东方杂志》曾就铸造铜元的余利作过分析，最后得出的结论为："每铸一个，余银二厘四毫三丝一，百个，余银二钱四分三厘一，万个，余银二十四两三钱一，百万个，余银二千四百三十一两。每日如铸百万，每年（大小月歇工）除净三百二十日，共三万万二千万个，可得余利漕平银七十七万七千九百二十两。"① 当时像湖北等大的铸局，每日的铸造量都在 100 万枚以上，也就是说年盈利至少在 77 万两以上。何汉威统计的各省的年余利及其在各省财政收入中的比重如表 11-11 所示②：

表 11-11　清末九省平均每年铜元余利及在财政收入中的比重

省份	1900—1907 年间平均每年的铜元余利（两）	1909 年各省的总收入（两）	余利占收入的比重（％）
江苏	2 453 268	5 776 291	4.74
湖北	2 422 572	17 180 310	14.10
广东	1 193 779	37 396 473	3.19
湖南	504 288	8 260 255	6.10
直隶	400 268	28 417 088	1.57
安徽	194 074	6 431 158	3.02
江西	148 892	9 395 118	1.58
山东	144 436	11 171 384	1.29

注：广东、直隶包括银元、铜元两项。

从当时地方大员的奏报中，也显示出铜元的余利。如：湖广总督陈夔元奏称："鄂省于光绪二十八年八月间，由前督臣张之洞创

---

① 中国人民银行总行参事室金融史料组编：《中国近代货币史资料》第 1 辑，下册，中华书局 1964 年版，第 923～924 页。

② 何汉威：《从银贱钱荒到铜元泛滥——清末新货币的发行及其影响》，《中央研究院历史语言研究所集刊》第 62 本第 3 分，1993 年。

设铜元局鼓铸铜元，以补制钱之不足……所铸铜币为数极多，制造精良，行用甚广，商民交称利便，市面赖以维持。开办之时，并未奉拨部款，亦未息借华洋商款，历年所得余利计有七百数十万两之多，内有解部练兵经费一百四十余万两，其余尽充湖北练兵兴学以及各新政之用。获利之厚，实为各省所无。"①

两江总督周馥奏称："各省铸造铜元，本为补救钱荒，非为图谋余利。开办之初，铜贱钱贵，获利颇巨。于是各省添机加铸，日出日多，举凡一切新政之无款举行者，皆指此余利以为的款，即练兵处摊提兵饷，亦竟指此为大宗。如果行之无弊，以之拨充军需，举行新政，岂不甚善。无如出钱日多，钱价日低。近日西人精通会计者，就中国已有之机核计出钱之数，岁可出铜元一万六千四百余兆枚，合制钱一百六十四兆余串。谓中国铜元之价必大低落，内外商务必受其困。各疆臣非不知之，徒以新政要需，练兵巨款，束手无策，不能不为此权宜之计，以顾目前。近来又因铜贵钱贱，余利骤减，不计市面盈绌，一意扩充销路，纷纷外运，互相挤跌。"②

安徽巡抚冯煦奏称："皖省鼓铸铜元，凡新政要需，辄赖余利以为挹注，所有奉拨各款，每年不计闰约需银十四万余两，历于盈余项下筹解。"③

两广总督岑春煊奏称："光绪二十六年六月试造二等铜元，以便民用，且为银元辅助。试造之初，不过日出数万个，至光绪二十九年冬季始渐增多。兹自光绪二十六年起截至光绪三十一年底止，共盈余洋银四百七十一万二千八百九两九钱零。"④

尽管各省铸造铜元的余利多寡不同，但普遍性盈利却是肯定的，所以，何汉威说，铸造铜元的余利比开铸银元丰厚得多，铸造

①　档案，宣统元年十月二十二日陈夔元奏：《为湖北造币分厂开铸，数年历获厚利事》。

②　档案，光绪三十一年六月二十日周馥奏：《为各省贩卖铜元流弊无穷事》。

③　档案，光绪三十三年六月二十四日冯煦奏：《为皖省铜元停铸事》。

④　档案，光绪三十二年九月二十二日岑春煊奏：《为广东钱局铸造银元铜元盈余收支各款事》。

铜元的收益率约为百分之三十到百分之五十之间。①

各省铸造铜元所获余利，一方面是上解户部，特别是拨充练兵经费，如户部奏："臣等查练兵经费……通行各省筹解以来，嗣据各该督抚先后奏报任筹常年各款，通计约六百万两，惟铜币盈余一项，多至二百七十万两。"② 铜元余利几乎占半数。另一方面，拨充各省新政所需，以弥补地方财政的不足。上揭湖广总督陈夔元奏称"历年所得余利计有七百数十万两之多，内有解部练兵经费一百四十余万两，其余尽充湖北练兵兴学以及各新政之用历年所得余利计有七百数十万两之多，内有解部练兵经费一百四十余万两，其余尽充湖北练兵兴学以及各新政之用"。两江总督周馥奏称"各省添机加铸，日出日多，举凡一切新政之无款举行者，皆指此余利以为的款"，即是明白的表述。另外，光绪三十年（1904 年），两江总督魏光焘奏称："添购新机，增建厂房，扩充铸造，岁获余利为三江师范学堂经费之用在案。三江师范学堂工费约需银十万两，常年学费银二十万两。又奏设练将学堂，练兵营房购地建造，约地价工费及开办用项共需银二十万两，……尚有陆师学堂、高等学堂，留学外洋各学生官费，新设农务局、官报局、农商工艺局各经费，无不于铜元盈余项下取给。此外，新政急待举行，亦在在需款。"③ 光绪三十一年（1905 年），直隶总督袁世凯奏称，北洋兴办工艺各事，"共计开办经费用银十万九千两，常年经费需银十一万九千两，预备扩充经费需银九万五千两，皆经臣饬由铜元局余利项下筹拨"④。另据光绪三十三年（1907 年）铜币大臣陈璧根据考察所呈

---

① 何汉威：《清末省区之间的铜元流通与货币套利》，《第二次中国近代经济史会议》，台湾中央研究院经济研究所 1989 年。又，《从银贱钱荒到铜元泛滥——清末新货币的发行及其影响》，《中央研究院历史语言研究所集刊》第 62本第 3 分，1993 年。

② 《光绪朝东华录》（五），中华书局 1958 年版，第 5316 页。

③ 档案，光绪三十年七月十七日魏光焘奏：《为江南铜元局增置机厂，改章整理，余利拨充兴学练兵事》。

④ 《光绪朝东华录》（五），中华书局 1958 年版，第 5311 页。

的清单来看，也是如此，咨转录湖北的情况作为示例①：

湖北造币分厂

旧管：

无

新收：

1. 售销铜币价值洋例银 18 372 448 两

开除：

1. 铜铅煤炭物料银 12 357 604 两

2. 薪工银 338 877 两

3. 厂费银 111 317 两

实在：

存余利洋例银 5 564 649 两，内提拨：

建造厂屋银 171 768 两

添购机器银 671 264 两

续添机件银 17 430 两

花红银 146 717 两

正阳门工程银 2 663 两

练兵经费银 747 670 两

赔款银 1 073 000 两

云南铜本银 144 285 两

解藩库存储备用银 214 637 两

解善后局还息借款银 214 285 两

解官钱局备各学堂购地经费银 20 408 两

各学堂经费银 469 423 两

图书馆经费银 51 020 两

各学堂局所祠宇及铁路工程银 305 170 两

各处购买民房地亩价银 156 411 两

————————

① 档案，光绪三十三年五月八日陈璧呈：《各省造币分厂厂房、机器成本、余利、出入款目清单》。所录数字，两以下舍去。

矿物局经费银 200 000 两

工艺局经费银 3 367 两

迁善所经费银 796 两

习艺所经费银 311 两

劝业场经费银 1 839 两

代垫纱布丝麻等局股本银 806 122 两

代织补纺纱制麻三局还官钱局款银 40 816 两

荆饷米折运费津贴银 4 721 两

协赈湘灾及运粜米款银 146 033 两

赴豫秋操用款银 100 030 两

浅水轮船价银 250 000 两

官窑砖瓦银 12 036 两

汉口后湖堤工银 54 300 两

潜江西湾堤工银 20 010 两

白沙洲添土工程银 10 100 两

湖北银元局附铸铜币

旧管：

无

新收：

1. 售销铜币价值估平银 8 655 659 两

开除：

1. 铜铅物料银 5 546 489 两

2. 薪工厂费银 832 409 两

实在：

存余利估平银 2 276 759 两，内提拨：

花红银 137 266 两

建造厂屋银 116 548 两

添购机器银 246 186 两

解京银元合银 5 090 两

练兵经费银 314 025 两

赔款银 466 200 两

云南铜本银 60 600 两

各学堂经费银 389 000 两

图书馆经费银 5 357 两

各处购买民地银 60 079 两

各项工程银 383 779 两

汉口后湖堤工银 22 282 两

武泰闸工程银 120 000 两

兵工厂经费银 90 000 两

公家花园开办经费银 21 973 两

制麻局添购机价银 100 000 两

修造官窑经费银 5 004 两

马路工程银 394 两

商报股本银 832 两

湖北汉阳兵工厂附设铜币厂

旧管：

无

新收：

1. 售销铜币价值估平银 3 563 061 两

开除：

1. 铜饼价银 2 820 459 两

2. 煤炭杂料银 109 688 两

3. 薪工银 43 781 两

4. 厂费银 19 285 两

实在：

存余利估平银 569 846 两，内除建造厂屋银 109 840 两，购置机器银 276 301 两，余估平银 183 704 两，悉数拨作汉口后湖堤工及修建营房购买民地之用，动支无存。

所有这些开支细目虽然有点繁杂，但读之仍有意味，从中既可以了

解凭借铜元余利确实做了一些地方事业，也可以体会清廷在发出减
铸或停铸铜元的指令后，地方大员的抗阻之因由。

　　由于铜元的铸造盈利导致了铜元的滥铸，铜元的滥铸又导致了
币值的剧跌以及互禁别省铜元流入辖境内行销等一系列问题，清廷
不得不采取相应的措施。对此，何汉威已经有细致的分析，认为：
中央政府介入地方币政分为两个阶段，第一个阶段（1905 年 6 月
至 1906 年 9 月），从补救入手，补救的重点是调整货币的供应量；
第二个阶段（1906 年 10 月至 1910 年 5 月），一方面加强前一阶段
制定的措施，另一方面，也引进一些新办法，旨在发挥更直接的控
制力。可以参见。① 笔者认为，清廷的应对政策主要有下述三端：

　　第一，限制各省铸造铜元的数量。光绪三十一年（1905 年），
财政处、户部会奏称："现查各省铸造铜元，毫无限制，虽经户部
奏定，业经开办之局，不准增机，未经设局之处，不准添设。惟各
省铜元局已设多处，且有一省数局者。在各省督抚无非以筹款维
艰，而铜元余利甚饶，亟思推广运销，藉资抪注，故现在铸数日
增。此省竞运出口，彼省严禁入口，则是铜元充斥，民用足敷情
形，已可概见。"因而建议："江苏、湖北、广东等大省，每日造
数不得逾百万，直隶、四川两省每日造数不得逾六十万，其余各
省，每日造数不得逾三十万。"② 虽然朱批依议，但地方大员仍然
寻找借口而不遵。同年，张之洞奏称："湖北需用铜元情形，有与
各省不同者数端：汉口为通商大埠，每年贸易不下数千万，各帮生
意出入皆用钱盘，不用银盘，故汉镇商务需钱独多。近年制钱缺
乏，全赖铜元为周转。两年以来，市面需用铜元之数，迄未减少，
其不同者一也。湖北以需饷浩繁，发行制钱一千文之官钱票，积年
用出已数百万张，专恃铜元为应付。武、汉两处商民，以官钱票赴
局兑换铜元者，每日约需数万串。平时随到随兑，因应不穷苦，故

---

　　① 何汉威：《从银贱钱荒到铜元泛滥——清末新货币的发行及其影响》，
《中央研究院历史语言研究所集刊》第 62 本第 3 分，1993 年。

　　② 档案，光绪三十一年十月二十三日财政处、户部奏：《为各省铸造铜元
日益增多，圜法紊乱拟请酌定限制以图补救事》。

官钱票之信用，与现钱无异。若铸数太少，不敷兑换，商民稍觉取付不灵，则散在民间之官钱票，必争向官钱局兑取现钱，无从应付，立有倾塌之虞，于湖北财政大局所关非细。此其不同者二也。夫民间以票兑钱，断断不能限制，铜元铸数既少，官钱局穷于应付，势必须向市面收购铜元以资接济。彼时钱商抬价居奇，不独官钱局赔累难支，且恐市面之牵动，利害出入关系尤重。此其不同者三也。……核计目前民用，每日仅铸百万，断断不能敷用，相去太觉悬远。合无仰恳天恩，俯念湖北省需用铜元尚亟，暂予变通，准由本省自行限制，随时体察情形，按实在需用之数铸造，断不容厂员任意多造，自取亏耗。俟一两年后，查看市面需用铜元较少，即当遵照财政处定章办理。"① 这一奏请没有得到清廷的批准，但湖北也并未按照朝廷规定的数目铸造。② 财政处亦称："限制之数，各省虽多遵照，然江苏已因逾限铸造，经臣等奏停。而各省之请免限制者，亦复不少。"③ 在不断的争执中，光绪三十三年（1907年），度支部（光绪三十二年户部改为度支部）在《各铜元厂统一章程》中，又重新拟订了各省铸造铜元的数量。④

第二，限制各省新设铸局，裁并局厂。光绪三十一年（1905年）户部奏称："现查开铸已有十七省，设局多至二十处，若不明定限制，未办者仍将援请，已准者复议扩充，铸局益多，更滋糜费，钱品益难一律……臣等公同商酌，各省已成之局，势难停废，应由该将军、督抚认真督造，不得再行增设子厂。此外，未铸铜元各处，概不得援照设局。"⑤ 奉旨：依议。首先将铸造铜元局厂限定在现有范围内。光绪三十二年（1906年），财政处与户部会奏，

①　张之洞：《湖北铸造铜元请由本省自行限制折》，苑书义等主编：《张之洞全集》，第3册，河北人民出版社1998年版，第1684～1685页。

②　张通宝：《湖北近代货币史稿》，湖北人民出版社1994年版，第32页。

③　《光绪朝东华录》（五），中华书局1958年版，第5569页。

④　中国人民银行总行参事室金融史料组编：《中国近代货币史资料》第1辑，下册，中华书局1964年版，第938～939页。

⑤　中国人民银行总行参事室金融史料组编：《中国近代货币史资料》第1辑，下册，中华书局1964年版，第928页。

明确提出了裁并局厂的建议："山东归并直隶为一厂，湖南归并湖北为一厂，江西、安徽、江苏、清江为一厂，浙江归并福建为一厂，广西归并广东为一厂，合奉天、河南、四川、云南四厂，共九处。皆归臣处、臣部统辖，调剂盈虚，彼此匀拨。嗣后体察情形，再行酌量裁并。"① 有些省份遵照整顿归并的指示而停铸，如湖南，据光绪三十二年（1906 年）湖南巡抚岑春煊奏称："前设铜元局已查照财政处来咨，于本年十二月初八日裁撤停铸。"② 光绪三十四年（1908 年），因"京外各处铜元益见其多，民间减折行使，以至银价日贵，物价愈昂"，度支部又奏："所有各种大小铜元，拟令各该厂一律暂行停铸。"上谕应允。③ 有些省份部分予以执行，如河南，据河南巡抚林绍年奏称，"准度支部咨，现时铜元太多，拟将各厂暂行停铸。于二月二十七日奏奉谕旨，着照所请，京外各厂暂行停铸"，于二月二十九日停止销售铜元，于三月二十八日停铸当十铜元。④

第三，设立造币总厂。还在光绪二十九年（1903 年），上谕已经指出："从来立国之道，端在理财用人，方今时局艰难，财用匮乏，国与民具受其病。自非统盘筹划，因时制宜，安望财政日有起色。……即如各省所用银钱，式样个殊，平色不一，最为商民之累。自应明定划一银式，于京设立铸造银钱总厂。"⑤ 户部等衙门遵旨办理，于同年提出将造币总厂设在天津的建议。光绪三十一年（1905 年），又制定《银钱总厂简明章程》和《整顿圜法酌定章程十条》，建议设立户部造币总厂，除仍留南洋、北洋、广东、湖北四局作为造币分厂外，银元与铜元统一由总厂铸造。至宣统二年（1910 年），又制定《造币厂章程》，该章程共有 18 条，已经十分细致、规范，如第一条规定：造币厂归度支部管辖，掌铸造国币一

---

① 《光绪朝东华录》（五），中华书局 1958 年版，第 5569 页。

② 档案，光绪三十二年十二月十日岑春煊奏：《为湖南停铸铜元事》。

③ 《光绪朝东华录》（五），中华书局 1958 年版，第 5870～5871 页。

④ 档案，光绪三十四年四月三日林绍年奏：《为遵旨停铸当十铜元并开铸一文新钱事》。

⑤ 《光绪朝东华录》（五），中华书局 1958 年版，第 5013 页。

切事宜。第二条规定：造币厂设总厂于天津，设分厂于武昌、成都、云南、广州四处，并暂设奉天分厂一处，其分厂统归总厂直辖。第七条规定：各省藩、运、关库等处所存银两与别项银元，应次第交大清银行转交造币厂代铸，铸成国币后，由各省照章使用。第十二条规定：总分各厂铸造新币重量、成色、公差之类，必须遵照奏定则例办理，并遴派精通化学人员随时化验，如有不符，即回炉重铸，以免参差。①

　　上述政策的制定与实施，一方面反映了清廷整顿圜法、统一币制的努力，另一方面也反映了在清末的特殊格局下，中央与地方的步伐难以一致。

---

　　①　中国人民银行总行参事室金融史料组编：《中国近代货币史资料》第 1 辑，下册，中华书局 1964 年版，第 806～809 页，第 814～820 页。

主要参考文献

一、理论著作

《马克思恩格斯全集》第 1 卷，人民出版社 1956 年版

《马克思恩格斯选集》，人民出版社 1972 年版

《列宁选集》，人民出版社 1972 年版

《毛泽东选集》，人民出版社 1991 年版

［英］亚当·斯密：《国民财富的性质和原因的研究》，商务印书馆 1972 年版

［美］萨缪尔森：《经济学》，商务印务馆 1979 年版

［美］阿尔蒙德：《比较政治学》，上海译文出版社 1987 年版

王沪宁：《比较政治分析》，上海人民出版社 1987 年版

桑玉成、刘百鸣：《公共政策学导论》，复旦大学出版社 1991 年版

尹文敬等：《财力经济学》，上海社会科学院出版社 1991 年版

崔满红、李志辉：《财政学》，中国金融出版社 2004 年版

赫书辰、曲顺兰：《财政学》，经济科学出版社 2007 年版

二、未刊档案

《顺治朝题本》，中国第一历史档案馆藏

《户科题本》，中国第一历史档案馆藏

《朱批奏折》，中国第一历史档案馆藏

《军机处录副》，中国第一历史档案馆藏

《内阁黄册》，中国第一历史档案馆藏

《奏销黄册》，中国第一历史档案馆藏

《报销册》，中国第一历史档案馆藏，北京大学移交

《会议政务处咨文》，中国第一历史档案馆藏

《会议政务处档案》，中国第一历史档案馆藏

《宪政编查馆档案》，中国第一历史档案馆藏

《地丁题本》（钞档），中国社会科学院经济所藏

《盐课》（钞档），中国社会科学院经济所藏

《俸饷》（钞档），中国社会科学院经济所藏

三、历史文献（包括已刊档案、典籍、资料汇编）

《度支部清理财政处档案》，清宣统年间铅印本

《度支部奏维持预算实行办法折稿》，1911 年集成图书公司铅印本

《史料旬刊》，1930 年至 1931 年铅印本

《明清史料》，商务印书馆 1936 年版

《清代档案史料丛编》，中华书局陆续出版

《清末筹备立宪档案史料》，中华书局 1979 年版

《明清档案》，台湾联经出版事业公司 1986 年版

《康熙朝汉文朱批奏折汇编》，档案出版社 1984—1985 年版

《雍正朝汉文朱批奏折汇编》，江苏古籍出版社 1989—1991 年版

《宫中档乾隆朝奏折》，台北故宫博物院 1982—1987 年版

《吴煦档案选编》，江苏人民出版社 1988 年版

《顺治年间有关垦荒劝耕的题奏本章》，《历史档案》1981 年

第 2 期

《顺治年间设官榷税档案选》，《历史档案》1982 年第 4 期

《康雍乾户部银库历年存银数》，《历史档案》1984 年第 4 期

《光绪十年户部等议奏开源节流办法折单》，《历史档案》1985 年第 2 期

《晚清各省铸造银元史料》，《历史档案》1997 年第 1～2 期

《雍正朱批谕旨》，乾隆间内府朱墨套印本；四库全书本

《清圣祖圣训》，四库全书本

《清世宗圣训》，四库全书本

《大清十朝圣训》，北京燕山出版社 1998 年版

《清世宗上谕内阁》，四库全书本

《清实录》，中华书局 1986 年影印本

蒋良骐：《东华录》，中华书局 1980 年点校本

王先谦：《东华录》，台湾文海出版社 1987 年刊行本

朱寿朋：《光绪朝东华录》，中华书局 1958 年点校本

《明史》，中华书局 1974 年点校本

《清史稿》，中华书局 1977 年点校本

《清史列传》，中华书局 1987 年点校本

《清代碑传全集》，上海古籍出版社 1987 年影印本

万历《大明会典》，万有文库本，台湾东南书报社 1964 年影印本

乾隆《大清会典则例》，四库全书本

乾隆《户部军需则例》，乾隆五十年刻本

乾隆《户部则例》，海南出版社 2002 年影印本

同治《户部则例》，同治十三年刻本

光绪《大清会典事例》，中华书局 1991 年影印本

康熙《大清会典》，台湾文海出版社影印本

雍正《大清会典》，台湾文海出版社影印本

乾隆《大清会典》，四库全书本

嘉庆《大清会典》，台湾文海出版社影印本

光绪《大清会典》，中华书局 1991 年影印本

《皇朝政典类纂》，光绪二十八年刻本

《清朝文献通考》，浙江古籍出版社 1988 年影印本

《清朝续文献通考》，浙江古籍出版社 1988 年影印本

《清朝通典》，浙江古籍出版社 1988 年影印本

《清朝通志》，浙江古籍出版社 1988 年影印本

《光绪政要》，江苏广陵古籍刻印社 1991 年影印本

《光绪财政通纂》，光绪乙巳（三十一年）成都文伦书局铅印本

《大清光绪新法令》，商务印书馆 1910 年版

李希圣：《光绪会计录》，上海时报馆光绪二十一年刻本

刘岳云：《光绪会计表》，光绪辛丑（二十七年）教育世界社铅印本

佚名《苏松历代财赋考》，清康熙刻本

雍正《陕西赋役全书》，清雍正刻本

雍正《江西赋役全书》，清雍正刻本

乾隆《江西赋役全书》，乾隆八年刻本

《广东财政说明书》，广东清理财政局 1911 年刻本

《湖南财政说明书》，湖南清理财政局 1911 年刻本

《平定准噶尔方略》，四库全书本

《筹办夷务始末》（咸丰朝），中华书局 1979 年版

《扬州十日记》，《中国历史研究丛书》本，第 17 册

《嘉定屠城纪略》，《中国历史研究丛书》本，第 17 册

《江阴城守纪》，《中国历史研究丛书》本，第 18 册

乾隆敕选：《明臣奏议》，武英殿聚珍版丛书本

陆陇其：《三鱼堂外集》，四库全书本

陆　耀：《切问斋文抄》，乾隆四十年刻本

琴川居士：《皇清奏议》，都城国史馆琴川居士排字本

贺长龄等：《皇朝经世文编》，中华书局 1992 年影印本

盛　康：《皇朝经世文续编》，台湾文海出版社 1987 年影印本

何良栋：《皇朝经世文四编》，台湾文海出版社 1987 年影印本

《洪承畴章奏文章汇辑》，商务印书馆 1937 年版

《同治中兴京外奏议约编》，上海书店 1985 年影印本

秦世祯：《抚浙檄草》，《清史资料》第 2 辑，1981 年

林则徐：《林文忠公政书》，中国书店 1991 年重刊本

林则徐：《林则徐集》，中华书局 1965 年版

魏　源：《魏源集》，中华书局 1976 年版

魏　源：《圣武记》，中华书局 1984 年版

包世臣：《安吴四种》，同治十一年刻本

包世臣：《包世臣全集》，黄山书店 1991 年版

曾国藩：《曾文正公奏稿》，光绪二年刻本

曾国藩：《曾国藩全集》，岳麓书社 1991 年版

《曾国藩未刊信稿》，中华书局 1959 年版

骆秉章：《骆文忠公奏议》，光绪四年刻本

胡林翼：《胡文忠公遗集》，光绪十四年刻本

王茂荫：《王侍郎奏议》，黄山书店 1991 年点校本

李鸿章：《李文忠公奏稿》，光绪三十一年刻本

张之洞：《张文襄公奏稿》，1918 年刻本

苑书义等主编：《张之洞全集》，河北人民出版社 1998 年版

震　钧：《天咫偶闻》，北京古籍出版社 1982 年点校本

刘献廷：《广阳杂记》，中华书局 1957 年点校本

法式善：《陶庐杂录》，中华书局 1959 年点校本

叶梦珠：《阅世编》，上海古籍出版社 1981 年点校本

梁章钜：《浪迹丛谈》，中华书局 1981 年点校本

张集馨：《道咸宦海见闻录》，中华书局 1981 年点校本

赵　翼：《檐曝杂记》，中华书局 1982 年点校本

汪景琪：《读书堂西征随笔》，上海书店 1984 年影印本

王庆云：《石渠余纪》，北京古籍出版社 1985 年点校本

黄遵宪：《日本国志》，光绪十六年广州刻本，天津人民出版社 2005 年点校本

郑观应：《盛世危言》，中州古籍出版社 1998 年版

郑观应：《郑观应集》，上海人民出版社 1982 年版

张　謇：《张季子九录》，中华书局 1931 年版

《清国商业事情与金融习惯》，东亚同文书院 1904 年版

《清国事情》，日本外务省通商局 1907 年版

《支那经济全书》，东亚同文会 1907—1908 年版

《清国厘金税报告集——在清国帝国各领事馆调查》，日本外务省通商局 1909 年版

康熙《四川总志》，康熙十二年刻本

雍正《广东通志》，雍正九年刻本

雍正《江西通志》，雍正十年刻本

雍正《四川通志》，雍正十一年刻本

雍正《山西通志》，雍正十二年刻本

雍正《陕西通志》，雍正十三年刻本

乾隆《江南通志》，乾隆元年刻本

乾隆《甘肃通志》，乾隆元年刻本

乾隆《浙江通志》，乾隆元年刻本

乾隆《山东通志》，乾隆元年刻本

乾隆《云南通志》，乾隆元年刻本

乾隆《贵州通志》，乾隆元年刻本

乾隆《福建通志》，乾隆二年刻本

乾隆《贵州通志》，乾隆六年刻本

乾隆《河南通志》，乾隆三十二年刻本

嘉庆《广西通志》，江苏广陵古籍刻印社 1987 年版

同治《福建通志》，同治十年刻本

光绪《畿辅通志》，光绪十年刻本

民国《黑龙江志稿》，1933 年铅印本

弘治《徽州府志》，天一阁藏书明代方志选刊本，上海古籍书店 1982 年版

乾隆《彰德府志》，乾隆五十二年刻本

乾隆《襄阳府志》，乾隆二十五年刻本

乾隆《长沙府志》，乾隆十二年刻本

乾隆《彰德府志》，乾隆五十二年刻本

乾隆《怀庆府志》，乾隆五十四年刻本

嘉庆《松江府志》，嘉庆二十三年刻本

嘉庆《宁国府志》，嘉庆年间刻本

道光《夔州府志》，道光七年刻本

道光《宝庆府志》，道光二十九年刻本

同治《苏州府志》，光绪八年刻本

光绪《荆州府志》，光绪六年刻本

光绪《重修杭州府志》，光绪三十四年刻本

乾隆《海宁州志》，乾隆四十一年刻本

顺治《溧水县志》，顺治年间刻本

康熙《东安县志》，康熙十六年刻本

康熙《灵寿县志》，康熙二十五年刻本

康熙《休宁县志》，康熙三十二年刻本

康熙《石埭县志》，康熙年间刻本

康熙《信丰县志》，北京图书馆古籍珍本丛刊，书目文献出版社1998年版

雍正《应城县志》，雍正四年刻本

乾隆《夏津县志新编》，乾隆六年刻本

乾隆《宝坻县志》，乾隆十年石印本

乾隆《东安县志》，乾隆十四年刻本

乾隆《铜陵县志》，乾隆二十二年刻本

乾隆《歙县志》，乾隆三十六年刻本

乾隆《光山县志》，乾隆五十一年刻本

乾隆《昆山新阳合志》，乾隆年间刻本

嘉庆《湘乡县志》，嘉庆二十二年刻本

道光《祁门县志》，道光七年刻本

道光《太康县志》，道光八年刻本

道光《乐至县志》，道光八年刻本

道光《阳曲县志》，道光二十三年刻本

道光《增修黔县志》，道光年间刻本

同治《郧西县志》，同治五年刻本

同治《新宁县志》，同治八年刻本

同治《安福县志》，同治十一年刻本

同治《灵寿县志》，同治十二年刻本

同治《益阳县志》，同治十三年刻本

同治《仪陇县志》，光绪三十三年补刻本

光绪《青浦县志》，光绪五年刻本

光绪《婺源县志》，光绪九年刻本

光绪《射洪县志》，光绪十年刻本

光绪《灌县志》，光绪十二年刻本

光绪《湘潭县志》，光绪十五年刻本

光绪《青阳县志》，光绪十七年刻本

光绪《应城县志》，光绪年间刻本

光绪《铜梁县志》，光绪年间刻本

民国《温江县志》，1921 年铅印本

民国《金堂县续志》，1921 年铅印本

民国《眉山县志》，1923 年石印本

民国《南陵县志》，1924 年铅印本

民国《简阳县志》，1927 年铅印本

民国《苍溪县志》，1928 年铅印本

民国《大竹县志》，1928 年铅印本

民国《重修什邡县志》，1929 年铅印本

民国《富顺县志》，1931 年铅印本

民国《绵阳县志》，1932 年铅印本

民国《叙永县志》，1933 年铅印本

民国《达县志》，1933 年铅印本

民国《云阳县志》，1935 年铅印本

民国《歙县志》，1937 年铅印本

民国《泸县志》，1938 年铅印本

雍正《新修长芦盐法志》，雍正四年刻本

嘉庆《两淮盐法志》，江苏广陵古籍刻印社 1987 年影印本

光绪《四川盐法志》，光绪八年刻本

《清盐法志》，1920 年铅印本

黄炎培、庞淞：《中国四十年海关商务统计图表（1876—1915）》，商务印书馆 1917 年版

江恒源：《中国关税史料》，中华书局 1931 年版

严中平等：《中国近代经济史统计资料选辑》，科学出版社 1955 年版

李文治：《中国近代农业史资料》，三联书店 1957 年版

王铁崖：《中外旧约章汇编》，三联书店 1957 年版

巫宝三等：《中国近代经济思想与经济政策资料选辑》，科学出版社 1959 年版

《洋务运动》，中国近代史资料丛刊，上海人民出版社 1961 年版

徐义生：《中国近代外债史统计资料》，中华书局 1962 年版

姚贤镐：《中国近代对外贸易史资料》，中华书局 1962 年版

中国人民银行总行参事室金融史料组：《中国近代货币史资料》，中华书局 1964 年版

梁方仲：《中国历代户口、田地、田赋统计》，上海人民出版社 1980 年版

《中国海关与英德续借款》（帝国主义与中国海关资料丛编），中华书局 1983 年版

《中国海关与义和团运动》（帝国主义与中国海关资料丛编），中华书局 1983 年版

鲁子健：《清代四川财政史料》上册，四川社会科学出版社 1984 年版；《清代四川财政史料》下册，四川社会科学出版社 1988 年版

陈振汉等：《清实录经济史资料》，北京大学出版社 1989 年版

中国人民银行总行参事室：《中国近代外债史资料》，中国金融出版社 1991 年版

汤象龙：《中国近代海关税收和分配统计》，中华书局 1992 年版

彭雨新：《清代土地开垦史资料汇编》，武汉大学出版社 1992 年版

吴兆莘等：《中国财政金融年表》下册，中国财政经济出版社1994年版

四、今人论著（以英文字母为序，外国人姓名以中文读音为准。各人名下，先著作，后论文，并以出版、发表时间为序）

A

［日］安东不二雄：《清国国债事情》，横滨正金银行1910年版

［日］安东不二雄：《中国的财政》（《支那の财政》），东京东亚实进社1921年版

［日］安部健夫：《耗羡提解的研究》《东洋史研究》第16卷4号，1958年。《雍正时代研究》收录，京都同朋舍1986年版。

B

［日］百濑弘：《清朝的财政经济政策》，《东亚研究所报》1943年20号。已由郑永昌译成中文，附录于《财政与近代史论文集》下册，台湾"中央研究院"近代史研究所1999年版

［日］北村敬直：《清代租税改革（地丁并征）》，《社会经济史学》第15卷3、4号，1949年

［日］滨下武志：《中国近代经济史研究——清末海关财政与开港场市场圈》，东京大学东洋文化研究所报告，1989年。已由高淑娟、孙彬译成中文，江苏人民出版社2006年版

［日］滨下武志：《近代中国的国际契机》，东京大学出版会1990年版。已由朱荫贵、欧阳菲译成中文，中国社会科学出版社1999年版

C

陈向元:《中国关税史》,京华印书局 1926 年版

陈沧来:《中国盐业》,商务印书馆 1929 年版

陈登原:《中国田赋史》,商务印书馆 1936 年版

陈恭禄:《从明末三饷说起兼及明清之际财政情况》,《南京大学学报》1962 年第 2 期

陈昭南:《雍正乾隆年间的银钱比价变动》,台北中国学术著作奖助委员会 1966 年版

陈国栋:《清代前期粤海关监督的派遣》,《史原》1980 年第 10 期

陈国栋:《清代前期粤海关的税务行政》,《食货月刊》1982 年第 11 卷第 10 期

陈秀夔:《中国财政史》,台湾正中书局 1983 年版

陈东有:《试论雍正"提耗羡设养廉"的财政改革》,《史学集刊》1984 年第 4 期

陈佳华:《八旗兵饷试析》,《民族研究》1985 年第 5 期

陈诗启:《中国近代海关史问题初探》,中国展望出版社 1987 年版

陈诗启:《中国近代海关史·晚清部分》,人民出版社 1993 年版

陈诗启:《从明代手工业到中国近代海关史研究》,厦门大学出版社 2004 年版

陈诗启:《论清末税务处的设立和海关隶属关系的改变》,《历史研究》1987 年第 3 期

陈　锋:《清代盐政与盐税》,中州古籍出版社 1988 年版

陈　锋、刘经华:《中国病态社会史论》,河南人民出版社 1991 年版

陈　锋:《清代军费研究》,武汉大学出版社 1992 年版

陈　锋:《陈锋自选集》,华中理工大学出版社 1999 年版

陈　锋:《清代亩额初探》,《武汉大学学报》1987 年第 5 期

陈　锋：《论清顺治朝的盐税政策》，《社会科学辑刊》1987年第6期

陈　锋：《绿营的低薪制与清军的腐败》，《武汉大学学报》1989年第2期

陈　锋：《也谈清初的人丁统计问题》，《平准学刊》1989年第5辑

陈　锋：《〈清史稿·盐法〉补正》，《文献》1990年第4期

陈　锋：《清代的土地开垦与社会经济》，《中国经济史研究》1991年第1期

陈　锋：《八旗饷制与八旗的盛衰》，《武汉大学学报》1991年第2期

陈　锋：《顺治朝的军费支出与田赋预征》，《中国社会经济史研究》1992年第1期

陈　锋：《清代绿营名粮制度述论》，《社会科学辑刊》1992年第6期

陈　锋：《清代八旗的战时俸饷制度》，《第二届明清史国际学术讨论会论文集》，天津人民出版社1993年版

陈　锋：《清代盐法考成述论》，《盐业史研究》1996年第1期

陈　锋：《清代的钱粮征解与吏治》，《社会科学辑刊》1997年第3期

陈　锋：《清初的招民与垦荒政策》，《经济评论》1997年第4期

陈　锋：《清代中央财政与地方财政的调整》，《历史研究》1997年第5期

陈　锋：《清代银钱比价的波动与对策》，《中国前近代史理论国际会议论文集》，湖北人民出版社1997年版

陈　锋：《清代户部的盐政职能》，《盐业史研究》1998年第2期

陈　锋：《清初轻徭薄赋政策考论》，《武汉大学学报》1999年第2期

陈　锋：《清代赋役制度的整顿改革与政策导向》，《人文论

丛》1999 年卷

陈　锋：《清代前期奏销制度与政策演变》，《历史研究》2000
　　　　年第 2 期

陈　锋：《清代财政制度的近代化》，日本《东瀛求索》2000
　　　　年第 11 号

陈　锋：《清代财政支出政策与支出结构的变动》，《江汉论
　　　　坛》2000 年第 5 期

陈　锋：《清代财政行政组织与奏销制度的近代化》，《人文论
　　　　丛》2000 年卷

陈　锋：《清代财政收入政策与收入结构的变动》，《人文论
　　　　丛》2001 年卷

陈　锋：《20 世纪的清代财政史研究》，《史学月刊》2004 年
　　　　第 1 期

陈　锋：《20 世纪的晚清财政史研究》，《近代史研究》2004
　　　　年第 1 期

陈　锋：《清末民国年间日本对华调查报告中的财政与经济资
　　　　料》，《近代史研究》2004 年第 3 期

陈　锋：《明治以来的日本对华调查与近代中国研究》，日本
　　　　《创大中国论集》第 8 号，2005 年

陈　锋：《清代西北的移民政策》，《人文论丛》2005 年卷

陈　锋：《近百年清代盐政研究述评》，台湾《汉学研究通讯》
　　　　第 25 卷第 2 期，2006 年 5 月

陈支平：《清代赋役制度演变新探》，厦门大学出版社 1988 年
　　　　版

陈支平：《民间文书与明清赋役史研究》，黄山书社 2004 年版

陈支平：《明末辽饷与清代九厘银沿革考实》，《文史》第 30
　　　　辑，1988 年

陈钧、任放：《张之洞经济思想散论》，《历史研究》1991 年
　　　　第 5 期

陈明光：《唐代财政史新编》，中国财政经济出版社 1991 年版

陈明光：《中国历史上何时建立"国家预算"》，《厦门大学学

报》1995 年第 1 期

陈春声：《市场机制与社会变迁》，中山大学出版社 1992 年版

陈春声：《清代广东的银元流通》，载《明清广东社会经济研究》，广东人民出版社 1987 年版

陈争平：《1895—1936 年中国国际收支研究》，中国社会科学出版社 1996 年版

陈　桦：《18 世纪的中国与世界·经济卷》，辽海出版社 1999 年版

陈　桦：《清代人口编审制度初探》，《清史研究集》第 6 集，1988 年

程　霖：《中国近代银行制度建设思想研究》，上海财经大学出版社 1999 年版

常乃德：《中国财政制度史》，世界书局 1930 年版

常建华：《乾隆朝蠲免钱粮问题试探》，《南开史学》1984 年第 2 期

曹月堂：《谈康熙朝的钱粮蠲免》，《南开史学》1982 年第 1 期

曹均伟：《近代中国利用外资》，上海社会科学院出版社 1991 年版

曹树基：《中国移民史》第 6 卷，福建人民出版社 1997 年版

曹树基：《中国人口史·清时期》，复旦大学出版社 2001 年版

曹树基、刘仁团：《清代前期"丁"的实质》，《中国史研究》2000 年第 4 期

蔡次薛：《隋唐五代财政史》，中国财政经济出版社 1990 年版

［日］重田德：《清代社会经济史研究》，岩波书店 1975 年版

［日］川胜守：《中国封建国家的统治结构——明清赋役制度研究》，东京大学出版会 1980 年版

D

戴逸主编：《简明清史》第 1 册，人民出版社 1980 年版

戴一峰：《近代中国海关与中国财政》，厦门大学出版社 1993 年版

戴一峰：《中国海关与中国近代社会》，厦门大学出版社 2005 年版

戴一峰：《清末东北地区开埠设关及其关税制度》，《社会科学战线》1988 年第 2 期

戴一峰：《晚清中央与地方财政关系：以近代海关为中心》，《中国经济史研究》2000 年第 4 期

戴　和：《清代粤海关税收述论》，《中国社会经济史研究》1988 年第 1 期

戴　和：《清代粤海关的考核与报解制度述论》，《海交史研究》1988 年第 1 期

戴建兵：《中国近代纸币》，中国金融出版社 1993 年版

杜家骥：《清中期以前的铸钱量问题——兼析所谓清代"钱荒"现象》，《史学集刊》1999 年第 1 期

邓绍辉：《晚清财政与中国近代化》，四川人民出版社 1998 年版

邓绍辉：《咸同时期中央与地方财政关系的演变》，《史学月刊》2001 年第 3 期

邓亦兵：《清代前期政府的货币政策与特点——以京师为中心》，《北京社会科学》2001 年第 2 期

邓亦兵：《清代前期税则制度的变迁》，《中国史研究》2003 年第 3 期

董建中：《清代耗羡归公起始考》，《清史研究》1999 年第 1 期

F

冯尔康：《雍正传》，人民出版社 1985 年版

冯元魁：《论清朝的养廉银制度》，《复旦大学学报》1991 年第 2 期

范毅军：《走私、贪污、关税制度与明清国内货物流通税的征收》，《中央研究院近代史研究所集刊》第 22 期，1993 年

［瑞士］傅汉思：《清代前期的货币政策和物价波动》，《中国

钱币》1995 年第 3 期

［日］副岛元照：《帝国主义与中国海关制度——从鸦片战争
　　　到辛亥革命》，京都大学人文研究所《人文学报》第
　　　42 号，1976 年

G

郭松义：《清初封建国家垦荒政策分析》，《清史论丛》第 2
　　　辑，1980 年
郭松义：《清初人口统计中的一些问题》，《清史研究集》第 2
　　　集，1982 年
郭松义：《论"摊丁入地"》，《清史论丛》第 3 辑，1982 年
郭松义：《清代的人口增长和人口流迁》，《清史论丛》第 5
　　　辑，1984 年
郭松义：《清初四川外来移民和经济发展》，《中国经济史研
　　　究》1988 年第 4 期
郭松义：《清代人口流动与边疆开发》，见《清代边疆开发研
　　　究》，中国社会科学出版社 1990 年版
郭松义、李新达：《清代蠲免政策中有关减免佃户地租规定的
　　　探讨》，《清史研究》第 8 辑，1991 年
郭道扬：《中国会计史稿》，上册，中国财政经济出版社 1982
　　　年版；《中国会计史稿》下册，中国财政经济出版社
　　　1988 年版
郭蕴静：《清代经济史简编》，河南人民出版社 1984 年版
郭毅生：《太平天国经济制度》，中国社会科学出版社 1984 年
　　　版
郭正忠：《中国古代盐业史》，人民出版社 1997 年版
郭太风：《八旗、绿营俸饷制度初探》，《复旦大学学报》1982
　　　年第 4 期
葛寒峰：《清代田赋中之耗羡》，《农学月刊》1939 年第 5 期
葛承雍：《唐代国库制度》，三秦出版社 1990 年版
葛剑雄：《中国人口发展史》，福建人民出版社 1991 年版

高王凌：《关于〈清代人口研究〉的几点质疑》，《中国社会科学》1982 年第 4 期

［日］根岸佶：《中国货币改革论》（《支那货币改革论》），东京支那经济学会 1919 年版

［日］高柳松一郎：《中国关税制度论》（《支那关税制度论》），京都内外出版株式会社 1920 年版，1926 年又出版了改订增补版。中文版作为"经济丛书社丛书之五"，商务印书馆 1924 年出版，李达译

［日］宫下忠雄：《中国货币制度论》（《支那货币制度论》），大阪宝文馆 1938 年版

［日］宫下忠雄：《中国银行制度论》（《支那银行制度论》），东京岩松堂书店 1941 年版

［日］宫下忠雄：《近代中国银两制度研究》，有明书房 1990 年版

［日］冈本隆司：《近代中国与海关》，名古屋大学出版会 1999 年版

［日］谷井阳子：《道光咸丰时期地方财务基调的变化》，《东洋史研究》第 47 卷 4 号，1989 年

［日］高嶋航：《清代的赋役全书》，《东方学报》京都第 72 册，2000 年

H

胡　均：《中国财政史讲义》，商务印书馆 1920 年版

胡寄窗：《中国经济思想史》，上海人民出版社 1963 年版

侯厚培：《中国近代经济发展史》，上海大东书局 1929 年版

何　烈：《厘金制度新探》，台北"中国学术著作奖助委员会"1972 年版

何　烈：《清咸同时期的财政》，台湾"国立编译馆中华丛书编审委员会"1981 年版

何　平：《清代赋税政策研究》，中国社会科学出版社 1998 年版

何　瑜：《晚清中央集权体制变化原因再析》，《清史研究》
　　　　1992 年第 1 期

何汉威：《晚清四川财政状况的转变》，《新亚学报》，第 14
　　　　卷，1984 年

何汉威：《清末赋税基准的扩大及其局限》，《"中央研究院" 近
　　　　代史研究所集刊》第 17 期下册，1988 年

何汉威：《清末省区之间的铜元流通与货币套利》，《第二次中
　　　　国近代经济史会议》，台湾 "中央研究院" 经济研究
　　　　所 1989 年

何汉威：《从银贱钱荒到铜元泛滥——清末新货币的发行及其
　　　　影响》，《"中央研究院" 历史语言研究所集刊》第 62
　　　　本第 3 分，1993 年

何汉威：《清代广东的赌博与赌税》，《"中央研究院" 历史语言
　　　　研究所集刊》第 66 本第 2 分，1995 年

何汉威：《从清末刚毅、铁良南巡看中央与地方财政的关系》，
　　　　《"中央研究院" 历史语言研究所集刊》第 68 本第 1
　　　　分，1997 年

何汉威：《清季中央与各省财政关系的反思》，《台湾 "中央研
　　　　究院" 历史语言研究所集刊》第 72 本第 3 分，2001 年

何汉威：《清季国产鸦片的统捐与统税》，载《薪火集：传统
　　　　与近代变迁中的中国经济——全汉昇教授九秩荣庆祝
　　　　寿论文集》，台北县稻乡出版社 2001 年版

何本方：《清代户部诸关耗羡归公的改革》，《南开史学》1984
　　　　年第 2 期

何本方：《清代户部诸关初探》，《南开学报》1984 年第 3 期

何本方：《清代的榷关与内务府》，《故宫博物院院刊》1985
　　　　年第 2 期

何本方：《清代商税刍议》，《社会科学研究》1987 年第 1 期

何本方：《乾隆年间的榷关免税措施》，《历史档案》1987 年
　　　　第 4 期

黄惠贤、陈锋：《中国俸禄制度史》，武汉大学出版社 1996 年

版，2006 年第 2 版

黄乘矩：《关于雍正年间养廉银制度的若干问题》，《清史论丛》第 6 辑，1985 年

黄时鉴：《论清末清政府对内蒙的移民实边政策》，《内蒙古大学学报》1964 年第 2 期

黄国信：《区与界：清代湘粤赣界邻地区食盐专卖研究》，三联书店 2006 年版

[日] 黑田明伸：《清末湖北省的币制改革》，《东洋史研究》第 41 卷 4 号，1982 年

[日] 黑田明伸：《乾隆的钱贵》，《东洋史研究》第 45 卷 4 号，1987 年。

J

贾士毅：《民国财政史》，商务印书馆 1917 年版

金国宝：《中国币制问题》，商务印书馆 1928 年版

贾植芳：《近代中国经济社会》，唐棣出版社 1949 年版。辽宁教育出版社 2003 年列入"新世纪万有文库"再版

姜 涛：《中国近代人口史》，浙江人民出版社 1993 年版

江 桥：《从清代题本、奏折的统计与分析看清代的中央决策》，《档案与历史研究》上册，中华书局 1988 年版

经君健：《论清代蠲免政策中减租规定的变化》，《中国经济史研究》1986 年第 1 期

[日] 吉田虎雄：《中国关税及厘金制度》，东京北文馆 1915 年版

[日] 井村薫雄：《中国的货币与度量衡》，东京大阪屋号书店 1926 年版

[日] 井出季和太：《厘金》，《支那内国关税制度》第三册，"南支那及南洋调查"第 208 辑，台湾总督官房调查课 1932 年版

[日] 金城正笃：《1854 年上海"税务司"的创设——南京条约以后的中英贸易和税务司创设的意义》，《东洋史

研究》第 24 卷 1 号，1965 年

［日］金城正笃：《清代的海关和税务司——税务司制度的确立》，琉球大学《法文部纪要——史学·地理学篇》第 18 号，1975 年

K

孔祥毅：《外国银元流通和中国自铸银元》，见氏著《金融票号史论》，中国金融出版社 2003 年版

L

郎擎霄：《中国民食史》，商务印书馆 1933 年版

罗玉东：《中国厘金史》，商务印书馆 1936 年版

罗玉东：《光绪朝补救财政之方策》，《中国近代经济史研究集刊》1934 年第 2 卷第 2 期

罗尔纲：《绿营兵志》，中华书局 1984 年版

罗尔纲：《湘军兵志》，中华书局 1984 年版

罗尔纲：《清季兵为将有的起源》，《中国社会经济史集刊》1937 年第 5 卷第 2 期

梁启超：《各省滥铸铜元小史》，《饮冰室合集》二十一，中华书局 1936 年版

梁方仲：《梁方仲经济史论文集补编》，中州古籍出版社 1984 年版

梁方仲：《易知由单的起源》，载《梁方仲经济史论文集补偏》，中州古籍出版社 1984 年版

梁方仲：《田赋史上起运存留的划分与道路远近的关系》，《人文科学学报》1942 年第 1 卷第 1 期

林仁川、王蒲华：《清代福建人口向台湾的流动》，《历史研究》1983 年第 2 期

林永匡、王熹：《清代长芦盐商与内务府》，《故宫博物院院刊》1986 年第 2 期

李　华：《清代前期赋役制度的改革》，《清史论丛》第 1 辑，

1979 年

李宇平：《近代中国的货币改革思潮（1902—1914）》，台湾师范大学历史研究所 1987 年版

李宇平：《张之洞的货币政策》，《台湾师范大学学报》1983年第 11 期

李龙潜：《明清经济史》，广东高等教育出版社 1988 年版

李克毅：《清代盐商与帑银》，《中国社会经济史研究》1989年第 2 期

李三谋：《明清财经史新探》，山西经济出版社 1990 年版

李文治、江太新：《清代漕运》，中华书局 1995 年版

李向军：《清代荒政研究》，农业出版社 1995 年版

李向军：《清前期的灾况、灾蠲与灾赈》，《中国经济史研究》1993 年第 3 期

李向军：《清代救荒的制度建设与社会效果》，《历史研究》1995 年第 5 期

李金明：《清代粤海关的设置与关税征收》，《中国社会经济史研究》1995 年第 4 期

李锦绣：《唐代财政史稿》上卷，北京大学出版社 1995 年版

［美］李中清：《1250—1850 年西南移民史》，《社会科学战线》1983 年第 1 期

［美］李中清：《明清时期中国西南的经济发展和人口增长》，《清史论丛》第 5 辑，1984 年

历　声：《乾隆年间新疆协饷拨解及相关问题》，《清史研究》1998 年第 2 期

刘　隽：《咸丰以后两淮之票法》，《中国近代经济史研究集刊》1933 年第 1 卷第 2 期

刘　隽：《道光朝两淮废引改票始末》，《中国近代经济史研究集刊》1933 年第 2 卷第 2 期

刘秉麟：《中国财政小史》，商务印书馆 1931 年版。2007 年武汉大学出版社作为"武汉大学百年名典"再版

刘秉麟：《近代中国外债史稿》，三联书店 1962 年版。2007 年

　　　　　　武汉大学出版社作为"武汉大学百年名典"再版

刘翠溶：《顺治康熙年间的财政平衡问题》，台湾嘉新水泥公
　　　　司文化基金会1969年版

刘翠溶：《清初顺治康熙年间减免赋税的过程》，《"中央研究
　　　　院"历史语言研究所集刊》，第37本，1967年

刘子扬：《清代地方官制考》，紫禁城出版社1988年版

刘含若：《中国经济管理思想史》，黑龙江人民出版社1988年
　　　　版

刘志伟：《在国家与社会之间——明清广东里甲赋役制度研
　　　　究》，中山大学出版社1997年版

刘志伟：《广东摊丁入地新论》，《中国经济史研究》1989年
　　　　第1期

刘广京：《晚清督抚权力问题商榷》，原载《清华学报》新10
　　　　卷第2期，见《中国近现代史论集》第6编，台湾商
　　　　务印书馆1985年版

刘克祥：《太平天国后清政府的财政整顿和赋税搜刮》，《中国
　　　　社会科学院经济研究所集刊》第3集，1981年

刘　伟：《甲午前四十年间督抚权利的演变》，《近代史研究》
　　　　1998年第2期

刘增合：《鸦片税收与清末新政》，三联书店2005年版

蓝　勇：《清代四川土著和移民分布的地理特征》，《中国历史
　　　　地理论丛》1995年第2辑

林满红：《晚清的鸦片税》，《思与言》1979年第5期

林满红：《财经安稳与个人健康之间：晚清的土产鸦片论议》，
　　　　《财政与近代历史论文集》，台湾"中央研究院"近
　　　　代史研究所1999年版

鲁子健：《清代四川的权关》，《中国社会经济史研究》1987
　　　　年第3期

赖福顺：《乾隆重要战争之军需研究》，台湾故宫博物院1984
　　　　年版

赖惠敏：《清代皇族的家族结构与财产分配》，《台湾"中央研

究院"近代史研究所集刊》第 23 期，1994 年

赖惠敏：《乾隆朝内务府的当铺与发商生息》，《台湾"中央研究院"近代史研究所集刊》第 28 期，1997 年

赖惠敏：《清乾隆朝的税关与皇室财政》，《台湾"中央研究院"近代史研究所集刊》第 46 期，2004 年

［英］莱特：《中国关税沿革史》，姚曾廙译，三联书店 1958 年版

［日］滝野正二郎：《清代乾隆年间常关税额的初步考察》，《东洋史论集》第 29 号，2001 年

M

缪全吉：《曾国藩幕府盛况与晚清地方权力之变化》，《中国近代现代史论集》第 5 编，台湾商务印书馆 1985 年版

孟昭信：《康熙大帝全传》，吉林文史出版社 1987 年版

宓汝成：《庚子赔款的债务化及其清偿、"退还"和总清算》，《近代史研究》1997 年第 5 期

茅海建：《鸦片战争清朝军费》，《近代的尺度》，上海三联书店 1998 年版

马小鹤：《清代前期人口数字勘误》，《复旦大学学报》1980 年第 1 期

马汝珩、马大正编：《清代边疆开发研究》，中国社会科学出版社 1990 年版

马伯煌：《中国经济政策思想史》，云南人民出版社 1993 年版

［美］马士：《中华帝国对外关系史》，张汇文等译，三联书店 1957 年版

［日］木村增太郎：《中国的经济与财政》，东京大阪屋号书店 1923 年版

［日］木村增太郎：《中国的财政真相及其革新措施》，东京启明会 1925 年版

［日］木村增太郎：《中国财政论》（《支那财政论》），东京大阪屋号书店 1927 年版

N

倪玉平：《清代漕粮海运与社会变迁》，上海书店 2005 年版

倪玉平：《博弈与均衡：清代两淮盐政改革》，福建人民出版社 2006 年版

P

彭雨新：《清代关税制度》，湖北人民出版社 1956 年版

彭雨新：《清代土地开垦史》，农业出版社 1990 年版

彭雨新：《清末中央与各省财政关系》，《社会科学杂志》1947 年第 9 卷第 1 期

彭雨新：《王船山赋役论及其思想体系》，《江汉学报》1963 年第 1 期

彭雨新：《清代前期的赋役混乱与整理改革》，《江汉历史学丛刊》1979 年第 1 期

彭雨新：《清代前期三大财政支出》，《中国古代史论丛》1981 年第 2 期

彭雨新：《辛亥革命前夕清王朝财政的崩溃》，《辛亥革命论文集》，湖北人民出版社 1981 年版

彭雨新：《四川清初招徕人口和轻赋政策》，《中国社会经济史研究》1984 年第 2 期

彭雨新：《中国近代财政史简述》，《中国经济史论文集》，中国人民大学出版社 1987 年版

彭雨新：《明清赋役改革与官绅地主阶层的逆流》，《中国经济史研究》1989 年第 1 期

彭雨新：《清代田赋起运存留制度的演进》，《中国经济史研究》1992 年第 4 期

彭信威：《中国货币史》，群联出版社 1954 年版，上海人民出版社 1958 年版

彭泽益：《十九世纪后半期的中国财政与经济》，人民出版社 1983 年版

彭泽益：《鸦片战后十年间银贵钱贱波动下的中国经济与阶级关系》，《历史研究》1961 年第 6 期

彭泽益：《论鸦片战争赔款》，《经济研究》1962 年第 12 期

彭泽益：《1853—1868 年的中国通货膨胀》，《中国社会科学院经济研究所集刊》1979 年第 1 集

彭泽益：《十九世纪五十至七十年代清朝财政危机和财政搜刮的加剧》，《历史学》1979 年第 2 期

彭泽益：《清代咸同年间军需奏销统计》，《中国社会科学院经济研究所集刊》第 3 集，1981 年

彭泽益：《清初四榷关地点和贸易量的考察》，《社会科学战线》1984 年第 3 期

彭泽益：《清代财政管理体制与收支结构》，《中国社会科学院研究生院学报》1990 年第 2 期

彭朝贵、王炎主编：《清代四川农村社会经济史》，天地出版社 2001 年版

潘喆、陈桦：《论清代的人丁》，《中国经济史研究》1987 年第 1 期

［日］平濑巳之吉：《近代中国经济史》，中央公论社 1942 年版

Q

齐清顺：《清代新疆的协饷和专饷》，《新疆历史研究》1985 年第 1 期

齐清顺：《清代新疆的协饷供应和财政危机》，《新疆社会科学》1987 年第 3 期

戚其章：《晚清海军兴衰史》，人民出版社 1998 年版

祁美琴：《清代内务府》，中国人民大学出版社 1998 年版

祁美琴：《清代榷关制度研究》，内蒙古大学出版社 2004 年版

瞿同祖：《清代地方政府》，范忠信、晏锋译，法律出版社 2003 年版

秦和平：《清季民国年间长江上游地区的鸦片税厘》，载陈锋

主编：《明清以来长江流域社会发展史论》，武汉大学出版社 2006 年版

〔日〕清水孙秉：《清国货币论》，东京富山房 1911 年版

S

孙毓棠、张寄谦：《清代的垦田与丁口的记录》，见《清史论丛》第 1 辑，1979 年

孙文学主编：《中国近代财政史》，东北财经大学出版社 1990 年版

孙晓芬：《清代前期的移民填四川》，四川大学出版社 1997 年版

孙翊刚：《中国财政问题源流考》，中国社会科学出版社 2001 年版

石毓符：《中国货币金融史略》，天津人民出版社 1984 年版

宋良曦、钟长永：《川盐史论》，四川人民出版社 1990 年版

申学锋：《晚清财政支出政策研究》，中国人民大学出版社 2006 年版

〔日〕松井义夫：《清朝经费之研究》，南满洲铁道株式会社 1935 年版

〔日〕松浦章：《清初的榷关》，〔日〕小野和子编《明末清初的社会与文化》，京都大学人文科学研究所 1996 年版

〔日〕山本进：《清代财政史研究》，汲古书院 2002 年版

〔日〕山本进：《清代后期四川地方财政的形成》，《史林》第 75 卷 6 号，1992 年

〔日〕山本进：《清代江南的牙行》，《东洋学报》第 74 卷 1、2 合号，1993 年

〔日〕山本进：《清代后期湖广的财政改革》，《史林》第 77 卷 5 号，1994 年

〔日〕山本英史：《清初的包揽问题》（《清初における包揽の展开》），《东洋学报》第 59 卷 1、2 合号，1977 年

〔日〕山本英史：《绅衿对税粮的包揽与清廷的对策》（《绅衿

による税粮包揽と清朝国家》），《东洋史研究》第
48 卷 4 号，1990 年

T

汤象龙：《中国近代财政经济史论文选》，西南财经大学出版
社 1987 年版

汤象龙：《道光时期的银贵问题》，《社会科学杂志》1930 年
第 1 卷第 3 期

汤象龙：《道光朝捐监之统计》，《社会科学杂志》1931 年第 2
卷第 4 期

汤象龙：《咸丰朝的货币》，《中国近代经济史研究集刊》1933
年第 1 卷第 2 期

汤象龙：《民国以前的赔款是如何偿付的》，（《中国近代经济
史研究集刊》1934 年第 2 卷第 2 期

汤象龙：《民国以前关税担保之外债》，《中国近代经济史研究
集刊》1935 年第 3 卷第 1 期

汤象龙：《鸦片战争前夕中国的财政制度》，《财经科学》1956
年第 1 期

唐瑞裕：《清代乾隆朝吏治之研究》，台北文史哲出版社 2001
年版

［日］土居智典：《清代湖南省的省财政形成与绅士层》，《史
学研究》第 227 号，2000 年

W

武堉干：《中国关税问题》，商务印书馆 1930 年版

吴廷燮：《清财政考略》，1914 年铅印本

吴兆莘：《中国税制史》，商务印书馆 1937 年版

吴　慧：《明清财政结构性变化计量分析》，《中国社会经济史
研究》1990 年第 3 期

吴　慧：《清代人口的计量问题》，《中国社会经济史研究》
1988 年第 2 期

吴　慧：《明清财政结构性变化的计量分析》，《中国社会经济史研究》1990 年第 3 期

吴建雍：《清前期榷关及其管理制度》，《中国史研究》1984 年第 1 期

万国鼎：《中国田赋史》，正中书局 1933 年版

魏建猷：《中国近代货币史》，群联出版社 1955 年版

魏建猷：《清代外国银元之流入及其影响》，《东方杂志》1945 年第 41 卷 18 号

魏光奇：《清代后期中央集权财政体制的瓦解》，《近代史研究》1986 年第 1 期

韦庆远：《档房论史文编》，福建人民出版社 1984 年版

韦庆远：《明清史辨析》，中国社会科学出版社 1989 年版

韦庆远：《论康熙时期从禁海到开海政策的演变》，《中国人民大学学报》1989 年第 3 期

王振先：《中国厘金问题》，商务印书馆 1917 年版

王尔敏：《清季兵工业的兴起》，台湾"中央研究院"近代研究所 1963 年版

王尔敏：《淮军志》，台湾"中央研究院"近代史研究所 1981 年版，中华书局 1987 年版

王树槐：《庚子赔款》，台湾"中央研究院"近代史研究所 1974 年版

王业键：《中国近代货币与银行的演进（1664—1937）》，台湾"中央研究院"经济研究所 1981 年版

王业键：《清代经济史论文集》，台北县稻乡出版社 2003 年版

王业键：《清雍正时期的财政改革》，《台湾"中央研究院"历史语言研究所集刊》，第 32 本，1960 年

王小荷：《清代两广盐务中的"帑息"》，《清史研究通讯》1985 年第 2 期

王　笛：《清代四川人口耕地及粮食问题》，《四川大学学报》1989 年第 3、4 期

王　者：《清初曾开三饷加派》，《平准学刊》第 5 辑，1989 年

王宏斌：《晚清货币比价研究》，河南大学出版社 1990 年版

王戎笙：《清代全史》第 2 卷，辽宁人民出版社 1991 年版

王振忠：《明清徽商与淮扬社会变迁》，三联书店 1996 年版

王光越：《乾隆初年钱价增昂问题初探》，《历史档案》1984 年第 2 期

王光越：《试析乾隆时期的私铸》，《历史档案》1988 年第 1 期

汪士信：《乾隆时期徽商在两淮盐业经营中的应得、实得利润与流向分析》，《中国经济史研究》1989 年第 3 期

汪林茂：《清咸同年间筹饷制度的变化与财权下移》，《杭州大学学报》1991 年第 2 期

汪茂和、成嘉玲：《清代皇家财政之研究》，《南开史学》1991 年第 2 期

汪茂和、成嘉玲：《清代皇家财政与国家财政关系之研究》，《南开史学》1992 年第 2 期

［法］魏丕信：《18 世纪中国的官僚制度与荒政》，江苏人民出版社 2003 年版

X

徐式庄：《中国财政史略》，商务印书馆 1926 年版

徐泓：《清代两淮盐场的研究》，台湾嘉新水泥公司文化基金会 1972 年版

徐安琨：《清代大运河盐枭研究》，台北文史哲出版社 1998 年版

徐伯夫：《清代前期新疆地区的民屯》，《中国史研究》1985 年第 2 期

夏炎德：《中国近百年经济思想》，商务印书馆 1948 年版

许大龄：《清代捐纳制度》，燕京大学 1950 年。北京大学出版社 2000 年出版的许大龄《明清史论集》收录

许毅等：《清代外债史论》，中国财政经济出版社 1996 年版

许檀、经君健：《清代前期商税问题新探》，《中国经济史研究》1990 年第 2 期

许　檀：《清代前期的九江关及其商品流通》，《历史档案》
　　　　1999 年第 1 期

许淑明：《清末黑龙江移民与农业开发》，《清史研究》1991
　　　　年第 2 期

许淑明：《清代东北地区土地开垦述略》，《清代边疆开发研
　　　　究》，中国社会科学出版社 1990 年版

薛瑞录：《清代养廉银制度实施时间考》，《清史研究通讯》
　　　　1982 年第 2 期

薛瑞录：《清代养廉银制度简论》，《清史论丛》第 5 辑，1984
　　　　年

肖一山：《清代通史》，台湾商务印书馆 1985 年版

萧国亮：《雍正帝与耗羡归公的财政改革》，《社会科学辑刊》
　　　　1985 年第 3 期

谢俊美：《政治制度与近代中国》，上海人民出版社 1995 年版

刑　铁：《我国古代专制集权体制下的财政预算和决算》，《中
　　　　国经济史研究》1996 年第 4 期

［日］小竹文夫：《近世中国经济史研究》，东京弘文堂书店
　　　　1942 年版

［日］星斌夫：《金花银考》，《山形大学纪要》第 9 卷 1 号，
　　　　1978 年。氏著《明清时代社会经济史研究》收录，
　　　　国书刊行会 1989 年版

［日］西村元照：《清初的包揽》，《东洋史研究》第 35 卷 3
　　　　号，1976 年

［日］香坂昌纪：《清代关税盈余银两的制定》，《集刊东洋
　　　　学》第 14 号，1965 年

［日］香坂昌纪：《清代浒墅关的研究（一至四）》，《东北学
　　　　院大学论集——历史地理学》第 3、5、13、14 号，
　　　　1972 年、1975 年、1983 年、1984 年

［日］香坂昌纪：《清代淮安关的构成及其职能》，《东洋史论
　　　　集》第 14 号，1985 年

［日］香坂昌纪：《清代常关的包揽》，山口大学《文学会志》

第 39 号，1988 年

［日］香坂昌纪：《论清朝嘉庆年间的国家财政与关税收入》，
　　　《社会科学辑刊》1993 年第 3 期

Y

杨荫溥：《中国金融论》，商务印书馆 1930 年版

杨端六：《清代货币金融史稿》，三联书店 1962 年版

杨彦杰：《荷据时代台湾史》，江西人民出版社 1992 年版

杨国祯：《林则徐传》，人民出版社 1995 年版

杨久谊：《清代盐专卖制之特点——一个制度面的剖析》，《台
　　　湾"中央研究院"近代史研究所集刊》第 47 期，
　　　2005 年

叶元龙：《中国财政问题》，商务印书馆 1937 年版

叶世昌：《鸦片战争前后我国的货币学说》，上海人民出版社
　　　1963 年版

叶世昌等：《中国货币理论史》，中国金融出版社 1993 年版

叶世昌：《近代中国经济思想史》，上海人民出版社 1998 年版

叶松年：《中国近代海关税则史》，上海三联书店 1991 年版

严中平主编：《中国近代经济史》，人民出版社 1989 年版

袁良义：《清一条鞭法》，北京大学出版社 1995 年版

姚会元：《中国货币银行》，武汉测绘科技大学出版社 1993 年
　　　版

姚　遂：《中国金融思想史》，中国金融出版社 1994 年版

俞玉储：《清代前期漕粮蠲缓改折概论》，《历史档案》1990
　　　年第 2 期

［日］岩见宏：《雍正时代的公费初探》(《东洋史研究》第 15
　　　卷 4 号，1957 年

［日］岩见宏：《关于养廉银制度的创设》，《东洋史研究》第
　　　22 卷 3 号，1963 年

［日］岩井茂树：《中国近世财政史研究》，京都大学学术出版
　　　会 2004 年版

［日］岩井茂树：《清代国家财政中的中央与地方——以酌拨制度为中心》，《东洋史研究》第 42 卷 2 号，1983 年

［日］伊原泽周：《关于甲午战争的赔偿金问题》，《中华文史论丛》第 54 辑，上海古籍出版社 1995 年版

Z

曾仰丰：《中国盐政史》，商务印书馆 1937 年版

张家骧：《中华币制史》，民国大学出版部 1925 年版

张家骧、吴宗焘、童蒙正：《中国之币制与汇总》，商务印书馆 1931 年版

张家骧：《中国货币思想史》，湖北人民出版社 2001 年版

张德泽：《清代国家机关考略》，中国人民大学出版社 1981 年版

张学君、冉光荣：《明清四川井盐史稿》，四川人民出版社 1984 年版

张通宝：《湖北近代货币史稿》，湖北人民出版社 1994 年版

张海鹏、王廷元等：《徽商研究》，安徽人民出版社 1995 年版

张小也：《清代私盐问题研究》，社会科学文献出版社 2001 年版

赵丰田：《晚清五十年经济思想史》，哈佛燕京学社 1939 年版

赵淑敏：《中国海关史》，台北"中央"文物供应社 1982 年版

周伯棣：《中国财政史》，上海人民出版社 1981 年版

周远廉：《清朝开国史研究》，辽宁人民出版社 1981 年版

周远廉：《顺治帝》，吉林文史出版社 1993 年版

周源和：《清代人口研究》，《中国社会科学》1982 年第 2 期

周育民：《晚清财政与社会变迁》，上海人民出版社 2000 年版

周育民：《甲午战后清朝财政研究》，《中国经济史研究》1989 年第 4 期

周育民：《清末内债的举借及其后果》，《学术月刊》1997 年第 3 期

周志初：《晚清财政经济研究》，齐鲁书社 2002 年版

庄吉发：《清高宗十全武功研究》，台湾故宫丛刊 1982 年版，中华书局 1987 年版

庄吉发：《清世宗与赋役制度的改革》，台湾学生书局 1985 年版

庄吉发：《清初火耗归公的探讨》，《大陆杂志》第 70 卷第 5 期，1985 年

郑川水：《论清朝的旗饷政策及其影响》，《辽宁大学学报》1985 年第 2 期

郑学檬：《中国赋役制度史》，厦门大学出版社 1994 年版，上海人民出版社 2000 年版

郑永昌：《清代乾隆年间的私钱流通与官方因应政策之分析——以私钱收买政策为中心》，《台湾师范大学学报》第 25 期，1997 年

郑永昌：《从"地方之公"到"国家之公"——论乾隆初期对地方耗羡收支管控体制的确立》，《故宫学术季刊》第 20 卷第 3 期，2003 年

朱金甫：《论清代前期的赋役制度的改革》，《历史档案》1982 年第 4 期

朱诚如：《嘉庆朝整顿钱粮亏空述论》，见氏著《管窥集》，紫禁城出版社 2002 年版

左治生：《中国近代财政史丛稿》，西南财经大学出版社 1987 年版

赵靖、易梦虹：《中国近代经济思想史》，中华书局 1980 年版

赵　靖：《中国经济思想通史》，北京大学出版社 1998 年版

赵学军：《清末的清理财政》，见王晓秋、尚小明主编：《戊戌维新与清末新政》，北京大学出版社 1998 年版

［英］哲美森：《中国度支考》，林乐知译，上海广学会 1897 年版

［美］曾小平：《州县官的银两》，董建中译，中国人民大学出版社 2005 年版

［日］周藤吉之：《清代前期佃户的田赋减免政策》，原载《经

济史研究》第 30 卷 4 号，1943 年。见氏著《清代东
　　　亚史研究》，日本学术振兴会 1972 年版

［日］佐伯富：《清代盐政之研究》（《清代盐政の研究》），东
　　　洋史研究会 1956 年版

［日］佐伯富：《清代雍正朝的通货问题》，《东洋史研究》第
　　　18 卷 3 号，1959 年。东洋史研究会编：《雍正时代的
　　　研究》收录，京都同朋舍 1986 年版

［日］佐伯富：《清代的奏销制度》，《东洋史研究》第 22 卷第
　　　3 号，1963 年。东洋史研究会编：《雍正时代的研
　　　究》收录，京都同朋舍 1986 年版

［日］佐伯富：《清代雍正朝养廉银研究》（《清代雍正朝にお
　　　ける养廉银の研究》），《东洋史研究》第 29 卷 1 号，
　　　1970 年；第 29 卷 2、3 合号，1970 年；第 30 卷 4 号，
　　　1972 年。氏著《中国史研究》第 3 卷收录，京都同
　　　朋舍 1977 年版。佐伯富：《清雍正朝的养廉银研
　　　究》，郑梁生译，台湾商务印书馆 1976 年版，1996
　　　年第 2 版

后　记

　　1992年出版的拙著《清代军费研究》花费了10年的工夫，这本拙著花费的时间更长，前后大概经过15年的时间。我的博士学位论文是《清代财政政策研究》，1996年5月提交答辩，1998年以《清代财政政策与货币政策研究》为题，获得国家社会科学基金的资助。应该说从1996年下半年开始，一直在修改、补充本书稿。这期间当然也从事一些其他的工作，但1996年9月至1997年8月在日本同志社大学商学部，2002年下半年在日本东京大学东洋文化研究所，2004年下半年在日本创价大学文学部，2005年5月至6月在台湾"中央研究院"人文社会科学研究中心访学，则是集中时间和精力修改的时间。2006年3月到现在，再次进行修改完善。经历这么长的时间，甘苦一言难尽。要不是有挚友的督促，恐怕仍难以完成。需要感谢的朋友，会一直铭刻在心底。

　　在写作修改本书期间，陆续发表了一些相关论文，计有：《清代盐法考成述论》(1996)、《清代的钱粮征解与吏治》(1997)、《清初的招民与垦荒政策》(1997)、《清代中央财政与地方财政的调整》(1997)、《清代银钱比价的波动与对策》(1997)、《清代户部的盐政职能》(1998)、《清初轻徭薄赋政策考论》(1999)、《清代赋役制度的整顿改革与政策导向》(1999)、《清代前期奏销制度与政策演变》(2000)、《清代财政制度的近代化》(2000)、《清代财政支出政策与支出结构的变动》(2000)、《清代财政行政组织与奏销制度的近代化》(2000)、《清代财政收入政策与收入结构的变动》(2001)、《20世纪的清代财政史研究》(2004)、《20世纪的晚清财政史研究》(2004)、《清末民国年间日本对华调查报告中的财政与经济资料》(2004)、《清代西北的移民政策》(2005)等。有些虽未经刊发,但也在国内外不同的场合作过学术报告,也算是一种"发表",目的是在于征求学界的意见和自身感悟,以便于进一步的修改。

应该说,本书的写作与修改,已经竭尽绵力,但仍难免有这样那样的不足,希望得到读者的批评指正。

我的女儿陈典在历史专业学习,作为锻炼,协助我做过一些工作,特此说明。

陈 锋

2007 年 9 月 2 日于武汉东湖之滨

再 版 附 记

本书出版后,得到国内外学界朋友的一些好评和指正,并获得教育部和湖北省政府的优秀成果奖励。本次再版,作了必要的修订。同时,对责任编辑张俊超先生表示感谢。

陈 锋

2013 年 4 月 9 日于百研斋